文明史綱

人類文明的傳承與交流

費爾南・布勞岱爾 著
許惇純 譯

Grammaire des civilisations

目錄

CONTENTS

3. 歐洲文明

第一部 歐洲

第二部 美洲

圖版目錄

布勞岱爾教歷史

閱讀本書應先了解一個前提：本書初次出版於一九六三年，是一本課本，或說是教科書的核心部份，內容是爲高中三年級的課程所設計。這樣說，並不是要給予先入爲主的意見或評論，相反的，這並不是一部因應時勢之作，並不會因爲時過境遷而顯得不合時宜，書中隨處可見布勞岱爾的個人風格。這本書，的確是布勞岱爾在當時有點特別的背景下所作，且他將本書的寫作視爲一項挑戰。這是一本希望作爲教學用的手冊，當時，布勞岱爾並不見聞於大衆，其寫作目的並非要與誰競爭，而是爲一群特定的讀者——十六至十八歲的高中男孩和女孩們所寫；一九八三年他在義大利晚郵報1的一篇文章中，稱這些高中生爲「大人們」；同時，可想而知，本書也是爲了他們的老師所寫。目的是爲了呈現最新、最正確、也是所有人文學科當中最特殊的學門——歷史課，應該如何教學。基本原則在於吸引這些少男少女的興趣，使學習的內容有助於他們了解未來即將生活的世界。對布勞岱爾而言，每一次歷史的審視與回顧，無一不回應了現世的疑問。

今日重讀此書，我們將更可以理解，爲何出版社向布勞岱爾拜託了十年，請他爲其他的讀者群「改寫」此書，他從未眞的拒絕，卻不斷拖延。每一本書，都有其寫作邏輯，不容改寫，而須重新寫作。他不停地向所有請託他的人說明：爲了要好好地寫，尤其是歷史，一定要由精準掌握文字的史學家好好書寫，永遠都不應改寫，而要從零開始重寫，臻至完美地以最精確、同時也最簡單的文字，表達「忠於史實」的流暢文章。

所以今日本書以其原貌呈現，僅刪除了附圖、補充文件及註釋。這些圖文與註釋是布勞岱爾二十五年後才補充的，他的第一批讀者都四十歲了，而第一批使用的教師們最年輕的至少也都五十多歲了。如同《菲利浦二世時代的地中海和地中海世界》一書，早在一九六六年，西班牙便將本書完整翻譯給大學生閱讀（馬德里Tecnos出版社）；義大利則編輯成口袋書，定期再版（杜林Einaudi出版社）。這也呈現即將統一的歐洲，在書籍的流通上，有多麼令人驚訝的差異性：即使各國在學程與科目上平行互通，然而，在教學內容上卻是如此有別。再者，也許有點誇張，本書，即使在法國，也不曾眞的如教科書般地廣爲流傳；有多少教師委員會覺得對學生而言實在是太過艱深（一如我的個人經驗，一九六四年時甫任教於巴黎北邊一省的高中，就有點驚訝），必須給孩子們選一個比較容易入手的版本，而將此書奉爲「大師之作」來參考？在那個衆多出版社爭相出版各種教科書的年代，實在是一大敗筆！但我深信，即使如此，如果本書有觸及其原先設定客群的半數，作爲參考書來幫助老師教學，以布勞岱爾所預設的精神來講授他積極促成的全新而艱難的課綱內容，那麼也算是成功一半了。那麼，今天布勞岱爾還找得到讀者嗎？能夠達到許多人嚴格審視的要求嗎？至少有三個理由讓我們相信答案是肯定的，以下我將一一闡釋。

首先，本書，與其他所有的書一樣，有其成書背景，爲了更加了解其影響，必須將之重置於寫作時代——一九五〇年代末——來思考。戰後大學重建與現代化的一切，開啓了對法國社會許多根本結構性問題的檢討，對部份思想開化、願意接受外來文化的「精英分子」而言，法國社會顯然是調適不良的。政治上如此，在教育制度上也是同樣的情形，從小學到大學，整個法國的教育體系都面臨了前所未見的壓力。如何迎接戰後嬰兒潮的孩子入

1 義大利晚郵報（Corrieredella Sera），創立於一八七六年，出版於米蘭，是義大利發行量最大的日報。

學接受更長的學程，如何在戰前的人口斷層中召聘到足夠的師資；不論是教或學，都必須面對全新的教學方法與內容，以及此交相影響帶來的衝擊。對國家中堅分子的養成教育，尤其工程師與醫生，不論質或量都非常重要。改革勢在必行，要能預知並面對未來才能治理國家。然而學者專家、輿論對於改革意見分歧。有些改革會成功，如：數學的教學、醫學院的學程；有些改革則將徹底失敗、或部份失敗，其中包含歷史的教學。

歷史課綱的改革，早在第四共和結束前就已擬定：一九五七年起，從小學六年級的課程開始實施；一九六二年九月開學時，完成高三課程的改革。原則很簡單，一九四五年啓用的舊教材，歷史從美索不達米亞與埃及教起，依序教到最後兩年是「近現代史」：高二內容爲一七八九年至一八五一年，高三爲一八五一年至一九三九年。一九五七年七月一九日議定改革後新的學程，將教學進度提前一個學年，課程內容也有調整（高一內容爲一七八九至一八七一年，高二爲一八七一至一九四五年），並將高三課綱定爲「當代主要文明」。隨後七月二五日政府公報就以此暫定的課綱名稱，公告該課程內容分爲六個「世界」（西方、蘇聯、穆斯林、遠東、東南亞、黑色非洲），並加一篇導論以說明其「概念與意涵」。導論部份「首要定義文明的概念，並說明學習的目的，對於個別文明學習的主要內容有三：基礎認識、重要發展動力、及各該文明當今的特色」。

此時，這樣的課綱名稱，對布勞岱爾而言，是一種補償，而不是真正的勝利。被迫卸下大學教授遴選委員會主席之職，布勞岱爾從中體會「徵試改革」的困難。他應龍相邦[2]之邀，負責撰寫每五年更新一次的法國國家研究計畫中社會科學部份，在他遞交的計畫中，建議成立一個實驗性的學院，統括政治、社會、經濟學。此規劃與當時存在的文學院與法學院的區分明顯衝突。一九五七年六月，呈給官方的報告書最終版本中，保留了這個提案（即使「所有現行機構出於害怕或是『善意』，習慣性地抵制或漠視」，「成案可能性不高」），將它作爲「長期的改革目標」，以期進行「結構性的調整」。我們可以在《經濟社會文化年鑑學報》[3]一九五八年第一卷，布勞岱爾撰寫的〈法國的社會科學——回顧與展望〉一文中讀到上述計畫的內容。

這個初步的挫折還造成兩個後果，都是當時的高等教育司長貝傑[4]引起的。在巴黎成立人文科學館（或社會科學館，前述一九五八年的文章中，這兩個詞交替出現）的計畫，作爲「集中研究之地」，並成立圖書館及相關配套（「特別是計算機中心和製圖中心」）。這個關於高三課程的改革（事實上是關係到整個高中課程），是爲了讓學生足以面對大學課程與當今的世界，並且，透過文化的概念，教導他們從歷史中學習到「其他的社會科學：地理學、人口學、經濟學、社會學、人類學、心理學」，以真實的事件、世界的尺度來學習。

先不論歷史課綱的改革，或者暫先擱置一下，光論這一年，改革劇烈到令人無法接受，抗爭隨之而起。兩年後，事情還是要做。在一九五九年六月新公布的課程內容「近現代世界的諸文明」的第二部份中，將遠東與東南亞合而爲一「印度洋與太平洋」世界，然後加上一章結論闡述「當今的重大問題」。而且，一九一四年至一九四五的歷史，又再次挪回高三的課程，連帶牽動整個學年課程內容的調整。這場仗還沒有輸，但也還沒有贏；改革持續進行，但卻不怎麼受歡迎，新課綱在實施上遇到來自教師的抵制、題材選擇的困難等等。例如：當時正是殖民地紛紛爭取獨立建國的年代，各新興國家努力勇敢地寫自己的歷史，一九六五年八月一〇日的政府公報居然公告直接刪除「非洲世界」的課程內容。

隨著實施日的接近，對於新課綱的反對聲浪也越來越大。那些高中教師們還在學校念書時，許多社會科學的

2 龍相邦，Henri Longchambon(一八九六—一九六九)，法國政治人物、學者。

3 《經濟社會文化年鑑學報》，Annales. Histoire, Sciences sociales，Annales E.S.C.。一九二九年由馬克布洛克與費夫賀創刊。

4 貝傑，Gaston Berger(一八九六—一九六〇)。一九五三至一九六〇年間擔任法國教育部高等教育司司長，進行法國大學教育現代化之改革。

學門都還尚未出現，如果沒有具體的文字內容、對於事件與理論足夠的認識，這個與過去教學內容完全不同的課綱，是要怎麼教？考試的時候又要如何評鑑？「史實」是一回事，「過度詮釋漫談」或者「過於簡化抽象」又是另一回事。不論是新教科書、或是改版舊教科書的作者，都爭相表達出他們對此的憂心與質疑。在被高等師範學院學生奉爲圭臬的其中一部教科書（一九六二年Hatier出版社出版）的序言中，我們讀到：「儘管這個新課綱的確有其優點，學生在高中畢業前認識近現代世界有其必要與好處，然而不可否認的是，要以此課綱來寫出課本是有許多困難的。有太多的專有名詞必須要釐清，卻又要很簡單的呈現……」接著在介紹完各章節負責撰文的學者專家後，序文又提到：「這些學者專家致力於簡單而清楚地寫作這些課文，我們所有人都希望課本簡單而明瞭，只要提出重點，令人容易了解……從第二二八頁開始，進入比較艱深而非只是敘述史實的文明史，將輔以粗體字呈現的『論述』來補充課文內容，這個簡短的摘要，提供趕時間的學生快速掌握該課架構」……在書末「最後有一部份教學性的內容，將試著回應考生對於此課程內容所必然感受到的不安」。

這段引文有點長的，還請見諒。其中我特別加底線強調了一些頗具代表性的部份，不是要加罪於任何人，也無意再次挑起新、舊學派的對立衝突，只是要呈現當時的狀況，以及「這個熱血且雄心壯志的課綱」所帶來的恐懼。在寫作這本教科書時，布勞岱爾親身投入，此說法一點也不誇張，面對許多對立論爭，他並沒有選擇比較省事的方法，而選擇保留最具爭議、最受批評的「各大文明」，並在卷首加了幾頁的導論，標題爲「歷史與當今之時」，闡述其「教學邏輯」，係於「讀完第一部份（一九一四至今的歷史）後，……要進入較艱深的世界文明史時再讀」，布勞岱爾強調要如此學習當今世界之一體性。在本書問梓時，迥然不同於其他的教科書，這是一本鬥爭性十足的書。一場必須小心周旋、同時也最慘烈不留情面的鬥爭、一場對抗其他因襲舊慣的同業的戰爭。因爲不能用強迫的，所以要想辦法說服，要說服，就要反覆說明，並且重申錯誤、甚至是非常離譜的錯誤，不是只有學生會犯、課綱會有錯、課本也會有錯。布勞岱爾不否認其內容是困難的，「艱深」這個字在導論的前十行就出現了兩次，他毫不避諱地面對這個問題。

當然，我們可以這樣想，布勞岱爾實在沒有必要自曝於他無法控制、必敗無疑的險境，挺身面對當時那個沒有進步能力的僵化的教育體系，以及其他從一九六八年開始實施延長教育學程帶來的滾雪球效應。我們也可以這樣想，其實眞正的鬥爭，在於研究這個「先進的歷史」，布勞岱爾沿用年鑑學派創始者法國歷史學家費夫賀的這個詞，來帶動並統稱當時在高等研究應用學院全新的第六部——歷史與哲學部門正方興未艾的運動。眞正的鬥爭，也在於作爲高等學府的大學，繼續拒絕布勞岱爾參與教授任免升等的評鑑。所以他大概就想：促進研究工作、賦予與社會科學連結的歷史學一個全新風貌、讓最優秀的人才進大學，以同時確保教學內容的更新，以及學門領域的拓展，養成具有新思維的下一代教師。隨著時空與局勢的轉變，挑戰也會改變。當時候布勞岱爾並不想講道理。這點光讀他在一九八五年一〇月二〇日在瓦隆堡的最後公開演講辭就可得知：「許多我尊敬的人對我這樣說過，『不要老是不講道理』，你們覺得我有接受他們的建議嗎？」（〈布勞岱爾在瓦隆堡的一堂歷史課，一九八五年一〇月〉，巴黎：Arthaud-Flammarion 出版，頁二二四）。他總愛說反話、以諷刺的方式來表達他覺得很重要的東西。在教學方面，不論是歷史課或其他學科的教學，重要的是課程內容不停地修正，能夠被信服、被接受，這些細節並不是改革所能觸及的。爲了爭取達到這個目的的機會，改革不能只限於學制中的某個階段，而必須要小學、國中、高中、大學，全面性的改革。

不管怎麼說，他覺得在學校這條戰線上是失敗了。在新的教科書發下去之前，這個大大影響高三學生的課綱，又重回那個自一九一四年以及一九三九年至今重大事件的舊歷史，被排擠的「布勞岱爾版」於一九七〇年悄悄地從書店下架：這是個不爭的事實。然而，布勞岱爾不認爲問題在於這本書，而是更深層地牽涉到歷史教學的問題，爲此，至晚年他都持續熱血抗爭。

大家都知道他直到死前都不放棄任何機會地重申，他認爲新課綱，及至後來的「新」新課綱是荒謬可笑的。他在一九八三年義大利晚郵報的文章中，重申了他四、五年前的想法，當時參與這場討論的還包含之後於一九八四年到一九八六年間擔任教育部長的謝維尼蒙、一九八八年被選爲法蘭西學院首席的德布雷、以及一九六九年至一九八八年間在電視上每週講一個歷史人物故事的德高等人。兩年後，這些說詞在瓦隆堡又被重述了一次，在那兒，當著攝影機，在一班土倫市國三學生面前，布勞岱爾講述一七〇七年土倫圍城的歷史，這段他在《法國的國家認同》書中大篇幅敘述的故事，而非眾所熟知的一七九三年土倫圍城，並藉此親上火線地宣揚他新課綱的理念，至今仍有影片爲證。其實，他不是眞的講給學生們聽的，而是回應幾天前一〇月一七日四十幾位歷史與藝術史的教師，向他提出關於科技史、地理學的地位、以及學程課綱的問題。

由一位在大學教授社會經濟史的同僚布提[5]於該演講所作的筆記中可知，如果還需再強調的話，布勞岱爾是多麼的堅持己見、堅持自己的立場。他再次重申其信念，強調各種人文科學對歷史學的貢獻；但是歷史學不能與這些學門混爲一談，因爲歷史始終是認識過去以掌握未來無可替代的學科。同時，他再次表態，絕對不贊成那種會有問題的課程切割方法，而認爲如果把課程順序反過來，就可以解決問題。他不贊成於低年級教新歷史，亦不贊成直到高三才教傳統的敘事史，充滿事件、年表、戰爭的舊歷史，而認爲應該要整個顚倒過來。我們再來聽聽他在瓦隆堡是怎麼說的：「如果讓我做主的話，直到高二，教傳統歷史，敘事史：給孩子講故事，時不時可以停下來，補充重要的事件，做些社會學、社會經濟學等的評論；我會把『新新歷史』與『新新新歷史』集中在高三的課程。因爲我認爲如今高中畢業的學力測驗大考中，關於一九四五年至一九八五年間的歷史考題非常的糟糕、簡直可惡，我想任何一個史學家都無法回答，我自己也答不出來！」

不要把這些只當作演講中的玩笑話。一九八三年給義大利讀者的文章中，布勞岱爾還是表述相同的理念：「這場軒然大波是怎麼來的？教育部一個荒謬的決定。如同我經常建議的，我個人認為應該在『高三』的課程中加一篇新歷史的導論。新歷史刻意整合不同人文學科，以各學科的方法觀察、解釋當今的世界，釐清困惑。我覺得，十八歲，在準備投身任何一種職業之前，應該讓我們的年輕人認識當今的社會、經濟問題、主要的文化衝突、以及文明多樣性……」。

以如此挑釁的方式，布勞岱爾在一篇教學計畫中（〈誰能否認歷史的暴力角色？〉），繼續捍衛他的信念，強調歷史的重要地位，並將歷史視為解讀並理解過去與當今世界的最佳工具。不過，他也以「各種語氣」不停反覆陳述，傳統歷史，精確紀年的敘事史，是唯一可以引起較年幼「孩子們」的注意力，也同時培養他們「不可或缺的時間觀念」的方法。相對於稱低年級學生為「孩子們」，布勞岱爾稱高三的學生為「大人們」。這些一再被重複的陳述，不是他對「新歷史」與「傳統歷史」的妥協；相反的，他把他作研究員的精力與在教育行政上的權力，全都用來切割這兩者。正如同他不顧一切地為他所稱的「先進的」歷史辯護，洗清所有對其或真或不實的控訴：人們不是曾將此教學改革當作一九六八年五月學運的罪魁之一嗎？

也許隨著年紀增長與遭逢的挫折，使得布勞岱爾的立場更加明確且堅定，然而真正的關鍵在於他早年一九二三年到一九三五年間長達十或十二年在阿爾及利亞與巴黎的高中教學經驗。儘管研究工作刺激或賦予他新的想法，然而在他眼中，歷史首先就是用來教學的。一九三六年九月，布勞岱爾於巴西聖保羅教育學會的第一場學術

5 布提，Gilbert Buti。

會議，就曾發表一篇名爲〈歷史教學〉的文章：該文當時以葡萄牙文登於該學會的期刊上，並於一九五五年重刊於聖保羅史學雜誌（第二十三號，頁二至二十一）。當時正全心準備撰寫《地中海史》一書的布勞岱爾（或者應該說「變成布勞岱爾前的布勞岱爾」），已在該文中提到了他往後五十年間不停重複的核心價值。

爲了將「教材小說」改編成「冒險小說」（從葡萄牙文直譯），最好的方法莫過於簡單扼要，不是「扭曲事實的簡單、或泛泛空談的簡單，而是清楚明瞭的簡單、精闢入理的簡單」……「介紹各個文明的精華：希臘，一個起於愛琴海的文明，北自色雷斯、南至克里特島，而不是起於巴爾幹半島；埃及，一個馴化了尼羅河的文明。」他推崇「現代第一位法語文的史學家」亨利・皮朗[6]，是位不照本宣科而以口語授課的老師，爲了讓學生了解，捨棄那些抽象的詞彙，爲了讓學生聽課，而「突顯歷史戲劇性的張力，讓歷史總是有趣的」。教歷史，首要的莫過於知道怎麼講故事。最後，布勞岱爾結論：「歷史與教學，是兩個不同的領域……要注意的是：你的教學不應該被你個人的學術喜好所影響，我再強調一下，如果我們這些歷史老師只是跟學生講述社會、支票、麥子價格，那實在是失職的。史學經歷了不同的漫長發展階段，曾經，歷史就只是朝代更替、戰役戰爭或政治事件等的編年紀事；今日，多虧有魄力有遠見的先進們的努力，歷史也呈現過去社會與經濟的狀況。這不同的階段，就如同通往眞相的一道階梯。在教學生時，不該省略這任何一個的階段……」這些引文顯示出布勞岱爾很早就有這些想法，而且到老不改，不論是這股對歷史教學的熱情，或是其歷史教學內容。在面臨新改革的今時今日，誰敢說這個對教學方法的建議是過時的？這個要令教學內容簡單扼要又有趣的教學建議，對布勞岱爾而言，不僅適用於歷史課，更適用於其他基本學科，諸如數學與文法的教學上。

我要在這裡提出的第三點，是不可小看了這本書的地位。受其名氣之累，布勞岱爾的作品經常被分開來一一比較評論，而非整體性地審視他的著作，如許多人比較其《地中海史》、《物質文明》、《法國史》三書觀點。我認爲，今日隨著時空改變，其著作值得被重新審視。他的話語、他的文筆，多有重複（「教學，就是不厭其煩的一再重複」），卻也成爲建構一個系統的方法。許多概念與思想，在前文先提過，後文再將其明確定義。在不同的章節甚至其不同的文章間，反覆論述，如同屋瓦一片一片之間會有重疊處一般，這些重疊處並無礙於整體外觀的一致性：反覆論述、加入新的概念，先是概述一個輪廓，接著由淺入深地慢慢發展、並融會貫通。

在此邏輯下，《文明史綱》的目的在於接續一九四九年初版的《地中海史》、一九六六年再版的《地中海史》、以及一九六七年的《物質文明》第一冊。《文明史綱》很明顯地是以一九五九年《法國大百科》第二十冊第五章〈文明的歷史：過去解釋現在〉（一九六九年《論歷史》再版，頁二五五–三一四）爲藍圖，也以其他同時期的「大」作爲藍圖，如〈歷史與社會科學——以長遠論〉（刊於一九五八年《經濟社會文化年鑑學報》）。高等研究應用學院第六部歷史與哲學部門——今日的社會科學高等學院許多學者，在布勞岱爾號召之下成立「文化領域」小組。事實上，《文明史綱》提供布勞岱爾一個機會，綜合前述學者的建議與研究，做一個階段性的小結，論述一個對文明的概念，地中海文明儘管有許多矛盾點，仍然是「現今最古老、最複雜的文明之一」，因爲文明是「有包容性而自由的，卻也同時是封閉而具有排他性的；……是和平的……卻也極具火藥味；根深柢固的……卻也同時具變通性的」。一套語彙、一個櫛比鱗次、在時間上也重重疊疊的架構一點一滴地建立起來，他逐一定義每個詞彙在其架構下的意義，與現實的繁複程度盡可能地貼近，並且點出那些爲人不察仍有待分析的部份。在此舉「文化」這個詞爲例，在探究許久後，他參考了德文，撰寫了一篇關於文明與文化的關係，文化，「是尚未成熟、尚

6 亨利・皮朗，Henri Pirenne(一八六二—一九三五)，比利時史學家。

未達到其最佳狀況，也還無法蓬勃發展的文明」（《物質文明》冊一，頁七九）。相反地，在一九六三年，對於「文明」一詞，則以長時間之空間、社會、經濟，以及集體意識等方面來定義：「歷經不同社會、不同經濟而恆常存在，很難改變，或者只能一點一滴改變」。此處布勞岱爾並未將歷史包含在分析的面向內，因爲他還在尋找一個除了「文明」或「文化」以外的詞，後來，他選擇了「社會」這個詞，並選擇以單數指稱社會，他將其定義爲「整體的一切」。

布勞岱爾經常引用另一位年鑑學派法國歷史學家馬克·布洛克的話：「沒有法國史，只有歐洲史」，最後一次是用於《法國的國家認同》的導論中，並加上「沒有歐洲史，只有世界史」。布勞岱爾沒有時間完成這部法國史，自知乃是其終極挑戰。透過影片和文章（《歐洲》，一九八二年，巴黎：Arts et Métiers Graphiques 出版社出版），他只勾勒了《地中海史》一書講述的歐洲史。不同於《地中海史》的宗旨，在《物質文明、經濟和資本主義》一書中，他講述了一個世界史，探討現在的世界與不久的未來。而本書，《文明史綱》，則是《物質文明》一書的奠基與補充。

莫里斯·艾馬[7]

7 莫里斯・艾馬，Maurice Aymard，（一九三六—今），布勞岱爾的學生，一九九二—二〇〇五年擔任法國社會科學高等研究院院長。

代序

密特朗總統九月十六日演說中的幾句話，又重新點燃關於歷史教學的論戰。這個議題的確值得再討論。

這個十分賣座的老論戰，涉及社會上每一個人，令人無法置身事外，包含從不曾如此關注歷史的一般大衆、不得不戰戰兢兢面對問題的政治人物、記者、當然還有歷史老師。雖然是老調重彈，但其所影響的層面卻越來越大，各種論爭都在此間找到立論插足之處，且如大軍壓境震天價響而來。

這場論戰，原則上是關於中小學歷史教學的課綱，不過很奇怪的，國小課綱幾乎不見人討論；而中學課綱則是提的人比研究探討的人多。這場論戰也涉及歷史教學造成的災難，或說是以孩子的考試結果來評斷的所謂的災難。然而，考試成績從來就不曾是完美的，有可能是完美的嗎？早在一九三〇年左右，一本歷史期刊就曾以不小的篇幅條列出國高中生常犯的錯誤。然而當時，所謂好的教學就是透過一本今日衆多參加論戰之人所頌讚的、超級神聖的馬列以撒1教科書。

這場論戰也以各種形式檢討了歷史的演進。對某些人而言，傳統的歷史，忠於敘事，成爲敘事的奴隸，考驗人們的記憶力，從沒想過要省略一些日期、人名、大人物的一舉一動；對另外一些人而言，「新」歷史自以爲「科學」，比較著重時間跨距較長的歷史，而忽略事件，還不可原諒地遺漏了編年表，正是教學失敗的罪魁禍首。其實，教學失敗才是眞正的災難。這場新派舊派的論戰是不是很好的代罪羔羊呢？在一場教育的辯論、而非科學理論的辯論中，隱藏著種種問題、種種「罪咎」，人們只想爭論卻不去想如何釐清問題。

問題眞的有這麼複雜嗎？在大家眼前的是「中學生」，即將轉變成大人的年輕孩子，所以不管是歷史、或是其他學科的教學，也必須要跟著改變。問題在於如何分配各個學年的教學內容。入學時是孩子，畢業時是大人，適此的不合彼。所以爲了劃分教學內容，就需要一個指導原則，列出輕重緩急，是需要全心全意的腦力工程。

我一直主張，給「孩子」的必須是簡單的敘述、有影像、電視劇、電影，或說是傳統的歷史，但是改良版的傳統歷史，以配合已經習慣了「多媒體」的孩子。我這麼說是有理由的，如同其他我這一代的學者，我也曾長期執教中學，除了學校指派給我的高三與考試準備班以外，我總會要求給我一班六年級的學生，也就是十到十二歲的孩子。他們充滿好奇心與活力，我可以如用阿拉丁神燈般地在他們面前講歷史故事。重點在於讓孩子了解過去發生的事、事件的意義與發展方向，藉由幾個重要的歷史指標性事件，讓他們認識一個初步的歷史樣貌。我覺得，一個普通的學生，沒有辦法回答路易十四是在拿破崙之前或之後、但丁是比馬基維利爲早或晚，實在是糟糕透頂。所以，如果歷史是一點一點地教，就比較不會搞混！如果歷史敘述簡單明瞭，就可以像是戲劇、風景一般，讓人有全觀的視野！我們現在身處何方，在威尼斯、波爾多、或是倫敦……。除了對於時代的學習以外，還有對字彙的學習，透過關鍵的概念，如社會、國家、經濟、文明……這些構成世界最基本的概念，學會精準地玩弄字眼、抽象的、具象的、……。要求學生牢記某幾個重要的年代，能夠指出傑出、重要、或甚至令人討厭的歷史人物所處的年代，並說明這些人物對歷史的意義。

今日我們所面對的年輕人，比較自由、但也比較不快樂、比我們在他們這個年紀時更叛逆。事實上，是社會變了、世界變了，他們周遭生活方式改變了，影響了他們的所作所爲、限制了他們、造成他們的不滿。他們也許比較不用腦思考、比較不書呆，但是卻比我們當年從學校畢業時更聰明、更有好奇心。那麼，該給他們講述什麼

1 法國二〇世紀上半葉著名的一套歷史教科書，作者為馬列Albert Malet與以薩Jules Issac。

樣的「歷史」呢？

我們法國荒謬的學程，讓他們在高二時學習一九一四年至一九三九年的世界，然後在高三讀一九三九年以後的世界：政治、戰爭、組織、衝突，充滿大量驚人的年代與事件的兩個浩大的世界。我敢說沒有任何一個歷史學家，有如此好的記憶力，能夠回答這些龐雜卻通常毫無重要性的問題。我眼前這本最新出版的教科書《現代之世》，據說是所有教科書中最好的一本，我覺得寫得很好、很實用，但是令人失望。內容隻字未提資本主義、經濟危機、世界人口問題、或歐洲以外的其他文明，只講述衝突卻沒有講述衝突的深層肇因。

這樣的離譜結果是怎麼來的？教育部一個荒謬的決定。如同我經常建議的，我個人認爲應該在「高三」的課程中加一篇新歷史的導論。新歷史刻意整合不同人文學科，以各學科的方法觀察、解釋當今的世界，可使種種混亂情勢變得可理解。我覺得，十八歲，在準備投身任何一種職業之前，是該讓我們的年輕人認識當今的社會、經濟問題、主要的文化衝突、以及文化多樣性。更明確的說，就是要有能力閱讀大報的新聞，並且懂得其內容。

然而，我們所做的卻是相反的。新歷史被安排給比較低的年級，造成哀鴻遍野，當然啦，還能有其他可能嗎？

到後來，新歷史與舊歷史，一個在入學時、一個在畢業前，對歷史的兩種論述被操作成是彼此對立、相互妨礙的。一九六八年之後教學自主權，原是允許教師們以最好的意圖選擇教學內容，卻使情況更加混亂。在老師的輪替與選擇的偶然之下，某些學生可能終其求學過程從不曾聽講過某一段重要的歷史，更不要奢望有歷史連貫性的認識了。

歷史教學的情況，與數學、或文法教學所遭遇的問題雷同。爲什麼要教瑣碎的細節，而不教整體的概念呢？這些十歲的孩子以後可能不再需要演算，也沒有幾個以後會鑽研高等數學。語言學家顛覆了文法，就如同野豬用鼻子把田裡的馬鈴薯全都翻出來一樣。文法使得語言變得深奧、複雜、難懂，而且最糟的是，不合時宜。結果是，孩子從此放棄文法與拼字。然而，這樣的結果並不是語言學家、高等數學、或是先進的歷史造成的。專家們只專注於學術內容，絲毫沒有考慮哪些內容在哪個年紀是否能夠教、是否教得動。於是，問題出在課程設計者學術理想太高，把孩子的學習目標定得太遠。我很高興他們如此有野心，但他們必須要爲學生想辦法化繁爲簡。

我不知道這種討論是否能吸引義大利讀者，但想想，這場論爭其實牽涉很廣，讓人無法置身事外。誰說歷史不暴力？當然，歷史不能沉迷於製造永遠有爭議的民族主義，也不能只埋首於我傾心的人文主義。歷史是國家認同得以存續的必要元素，不論是在法國或是義大利，少了這個認同意識，就沒有原創的文化、眞正的文明。

費爾南・布勞岱爾

導論　歷史與當今之世

這幾頁將說明要求高三學生面對新歷史課綱的意義。以邏輯上來說，只能放在本書的篇首，但是以教學邏輯而言，則是最好在第一篇結束後、進入比較困難的各大文明的章節之前再讀。屆時，學生們對於歷史哲學的語彙與思辯比較熟悉。然而，第一次讀可能還是會覺得困難。

高三的新歷史課綱相當困難，它以地理學、人口學、經濟學、社會學、人類學、心理學、……各種社會科學的觀點來解釋當今世界的樣貌，但其詞彙常是晦澀的。並且以其他人文科學所不曾著眼的角度由多方面來檢視歷史。

●三個相接續的解釋

要解釋時事，未免太過自大，頂多是有野心地嘗試去了解罷了。你們的課綱提出以下三種解釋：

首先，我們所在的今日之世，可以在昨日之世尋得部份解釋。歷史提供我們最好的回顧，你們課綱的第一部份，在檢視一九一四年八月第一次世界大戰開始迄今這段變化劇烈、且常是十分野蠻的歲月。這些事件大大地顛覆了二十世紀「上半」，其眾多後果持續影響我們當前的生活。

這些歷史事件並不足以完全解釋當今世界。事實上，現在發生的事多少都可溯源更遠，甚至是追溯至整個

「人類至今的歷史發展」。即使我們經常以我們在世間的極短暫歲月來思考周遭的世界，並把歷史視爲一部充斥戰爭戰役、高峰會談、政治危機、流血革命、經濟失序、思想主義、藝術潮流等的短片，我們還是不應驚訝於現在與過去的緊密關聯。

你們很快就會發現，人類的生存還牽涉許多這部片中無法提及之事：人類所生活的空間、桎梏並決定其命運的社會型態、其有意識或無意識遵循的道德規範、其宗教信仰與哲學、其文明。這些遠遠不是我們的生命所能斗量，而我們有生之年，也難見其徹底改變。

如果打個比方，山川、河岸、冰河會變化，但卻緩慢得令人不察，若沒有與古時候的紀錄相參照、若沒有現代科學的測量，是無法知曉的。民族生活方式、文明、行爲或信仰，肯定不如山川之亙古，但是人類代代相傳甚少改變這些習慣。這些深層的力量深植於我們的生活中，並形塑我們的世界。

於是，比較近的過去、比較遠的過去、與紛雜的現在摻和一起：近代史快步朝我們奔來，古代史則緩步地陪我們走著。

這個比較久遠的歷史、這部歷史劇，將於此課綱的第二部份來檢視。選擇這些主要的文明來作爲了解現代世界的「框架」，不同於一九一四至一九六二年間歷史的快速變化，古代文明史讓我們以「比較長的時間跨幅」來慢慢思考歷史。這些文明可以視爲特殊的歷史人物，無比長壽，與我們共存共活，並將活得比我們更久。

以上完成兩個解釋（近期的歷史、久遠的歷史），你們的課綱還有第三部份，就是以世界的尺度來定義西元一九六二年的重大問題，包含政治、社會、經濟、文化、技術、科學……等，所有的面向。總之，你們必須要藉由之後將學習的兩種歷史方法，學會分辨周遭世界的主要與次要問題。

一般而言，歷史學家研究並思考關於過去，即使文獻資料不足以提供精準的認識，起碼他掌握一個寶貴的資訊——他已經知道「結局」了。現實世界則有各種可能性，能夠分辨出重大問題，就能夠在所有的可能性中洞察未來勝出的一方、預測結局。這不容易、有其偶然性，卻是必要的。

孔多塞[1]認爲用數學演算預測未來是可行的，儘管此種預測十分危險，許多認眞的歷史學家都勇敢地擁護這個想法。享譽世界的經濟學家柯林克拉克[2]，在一九五一年時以當時所掌握的數據，計算了未來可能的經濟規模。法國經濟學家福拉斯提耶[3]好整以暇地闡述了一九六〇年的理性政治造就的、或應該造就的「一九八〇年的文明」。這是一門十分脆弱的「科學」，哲學家貝傑[4]自認專精於解析短期的未來：如同某些經濟學家用的一個糟糕詞彙——「未來的可能性」，是我們現在就可以透過計算、幾乎可以掌握，替短期未來備下需要汰換的芯片。

這個或許有點好笑的想法，還是有其優點，因其嘗試釐清今日衆多的問題、予以解釋、並嘗試賦予這些問題其意義，替混亂的當下找到一條通往未來比較好的出路。「當今的世界是一個正在成形的世界」。

下圖是西元兩千年世界人口分布的預測圖，你們可以思考並理解，沒有任何一位規劃師可以在未掌握足夠資料之前進行任何規劃。規劃，不正是深入研究當下重大問題並提出「遠景」嗎？此印證了象牙海岸烏弗維布瓦尼總統的想法，亞洲與黑色非洲的規劃絕不可能相同，因爲即使同爲未開發國家，一方要面對的是人口過剩、另一方則是人口不足的問題。

1 孔多塞，Marquis de Condorcet(一七四三—一七九四)，法國啓蒙運動哲學家、數學家、政治家。
2 柯林克拉克，Colin Clark(一九〇五—一九八九)，英國經濟學家。
3 福拉斯提耶，Jean Fourastié(一九〇七—一九九〇)，法國經濟學家。
4 貝傑，Gaston Berger(一八九六—一九六〇)，法國哲學家。
5 烏弗維布瓦尼，Félix Houphouët-Boigny(一九〇五—一九九三)，象牙海岸國父、第一任總統，任期一九六〇年至一九九三年。

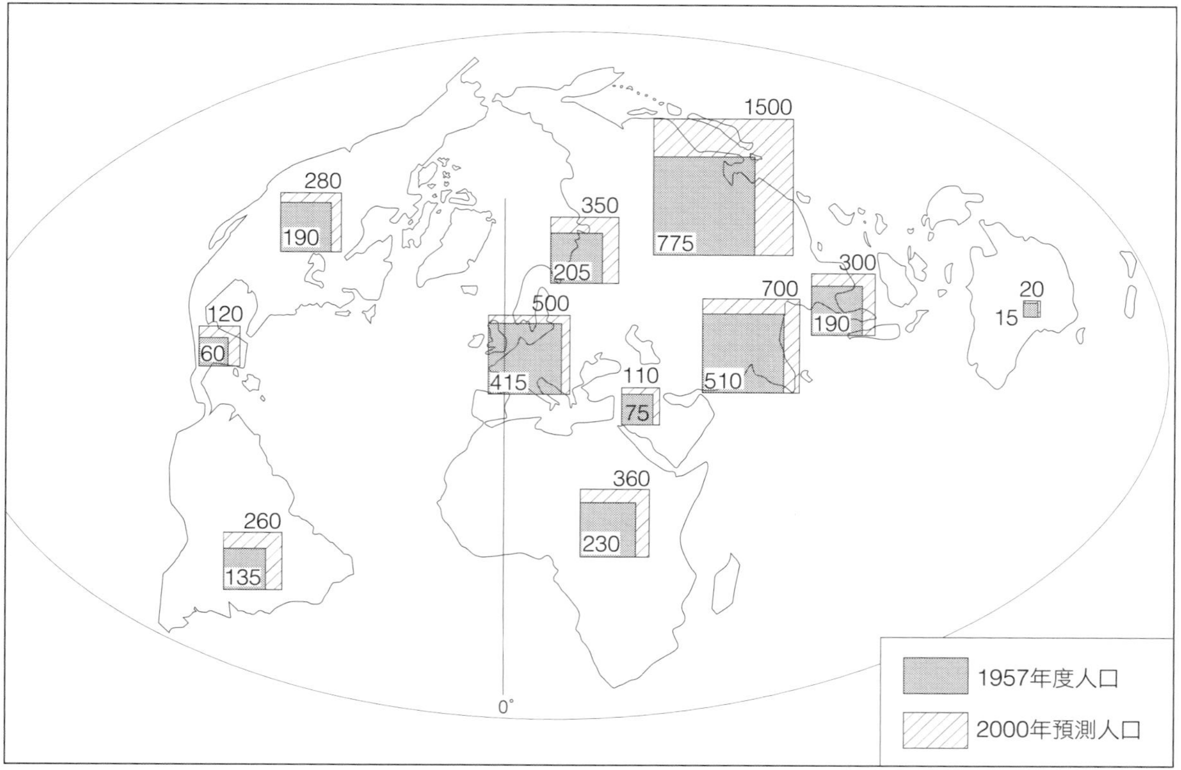

圖 1　西元 2000 年世界人口（預測）

●多元的與一統的歷史

歷史，作爲現代的學科，而且是個定義非常模糊曖昧的現代，可以如此操作，可能令你們感到驚訝。這種操作會不會太離譜？歷史學想要取代其他鄰近社會科學的角色嗎？這些留待本書的第二部份再討論，屆時，你們對問題會比較清楚，因爲這原本就是個時間的問題，而且你們的哲學課程中也將提及此時間的問題。

歷史解釋的多種可能性、五花八門的觀點、各種矛盾，並存於歷史獨特的「辯證」中，一個由許多長短不一的歷史時間構成的歷史：短期的事件、稍長的時期、悠悠漫長的文明的時間。進行某一特定研究時，我們可以定義以某段歷史時間爲範圍。但是，若嘗試進行「全面性的」歷史解釋，如文明史，就必須多方採擷各個歷史時間的樣貌，歸結爲一，如同混合了太陽光譜的所有顏色後，一定會得到，白色的光線。

1
文明史綱

第1章
用詞的變異

如果我們能夠給予「文明」一個清楚而簡單的定義，如同我們定義直線、三角形、或是某個化學元素一般，那該有多好。

可惜，人文學科的字彙幾乎不允許有絕對的定義。並不是所有的詞都不確定或都會變異，但大部份的詞，其意涵往往隨著不同的作者而稍有不同，且在我們眼下不停演變。二十世紀法國人類學家李維史陀說：「**字彙，是每個人能夠自由操作使用，以表達其思想的工具。**」於是，在人文學科（一如在哲學中）的領域中，越是簡單的字，隨其在不同思想學說中的使用，往往是意涵變異最多的。

● 「文明」，十八世紀才在法國默默出現的一個新詞彙

「文明」，這個詞是由十六世紀就已常用的動詞「開化」、與形容詞「已開化的」發展而來。直到一七三二年左右，這個由動詞轉化而成的名詞只是一個法律用語，用來指稱將犯罪行爲付諸民事法庭審判。現代所認知的「成爲已開化的」「文明」一詞的意義，直到一七五二年才誕生於法國經濟學家杜爾哥[1]筆下，當時杜爾哥準備撰寫一部世界通史，不過該書後來並未出版。法國大革命重要演說家米拉波伯爵的父親——米拉波侯爵[2]，在其一

七五六年出版的《人口論》文中述及「文明的再興」甚至「一個假文明的奢華」，則是「文明」這個詞首次出現在文獻中。

啓蒙時代的思想家伏爾泰並沒有過度濫用「文明」這個詞，「事實上他在一七五六年《論道德與國家精神》文中，提出一個對文明史的概述，伏爾泰才是眞正孕育了這個概念的人」（語出荷蘭史學家海星格）。

在這個新的意涵中，「文明」大致而言是「野蠻」的相反詞：已開化的人，相對於野蠻的、原始的、粗野的人。某些十八世紀學者常用的「良善的野人」，也還是野人，不是文明人。無庸置疑的，在路易十五末年提出這個概念的法國社會，其實是攬鏡自賞，爲自己所處的盛世「文明」而驕傲。那個年代，的確是至今仍令我們心神嚮往的。總之，出現了新字彙是因爲當時候有這個需要。在此之前，「有禮貌的」、「有教養的」等形容詞（用來形容有禮貌、知道應對進退），都沒有相對應的名詞；「禮儀」這個名詞主要是指社會規範，與一六九〇年法國文人福提耶[3]《通用辭典》裡對「有禮貌的」解釋不同：「指有修養、受過教養的。教化、砥礪其道德，使其文雅而能與人社交往來。……要使一個年輕人變得有禮貌、有教養，沒有什麼比與淑女們的談話更適合的了。」

●「文明」與「文化」。「文明」一詞源於法國，很快地流通於歐洲各國；「文化」一詞亦與之相隨。

一七七二年左右，「文明」這個詞在英國就凌駕了長久以來使用的「修為」；「文明」也毫無困難地在德國

1 杜爾哥，Anne Robert Jacques Turgot, baron de l'Aulne（一七二七—一七八一），法國經濟學家。
2 米拉波侯爵，Victor Riqueti, marquis de Mirabeau（一七一五—一七八九），法國經濟學家、哲學家。
3 福提耶，Antoine Furetière（一六一九—一六八八），法國小說家、詩人。

深根，與「教化」這個舊字並存；相反地，在荷蘭，則遇到「教化」這個動詞，作爲使細緻、使文雅、使開化的意思，其動名詞與「文明」的概念意涵相同，不過「文明」這個新詞還是在荷蘭文中落戶。在義大利，也遭遇類似的情形，義大利文中本來就存在一個古老而優美的字，但丁即已使用，與「文明」同義，來自法國的這個新詞彙無法動搖其地位。不過，這件事還是引起不少討論，一八三五年義大利哲學家羅馬尼奧西曾嘗試創一個新字，來指稱過渡到文明的進程，其實也就是「文明化」的動名詞，不過沒有成功。

與「文明」這個新詞彙一起流行於歐洲各國的，還有一個舊詞——「文化」（西塞羅曾說：「哲學是心靈的文化」），這個老字眼的意思逐漸與「文明」類同，幾乎成爲同義詞。一八三〇年黑格爾在柏林大學毫無區別地交替使用這兩個詞。不過，後來學界認爲還是有必要區分「文明」與「文化」。

事實上，「文明」的概念同時涵蓋了形而上與物質的兩種價值。馬克思將物質層面與精神層面區分開來，稱前者爲基礎架構，後者爲上層架構，兩者相互緊密依存。法國史學家塞諾博斯曾用一句玩笑話說：「文明，是道路、港口與碼頭。」意思是說，文明不只是思想層面。民族學家牟斯認爲，文明「是人類所有知識、經驗的累積」，而史學家卡芬雅克[4]則說：「是科學、藝術、規範與道德……」

所以，文明至少有兩個層次，此即爲何這麼多的學者嘗試區別「文明」與「文化」這兩個詞，一個是高尚的精神層面，另一個則是平凡的物質層面。不幸的是，對於如何區別「文明」與「文化」始終無定論，每個國家各有定義，甚至同個國家在不同的年代、不同的學者，也都各自表述。

在德國，經過一陣搖擺後，「文化」被賦予較高的地位，「文明」則被有意地貶低。德國社會學家滕尼斯[5]（一九二二年）、阿弗列韋伯（一九三五年）都認爲，「文明」不過就是技術知識的總和，所有如何改變自然的方法的集成；相反地，「文化」則是所有的規範法則、價值觀、理想，簡言之：精神層面。

對法國人而言，乍看之下這樣的論述立場是很奇怪的，但也是以這樣的立場才能理解，爲什麼德國史學家威廉・蒙森[6]說：「今日（一九五一年）我們必須避免文明摧毀文化，避免技術毀滅人類。」對我們法國人來說，這句話很怪，因爲在法國一如在英國或美國，「文明」的地位較高；然而在波蘭及俄羅斯，則與德國相同（正因爲德國的關係），「文化」一詞的地位較高。在法國，「文化」一詞最有力的用法只限於用來指稱「所有個人精神生活的形式」（語出史學家亨利馬魯），在這裡我們會說「文化」，而非保羅・瓦雷里[7]定義的「文明」。「文明」比較著重於指稱共同的價值。

談到此已有點複雜，我們尚需加上最後、也是最重要的一項。英國人類學家們，從一八七四年泰勒發表《原始文化》起，爲了應用他們研究原初社會的成果，就找了一個不同於「文明」的詞，因爲在英文中，「文明」通常用來講述現代社會。因此他們就用「文化」這個詞，後來幾乎所有的人類學家也都跟著這樣使用，以原初的「文化」相對於高度發展的「文明」。所以，本書後文若提到「文明」與「文化」之比較時，即是以上述兩個層次的意涵來使用。

幸好，「文化的」這個形容詞沒有這麼複雜。這個詞是一八五〇年左右德國發明，並受到廣泛使用，用來指稱所有涵蓋文明與文化的一切內容。於是，我們可以說一個文明（或一個文化）是「文化資產／文化財」的集合、其影響範圍是「文化圈」、其歷史是「文化史」，而文化與文化之間的相互假借、移轉，不論是物質層面或是思

4 卡芬雅克，Eugène Cavaignac（一八七六—一九六九），法國史學家，卡芬雅克將軍（一八〇二—一八五七）之孫。
5 FerdinandTönnies（一八五五—一九三六），德國社會學家。
6 威廉・蒙森，Wilhelm Mommsen（一八九二—一九六六），德國史學家，史學家迪奧多・蒙森（一八一七—一九〇三）之孫。
7 保羅・瓦雷里，Paul Valéry（一八七一—一九四五），法國作家、哲學家。

想層面，均稱爲「文化假借」或「文化移轉」。這個浮濫使用的形容詞也造成不少困擾，讓人覺得野蠻粗糙；不過，目前只有這個詞符合需求，在找到另一個能取而代之的形容詞之前，還是必須繼續這樣使用。

●一八一九年左右，「文明」一詞由單數轉為複數。

從此時起，「文明」這個詞「逐漸被賦予全然不同的嶄新意涵：一個朝代或一群人的生活所呈現的全部特色」。我們會說五世紀時的雅典文明、或是路易十四朝的法國文明。於是「文明」一詞由單數轉爲複數，由以定冠詞指稱的「那個」文明，變成用不定冠詞指稱的「一些」文明。這使得問題又更複雜了。

事實上，對二十世紀的我們來說，以複數來指稱比用單數更接近我們的認知。衆多的博物館帶領我們遨遊於不同時空的不同文明中。在地理空間上我們知道，法國越過了萊茵河是德國、橫渡英吉利海峽是英國、往南行則有地中海世界，再再都提醒我們，「文明」的確是必須以複數指稱的。

如果要定義以定冠詞指稱的「那個」文明，我們肯定不知如何是好。事實上，當我們用複數指稱文明時，意味著那個將文明與進步以及少數菁英分子混爲一談的十八世紀的想法消失了，二十世紀有幸擺脫許多價值判斷，也不再去評比文化的優劣。（憑藉什麼標準呢？）

於是，再也沒有獨一無二的「文明」，再也不是十八世紀所認定的，那個極高的道德與學術標準。舉例而言，今天我們會說某惡劣行徑是有違「人性」的，而不會說不「文明」的，雖然意思差不多。不過，現代語言裡仍然相當程度地保留了舊時對「文明」的崇敬，將它視爲人類之卓越成就。

今日，當我們用單數指稱文明時，主要是指人類所共同分享的文化資產，「那些人類再也忘不了的事情」，火的使用、文字、算數、對動植物的馴養栽培，這些都不再歸功於某一特定的起源，而成爲人類文明共同的文化財。

然而，當今世界人類共同文化財的傳播，其規模是前所未見的。西方的工藝技術遠播世界各地並大受歡迎，是否將使得世界的樣貌單一化？鋼筋水泥、玻璃帷幕建築、機場、鐵路和車站、大城市，逐漸佔滿人類活動的空間，是否終將使世界失去各地特色？二十世紀法國哲學家雷蒙阿隆如是寫道：「我們正處於一個一方面認知文化的相對性、一方面也發現這個概念已過時的階段，……衆文明並存的階段到了尾聲，……不論吉凶，人類正邁向一個嶄新的階段」，意即「一個單一」文明足以影響全世界的階段。

但是，西方遠播的工業文明僅僅是西方文明的「一小部份」而已，在接受這些工藝技術時，世界各地並沒有突然間就接受了「整個」西方文明。文明的歷史就是建立於文化間持續地交相影響、數百年來相互假借，卻也無損於各自特色或原創性。的確，也許過去從不曾有某個文明的某個面向，成爲世界上「所有」文明競相模仿學習的對象，在現代通訊便捷快速的推波助瀾下，這個我們所稱的「工業文明」，終將成爲前述的人類文明的共同文化財。每個文明都已經、或正經歷、或在未來都將因此而產生結構性的改變。

簡言之，假設，世界上所有的文明最終都將因爲這些工藝技術的統一，而在未來或長或短的時間內統一了他們的生活方式，我們並不會在短時間內失去這些各有特色的文明。「文明」這個詞還有好長一段時間可以用單數並且用複數指稱。對於這點，歷史學家還頗有信心。

第2章 不同人文學科定義下的文明

文明的概念，必須透過所有的人文學科，包含歷史學來定義。不過本章將先不討論歷史學對文明的定義，而嘗試檢視其他人文學科如何定義，以下依序為地理學、社會學、經濟學、群眾心理學的看法。這將是四場各有風情的小旅行，但我們會發現，只是剛出發時看似不同，最後終將覺得似曾相識，各學科的定義是相當接近的。

文明就是空間

文明（不論其規模大小），總是能夠落在地圖上，而文明主要的成就也部份取決於該地理位置的優劣條件。而在這些地方數世紀、甚至數千年來被人類開發使用，每一寸景色都呈現出這些世代持續經營改造的結果。而在此過程中，也如史學家米榭勒所說，人類「被自己的成就所影響」，或者用馬克思的說法「人被人的作爲所改變」。

● 談論文明，就是談論空間、土壤、丘壑、氣候、植物、動物，先天和後天的條件。

以及從此衍生而出爲人類生活所需的一切：食、衣、住、行、農、牧、工業……，戲台的條件多少會影響這一齣齣無止盡的戲如何演出，營造其獨特風格；人類演員們生生死死，戲台則依然故我的存在著。

印度學家赫爾曼格茲提出，有兩個印度：一個經常豪雨潮濕、滿布湖泊沼澤、水生植物、森林和叢林、人種皮膚棕褐色的印度；與之相對的是，一個比較乾燥的印度，自印度河中游、恆河中游、延伸往德干高原，人種皮膚白皙，相當好戰。印度，就是這兩個空間、這兩個族群的對話與爭鬥。

當然，這個自然生成並經過人類改造的空間——狹隘的地理環境決定論，並不會決定一切，但不能否認其所提供的先天或後天優勢。

在先天優勢方面，每個文明都誕生於人類所選擇的得天獨厚的地方，自遠古時代諸大河文明，如黃河流域的華夏文明、印度河流域的古印度文明、幼發拉底河與底格里斯河兩河流域的蘇美、巴比倫、亞述文明、尼羅河畔的埃及文明。同樣的，也有其他傍水而生的文明，像是腓尼基、希臘、羅馬（可說是拜地中海之賜）；北歐文明圍繞著波羅的海和北海；也別忘了大西洋以及環大西洋的文明：如同當年羅馬帝國的世界圍繞著地中海一般，現代主要的西方世界不就是以臨大西洋的國家爲主？

事實上，這些古文明都揭示了交通的重要性，每個文明之間都因爲相互交流、衝擊而更加繁盛。我們無法想像如果沒有那些駱駝商隊往來於廣大的沙漠之海，如果沒有那些商船穿梭於地中海、印度洋、穿過麻六甲海峽直達中國，如何成就伊斯蘭文明？

在細數這些文明的成就時，我們談論的已不只是先天的優勢。克服沙漠的惡劣環境、克服地中海突起的狂風、善用印度洋的信風、築堤防洪，這些人爲努力，都是「後天取得的優勢」。

然而這些成就，爲什麼是這些人、而不是那些人做到？爲什麼是在此地、而不是在彼地完成？

英國史學家湯恩比對此提出一個十分有趣的理論：人類的成就往往來自於「挑戰」與「征服」；當大自然賦

予的條件變成一個挑戰，人類爲了克服困難所做的一切努力，也成就了他們文明的基礎。

可是，我們可以無限上綱地依此推論，來自大自然的挑戰越困難，人類的成就就越大嗎？這還有待商榷。二十世紀文明已發展的人類，的確征服了沙漠、極圈和赤道地區的極端氣候；然而，儘管那些地方極具開發價值（黃金、石油），卻未曾再孕育、再創造出眞正的文明。是的，沒錯，有挑戰就有征服，但是一定能創造文明嗎？未必見得。至少在未來出現更優異的技術與成就之前，現在沒有。

所以，每個文明都對應一個「大致上」範圍確定的空間，每個文明都有其特殊的地理條件，關係到其發展的可能性與限制，有些條件甚至是無法克服的，每個文明面臨的挑戰都不同。結果呢？世界於是有各具特色的茅草屋、木造、竹造、磚或石造房子的分布區；毛料、棉、絲各種織品的產區；米、麥、玉米……各種的基本糧食作物區；大自然的挑戰是多元的，人類的成就也是多樣的。

西方文明或歐洲文明不正是麥、麵包、甚至白麵包的文明嗎？這樣的文明也有伴隨而來的限制。麥子是一種生長條件要求很高的作物，爲了確保收成，耕地需要每年或每兩年休耕一次。在遠東低地種植的水稻，也有其獨特的生長條件。

人類不斷地克服環境限制，以各自想出來的辦法開發周遭土地，新環境也帶來新的條件限制、新的挑戰，周而復始的挑戰與征服成就了文明。

● 文化圈，在人類學家的語彙中，是指在某一個空間範圍內，某些具關連性的文化特色具有主導性。

在討論原初民族時，除了深究其語言，同時還針對其飲食文化、婚姻制度、信仰、陶藝、造箭、紡織……等，一一詳加敘述，這些由人類學家所定義的文化範圍，通常比較嚴謹而小。

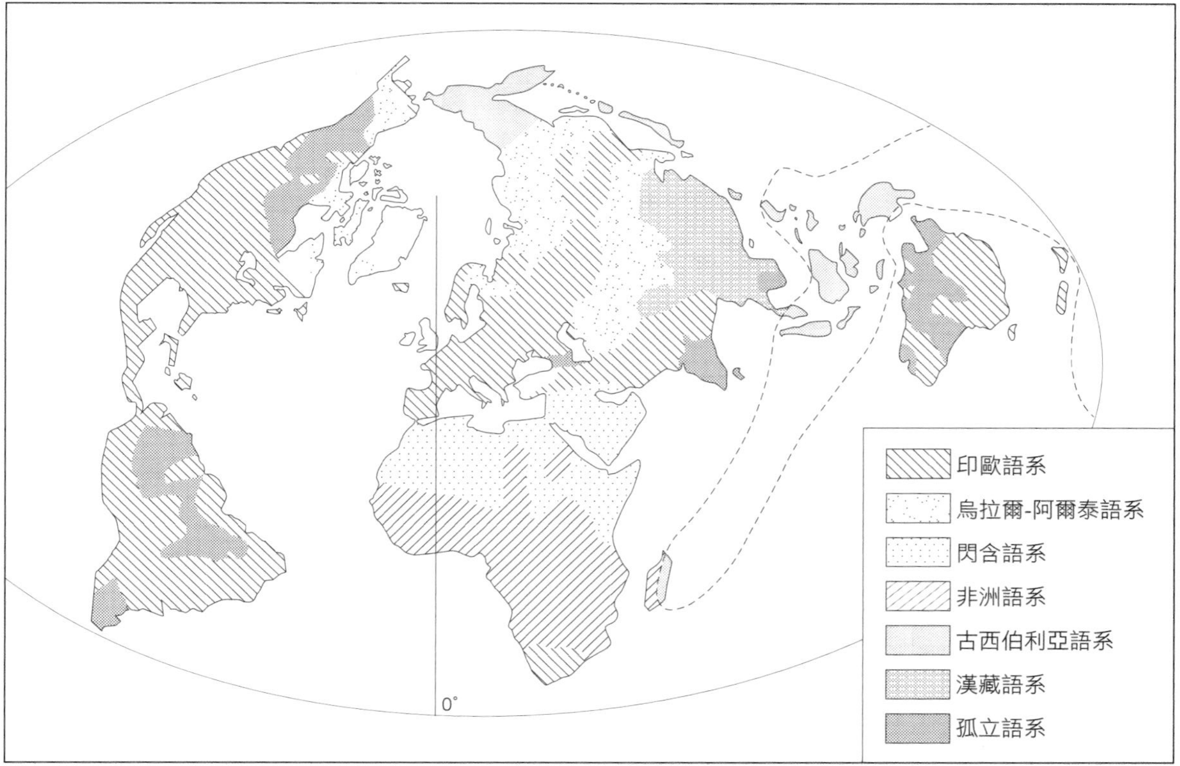
0°
印歐語系
烏拉爾-阿爾泰語系
閃含語系
非洲語系
古西伯利亞語系
漢藏語系
孤立語系

圖 2　世界語系分布圖

不同的文化經常共同構成一個範圍較大的文化圈，這些文化之間常有些共同點使其有別於其他的文化群體。人類學家牟斯認爲，環繞著廣大太平洋的諸原初文化，儘管有顯著差異，且每個島嶼群相隔甚遠，但其實屬於同一個「文化」。

地理學家與歷史學家也很自然地隨人類學家開始談論「文化圈」（不過他們是用此概念來討論比較複雜而高度發展的文明），指稱那些具有許多共同特色可切割討論的空間範圍。這些主要的大文明可被切割成幾個比較小的範圍來檢視，在後文我們會看到這些大文明經常自我分裂成比較小的個體。

所謂的「西方」文明，包含美國和拉丁美洲的「美洲文明」、俄羅斯和歐洲。歐洲文明又是由波蘭、德國、義大利、英國、法國……等許多國家的文明組成。而這些國家的文明又可細分爲許多小「文明」，如：蘇格蘭高地、愛爾蘭、加泰隆尼亞、西西里、巴斯克地區……等。

我們不能忘記這些小的劃分，不同色彩的小小馬賽克磚，正是特色所在。

● **儘管這些文化各有其固有疆域，文化間的影響力卻是不受國界限制的。**

每個文化都有其向外傳播的影響力，也都受到外來文化的影響。如脫蠟法、指南針、火藥、哲學體系或思想、信仰、宗教、或如〈馬博羅公爵出征去〉[1]那首歌，從十八世紀起流行全歐洲，一七八六年時歌德曾在義大利維洛那的街上聽到。

巴西社會學家弗雷爾[2]好玩地列了一張清單，列出巴西從十八世紀末到十九世紀中囫圇接收自遙遠歐洲的文化，如：來自德國漢堡的黑啤酒、英式鄉間小屋、蒸汽船（一八一九年起就有蒸汽船往返於薩爾瓦多「灣」內）、夏天的白西裝、假牙、瓦斯燈、以及祕密結社組織，特別是在整個拉丁美洲獨立運動中扮演相當重要角色的共濟會。數十年後，法國哲學家孔德學說也傳入，對巴西的影響極大，時至今日依然有跡可循。

這些飄洋過海的元素，正是文化影響無國界的最佳例子。

過去：文化的流傳影響受限於傳播方式，往往時間漫長而隱微。如果採信史學家的說法，中國唐朝（西元第七世紀）的風尚，一路緩慢流傳，於十五世紀時才傳到地中海賽普勒斯島輝煌的呂西儂[3]宮廷裡，隨後乘藉地中海世界的頻繁往來，很快地傳進法國當時有點瘋狂的查理六世的宮廷裡：婦女的服裝、高聳的髮髻、以及尖頭上翹的鞋，一時謂爲潮流，成爲早已消逝的唐朝留給世界的遺產，如同夜空中閃爍的星光源自數萬光年前一般。

今日：文化傳播極其快速。在不久的將來，世上將沒有任何一吋土地未被歐洲的工業文明「污染到」。在英屬北婆羅洲，擴音器放送著遙遠國度，共產中國或是印尼的廣播節目，即使民眾完全聽不懂廣播內容，但是歌曲旋律也已影響了當地的傳統音樂與舞蹈。再論電影的影響力，尤其是美國與歐洲電影，對於千里之外的國家與人民的生活品味、與道德思想所帶來的影響，也是不容小覷的。

最好的例子莫過於美國一位女人類學家米德書中所敘述的故事。米德年輕時曾在太平洋一個島嶼上與一個原始族群共同生活數月，戰爭、與米德的接觸，使得這些人們與現代世界首次有所連結。二十年後米德再次拜訪這個民族，並改寫這本書，書中多處並列著同樣的人們相隔二十年的照片，是非常精采的田野調查內容。

於是，我們又回到將貫穿本書的問題，到底用單數或複數指稱文明。這個因爲外來客闖入而加速的文化傳

---

1 〈馬博羅公爵出征去〉，**Malbrough s'en va-t-en guerre**，法文歌詞為十八世紀初所填，旋律可能更早已傳唱，往後流行於各國而有各種語言的版本，英文版為〈因為他是個大好人〉**For He's A Jolly Good Fellow**。

2 弗雷爾，**Gilberto de Mello Freyre**（一九〇〇—一九八七），巴西社會學家、人類學家。

3 呂西儂家族，**Maison de Lusignan**，自一〇世紀起相當顯赫的貴族，領地遍及法國、耶路撒冷、賽普勒斯。

播，會不會打破原來大致明確的文化範圍疆界？好也罷、壞也罷，很多人都認爲會。然而，不論這個文明有多渴望引進「現代」的生活，它都不可能毫無區別地照單全收，而會堅決「拒絕」某些文化元素的進入（後文將再討論），這也是爲什麼古今諸文明看來是飽受一切威脅的，但始終能夠保有獨特性的原因。

文明就是社會

每個文明都有其代表的社會，文明在此中生氣蓬勃地發展。

我們無法迴避的第一個問題就是：如果文明只是社會的同義詞，那麼，有必要創造「文明」這個詞嗎？而且還進行這麼多學術研究？英國史學家湯恩比不就常使用「社會」一詞來代換「文明」？牟斯也認爲：「文明的概念肯定沒有社會所代表的意義來得清楚」。

● 社會無法與文明切割，反之亦然：這兩個概念其實是指同一件事。

或者，正如李維史陀所言：「『文明』與『社會』其實是一體兩面，端看我們所需要的觀點，何者更爲妥切。」

「社會」的意涵極其豐富，一如「文明」。我們今日的西方文明，正是仰賴「工業社會」才促進其發展，要描述這個文明並不難，只需描述這個社會的族群、當中的緊張情勢、思想與道德、理想、常態規則、品味……等，簡而言之，就是描述社會中的人、與傳承這個文明的人。

社會發生改變，文明也跟著改變，這正是哲學家戈德曼在其著作《隱蔽的上帝》中所嘗試表達的觀點。該書成於一九五五年，主講法國的大世紀——十七世紀的法國。書中提到，整個文明都隨著其「世界觀」而改變，而這個世界觀也正是各該主流社會的寫照，文明，如鑑如鏡，記錄了社會上的種種對立衝突與所有努力。

《隱蔽的上帝》質疑那個令人著迷的法國大世紀是否眞的如此美好。戈曼找到了極具價値的史料，是冉森主義[4]主要人物哈辛、巴斯卡、聖西蘭修院院長霍藍、與巴寇院長之間的通信。當時法國國會中與皇權對抗、對皇權失望的資產階級，普遍有著相當悲觀的世界觀，而如此悲觀的意識，影響了許多學術思想，也促成冉森主義在那個黃金盛世的風行。

以另一個角度來說，李維史陀，在其分別原初社會及現代社會的理論中，也是把文明與社會視爲一體。因爲如果要認眞追究的話，以人類學家的語彙，應該是文化與文明的區別。

原始文化的社會「井然有序，呈現如物理學所稱『熵』的狀態，一個系統不受外部干擾時，持續內部最穩定而原初的狀態；如此可以解釋爲什麼對我們而言，這些社會彷彿沒有歷史、沒有變化。相對而言，現代文明社會的動力是各種不同形式的社會階級區隔……，這樣的社會衍生出社會；而社會失衡，一方面會促使秩序的建立（例如那些如自動化機器般僵化的社會），同時另一方面也會造成更多的脫序、不穩定，甚至在人際關係的層面亦如此。」

簡言之，原初文化是平等的社會，族群間的關係約定俗成，萬世不變；然而高度發展的文明則建立在有階級關係的社會之上，族群間有重大隔閡、關係緊張，社會衝突、政治鬥爭，層出不窮。

4 冉森主義，Jansénisme，十七、十八世紀主要發生於法國的一個宗教運動，隨後發展成為政治運動，是一種對於天主教會的某些發展，以及君主集權的反思。

● 「文化」與「文明」之間的差異，最顯著的表徵莫過於是否有城市。

城市，萌芽於「文化」的階段，而於「文明」中大放異采，當然這其間還有許多過渡發展的階段。由衆多傳統社會組成的黑色非洲，不正經歷一個艱辛、且有時殘酷的過程，以躋身新興文明與現代都市化的世界？這些致力吸收外來文化的非洲城市，在其他停滯不前的內陸地區中，如同孤島。這些城市正在勾勒即將到來的文明與社會的樣貌。

然而，即使是最璀璨的文明與社會，其中也仍包含著原初而基礎的文化與社會。有城市就有鄉村，不論哪一個社會，從來無法每個區域、每個族群都均衡發展，總有窮鄉僻壤（山區、較貧瘠、交通不便的地區），在文明世界中仍然有這些未開發的地方依舊保留著原初的社會與「文化」。

西方世界第一大成就，莫過於以城市消彌了鄉村、與鄉村的「文化」；相較於西方，伊斯蘭世界的城市與鄉村壁壘分明，其城市的出現與發展早於歐洲，但其鄉村與廣大的遊牧區則依舊過著原始的生活；至於遠東世界，也是城鄉差距甚大，偏鄉的原始文化各自蓬勃發展，在絢麗的大都市之間，交錯著經濟活動幾乎封閉且相當原始的鄉村。

● 有鑑於「文明」與「社會」的密切關聯，論及長遠的文化史時，最好是以社會學的觀點來探討。

不過，歷史學家並不將文明與社會混爲一談。

我們將在下一章說明歷史學家如何分別這兩者：在時間軸上，文明牽涉的是一個比較長的時間跨幅，社會則較短。文明變化比較緩慢，社會則經常快速變化。不過現在還不是申論歷史觀點的時候，我們一步一步來。

文明就是經濟體

所有的社會、所有的文明都有其經濟、工藝、生物與人口條件。物質與生物條件深刻影響著文明的發展，人口的增減、人民健康或羸弱、工藝技術與社會經濟的發展或蕭條，都反映在文化與社會成就上。廣義的政治經濟學就是研究這些重大問題。

● 數量的重要性：很長一段時間，人類自食其力，所能憑藉的只有人力，赤手空拳地打造各種物質文明。

原則上，人口的成長有利於文明的發展，事實上也是如此，比如第十三、十六、十八、十九、二十世紀的歐洲。

人口繁盛，起先是有利的，然而，當有一天人口成長超越經濟成長速度時，就變成有害的。譬如十六世紀末的歐洲，以及近日大部份的未開發國家，就是明證。過去，人口過剩造成饑荒、實際工資下降、人民暴動的苦難年代，直到疫病流行雪上加霜地大幅減少人口密度。在這些生物性的災難過後（如歐洲十四世紀下半葉的黑死病以及伴隨而來的疫病流行），倖存下來的人們得以較有餘裕地生活一陣子，重新發展經濟、繁殖人口，直到下一次周期性的災難。

直到十八世紀末、十九世紀的工業革命，才似乎打破了如此地獄般的周期性循環，使得人類社會即使人口過剩也得以有尊嚴地工作與生活。以歐洲為例，人的價值逐漸被重視，機器與動力的發展取代了人力。古典希臘羅馬時代，儘管學術繁盛，卻也不曾發展機器來替代人力：因為當時有奴隸，無此必要。而早在十三世紀之前就已成就非凡的古典中國，如此地學術鼎盛、工藝進步，卻也是不幸地人口太多，人力不花錢，甚至不太需要假借獸力來成就其經濟體，以至於儘管當時中國工藝技術遙遙領先全球，卻不曾跨足現代科學，而將此榮光讓與了歐洲。

● 經濟波動的影響：經濟情勢持續變化，其波動週期或短或長

於是，歲月流轉，有經濟發展的好日子，也有蕭條的苦日子，每次變化的時間一長，就會在社會與文明中留下印記。荷蘭史學家海星格在《中世紀之秋》一書中所關注的，十五世紀末的悲觀與不安，就是緣於西歐經濟的重大衰退。同樣地，之後歐洲的浪漫主義也恰與一八一七年至一八五二年間長期的經濟衰退同時。自一七三三年起十八世紀中葉的經濟發展，於法國大革命前夕稍有遲滯，但整體而言，這段時期的繁榮、工商活絡發展、人口成長，也造就了「啓蒙時代」人文學術發展的幸福背景。

● 無論經濟如何震盪，經濟活動幾乎總是能夠創造盈餘。

消費支出、與鋪張浪費，是文明的奢侈品與某些藝術形式不可或缺的條件之一。今日，當我們讚嘆某建築、某雕塑、某畫像時，我們其實是在無形中欣賞著過去某個驕傲自大的城市、某個瘋狂自戀的王公、某個炫富的新貴銀行家的消費成果。在歐洲，自十六世紀起（甚至更早），上層社會的文明就是資本主義的表徵，用錢財堆砌而成。

文明於是具有某種財富「重新分配」的功能。層峰文化與大衆文化各有不同的色彩，依據各自的社經能力，發展其對奢華、藝術與文化的品味。十七世紀法國在路易十四一朝經濟困頓的年代，幾乎只有宮廷內有贊助藝文

的能力，所有的文學與藝術發展都圍繞著這個小圈圈打轉。到了繁盛富庶的十八世紀，除了皇家以外，貴族與資產階級也大量地投入文化、科學、哲學的發展贊助。

不過奢侈品始終是社會少數人的特權，與庶民的日常生活無關。然而文明的基礎係奠基於真實的人民生活。自由是什麼？當基本的溫飽都遙不可及時，個人文化又有什麼意義？以此觀點來說，歐洲飽受批評的十九世紀、暴發富新貴興起的十九世紀、無趣的十九世紀，宣告了（雖然當時還未實現）眾多不同階級文化並存的人類新的未來，將一起構成某種「集體共同的文明」。這樣的轉變（不知不覺地）付出了極高的社會成本，然而相對的收穫卻也極豐碩。教育發展，人民上大學、接觸文化、改善社會地位，對十九世紀的新富階級帶來相當大的影響。

我們現在與未來所面對的重大課題，是創造一個具有品質且庶民的文明，需要相當龐大的財力物力，必得社會有錢、人民有閒；社會若無充盈餘裕，人民若無機械自動化設備的幫助得以在未來有閒暇日子，是無法達成的。在工業化國家，這樣的前景指日可待；而對世界上其他國家來說，問題可能就沒這麼簡單。

經濟力的差距不僅造成不同社會階層對於文化接觸與認知的差異，也造成世界上不同國家之間的差異。大部份的國家成爲某學者所稱的「外部無產階級」，即一般俗稱的第三世界，這些廣大的群眾通常不知自己國家文化爲何物，對他們而言，基本生活需求比較重要。未來，人類若無法彌平這巨大的差距，不論是「人類文明」或「人類諸文明」都可能將一沉俱沉、一毀俱毀。

文明就是共同的意識形態

前述以地理、社會與經濟面向來討論文明後，現在將以心理學層面來討論。群眾心理學只是該學科的一小部份，研究成果不如前述其他人文科學豐碩，且其甚少涉足歷史領域。

● 共同的精神狀態、共識、集體心理、思維工具？我們無法決定該用哪個詞來當作本段的標題。而此對於用詞的不知所措，也正揭示了群衆心理學這個概念是多麼新穎。

這個領域的重要專家杜普龍[5]特別愛用「共同的精神狀態」這個詞；「共識」，通常只存在事件發展接近尾聲時的某一短暫時刻；「集體心理」則是最通俗常用的；費夫賀在其偉大的著作《十六世紀不信教的問題：拉伯雷的信仰》中，則偏好使用「思維工具」一詞。

不論用哪個詞都不要緊！不是問題的重點。每個時代都對世間事物有某特定想法，有某個具主導性的社會集體意識。這個共同的意識形態影響著這個社會對於事件的態度、所做的選擇、加深主觀意識，導引著社會發展的方向；而這個意識形態，不折不扣地是該社會文明的直接產物，來自悠久的傳統、信仰、恐懼、通常幾乎無意識的不安全感，代代相傳至今，這些元素的成因幾乎已不可考，卻往往具有比歷史事件或社會情勢更大的影響力。一個社會如何回應某一新聞事件、如何紓解社會壓力、如何做決定，並非完全取決於道理或邏輯，甚至亦非取決於利益，而是經常取決於這個不成文、無法管理的文化制約所形塑而成的社會意識形態。

這些基本價值觀、心理結構，正是文明與文明之間最難以溝通的部份，是特色，也是隔閡。而這個社會共同的意識形態通常也不太受時間影響，變化極慢，經過長時間的醞釀才發生極微的轉變。

● 以此觀點而論，宗教是最具特色的，在過去與現在都於各文明中扮演核心角色。

首先，在非歐洲文明中，例如印度，一舉一動都有其宗教上的緣由與意義，而非源自於理性思考。依據該撒利亞的主教優西比烏（二六五—三四〇年）的記載，希臘人對此相當驚訝：「音樂家亞里士多塞諾斯敘述關於印度人的故事如下：有個印度人在雅典見了蘇格拉底並向他請教哲學的定義，蘇格拉底說『就是對人的研究』。印度人大笑『如果不了解神，如何能研究人？』」

對於渺小人類所無法度量，無限神秘與獨一無二的宇宙，現代印度哲學家查特吉[6]打了一個著名的比方：「我們就像是一群瞎子摸象，只接觸到一小部份，就堅信摸到了柱子、蛇、堅硬的物品、一堵牆、或是有長柄的刷子，其實只是分別用手拍到了象腿、象鼻、象牙、軀體或尾巴。」

相對於前述如此謙卑的宗教，西方似乎遺忘了其基督教的根源。然而，與其說是理性主義劃分了宗教與文化，倒不如說是世俗的世界、科學與宗教始終並存，儘管三者間看來紛紛擾擾，卻從未停止對話，不論是戲劇性的對話或安定人心的對話。基督教思想深植於西方生活方式中，那些不信教的西方人或者不承認、或者不知情，他們事實上生活其中：道德標準、面對生死的態度、對工作的想法、勞力的價值、女人或小孩的角色，這種種行爲看似與基督教無關，其實仍有其影響。

還須說明的是，西方文明自希臘哲學發展之初，即朝理性主義發展，與宗教分道揚鑣。這是西方文明的特色，我們將在後文討論。除了少數的例外（幾位中國的辯士、幾位十二世紀的阿拉伯哲學家），在西方世界之外幾乎是找不到如此明確劃分宗教與非宗教的文明。絕大多數的文明都浸染在宗教神祇、超自然力量、魔術之中，人們長久以來生活其中，也從中汲取充滿活力而獨特的文明精神。我們在後文還有許多機會反覆提及。

5 杜普龍，Alphonse Dupront（一九〇五—一九九〇），法國史學家、人類學家，巴黎四大索邦大學創校校長。

6 Suniti Kumar Chatterji（一八九〇—一九七七），查特吉，印度語言學家、教育家、文學家。

第3章 文明淵遠流長

延續以上已相當複雜，卻有必要的討論，接下來將更複雜地加入歷史的面向與其對文明十分重要的解釋。事實上，如果不認識一個文明的過往、其歷史經驗、古老的價值觀，我們沒有辦法真正地了解一個文明。文明就是歷史，某種存活於今的歷史。

於是，文明史，就是研究對今日仍然具有意義的過往；並不是講述所有關於古希臘文明、或中世紀中國的一切，而是歷史上對於今日西歐世界、或毛澤東的中國還有意義的那些元素，這些過往或許距今好幾個世紀之遙，卻影響至今。

以短期來檢視當下的文明

讓我們從頭開始。首先，過去與當今的文明都透過一連串很容易辨識的特色表現出來，像是某個劇作、某場畫展、某本暢銷書、某個哲學思想、某種流行服飾、某個科學發現、某個技術改良、……，一個個看來各自獨立毫無關聯的事件（乍看之下梅洛龐蒂[1]的哲學思想與畢卡索最新發表的一幅油畫是毫不相干的）。

這些文化事件通常都只短暫地存在，而且經常是後來者推翻取代前者，而非接續承繼。我們要如何從中找到那些從過去到現在都具意義的文明元素呢？

● 這些戲注定要有變化，節目會變，沒有人要看一陳不變的劇碼。

這樣的變異性呈現在文學、藝術或哲學的「朝代」更迭與相續上，每一齣戲都是獨立的劇碼。借用經濟學的「經濟情勢」一詞，我們可以說也有所謂的「文化情勢」，或長期或短期的漲跌波動，各階段經常前後強烈矛盾，每個時代風格迥異，或看來有變化。如同在戲院，不需要改變裝潢或門面，投影機即可放映出不同的色彩、帶領觀眾遨遊另一個世界。

在這些「朝代」中，文藝復興時代是最好的例子，有其主題、色彩、喜好、甚至是定型化的表現手法。文藝復興時代對學術的熱情、對美的追求、對言論自由的包容，使得思想活動成為另一種生活樂趣。當時全歐洲的知識份子都狂熱地參與古典希臘羅馬時代作品的研究與再發現。

同樣地，浪漫主義的形成也有其「情勢」（約介於西元一八〇〇年至一八五〇年間，當然之前與之後分別有前浪漫主義、與後浪漫主義）；在法國大革命之後看似沒有未來的帝國，動盪而艱難的年代，又逢整個歐洲經濟衰退（一八一七至一八五二年間），浪漫主義反映了這個時代的多愁善感與學術思想。我們當然不能說，這樣的衰退是造成浪漫主義憂思的唯一成因、或是主因，還有其他與時勢不甚相關的生活方式、與思潮的周期影響成分在

1 梅洛龐蒂，Maurice Merleau-Ponty（一九〇八—一九六一），法國哲學家。

內。昨是今非，每個時代，都否定前一時代的品味，直到再被下一個時代推翻。於是無止盡地在古典主義與浪漫主義（或用道爾斯[2]的詞說是巴洛克）之間、在理性與感性之間戲劇性地往復擺盪。

文明，如同經濟，有自己的節奏，有燦爛也有晦暗的時期，於是可以做不同的斷代，我們不是會說「路易十四時代」、「啓蒙時代」？甚至說「古典文明」、「十八世紀的文明」？這些都是「不同時代的文明」，經濟學家約瑟夫查貝[3]稱爲「邪惡的發明」，這樣的說法對查貝而言是互相矛盾的。我們之後會發現文明的概念其實是有「連貫性」，但是目前，我們就先留著這樣的矛盾吧。在文明中，一統性與多元性也是不斷對立衝突，卻又同時並存。

● 「轉捩點」、事件、英雄：這些歷史情勢、這些情節的發展有助於了解文明史上某些事件或人物的特殊歷史地位。

靠近檢視，每個故事都可以分解成好幾幕、好幾個角色。文明，說穿了，還是人構成的，所以，就是方法、行動、熱情、人們的「參與」、以及叛變。然而在這一連串的動作、成就、與人物傳記中，某個事件、或某個人構成一個「轉捩點」，從此開啓一個新的階段。對後世的影響越大，這個轉捩點的意義也越大。

一六八七年，牛頓發現了地心引力，是個很重大的事件（帶來很大的影響）。一六三六年《萬世英雄：熙德》[4]的演出，或者一八三〇年《艾那尼》[5]的演出都是具有特殊意義的事件。

許多人物也因其成就而成爲一個時代的代表，如撰寫《保衛與宣揚法語》宣言的杜貝萊（一五二二—一五六〇）、微積分之父萊布尼茲（一六四六—一七一六）、或是發明蒸汽機的帕潘（一六四七—一七一四）[6]。

但是那些眞正能夠在文明史上佔有一席之地的，是如闖過狂風暴雨的船隻，能夠穿越時代情勢變遷而不朽的人物。在大時代交替之間，往往有許多重要人物，在他們身上彷彿可以同時看到好幾個時代，如：「拉丁世界」中世紀末的但丁（一二六五—一三二一）、歐洲古典主義的代表作家歌德（一七四九—一八三二）、奠定古典物理學的牛頓、以及將物理學帶入今日全新龐然尺度的偉大的愛因斯坦（一八七九—一九五五）。

那些偉大思想體系的建立者，也同列於此具有特殊地位的行列：蘇格拉底、柏拉圖、孔子、笛卡兒、或馬克思，數世紀都居於主流地位，是文明的奠基者。他們的光輝僅次於那些耀眼的一等星，那些宗教的創立者：佛祖、基督、穆罕默德，這些人物光芒依舊，無須贅言。

簡言之，用來排列這眾多事件與人物是否重要的標準，就是其在世界舞台上所能夠影響的時間，唯有恆常不朽的才能在文明史上留下印記。下節我們就討論這些長期的影響所留下的文化印記。

從結構來看文明

朝代更迭物換星移，文明的舞台上如走馬燈，輪轉著各種影像，如果我們嘗試定神瞧瞧看，每場戲的背景幾

2 道爾斯，Eugenio D'Ors（一八八一—一九五四），加泰隆尼亞作家、評論家。

3 約瑟夫查貝，Joseph Chappey（一八八八—一九七八），經濟史學家。

4 《萬世英雄：熙德》（Le Cid）法國古典主義悲劇作家高乃依 (Pierre Corneille，一六〇六—一六八四)的作品，一六三七年一月五日於巴黎首演。此處譯文尊重保留布勞岱爾原文寫一六三六年首演。

5 《艾那尼》（Hernani）法國文豪雨果(Victor Hugo, 一八〇二—一八八五)的作品，一八三〇年二月二五日於巴黎首演。

6 帕潘（Denis Papin）法國物理學家、發明家，發明有壓力鍋與蒸汽機的前身。關於帕潘的卒年，有一七一二、一七一三、一七一四不同說法，此處譯文保留原文寫其卒年一七一四年。

乎不變，有些新鮮貨不過兩三場戲就過氣了，有些則穿越好幾個世紀，有些甚至讓人覺得亙古不變。其實不是真的亙古不變，只是它的變化緩慢到沒有被察覺而已。

● 此即前一章所討論的：由地理空間造成的限制、社會階級、集體心理意識、經濟活動的需求，這所有的深層力量，乍看不顯眼，尤其對生活其中的人而言，往往覺得理所當然，從未深究。而這種種乍看不顯眼的深層力量，正是今日所謂的「結構」。

這樣的結構，歷史學家在慣習的編年敘事史中無法立即看出，太短促了。需在長時間的跨幅中才能顯現其中極緩慢的發展。我們前一節所討論的表面的變化——那些事件與人物轉瞬即逝，留下的是人們知道或不知道的事物運作常態。這些就是諸文明的「基礎」，或說文明的「結構」，例如：宗教情懷、農事一成不變、人們對死亡、工作、休閒與家庭生活的看法、……等。

這些「結構」，通常很「古老」、歷久彌新、具有「獨特性與原創性」，文明的面貌正是由這些特性勾勒而成，有其無法取代的價值，不容替換。而這些常態，這些承繼而來的選擇、或是對其他文明的排拒，對廣大人民而言都是渾然不覺的。除非遠離，或至少在理智上跳脫這個自己身在其中的文明，否則無法釐清這樣的結構。

以一個觸及深層結構的簡單例子來說，二十世紀歐洲社會女性的角色，（對我們而言如此「理所當然」）若不與穆斯林的女性角色、或是不與美國女性比較，就看不出其特殊性。如果我們想要了解女性「為何」有此社會地位，就得至少回溯至十二世紀「騎士愛情」的年代，才能認識西方世界對於愛情與夫妻關係的概念。同時，還得援引一大堆解釋：基督教教義、女子入學堂與上大學、歐洲人對兒童教育的想法、不同經濟條件的女性在家當主婦或外出謀職的問題……等。

女性的角色，是一個文明結構的問題，是一個考驗，在一個文明都是長久以來累積的結果，能夠抗拒外來衝擊，很難說變就變。

● 文明通常會拒絕接受任何一種會引發質疑其深層結構的外來文化產物。這種對文化移植的排拒、及潛藏的敵意雖然不常出現，但的確主宰著每個文明的核心。

每一天，文明持續地向其他文明學習模仿，並且「重新詮釋」、內化成自身文明的一部份。乍看之下，每個文明都像是貨運站，每日有各色貨品進進出出。

然而，有時候，文明會非常堅持地拒絕某種外來元素。法國民族學家牟斯曾提出：每個文明都有其排拒厭棄之事物，經過長時間的猶豫不決與實際經驗後，最終決定要拒絕某種元素，透過漫長的省思與決定的階段，每個決定都有其重要性。

最經典的例子，莫過於一四五三年君士坦丁堡被土耳其人攻陷。今日某土耳其歷史學家提出，該城是自己獻降的，在土耳其人攻城之前，城內早就被征服了。儘管這樣的說法太誇張，但也不全然錯誤。事實上，東正教會（或者我們可以說拜占庭文明）曾經傾向於與拉丁國家結盟，以免於向土耳其人投降。這裡牽涉的，不是一個對事件當下快速的「決定」，而是一個漫長的階段，如拜占庭的衰亡一般，日積月累，慢慢加深了希臘人對拉丁世界的厭惡，而不只是教義的分歧而已。

東正教會與西方羅馬天主教會世界的統一，曾經是有其可能性的：東羅馬帝國皇帝米海爾八世在一二七四年的里昂大公會議時已同意；一三六九年，東羅馬皇帝約翰五世也曾親赴羅馬公開承認天主教；一四三六年，佛羅倫斯的大公會議也再次昭示，統一有其可能性。優秀的希臘神學家們，如貝可主教[7]、里多涅斯[8]、貝薩里翁主教[9]，都曾以無比的才華寫下連反對者亦無話可說的文章來促進統一。然而，在土耳其世界與拉丁世界之間，希臘人終究選擇了土耳其世界。「東正教會為求獨立，不惜求援於敵，並雙手奉上帝國與基督教信仰」，因為正如一三八五年君士坦丁堡的主教寫給教宗烏爾班六世的信已提到，這使得希臘東正教會「行動自主」，這正是關鍵所在。以下我們援引李默德[10]的解釋：「君士坦丁堡向穆罕默德二世伏首稱臣，對反對統一的東正教主教而言，是一項勝利。」西方羅馬教會世界深知東正教世界對其相當反感。佩脫拉克寫道：「這些分裂主義者從骨子裡地害怕並憎惡我們。」

另一個緩慢形成排拒的例子（法國猶豫時間特別長，將近一百年），就是在兩種信仰基督的方式上，最後終結於義大利教廷改革、伊比利半島、及長久以來舉棋不定的法國。

另一個拒絕外來文明元素的例子，就是西歐國家與盎格魯薩克遜美洲世界（包含加拿大），在面對馬克思主義與一黨獨大的社會主義共和國時的態度：日耳曼與盎格魯薩克遜國家，對此絕不妥協；法國、義大利、甚至伊比利半島國家，則正反意見交雜比較包容。這裡牽涉的不止政治，極可能涉及文明與文明之間的排拒。

以此同樣的邏輯，我們可以說，西歐世界採納了共產主義，可能以自己的方式將之重新組織，正如其今日重新整頓資本主義一般，與美國的方式截然不同。

- 一個文明接受或拒絕外來文化的這個過程，也會緩慢地作用在文明自身。這些選擇幾乎是無意識的，也因為有這樣的機制，文明在「切割」其一部份的過去的同時也才得以慢慢地有所轉變。

在歷史傳承下來與文明發展過程所積累的大量物質與精神文化財中，文明也一點一滴地在篩選，透過這樣的揀擇，重構一個日新又新的文明面貌。

這樣的「內在自我排拒」，可以是明快的、意見紛雜的、永續恆常的，或是過渡性的。唯有恆常的才重要，關於國家的或文明的心理學史的研究正逐漸釐清這些面向。諸如：特南蒂[11]兩部關於十五與十六世紀之生與死的先鋒之作、莫茲[12]檢視《法國十八世紀幸福的概念》、傅柯引人入勝的一部熱血著作《古典時期的瘋癲史》（一九六一年）。

這三個例子，都是一個文明的自我內省，很少會攤在陽光下。這種文明內省作用如此之緩慢，當代人根本無從察覺。這些揀擇——有時也會造成某些加添——要進行好幾個世紀，會碰觸到禁忌、藩籬、以及通常很難癒合的傷口，這些過程通常並不完美，而且總是耗時長久。

這就是傅柯以其特有詞彙所稱的「自我切割」，意即一個文明排斥外域以及自我內在的某種價值。傅柯寫道：「我們可以寫一部『藩籬』的歷史，記載那些一旦成事後即被遺忘的小動作，文明正是藉由這些小動作來摒棄那些外來之物；在文明史中，這樣的挖空、留白、這樣的自我隔離，也構成文明的價值。因為文明在其淵遠流長的歷史中，接收並維持這些價值；這裡我們要談論的，是文明會進行一些重大的揀擇，會做『切割』（此處係

7 貝可，Jean Beccos，十三世紀東正教會主教。

8 里多涅斯，Démétrios Lydonès。

9 貝薩里翁，Basilios Bessarion(一四〇三—一四七二)，君士坦丁堡東正教會主教。

10 李默德，Fernand Grenard(一八六六—一九四二)，法國探險家、作家。

11 特南蒂，Alberto Tenenti(一九二四—二〇〇二)，歷史學家，年鑑學派代表人物之一。

12 莫茲，Robert Mauzi(一九二七—二〇〇六)，法國學者。

作者非傅柯原著所強調），給予文明正向積極的面貌；此即形塑文明之深度。」

這麼美的文句值得一讀再讀。文明形成的過程中會摒棄那些邊緣的、與外來的妨礙，文明史就是一個共同的民族意識數個世紀沉澱的過程，在既定已知的命運與晦暗不明的命運之間，互爲礎石與動力，卻不見得知道對方的存在。這些心理學的回顧研究，因爲心理分析上的發現而顯得特殊。

傅柯所著《瘋癲史》一書中，研究了一個特殊案例：區隔理性與癲狂、瘋子與神智清醒的人，這在中世紀是無法想像的。在中世紀的歐洲，人們不了解瘋子，認爲瘋子與其他悲慘可憐的人都是神派來的神祕使者。在極度重視社會規範的十七世紀則認爲，魔鬼應該要被牢牢地、不假情面地關起來，因爲瘋子、罪犯、與懶惰成性的人，只不過是社會該處理掉的廢物。到了十九世紀，則比較溫柔、比較有愛心地將其視爲病人。不管是哪一種態度，核心問題不變：從古典時期直至今日，西方世界「切割」瘋子的問題，將其隔離不聞不問、無視於他們的存在。理性的勝利伴隨著一個深層而寧靜的風暴，一個幾乎不爲人知的過程，這樣的結果無疑地是文藝復興時代古典科學與啓蒙時代理性主義全面勝利的附加產物。

我們當然還可以舉出其他這類文明切割或類近切割的例子。特南蒂的書中，追溯了一部份西方世界如何自中世紀基督教世界對死亡的看法中「自我隔離」出來，當時將死亡視爲被放逐到人間的生靈通往死後眞正生命的一個過程。十五世紀時，對死的看法變得比較「人性」，視爲人的最後磨難，憂懼身體的衰敗。對死亡的新看法，讓人們對於生命也有了新想法，使得人重獲價値。隨著再下一個世紀的到來，十六世紀初對，對死不再恐懼，出現了生活樂趣的概念。

●重大的文明衝擊：到目前為止，我們的思維邏輯都是假設文明與文明之間是在自由意識下和平相處，然而武力脅迫的關係其實是常態。儘管這種衝擊往往帶來許多災難，但長遠而言，武力脅迫是沒有用的。

高盧與被征服的大部份西歐世界成功的羅馬化，只能以極長時間的作用來解釋，而且不管怎麼說，被征服的民族層次很低，一切的羅馬化出於對征服者的崇拜，總之，就是某種心悅臣服。然而，這類成功的例子是少數。

在武力脅迫關係下，失敗的例子多於成功的。「殖民主義」過去雄霸一時，今日一敗塗地，就是明證。殖民主義不正是以一個文明降伏另一個文明嗎？被征服的一方退讓，然而這種退讓只是短暫的，一旦有文明上的衝突，必然起而捍衛。

兩種文明被迫長時間的共存，也不是永遠都劍拔弩張毫不退讓，終會有些相容並蓄的時刻，有時甚至有收穫甚豐的文化移轉。但是，仍舊無法超越某些藩籬。

關於暴力脅迫下的文化詮釋，最佳的例子莫過於法國人類學家巴斯提[13]《非洲宗教在巴西》（一九六〇）一書，書中講述黑奴的悲慘歷史，他們從非洲各地被賣往葡萄牙的殖民地巴西，進入一個基督教信仰的父權社會。這些黑奴在反抗如此社會的同時，卻也接受了基督信仰。許多逃奴建立了一個個獨立的共和政體——「逃奴堡」，其中位於巴伊亞叢林深處的帕爾馬雷斯逃奴堡[14]，堅持戰鬥到最後一刻。這些一無所有的黑奴，在重建非洲古老的宗教儀式與降神舞時，也混入了基督教信仰的部份儀節，例如「坎東伯雷教」、「馬康巴教」。非洲傳統宗教與基督教信仰儀式「合而爲一」，不僅在文化上流傳至今，甚至是主流文化，不正是個令人驚嘆的例子？被降服者做了讓步，但也因此存活了下來。

13 巴斯提，Roger Bastide(一八九八—一九七四)，法國社會學家、人類學家。

14 帕爾馬雷斯（Palmares）一七世紀巴西最有組織、堅守最久的逃奴堡，抵禦荷蘭與葡萄牙殖民者之武力掃蕩將近一百年。

歷史與文明

前面檢視了文明對外來文明的學習、排拒、其常態與緩慢的改變，有助於以下建構文明的最後一個定義：形塑文明獨特面貌的是文明的連續性，其淵遠流長的歷史性。

文明的歷史是最悠久的。然而歷史學家無法一窺全貌，只能逐步觀察，才慢慢了解越多。如此，一步步往上，登高望遠，視野逐漸拓展。

● **不同的歷史時間：歷史的作用有其不同的規模，須以不同的尺度，以天、以年、以十年、或是百年為單位來檢視。**

因爲使用不同的尺度，所見的樣貌也隨之而異。歷史的辯證，正是由這些不同歷史時間、不同歷史樣貌的矛盾所構成。

爲了方便解釋，此處將歷史學家所用的方法至少分爲三種。

一、傳統的歷史，敘事史，一個事件接續一個事件，像是過去的編年史家或是當今記者的方法，千百個生動畫面交疊成一個多采多姿的歷史樣貌，如同一部豐富緊湊引人入勝的小說。然而，讀過就沒有任何保存價值了，無法讓我們對歷史有進一步的判斷或了解。

二、以時期分段來檢視：浪漫主義、法國大革命、工業革命、第二次世界大戰。檢視的單位爲十年、二十年、甚至五十年。不管是稱爲時期、階段、或趨勢，其間各個事件得以被互相比較、演繹並更深入的解釋。在此，許多不必要的細節已被省略，以檢視這些時間跨幅較長的事件。

三、超越事件的規模，而以百年或是數百年的趨勢來檢視。當以如此大的時間跨幅來檢視歷史時，法國大革命只不過是西方世界爲了爭取自由奮起革命的漫長歷史中，至關重要的一個點；伏爾泰也只是自由思想發展過程中的一個小階段……。

在此最終階段——社會學家稱爲「深層結構」——我們才看得到文明，不討論構成其色彩樣貌的枝枝節節，而只討論其幾乎抽象卻是本質上的常態、結構、或模式。

- 所以一個文明，並不等於某一個經濟體或某一個社會，而是穿越了一連串的經濟社會變動，長遠存留下來且只能一點一滴慢慢改變的傳統。

文明的成就需要非常漫長的時間，事實上，是在經常風暴不斷波濤洶湧的歷史中，某一群人所保存下來代代相傳的珍貴財產。

在此前提下，先別急著接受西班牙偉大的史學家阿塔米拉[15]（一九五一）、或法國史學家基佐（一八五五）[16]所提，文明史就是「全部的歷史」這一說法。沒錯，文明史是全部的歷史，但是以某一特殊角度、以具有歷史與人文關聯性的極大時間跨距來檢視的歷史。借用法國當代專欄作家馮特內[17]極富畫面的說法，不是玫瑰的歷史，而是玫瑰以爲會永遠蒙受其照顧的園丁的歷史。相對於社會、經濟、與歷史上滄海蜉蝣的千萬事件，文明看似長存不死。

15 巴阿塔米拉，Rafael Altamira(一八六六—一九五一)，西班牙史學家、教育學家。

16 基佐，François Guizot(一七八七—一八七四)，法國史學家、政治家。一八四七—一八四八曾任法國首相。其一八五五出版之著作為《英格蘭共和國史》Histoire de la république d'Angleterre。

17 馮特內，Sébastien Fontenelle。

這個大跨幅的歷史，是在時間之海中進行大洋航行，而非一直看得到岸的沿海航行；這個歷史方法，不論我們如何命名或用什麼意象比喻，有其優點與缺點。優點：它讓我們不得不去尋找新的詞彙來思考、解釋，以了解其特殊的時間跨距。缺點、甚至是危險性：此種檢視方法可能陷入一個過於籠統、一以概之的歷史哲學，最終變成一個想像的歷史，而非被認可的、或眞實的歷史。

史學家們對太過熱情的歷史時空旅行者，如斯賓格勒或湯恩比持保留看法，是有一定道理的。當所有的歷史推論成爲概略解釋時，就需要不斷地以實例、數據、地圖、年表來檢視與驗證。

接下來的章節，不僅只是構成文明的法則，也是透過這些實例的研究，才能了解什麼是文明。我們前此定義的各種法則，透過這些實例將顯得更清楚、更簡單。

2
非歐洲文明

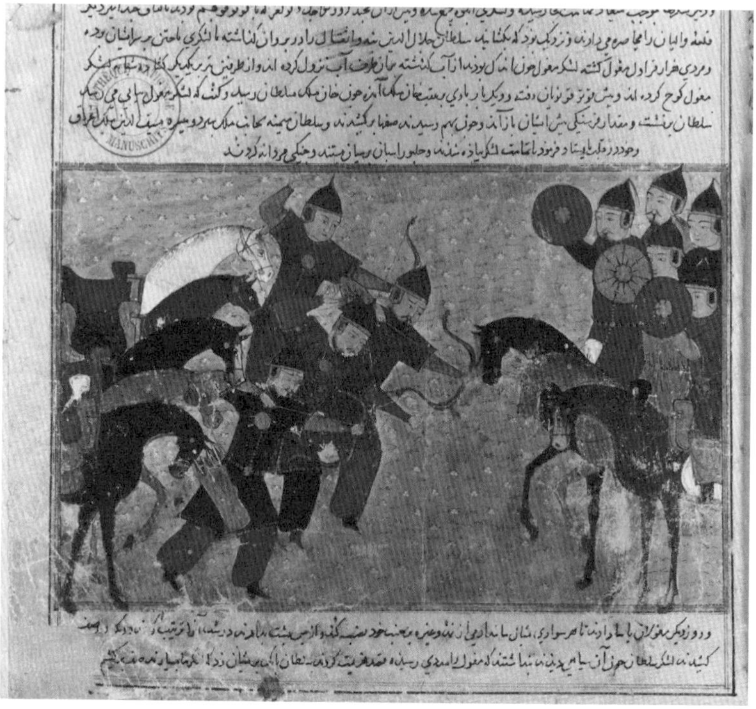

第一部

伊斯蘭與伊斯蘭世界

第1章 其歷史

文明的誕生需要漫長的醞釀、成形、與發展。

認為伊斯蘭教在短短幾年內隨著穆罕默德的崛起而生，此一說法極正確，卻也同時是不正確、不易理解的。基督教也同樣，是隨耶穌而生，但也早於耶穌之前就已出現。若無穆罕默德或耶穌，即無伊斯蘭教或基督教。此二者新創的宗教都是建立於已經形成的文明之上；兩者也都成為各自文明的靈魂；從一開始就佔盡優勢善用豐饒文明，將其過去變成現在，並構築未來。

伊斯蘭，近東的新樣貌

● 一個「次生」文明：如同基督教文明承繼並延伸了羅馬帝國，伊斯蘭文明也承繼了或許是人類最古老十字路口的最悠久文明。

這是個影響深遠的元素：伊斯蘭文明因此沿襲了固有的地緣政治責任、城市型態、機構組織、習慣、儀節、古老的信仰與生活方式。

信仰方式：伊斯蘭教與猶太教及基督教一脈相承，均遵奉亞伯拉罕、舊約聖經及嚴格的一神論，耶路撒冷是聖城，耶穌是穆罕默德之前最偉大的先知，直到穆罕默德出現並超越耶穌成爲最偉大的一位。

生活方式：許多千年古老習俗透過伊斯蘭教傳承至今。《一千零一夜》書中，記述向君王行禮的方法爲「親吻兩手之間的土地」。其實，此禮已見行於波斯薩珊王朝國王庫斯老一世（五三一年至五七九年在位）的宮廷裡，相信其起源應該更早。到了十五、十六世紀，甚至更晚，西方各國大使在伊斯坦堡、伊斯法罕[1]、或德里，仍極力想要避免行此伏地之禮，他們不僅覺得自己受辱、對自身所代表的君主也是很恥辱的。古希臘史學家希羅多德就已批評埃及類似的儀節，認爲十分噁心：「在大街上，爲了行禮，他們一個個半伏在地；將手置於膝前，像狗一樣」，此禮於今尚存。其他細節諸如：摩爾浴或土耳其浴，就是阿拉伯征服者將古老的羅馬公共澡堂，推廣到波斯及各地的成果；法蒂瑪之手，穆斯林的「護身符」，也被雕刻於迦太基人的墓碑上；而穆斯林的傳統服飾，法國民族學家高帝耶[2]毫不猶豫地將之與兩千四百年前希羅多德所描述的巴比倫服飾進行比較，發現頗有相同之處，以下括號內爲高帝耶的評註；希羅多德記道：「巴比倫人先穿一件長及地的麻質袍子（在阿爾及利亞稱爲「寬大長袍」），上罩一件毛料長袍（應該是今稱的「無帽長袍」），再披一件白色小外套（我們可以說是「小白罩袍」），頭戴冠帽（我們今稱「紅色毛呢小圓帽」）」。

照此下去，我們實在無法分辨伊斯蘭世界中究竟哪些是伊斯蘭的風俗、而哪些不是。不久前，不是才有人提

1 伊斯法罕，**Isphahan**，一六至一八世紀波斯帝國首都所在地。

2 高帝耶，**Émile-Félix Gautier**（一八六四—一九四〇），法國民族學家。

出北非庫斯小米料理源自羅馬、甚至源自迦太基！總之，盛行於埃及、北非伊斯蘭世界有四方內庭的平房，早在伊斯蘭教出現前即已存在，類似希臘有中庭迴廊的住宅，以及「西元初數世紀的非洲家屋」。

這些是細節；然而所表達的是明確的：引阿佛列韋伯的用詞，伊斯蘭文明一如西方文明，都是「承繼演化」自另一個文明，在這個基礎上「進階」發展，並非從零開始，而是建立在近東既存的、非常活躍、多元的文明之上。

所以，伊斯蘭並不是誕育於穆罕默德的教誨，也不是起始於西元六三二年至六四二年十年間的猛烈攻伐，而是源起於近東悠久的歷史。

近東的歷史

近東地區，曾經由亞述人統一；隨後，居魯士大帝、岡比西斯二世、大流士一世在征戰多年後，也曾一統近東地區。兩世紀後，阿契美尼王朝所建立的龐大波斯帝國，被亞歷山大所帶領的希臘與馬其頓聯軍所滅（西元前三三四至三三一年）。此次征伐，比十個世紀後阿拉伯迅捷的鐵騎，更快速地征服了近東地區。

大致而言，這兩次統一征伐之間的十個世紀，是一段超乎尋常的「殖民期」，希臘人主宰了介於地中海與印度洋間的廣大土地，建立了許多城市、大港口（安提阿、亞歷山卓港）、龐大的國家（塞琉卡斯王朝[3]、托勒密王朝[4]）。希臘人與他們的臣民一同生活，卻保有自己的生活方式，從不居住於他們所不熟悉的鄉間。希臘馬其頓人這支小民族，殖民亞洲如此廣袤的疆域，如同後來歐洲殖民非洲一般，將殖民者的語言、行政體系強加於殖民地，同時也將一部份的發展動力分享給殖民地。

羅馬人的征伐也同樣涵蓋了小亞細亞、敘利亞和埃及，絲毫未中斷此「殖民期」：在羅馬帝國的門面後方，潛藏的是希臘文明；西元五世紀羅馬帝國滅亡後，拜占庭帝國接棒，希臘文明依舊是主流。過去在阿爾及利亞很活躍的法國民族學家高帝耶，對於這段後來被歷史一掃而空幾乎不留痕跡的希臘殖民過往十分著迷。

被殖民的近東地區，並不愛戴他們的統治者。自西元前二五六年起，安息帝國以及隨後的波斯帝國薩珊王朝，都建立起橫跨整個伊朗的龐大帝國，東南至印度河、西北到邊界動盪不休的敘利亞。羅馬與拜占庭曾多次發兵苦戰這個強鄰。波斯帝國是個有組織、好戰、擁有龐大官僚體系的封建帝國，其騎兵數眾，與遠東之中國、蒙古、印度文明息息相關（波斯騎兵可以射穿羅馬士兵護胸甲的弩箭，肯定是源自蒙古）。近東地區憑藉著「無上的祆教」堅決地「對抗入侵的希臘化文化」。不過此種政治對立無法阻止西方文化思潮傳入：被東羅馬帝國皇帝查士丁尼驅逐的幾位希臘哲學家，在波斯薩珊王朝的首都泰西封尋得庇護；被拜占庭斥爲異端邪說的涅斯多留派[5]教徒，借道伊朗流亡至中國，往後成就了一番大事業。

● 這個桀驁不馴的近東，與改宗信仰基督教的希臘對立，宗教暴力事件層出不窮。阿拉伯人的首波攻伐征服（西元六三四—六四二年），得到立即的響應。

敘利亞、埃及分別於六三四年、六三九年迎進新的統治者。出乎意料的是，波斯聯軍很快就於六四二年被擊

3 塞琉卡斯王朝，*Séleucides*，西元前三〇五年至西元前六四年。領土涵蓋今敘利亞、伊朗、美索不達米亞。中國古稱條支。

4 托勒密王朝，*Lagides*，西元前三二三至西元前三〇年統治埃及的希臘化王朝。

5 涅斯多留派，*Nestorisme*，基督教的一支，主張耶穌是神、也是人。在唐代傳入中國，稱景教。

敗：古老的波斯帝國，被長年來與羅馬及拜占庭的戰爭消耗殆盡，儘管有兵馬與象群，仍舊不敵阿拉伯駱駝大軍的冷酷襲擊。近東就此陷落。北非則比較難攻下，直到七世紀中、八世紀初時才完成；一旦攻下北非，西班牙即如囊中物，於七一一年陷落阿拉伯人之手。

總之，除了在拜占庭帝國守護下的小亞細亞山區，阿拉伯人在轉瞬間征服了整個近東地區，並朝西沿著北非海岸大舉進攻。

如此雷霆之勢：

一、是否可收出其不意、攻其不備之效？

二、迅捷、破壞力極強的一波波攻擊，是否迫使被孤立的城市不得不一一投降？

三、這是否就是緩慢腐化的近東，脫離希臘殖民的必然結局？

無庸置疑地，這三個理由都成立。但是，以文化史的觀點而言，這樣的解釋並不充分。自滿或懶散，不足以解釋征伐佔領的「永續」成功。是否應該更深入地探討，此地由於長期的族群交融，所形成的思想與宗教兼容的精神？穆罕默德所創立的新宗教，正是創造於近東這個十字路口上。

伊斯蘭教，在其擴張之始，只不過是重新賦予近東這個古老的東方文明生氣與活力，使其成為「第二台柱」（主角自然是阿拉伯半島）。其實，那是個深植於豐饒之地的古老文明，相較之下阿拉伯半島是非常貧瘠的。伊斯蘭的使命，在於將此古老文明推進新的運行軌道，建立新的思想、舉止、與生活標準。

穆罕默德、古蘭經與伊斯蘭

伊斯蘭世界崛起的近因，是此人、此書、與此教。

● 西元六一〇、六一二年（有爭議、但極有可能的年代）至六三二年穆罕默德過世前這段期間，是穆罕默德具有決定性影響的時候。

若無此人，各部落分歧對立，對所有外來影響都開放包容，甚至對波斯、信仰基督教的衣索比亞、敘利亞、拜占庭帝國治下的埃及等地殖民努力也都採開放態度的阿拉伯半島，是絕對無法統一的，也無法乘著這波銳不可當的攻勢，朝著北非推進。

無論是拜占庭或是波斯——幾世紀以來的死對頭——都沒有想到，會從如此不毛之地殺出一個這麼強勁的敵人。這些游牧民的確經常入侵滋擾，來了就走了，劫掠是常事。對於尤其是在「肥沃月彎」邊緣，波斯人與希臘人互爭主權的這些「無主之地」，誰會把這些劫掠滋擾放在心上呢？

穆罕默德的崛起，改變了一切。透過學者的研究，去除其傳記中穿鑿附會的光環，還原出一個眞實的樣貌，依舊是很美、很動人的故事。穆罕默德生於西元五七〇年左右，他生命中的前四十年充滿苦難，這段隱微的歲月不見史載。大約於西元六一〇、六一二年左右，偉大的先知四十歲時，「齋戒月最後十天的某個夜晚，在希拉山的一個洞穴裡」，離麥加不遠，穆罕默德沉睡著，「神諭降臨，並向偉大的先知啓示經文」。在夢中，神靈向他展示「一卷滿是符號的布經卷，並命他讀……穆罕默德答道『我不知怎麼讀』。『讀』，天使又重複了兩次，並將經卷纏繞先知頸上。『我讀什麼？』『讀吧，以造物主之名』」……「先知於是知道，那降示的經文，是神的話語」（引自德蒙漢6）。補充一個小細節，以上「讀」也可以翻譯成「傳教」，因爲我們沒有辦法確切知道，穆罕默德究竟是否識字。

6 德蒙漢，Émile Dermenghem（一八九二—一九七一），法國作家。

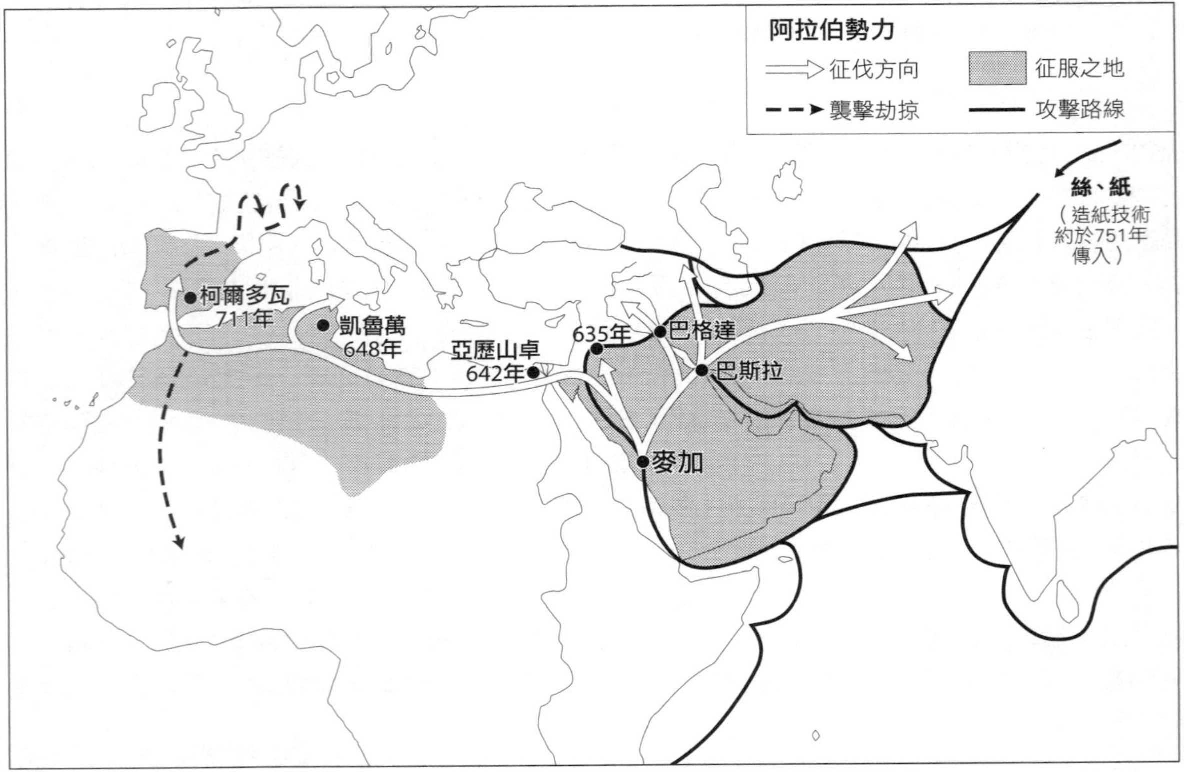
阿拉伯勢力
征伐方向
征服之地
襲擊劫掠
攻擊路線
絲、紙
（造紙技術
約於751年
傳入）
柯爾多瓦
711年
凱魯萬
648年
亞歷山卓
642年
635年
巴格達
巴斯拉
麥加

圖 3　阿拉伯勢力擴張圖

這個神聖的故事家喻戶曉：穆罕默德在得到大天使加百列（夢中那位神秘訪客）傳達的神諭後，自認爲是眞神的使者，意即根據聖經的啓示，是最後一位，也是最偉大的先知。起初，只有他的妻子赫蒂徹支持他，其岳父母——麥加的富商——則是立即反對。穆罕默德似乎充滿困惑、幾近絕望、精神錯亂與自殺的邊緣，到底爲什麼要追隨這股神啓的「熱誠」？代代相傳的後人見證、先知的「話語」（「聖訓」）、與古蘭經的章節內容（「蘇拉」），眞的都是由神傳授？重點在專注於此「無法超越的」（由此可見其神聖性）文句之美、其爆發力、其「純粹的音樂」，與先知的訓示（在訓示前，穆罕默德經常會長時間失去意識，進入可怕的出神狀態），專注於此優美且抑揚頓挫的詩句，即使透過翻譯，也無法減損其美。前伊斯蘭的阿拉伯世界，過著如詩的歲月，詩是增廣見聞、開啓心智的工具。

有很長一段時間，先知傳教的對象只是極少數的追隨者、親人、和一些極窮困之人：麥加城中，除了因往來敘利亞、埃及、波斯灣間的駱駝商隊而致富的商人以外，還有許多窮苦之人、工匠、與奴隸。於是，阿布·巴克爾（偉大先知的朋友與未來的岳父）所買的黑奴比拉勒，就成爲伊斯蘭的首位「宣禮者」。

對於這個新教的宣傳，富人們起先只是一笑置之，後來有些惱怒並感到憂懼。穆罕默德的信徒們受到威脅，不得不流亡他方，有的前往信仰基督教的衣索比亞；另有六十多人則遷徙至麥加北方的綠洲城市雅特里布，隨後穆罕默德也前往避難：雅特里布後來成爲先知之城——麥地那，而這場遷徙（「希吉拉」）則成爲伊斯蘭紀年的起始（西元六二二年九月二十二日）。注意：這裡還有個很小的細節要補充，似乎早在穆斯林希吉拉遷徙之前，該城就已名爲麥地那。

當時這個城市有四分之三是農人，住有兩個彼此敵對的阿拉伯部族，以及人數衆多的猶太人分支，大多是商賈。穆罕默德對這些猶太部族的態度，由起先的好感，轉爲不信任，最後變成敵意。穆斯林的禮拜，起初是朝耶路撒冷的方向，希吉拉之後轉爲朝麥加的方向。這一切都發生在無止盡的戰爭中：爲了生存，流亡的穆斯林劫掠鄰近的村莊、沿路搶劫由麥加出發的駱駝商隊。十年的征伐，終使偉大的先知得以領袖的身份重返麥加，在困難重重的過程中，經常能顯現出其每一個決定的特殊意義、審慎與寬容。

- 一字一句依所傳神諭而成的古蘭經，與偉大先知的言行，是伊斯蘭教的基礎，伊斯蘭（順從眞主）自許成為簡單易行的宗教。

伊斯蘭教的「五大支柱——五功」爲：唸、禮、齋、課、朝。唸，證信唯一眞主阿拉，穆罕默德是其使者；禮，每日祈禱五次；齋，齋戒月爲期二九或三十天，日出至日落之間不進食；課，救濟窮人；朝，前往麥加朝聖。聖戰，並不是基本教義的一部份，但卻很快地扮演了十分重要的角色。

伊斯蘭的教義並無任何神秘之處，雖然有許多論點相互矛盾，造成一些複雜神秘的詮釋。伊斯蘭神學絲毫不遜於基督教神學，兩者都處理了相當複雜的哲學思考問題。

關於祈禱，穆罕默德的靈感來自基督教與猶太教。朝聖，則是依循阿拉伯人與麥加的傳統，事實上，他保留並結合了可能源於春、秋兩季的兩個節慶，前往麥加卡巴天房與麥加近郊阿拉法特山朝聖的古老習俗；前往卡巴天房朝聖與舊約中的住棚節[7]類似。這些古老習俗的意義已不可考，在新宗教裡被以新的語彙改寫：「穆罕默德融入古訓，藉由某種文化傳說，賦予其正統性。他聲稱，亞伯拉罕與其子以實瑪利，是阿拉伯人的祖先，制定了對卡巴天房的崇拜與朝聖的儀式。如此一來使得伊斯蘭教更早於摩西所創的猶太教，及耶穌所創的基督教」。如此與亞伯拉罕攀關係，其政治上的算計，以及想比另兩教起源更早的目的，不說自明。這些宗教難道沒有他們的宗教邏輯嗎？沒有眞相嗎？這是尤金．穆巴拉克[8]於一九五八年《古蘭經裡的亞伯拉罕》中所提出的質疑。伊斯蘭學家馬希農[9]則說「伊斯蘭教尊亞伯拉罕爲最早的穆斯林，『在神學上是非常正確的』。」

重點，還在於了解宗教信仰與儀節對穆斯林的生活中有多麼重要，及其所給予十分嚴格的規範，一切（包含律法）均源自古蘭經。今日穆斯林的宗教虔誠更甚於基督徒，馬希農（於一九五五年）寫道「一千三百六十年來，每年在阿拉法特山……都大約有十五萬來自各國的朝聖者。」埃及的村莊、或是只有慶祝復活節能算是宗教節慶的法國小鎮，是否能有同樣的朝聖人潮？當然是伊斯蘭勝出。然而，可以歸結於穆斯林信仰比較虔誠嗎？基督教曾遭遇源自其文明的問題，內在分化的考驗，這種考驗是伊斯蘭至今幾乎不曾遇到的。伊斯蘭的世界不是始終建立於一個古老社會，宗教儀式與其他的社會風俗、甚至生活習慣都沒有改變嗎？

阿拉伯半島：一個才剛都市化的文化的問題

在穆罕默德成功崛起與伊斯蘭教的擴張中，廣大的阿拉伯半島到底扮演什麼角色呢？這個問題並不容易回答。

● 城市優先：穆罕默德在麥加居住生活過，他在城市中建立了（如果可以這樣說的話）伊斯蘭，在一個仍然在原始文化邊緣的阿拉伯半島，建立了伊斯蘭。

麥加「不久前」才成爲一個富裕的城市，財富來自與遙遠異國城市貿易往來的駱駝商隊，只有大商人致富，商人資本主義在麥加剛剛萌芽。

---

7 住棚節，Fête des Tabernacles / Souccot，慶祝猶太人出埃及，猶太人必須要前往聖城耶路撒冷朝聖並禮拜七日。

8 尤金．穆巴拉克，Youakim Moubarak（一九二五—一九九六），黎巴嫩思想家，一生致力於跨宗教間的溝通。

9 馬希農，Louis Massignon（一八八三—一九六二），法國學者，專門研究伊斯蘭。

在受神啓之前，穆罕默德是駱駝商隊的一員，他應該是在敘利亞的城市，而不是在阿拉伯半島，接觸到猶太教與基督教。往後他所制定的教義、儀節，都是以城市的框架爲考量，宣禮者於「宣禮塔」上提醒信徒祈禱、星期五聚集禮拜、女人的面紗、對信徒及對引領祈禱的教長「伊瑪目」服裝儀容的規範，這一切都因爲穆罕默德曾經見識過都市摩肩擦踵的人潮。

「如此素樸嚴謹的理想形象，出於漢志地區[10]簡樸商人的裝束。伊斯蘭追求的是城裡的服裝，而不是鄉野隨意的穿著」（語出普朗歐[11]）。偉大先知的某些聖訓，都必須以此觀點來解釋：「我替我的人民感到憂心的，是奶，魔鬼在浮泡與鮮奶油之間攪和。人們喜歡喝奶，然後『離開我們共同禱告的城中心』回到沙漠去。」（雙框內是作者所特別強調的）。再借一句先知的話來舉例，是關於耕田的犁：「這東西絕不能進信徒的家門，它帶進來的同時還有恥辱與蔑視。」簡而言之，就如古蘭經中所說：「沙漠裡的阿拉伯人最是不潔與假惺惺。」此最初的伊斯蘭教，其信仰中心在城市。這情況令人聯想起基督教最早於西方世界傳教時：不信教的不都是鄉下人嗎？「非教徒」這個字不正是源自拉丁文的「鄉野之人」嗎？

● 貝都因人的確是奇怪的「鄉下人」。二十世紀初還可以找到他們，堅持著自我的生活方式，也許今日在阿拉伯半島深處都還存在。

伊斯蘭研究學者蒙坦[12]寫了一部很好的書講述《沙漠的文明》，民族學家蒙坦顯然拒絕僅稱之爲「文化」。阿拉伯半島沒有城市，就算有，也都是狀態很簡單的。雅特里布，在希吉拉遷徙時，其規模尚不如埃帕米農達[13]時候希臘的底比斯城。但凡有一點點水的谷地，在這些「城市」的周圍，就有一些定居的鄉民，這些爲數不多的農奴，依附著土地生存。絕大多數的阿拉伯人，都過著游牧的生活，「像蜂群一般」，組成小型的社會群體：

父系家庭、「分支部」、「支部」、「部落」、「部落聯盟」。這個分類法爲當今調查員所用，以方便計算人口：一個支部大概是一百到三百個帳篷；一個部落約三千人。在這些階序單位中，部落是有群聚力的最大單位，血緣關係眞實的也好、虛構的也好，唯有貝都因人承認的才算數。部落也是戰鬥出兵的單位，在部落內都是兄弟、表親。相反的，部落聯盟是相當脆弱的，由分散各方、相距甚遠的幾個部落相互結盟而成。

在阿拉伯半島的沙漠與半沙漠地帶，貝都因人艱苦的生活全仰賴駱駝。好餵養、耐旱，使牠們可以撐過由一片水草地遷移到下一片水草地之間的漫長游牧旅程。在襲擊村落、掠搶牲畜或打仗時，駱駝負責載運糧草和水。被十分小心呵護的馬匹，則是在最後時刻才出動攻擊。

生活就是「逐水草」而居。有了很能馱重的公駱駝，與很能跑的母駱駝，這些游牧民有時可以走南闖北的穿越一千多公里。往北，到肥沃月彎的邊緣，敘利亞與美索不達米亞之間，游牧漸少、定居農業漸多。除了養駱駝以外，也養綿羊，綿羊就沒有辦法旅行太遠。養羊人之下，有養肉牛或水牛的人，最下一等的就是糟糕的定居者。

阿拉伯半島的南方與中部，騎駱駝的游牧民族，保持著血統的純正並自稱爲貴族。這些貴族部落相互攻伐，大欺小、強欺弱。人口過多的沙漠以此方式排擠過剩的人口、將其往外推：出口，一般是往西方世界去：西奈半島、或是狹長如帶狀通道的尼羅河，都無法阻止人口遷徙往撒哈拉、或更西方的國家去。

人流之所以往西遷徙，有其地理上與歷史上的原因。地理因素：往北，過了酷熱的沙漠、是嚴寒的荒漠。七

---

10 漢志地區，Hedjaz，位於今沙烏地阿拉伯西部，境內有麥加、麥地那兩大伊斯蘭聖地。

11 普朗歐，Xavier de Planhol（一九二六至今），研究伊斯蘭世界的重要學者。

12 蒙坦，Robert Montagne（一八九三—一九五四），法國人類學家、東方學家。

13 埃帕米農達，Epaminondas(西元前四一八—三六二)，古埃及政治家、底比斯將軍。

世紀時，阿拉伯人無法征服小亞細亞，因爲他們的駱駝無法耐受安那托利亞高原刺骨之寒，在那兒能適應天氣的是雙峰駱駝；然而跨過紅海，撒哈拉沙漠只不過是阿拉伯沙漠的延伸。歷史因素：北方的荒漠，有中亞原有的游牧民族、雙峰駱駝、馬匹、騎兵、以及他們獨特而暴力的遷徙模式，並不是一片可以讓人隨意移居的空地。

幾度遲疑後，阿拉伯半島的貝都因人將其超凡的戰鬥力貢獻給伊斯蘭。這些游牧民沒有那麼快改宗信教，他們依舊是好戰、不穩定的。在後來被征服的西班牙，奧瑪雅王朝[14]統治的時代，衝突重啓，那些過去相互敵對的部落繼續征戰不休。

而且，所有的游牧民族在穆罕默德死後紛紛反叛，穆罕默德的繼承人花了很長時間鎮壓，歐麥爾[15]哈里發（六三四—六四四在位），爲了終結這些永無止盡的爭執，不得不派遣這些騎兵和駱駝部隊發起「聖戰」：想辦法讓他們遠離阿拉伯半島，同時避免部落間互相殘殺。

於是貝都因人完成了伊斯蘭世界第一階段的征服。想像這些小部隊的行列，在如此遙遠的征戰路線上，帶著駱駝毛或羊毛的帳篷，隨之移動的還有他們的生活習慣、道德觀、與身爲游牧民族的自豪、對令人窒息的定居生活的蔑視。在伊斯蘭往西征服的龐大地域中，他們是極小、卻威力猛烈的炸彈，所到之處，都留下他們的語言、風俗、他們的惡行與善行；其中，他們特別熱情好客，伊斯蘭世界也將此特色發揮得淋漓盡致。

以下是希拉爾部落[16]漫長艱辛的遷徙路線：七世紀時從漢志地區的南部出發，西元九七八年左右，他們在上埃及的處境很糟；十一世紀中，他們像蝗蟲一般肆虐北非；十二世紀一一五一年塞提夫[17]戰役時慘敗於柏柏人之手，從此四散西非北非地區。今日，茅利塔尼亞「從外約旦[18]的沙漠一路到比斯克拉[19]與艾蒂安港[20]」的傳說中，仍流傳著他們的故事。

● 伊斯蘭世界的「文明」與「文化」：這個後來發展得極精緻的文明，如何逐步奠基於這些具活力而

好戰的阿拉伯原始部落「文化」、加以吸收、並快速的「開化」他們。

伊斯蘭世界前一百年的成功擴張，要歸功於阿拉伯部落；接下來，則得力於北非險惡山區的柏柏人，攻克西班牙與埃及；最後，更有改宗伊斯蘭的中亞突厥、蒙古游牧民族的加入。自十世紀起，突厥傭兵就是巴格達哈里發的軍隊主力，他們是最傑出的步兵、弓箭手與騎兵。

九世紀時阿拉伯偉大作家賈希茲[21]嘲諷這些粗野之人，曾寫下令人難忘的描述。故事總是相同的，窮人致富、游牧民變城裡人，這些人從奴僕到主子的路有時非常短，昨日是傭兵、明日就成了王侯：塞爾柱土耳其人、鄂圖曼土耳其人，都陸續成為伊斯蘭世界的君王。一四五三年君士坦丁堡陷落時，西方人尊稱鄂圖曼統治者為「大君」、「大突厥」。君士坦丁堡成為新帝國的首都，突厥人在此穩坐君權。

這也許就是伊斯蘭命運的法則吧，利用原始的部落民族打天下，卻也被其暴力所征服，然後一切秩序重新建立，曾經所向披靡的戰士，慢慢地隱沒於伊斯蘭世界極具魔力的城市生活中。

---

14 奧瑪雅王朝，**Omeyyades**，六六一—七五〇年統治伊斯蘭世界，首都大馬士革，疆域東起印度、西至西班牙。為伊斯蘭勢力最龐大的帝國。中國史稱白衣大食。

15 歐麥爾·哈里發，**Omar ibn al-Khatâb**，穆罕默德的好友，繼阿布·巴克爾之後為第二任哈里發，六三四—六四四在位。

16 希拉爾部落，**Hilaliens**或**BeniHilal**，於十一世紀移民北非的阿拉伯部落之一。

17 塞提夫，**Sétif**，位於今阿爾及利亞東北的城市。最早建於西元前二二五年。

18 外約旦，**Transjordanie**，約旦河東西岸，包含今約旦、以色列、巴基斯坦地區。

19 比斯克拉，**Biskra**，位於今阿爾及利亞東北部，撒哈拉沙漠邊緣，被稱為沙漠之門。

20 艾蒂安港，**Port-Étienne**，茅利塔尼亞經濟大城。艾蒂安港是一九〇七年至一九七〇年法屬殖民地時代的稱呼，今稱努瓦迪布**Nouadhibou**。

21 賈希茲，**Al-Jahiz**(七七六—八六七)，阿拉伯作家。

第2章
其地理

伊斯蘭影響了綿綿相連、差異甚大的廣闊疆域，伊斯蘭的歷史從來不是溫順安靜的。然而，這些變化，相對於整個空間，又是微不足道的。整體而言，廣大的伊斯蘭世界呈現一個穩定的狀態，可提供解釋如下。

伊斯蘭世界的土地與海洋

地圖能說明所有要點，我們圈出了伊斯蘭曾經佔領，後來因為遭遇異族充滿敵意的文明而被伊斯蘭棄守的地區：如西歐的西西里島、伊比利半島、高盧南端、義大利南方、西地中海；東歐的克里特島、巴爾幹半島，或說整個基督教東正教世界；印度世界的印度河恆河大平原、德干高原的北部與中部。

今日的伊斯蘭世界，幾乎與往昔同樣的廣袤，雖然並不全是富庶之地，疆域西起自摩洛哥、臨大西洋岸的撒哈拉沙漠，直到中國與東南亞群島，正如同最近一部書的次標題所寫《從達卡到雅加達》。

我們不能忘了算廣大的海域，昔日海上交通往來頻繁，今日除了少數沿海地區，幾乎不再是伊斯蘭國家的勢力範圍。海洋屬於航海者，如今，伊斯蘭的船舶蹤影幾乎不再。曾經，地中海、紅海、波斯灣、裏海、尤其是印度洋，乘著季風變化，阿拉伯帆船長久活躍其間貿易往來。阿拉伯三角帆船，未使用任何釘鉚的船板，以棕櫚葉纖維製成的繩纜接合。自九世紀起，這些帆船就已駛達中國廣東。達伽馬曾在一四九八年時驅逐並洗劫阿拉伯船隊。然而，這些阿拉伯船隻在印度洋上便宜的運費，無論是葡萄牙人、稍晚的荷蘭人、或是英國人，都無法競爭得過。直到十九世紀末蒸汽船出現才改變一切。

所以，伊斯蘭世界與海的關聯，也是長久、密切的。伊斯蘭過往的光環不僅屬於他們的騎兵，更屬於這些航海人，水手辛巴達就是個代表。

●這場大冒險的主要場景：地中海的重要性。

辛巴達講述的是印度洋版本的奧德賽式海上歷險故事，船難、美景與驚奇故事。事實上，伊斯蘭的海洋「世界」是地中海，他們在此征服、激戰、也在此中落敗。

在伊斯蘭重要的擴張征服中，除了敘利亞、埃及、波斯、北非與西班牙以外，還要加上幾乎整個的地中海。如果伊斯蘭勢力在西元八二五年攻下克里特島後能夠守住的話，那麼伊斯蘭在地中海的征服可謂完滿；不過拜占庭帝國在九六一年奪回這個重要的前哨站，並堅守賽普勒斯島與羅德島，控制通往愛琴海的通道。

所以，伊斯蘭在東地中海功敗垂成：拜占庭守住了島嶼星羅棋布的愛琴海，以及巴爾幹半島周邊，也就守住了廣大的黑海與亞得里亞海，這條通往義大利的路。當時剛興起的威尼斯是木材、鹽、麥的轉運站，拜占庭想要利用威尼斯的第一筆財富，來充實帝國的財政。

不過，西地中海地區，則落入綠衣大食麾下的埃及、北非與西班牙水手的掌握中。前述在八二五年攻下克里特島的，便是西班牙安達魯西亞人；突尼西亞人則於八二七至九〇二年間佔領西西里島。這個島從此飛騰發展，成爲「撒拉森[1]」地中海的核心，灌溉系統將之變成一個天堂花園，而在此「金海螺」中有一完美的城市——巴勒摩[2]。

伊斯蘭勢力也分支前往科西嘉島、薩丁尼亞島、與普羅旺斯；他們威脅並污辱羅馬，在臺伯河口隨意登岸；他們也控制西地中海的鎖鑰，穩坐巴利亞利群島[3]，使得西班牙與西西里島之間得以直航無礙。

如此一來，這片載運著財富的海，成了伊斯蘭的囊中物，促進了臨海城市的發展：亞歷山卓港（自此成爲繼內陸的開羅大都會區之後的埃及第二大城）、巴勒摩、突尼斯（不近不遠地在海邊）。其他城市也紛紛發展或是重生，如：得力於其周邊的森林能提供造船不可或缺木料的貝賈亞、當時規模還相當小的阿爾及爾、奧蘭兩城、西班牙活躍的港口阿爾梅里亞、以及瓜達幾維河畔面對大西洋充滿活力的大都會塞維亞。

這筆海洋財富維持超過一個多世紀。當然，這些穆斯林很快就遇上了基督教徒海盜：富人的命運，就是總會引起窮人的覬覦，並變成其獵物。與後來的情況完全相反，西元十世紀時，富人是穆斯林，海盜是基督徒。義大利的阿馬爾菲[4]、比薩、熱那亞等地，都是海盜窩。在一〇六〇年至一〇九一年間諾曼人攻克西西里島後，情況更是急轉直下，這些北方蠻族用迅捷的船隻攻擊同樣十分迅捷的阿拉伯帆船。西西里被佔領，成爲伊斯蘭海上霸權的第一道缺口。

隨後，伊斯蘭世界發展逐漸停滯、萎縮，這個「穆斯林之湖」的交通越來越不順暢。在西元一〇八〇年左右，英雄熙德[5]的年代，在穆拉比特王朝到來前（於一〇八五年自蘇丹國和北非前來支援西班牙伊斯蘭勢力），一個西西里的阿拉伯詩人遲遲不接受西班牙招降，儘管托雷多城的國王穆他米德[6]用五十個金幣招降他，但詩人回道：「請您無須驚訝我如何因爲傷心而白頭，但您大可驚訝我的雙目仍辨黑白！海是屬於拜占庭帝國的，船隻冒著極大風險航行其中，陸地則是屬於阿拉伯人的！」多好的復仇之語呀！

即將展開的十字軍東征（一〇九五年至一二七〇年），使義大利城市的船隊得以收復這片內海，以及疆域縮減的拜占庭帝國。那些經典的重大事件（一〇九九年攻下耶路撒冷、建立聖城的政權、第四次東征改變路線，由拉丁世界於一二〇四年攻下君士坦丁堡），也無法掩蓋過另一件十分關鍵的事實：收回地中海的航權與貿易路線。基督教世界於一二九一年失去其在亞洲的最後一個重要基地後，仍保留其於整個地中海不受挑戰的霸權。

直到兩、三世紀之後，伊斯蘭勢力才反撲，鄂圖曼土耳其人嘗試取回海上控制權：一五三八年在普雷維札[7]大獲全勝，幾乎拿下了地中海；然而一五七一年於雷龐多[8]的慘敗，幾乎立即終結了伊斯蘭勢力重返地中海的可能性。面對由威尼斯、熱那亞、佛羅倫斯、……各地組成的聯合艦隊，土耳其人的艦隊從來不曾如此單薄——絕大多數只是往返伊斯坦堡、黑海、埃及的希臘交通運輸船。

之後，就是伊斯蘭勢力的海盜船昌旺的年代，尤其是阿爾及爾的海盜特別厲害。這些北非蠻族從來沒有「商船」隊。

---

1 撒拉森，Sarrasins，中世紀歐洲對穆斯林的稱呼。

2 巴勒摩，Palerme，西西里島首府，位於該島西北部。

3 巴利亞利群島，Baléares，位於西班牙半島的東方海面，由五個島嶼組成。

4 阿馬爾菲，Amalfi，位於義大利半島中部西岸，九至一二世紀歐洲主要港口之一。

5 熙德，Cid Campeador（一〇四三—一〇九九），基督教傭兵騎士，早年也曾為了土地利益擔任伊斯蘭傭兵。一〇九四—一〇九九於瓦倫西亞稱王，被視為西班牙民族英雄。

6 穆他米德，Mutamid（一〇四〇—一〇九五），塞維亞阿巴德王朝第三代國王。穆他米德於一〇八五年求援穆拉比特王朝，後者於一〇九一年廢黜前者，取而代之。

7 普雷維札，Préveza，希臘西北部城市，臨愛奧尼亞海。

8 雷龐多戰役，Lépante，一五七一年十月七日，基督教世界聯合艦隊與鄂圖曼帝國的一場重要海戰，使後者從此失去統一地中海海權的可能。

於是，在地中海世界，主客易位。在印度洋，日子則比較平靜，直到一四九八年葡萄牙人繞過好望角闖入這片海域。從此以往，伊斯蘭勢力在印度洋也飽受威脅。

● 作家以撒貝[9]說得有道理：「伊斯蘭，就是沙漠」，但是這一大片沙漠，是介於兩個重要航行海域：地中海與印度洋之間；介於三個人口相當稠密的廣大陸塊：遠東、歐洲與黑色非洲之間。

重點是，伊斯蘭是一個「中介之地」，串聯起其間的廣大地域。

從大西洋、到西伯利亞的森林、和中國北部之間，有綿延相連的沙漠。南方酷熱的沙漠與北方嚴寒的荒漠不同，後者有雙峰駱駝，眞正的駱駝，前者則是單峰駝的天下。從裏海到印度河口的這條線大致劃分了這兩個區域。沙漠總有邊緣，從草原往沙漠過度的條狀地帶，是可以定居的「薩赫爾」、乾草原、以及可用犁與鋤頭耕種的綠洲。在這些古老文明、如天堂般的國家，尼羅河畔的綠洲、底格里斯河、幼發拉底河、印度河、阿姆河、錫爾河河畔，都有肥沃的土地，長年耕種以致於地利耗盡，再加上氣候變遷，這些土地變得脆弱，經不起人類的過度開發或是天然災害，長年的攻伐、戰爭、暴雨、人口過度成長，這些地區大片的農耕地都可能會流失，眞照字面上的意思，流失：沙漠將蔓延，城市、良田亦將變成沙漠……。

伊斯蘭文明的命運有種種潛在的弱點：因商貿活動而太過擁擠的城市、太狹隘的鄉間、永遠居於緊張情勢的文明，凡此無止盡的難處。今日伊斯蘭世界的人口圖，一看便明白：只有某幾處人口稠密，各地之間一片荒蕪。水利工程的巧思、「旱地農作」的成功、樸實農人的努力、以及適應良好的橄欖樹與椰棗的種植，都不足以給予伊斯蘭世界一個有安全感的生活，更遑論豐饒的生活了。所有的豐饒富庶都是短暫的，或者說只是社會豪奢的一個特例、或只是某個城市的特權。

舉個乍聽或許覺得矛盾的例子來說，麥加的巨大財富來自源源不絕的朝聖者，在那兒任何事都有可能奇蹟似的發生。一三二六年時，阿拉伯偉大的旅行家伊本巴杜達歌詠其豐饒，「又肥又美味的肉類」，「世間無出其右的」高品質水果，葡萄、無花果、桃子、棗子、無與倫比的各式瓜類……，然後他總結道：「總之，世界各地的物產都因貿易而集結到此城市來」。在其他地方，饑饉仍是常見的。一個阿拉伯詩人寫道：「我知道如何把我的飢餓埋藏在腸折子裡，如同熟練的織布女，緊緊地握著線纏繞在指間那般。」穆罕默德的同伴阿布胡海赫[10]曾說，偉大的先知「他出身微賤，一次也不曾以大麥麵包果腹……」

結果顯而易見，出現了我們此前提過的境況，整個伊斯蘭命定要生活的沙漠空間，是無法克服的限制，也造就了阿拉伯半島獨特而多樣化的游牧、畜牧方式。儘管貝都因人都有貴族頭銜，他們卻經常被描述得像原始人、毫無人性。如果說貝都因人無法了解定居的人，後者覺得那也是正常的。伊斯蘭學家雅克貝克[11]很有道理地寫道：「如此常被譴責的這些貝都因人，眞帥！」是的，因爲他們是人類動物性的那一面最極致的表現。對伊斯蘭世界而言，他們是極難駕馭、很難馴服的合作夥伴，但是，還是必須是夥伴、甚至是工具，因爲，如果沒有他們……（也就沒有伊斯蘭世界的征服）。

然而，用我們今日的語言來說，窮困的生活使他們很難「改變社會地位」，尤其如果不定居的話，更難。他們所鄙夷的定居生活，如今在許多穆斯林國家都被大規模地推行著。鄂圖曼帝國從十六世紀起，就在位於歐亞間的土耳其四處設置「游牧民殖民村」。這種刻苦的游牧生活與封閉的「文化」很顯然地有因果關係，採用湯恩比的語彙來說，人類在此反而成爲對大自然「回應」的囚徒。

9 以撒貝，**Essad Bey**（一九〇五—一九四二），本名**Lev Abramovitch Nussimbaum**，烏克蘭猶太裔作家與記者。
10 阿布胡海赫，**Abu Houraira**，曾追隨穆罕默德四年，約有三千五百條聖訓源自其轉述。
11 雅克貝克，**Jacques Berque**（一九一〇—一九九五），法國人類學家，擅長於東方社會、伊斯蘭世界研究。

●伊斯蘭是個人力缺乏的文明，在過去，必須將就使用手邊所有的人力。長期的人力缺乏是其土地貧瘠的表現形式之一。

今日，很矛盾地，伊斯蘭世界人口過多，約有三億六千五百萬到四億人，約占世界人口的七分之一到八分之一，太多了，相對其資源而言，實在太多了。

但是過去，在伊斯蘭全盛時期，大概不超過三千萬到五千萬人，當時世界人口爲三億到五億人，並不算多。即使籠統而言比例差不多，相對於今日，當時的伊斯蘭世界身負重責，他們（在美洲發現前）實際上引領著整個舊世界（歐、亞、非）的歷史走向。

這些重責大任包含：統治、貿易、戰爭、軍事管理。爲了完成這些任務，他們不得不以人口充盈的西歐世界所從未有過的包容性，接納所有能找得到的人手。而且，他們超越疆界四處找尋，此種堅持使古典伊斯蘭文明將奴隸制度發展到極致。

如此源源不絕的新血注入，成爲穆斯林得以統治世界的重要資源。周遭國家一一貢獻其力：在海上或陸上被穆斯林抓到的歐洲基督徒，有的時候用買的（例如九世紀時凡爾登[12]猶太商人轉賣的斯拉夫戰俘），非洲黑奴、印度人、突厥人、或悲慘的高加索人。十六世紀克里米亞韃靼人在劫掠中抓到的俄羅斯人，也都送往當時土耳其人治下的伊斯坦堡當奴隸。

這些奴隸經常能夠獲得驚人的財富，如埃及的馬木魯克奴隸兵團，在一二五〇年聖路易的十字軍東征失敗後，就取得政權，這些大多來自土耳其或高加索的奴隸兵，統治埃及直到一五一七年。被奧圖曼帝國征服後，他們並沒有消失，拿破崙在金字塔戰役就曾與他們交鋒，一位史家如是記道：「這些馬木魯克人有成功者的氣質，卻絲毫沒有成功者的惡習。」他們與奧圖曼帝國由基督徒奴隸組成的精兵衛隊——著名的土耳其新軍十分相像。

事實上，所有伊斯蘭世界的城市內，不同宗教、不同語言的各色人種都自成一區。一六五一年，在奧圖曼宮廷的暴動中：「蘇丹的後宮與朝廷被下了巴比倫塔的詛咒」，一六六八年保羅利考[13]記述，情緒激昂的男人們忘了所學鄂圖曼宮廷的應對語言，「耳裡很震驚地聽到的是各種語言交雜的嗡嗡聲，人們以各種語言喊叫著，喬治亞語、阿爾巴尼亞語、波士尼亞語、明格列爾語[14]、突厥語、義大利語」。這只是眾多例子之一（我們還可以想像阿爾及爾的土耳其海盜船上的景況）。

城市：中介之地或變動的空間

地理條件不佳，如果沒有這些穿越其間的貿易路線帶來活力與一切生活所需，伊斯蘭世界將一事無成。這些貿易路線就是城市財富來源，是城市存在的理由、也是城市文明。因著這些路線，伊斯蘭才有辦法好幾個世紀都居於「主宰」之位。

直到發現美洲前，伊斯蘭主宰著舊世界、操縱著「世界」史。再次強調，唯有伊斯蘭世界，串聯起舊世界的各個文化圈：遠東、歐洲、黑色非洲。除非它首肯，或者至少睜隻眼閉隻眼，否則什麼也無法流通。伊斯蘭世界是「中介者」。

12 凡爾登，Verdun，法國東北洛林地區大城，中古時代是歐洲重要的奴隸交易市場。
13 保羅利考，Paul Ricaud(一六二八—一七〇〇)，英國史學家、外交家。
14 明格列爾語，mingrélien，喬治亞西北地區所用，南高加索語系的一支。

●商船、駱駝商隊與商人：儘管其政治立場看來似乎相當艱難、也經常是如此，但作為交通往來必經之地，伊斯蘭因其地理位置而大蒙其利。

伊斯蘭世界並未一開始就了解此特殊地位之重要性，也並未一直稱霸其中。比如，對於亞洲嚴寒的荒漠，伊斯蘭就掌握得不好，反成魚肉，面對那些凶狠的游牧民族，伊斯蘭的地位相當的「邊緣」。有成串綠洲、信仰伊斯蘭的突厥斯坦，就是個前哨站的區域，但從不是有效的防線。事實上，是不可能阻擋突厥人、土庫曼人、或蒙古人從鹹海前往裏海和黑海的道路。最勇猛的游牧民族還曾進軍伊朗、兵臨巴格達……。參照地圖〔圖版四〕就能看到伊斯蘭在東方遭遇蒙古人十三世紀西進時的大挫敗。

儘管如此，在長達數百年間，伊斯蘭是唯一有能力將蘇丹國的黃金與黑奴賣往地中海世界，將遠東的絲綢、胡椒、香料、珍珠賣往歐洲的勢力。不論在亞洲、在非洲，日昇之地的黎凡特貿易全由伊斯蘭掌控，除了從穆斯林手中的亞歷山卓港、阿勒坡、貝魯特，或從敘利亞的的黎波里這些地方，義大利商人無從取得任何商品。

所以，伊斯蘭絕對是一個運輸的文明，除了遠洋航行以外，還有駱駝商隊路線，在印度洋與地中海間密集往來，也有從黑海出發往中國與印度的，或者從黑色非洲部落往北非的路線。

這些「商隊」，儘管往東方會出現大象、或是常見的馬匹與驢子，主要還是由駱駝組成。一隻駱駝可以負載三百公斤的貨物，一個商隊通常有五、六千隻駱駝，其總載貨量約相當於一艘大型的貨運帆船。

商隊移動起來宛如一支部隊，有其首領、參謀團、嚴格的規矩、固定停留的點、防範游牧民襲擊的必要措施等。商隊與游牧民之間事先有些協議是聰明的作法。沿線每一定的距離，大約一日的路程（除非是在沙漠中央），就有佔地遼闊的建築物可提供商隊的部份成員與牲口住宿休息，也就是商隊的「驛站」。過去所有歐洲旅行者無一不著墨敘述這些巨大的廳堂，及其內相對簡單的生活起居設備。某些驛站至今尚存，如阿勒坡仍保留有極美的商隊旅店。

若無一個半資本主義的龐大組織，這套陸上商隊體系將無法與海上船隊合作得如此天衣無縫。伊斯蘭世界有穆斯林與非穆斯林的商人。一些歷史的偶然保存下來的開羅猶太商人間的信件，讓我們認識了第一次十字軍東征時（一〇九五年至一〇九九年），當時所有的付款與借款機制，以及各種形式的商會組織（並非如我們從前所輕易相信是義大利人發明的）。信件中也述及這些長距離的貿易：珊瑚從北非賣往印度，在衣索比亞買奴隸，從印度買鐵、胡椒和香料。這一切都牽涉到巨額的資金流動、極大量商品與人的運輸往來。

於是，就無需驚訝阿拉伯旅行者其路線之遙。伊斯蘭世界本身不斷擴張，活在變動之中，並帶動許多的改變。伊本巴杜達，摩洛哥人，一三〇四年生於丹吉爾，一三二五年至一三四九年間完成「環遊世界」的旅行（埃及、阿拉伯半島、阿富汗、印度、中國），於一三五二年抵達黑色非洲部落與尼日河畔，還曾抱怨蘇丹國的人民，雖然是穆斯林，但對「白人」缺乏尊重。在黃金之城斯吉瑪薩[15]，他有點驚訝地遇到一個來自休達[16]的同鄉，是他在中國認識的阿布克里的兄弟……。這個時期的伊斯蘭世界充滿這類四處旅行的人，穆斯林的熱情好客讓他們從大西洋到太平洋或俄羅斯都受歡迎與接待。

● 這些貿易往來活動若無強而有力的城市無法達成。城市在伊斯蘭世界日益蓬勃，並成為這個龐大貿易圈的推進動力。

因爲所有的一切，商品、滿載貨物的牲畜、人、甚至最珍貴的文化財，都要通過城市傳播。我們可以列一張

15 斯吉瑪薩，Sijilmassa，中世紀重要商城，現已成廢墟，位於今摩洛哥中部東邊。

16 休達，Ceuta，位於摩洛哥北岸，臨直布羅陀海峽。

各式各樣傳入歐洲的物品清單（永遠不會完整）：異國的植物（甘蔗、棉花）、蠶、紙張、指南針、印度數字（稱阿拉伯數字）、火藥（或許有），從中國和印度傳來知名醫術的同時，最致命的瘟疫病原——霍亂與鼠疫，也傳入。

大抵而言，這些城市都相當類似。街道狹窄，爲了可以讓雨水沖洗街面，街面通常傾斜。街道狹窄程度是兩頭載了貨的驢無法相會而過。在聖訓裡，偉大的先知是規劃七個肘寬，如此的寬度驢子應該是可以交會通過的。但是，兩旁房屋侵占街道用地——法律只是理論上禁止；而且，就像中世紀歐洲的房子一樣，經常以出檐建法，上層樓面突出於街道之上。這一切均由於伊斯蘭禁止建造很多層的樓房（麥加、及其外港吉達、與開羅例外），高樓是屋主可憎的傲慢表現。

由於市政管理失序或欠缺管理，一旦城市人口開始增長，這些低矮民房就一個挨一個地佔據城市空間。一六五七年，法國旅人特弗諾[17]很驚訝地發現「開羅沒有一條美麗的街道，只有無數蜿蜒的巷弄，由此可知這些房屋的建造毫無規劃，所有人都隨意在自己高興的地方蓋房子，從未想過是否擋住道路」。一百年後，一七八二年，另外一個法國人沃爾涅[18]也描述這些街道：「幾乎沒有任何街道鋪面，大量的人群、駱駝、驢子、狗往來穿梭，塵土飛揚令人困擾；許多人家會在門前灑水，於是除了塵土，還加上爛泥、以及隨水氣飄散的惡臭。一反東方的習慣，此地的房屋多爲兩或三層，樓頂爲有鋪面或是平整防水的露臺。大部份的房子是用泥土、或是粗燒的磚所建，有些則用不遠處摩喀坦山取來的軟石材建造，所有的房子看來都像監獄，因其鄰街的一面不開窗……」。十九世紀中時伊斯坦堡也是相同的景象：「別說馬車了，連馬匹通過都相當困難。當時最寬的馬路——議會街，在某些路段甚至只有兩米半到三米的寬度。」

一般說來，伊斯蘭世界城市狀況的確如此。不過，十一世紀的開羅，已出現七到十二層樓的房子；九世紀時底格里斯河東岸薩邁拉城已有寬五十到一百米、長數公里的筆直大道。總有特例才能凸顯常規！

儘管這些街道如此狹窄，伊斯蘭國家的街上總是非常熱鬧，對這些喜歡外出的民族來說，街道就是聚會所，

「往來要道上……說書人、吟唱者、弄蛇人、雜耍賣藝的、術士郎中、理髮師——各種伊斯蘭的教條規範認爲該小心防範的職業，全都有。街上還有孩子們，有時玩著相當激烈的遊戲……」。街上熙來攘往，女人們則自有她們的便道，屋頂上的露臺是相通的。

彷彿毫無秩序，其實，並不是完全沒有「整體規劃」的，更何況這些規劃與城市結構以及居民生活是整體關聯的。城市中心是大清眞寺，每週禮拜之地，「人潮湧進、流出，好似心臟」（語出雅克貝克）。附近就是市集，滿布商店的街區，巨型的商隊旅店充當囤貨的倉庫，到處可見儘管遭受衆多非議卻依然存在的公共澡堂。各種手工藝作坊以大清眞寺爲中心，以同心圓方式往外分佈：最內圈的是香膏與乳香的製造者與商人，接著是販售織品和被褥的店鋪、珠寶店、賣吃食的店家，然後是比較低下的職業，如鞣皮匠、鞋匠、打鐵匠、製陶匠、鞍具店、染坊……，看到這些作坊就知道已經來到城市的外緣了。

各類工藝作坊通常一旦落腳就固定下來了，不會隨便遷移。原則上，領主貴族們居住在城市的邊緣，以遠離人民暴動。在其近旁、受其保護的，是猶太人區。此外，以種族、宗教區分，各個饒富特色的住宅區（安提阿[19]有四十五個區），構成一幅馬賽克。「城市是一個活在大屠殺恐懼下的衆多小城邦的集成。」西方的殖民並未製造種族隔離，絲毫不曾，事實上，是沒有消滅這些既存的種族隔離。

此種外表看似毫無秩序、毫無彈性的城市配置，更因其被有著宏偉門樓的城牆圍住而使情況更糟，城外佔地

17 特弗諾，Jean de Thévenot(一六三三—一六六七)，法國旅行家，以其歐洲、北非、中東、印度旅行記見聞，於一六五七年將咖啡豆傳入巴黎。

18 沃爾涅，Constantin-François Chassebœuf de La Giraudais, comteVolney(一七五七—一八二〇)，法國哲學家、東方學者。

19 安提阿，Antioche，今土耳其城市，位於鄰敘利亞邊境。古時為絲路西往東之起點。

廣闊的墓園也嚴重侷限了都市的發展。今日，車行交通迫使必須進行一些改變，有時甚至是劇烈的改變。在一股拓寬道路的熱潮中，伊斯坦堡這幾年變成一個令人無法置信的都市整頓大工地：房屋被截斷，原來內院的門，現在面臨新開的馬路；新開的馬路開腸剖肚地穿過兩側從此廢棄的舊街道。

如果說，大體而言，伊斯蘭世界的城市，沒有西方城市發展稍具規模時就積極爭取的政治自由、與建築秩序，它們的城市功能卻一項也不缺：極富想法的資產階級、廣大窮苦的民衆、辛勤的工匠、偷拐搶騙的宵小，所有那些靠著「富人落下的麵包屑」過活的人們；也有不拘謹而尋歡的精緻生活，對某些恪遵教義的人而言，是無法接受的罪孽。這些城市，也有其精神生活，如清眞寺附近的各種世俗學校或宗教學校以及大學。最後一點是，根據自從有城鄉之分以來的古老法則，城市對周遭的鄉下人永遠具有吸引力，城市吸引他們前來，並將這些鄉下人變成城市人。「世上沒有什麼人比他們更需要被矯正的了，全是些小偷、浪費、作惡多端的人」，塞維亞的一個城裡人如是說，無疑地是因爲想到在城門口、市場中，與自鄉下前來販賣牲口、肉品、獸皮、酸奶油、玲瓏椰子、「青草」或豆子的小販經常發生的爭執。放心好了，城裡人的精明與狡詐總是會十倍奉還地報仇，賊也會被賊偷。因爲相較於西方世界，伊斯蘭世界的城市居民，對於城牆外生活原始的鄉下地方掌握得更加嚴實：比如大馬士革控制鄰近綠洲農民和德魯茲山區人民；滿是盜匪的阿爾及爾，則掌控艾法、米地嘉平原、和喀比勒山地的人民；而格拉納達[20]穿著絲綢衣服的資產階級，也同樣掌握著鄰近山區穿著棉布衣裳的窮苦鄉下人。

再強調一次，以上是「每一個」城市的普遍現象。相對於西方世界，伊斯蘭世界城市的特色，一方面在於其很早就成熟發展，另一方面則在其無與倫比的城市規模。

伊斯蘭世界城市的重要性無庸置疑，城市正是伊斯蘭文明的本質。城市、貿易路線、商船、商隊、朝聖者，這是不可切割的整體：是伊斯蘭文明流通的管道，借法國學者馬希農之詞，是穆斯林生活的「軸線」。

20 格拉納達，Grenade，西班牙安達盧斯地區東南的大城，是伊斯蘭勢力在伊比利半島上最後一個帝國的首都。

第3章 伊斯蘭的興衰（第八至第十八世紀）

伊斯蘭的全盛期，係第八世紀至第十二世紀間，這是各方都認同的。那麼，其衰微是從何時開始？如果以最常見的說法是，決定性的衰微始於十三世紀。這種說法，混淆了兩件截然不同的事：一個政權的結束，與一個文明的終點。

十三世紀時，伊斯蘭顯然已失去其領導地位。然而，其實是到了十八世紀，也就是相對於文明的長河而言，是不久之前，這個文明才以一種令人擔憂的速度開始消失。這種命運，與其他許多今日所稱未開發國家的經歷相同：這些國家錯過了工業革命——這個人類文明史上藉由機器力以驚人的速度迅速發展的重要機會。錯失了如此機會，伊斯蘭文明並未完全消亡；它只是落後於歐洲兩個世紀，而這是多麼重要的兩個世紀！

西元第八或第九世紀以前沒有伊斯蘭文明

伊斯蘭政權建立於阿拉伯部族的征戰中，短短幾年間就建立了一個帝國。然而，伊斯蘭文明的誕生則是融合了這個新興帝國與古老的文明，耗時好幾世代的時間才慢慢孕育而成。

●少有改宗，多為降服：第一波征服擴張，由阿拉伯人完成，建立了一個帝國，是一個政權，還未成一個文明

起初，阿拉伯征服者並沒有強迫被降服的部落要改宗。相反地，他們妥善利用波斯、敘利亞、埃及、羅馬行省阿非利加（今日的突尼西亞）、安達魯西亞這些被征服之地的富裕文明。如果有基督徒想要改信伊斯蘭教，是要受鞭刑的。因爲，只有非穆斯林要納稅，穆斯林不用納稅，怎麼可能會有統治者想要減少稅收呢？「被佔領的各國人民……保有他們的生活方式，不受干擾，不過，……被當作高等牲畜對待，受到良好的照顧，因爲那是稅收主要來源。」語出法國東方學家維特[1]。

穆罕默德身後的四位繼任者（從西元六三二年到六六〇年）被稱爲「正統哈里發」（哈里發，意即繼任統治穆斯林世界之人，也有副統領的譯法），大概都維持著如此的統治。之後，定都大馬士革的奧瑪雅王朝哈里發（六六〇年到七五〇年間）也大致是如此治理。在這些征戰連年的歲月中，宗教議題從來都不是首務。因此，當伊斯蘭勢力攻打拜占庭時，是政治對立，與宗教無關。

而且，在這些被征服之地，係採「以夷治夷」的手法，行政上仍由各地首領管理，依舊通行使用各地原有的文字，如希臘文、波斯文等。在藝術方面，則吸收了希臘世界的影響，甚至可在清眞寺的建築上看到這些影響，中庭、柱廊、拱圈、圓頂等建築元素，再現了東羅馬帝國拜占庭的樣式。唯獨提醒信徒每日五次禮拜的「宣禮塔」，是伊斯蘭特有的建築元素，不過，依然可見基督教鐘樓樣式的影響。

●阿拔斯王朝的轉捩：直到八世紀中，當黑衣大食阿拔斯王朝的黑色旗幟，取代白衣大食奧瑪雅王朝的白色旗幟，才在政治、社會、思想等各方面出現決定性的改變。

在當時，伊斯蘭勢力回軍東方，稍微遠離令人著迷的地中海世界。在新王朝的哈里發統治之下，伊斯蘭的首都由大馬士革遷往巴格達，波斯地區許多之前被降服的部族乘機反攻。「純種的」阿拉伯人一個多世紀的統治到此結束，在三到四代的時間內，優秀的戰士沉溺於富裕文明帶來的奢華享受中。日後，安達魯西亞的史學家伊本赫勒敦[2]稱此文明爲「魔鬼的化身」。

在豐饒富庶的年代，主角，當然還是衆文明古國。西元八二〇年時，哈里發的收入也許高達當時拜占庭帝國年收入的五倍。如此巨大的財富，要歸功於早熟的商業資本主義的發展，這些商人的貿易範圍廣達中國、印度、波斯灣、紅海、東非衣索比亞地區、北非阿非利加行省、歐洲伊比利半島的安達魯西亞……等地。

資本主義一詞，在此處使用並非完全時序錯亂。各式貨品在穿越幅員遼闊的伊斯蘭世界時，毫無限制地被炒作、加價轉手售出。阿拉伯作家哈利利[3]藉一個商人之口敘述這種貿易：「我要把波斯的番紅花帶去中國賣，聽說那兒價格很好，然後將中國瓷器賣去希臘，再將希臘以金銀線繡的絲織品賣去印度，帶著印度的鋼去阿勒坡，再拿阿勒坡的玻璃賣去葉門，然後把葉門的條紋布賣回波斯……」。在巴斯拉城，商人間奉行的規則，與今日交易市場所稱的結算機制[4]原則上是相同的。

有貿易必有城市，繁盛的商貿發展建立起許多大城市：巴格達，自西元七六二年起，直到一二五八年被蒙古人攻陷前，一直是東方世界最大、最富裕的首都，也被稱爲「光明之城」；沿著底格里斯河不遠處，有建於八三

1 維特，Gaston Wiet(一八八七—一九七一)，法國東方學家，一九二六年至一九五一年任埃及開羅阿拉伯藝術博物館館長。

2 伊本赫勒敦，Ibn Khaldoun(一三三二—一四〇六)，阿拉伯史學家、哲學家、外交家。

3 哈利利，Hariri(一〇五四—一一二二)，阿拉伯詩人，塞爾柱土耳其帝國高官。

4 台灣稱為結算，中國稱為清算。係指透過一個中立且具有公信力的機構（商會、銀行、……），保障買賣雙方之交易，同時也可省卻商人實際攜帶大批現金千里跋涉，亦可透過此機構在某期約時間（每半年、每一年、……）內進行個別商人或商號現金流的管理。

六年的商業大城薩邁拉；此外，位於底格里斯河和幼發拉底河交匯處的大港巴斯拉、開羅、大馬士革、突尼斯（從前的迦太基）、位於安達魯西亞的科爾多瓦……等，這些城市都在貿易中扮演決定性角色。

在這些城市，以古蘭經及傳統的詩篇爲基礎，發展出書寫用的「文言」阿拉伯文，成爲日後整個伊斯蘭世界的共同語言符號，猶如拉丁文之於基督教世界。相對於這個文言阿拉伯文，阿拉伯半島上通行的阿拉伯語，以及其他的許多流通語言，則漸漸地轉居於方言的地位。新建立的，不只是一個新的語言，而是一個文學與思想體系，一個由巴格達城發展出來並向外傳播的文明。

後來，在阿拔斯王朝之前，公務人員的招募方面有個重大轉變。西元七〇〇年時，奧瑪雅王朝的哈里發阿卜杜勒馬利克，召來當時的顧問，即後世所稱「大馬士革的聖約翰」（六五五－七四九），哈里發命其頒佈旨意，從此行政上不再使用希臘文。阿拉伯史學家拜拉祖里[5]記述道：「此舉造成薩君（大馬士革的聖約翰的別名）極度不滿，而離開哈里發；在遇到希臘公務員時，薩君便對他們說：『去找其他的工作謀生吧，你們現在這個工作剛剛被上帝給取消了。』」

從此結束了基督徒與穆斯林兼容並存的年代，而進入了另一個截然不同的年代。

隨著語言的統一，使得知識學問的流通、商業貿易、行政統治等各方面都更加順暢。我們先前提及的猶太商人的信件，就是用阿拉伯文書寫的，當然其中也夾雜了一點希伯來文。

透過這個共同的語言，文化最蒙其利。哈倫拉希德之子馬蒙（八一三－八三三在位），命人將大量的外文作品，尤其是希臘文的書，翻譯成阿拉伯文。這些知識的傳播相當快速，這也得歸功於伊斯蘭世界很早就懂得造紙，紙質書本比羊皮紙成本低許多。傳說，奧瑪雅王朝哈里發哈卡姆二世（九六一－九七六在位）在科爾多瓦一所圖書館內，藏有四十萬卷的手抄本（含四十四冊的書目）。即使這些數字略嫌誇大，然而要知道，十四世紀法王查理五世（好人約翰的兒子）的圖書館也不過藏書九百卷，可見當時伊斯蘭世界藏書之豐。

在這關鍵的數百年間，伊斯蘭教內部發生了一個轉變。先知穆罕默德宣傳的教義，被加上深奧的神學詮釋，還被刻意賦予新柏拉圖主義復甦的神話。更有甚者，發展快速的分裂派系什葉派，似乎有部份教義與最原初阿拉伯的伊斯蘭教截然不同，什葉派追隨虔誠的阿里[6]爲哈里發，奧瑪雅王朝則派人暗殺了阿里。與什葉派對立的遜尼派，代表了伊斯蘭的傳統，擁有絕大多數的信徒。伊拉克的卡爾巴拉，是什葉派的朝聖地之一，今日依舊吸引著衆多信徒前往。「阿里是第二個耶穌，其母親法蒂瑪如同聖母。阿里與其諸子之死，則被傳誦爲殉道的故事。」（語出法國民族學家高帝耶）

於是，伊斯蘭，連同其教義精髓，混合東方與地中海的古老文明重生，從此以一個共同的語言流傳。阿拉伯半島只是廣大伊斯蘭世界的其中一部份。以某種角度來說，穆斯林文明是從衆多的非阿拉伯部族改信伊斯蘭教開始，同時，透過學校的全面性推廣，使得穆斯林的分布自大西洋岸直到帕米爾高原。又一個老酒裝新瓶的歷史實證。

伊斯蘭的黃金年代：第八至第十二世紀

從第八至第十二世紀的四、五百年間，伊斯蘭文明在舊世界發光發熱。這段黃金年代，大約是起自哈倫拉希德之子馬蒙，直到最後一位偉大的伊斯蘭哲學家伊本魯世德死前。馬蒙，是阿拔斯王朝第七任哈里發，八一三年至八三三在位，創辦巴格達科學館，兼有圖書館、翻譯中心與天文台功能。伊本魯世德，於一一九八年以七十二

5 拜拉祖里，Baladhuri（？—八九二），波斯史學家，其著作被認為是伊斯蘭勢力早期擴張史相當可信的史籍。

6 阿里，Ali Ibn Abi Talib（五九八—六六一），穆罕默德的堂兄弟，穆罕默德愛其如子。

歲高齡於馬拉喀什辭世，是十二世紀重要的人物。然而，要了解伊斯蘭黃金時代，光探究思想史與藝術史是不夠的。

●首先，全面性地了解歷史背景是很重要的

伊斯蘭哲學史家雷昂高帝耶認爲，有利於伊斯蘭思想發展的年代，「是富裕昇平的年代，遇上開明的哈里發：東方在第八到九世紀時，阿拔斯王朝的數任哈里發之治下，將近一百年間幾乎毫無中斷地，藉由大量翻譯書籍，在伊斯蘭世界中傳播科學與希臘哲學；而西方於十二世紀時，阿摩哈德王朝的數位哈里發，則經常與御前之醫生和哲學家私下進行辯證討論。相對的，帝國的衰敗、動盪的年代，也提供機會給有志之士投靠其他更英明的君主，例如九世紀前半葉，阿勒坡的國王薩伊奧道拉[7]成爲著名學者法拉比[8]的庇護者。……」

在此，雷昂高帝耶以政治史的角度來看問題，文化的發展，仰賴「明君」。然而許多事件透露出，巴格達哈里發統治的快速腐敗，在政治上造成帝國分崩離析，卻沒有妨礙哲學的發展；相反地，此種情況反而有助於思想的自由發展，知識分子得以逃亡往鄰國效力。此情形後來於文藝復興時代的義大利以及十七、十八世紀的歐洲，也相當常見。

然而這種對知識的追求與尊崇，也需要相對豐饒的物質條件才足以支持。

西元七五〇年左右，是伊斯蘭世界疆域最大的時候，對外擴張的行動因許多異族反叛事件而受阻（君士坦丁堡在七一八年被包圍，全靠拜占庭利奧三世的勇敢與希臘火[9]才得以脫困；高盧與西歐則幸有七三二、七三三年圖爾戰役的勝利，以及非洲西北部馬格里布地區同時發生的叛變，才免於淪陷）。八世紀中，進入了一段相對而言太平的歲月，在龐大的伊斯蘭世界內，貿易穩定發展，繁盛而富裕。

隨著貿易的發展，也發展出「市場經濟」、「貨幣經濟」、以及越來越大規模的農產「商品化」：農產品除了供給當地消費，多餘的部份成爲商品賣往城市，農作生產剩餘支持了都市的發展。棗子的貿易每年需要出動超過十萬隻駱駝來運載。城裡的市場稱爲「瓜果之家」，來自中亞河中地區梅爾夫的甜瓜極受歡迎：乾燥的，可以大量銷往西方；新鮮的，包裹在皮囊中，外頭用冰塊保鮮，可以經由驛站快馬送到巴格達的市場。甘蔗的種植，也帶動了製糖業的發展。

與農產品同樣發展卓越、值得一提的，還有磨坊的發展：巴格達附近利用水力的磨坊、九四七年啓用的錫斯坦風力磨坊、以及巴斯拉城利用底格里斯河水流帶動的河上漂浮磨坊。

經濟的快速發展說明鑄鐵、伐木、織品（痲、絲、棉、毛）等各方面產業的蓬勃發展，以及東方世界大面積的棉花田拓展。布哈拉[10]、亞美尼亞、波斯的地毯，十分聞名。巴斯拉進口大量的胭脂蟲和藍靛，製作紅色、藍色染料，由喀布爾轉手而來的印度藍靛，比上埃及產的質細而優。

這一切的發展連帶引發眾多的效應：貨幣經濟顛覆了主要以領主與農民組成的固有社會結構，而使得富者更富、貧者更貧；加上灌溉技術的需求，更加深了農奴對領主的依賴，財富讓伊斯蘭的大爺們可以開出高於別人五到六倍的價錢來購買奴隸，我們可以想像因此所造成的社會階級對立。

如果經濟富庶也有其負面的效應，此富庶正是許多事件的肇因，尤其是革命叛變的氛圍，不論鄉村或城市，

7 薩伊奧道拉，Sayf al-Dawla（？—九六七），支持許多詩人、哲學家，在文學藝術之推動上成就不凡。

8 法拉比，Farabi（八七二—九五〇），波斯哲學家，被尊為僅次於亞里斯多德的「第二導師」。

9 拜占庭王國使用的一種液態燃燒劑，在海戰上尤其無往不利。

10 布哈拉，中國唐代稱之為補喝。

從未停歇的動亂通常與民族主義運動相關，特別是在整個伊朗地區。當時的文學作品提到許多非常現代的詞彙，如：民族主義、資本主義、階級鬥爭。看看以下這段寫於西元一千年左右諷刺時政的文宣：「不不，在我脫離貧困之前，我絕不向神禱告。把禱告的工作留給酋長、留給帶兵的將領吧，他們地窖藏的寶物滿到要爆炸了。我為什麼要禱告？我擁有權勢嗎？我坐擁城堡、馬匹、華服、或是黃金腰帶嗎？在我擁有一小小塊田地之前，禱告不過是假惺惺的玩意。」

一切都環環相扣。正如同中世紀反對基督教的異端邪說一般，反對伊斯蘭的異端邪說也在這幾百年間，找到足以深根的社會與政治土壤而蓬勃發展。一個思想歧異的團體生成、發展，然後在迫害或妥協中逐漸消亡。伊斯蘭思想史與這些極具爭議的團體緊密關聯。

● 在評講伊斯蘭黃金年代時，歷史學家梅茲使用了與論述文藝復興時代類同的詞。

也就是說，伊斯蘭黃金年代的光輝，只有璀璨的義大利文藝復興時代能與之相比擬。如此比較的好處在於，引起人們關注伊斯蘭文明中物質富庶與學術蓬勃發展交融而出的成就，一如十五世紀義大利這段獨特的榮耀時刻。

兩者均奠基於因貿易而繁榮的城市生活；兩者都須歸功於那些汲取古典文化精隨、思想卓越的傑出學者。而且，兩者對外都面臨蠻族環伺。

對十五世紀末的義大利而言，蠻族指的是瑞士山上的部落、北邊的日耳曼人、法蘭克人、穿著布面草鞋的西班牙人、或是西元一四八〇年包圍奧特朗托的突厥人。對伊本西那與伊本魯世德兩位學者筆下的伊斯蘭世界而言，蠻族則是指塞爾柱土耳其人、北非的柏柏人、撒哈拉部族、或是西方來的十字軍。就如在十五世紀的義大利一樣，巴格達歷朝的哈里發也將這些蠻族降作奴隸，或是招募為傭兵。這些奴隸經常都是其父母因為「擔憂他們的未來」而親手賣給人口販子的。在伊比利半島，長久以來都可以用金幣來打發來自北方的基督徒侵略者，直到有一天戰況突然變激烈了，迫使塞維亞的國王穆他米德，不得不求援於另外一個蠻族——北非的穆拉比特王朝，來抵禦入侵的基督徒蠻族。

● **整體而言，伊斯蘭文明確立於西元八一三年至一一九八年間，儘管看來似乎有些矛盾，但卻是在保有個別地區特色的同時，又共享一個文化。同時保有一統性與多元化的特色。**

一統性：我們可以見到各處建築起風格統一、刻意「簡明的」清真寺與伊斯蘭學校。這些建築都呈現出一個標準的模式：中庭、迴廊、淨手池、指引朝拜方向的壁龕、講經的梯台、宣禮塔；也都使用相同的建築元素：有柱頭裝飾的柱子、各式拱圈（尖頂拱、馬蹄形拱、三心花瓣拱、肩平拱、多重拱）、交叉拱筋的圓頂、馬賽克拼貼、瓷磚裝飾、以及非常華麗的阿拉伯書法紋飾。

一統性：詩篇都恪遵相同的格律，讚美的題材包含：神（「無瑕的玫瑰，唯有神」）、大自然、愛情、英雄、貴族、駿馬、駱駝（「龐然如山……用足跡，給大地繫上腰帶」）、科學、禁忌的酒與花朵、各式各樣的花朵。在廣大的伊斯蘭世界，也流傳著許多民間傳說，經過漫長時間醞釀，於十四世紀才編輯成書的《一千零一夜》中，我們也可讀到來自印度的民間故事。

一統性：伊斯蘭哲學（「法薩法」）中到處可見希臘哲學家亞里斯多德及逍遙學派的影子，伊斯蘭哲學致力於追隨這些希臘人的思想，認為神是永恆宇宙的一部份，就此避免觸及任何創世議題。

一統性：整個龐大伊斯蘭世界，工藝技法、產業、產品都是相同的，科爾多瓦附近的札赫遺址考古發現顯示，就連家具也是相同的，流行品味也都追隨巴格達。即使是在伊比利半島，這個龐大帝國最邊陲的地方，一點也不會跟不上當時的文化，比如取綽號的風潮，也被伊斯蘭詩歌記錄下來；穆拉比特王朝到來時，伊比利半島的人們普遍地換穿北非摩爾人的長袍式服裝；不論是文學題材或是藥方等等，各方面都與廣大帝國的文化流行毫無脫節。

結束前來看幾張圖，一些一去不復返的影像。從波斯到安達魯西亞，到處巡演的雜耍團、舞者、歌者，不論是在麥地那或是在巴格達學藝，所有的詩歌中找得到這些在東方穿著黃衣，在西方則披紅衣的雲遊藝人的身影。還有善於棋藝的棋士與以「布馬」演出的的小劇團，也隨處可見。布馬，在當時很流行，以木頭雕刻馬頭，披上裙圍替代馬身，演出者將此行頭穿在身上，如同騎士。這是個令人著迷入神的遊戲：「穆他米德的親衛隊長伊本馬坦，在科爾多瓦被敵方士兵突襲時，正在自宅中玩著布馬遊戲。」

最後兩張，這是十世紀初呼羅珊地區[11]的攝政大臣，「派遣使者前往四方國家，希臘、突厥斯坦、中國、伊拉克、敘利亞、埃及、靠印度洋的東非黑色部落、札布爾、喀布爾地區，觀察記錄各國宮廷與行政機關的禮儀。他逐一檢視後，去蕪存菁，選擇他覺得最好的禮儀」，將其頒布施行於布哈拉的宮廷與行政機關中。另外，還有科爾多瓦奧瑪雅王朝第二任哈里發哈卡姆二世，派人前往波斯、敘利亞等各地，一有新書出版就買下來，並且「出資一千金幣給伊斯發哈尼[12]以求收藏其著名文選的第一本」（引自赫南[13]）。

●文化的一統性絲毫不減損個別地方特色，依舊鮮明而活躍。

西元第十世紀伊斯蘭帝國分化時，各地區恢復部份主權，原先在一統帝國體制下收斂起來的地方特色再現鋒芒，構成一幅別具地方風情的文化地圖。

穆斯林治下的西班牙，在文化調適、交流、相互影響之後，成為西班牙歷史中相當有特色的一個時期。

伊朗，展現其強烈而鮮明的特色。在巴格達哈里發的統治下，伊朗得以蓬勃發展：巴格達是個代表伊朗文明的城市；波斯是生產上釉陶器之鄉，阿拔斯王朝藉由上釉陶器以及另外一種閃耀金屬光澤的錫釉陶賺進不少財富。高聳的巨型拱門樓，令人想起庫斯老二世的宮殿。阿拉伯文依舊是主流語言，但是波斯文，以阿拉伯字母書寫的波斯文，則成爲另一種文學用語廣爲流傳，而在多年後傳到印度去（遠晚於奧圖曼土耳其帝國之後）。波斯文有其庶民性格，受到廣大民衆認同，而且，當時候希臘文幾乎被全面禁用，波斯文乘勢而起，成爲文學用語。十世紀末時波斯詩人菲爾多西的《列王紀》以史詩讚頌古代波斯君王。第十一世紀起，各種學術思想透過波斯文的流傳而更加活躍與普及。

具有強烈民族色彩的波斯文化，自此涵蓋在幅員遼闊的伊斯蘭文明內。一九六一年十月在巴黎舉辦的伊朗藝術展，就極具指標性：展覽中明確分爲「前伊斯蘭」與「伊斯蘭影響下」兩個時期。這兩個階段有明顯的斷層與徹底的變化，當然也不乏某些連貫性。

這種一統性與地方性的對立，可在整個伊斯蘭世界中找到許多例子，其中最特殊的，莫過於穆斯林色彩的印度、印尼、黑色非洲，在伊斯蘭的外表下，深藏著各自文化的底蘊。

在印度，兩個文明的交流誕生了一個獨特的印度伊斯蘭藝術，此藝術風格約始於十二世紀，而於十三世紀大放異彩，尤其在德里，還留有許多令人驚豔的遺址，如：建於一一九三年的第一座清真寺，由穆斯林設計，再由印度當地石匠與雕刻師施作，工匠將印度式的纏枝花紋，與以阿拉伯書法構成的阿拉伯式紋飾相融合。逐漸發展

11 呼羅珊地區，Khorassan，意為「太陽初升之地」，因位於薩珊王朝東部而得名。為一歷史地理名詞，包含今阿富汗、土庫曼南部、烏茲別克、塔吉克、與伊朗東北部。

12 伊斯發哈尼，Abu Al-Faraj Al-Isfahani（八九七—九六七），阿拉伯世界著名作家。

13 赫南，Ernest Renan（一八二三—一八九二），法國研究中東世界之重要史學家、哲學家。

形成一個獨特的藝術，隨著時間流轉、地域的不同，印度風格與穆斯林風格相互爭鋒，兩者持續交相影響融合，到了十八世紀時，已經無法分別彼此。

在這幾世紀的穆斯林文明黃金盛世中，不僅在學術上頗有成就，在古代哲學的復興上也有傑出貢獻，其光芒絕不亞於文學成就。

科學與哲學

● 首先是科學：這是撒拉森人（有時會如此稱呼這個黃金年代的穆斯林）貢獻最多之處。

最重要的，莫過於三角學與代數（符號代數）。他們發明了正弦函數與正切函數；希臘人只知道利用弦長對應圓周來計算角度：正弦函數，是弦長的一半……。波斯數學家花剌子密在西元八二〇年出版代數學，可以解到一元二次方程式；該書於十六世紀被譯爲拉丁文，成爲西方世界在代數學上的啓蒙書。隨後其他的穆斯林代數學家又解到二元二次方程式。

同時，也要頌揚穆斯林學者在計量地理學、天文觀測與天文儀器（尤其是星盤）上的貢獻，他們幾乎準確地計算了經度與緯度，校正了托勒密方法的巨大誤差。在其他各科學領域也有極傑出的表現，如：化學（蒸餾製酒、製作高腐蝕性的溶解液——硫酸）、藥學（後來在西方世界使用的配方半數以上都來自伊斯蘭世界：可以做爲瀉藥的藥用植物賽納、活血化瘀的大黃、治療腸胃不適的羅望子、消腫止痛的馬錢子、防蟲的樟腦、各種藥用糖漿、外敷膏藥、軟膏、蒸餾水、……），他們醫學精湛是無庸置疑的。埃及醫生伊本納夫伊，提出了血液循環中稱爲小循環的肺循環理論，可惜這個理論在當時並沒有受到進一步的應用。三個世紀後，肺循環的理論又被西班牙醫生塞爾維特提出。

●在哲學方面，是逍遙學派——亞里斯多德學派哲學的復振、復興

這場復振不僅限於學說再次被推廣傳播，更是延續發展、闡明、與創造。

相對於伊斯蘭教對於世界比較概略的解釋，亞里斯多德的哲學思想移植至伊斯蘭文化中之後，變成一種對於人與世界極爲危險的解釋。但是亞里斯多德的思想令這些「法薩法學者」（意即追隨希臘哲學的伊斯蘭哲學家）折服。歷史學家梅茲將此現象與文藝復興時代做比較：當時存在著一種穆斯林的「人本主義」，迂迴而珍貴。限於篇幅，以下只概略介紹。

這股悠久發展的思潮，必須要以當時的時間與空間來思考。以下簡介五個主要的哲學家：肯迪、法拉比、伊本西那、安薩里、伊本魯世德，其中伊本西那與伊本魯世德最爲著名。後者的學說在歐洲各國影響甚鉅，因伊本魯世德的名字拉丁化後爲阿維若，故被稱爲阿維若主義。

・肯迪（我們只知其逝於八七三年），出生於美索不達米亞，父親是〔幼發拉底河畔〕庫法城的統治官。肯迪因其出生地而被稱爲「阿拉伯人的哲學家」。

・出身突厥的法拉比，生於西元八七〇年，是十世紀時知名的學者，在阿勒坡度過一生，最後隨駕阿勒坡的國王薩伊奧道拉，逝於九五〇年大馬士革城破時，被視爲繼亞里斯多德之後的「第二導師」。

・阿維森納，本名伊本西那，西元九八〇年生於布哈拉附近的阿什納，一〇三七年逝於〔美索不達米亞與波斯地區間貿易路線必經之處〕哈瑪丹。

・安薩里，一〇五八年生於呼羅珊地區圖斯附近，一一一一年逝於圖斯。其晚年，可謂成爲反哲學家，而成爲傳統宗教的捍衛者。

．阿維若，本名伊本魯世德，一一二六年生於安達魯西亞科爾多瓦，一一九八年十一月十日逝於北非馬拉喀什。

以上詳述這些地名和時間，是爲了說明這個在時間上與空間上都牽涉整個伊斯蘭世界的接力賽，在每一位大學者的周遭，還有其他的哲學家、受其影響的學生、讀者等。

此種檢視，也凸顯出這把伊斯蘭哲學之火，最終也延燒至西班牙。我們前面已經說過，此最後的火焰並不是最旺的，但是卻因此讓西方世界認識了阿拉伯哲學家，以及亞里斯多德。

這長篇的鋪陳是爲了檢視路易．嘉德[14]強有力提出（並以否定回答）的問題：有所謂穆斯林的哲學嗎？這個問題同時牽涉：一、從肯迪到伊本魯世德，有「一個」一脈相承的哲學思想嗎？二、此哲學思想可以伊斯蘭本身的氛圍來解釋嗎？三、此思想具有原創性嗎？再一次，深思熟慮且模稜兩可的答案，在此不僅是爲了圓融，更是必要的。

是的，此哲學思想一脈相承：絕望地被囿限在希臘思想、與古蘭經的啓示之間，受困其間而不停地折返原點。伊斯蘭受希臘影響的，有其對於科學的探究與理性的思考，但不僅於此。所有的哲學家過去都被稱爲智者，均致力於天文學、化學、數學，以及醫學。他們經常是透過醫術而受到王侯賞識，以維持生計。伊本西那著有一部醫學百科全書——《醫典》，伊本魯世德也撰有關於醫學的著作；有很長一段時間，穆斯林的醫學成就，在歐洲被視爲科學上的最高成就，直到十七世紀劇作家莫里哀的年代仍是如此。

希臘對於穆斯林哲學的影響在於構成其內部一體性，伊本魯世德在其《物理》一書的序言中寫道：「本書的作者是亞里斯多德，尼格瑪科[15]之子，希臘最偉大的智者。是他建構了邏輯、物理、與形上學。作如是言，乃因，在其之前所寫的科學論述……根本不值得討論……，而在其之後直到如今，亦即將近一千五百年間，也不曾有任何著作對其理論有何增益，或曾找出什麼重要錯誤。」阿拉伯哲學家們非常推崇亞里斯多德，他們不得不在先知啓示的古蘭經、與希臘人文哲學的思考之間，進行反覆而令人焦心的辯論，在理性與信仰之間找到相互妥協的解釋。

透過穆罕默德所揭示的神的旨意，是穆斯林的信仰；可是，先知是獨自一人發現世界的眞理，並建立善惡對錯的教條規範嗎？面對此一難題，所有的哲學家在辯證上都相當有技巧，也許太過圓滑。羅汀森[16]說，伊本西那「不愧爲天才，他找到了」，而且這個解法也被其他穆斯林哲學家所廣爲採用：先知揭示的是最高的眞理，「以神話、傳說、象徵、比喻、圖像化等形式來呈現」，那是一種普羅大衆的語言，以方便傳教；亞里斯多德，則不受限於此，有更大的空間選擇其思辯的語言；而不同的語言之間勢必有矛盾存在。

舉例而言，穆斯林哲學家也與希臘人一樣，認爲宇宙是「永恆的」。然而，如果宇宙是既存的，那麼何來神的創造？要如何理解神啓的創世紀？法拉比最終推論道，神無法知曉萬事萬物，神只是宇宙運行的法則；然而古蘭經中的眞主，如同舊約聖經中的上帝，「知曉海陸之一切，沒有一片落葉不在神意中，沒有任何一粒深埋幽暗土裡的種子、一叢綠枝、或枯葉，不是源自祂明確的旨意」（布拉契[17]譯本《古蘭經》）。其他充滿矛盾的例子，如：法拉比顯然不相信靈魂不滅；伊本西那則相信靈魂不滅，但是不相信古蘭經所說的死後復生。靈魂死後就到另一個世界：靈界，所以，也就沒有死後的審判、或賞罰，也沒有地獄或天堂……。神、無形體的靈、與靈魂，

14 路易・嘉德，**Louis Gardet**(一九〇四—一九八六)，研究伊斯蘭世界的學者。本名為**André Brottier**，亦曾化名**André Harlaire**。

15 尼格瑪科，**Nicomaque**，西元前三八四年馬其頓國王之御醫，亞里斯多德的父親，過世時亞里斯多德仍年幼。當時馬其頓正在崛起，景仰學習希臘的文化，後來征服了希臘。

16 羅汀森，**Maxime Rodinson**(一九一五—二〇〇四)，法國史學家、社會學家、東方研究學者。

17 布拉契，**Régis Blachère**(一九〇〇—一九七三)，法國東方學者。一九四七年重譯古蘭經，其譯本仍受爭議，且布拉契將可蘭經的章節按照其出現的年代順序重新編排。

是永恆不朽的理想世界，因爲「無靜所以無動，無動無靜。……而動者恆動，一動帶一動，……再次證明神沒有存在的理由」。

以上引用法國哲學家赫南的話，挑起了我們的好奇心，卻沒有滿足這份好奇。要理解這套永遠有爭議的思辯系統，要花費很多心思。

自赫南發表如此論述後，哲學家們開始關注這些後設的問題，卻不輕易的表態。這些無論是理性主義或理想主義的思潮，都源自這些哲學家自己的詮釋，或甚至是他們私下對某某哲學家的偏愛：肯迪航行在尚未掀起宗教風暴的平靜水域裡；伊本西那是無可否認的理想主義者；伊本魯世德是末世哲學家；安薩里是信仰的守護者、傳統的捍衛者，一肩挑起早期穆斯林神學家冥頑的教義解釋，他漠視、甚至想要摧毀逍遙學派的學說。安薩里的思想將其推往另外一條神祕主義之路，他離開塵世、披上白色羊毛長袍，成爲「蘇菲派[18]」，這些追隨神秘力量而非理性思維的信徒，被稱爲「神的瘋子」。

伊本魯世德，科爾多瓦的醫生，則成爲亞里斯多德著作的忠誠評論者與編輯者。其重大貢獻在於找出所有希臘文章的阿拉伯譯本，並加入他的註釋、討論、與演繹。這些文章與評論都在西班牙中部的托雷多由阿拉伯文譯成拉丁文，並在歐洲流傳，造成十三世紀的重大思想變革。儘管經常有人認爲，穆斯林的哲學於十二世紀初即因安薩里太過嚴苛而絕望的舉動而終止流傳，然而……事實並非如此。不過，在十二世紀結束之前，穆斯林的哲學與科學，終究還是沉寂了。接下來將由西方世界傳承這把火炬。

十二至十八世紀：停滯或衰微

● 在這些卓越的榮景後，「撒拉森」文明，突然在十二世紀中斷了。即便在西班牙，科學、哲學的發展、與富庶的物質生活，也頂多維持到十二世紀末。

如此突然的中斷應該以一個全面性問題來思考：

一、就像前人所指責的，是安薩里猛烈（而且太過有效地）攻擊哲學與自由思考的錯嗎？沒有人眞的認眞地如此認爲。安薩里是其時代的產物：是果、也是因。再說，從有哲學開始一直都存在著反哲學的運動，各個時代數不清的焚書事件就是明證，若群衆不曾對哲學懷有強烈敵意，也不會發生這種事；這麼多哲學家驟然失寵被放逐、等待情勢改變後再回來也是明證；那些古蘭經法則當道、哲學被迫噤聲的年代也都是明證。而且，在安薩里之後，伊斯蘭哲學依舊絢爛，不止伊本魯世德，還有其他許多優秀的哲學家。

二、是蠻族入侵的錯嗎？這是前不久史學家戈賽因[19]才提出的懷疑，也就是說，那些提供兵力協助伊斯蘭抵禦西方世界與亞洲世界的蠻族，從內在瓦解了伊斯蘭世界。

這些危險的援軍：在西班牙，先是由蘇丹國人、撒哈拉人與柏柏人組成的穆拉比特王朝、接著是北非柏柏人的阿摩哈德王朝；在近東地區，則是發源於中亞「嚴寒的乾草原」的遊牧民族塞爾柱土耳其人，或是過去來自高加索地區的奴隸。

18 蘇菲派，原意為如水晶般光潔。信徒在誦經與冥想中接近神的旨意。自一三世紀起，旋轉被視為一種重要的修練方式。

19 戈賽因，S. D. Gothein，生卒年不詳。

伊斯蘭的衰亡就從這些新興勢力取得權力開始，「從幾乎所有的伊斯蘭國家都由蠻族奴隸傭兵統治開始」。因爲當時那個滋養了伊斯蘭世界的「地中海世界的一統性被打破了」，而「這些蠻族根本對地中海世界的傳統一無所知」。

也許可以辯駁說，這些不論是西方或東方的蠻族，並沒有比當初發動第一波攻勢的大部份阿拉伯部族更野蠻，而且兩者也都同樣在與古老的文明接觸後很快地開化了：阿摩哈德王朝的哈里發是伊本魯世德的保護者；在十字軍東征的傳統歷史中，獅心王理查[20]的對手，出身庫德族的偉大蘇丹撒拉丁[21]，在基督徒蠻族的眼中是個相當不錯的人。幸虧有埃及的援軍，伊斯蘭才得以於一二六〇年九月三日在敘利亞的艾因札魯特擊退蒙古大軍，並於一二九一年取下基督徒在巴勒斯坦聖地的最後一個堡壘，阿卡城[22]。

三、還是地中海世界的錯呢？十一世紀末，歐洲開始重新征服地中海，這片帶來豐富財源的海脫離了伊斯蘭勢力的掌握。史學家亨利皮朗的著名理論在這裡要反向思考：皮朗認爲穆斯林征服世界時，西方世界由於無法在地中海自由出入，故於第八、九世紀間自我封閉；反過來說，十一世紀時，地中海不再是伊斯蘭的天下，所以對伊斯蘭世界日常生活與發展造成無法彌補的傷害。

令人好奇的是，第一個大力提出撒拉森文明驟然終止的說法的高帝耶，在當時（一九三〇年）並沒有運用與其同時代且引發相當大議論的皮朗的解釋。以我們目前所知，皮朗的詮釋應該是整個伊斯蘭世界突然衰微的最好解釋。

● 伊斯蘭文明隨著帝國勢力消退，不復昔日榮光與成就，但是文明並沒有消失，依舊存在。

---

20 獅心王理查，Richard Coeur de Lion(一一五七—一一九九)，英格蘭國王理查一世，一一八九—一一九九在位。

21 撒拉丁，Saladin(一一三八—一一九三)，阿尤布王朝(一一七一—一三四一)的第一任蘇丹，統治埃及與敘利亞。

22 阿卡，Acre，位於耶路撒冷北方一五二公里，為一深水港。基督教世界稱此城為Saint-Jean-d'Acre。

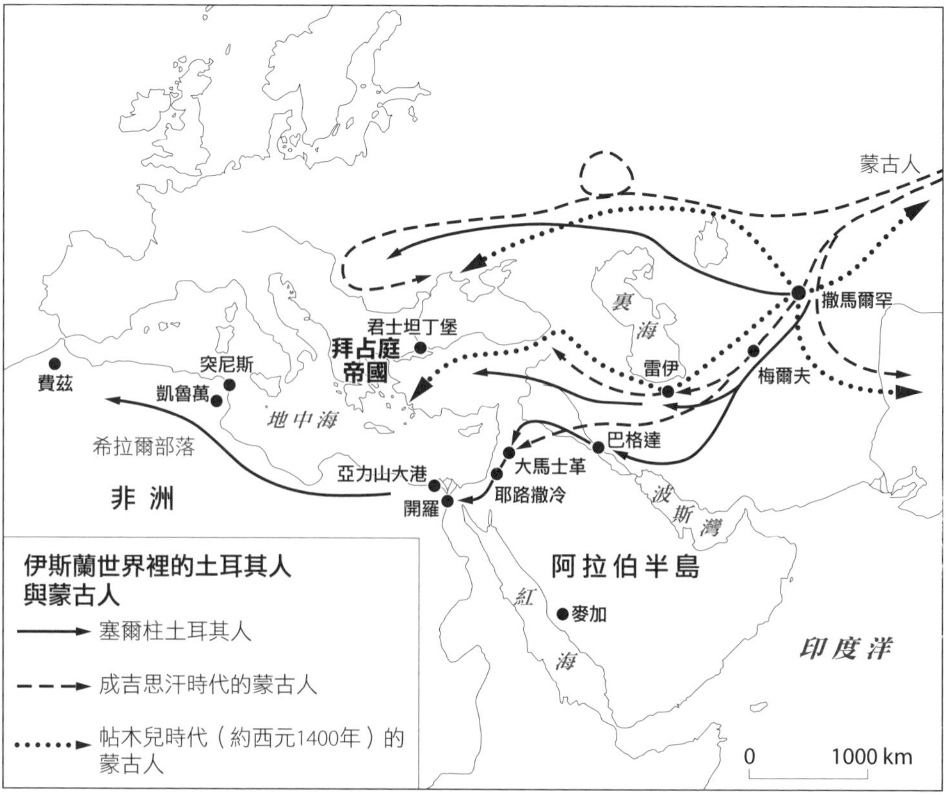

圖 4　蒙古人是否加速了伊斯蘭的衰亡

成吉思汗（「寰宇之王」一一五五年生，一二二七年卒）統一所有蒙古部落於其麾下（一二〇五—一二〇八），然後征服中國北方。之後西進，從烏拉河裏海的門戶進入高加索地區。繼他之後，蒙古人大舉進攻歐洲與亞洲：一二四一年兵臨波蘭與匈牙利、一二五八年攻下巴格達。

帖木兒（生於一三三六年，卒於一四〇六年）發動另一波攻擊：於一三九八年攻克印度德里，一四〇一年血洗巴格達城。

保羅瓦雷里在一九二二年說：「文明，我們知道你並非不朽的」，當然，這是很戲劇化的說法。花果會凋零，樹則長青，文明或許不隨歷史的季節更迭，但至少比較難毀滅。

西元十二世紀後，伊斯蘭世界進入黑暗時期。在面對西歐世界方面，撐過了一〇九五年至一二七〇年間漫長的十字軍東征，前述一二九一年收復阿卡，伊斯蘭可謂小贏；但是，在陸地上贏了、卻在海上輸了。在面對亞洲世界方面，一二〇二年至一四〇五年間蒙古人殘暴、野蠻、又漫長的入侵，侵吞了半個伊斯蘭世界：突厥斯坦、伊朗、小亞細亞，灰飛煙滅幾乎沒有再振興起來。一二五八年巴格達淪陷，象徵了這個帝國的傾頹。日後伊斯蘭雖從這些失敗中振作起來，但相當片面。

另一方面，在十三、十四、十五世紀這些黑暗的年代，「世界性的」經濟問題，加重了伊斯蘭世界所面對的困境。一場為時甚久的經濟危機重創整個從中國、印度、到歐洲的舊世界，漫長的數百年間，一切都在衰微凋敝中。在歐洲，這場衰退似乎比較晚（約始於一三五〇年至一三七五年間），也比較短（約於一四五〇年至一五一〇年間結束），但衰退是顯而易見的：百年戰爭（一三三七年至一四五三年）就是明證，長期的對外征伐、民變、社會動亂、蕭條與苦難。

所以，在伊斯蘭的衰微中，要先分辨哪些問題是「世界性的」，而哪些才是真正伊斯蘭世界的問題。

總而言之，就是在此種普遍悲慘的氛圍與黝暗悲觀中，才能了解伊本赫勒敦境界高深的思想，人們將他視為最後一位穆斯林思想巨人，不是沒有道理的。伊本赫勒敦出身安達魯西亞，但一三三二年生於突尼斯，是位史學家（今天我們可稱之為「社會學家」）。他一生動盪，以外交官與政治家，曾出仕格拉納達、特萊姆森、貝賈亞、費茲、敘利亞等地，最後於一四〇六年在開羅擔任法官期間逝世。此為帖木兒死後一年，伊本赫勒敦早年曾任大使被派駐帖木兒身邊。

伊本赫勒敦留下巨幅的史論集《歷史緒論》，以獨到見解處理柏柏人的歷史；該書的導論於十九世紀時被譯成法文，這篇〈前言〉本身就是一部大師之作，是一篇全觀性的伊斯蘭史的方法論與歷史社會學。

- 隨著世俗政權的興起，大概於十六世紀時，全球經濟復甦，伊斯蘭世界再次以其中介於東西方之間的地理位置而大獲其利。土耳其人的龐大帝國一直持續到十八世紀的「鬱金香年代」。

在政治上，這場復甦，早在鄂圖曼土耳其人於一四五三年攻下君士坦丁堡及其如迅雷般的征服之前就開始。這場勝利宣告了土耳其統治的到來，並使其於十六世紀成為地中海強權。

不久之後，整個伊斯蘭世界，包含阿拉伯半島上的聖地，就被統一、或說幾乎被統一於拜占庭的新政權治下。一五一七年後，鄂圖曼的蘇丹「大君」成爲所有穆斯林信徒的哈里發。未被土耳其人統治的，只有遙遠的突厥斯坦、在阿爾及爾轄外的摩洛哥、與什葉派的波斯。波斯的民族主義隨著薩非王朝[23]興起而抬頭。不過，一些穆斯林傭兵、蒙古人與突厥人，則在帖木兒後裔巴布爾的率領下攻占德里，並於一五二六年建立了蒙兀兒帝國，統治大部份的印度。

同年，土耳其人擊敗基督教世界的匈牙利（莫哈奇戰役），伊斯蘭世界很顯然地是藉由土耳其人與遜尼派教徒復興了，同時也帶來傳統與正統伊斯蘭的勝利。一股強大勢力竄起，嚴格檢視調整思想，建立一個鐵般堅實的政權。

土耳其霸權的建立，正逢巴爾幹半島與近東地區一個物質豐饒、人口成長、都市產業發達的時期。一四五三年時，君士坦丁堡居民大約將近八萬；十六世紀時，已改稱伊斯坦堡，城中約有七十萬人口，包含越過金角灣的

23 薩非王朝，Séfévides，繼帖木兒汗國之後統治伊朗一五〇一—一七三六，為前此一千年來唯一伊朗人獨立統治的王朝。統治王朝為出身庫德族的蘇菲派教徒。

希臘人居住區佩拉[24]，以及越過博斯普魯斯海峽，亞洲區的斯庫塔莉[25]。與世上各大城市相同，伊斯坦堡這個帝國的首都，同時匯集了奢華與赤貧，成爲其他羨慕鄂圖曼帝國文明的城市模仿的對象，其衆多雄偉的清眞寺建築的配置，遠播各地成爲被模仿的對象，其中包含專爲蘇里曼一世[26]所建的蘇里曼清眞寺。

隨著歷史學家的研究，這些被後世所否認的土耳其偉大功績的眞相，正一點一滴地被重現於世：大量的土耳其檔案終於整理好了，並開始對研究者開放。這些檔案一一呈現這個龐大帝國行政體系的運作，按部就班地、具權威地、得以進行細項的調查，進行有連貫性的內政規劃，徵收稅賦以金銀充實國庫，有系統地建立游牧民族村殖民巴爾幹半島，作爲對抗歐洲防線上的擋箭牌。還有一套強制勞役系統，以辛苦的操練，訓練組成一支驚人的軍隊……。總之，這個帝國是極現代的。

這個龐大帝國機器的運作，到了十七世紀末時，開始慢慢停擺，關鍵的一擊發生於一六八七年維也納圍城失敗……。土耳其帝國的衰亡是因爲在海上發展不順遂所致嗎？事實上，由於大西洋的阻隔使其無法攻克摩洛哥，而對紅海控制性不足又令其無法統御印度洋，在波斯灣更遭遇到波斯人的強烈反抗，以及有著優異

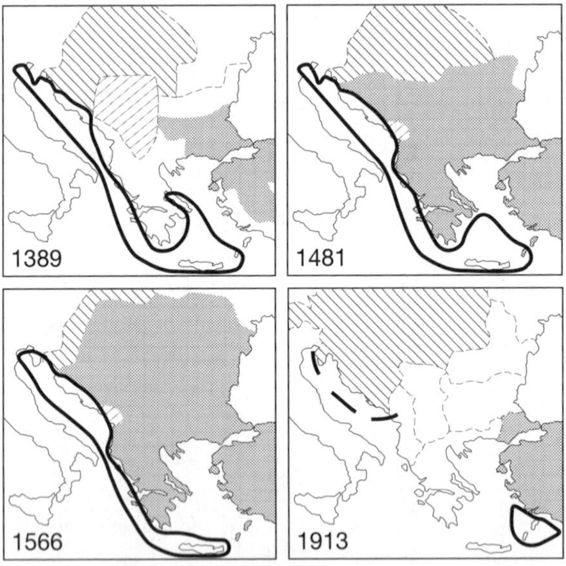

圖 5　鄂圖曼帝國疆域變遷圖

灰色部份，鄂圖曼佔領地。斜線較密者，塞爾比亞。較疏斜線是匈牙利。黑粗線所標為威尼斯進軍路線，以及 1913 年義大利進軍路線。

艦隊與堅實貿易公司組織的歐洲新興勢力的阻擾。

土耳其帝國的滅亡是肇因於其對於新技術的適應太快太好？

或者，比較明確的原因是十八、尤其十九世紀，現代俄羅斯強權興起與之敵對？哈布斯堡王朝歐根親王出征時（尤其是一七一六年至一七一八年間），奧地利騎兵隊只成功地威脅了土耳其帝國在歐陸部份的邊境。隨著俄羅斯的加入，情勢轉變成一個龐大而年輕的勢力，對上一個垂死的、或至少說是疲累的巨人。

這個「病夫」在十九世紀時，對於強權國家的外交關係處理欠佳，但是無論如何，土耳其帝國並不是一開始就如此不知輕重，這個帝國在過去很長的一段時間都是個偉大、光彩奪目、令人敬畏的大國；如同十七世紀法國極好的觀察家、旅行者塔維尼爾[27]所推崇的，由薩非王朝所建立的波斯帝國；或是如同十八世紀在英法兩國虎視眈眈之下，仍然南進攻下大部份德干高原的蒙兀兒王朝一般。

不要輕易相信眾多隨意提出伊斯蘭世界很早就腐化的理論！沒有那麼早！

十八世紀，伊斯坦堡正逢「鬱金香的年代[28]」，在錫釉陶、迷你模型、刺繡作品上都反覆出現、非常具有特色、極具識別性的鬱金香紋樣。鬱金香的年代，作爲一個不失優雅、又不乏影響力的年代，多美的名字。

24 佩拉，Péra，直到二〇世紀初仍稱佩拉，自中世紀以來即為熱那亞與威尼斯商人集結之地。今名Beyo lu，為伊斯坦堡三十九個行政區之一。

25 斯庫塔莉，Scutari，中世紀之名稱，今稱Üsküdar，為伊斯坦堡三九個行政區之一。

26 蘇里曼一世，Soliman I er / Soliman le Magnifique（一四九四－一五六六），一五二〇－一五六六在位，以重建鄂圖曼帝國司法系統受敬重，而被尊稱為立法者蘇里曼。

27 塔維尼爾，Jean-Baptiste Tavernier(一六〇五－一六八九)，最早前往印度經商的法國人之一，被稱為現代鑽石之父。

28 鬱金香的年代，約介於一七一八年至一七三〇年間的一段相對承平時期，鄂圖曼帝國宮廷內與上流社會瘋狂喜愛種植鬱金香，也反映到藝術作品與詩文繪畫的發展，也是鄂圖曼帝國開始西化的時期。

第4章　伊斯蘭與其當前的復興

於是，伊斯蘭退居於此人間煉獄——我們所稱的第三世界。說退居，因為不可否認地它曾經擁有「相對」優勢的處境地位。

此種相對而言較為晚近卻很明顯的衰微，在十九世紀時，給伊斯蘭世界帶來一連串的屈辱、苦果與災難，最後以外國勢力大舉入侵與統治終結。我們都知道結果，唯有土耳其，在凱末爾將軍傑出的反擊下，逃過與其他伊斯蘭國家相同的命運。此種反抗成為往後民族主義勝利的範例，今日，伊斯蘭世界的解放幾乎是全面性的。然而，爭取獨立是一回事，能夠跟上「世界的腳步」並展望未來又是另外一回事，而且更為困難。

殖民主義的末日，民族主義的興起

今日，要建立伊斯蘭世界各國被殖民、之後脫離殖民等各階段的歷史，並不困難。除了蘇維埃聯邦裡的伊斯蘭共和國以外，其他伊斯蘭國家都已逐一爭取到政治獨立。

●蘇維埃的殖民主義？習慣上，過去在這個章節都只述及英國、法國、比利時、德國或荷蘭的殖民主義，沒錯，這些國家份量較重；但是俄羅斯，及其後的蘇維埃政權，也是殖民國家，卻較少被提及。事實上，至少有三千萬的穆斯林在其治下，相當於今日西北非馬格里布地區的人口總數。

在此處，殖民主義這個詞是否適用？俄羅斯自一九一七年革命之後，在權力下放與地方自治上已有長足的進展，各地方擁有一定程度的自主權，物質設備上也大有進步，「今日，所有蘇維埃社會主義共和國聯邦內信奉伊斯蘭的民族，尤其是塔吉斯坦人與高加索人，都有他們自己的學術、行政與政治組織，有他們的知識分子階級，脫離了過去韃靼人的落後形象，不再需要求援於喀山的知識分子」。喀山，是過去俄羅斯唯一的伊斯蘭文化中心。然而，如此卻造成各個伊斯蘭共和國之間的齟齬，並使得建立一個「圖蘭[1]」國家的理想幻滅。在當今蘇維埃聯邦的系統下，文化之「形式可以具有民族特色，但是其內容必須是無產階級與社會主義的」。在此世俗化的邏輯下，必然會造成伊斯蘭宗教色彩的喪失，而民族主義也被侷限在各個地方省份之內，與伊斯蘭的「烏瑪[2]」兄弟之邦無關。民族主義也只表現在短視近利的爭取「某些機構的建立」或「要求特殊的規範」上。

簡而言之，目前蘇聯伊斯蘭共和國的問題，似乎與目前國際上高分貝爭取權益的伊斯蘭國家不同。蘇聯的幾個伊斯蘭共和國是獨立的，但是與蘇聯密不可分（共同的外交、國防、財政、教育、鐵路等）。

我們距離加利夫[3]的實驗和夢想很遙遠。加利夫，一九一七年至一九二三年任蘇聯的顯貴高官，一九二九年

1 圖蘭，Touranien，是波斯語中對中亞的稱呼，本意為圖爾人（Tur）的土地。圖爾人包含中亞所有阿爾泰語系遊牧民族，即中國新疆的維吾爾族、嘎嘎烏茲人、烏茲別克人、高加索人、土耳其人、直到巴爾幹半島上的游牧民族等。

2 烏瑪，umma，超越血緣、民族、國家的一個聯盟，為泛伊斯蘭政治宗教運動的宗旨之一。

3 加利夫，Sultan Galiev(一八九二—一九四〇)，韃靼政治家，布爾什維克黨人，是史達林在伊斯蘭事務上的重要助手，曾努力將馬克思主義融入伊斯蘭。一九二八年被判刑勞改十年。

成爲反革命動亂分子並被判處死刑。作爲一個穆斯林，他曾經夢想聯合所有蘇維埃聯邦內的伊斯蘭國家組成一個政權，集結力量朝東往亞洲的中心—這塊注定要政治動亂的土地，發起一場翻天覆地的意識形態革命。對他而言，工業化的、工人階級的歐洲，「革命的火焰已然熄滅」。伊斯蘭能夠成爲這把熊熊的火炬往亞洲方向點燃革命嗎？

● 泛阿拉伯主義，一個分化的伊斯蘭世界所希盼追求的政策：在明顯國際衝突的局勢下，今日泛阿拉伯主義未免太過一廂情願地想要聯合整個伊斯蘭世界，我們所見所聞都是它的新聞。

純粹的阿拉伯世界是伊斯蘭的心臟所在，將阿拉伯世界、中東（以及延伸所及的馬格里布地區），與整個伊斯蘭世界混爲一談，雖是一步之遙，卻顯然是以偏概全。現下時事經常輕率地如此混淆。

但是今日伊斯蘭世界所強調的重點，不正是在於這些無法化解的分歧、空間的切割、勢力的分散？部份是基於永遠在變化的政治理由，部份則是地理因素，這使得某些伊斯蘭地區受到其他文明、或特殊經濟體制的決定性影響。

在東南亞群島，八千萬的穆斯林與印度教徒及其他泛靈信仰者混居，自成一個獨特的經濟架構，是半個迷途羔羊。巴基斯坦，國土被分成兩塊，中間遙遙隔著印度。在中國，一千萬自成一格的穆斯林，更是無可挽回的迷途羔羊。在黑色非洲，曾經是征服者的伊斯蘭信仰，則被各式各樣活躍的泛靈信仰征服而有了變異。

伊斯蘭教經常成爲這些人民的民族主義運動立論點、與抗爭的方法。但是，對伊斯蘭世界而言，所有那些不再如過去以麥加馬首是瞻的國家、不再經常朝聖、不再共享泛伊斯蘭主義一統理想的國家，就是迷途的羔羊，或者正在迷路中。空間阻隔、政治因素、無神論的發展、反宗教，都使情況雪上加霜。一九一七年以後，麥加頂多只出現過幾百個來自蘇維埃地區的朝聖者。

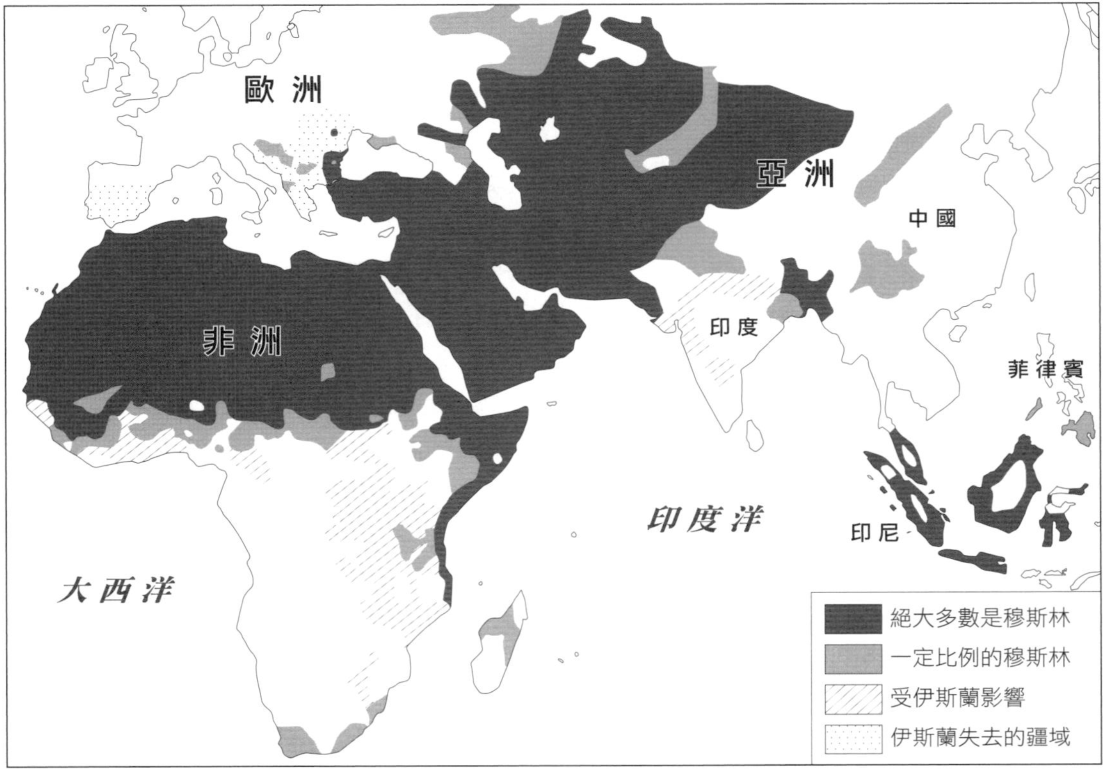

圖6　當今世界穆斯林分布圖

● 「加里波底的年代」，是新型態的伊斯蘭嗎？在近東伊斯蘭國家內部，泛阿拉伯主義與各地尖銳、日益升高的民族主義相衝突。

由埃及與敘利亞共組的阿拉伯聯合共和國[4]，於一九六一年九月瓦解，就是個令人震驚的例子。巴基斯坦、阿富汗、伊朗、土耳其、黎巴嫩、敘利亞、伊拉克、約旦、沙烏地阿拉伯、突尼西亞、阿爾及利亞、摩洛哥、茅利塔尼亞、葉門，每個國家各有各的問題，相互敵對，常或多或少地掩飾對彼此的敵意，偶爾則爲了抵禦外侮或求生存而短暫結盟。

高張的民族主義，將這些國家的男人與以大學生爲首血氣方剛的年輕人們，逼上戲劇化的舉動，在西方人有偏見的眼中，經常覺得他們的做法很過時。我們經常懊悔過去歐洲民族主義付出的代價，卻忽視這些地區性運動的成果；在此歐洲共同市場的年代，我們帶著偏見、對地方運動成果缺少喜悅感動，只因爲這些民族主義強烈反抗西歐世界。

偏見，是的，一位阿富汗學者邦馬特[5]以令人激賞的文字如是陳述（一九五九）：「今日伊斯蘭必須要同時經歷一場宛如基督教世界宗教革命般的重大改革，一場等同十八世紀啓蒙運動與開明專制思想在學術與道德上的革命，一場好比歐洲十九世紀歷經的經濟與社會變革（即工業革命）；而在兩大宗教系統並立的此時（意指東西兩大陣營），伊斯蘭世界中還有各種小型的民族主義革命進行著；在世界各國簽訂各種國際協定之時，伊斯蘭國家還在等待並尋找他們的加里波底。」

我們絕不可輕忽對於發起紅衫軍統一了義大利的加里波底輝煌功績的緬懷情緒，那些爲了國家統一所發起的戰爭，在昨日是必要的，卻給歐洲帶來了我們所熟知的恐怖後果。

對當今的伊斯蘭世界而言，各個民族的分裂是有利的嗎？對伊斯蘭的未來也將會是有利的嗎？如此的分崩離析不利於融入今日之世界經濟，會不會將伊斯蘭國家帶進死胡同？再者，分裂不正是危險衝突的源頭嗎？每個國家，一旦擁有一點武力，就以對各自最有利的方式詮釋「泛伊斯蘭主義」、或「泛阿拉伯主義」，如眾所周知的巴基斯坦、伊拉克、埃及就是如此，之後還會有其他國家加入行列。

這些民族主義運動，不可否認的，是一個必經的階段，在艱辛的獨立過程中，民族主義擔任了極重要的角色。不論在過去或現在，民族主義都「反殖民主義」，是脫離外族統治的最好良方，強而有力的爭取解放。

所有的阿拉伯民族主義，都因對世仇以色列的共同敵意而相結盟，我們實在沒有什麼好訝異的。成立於第二次世界大戰後的國家以色列，不正是最可恨的西方勢力的傑作？在來自全世界的資金援助下，配備最先進的科技，在一九四八年向埃及炫耀其武力，隨後在蘇伊士運河事件時，又發軍穿越西奈山所在的半島（一九五六年）；於是舊恨加上了新仇、恐懼、與忌妒。雅克貝克寫得很有道理：「容我這麼說，阿拉伯人與猶太人，兩者都是神的子民。對那些外交官與參謀而言，同時有兩支神的子民，太多了！那些毫不留情的衝突對立，恰是肇因於這兩個敵人系出同源，都是亞伯拉罕的後裔，同樣信奉一神教……。兩者走上了不同的路，一方流散世界各地，依舊保留著對族群的理想，並適應了外邦人的獨到科技；另一方留在自己的土地上，卻被征服、分化，有幸或不幸地，大致上維持著過去的生活方式。因此造成今日兩者在物質生活上的差距、在行為模式上與思想觀念上的分歧。一些極具真知灼見的阿拉伯評論家，在苦思之後，選擇以『大災難』這個詞來講述一九四八年發生的事，就如同我們的史學家泰納6或赫南在一八七〇年〔普法戰爭〕後一般，這些學者建議同胞們要調適心態以避

4 阿拉伯聯合共和國，**République Arabe Unie**（一九五八—一九七一），埃及、敘利亞、葉門的短暫結盟於一九六一年瓦解，但埃及直至一九七一年仍以此國名自稱。

5 邦馬特，**Najm Oud-din Bammate**，（一九二二—一九八五），出生巴黎的阿富汗裔學者、作家。

6 泰納，**Hippolyte Adolphe Taine**（一八二八—一八九三），法國評論家、史學家。

免重蹈覆轍。」

● 在不久的未來，民族主義將扮演重要的角色：所有的伊斯蘭國家都必將面對艱辛的改革計畫。

事實上，這些改革計畫是社會互助與社會秩序計畫。民族主義將有助於這些新興國家面對嚴重的經濟困境。這些必要的革新措施，將無可避免地衝擊古老的社會、宗教和家庭結構，改變數個世紀以來透過伊斯蘭教傳承下來的祖先的風俗習慣，肯定會引起強烈的反抗，而民族主義將有助使這些必要的改革被人民接受。

然而，不論要付出什麼代價，伊斯蘭世界都應該要現代化，要接納西方世界那些已經變成基本生活所需的許多科技：未來，將取決於是否接納或拒絕這個世界性的文明。拒絕，那就是傳統當道；接納，民族的自尊將促使人民接受他們原先會本能地拒絕的改變。

我們經常認爲，伊斯蘭世界不具有進行重大調適的必要彈性。許多觀察家甚至說，這個文明不論思想上或情感上，都「嚴密不透風」、「毫不妥協」，並說伊斯蘭將受困於其現代化的努力中。眞是如此嗎？

事實上，伊斯蘭世界已經接受了現代化，所以也可以再進一步接受其所處的這個現代世界。過去，基督教文化也是在反抗與猶豫掙扎中進行調適，最終，這些爲了調適所做的必要妥協與讓步，絲毫未減損其獨特性。

將伊斯蘭視爲一個食古不化、不知變通的宗教，即是無視於其各種教派的分歧，諸多歧異教派，其實正反映了伊斯蘭面對現世的各種不安憂慮與各種改變的可能性。此外，古蘭經藉由「伊智提哈德[7]」提供改革論者一道從未關上的門，「先知已經預想到，若遇古蘭經未規範或無舊例可循的狀況，他建議以理性的思考進行類推，如果無法解決，則必須憑藉經驗與看法，這個人爲的詮釋，稱爲『伊智提哈德』，將在未來穆斯林思想的構成中佔很重要的地位。今日，改革主義者急欲重啓這道門」（引自皮耶．洪多[8]）。每個宗教都有其救贖之道，伊斯蘭的傳統可能是阻礙，但也可以被改變，改變是可預見的。

每日關注現況情勢的經濟學家，也不斷地反駁這類認爲穆斯林的生活方式不可動搖，這類預設立場而「誇張」的解釋。

事實上，經濟學家認爲，眞正主要的困難在於，要如何塡補這個巨大的鴻溝。相對於西方世界，伊斯蘭世界落後了兩個世紀，這兩百年來歐洲的變化，比從上古時代到十八世紀的變化更劇烈。伊斯蘭要如何能夠在短時間內一舉進入工業化這個重要的階段，動搖、改變其古老社會？這個社會，只有一些收穫少得可憐、不穩定的農業，僅有如同傘兵空降般、隨機點狀分布、不連貫的工業，如此薄弱的農工經濟，根本無法支撐成長快速的沉重人口壓力。再者，就如同所有的社會，穆斯林世界也有富人階級，雖然爲數不多，但卻更有權力。信仰或傳統，通常只是這些權貴分子用來維繫其既得利益的藉口，維繫一些如葉門的「中世紀」社會、伊朗的封建社會、或是如沙烏地阿拉伯的古老社會。儘管有石油，或說，正是石油惹的禍。

面對這些困難，改革者的成就提供了不可否認的試煉：如土耳其凱末爾將軍天才的突擊、伊朗卡薩姆將軍[9]強而有力的演說、埃及納瑟總統[10]的堅持、突尼西亞十分有技巧、有智慧的布爾吉巴總統[11]。不論他們改革的本

7 伊智提哈德，ijtihad，伊斯蘭法學家透過對於古蘭經與聖訓的探究與詮釋以建立伊斯蘭律法。對於詮釋之門—伊智提哈德之門是否於一〇世紀關閉，伊斯蘭內部不同教派意見分歧。

8 皮耶．洪多，Pierre Rondot(一九〇四—二〇〇〇)，專研近東事務，是法國派遣至敘利亞與黎巴嫩的情報人員。

9 卡薩姆將軍，Kassem(一九一四—一九六三)，馬克思主義者，發動軍變推翻伊朗皇室，一九五八—一九六三擔任伊拉克的首相。

10 納瑟，Nasser(一九一八—一九七〇)，政治家，埃及的第二任總統，被認為是二〇世紀最具影響力的領袖之一。

11 布爾吉巴，Bourguiba(一九〇三—二〇〇〇)，政治家，突尼西亞共和國首任總統，一九五七—一九八七在位。

質或重點是什麼，橫亙在他們面前的，經常是相同的阻礙。這所有的改革都打破了穆斯林文明中不少所謂的「禁忌」：首先，最顯而易見的，莫過於婦女解放運動，正逐步奠基中、緩慢地落實，包含一夫多妻制的消失、對於丈夫單方面休妻的限制、戴頭紗規定的解除、女子進大學、參與文化活動、外出工作、擁有投票權等，這所有的細節都影響卓鉅。

凡此證明，改革並非一事無成，只是需要有毅力、有決心的捍衛者與鬥士。抗爭是多面向的，最大的危險莫過於受到誘惑、爲了貪圖方便、或不得已，陷入戲劇化的政治操弄而離題。

理想的狀況？莫過於一次只處理一件事，並且擇要處理。然而，政治沒有辦法進行笛卡兒式的理性分析，經濟的成長極度仰賴有利的政治情勢，不只在伊斯蘭世界如此，別處亦然。在眞實的世界，我們被迫得要依著事情發生的先後一一處理這些固有的與新生成的問題。

這些自豪於其獨立的國家，都有各種要求尖銳而戲劇化的政治立場需要安撫照顧，而面對某些無解的問題，他們不得不轉移焦點。他們需要調適自尊：伊斯蘭世界與歐洲同等的富裕豐饒，這話一點也不誇張。伊斯蘭世界有年輕人、迫不及待有一番作爲的大學生，很像我們一八三〇年綜合理工學院的學生；伊斯蘭世界有軍人，冒進衝動、隨時可以發起政變，如同拉丁美洲一九三九年之前的軍人；伊斯蘭也有極具抱負的政黨，以及迷戀個人形象、受害於自己言語暴力的政治家。在嘈雜的世界不是應該提高分貝才能被聽見嗎？

外國勢力顯然是存在的：北非有法國，在科威特與阿拉伯半島半空的南部則有英國，還有四處無止盡地提供建議與資金的美國，以及看情況時而耀武揚威、時而保守、對此伊斯蘭廣大角力場域一直小心注意的蘇聯。

社會改革在各地有不同的面貌與不同的需求。這些改革引領著歷史：一九六〇年五月二十七日土耳其的軍事政變，開啓了許多社會改革的希望，但遲遲未實踐；在伊朗，儘管面對年輕人的敵意、前首相摩薩台[12]擁護者的反抗、或者伊朗共產黨杜德黨的猶豫不決，一個從上而下、保守而先進的改革，依舊有些作爲；在外約旦[13]，有一個國王勇敢地面對所有周遭的挑戰；黎巴嫩，則有智慧地提出希望成爲近東地區的瑞士；在伊拉克，改革是說多做少，但是庫德族的叛亂是道極深的傷口；在埃及，敘利亞退出後，最高軍事統帥毅然地選擇了已經實踐了一半的社會共產主義道路，這個選擇的效應將需要時日才會逐漸顯露出來。爲了使這個檢視更加完整，我們還需指出巴基斯坦的不安焦慮：印度比過去世人所認知的更爲好戰，意圖拿下喀什米爾；印度尼西亞，受到印度成功拿下葡屬果阿的鼓舞，也想將荷屬幾內亞納入版圖；整個北非，在阿爾及利亞悲劇性的發展之後，還未決定要站在哪條陣線……。

這所有的煩惱都影響著伊斯蘭國家的政治，使其面臨各種潛藏的不定時炸藥，每次都造成嚴重衝擊，強大的爆炸威力也經常影響其他國家。誰能算清令人熱血沸騰的比塞特事件[14]到底法國（那麼有錢）和突尼西亞（那麼窮）付出了多少代價？在此危機中，問題這麼單純的只是爲了比塞特港嗎？或者是彼此互相傷害的兩個國家自尊的問題？法國很不甘願，因爲她自認爲了伊斯蘭世界付出了很多（也是實情）；伊斯蘭世界也很不甘願，因爲她認爲法國給她的獨立不是完整的獨立。事實上，如果獨立後的經濟狀況會立刻落入第三世界國家的話，沒有任何一個國家是眞正的獨立。

殖民地獨立後經濟無法獨立，過去的殖民宗主國固然有一部份責任，然而此種經濟弱勢還源自許多特殊的因

12 摩薩台，Mossadegh（一八八二—一九六七），曾任伊朗首相，於一九五一年將伊朗的石油工業國有化，被阿拉伯國家視為民族主義的英雄。於一九五三年被英國秘勤局與美國中情局聯合策畫政變迫使其離職。

13 外約旦，Transjordanie，指今日約旦河之東、西岸的約旦、以色列及巴勒斯坦地區的合稱。

14 比塞特危機，一九六一年夏天一場法國與突尼西亞的外交與軍事對峙。突尼西亞早已於一九五六年獨立，法國仍占有突尼西亞境內的比塞特港Bizerte。該事件最終由法國永久撤出比塞特港結束。

由，與伊斯蘭世界的歷史、其自然條件的貧乏、其人口過剩等有關。這些都是嚴重的病灶，但也不是無藥可救。

面對當今世界的諸伊斯蘭國家

● 成長困難：對伊斯蘭國家與對所有第三世界國家而言，難題在於得要盡快完成工業革命，才能與世界經濟接軌。

說來容易做來難，工業發展必須付出許多代價，做得很辛苦卻無法收立竿見影之效，而且並不會立刻反映到生活水準的提升上。在殖民時代並未立下工業的基礎，這的確是殖民宗主國應該要負的責任。

不可諱言的，殖民國的確是給殖民地帶來許多改變與新事物：那些幾世紀來生活不曾改變的古老國家，突然傳入非常先進的文明，從中獲益不少：現代的醫學與衛生概念，大大降低了死亡率；教育，依各殖民國而有所不同，程度或多或少（在這方面，法國算是做得比較好的）；大量的物質建設，港口、道路、鐵路；現代的農業經營管理，通常包含爲灌溉系統而建置的水壩；有時候也有工業化的啓蒙。

讀者也許會說，這樣很不少耶。是，也不是。因爲，一方面，這些建設摧毀了部份古老的結構；另一方面，這些建設是很片面的，並不是以一個國家經濟體的遠景而建設，而是以配合殖民宗主國並配合世界經濟需求的一種附屬的經濟來規劃，因此造成各個領域發展不均。今日這些新興獨立國家必須重新建設，以符合國家全面性發展所需。此中的困難還要加上各個文明固有的許多問題，以及大多數國家都土地貧瘠，更使得難上加難。

爲了克服這些困難，這些穆斯林國家必須自立自強，同時，也需要別人的幫助。他們必須適應強權國朝三暮

四、相當殘酷的政策，他們對此並不陌生，且知道如何應付。政治智慧與手段，他們一點也不缺。他們更迫切需要的是自我調適，並密切跟隨世界脈動，如何化圓爲方，這才是最困難之處。

●經濟與石油：解決之道沒有捷徑，也不是唯一。儘管擁有看來極為有利的石油，一切卻沒有外表看來如此美好。

我們知道近東地區蘊藏豐富的石油，石油是一種不可否認的財富，其效益已顯露於所有產油國家的富庶。然而，唯有那些有能力支付鉅額探勘與開採費用的跨國大公司，才是最大的受益者，這些外資企業掌握油源，並用以操縱各產油國的皇室，由這些公司煉油，也由他們賣油。伊朗曾經嘗試自源頭掌握這項資源，曾經成功一陣子（一九五一年），今日（一九六一）伊拉克也想這麼做，都是徒勞的：石油要賣出才值錢。但是當今世界並不缺油，而且隨著原子時代的到來，石油的年代可能不會維持太久。

補充一個小細節：外國開發商固然可恨，卻不是唯一的禍首。在穆斯林國家，皇族是社會特權階級。石油賺進的財富並沒有在國內被公平分配，而通常只是用來滿足特權階級的虛華，且這些豪奢行爲絲毫未帶動當地產業，錢都被浪費在購買外國貨，對於本國生產毫無助益。在沙烏地阿拉伯，新的城市、新的道路、鐵路、機場，這種種進步都拜石油之賜，還有皇室和幾位部族首領毫無節制、且過時的奢靡，也是拜石油之賜。因爲受埃及革命鼓舞而熱血沸騰的各國年輕人，與想要參與公共事務的資產階級，都對此感到相當不悅。

如此仔細觀察之下，近東地區的石油，宛如十六世紀美洲大陸的銀礦：當時銀礦透過西班牙進出，卻不曾活絡西班牙經濟，而是進入了歐洲活躍的經濟活動中。

總而言之，石油的現在與未來都是近東地區衆多紛爭的源頭。最近的事件，如：伊拉克及其領袖卡薩姆將軍，與八大國際石油公司的對立。目前此八大公司的主要代表人為伊拉克石油公司[15]。已經進行了三年的對話最近突然再次中斷了，租讓給各石油公司的土地中，尚未進行開採的地被伊拉克政府收回。當然和解是可能的，但是伊拉克能夠從中獲利嗎？能夠多於向來的五五分嗎？伊拉克的確曾有機會投入石油探勘，尤其是參與那些日本與義大利的「石油公司」，在波斯灣水下進行了不起的探勘；這些日本與義大利的石油開發商比較好相處、比較好商量，因為他們是這場石油爭奪中的後來者。近東這些產油國儘管有蘊藏油礦的優勢，卻仍在石油開發上居於劣勢。

● 所有的伊斯蘭國家都努力克服困難，致力發展，已獲得不小的成就與普遍的生產盈餘。然而人口的增加一再造成問題，所有的進步不斷被歸零。

人口學家阿弗列．索維[16]於一九五六年八月七日世界日報的一篇文章中，針對近東地區提出上述看法，而此論述如今看來仍是相當有力的，他寫道：「阿拉伯世界（他應該可以說整個穆斯林世界）正面臨全面性的人口爆炸，其出生率名列世界前幾名，每年大約每千人中有五十名新生兒，平均每個家庭有六到七個孩子。一夫多妻制的消失不但沒有降低出生率，相反地，還與衛生條件的進步一起促長了出生率。於此高出生率的同時，因流行疫病、饑荒與部落間的戰爭漸少，死亡率也大幅下降，筆者並不知道當前的死亡率，但是它在下降中，可能接近每年每千人中死亡二十人。每年人口成長百分之二點五到百分之三不是奇事，如阿爾及利亞、突尼西亞、埃及均如是。這種速度大大地高於歐洲在其盛世時的紀錄（年成長率百分之一到百分之一點五），而且無法阻止其人口移出。穆斯林世界結合了歐洲一八八〇年的死亡率，及中世紀唯有盛世才達得到的出生率，這種組合是爆炸性的。」

所以，「如果認爲這些人口急速成長、內需很大、或者產油、或者有輸油管通過、或有運河（蘇伊士運河）通過的國家，會放任這些財富流出、或是穿越他們的領土，而不想辦法從中大撈一筆，這樣的想法實在是太天眞。」

● 人口增加影響最大的莫過於經濟的成長，這種情況造成伊斯蘭國家儘管生產量有增加，生活水準卻經常陷入停滯狀態。此種現象在第三世界國家相當常見。

各國都採取了積極的措施以減少失業人口。單舉突尼西亞爲例，光利用現有的資源、而無重大的投資，藉由鋪路、夯實地表避免土壤流失、都市建築工地、或是簡單的植樹，即將大約二十萬到三十萬的失業者或半失業者，轉變成有用的勞動力。經濟學家最近計算了一九五二年至一九五八年間近東地區的農產量，數字顯示有成長，且大致而言，與全球的步調相符；至於工業，各個領域都有所發展。若以埃及爲例，其製造業指數若以一九五三年爲基準，則其餘各年的發展分別爲：一九五一年，九十五；一九五二年，九十八；一九五三年，一百；一九五四年，一〇七；一九五五年，一一七；一九五六年，一二五；一九五七年，一三二；一九五八年，一四三……。在巴基斯坦，工業生產指數也超過一百，一九五二年爲一二八、一九五四年達二一五；一九五八年，……。

國民所得有全面性的成長，所以，似乎就有可能進行更多投資，以促進經濟持續成長。沒錯，但是人口的成

15 伊拉克石油公司，Iraq Petroleum Company，成立於一九二七年的石油開發公司，雖名為伊拉克石油公司，實為由荷蘭、英國、美國、法國各約出資四分之一的全外商公司。

16 阿弗列・索維，Alfred Sauvy(一八九八—一九九〇)，法國人口學家、人類學家。「第三世界」這一詞，即是出自索維之筆。

長倒推了一把。人口增加速度比財富增加速度更快，分母增加得比分子還要快，所以計算出來每人平均所得是下降的。彷彿泳者逆著海潮，越是奮力向前游、越累，也前進得越少。一切都在進步中的伊斯蘭世界，卻不見生活水準的提升，或者是極度努力才能維持水準不退後。

在此必須補充的是，這些國民平均所得的計算都不是很精準，經常連人口總數都不甚精確（人口數誤差值有時甚至可達百分之二十），收入總額也是粗估值、而非經計算得來，因爲這些國家通常沒有嚴謹的國家會計系統。再者，要如何準確評估四散各地、通常相當古老的手工業生產收入？那些在廣大原始地區自給自足的農業生產又要如何計算？

所以，這些數字都是大致上的估算，只爲了一窺其規模概況，而不代表其他的意義。不過，這也已經說明很多事了。

● 有鑑於人口成長的趨勢，要維持國民所得一定的水準，必須要有相當的經濟活力，才有辦法應付人口的快速增加。

整體而言，穆斯林國家都具有此種經濟活力，即使偶爾衰退，也是很小幅的。平均而言，每人每天攝取低於兩千六百卡路里（富裕國家標準的下限），但是普遍高於基本維生所需，而且除了撒哈拉沙漠地區以外，已經完全脫離饑饉災區。穆斯林國家已經脫離赤貧，但未達富裕標準：已經可以說取得第一步的成功了。

在富裕標準與赤貧線之間，每個國家的位置也不太一樣，根據國民所得排名（以美元爲單位），由低而高分別爲：利比亞，三六；阿富汗，五〇；奈及利亞，六四；巴基斯坦，六六；印尼，八八；約旦，一百；敘利亞，一一〇；伊朗，一一五；埃及，一二二；突尼西亞，一二九；伊拉克，一四二；摩洛哥，一五九；阿爾及利亞，二一〇；土耳其，二一九；黎巴嫩，二四七。相較於歐洲國家（普遍超過一千）、或美國（二千二百），比上不足；比下，例如黑色非洲世界國家，則有餘。

我們可以觀察那些過去或現在與法國有合作關係的國家（黎巴嫩、敘利亞、摩洛哥、阿爾及利亞、突尼西亞），可以說狀況都比較好。這並不能完全歸功於法國殖民時期，雖然法國在過去的確有其貢獻，尤其是在知識分子與管理階層的養成方面、在比別國更為密切的文化合作方面、以及在人力的支援上。

黎巴嫩的排名相對較前列，乃因其人民在世界各地經商貿易與從事文化活動的成就，廣至伊斯蘭世界、黑色非洲、拉丁美洲。阿爾及利亞則因為來自法國與國際的資金，於一九五四年展開長年戰事期間也不曾中斷，這些投資涵蓋重大農業建設、水壩、道路、教育體系、醫療服務、撒哈拉沙漠的油礦開發、以及移工前往法國工作等。

在各自面臨的不同挑戰中，每個國家都有其優勢，或說都各自握有一手好牌：伊拉克、伊朗、沙烏地阿拉伯、阿爾及利亞有石油；埃及有帶來豐饒的尼羅河、蘇伊士運河、高品質的棉花和紡織工業；土耳其及摩洛哥，則經常以非常有智慧的手段進行工業化；印尼擁有橡膠、石油、與錫礦；巴基斯坦則有豐富的麥與黃麻產量。

這些牌都很好，只是，牌局依舊是困難重重、變化詭譎。

● 要解決的問題非常沉重，既是經濟問題也是社會問題，兩者牽涉之深，無法分開來討論。這些國家提出了一個雄心壯志的計劃。

當務之急必須要：

一、首先，改善農業。所以，必須要強而有力的改革古老的土地所有權制度，解決種種灌溉、可耕地土壤流失的問題。意即包含農業技術與農業政策的改革。

二、發展工業（不論重工業、輕工業，民營或國營），同時，可能的話，建立這些工業與國家整體經濟的連結。這些工業必須要立基於國家整體經濟結構上，並且帶動國家經濟。

三、對投資加以規範。這個問題很棘手，因爲涉及外資外援（跨國私人資金——透過瑞士銀行，以及蘇聯、美國或法國政府的援助、以及不久之後來自歐洲共同市場的金援）。

四、建立市場。在此處，困難有兩個層面：要有消費市場，必得有某一定程度的生活水準（而這又回到我們所要解決的問題）；同時，一個有效益的市場，必得與外部市場有連結。所以，努力推出許多泛阿拉伯市場、馬格里布地區市場、非洲市場的概念，是非常睿智的理想，不過實踐起來談何容易。

五、教育、養成技術人力。在一切從零開始的工業中引進自動化系統，可能會忽略了目前非常充盈的勞動力。這是個嚴重的問題，必須先解決。

六、養成管理階層：技師、工程師、教授、行政官員……，專業教育與養成是首要之務，但這需要時間，唯有人民也感受到教育的必要性，才有辦法克服困難達成此一目標。

總之，這一切都需要付出極大的努力，且有可能短期間內看不見效果。「好幾個世代的人將要付出犧牲，唯有少數人才能明瞭這種悲哀的情勢。幾個敘利亞黎巴嫩的年輕詩人，以坦奴斯的神話——一個必須歷經萬死苦難才能重生的東方神祇，來解釋當前的狀況。這些詩人了解其同胞當前所處的艱難困境。」（引自雅克貝克）

- 必得要做個抉擇：面對這些顯而易見的問題、問題的迫切性與困難度、以及無法避免的重大犧牲，各個國家的領導者猶豫著要採取什麼策略，世界給他們至少兩種選擇，而這個決定將影響整個伊斯蘭世界的命運。

大致而言，若不是留在西方資本主義的框架內，半自由放任、半介入干預，變成某種自由主義的計劃經濟，就是加入社會主義的實驗陣線，參考蘇聯、南斯拉夫、或中國模式。說得更簡單一點，是要保有既存社會和政府架構，無論如何地想辦法改善，或者要一舉全部打掉夷爲平地重新建設。

很不幸地，此種選擇並非單憑才智、甚至也不是靠經驗就能決定，其中牽涉了衆多內部或外在因素。各地，或說幾乎各地，都出現了資產階級，小型、新興的資產階級，通常是年輕的知識份子，他們對於模仿西方感到非常失望。例如，在政治方面，除了阿富汗與葉門以外，每個伊斯蘭國家都有國會，但是這些知識分子有在國會中取得席次嗎？這些失望、急欲參與公共事務的資產階級，「將希望轉而放在共產主義上，因爲他們認爲那是未來他們可以掌權的方法；蘇維埃世界的行政體系架構與規劃的理想，看來是穩定的，也提供了解決經濟難題的方法……。年輕的穆斯林知識分子對於馬克斯思想的科學且現代的表象十分傾心；這肯定只是對那些癱瘓伊斯蘭思想的中世紀框架的反動，但是，這也是十分危險的反應——這些想法的提倡者過去已曾在西方自由民主的思想中嘗試尋找建立現代理性文化的方法，卻未成功。在這些年輕的伊斯蘭知識分子看來，馬克思主義是從今往後唯一可行之道」（引自貝尼格森[17]）。

西方世界經常一廂情願地認爲，伊斯蘭國家與蘇聯的友好往來，只是爲了取得武器和貸款的手段。事實上，問題是更深層的：社會主義的經驗令伊斯蘭國家的年輕人著迷；而西方世界經常只憑藉那些宛如以紙板糊的華麗舞台布景、與思想落後的貴族的支持。對這些年輕人而言，他處亦然，西方世界的支持缺乏一個眞正的「全球政策」。

17 貝尼格森，Alexandre Bennigsen（一九一三—一九八八），蘇聯伊斯蘭學家，曾於法國高等研究院與美國芝加哥大學與威斯康辛麥迪遜大學任教。

問題的癥結不在於要說服伊斯蘭世界認同西方的解決之道比較優越，也不在於通融更高的貸款額度；問題在於提供未開發國家一個適合、有效的規劃模式，以使他們開創希望與未來的道路。

面對二十世紀的穆斯林文明

這個深層的危機是否會危及伊斯蘭文明本身？這個問題有許多種問法：

一、在分裂成這麼多國家、與這麼多的政治敵對狀態下，是否還存在「一個」可辨識的穆斯林文明？

二、如果還存在的話，這個文明是否受到如雅克貝克所說「披上全球化科技與生活習慣外衣」的威脅，意即在接受西歐世界散布全球的工業化文明後，伊斯蘭文明是否是到威脅？

三、如果伊斯蘭世界選擇了馬克思主義的道路，會不會冒更大的風險？因為馬克思主義將摧毀其宗教，這個能夠團結伊斯蘭世界的重要元素之一。

● 伊斯蘭文明還存在嗎？伊斯蘭世界的政治分歧似乎已將泛伊斯蘭的理想拋諸腦後，然而事實上，在文化上，大伊斯蘭世界一如往昔地存在著。

在這些伊斯蘭國家的日常生活中，依然到處可見這個文明，信仰、道德、生活習慣、家庭關係、藝術品味、休閒活動、遊戲、行為舉止、甚至是飲食料理……，若比較地中海世界兩端的伊斯蘭世界的兩個城市，你們這些歐洲人，將更驚異於其中的相似處如此之多。若是前往巴基斯坦、東南亞半島，不同處稍微增加；若是前往黑色非洲的伊斯蘭國家，不同處就再多一些，因為穆斯林文明在這些地方遭遇其他文明，通常是一樣強的勢力，或者是更強的勢力。

在黑色非洲，伊斯蘭國家間的關係很少是基於宗教的連結，雖然宗教的連結並非不存在。埃及以泛阿拉伯主義之名發起了「傳教」運動，而在法語系國家中，通常以「法文」傳教。也就是說，與伊斯蘭世界幾乎沒有文化連結，或說連結相當薄弱、或者並不直接，甚至無法確定此種傳教活動對非洲子民是有效的，他們將穆罕默德的宗教「非洲化」，如同他們將耶穌信仰非洲化一般。簡言之，泛伊斯蘭主義在非洲如果存在的話，是政治連結，或者頂多是社會連結，並非純然的文明面。

至於巴基斯坦，則是屬於我們恰如其分所稱的印度伊斯蘭文明，其官方語言——烏爾都語，混和了源自伊朗語、阿拉伯語，以及來自梵文的詞彙，如同阿拉伯文般由右向左書寫，但與阿拉伯文完全不同。

然而，穆斯林文明一統性最有可信度的標誌，唯有語言——阿拉伯「文言文」，這個過去串連起龐大伊斯蘭世界的重要元素，在二十世紀仍用於報紙與書籍的共同「書寫」語言。各國的官方語言則是「口說」用語。

其他的連結還有：各地社會經濟問題幾乎是雷同的，主要都是出於古老傳統的伊斯蘭文明與各方面湧入的現代文明之間的衝擊；甲地問題可能剛浮現、乙地可能已經如火如荼地著手整頓；而且解決方法極可能相當類似，畢竟這些國家的出發點是相同的；先從事改革的國家也給後來者提供前車之鑑。

至於伊斯蘭失落的世界——黑色非洲、印度、東南亞群島、中國，則因爲與其他文明連結較深，而面臨與整個伊斯蘭世界不同的問題。

● 第二個問題是，伊斯蘭會隨著逐漸的工業化與現代科技的引進，而拋棄其傳統文明嗎？

這個問題並不只針對伊斯蘭。應該這樣說：現代的文明，機器與即將到來的電腦、自動化、原子能的文明，是否會使所有的文明消失，將世界一致化？

機械化及其衆多後果，的確是會大大地扭曲、摧毀、並重建文明的結構，但並非全面性的，因爲機械化本身，並不構成「一個文明」。如果認爲它本身就是個文明，那就是認爲今日的歐洲是在工業革命時才全新誕生的。工業革命當時，對歐洲而言，也是個極突然的衝擊，影響深遠。所以，想想歐洲各國的例子就可以知道，機械化並不足以使世界一致化。過去長久以來，分享著共同基督信仰與人文主義文明的西歐各國，在一個多世紀以前，差不多同時展開一場工業化的冒險，採用相同的技術、相同的科學、建立類似的學術機構、與機械化的各種社會型態，這麼長時間以來，這些國家早該失去其特色，我們應該已經無法再分辨出法國、德國、英國、地中海……等各文明了。然而，事實不然，一個法國人只要過了英吉利海峽、英國人來到歐陸、德國人去到義大利，他們立刻知道工業化並不等同一致化。科技就連地方特色尚且無法破壞，更遑論有能力摧毀建立於宗教、哲學、人文價值與土地情感之上的大文明？

但是，如果隨著科技而來的是與伊斯蘭傳統精神價值背道而馳的馬克思主義，問題會有大不同嗎？要回答這個比較明確且經常被提及的問題，並不容易、也不太可能。這不見得會改變問題的本質。

我們大膽地這樣說，馬克思主義本身並不是一個有替代性的文明，而是一個社會思潮、一個刻意的人文主義、與理性思維。如果有朝一日，伊斯蘭世界實施馬克思主義，最後應該能夠成就一個共存共享的狀態，就如在蘇維埃聯邦裡的俄羅斯文明與馬克思主義、在中國的中國文明與馬克思主義。即使馬克思主義大大地改變了這些文明，卻也沒有使這些文明消失，更何況那麼做並非馬克思主義的宗旨。

當然，黎巴嫩思想家尤金穆巴拉克神父這樣說是有道理的，在當前的挑戰下，「伊斯蘭將比基督教更不容易對抗馬克思主義的影響，因其還無法辨別精神上的影響與暫時性的影響，精神上的影響比較可能發生於穆斯林共產主義社會配備科技的過程中」。爲什麼此說法是有道理的？因爲整體而言，基督教信仰在各地，或者幾乎各處，都在工業革命之前就已經歷過科學、理性主義與世俗思想興起的衝擊，在這些過程當中跌跌撞撞，已經自我調適、找到平衡、知所取捨。面對科技、理性主義、與馬克思主義，基督教世界有自衛能力。

對伊斯蘭而言，宗教是生活中一舉一動的最高指導原則，科技（不論是否馬克思主義）就像一道火圈，伊斯蘭必須要躍過它，才能從一個太過古老的文明中，浴火重生爲一個現代文明。未來的道路取決於伊斯蘭與世界——這個如鞦韆般擺盪的世界，時左、時右。如同整個第三世界一般，伊斯蘭，極可能不是走在他想走的道路上，而是往兩大陣營中比較強的一邊靠攏。

一九六六年後記

一九六二年到一九六五年間伊斯蘭世界的大事紀，事件多到足以自成一冊；從東南亞半島到摩洛哥，情況都相當火爆，主要在於石油開採以及許多重要事務上，朝著社會主義發展的民族主義，對抗國際資本主義的侵略，一九六〇、一九六一年埃及的國有化事件[18]就是最好的例子；伊拉克的國有化事件（一九六四年七月十四日），或敘利亞在石油協議上與西方的政治敵對（一九六四年一月二日），都是同樣的例子。

這幾年中最重大的事件，莫過於阿爾及利亞的獨立，起自一九六二年三月十九日阿爾及利亞與法國簽屬愛維養協議[19]，以及一九六二年七月一日的公民自決投票。

阿爾及利亞獨立初期仍有相當多的動亂，在獨立戰爭期間，駐紮於摩洛哥與突尼西亞、環伺阿爾及利亞邊境的民軍，重建其勢力。一九六二年九月十五日，本貝拉[20]組成內閣，並於一九六三年間推出一連串稱爲的黎波里計畫的社會措施，其中最重要的，莫過於將歐洲殖民者放棄的土地收歸國有，並成立「管理委員會」來處理。政府的統治自此建立於一種非常有活力的農民民主之上。

全面性的國有化、歐洲人大量出走、長期欠缺資金與技術人力，國事如麻、艱難險阻。政治上的問題持續造成動亂、分裂、叛亂、抵抗運動……。整體而言，本貝拉似乎是掌控了此困局（一九六三年九月十五日獲選爲共和國總統，一九六四年四月十六至二十日獲選爲民族解放陣線黨總書記）。但是，社會經濟情勢緊張，日益嚴重：阿巴斯[21]「似乎」代表部份資產階級的不滿情緒，經濟蕭條、生活物價飆高、失業嚴重……。慢慢地，在各方勢力間建立起某種平衡，本貝拉也成爲軍事領袖以及民族解放陣線之黨魁。對外方面，與法國的關係對於經濟與文化援助有決定性的影響；法國聘用了大約五十萬的勞工降低阿爾及利亞的失業率。

阿爾及利亞自詡中立，卻對於政治、宗教、社會主義、尤其反殖民依舊非常熱衷，從其對葡萄牙、或是對前比利時屬剛果的態度，可見一斑。

一九六五年六月十九日：自一九六二年起，本貝拉便陸續剷除阿爾及利亞其他民族主義領導者以集中權力（喀比勒叛亂領袖阿赫梅德[22]於一九六四年四月十日被判處死刑，後被大赦）；正當本貝拉擴權之際，一場政變突然發生了。六月十九日清晨，在軍事參謀長帶領下，一群軍官逮捕了本貝拉及其他政府官員。時任國防部長、副首相的布邁丁[23]將軍，以「革命委員會」之名掌握權力，並宣稱「暴君今已被制伏」，「其糟糕的國家統治也告終止」，同時確保「革命之成就不容分裂」。

七月四日：公布革命委員會成員名單，其中主要包含參與以及未參與抵抗運動的軍人。

18 國有化事件，布勞岱爾沒說國有化什麼東西。可能為一九六一年起至一九七三年間埃及推行之工業國有化。

19 愛維養協議，**Les accords d'Évian**，於阿爾及利亞獨立戰爭期間，一九六二年三月十九日，由法國與阿爾及利亞雙方簽屬，被解讀為某種停戰協議。

20 本貝拉，**Ahmed Ben Bella**(一九一六—二〇一二)，一九六三年至一九六五年擔任阿爾及利亞第一任總統，被尊為國父。

21 阿巴斯，**Ferhat Abbas**(一八九九—一九八五)，獨立戰爭期間為民族解放陣線黨員，於一九五八年至一九六一年擔任阿爾及利亞臨時政府總統，獨立後被選為國會議長。一九六三年九月十五日，由於對當選總統的本貝拉之蘇維埃化政策不滿而離職，隨後被本貝拉開除黨籍。

22 阿赫梅德，**HocineAït Ahmed**（一九二六年至今），阿爾及利亞獨立戰爭期間為民族解放陣線主要領袖之一，一九六二年辭去一切新政府的職務。

23 布邁丁，**HouariBoumédiène**（一九三二—一九七八），一九六五年至一九七八年阿爾及利亞總統。

七月十一日：成立新政府，包含過去本貝拉大部份的同僚。

七月十四日：與法國政府簽屬一項關於石化烴類開發非常重要的協定，這項協議展延了於一九六二年愛維養協議中所終止的措施，並對開採的公司提出新的方案，特別是稅賦方面的協議，同時還成立一個「合作社」，以加強法國與阿爾及利亞兩國間在石油的探勘、生產、開採、運輸、與銷售各方面的緊密合作，建立了未開發石油生產國與工業先進石油消費大國間，一個全新型態的合作模式。最後，這項協議還利用石油公司的利潤成立了一個組織，用來進行阿爾及利亞的工業化。此項協議於七月二十八日在首都阿爾及爾非常隆重地簽署。從此開啓了法國與阿國兩國關係的嶄新階段，往後，阿國政府均不忘支持戴高樂將軍的外交政策。

●摩洛哥

一九六五年三月二十三日卡薩布蘭加發生了大學生與失業者的暴動，內政部長沃夫基將軍強力鎮壓。三月二十八日，處死了十四名於前一年發動叛變的摩洛哥人。

四月十三日，哈桑二世詔令大赦，並與各黨派共商國是，以期組成團結的政府。此協商於六月七日以失敗告終，哈桑二世終止了自一九六三年選舉以來的議會體制的實驗，宣布全國進入非常時期，國會休會，王權至上。

十月二十九日，左派主要反對黨領袖之一本巴卡[24]在巴黎被綁架，引發摩洛哥與法國兩國間之緊張情勢。法國直接指控內政部長沃夫基將軍，哈桑二世則掩護後者，兩國的合作關係似乎面臨破局。

●阿拉伯聯合共和國[25]

一九六五年八月二十四日，埃及總統納瑟與沙烏地阿拉伯國王達成停戰協議，中止埃及支持的共和黨與阿拉伯經援並軍援的保皇黨在葉門的戰爭。此協議在很大程度上受美國外交的影響。埃及於同年十月一日通過憲法後，由總理莫耶丁領導的新政府接受美援，美國似乎在此取得又一勝利。不過，此景不常，一九六六年納瑟總統拒絕支持美國的國際政策，同時蘇維埃部長會議主席柯西金到訪阿拉伯聯合共和國，標誌著蘇維埃外交從此介入近東事務。莫斯科同意亞斯文大壩工程的新貸款，並加強對葉門共和黨的全面性支持。於是，戰事於葉門重啓。

一九六六年三月，敘利亞發生政變，由左翼的阿拉伯社會主義復興黨、共產黨、以及其他兩左派共同執政。同年六月，伊拉克總統阿里夫將軍意外身亡，由其兄，原參謀總長繼掌政權。在蘇聯的建議下，伊拉克政府簽屬了一項協議，似乎是結束了北方庫德族多年以來的暴動。在此同時，莫斯科同意鉅額貸款給伊拉克興築幼發拉底河的水庫。

24 本巴卡，Mehdi Ben Barka（一九二〇—一九六五），社會主義者，一九六五年一〇月二九日於巴黎被綁架後，屍體始終未尋獲。

25 阿拉伯聯合共和國，République Arabe Unie（一九五八—一九七一），埃及、敘利亞、葉門的短暫結盟，於一九六一年瓦解，但埃及直至一九七一年仍以此國名自稱。

第二部

黑色大陸

第1章
過去

黑色非洲，或者說黑色非洲諸國，可說是被閉鎖在兩大海洋與兩大沙漠之間：北有廣袤千里的撒哈拉沙漠，南有遼闊的喀拉哈里沙漠，西有大西洋，東有印度洋，這些都是對外發展很嚴重的障礙；平坦如桌的非洲，缺乏與周邊海洋的連結：無良港，河川也因諸多湍流、瀑布、嚴重淤積的河口而難以航行。

然而，這些都不是無法克服的障礙：印度洋很早以前就有利用季風往返的帆船，十五世紀起，歐洲的地理大發現就征服了大西洋，喀拉哈里沙漠也只不過關了半扇朝南的門，至於撒哈拉沙漠，早在上古時代就有人橫越，進入西元紀年後的最初幾百年間，更有北非的單峰駱駝商隊頻繁穿梭其間，載運鹽、北非的織品、黑奴、與南非的金子。

大體而言，黑色非洲與外界的接觸較少、也較晚，但若認為非洲長久以來對外緊閉門扉則是大錯特錯。自然條件固然造成無法避免的侷限，但卻不是唯一的法則，歷史自有其發展。

空間

●只要稍微研究黑色大陸的各國疆界、發展較落後的區域，就會發現地理環境決定論在非洲只扮演了一部份的角色，並不是唯一的準則。

一、撒哈拉沙漠橫亙，像一條極具特色的界線，或多或少地阻斷了黑色大陸往北、東北、與朝東的交通。黑色非洲，一如歐洲共同市場委員會所使用的稱法，係指「撒哈拉沙漠以南的非洲」。從地中海岸直到蘇丹國，由草原往沙漠過度的薩赫爾條狀地帶間，這塊地域的非洲人種是白種人。這個白色非洲世界，也包含衣索比亞。衣索比亞的種族組成上，有絕大多數的白種人，以及與眞正非洲黑人相當不同的混血人種。除此以外，衣索比亞的文化、其基督教信仰（自西元三五〇年起）、其高度發展的農業與畜牧業，麥與葡萄的種植，都使得衣索比亞獨樹一格；在過去，抵禦了伊斯蘭世界的包圍征伐，也撐過了歐洲強權對衣索比亞在紅海與印度洋的封鎖。

史前史學者與人類學者更提出，在遠古的年代，犁耕技術與馴化家畜發源於印度，印度爲此兩項技術的第一傳播中心，而衣索比亞則爲第二傳播中心。幸得衣索比亞作爲傳播中介，否則眞無法想像僅以鋤頭耕作的黑人農人們，少了畜牧這項寶貴產業會如何。

事實上，北起尼羅河流域（第六瀑布1爲界），東至索馬利亞沙漠地帶，南至肯亞甚至更遠的廣大東非地區，不正是以衣索比亞爲中心？衣索比亞是非洲的中介者，不黑不白，不屬於白色非洲，也不屬於黑色非洲，卻同時亦黑亦白；衣索比亞擁有文字（所以有史），也如白色非洲，擁有文明，其文明與北方幾個文明傳播中心如地中

1 第六瀑布，尼羅河有許多湍流處、或大瀑布，自北而南分別以第一至第六辨別，第六瀑布約位於蘇丹國首都北方50公里處。

海世界、亞洲、歐洲相連動。撒哈拉沙漠延伸往衣索比亞以東，以及厄利垂亞與索馬利亞沙漠地帶，這一帶正是白色非洲與黑色非洲的分野。

二、歷史的偶然阻止了、並將持續阻止黑色非洲世界朝南自然擴張。

十七世紀時，荷蘭人在非洲最南端一塊幾近荒蕪之地建立了一個基地，做爲前往印度航程的中途站；一八一五年英國人搶下此戰略之地，隨後荷蘭殖民者與布爾人[2]（農民）就北遷至水草豐盈的維德高原，發展了欣欣向榮的畜牧業。

於是，如同北非，非洲南端就此逐漸形成一個白色非洲，因爲擁有金礦、鑽石與工業而繁榮興盛，而且意欲對抗黑潮（三百萬白人、一千萬黑人、一百五十萬混血人種）：南非聯邦採取了非常激進的種族隔離政策，並導致其於一九六〇年脫離大英國協。這個戲劇性的變化是暫時性的，或者眞是永久脫離？這個變化無法只憑一己之力停下歷史的巨輪。

三、馬達加斯加島，是個例外，必須要被獨立於黑色非洲大陸以外來討論。

目前已知馬達加斯加島之人口組成有兩大元素：來自鄰近非洲大陸的班圖[3]黑人，以及數波來自東方的一些馬來人部族。此二人種通婚混血普遍，一般而言，島的西部以班圖人爲主，島的東部則多爲馬來人。根據目前尚不完整的調查，混血人種爲最大多數，印度尼西亞人種與非洲人種比例大約是一比二，非洲人較多。

如此人種的多樣性，卻有著極大的文化一致性，表現出相當強的印度尼西亞文化特徵。馬拉加斯語源自印度尼西亞，農耕與手工藝技術也很顯然地均爲東南亞群島的形式：「火耕、長柄鋤、種植水稻、芋頭、薯類、香蕉，豢養狗、黑毛豬、家禽，……捕鯨、捕海龜、外伸平衡架的帆槳獨木舟，以矛、吹箭、投石帶進行狩獵，編製籃簍和各式家具……」這些航海者自島的北方抵達，而非以直線航線到達，證據（很微弱，但還是證明了）在於：從東南亞群島到馬達加斯加島間直線海路航線上的必經島嶼，包含留尼旺、模里西斯島、羅德里格斯島的馬斯克林群島，直到十七世紀都尚無人煙，可見馬來人並非利用此航線前往馬達加斯加。

簡言之，馬達加斯加島與印度洋之歷史與文化淵源較深，與非洲大陸的連結較淺。不過，馬達加斯加畢竟鄰近非洲大陸，今日該島與新興的共和國之命運將與非洲大陸相連。

●要了解非洲大陸，地理層面遠比歷史重要，地理的框架最具意義，但其他方面也應考量。

氣候因素形成雨林與草原等各區域，也勢必塑造了不同的生活型態。

赤道的雨水在西非滋養了廣大的原始林，與分布於同緯度的亞馬遜雨林和東南亞島群上的雨林類似。

這是「如海綿般會涵水的森林，大片茂密的巨木與林下盤根錯結的世界，幽暗靜謐，不利於人類開墾定居，除了透過河流以外，交通困難；此地區與外界隔離，生活不穩定，主要仰賴漁獵」。這裡是俾格米人[4]的最好棲身所，這些矮黑人極有可能是非洲最早定居者的後代。

這個赤道雨林帶往赤道以北延伸得比往南延伸得多，幾內亞灣北邊從賴比瑞亞到喀麥隆都是雨林。如圖所示，中間點就是達荷美[5]南邊的海岸線，達荷美有稀樹草原零星散布著幾棵樹以及油棕欖。往東，赤道雨林一直延伸到剛果盆地與東非山地的邊緣為止。

---

2 布爾人，Boers，前往南非拓荒、以荷蘭人為主的歐洲移民。

3 班圖人，Bantous，在班圖語族中，班圖，即為「人」之意。班圖人包含四百種不同語言的非洲部族，分布範圍北起蘇丹國南部，南至南非北部，西至加彭，東包含印度洋上的葛摩群島。

4 俾格米人，Pygmées，泛指所有平均身高不足150公分的人種，在體質人類學上是為適應雨林地區生活的人種。

5 達荷美，Dahomey，一八九四年至一九五八年為法屬殖民地，一九五八年成立自治共和國，一九六〇年脫離法國獨立，一九七五年起改稱貝南共和國。

在廣大雨林的外圍，隨著越來越乾燥的氣候環境，以放射狀依序分布著：熱帶森林、疏林莽原（高草、矮灌木林）、沿著水流兩旁的森林道、莽原，最後是乾草原。

以人類的角度，可以分爲兩區：兩區都有乾季、雨季的輪替，一區有畜牧業，另一區（因爲有孜孜蠅）無法從事畜牧。

在黑色非洲畜牧業蓬勃發展的幾個區域中，此區除了畜牧以外，還有到處可見的簡單農業，以鋤頭耕作，並沒有借用獸力耕田。農作物依地區分別有小米、高粱、薯類、玉米、稻米；還有用來外銷的棉花、花生、可可樹以及油棕櫚等經濟作物。油棕櫚是奈及利亞的主要財源之一。

無論如何，在這兩個可以豢養與無法豢養家畜的區域，形成了迥異的生活方式。北方與東方能畜牧的地區，自然較爲富足，各方面發展均衡，自古以來與外界比較有接觸，也始終是歷史的大舞台。

在如此的空間區隔下，又交疊了各種種族的分布。絕對不要以爲非洲黑人都是同一個種族，大致可以將之分爲四大族群：俾格米人，是相當蠻荒落後的殘餘部族（他們的語言只能組成簡單的句子）；喀拉哈里沙漠的邊緣有一些小群的古老人種，科伊科伊人（歐洲稱何騰托人）和桑人（布希曼人）；分布範圍自達卡至衣索比亞的蘇丹人；分布於衣索比亞至非洲南部的班圖人。

蘇丹人和班圖人是兩個比較大的族群，有各自的語言與文化。班圖人，極可能源自於非洲大湖區，仍保留著部落間相當強的聯繫，相較之下蘇丹人的部落聯繫較弱。歷史的滄桑與地域的變異，造成蘇丹人和班圖人兩者間許多重大差異。在蘇丹人方面，還有來自與信仰伊斯蘭教的閃族人混血的因素，諸如摩爾人的影響。此處摩爾人是指說富拉語[6]、接受伊斯蘭信仰文化、逐漸定居下來的柏柏人牧民。

六富拉語，perl / fulfulde，西非、中非塞內加爾河流域與尼羅河流域富拉尼族人所用的語言。

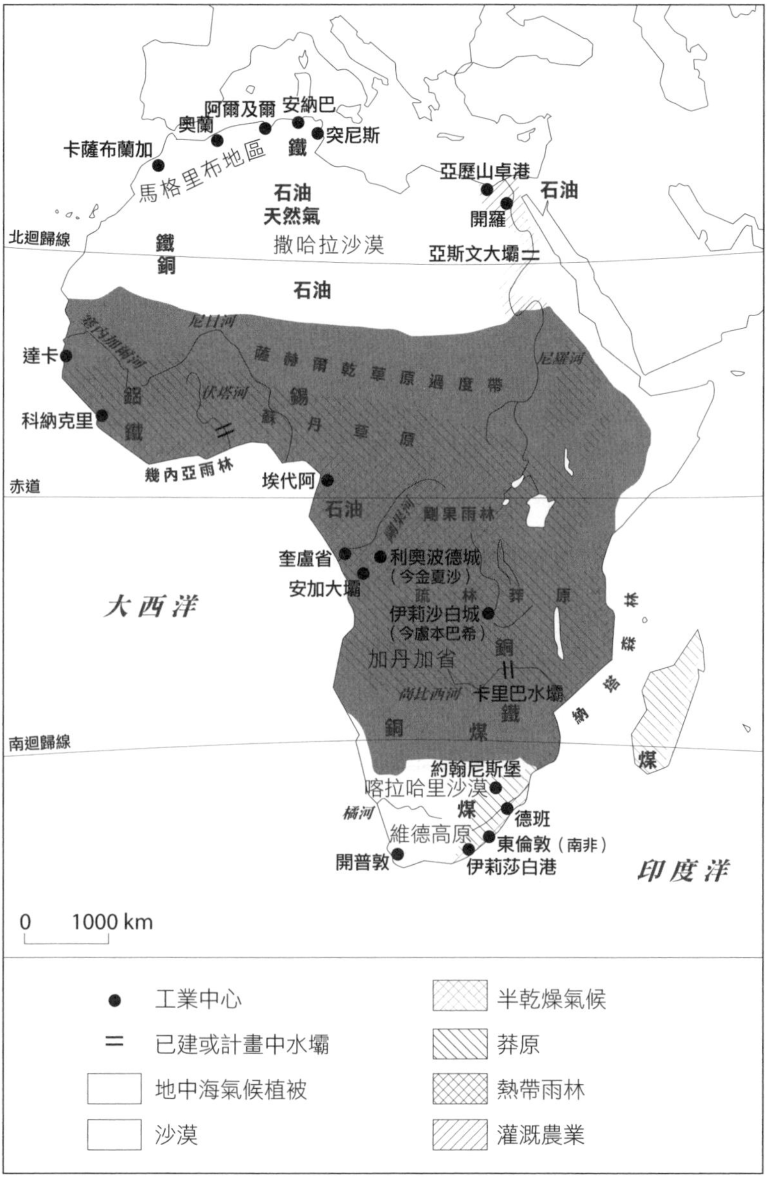

卡薩布蘭加
奧蘭
阿爾及爾
安納巴
突尼斯
馬格里布地區
鐵
石油
天然氣
亞歷山卓港
石油
開羅
北迴歸線
鐵
銅
撒哈拉沙漠
亞斯文大壩
石油
尼日河
薩赫爾乾草原過度帶
尼羅河
達卡
鋁
鐵
錫
伏塔河
蘇丹草原
科納克里
幾內亞雨林
埃代阿
赤道
石油
剛果雨林
奎盧省
利奧波德城
（今金夏沙）
安加大壩
疏林莽原
大西洋
伊莉沙白城
（今盧本巴希）
加丹加省
銅
尚比西河
卡里巴水壩
鐵
銅
煤
煤
南迴歸線
約翰尼斯堡
喀拉哈里沙漠
煤
橘河
德班
維德高原
東倫敦（南非）
開普敦
伊莉莎白港
印度洋
0　1000 km
工業中心
已建或計畫中水壩
地中海氣候植被
沙漠
半乾燥氣候
莽原
熱帶雨林
灌溉農業

圖 7　非洲地理的多樣性

對於沒有黑色非洲實地田野經驗的人來說，一張詳細的非洲族群分布圖，對記憶力是極大的考驗。族群分布圖呈現出由於衝突從未停過，變遷、移民，造成族群的進退消長、不停地變化。在過往的數波變遷中，時而相互融合、時而相互排擠，由這些族群版圖的變遷，可解釋整個黑色大陸的族群融合，以及各種緊張情勢緣由。至今一切尚未底定仍在變化中。認識這些移民潮的年代、族群移動方向與速度，應該會很有趣，不過，這有待謹慎周全的調查，「每個村民都知道自己部落的建立者源自哪個村落」。

族群間關係最緊張的區域，大概落在北緯十二度到十五度間，蘇丹人的居住範圍。最典型的例子，莫過於我們稱爲古黑人[7]的幾個沒沒無聞的族群（推測應該是除了俾格米人以外，最古老的人種）。這些原始的族群過著採集與狩獵的生活，也有部份族群辛勤澆灌相當貧瘠的山區土壤，從事密集耕作，並足以維持每一平方公里五十個居民以上的人口密度，這些農耕族群大部份都佔有地利，居於易守難攻的據點，例如多貢人，是這些與土地連結非常強、「沒穿衣服的」非洲部落中分布最北的一支。這些「沒穿衣服的」部族包含：「幾內亞的康涅桂人與巴薩里人，象牙海岸的玻玻人與羅比人，迦納的南卡薩人，多哥與達荷美的喀布瑞人與松巴人，奈及利亞的法比人和庫卡庫卡人」，都是少數民族，在非洲族群分布圖上只是一個個迷你小點。

在赤道雨林與撒哈拉沙漠之間這片廣大的地域上，還需提及圖庫勒人、曼丁格人、邦巴拉人、豪薩人、約魯巴人、伊波人。黑色非洲最富裕、人口最繁盛的國家——奈及利亞的主要人口組成元素，就是約魯巴人與伊波人。

這些民族有各自不盡相同的信仰、生活方式、社會結構、與文化。多樣性，是廣大非洲大陸的優勢，各地經驗迥異，很難勾勒一個命運共同體的藍圖。「通常在原住民的保留區內都不願意接受任何外來政權的介入，即使那些與高度發展的首都城市緊鄰的地區也是同樣的情形」。

簡單的說，從最黝黑的蘇丹人到黃褐色的何騰托人與布須曼人，各種膚色只是體質人類學上特徵的多樣性，更重要的在於族群、社會、文化的多樣性。

● 這塊大陸過去與現在都面臨多重資源的匱乏，整體居於弱勢。

我們不一一細數、也不陳述這些災飢荒年如何在各個年代造成或輕或重的災難。前述提及黑色世界缺乏與外在世界的連結，這是個嚴重的障礙，因爲文明與文明之間的交相影響能夠促進發展。非洲大陸相對的封閉性導致文明嚴重落後，直至歐洲人到來與設置廣大殖民地之前，都無法追上。例如：沒有輪、犁、未使用獸力耕作，也沒有文字（除了衣索比亞，但是衣國不能算是黑色非洲的一部份；還有除了非洲東岸、以及蘇丹人分布的地域很早就接受回教文化的那些國家以外，而且其實這些國家用的也是伊斯蘭的文字，而非自有的文字）。

這些例子都證明了，外在的影響，對於撒哈拉沙漠以南的廣大非洲世界而言，實在是微乎其微。

這個問題，也顯現於另一個受到熱烈討論卻仍然無法釐清的問題：法老王時代的埃及對於黑色非洲到底有多少影響？在加彭有發現玻璃珠，在過去比利時殖民地剛果的東南方，以及贊比西河南方，各發現一尊歐西里斯神[8]的小雕像：這些都是薄弱的證據，但依舊代表了過去可能曾經存在某種不甚密切的關係，尤其是在藝術與工藝技術的領域方面（如失蠟法）。

相對於這些上古文化的傳播，來自遠東的幾種植物，稻米、玉米、甘蔗、樹薯等的傳入，則應該是相當晚近的事。古代黑色大陸應該是沒有這些外來種植物的。

非洲的弱勢還有：可耕地的紅土土壤層很薄（雖然這不是唯一的原因）（顏色鮮紅的話表示表土層很厚，不

7 古黑人，paléo-négritiques，從事農耕與狩獵，包含Djallounkè、Djaakankè、Sarakollè、Sousou、Baga、Landouma、Nalou、Tèmènè等部族。

8 歐西里斯，Osiris，古埃及神祇，埃及農業與宗教的創始者，也是冥界之王。

過相當罕見）；氣候因素造成可耕日很少、耕期很短；大部份的人口長期肉類攝取不足。

絕大多數的非洲部族，唯有重大節慶時候才會吃肉。肯亞的農耕族群基庫尤人在田邊四周的小草屋裡飼養山羊與綿羊，專為獻祭或公開儀典時所用。而與基庫尤人相鄰的遊牧民族馬賽人，靠豢養的牛羊乳類過活，牲畜對他們而言太珍貴了，不能殺。能令人強壯有力的肉類，是罕見而令人垂涎的食物，以下這首俾格米人的獵歌將此表現無遺：

足跡罕至的林中，唯你獨行，
獵人啊，鼓起勇氣，潛行、跑跳、追逐，
近在眼前，大塊可口的肉，
走來，龐然如山的肉，
令人欣喜雀躍的肉，
即將在你的火堆上炙烤的肉，
那你將大快朵頤的肉，
鮮紅欲滴，並生飲，餘溫氤氳的血。

即便如此，也先別下負面的結論。首先，黑色非洲的歷史顯示其於人類文明的發展上，絲毫也不遜色於昔日的歐洲。在藝術上也有十分傑出的表現，不只是貝南（十一到十五世紀）在銅器與象牙工藝上的表現，還有同樣十分令人讚賞的以各種植物纖維製成的紡織品。

最後，很重要的一點是，非洲大陸相當早就懂得冶煉金屬，西元前三千年就能煉鐵。認為非洲黑人直到葡萄牙人在博哈多爾角[9]登陸才知道用鐵，是很荒謬、也極不正確的。非洲很早就出現了鐵製兵器，羅德西亞人[10]的冶鐵技術在中世紀時即已非常高超；打錫工藝極可能在兩千年前在上奈及利亞地區就很普遍。最後，還有一個關鍵性的細節是，在黑人的社會中，打鐵匠、冶金師自成一個極具勢力、有組織的階級，想必與非洲悠久的金屬冶煉歷史有關。

黑色大陸的歷史

我們對於非洲的過去認識不多，因爲非洲大部份的民族沒有文字，只能憑藉流傳至今的口述歷史、考古研究、或是外國人遊記中的零星片段。

在此朦朧不明的歷史中，大致可整理出三大系列事件：

一、混有各色文化、各色人種的諸多城市、王國、帝國的發展。

二、黑奴貿易起源甚早，在十六世紀以及開發美洲的年代，發展到一個無法無天的程度。開發美洲太辛苦，歐洲無法獨力完成，所以引進黑奴。

三、歐洲強權突然暴力入侵建置殖民地，柏林西非會議（一八八五年簽訂總議定書），歐洲各國就在地圖上達成協議，瓜分廣大非洲剩下的、理論上的無主之地。當時歐洲對於非洲大半以上地區毫無認識，而非洲就在此

9 博哈多爾角，Cap Bojador / Cap Boujdour，位於撒哈拉沙漠最西端，臨大西洋。在過去被歐洲人認為是世界的最南端。亟欲尋找通往印度海路的葡萄牙航海探險隊，於一四三四年在此登陸。

10 羅德西亞包含非洲東南部包含今尚比亞、辛巴威、馬拉威等地的區域，名稱源自一八八九年至一八九六年在此建立殖民地的英國殖民者羅德Cecil Rhode。布勞岱爾此處羅德西亞一詞之使用似乎有混淆之嫌。

會議桌上被瓜分，從此成爲與會各國的殖民地。

● 在黑色非洲的歷史上，唯有那些富有農牧資源的地區、沿撒哈拉沙漠邊緣、或是沿印度洋岸等那些對外有連結的地區，曾經出現過政治、文化輝煌的古老帝國，與繁榮昌盛的歷史古城。

於是，構成了一個獨特的非洲，一邊是歷史比較爲人所知、有各自文化、社會的邦國組織，另一邊是我們對其歷史一無所知的「夾縫中」的非洲。十五世紀一位葡萄牙探險家，曾輕蔑地描述撒哈拉沙漠臨大西洋岸的原住民，他寫道：「他們甚至連國王都沒有」。換句話說，有一個有國王的、我們也大概知道其歷史的非洲，另外還有一個沒有國王的、被遺忘所湮滅的非洲。

而黑色非洲是發展在此兩大邊緣之上，最早對外的接觸是與伊斯蘭世界的接觸，而且並不全是平和地或愉快地接觸，而是非洲被伊斯蘭世界殖民；但也正是透過此殖民，黑色非洲才得以一窺外面的世界。

照亮非洲東岸的第一道曙光。非洲東岸在西元前數百年就與阿拉伯半島，以及印度半島曾有往來；不過，直到西元七世紀穆斯林世界第一波擴張時，東非才與阿拉伯半島及波斯建立起持續的關係。西元六四八年起，誕生了許多貿易之地：木骨都束、索法拉[11]、馬林迪[12]、蒙巴薩、桑給巴城等；桑給巴城於七三九年由阿拉伯半島南部的阿拉伯人所建立，而基瓦則是十世紀時由波斯設拉子城[13]的商人所建立。

這些城市都因奴隸、象牙、黃金的貿易而繁榮昌盛，索法拉港廣大的腹地蘊含豐富的黃金，好幾位阿拉伯地理學家，如馬蘇第[14]（於西元九一六年）和伊本亞瓦第[15]（於九七五年），都曾對此加以描述。富含砂金的地帶與金礦的礦脈，似乎是位於贊比西河與林波波河之間的馬塔貝樂高原，而且，雖然有人提出反證，但極可能還包含南非東北的瓦爾河流域地區。這一帶的金子都是稱爲砂金的沖積金，或是較大的金塊。乘著季風的海洋貿易，這些金子賣往印度，並從印度買入鐵與各類棉織品。

只有極少數的阿拉伯人或波斯人定居在這些非洲城市；這些城市與印度半島的關係比與阿拉伯半島的關係來得更爲密切。這些城市在十五世紀時發展最爲鼎盛，但當時仍是一種無貨幣的經濟狀態（以物易物的經濟），至少在與非洲鄉間的貿易是如此。非洲鄉間在此貿易中獲利不少，因此建立了幾個政權，如南羅德西亞[16]赫赫有名卻諱莫如深的莫諾莫塔巴王國（莫諾莫塔巴，意爲「金礦的主人」），很可能於十七世紀時被羅茲威王國[17]所滅。

一四九八年達伽馬發現通往印度的海路後，葡萄牙人在印度洋各地設立據點，是否對非洲南岸的商貿城市帶來致命的打擊？今日我們認爲這件事沒有造成什麼影響。這個半阿拉伯、半非洲混血的文明，依舊繼續由這些海岸城市向內陸廣爲傳播，而且這些沿岸城市從不曾嘗試以武力征服內地。在肯亞和坦干伊喀海岸發現的城市遺址，過去原以爲是中世紀的建築，事實上似乎是十七、十八、甚至十九世紀所建。有個小細節順便提一下，前述

---

11 索法拉，**Sofala**，非洲南部最早見於史載的港口之一，由來自木骨都東的商人所建立。

12 馬林迪，**Malindi / Mélinde**，東部非洲臨印度洋貿易港口。一四一四年馬林迪哈里發曾與中國明朝鄭和率領的使團建立外交關係，中國史稱麻林地。

13 設拉子，**Chiraz**，伊朗西南方的大城，七世紀開始發展的波斯城市，出身設拉子的商人擁有東非海岸好幾個貿易商站，對於東非文化影響極大。

14 馬蘇第，**Al Masudi**（？—九五六），出身巴格達，西元一〇世紀伊斯蘭全盛期的歷史學家、地理學家。

15 伊本亞瓦第，**Ibn al—Wardi / Ibn al—Vardi**，生卒年不詳。

16 南羅德西亞，一八九五年為法屬，一九二三年成為英屬殖民地，於一九七〇年脫離英國成立共和國，於一九八〇年更名為辛巴威。

17 羅茲威王國，**Rozvi / Rozwi**，一六六〇—一八六六年辛巴威高原上的王國，持續有效地抵禦葡萄牙人的侵略，掌握金礦。

這些海岸城市有一共同特色：均普遍使用中國的青花瓷器。

尼日圈[18]內的諸王國，將帶領我們前往另一個與伊斯蘭世界爲鄰的文化疆界，雖然動盪不安，但文化收穫豐碩。

如前述，在西元紀年之初，隨著駱駝商隊穿越沙漠往來北非，這個地區與海岸、以及與撒哈拉沙漠間的交通就已相當重要。貿易（黃金與奴隸）日益繁盛，商隊往來更加頻繁，白色非洲（閃含語族）逐漸往黑色非洲（游牧黑人）擴張。

最早的帝國，**迦納帝國**，似乎是創立於西元八〇〇年左右（與查理曼大帝同時代），這個後來成爲富庶豐饒的代名詞的帝國，定都於撒哈拉沙漠邊緣的昆比沙勒，距離巴馬科[19]北方三百四十公里處。迦納帝國，有可能是來自北方的白人所建，但是，很快地就成爲黑人所有，松寧喀人（曼丁格人的一支）。首都昆比沙勒於一〇七七年被回教徒攻下摧毀。

黃金的貿易（從塞內加爾、貝努埃河、尼日河上游等含金量豐富的地區開採出來）持續穩定發展。略爲偏東之地新興了另外一個國家：**馬利帝國**（往後疆域將涵蓋整個尼日圈的範圍），這是個曼丁格人佔盡優勢、且信奉伊斯蘭教的帝國。在曾經前往麥加朝聖的國王康康慕薩統治之下（一三〇七年至一三三二年在位），有大量商人與文人來到尼日河沿岸一帶。廷巴克圖爲此時深具影響力的帝國都城，鄰近的游牧民族圖瓦雷格人[20]會定期進城交易。後來，這支游牧民族攻占了廷巴克圖，並造成馬利帝國的滅亡。

桑海帝國[21]（立都於加奧與廷巴克圖）的繁榮富裕，來自新一波往東的發展、與北非昔蘭尼加的往來，以及桑海帝國最偉大的君王桑尼阿里（一四六四年至一四九二在位）開疆拓土的成就。桑尼阿里不能算是非常正統的回教徒，但是亞斯奇亞莫哈梅[22]推翻桑尼阿里的繼承人篡位登基，則標示了伊斯蘭勢力在這個西非新興帝國關鍵性的勝利。

然而，尼日河流域帝國的榮光逐漸褪去：葡萄牙人的海路發現，將黑色非洲國家的黃金從大西洋運走，撒哈拉沙漠的貿易仍在，但已大不如前。桑海帝國滅亡，就是在此衰微的框架之下，於一五九一年遭來自西班牙的叛軍所帶領的摩洛哥軍隊，攻下首都廷巴克圖。拜這支常勝軍的戰功，摩洛哥的蘇丹阿梅曼梭[23]擁有「勝利者」與「閃耀金光之主」的頭銜。然而，這場對桑海帝國的遠征，卻打碎了摩洛哥人自以為佔領了產金的絢麗國度的幻夢；後來，摩洛哥的蘇丹王只對這些衰微之地維持某種形式上的、疏離的宗主權：從一六一二年到一七五〇年間，換了超過一百二十任以上的總督，這些總督都只不過是聽憑摩爾駐軍任免的棋子。

十八世紀時，尼日河流域的政治權力，係分屬眾遊牧民族、以及邦巴拉人建立的塞古王國[24]、喀爾塔王

---

18 尼日圈，**Boucle du Niger**，西部非洲介於大西洋岸以北、尼日河以南的範圍，雨量充足、水道橫貫、氣候溫和，較宜人居。

19 巴馬科，**Bamako**，尼日河沿岸重要河港，是周邊區域重要的貨物集散商業中心，今為西非國家馬利的首都。

20 圖瓦雷格人，**Touaregs**，撒哈拉沙漠中央與邊緣地帶的遊牧民，多穿著靛青色的衣袍，為其特色。

21 桑海帝國，**Empire Songhaï / Empire des Songhaïs**，七世紀起原是尼日河畔小王國，十五、十六世紀間成為西非一帝國。

22 亞斯奇亞莫哈梅，**Askia Mohamed / MamadouTouré**（一四四三—一五二八），一四九三年推翻桑尼阿里之子篡位為王。平定全國、改善吏治，將首都由加奧遷往廷巴克圖。於一四九七年前往麥加朝聖，並帶了許多伊斯蘭知識份子回到國內。

23 阿梅曼梭，**Ahmed al-Mansour**，摩洛哥薩蒂安王朝**Dynastie Saadienne**的第六任君王，一五七八年至一六〇三年在位。因為一五七八年八月四日的三王戰役戰勝葡萄牙人，而贏得「勝利者」的封號。同時因為三王戰役俘虜了大量葡萄牙貴族，這些貴族的贖身價金之豐厚，也讓阿瑪曼梭有了「閃耀金光之主」的稱號。

24 塞古王國，**Royaume Bambara de Ségou**，邦巴拉塞古王國，十七世紀末葉至一八六一年，範圍約涵蓋今日大部份之馬利。

國[25]。大帝國的年代過去了，隨之而逝的，還有過往維繫著帝國榮光、穿越撒哈拉沙漠的貿易。

我們不能因爲前述而對這些大帝國有幻想，這些大帝國實在是特例，一般而言，黑色非洲少見如此規模的國家。例如，於十一世紀嶄露頭角、十五世紀時達到藝術成就巔峰的貝南王國[26]，就是一個小國。主要坐落於赤道茂密的熱帶雨林一片較疏的林地中，鋒面在幾內亞灣與內陸高原間累積水氣，屬於約魯巴人居地，範圍涵蓋自尼日河三角洲，至今日之拉哥斯市[27]，是極早都市化的一個區域。

貝南國家雖小，但聲名遠揚。經由通北的路徑，極早便與開羅富裕的客戶以及工匠們有往來，後來也與葡萄牙人多有接觸；得利於這些往來，貝南成爲重要的工藝中心，擁有令人驚嘆的象牙雕刻與銅器鑄造技藝。貝南王國平凡無奇的歷史，無法解釋如此傑出而了不起的成就。或許，我們可以採信非洲研究學者梅歇爾[28]的解釋，將約魯巴人居地普遍的高人口密度、貝南王國的高人口密度、境內的都市結構、以及氣候條件等，都一起納入思考：此地氣候由於鄰近幾內亞灣，一年當中有兩次雨季（太陽直射兩次），於是一年兩穫、而非一穫。

● 黑奴貿易：發展於十五世紀、於十六世紀越演越烈，儘管官方明令禁止，但一如衆所周知，北大西洋黑奴貿易一直延續到一八六五年左右，而在南大西洋則持續到二十世紀，並向東往紅海延伸。

黑奴貿易並不是歐洲人發明的魔鬼行徑。是很早就與黑色非洲有接觸的伊斯蘭世界，率先開始大規模地進行黑奴買賣，以解決無精良器械下粗重工作人力不足的問題，與後來歐洲人自非洲大量買賣黑奴是同樣的理由。伊斯蘭世界透過達富地區[29]、尼日河流域的國家、以及東非的貿易地接觸黑色非洲。人口買賣，普遍存在於所有原始人類社會。將蓄奴文化發展到極致的伊斯蘭世界，也並非奴隸制度或奴隸買賣的始作俑者。

從黑奴貿易留下的許多資料中（歐洲商人的文獻、或是美洲新世界的文獻），我們可以整理出大量的數據與價格變化。這些令人不舒服的數字變化，雖然不能代表整個黑奴貿易的歷史，卻是其中相當重要的一部份。

十六世紀時，每年約有一千到兩千黑奴被送往美洲；十八世紀時，每年有一萬到兩萬人；到了十九世紀數量更是龐大，尤其是可合法買賣的最後那幾年，一年可能高達五萬名。這些數字都不甚精確，究竟總共有多少黑奴被運往新大陸，我們只能有一個**非常概略**的計算：韓雄神父[30]提出的，是最有可能的數據，總數大約在一千四百萬人左右；一八四二年喬內斯[31]估計有一千兩百萬人；另外，人口學家卡爾桑德斯[32]則提出一個顯然不太合邏輯的數字，二千萬人，卡爾桑德斯認爲，在西元一五〇〇年到一八五〇年的三個半世紀間，平均每年有六萬名黑奴被賣往美洲。僅就當時的交通運輸方式來思考，就知道這個數量不太可能。

在此我們還需要了解的是，究竟這些數字是從非洲送出的人數，還是抵達新大陸的人數？因爲在捕捉、及條件極差的運送過程中，已造成大量死亡。所以，**單是歐洲黑奴貿易**給非洲帶來的肆虐與傷害，無疑就已遠遠超過

---

25 喀爾塔王國，Royaume Bambara de Kaarta，邦巴拉喀爾塔王國，十七世紀至一八五四年間西非王國，與塞古敵對。

26 貝南王國，Royaume du Bénin，十三世紀至一九〇〇年間西非王國，極少數不透過伊斯蘭世界而與歐洲有往來的非洲王國之一。

27 拉哥斯市，Lagos，西非重要海港城市。今日為僅次於開羅與金夏沙的非洲大城。

28 梅歐爾，Paul Mercier（一九二二—一九七六），法國重要的非洲研究學者。

29 達富地區，Darfour，位於蘇丹國西部，涵蓋一小部撒哈拉沙漠邊緣與薩赫爾草原地帶南部。

30 韓雄神父，PèreDieudonnéRinchon，史學家，著作相當多關於歐洲人在非洲的黑奴貿易。

31 喬內斯，Alexandre Moreau de Jonnès（一七七八—一八七〇），一八四〇年至一八五一年間執掌法國主計處。

32 卡爾桑德斯，Alexander Carr—Saunders（一八八六—一九六六），英國生物學家、社會學家，以生態觀點來討論人口問題。

前述的這些數字。黑奴買賣對黑色大陸造成巨大的人口衝擊。

在此同時，被俘虜賣往伊斯蘭世界的奴隸，並沒有因此減少，甚至自十八世紀末起規模越來越大，更是對黑色大陸造成災難性的人口流失；在開羅曾經有來自達富地區的駱駝商隊，單一趟，就帶來一萬八千到兩萬名奴隸。一八三〇年，桑給巴的蘇丹王可以收到每年三萬七千名奴隸出口的權利金；一八七二年時，每年約有十萬到二十萬的奴隸從（蘇丹國臨紅海的）薩瓦金港被運往阿拉伯半島。初探之下，伊斯蘭世界的黑奴貿易比歐洲的黑奴貿易在人數上更爲可觀；歐洲的黑奴貿易受限於橫越大西洋的長程海路運輸、船艙容量有限，以及十九世紀時各國數次禁止奴隸買賣。數次廢止奴隸貿易的宣告，也證明了此種人口販賣無視禁令，走私的方式只不過增加更多的風險。

威內卡麥隆[33]於一八七七年時提出，每年有五十萬人，經由北非與東非被賣往伊斯蘭世界，並結論道：「非洲每一個毛細孔都在失血。」這個令人乍舌的數字還需要列表清算才能被接受，然而由此途徑的人口販賣規模的確十分龐大，黑色非洲的人口流失是非常驚人的。

於是，另外一個問題是：如此慘重的人口流失，黑人的人口成長足以重建平衡嗎？或是完全無法應付？

歷史學家估計，西元一五〇〇年左右，包含白色非洲在內的非洲總人口數，約爲兩千五百萬到三千五百萬人；一八五〇年時，至少有一億人口。所以，儘管大量人口被綁架販賣爲奴，非洲人口還是正成長的。此人口成長提供了黑奴貿易所需的量，也解釋了爲什麼此貿易能夠維持這麼長的時間。當然，這只是其中一種假設。

坦白說，歐洲的黑奴買賣在美洲不再迫切需要勞工的時候就停止了。十九世紀前半移往美國，與十九世紀後半移往南美洲的歐洲移民，取代了新大陸對黑奴的人力需求。

長久以來歐洲對於黑奴的悲憫，與對奴隸買賣的憤慨，沒少給歐洲除罪，這些廢奴運動並不只是流於形式，最後成就了英國威伯福斯[34]推動的廢除黑奴及黑奴解放運動。

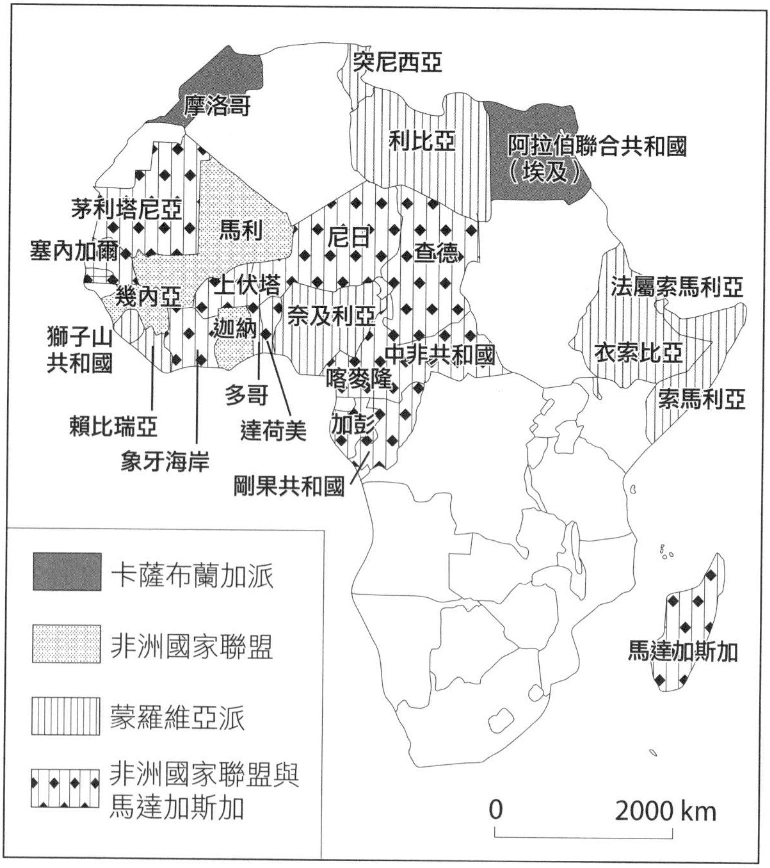

圖 8　非洲及其內部勢力劃分

在各國之上維繫著一個仍然相當脆弱的國家間的聯盟。

這裡並不是要說哪種黑奴貿易比較人道（賣往美洲），或哪種比較不人道（賣往伊斯蘭世界），但是，我們還是要指出一個對當今黑人世界很重要的事實：今天，在美洲大陸還有許多非洲裔生活，不論在南美洲或北美洲，都有相當龐大的非洲眾多民族群的發展；然而，在亞洲或伊斯蘭世界，那些黑奴無一倖存。

●此處並不是要翻案，也不是要頌揚歐洲國家在非洲的殖民，只是要單純地提出，如同所有造成文化衝擊的現象一

33 威內卡麥隆，Verney Lovett Cameron（一八四四—一八九四），英國探險家，一八七五年時穿越非洲赤道雨林，為歐洲第一人。

34 威伯福斯，William Wilberforce（一七五九—一八三三），英國政治家、慈善家，在英國議會中推動廢奴運動的主要人物。

般，這段殖民的歷史給非洲大陸帶來了一個正面的、和一個負面的文化因子。

歐洲殖民對被殖民的黑人社會經濟文化結構是個極具影響性的衝擊，但終究是有好處的，承認這個事實並不是要替殖民主義辯護。殖民的行爲是醜陋的，甚至是野蠻的、或惡質離譜的（用幾匹布或一些酒就買下廣大的土地）。事實上，一八八五年歐美各國於柏林西非會議簽訂的總議定書，歐洲勢力最後瓜分非洲就是明證。如果說，後來被瓜分的地區受監護託管的時間都很短（不超過一百年），但是在很短的時間內快速入侵非洲，當時正逢歐洲與世界經濟起飛時。

入侵衝擊黑色世界的，是一個成熟而講究細節的工業化社會，擁有現代化的工具與交通設備。而黑色非洲很有吸收能力，比民族學家所認知的更有變通力，更能夠掌握西歐人傳入的物質與精神，將這些重新詮釋、賦予新的意義、並且盡可能地與傳統文化相連結。

在非洲南部，因爲工業化與都市化的速度比別處更快，班圖人的世界所受到的文化衝擊是最劇烈的，以西歐方式過生活的進化的黑人，仍保留著、並努力繼續保留所有的傳統禁忌和習俗，即使只剩下那些與婚禮、家庭、兄弟、長子或幼子的角色等相關的習俗。舉例來說，今日給新娘父親的聘禮以禮金替代，不過爲了符合古禮，禮金仍是以牲口數量來換算的。

若論殖民的正面因子，我們就只想到那些物質建設，公路、鐵路、港口、水壩，這些殖民者用來開發土地、開發地下資源的設施，若非有利可圖，殖民者也不會如此投資。這些看似重要的建設，如果後繼者沒有在苦難的殖民經驗中學會如何有節度地使用的話，可能沒什麼用途，或者很快地就會毀壞了。相對於與歐洲接觸後，所有古老部落習俗、家庭、社會組織、文化被破壞，殖民者留下最好的資產是：教育、某種程度的技術、衛生、醫療、公共行政體系。我們不知如何描述給薪勞動、貨幣經濟、文字系統、個人土地所有權等這類全新的事物所帶

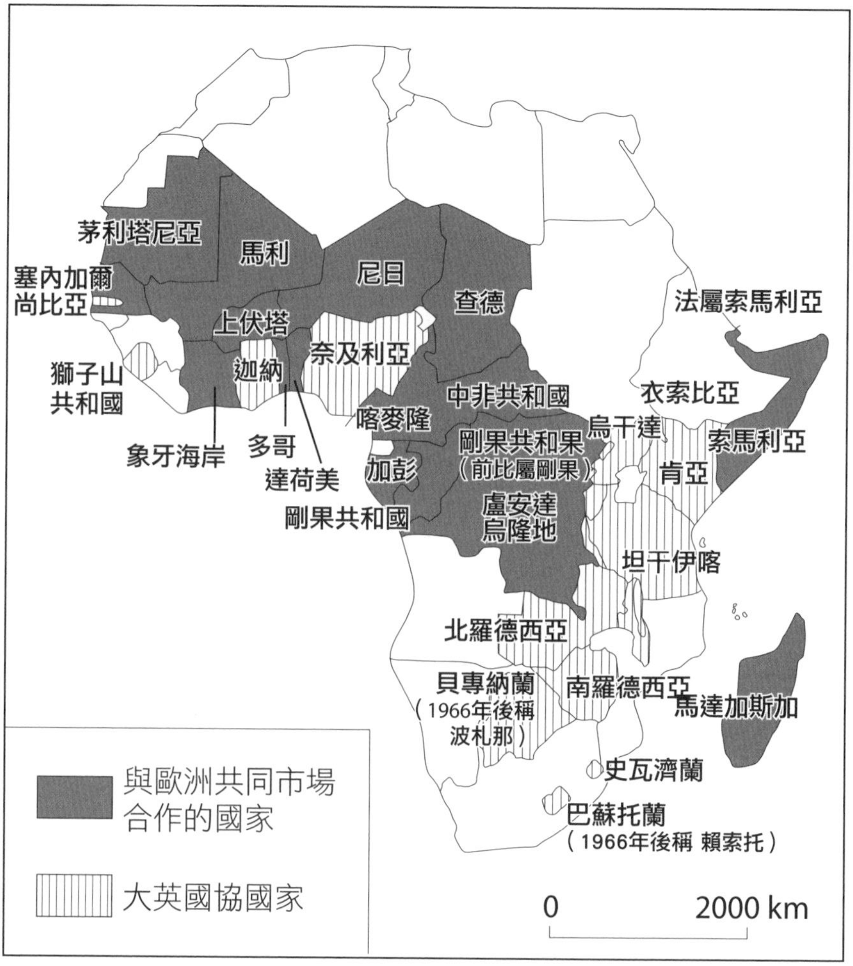

圖 9　非洲與西方勢力

在講「法文」的非洲旁邊，還四散著一個講「英文」的非洲，文化的連結與經濟的連結相對應。

來的影響，對一個古老的社會結構而言，這一切帶來很大的打擊。然而，這些打擊不正是一個至今仍持續進行中的發展所必需的嗎？

● 相對地，殖民帶來的負面因子是嚴重地將非洲切割成一塊塊法屬、英屬、德屬、比屬、葡屬土地，時至今日仍然可在眾多林立的獨立國中看到這些過去劃分的「巴爾幹化」的非洲。

這些分野，有些是依山川地理為界、有些則純粹是人為畫訂的，很少有按文化差異建立的分野。應該要把這些劃分視為無法彌補之惡嗎？我們可以思考，這些國界是否真的並未嚴重妨礙某種非洲一體性理想的實踐、或者至少是否並未影響非洲共同市場的建立。但是，非洲是否已經成熟到足以組成一個政治、或文化共同體，則很難說。造成分裂的，不只是過去殖民者所劃定的行政區而已，還有非洲本身民族、宗教、甚至語言的眾多分歧。對於今天非洲小國林立的狀況，能夠怪罪歐洲殖民者的，主要在於當初未以文化差異為考量來劃分各國的疆界。然而一個多世紀以前，有可能這麼做嗎？

另一個歐洲殖民者應該要負責的重要罪咎則是：在賦予諸黑人民族一個現代化而國際通用的語言時，歐洲殖民者跟非洲開了個玩笑，給了兩種語言——法文與英文。不同語言帶來不同的文化，隨著教育，形塑不同的思考邏輯，將努力地想要整合為一的非洲，分成使用法語與使用英語兩大陣營。兩造勢力不相上下，講英語的國家在數量上佔優勢，但是講法語的非洲國家在文化上具有優勢，過去長時間以來一個有效率的教育體系扎實地培養了行政與政治人才，如今成為他們成功的最佳保證。

的確有些遺憾的是，非洲一體的未來，面臨到在此嚴重零碎劃分的疆域之上，還要加上非洲歷史與地理所帶來的諸多條件限制。

第2章 黑色非洲的現在與未來

以文明研究而言，黑色非洲是個極佳的案例。過去這幾年，非洲絕大部份的地方脫離殖民獨立建國，「黑人意識」抬頭，隨著歷史的熱切研究，這個「新興的人文主義」開始意識到自我價值以及自我實踐的各種可能性，黑色非洲是個極具潛力、正在發展中的世界。以我們的觀察，非洲存在著從最古老的社會到最進步的都會型態，擁有文化涵化各階段各種形式的表現。

非洲覺醒

似乎所有研究非洲的學者都同意，應該要對黑色人種極大的可塑性、超凡的適應力、學習力與耐力抱持信心，這些能力將使黑人未來能夠越來越不靠外力、憑藉一己之力，走完那條從一個相當原始的經濟邁進到現代經濟的迢迢之路；完成從一個背負過去與傳統特色的生活，邁進到今日面臨必要而沉重的轉型；從一個國家框架仍保有部落組織色彩的社會，邁向一個現代化、工業化的社會。百廢待舉，就連人民的想法與意識形態也有待建立。

有一點不能忘記的是，黑色非洲在面對這眾多需要時間調適的挑戰時，毫無章法，每個地區、每個民族以各自微薄的力量，以各自的方式在處理。

一、首先，黑色非洲仍舊是一個人口不夠多的大陸，不如其他未開發國家有足夠的人力來活化並補救落後的狀況。在這些未開發國家中，即使也還有非常漫長的路要走，但因爲人力充足，任何非常戲劇化的進步都有可能發生。

二、黑色非洲不是單一一個獨立文化的成就，其傳統文明包含有眾多信仰與習俗，是構成非洲文明基本且具有活力的元素。在如此多元的文明中又加入了其他外來的宗教元素：最主要的是伊斯蘭教，以及伴隨而來的伊斯蘭社會與思想、其微小但對原始宗教帶來重大影響的可蘭經學校（伊斯蘭並未消滅非洲原始宗教，但對這些傳統信仰有長足的影響）；還有基督教，通常最是蓬勃發展於貿易發達之地，基督教也對古老的信仰與習俗帶來極大的改變。

三、在這些不同點上，還要再加上經濟活動帶來的差異，形成與外界有接觸的地區，與封閉的地區，城市與鄉村之間強烈的對比。

我們將要追蹤的，就是這個多樣異質的世界越來越快速的轉變，非洲黑人政治領袖與知識份子們，似乎對其未來充滿勇氣與清楚的理念。

這場變革確實是非常重要的，比任何政治問題都更加重要，也比這些新興國家在卡薩布蘭加會議[1]（一九六一年一月）、蒙羅維亞會議[2]（一九六一年五月）、拉哥斯會議[3]（一九六二年二月）中，對於非洲統一問題的立場選邊站，都更加重要。

當然，政治很重要，不可忽略，但是政治只不過是一個手段工具，稍有風吹草動，政治就會有所變化，而且政治無法獨力掌控非洲的命運，而是非洲的命運左右著它。

●原初宗教與文化的障礙：整個傳統的過去（不是過去的傳統）妨礙了各方面的發展，使得必要的調適改革變得相當棘手、或是耽誤了這些變革。

黑色非洲絕大多數的人民（尤其是佔極大比例的鄉間民眾），仍生活在封閉的原初文化與宗教，以及由此宗教、文化所規範的社會秩序裡。

不同地區、不同民族的傳統宗教形式各不相同，共同的是，他們相信自然萬物皆有靈，死後靈魂長存，甚至人造物品也有靈性（拜物信仰）。另一個共同點，是祖先崇拜幾乎到處可見。部落首領或傳奇英雄，起初被敬如祖先一般祭拜，最後則與其它神祇如天神、地神、創造之神等一起共列仙班。根據非洲信仰，祖靈和神明不只會對生者顯靈，也會附身於亡者：這就是許多非洲祭舞的意義，例如，達荷美的宗教舞蹈中，巫毒或歐里莎的神祇會「降靈」附身於舞者，使舞者進入恍惚的狀態。

在非洲眾多的傳統宗教祭儀中，都會在神靈或祖先的祭壇前「反覆祝禱祈求，獻上食物、棕櫚油，並獻祭牲畜……」。人們「供養」祖先和神明，期待所求能得到回應，或是受到各種庇佑。

如此的信仰結構，確保了非洲建立於父系親族觀念上的社會結構，在宗族親屬方面階級嚴明，父權至上（在

1 卡薩布蘭加會議，Conférence de Casablanca，一九六一年一月由摩洛哥國王穆罕默德五世(一九〇九－一九六一)召集非洲各國領袖於卡薩布蘭加聚首，檢視非洲當時政治社會經濟情勢，簽署了卡薩布蘭加憲章，一起為非洲發展的幾項重大共同目標努力。

2 蒙羅維亞會議，Conférence de Monrovia，蒙羅維亞為賴比瑞亞的首都。非洲各國由於對彼此疆界的爭執，在會議中並未達成太多共識，但由此會議開啓了非洲國家更多的合作。

3 拉哥斯會議，Conférence de Lagos，拉哥斯當時為奈及利亞的首都。由於主辦國奈及利亞準備不足，此場非洲國際會議以失敗收場，造成一二個法語國家與前卡薩布蘭加會議與會國之間的齟齬。

族中或家中的權威是依父系相承，少見有母系相承的）。

在部份曾受到前述幾個大帝國影響的非洲社會中，也存在著社會地位較高的貴族階級，某些手工藝匠師也屬於特殊的「階級」。每個族群或社會階層都有其各自敬拜的神明與祖先，而這些神靈的神力照拂也正反映出各個族群的不同期待。

宗教與社會間的關係十分密切，在城市裡，傳統社會秩序受到現代生活（尤其是學校教育）顛覆；基督教或伊斯蘭教逐漸在不同的地區，取代了式微中的泛靈論，唯有鄉間地區保有萬物有靈的信仰。

● 那些開始教育普及化的城市與地區，或是因為工業而開始現代化的城市或地區，都遭逢嚴重的涵化問題（對異文化的調適）。

以下，我們將舉社會學家塔第[4]最近（一九五八年）在新港所進行的調查爲例。雖然此調查研究不足以代表整個非洲，但仍使我們得以一窺問題所在。

達荷美當前的首都——新港——是個古老的城市，與海的聯繫不佳；臨海便捷的科多奴城，發展成爲第一大城；首都新港儘管退居第二大城，依舊不減繁盛。相較起鄰近國家，達荷美教育比較普及，法國哲學家慕尼埃[5]曾說，達荷美「是黑色非洲的拉丁區[6]——人文薈萃之地」。

儘管就學並不代表未來就一定能有所發展，在達荷美的語言中，這些接受教育者被稱爲「進化的人」，或者是以流行的口語稱爲「見過光的人」（一九五四年達荷美全國在學兒童有四萬三千四百一十九名，約佔學齡人口的百分之十五，以非洲國家而言，這個數據已是創紀錄的就學率）。這些「進化的人」涵蓋不同年齡層，有長有幼。以一個總人口數約爲一百五十萬（可能更多）、都市人口僅占十萬的國家而言，在社會金字塔頂端，眞正高知識份子的文化菁英頂多一千人，是三百名白人殖民官員的三倍以上。要養成這區區之衆眞是困難重重啊！

在新港城中，我們預料得到窒礙來自於傳統社會的僵化。這個組成多元的社會，至少有三個主要族群，分別爲：從達荷美鄉下遷入城市的人、來自鄰國奈及利亞的約魯巴商人、以及「巴西人」（從巴西返鄉的黑人，多爲基督徒，也有些人在歷經一連串的奇遇後改宗信奉伊斯蘭教）。這些不同的族群，有各自行事作風、與維繫自尊的面子問題，自成「門閥」。門第成爲整個社會組織的準則，住屋宅第依門第之分野而座落，無論過去或現在都仍講求婚姻門當戶對，也藉由門第來維繫社會秩序與宗教儀節。宗教是維繫這個社會的重要元素，引用一句新港傳教士的話來說：「關於萬靈論的信仰，我只有一句話說，而且這句話出自傳教士之口應該別具意義：隨著萬靈論信仰的式微，消逝的是一個很美好的組織結構」，他又補充道：「我是說一個很好的組織結構，而不是說一個很好的宗教。」

女性首先開始反抗門第觀念，以爭取婚姻自主，然而這女權意識的抬頭仍然脫離不了過去一夫多妻制與極端保守的社會。看看以下出自一位女士的敘述：「當我丈夫迎娶其他女人時，他將家中的帳交給我，因爲我是他的第一個妻子，由我分錢給其他的妻子。我丈夫的另兩位妻子是婚後數年我爲他挑選的，她們要向我行跪拜之禮並服侍我。」另一位則說道：「對我的公公、婆婆、叔伯、姑嫜、以及我丈夫的兄姊們，我必須要下跪行禮；對丈夫的弟妹們，不用下跪，但是要尊敬他們。我必須服侍全家人，採買日常用品、做家事、汲水給全家人用、上市

4 塔第，Claude Tardits（一九二一—二〇〇七），法國非洲民族社會學家。

5 慕尼埃，Emmanuel Mounier（一九〇五—一九五〇），法國哲學家。

6 拉丁區，Quartier latin，原指法國巴黎塞納河左岸以索邦大學為中心的區域，從中世紀以來大學林立，教授與學生做研究均使用拉丁文，故稱拉丁區。在此意為文人、高知識份子密集的地區。

場、做飯。有時候，準備菜肴時我會在煮好之後分一點給某位姑嬸、叔伯、丈夫的兄長或是公婆。」

所以，想像一個受過教育「進化的人」身處這樣的門第之內，居住在城市裡卻是半個鄉下人，在他所接受的、甚至是國外留學的新式教育，以及這些他也不是不懂得其中意義的儀節之間，在家庭的責任與無法百依百順的自我之間，究竟要如何自處。

顛覆一切的是都市生活：上班、上學、甚至馬路上的景物；而遠離城市的地方，則一如既往的存在。某位「進化的」女子，在科多奴的修院學校習得了裁縫的技藝，後來嫁了一位公務員，自己開了一個小裁縫店，有固定的客人，日子過得很幸福。「婚後一年，先生被派任到北方，我就沒工作了，因爲那裡的女人若不是只用樹葉蔽體，就是全裸。」後來，那先生被調派了別的職務。「我搬來新港住有一年了，……先生又買了一台新的縫紉機給我。」

在此邏輯下檢視，想想這些優雅的城市女子，達卡的模特兒披裹在美麗的白色衣料中。未來的景像，如同城市裡現代大膽而勇敢的女子，當然是沒有達卡對岸戈雷島[7]上殖民時代的老宅第那麼詩情畫意，但卻是比較符合時代潮流的。

城鄉間的對話，亙古以來一直存在，是上層的文明與下層的文化間的對話。黑人世界的城市寥寥可數，這些城市的急速發展究竟是利是弊尚未可知。

● 在短時間內快速成立的獨立政府，成為前所未見的團結利器。

這樣的現象是普遍的，而不是特例，對於如此有趣的現象，應該要整理出一個普遍適用的解釋。事實上，這些短時間內快速成立的政府，面對的是人民無比的耐性，比路易十四的子民對太陽王的臣服更有過之而無不及。

在黑色非洲，治國，就是統治。出乎意料的是，掌權並沒有使人民失去耐性，相反地，還使政府更年輕、有活力。賴比瑞亞的威廉特曼總統，於一九四四年就任，一九六二年仍然在任，實在是相當長的任期。在歐洲，政治權力是各種鬥爭與變動的來源，然而在非洲，政治權力似乎彷如皇權。

總之，在迦納「救世主」總統恩克魯瑪的雕像底座上，寫著這句一針見血的格言：「先追尋政治王國，其餘的一切你必將不匱乏。」扼要地說，就是「政治第一」！

所以，一旦擁有權力就要牢牢掌握，集中權力，剷除異己，不容分權。任何反對勢力出面示威，就是自取滅亡。迦納、獅子山共和國、幾內亞，都是鐵證。有不少與獨裁政府當局不合的年輕知識份子，紛紛流亡歐洲或是前往美國的大學，其中也有被解職的大使，覺得沒有必要再返國了。這不是我們西方人所喜歡的情況。塞內加爾首相的這句話，與我們西方人的想法不謀而合：「迦納式的民主，我們沒興趣。」由此可見，在政治方面，非洲各國的意見也並不一致。

這些國家的政府必須要有極高的智慧才能不對自我權力擴張讓步。我們歐洲人，如果想要以比較公平的態度，來思考看待這些距離我們很遠的國家與政府，就應該注意到這些領導階層的狹隘性。黑色非洲幾個領袖的身邊，總也就是那幾個人在做事，比不上昔日安茹公爵雷納一世，或人稱「好人」的勃艮第公爵菲利浦三世身邊有那麼多臣子。事實上，賴比瑞亞的政務，全掌握在百分之二從美國返回非洲的黑人後裔手上，而且這些人也並不都是全職工作。絕大多數的賴比瑞亞人民，與這個我們後來稱爲「法定國家[8]」的政府並無太大關係。而且這些

7 戈雷島，**Île de Gorée**，位於達卡外海北大西洋的島嶼，為歐洲人於非洲進行黑奴貿易的重要據點，一九七八年因其在人類歷史上的意義被聯合國教科文組織列為世界文化遺產。此段文字布勞岱爾以古今的對比來諷刺，並將殖民時代最惡名昭彰的罪行黑奴貿易，以及殖民時代詩情畫意的老宅第，進行對比諷刺。

8 法定國家，**pays légal**，法國政治家莫拉斯Charles Maurras（一八六八—一九五二）提出的概念，相對於實質國家**pays réel**而言，後者是建立於真實生活(地區、工作、家庭、教區)的基礎上，法定國家則建立於共和的體制之上，人為加諸於實質國家之上。

圈圈不大的統治階級內部，還不斷地分派系。如此也就不難理解許多政府當局出乎意料的衝動舉措了。

另一方面，如果說統治方面不是大問題，行政執行方面則完全不是這麼一回事。爲了要推動現代化，就必須要說服民衆參與，有些國家的政府甚至玩弄手段煽動群衆。

爲了要有效治理，需要有人，有管理幹部，有忠貞不二守紀律的公務員；要重新建設，則需要資金，需要精算過的投資，同時必須要理性與邏輯至上；然而，這在世上所有的國家都是極罕見的。

在幾內亞，這個一九五八年戴高樂政府讓殖民地自決時第一個獨立的法國殖民地，並不是其首任總統塞古杜黑社會主義化的政府所提出的三年計畫本身不好或是有問題，而是這個計畫係由經濟模型或諸多預設數據所建立，但是幾內亞傳統社會本身也是個需要被考量在內的重要因素。如果「好幾個負責進口外國物資的國營公司，如：專門進口各類食品的『阿力馬』，進口書籍文具的『自由港』、進口器材的『艾瑪特』、進口醫療藥品的『幾內亞藥品公司』，以及其他相關的公司等一一倒閉」，並不單純只是肇因於國內（或國外）的弊案醜聞，而是因爲這些組織沒有考量幾內亞自身的人員素質，這樣的企業不僅需要誠實且受過教育的人，還需要分層管理的行政架構、主管、稽核等等。所有成功的公司管理都需要大量有能力的管理幹部，然而在非洲，人才還有待養成。

社會經濟問題

● 黑色非洲各國的前途未卜：無論以非洲大陸、或是以世界的尺度來看，棋局都還在進行中，充滿活力與憧憬。

在這些不見得有贏面的棋局中，還包含許多國家對於周遭鄰國帝國主義式的侵略。前述討論過，非洲各國國界是遭歐洲殖民者人爲劃分而成也許是原因之一，卻不能因此合理化這些侵略行爲。

摩洛哥宣稱擁有茅利塔尼亞、西撒哈拉、伊芙尼地區[9]、以及一部份阿爾及利亞境內的撒哈拉沙漠；塞古杜黑所領導的幾內亞，虎視眈眈地盯著人口興旺的獅子山共和國；迦納，也懷想著昔日帝國榮光，想要併吞多哥和象牙海岸；馬利（同樣是具有悠久歷史意義的國名），夢想著要與上伏塔[10]、及尼日「結爲聯邦」，並佔領一部份阿爾及利亞境內的撒哈拉沙漠。除此之外，更大規模的棋局在於，數個國家在一九六一年幾場互別苗頭的國際會議中，結盟成兩個陣營：卡薩布蘭加派、與蒙羅維亞派。卡薩布蘭加派，有摩洛哥、迦納、阿拉伯聯合共和國（今日已分裂爲埃及與敘利亞）、幾內亞、阿爾及利亞共和國臨時政府、馬利，這些顯然都是極端主義的國家；蒙羅維亞派，包含突尼西亞、利比亞、茅利塔尼亞、塞內加爾、獅子山共和國、賴比瑞亞、象牙海岸、上伏塔、奈及利亞、尼日、查德、喀麥隆、中非共和國、加彭、以布撒拉市爲首都的剛果[11]、衣索比亞、索馬利亞、馬達加斯加，這些是有智慧的溫和派。

如此的陣營劃分並不是永久的，近日阿爾及利亞獨立所帶來的影響，目前還無法評估，棋局勝負還在未定之天，非洲是否能夠統一，或說是否將尋求統一尚未可知。這原本是一九六二年在拉哥斯第三場泛非洲國際會議的主題，然而由於主辦國奈及利亞準備不足，最後以失敗收場：十二個布薩拉聯盟法語國家與卡薩布蘭加派之間，

9 伊芙尼地區，Ifni，位於今摩洛哥西南部臨大西洋，一九三四年為西班牙殖民地之一省，一九六九年脫離殖民地位。

10 上伏塔，Haute-Volta，一九五八年自法國殖民地中獨立出來的國家，一九八四年改稱布吉納法索。

11 以布撒拉市為首都的剛果，Congo (Brazzaville) / République du Congo，中非國家。為與名稱近似的剛果民主共和國 RépubliqueDémocratique du Congo有所區別，國際上習慣會加註首都名。或稱前法屬剛果、前比屬剛果。

以阿爾及利亞共和國臨時政府未受邀參加爲由，彼此猜忌對立。

事實上棋局永遠是詭譎的。所有人都贊成一個完全自由的非洲，但是每個人對於自由的理解都不一樣。迦納總統恩克魯瑪希望，所有的歐洲勢力在一九六二年年底十二月三十一日以前撤離，同時，恩克魯瑪也希望藉此能夠使他取得領導權，這是其他各國不可能同意的事。此亦爲何迦納與幾內亞之間聯盟的計畫，始終停留在初階準備期……。

以目前而言，還看不出來那個陣營能夠勝出，並達成非洲的統一。勝出，講求的不是爆發力，而是智慧；需要的不是政治角力，而是眞正的強盛國力。

以人口不足的非洲大陸的平均人力資源而言，目前是英語系的非洲國家在人口方面較具優勢，此係由於迦納、獅子山共和國、奈及利亞的高人口密度與高度都市化。奈及利亞境內的城市是黑色非洲最大的城市，拉哥斯有超過三十萬人口，伊巴丹則超過五十萬人。

法語系的黑色非洲國家，除了幾內亞以外，則有歐洲共同市場的經濟力爲後盾（馬利不久前才與法國簽屬一項經濟協議）。然而即使英國加入歐洲共同市場，奈及利亞與迦納極可能也不會接受此種合作協議。

法語系的非洲國家，儘管相對而言人口較少，但由於教育的積極推廣，在知識與文化方面略勝一籌。最後，來談談城市，地理學家們一再提及這個強勢興起、具有極佳地理位置的帝國都城、國際性大城市：達卡。達卡控制南大西洋海洋門戶，以及非洲重要的飛航控制點，其重要性將隨世界海運與飛航交通往來而起伏變化。

●真正的棋局不正是各國在國力、各種數據、經濟發展上的相互較勁？

非洲的經濟發展相當遲緩，主要出口未處理的原礦與農產品（如果不算塞內加爾的食用油工廠與幾內亞的鋁工廠的話），並進口工業產品。進出口都透過收購商與供應商中介交易。以一般貿易平衡的條件而言，每年能夠投入發展的資金相當有限，進步十分緩慢。若想突破此境況，必須要貸款，於是就無可避免地陷入經濟不自主的仰賴狀態。假如說，蘇聯提供了幾內亞從〔臨大西洋岸的首都〕科納克里到〔以大學聞名的內陸最大城市〕康康城，那段需要重新鋪設與維修的鐵路路線所需要的鐵軌，那麼施工所需的技術人才、鐵路工人在哪兒呢？塞內加爾或者達荷美還維持著龐大的大學學院（他們還是沿用他們所熟悉的法國體制，教育幾乎是完全免費的），他們仍舊需要來自法國的教授與經濟援助，他們也同樣地向法國請求支援中學教師與工程技師。這一切環環相扣。

黑色非洲將無法停止繼續向兩大陣營的工業國家求援，還有別忘了第三陣營——中國；中國以某種十字軍的精神提供非洲國家援助，伴隨而來的則是中國人口過剩而往海外移民的人海攻勢。

總之，若想要有大型的公共建設，或是長遠的經建計劃，就必須要取得任何一方、或是取得各方的經濟援助，同時還必須付出相當大的犧牲。舉尼日爲例，尼日在其國慶日（一九六一年十二月十九日，獨立紀念日）宣布：所有政府機關公務人員減薪、停用公務車、停發加班費、加稅；然而這些犧牲還是不夠的，欲善其事必利其器，還需要有不可或缺的設備。馬利在與塞內加爾決裂之後，幸好得到伯恩共和國12解救，送給馬利許多大型貨卡車，維繫與〔鄰國幾內亞的〕康康城之間的交通運輸，之後再藉由通往科納克里的鐵路連接大西洋岸，使得馬利對外交通不至於完全被切斷。

因此，如果沒有懂得操作的高階技術人才，來自世界各國的器材物資都是沒有意義、沒有作用的。這個核心問題則有待非洲內部的覺醒與努力發展以求解決。

在塞古杜黑總統共產主義化統治之下的幾內亞，一名瑞士記者報導了一段與幾位捷克工程技師的對話，其中

12 伯恩為德國萊茵河畔城市，一九四九年至一九九〇年間為西德的首都。布勞代爾此處應是意指西德的援助。

一位對我說：「你有沒有發現，法國人比我們有優勢，他們可以呼風喚雨。昨天，我的車只是單純的電瓶沒電，公務修車廠不聽我的話，那個黑人工人動手就拆我的化油器，他們總是喜歡動那最動不得的。結果呢，車當然沒修好，我只好走路。如果是法國人的話老早就開罵了，我們卻沒權力這麼做。在這種烈日、這種濕度下，我就算開罵也沒有什麼不可原諒的，說不定還有助於解決事情。說眞的，我不了解爲什麼法國和英國要這麼執著於非洲這塊無用之地。我簽了一年的約，約滿後，我將非常樂意離開，這一年內我沒成功培訓任何人，因爲這是完全不可能的事。」這個小事件充分地呈現了非洲社會的問題，而從這個故事我們可以知道：除非眞的有學習的熱誠，否則任何教育都是徒勞無功的。

另外一個可以與前例相比對、不要過度解讀的例子是：一個年輕的法國教師，於一九六一年十月抵達象牙海岸，很高興地發現當地國中二、三年級的孩子們聰慧且求學若渴，這些孩子們知道自己身繫非洲的未來，學習態度積極。

藝術與文學

●藝術與文學如何見證這個變遷中的世界，以及非洲世界現在與未來間的斷層？

對所有的觀察家而言，風靡西方世界的非洲土著藝術——面具、銅雕、象牙、木雕——正在我們眼前消逝。非洲土著藝術已死。是否如同人們常說的，是因爲藝術創作所立基的宗教與社會框架，在都市文明與工業化文明的嚴重衝擊下，崩解蕩然無存的關係嗎？這也的確是一部份的實情。

無論如何，不可諱言的是，某部份的非洲正在消失，其歌曲、舞蹈、藝術概念、宗教、傳唱的故事、對歷史、宇宙、人、動植物、和對神的想法，一整個傳統的文明，我們以歐洲自身的例子可知，在當前加速崩解的狀況下，這一切都將消失無形。

然而，對於其過去，歐洲保留了許多具有意義的遺跡，十分珍視，即使有時是不自覺地這麼做；那麼，非洲對於其文明將保留下什麼呢？

如同藝術呈現出比我們眼之所見更古老的、已消逝的文明，新生的、強烈西化的黑色非洲的文學（非洲文學極強的西化色彩豈不正是使用歐洲語言寫作的結果：只有少數作品嘗試以非洲語言寫作，這些原本只有口說語而沒有文字的語言，傳寫相當困難，而且傳寫也是十分晚近的事），則帶領我們看到黑色世界發展的另外一個面向，或說一個未來當大部份的非洲人都受教育、「見過光」之後的非洲。事實上，這生氣蓬勃的新文學呈現了這些「進化的人」所見的非洲，同時這些作家也照亮了非洲的現狀、其獨一無二、與眾不同的特色。

舉例而言，已經相當聞名的作家迪奧普[13]的《阿馬杜康巴的故事》[14]，題材固然是舊時的，但其線性敘述的形式，依循文學諸法則所營造的平衡感，已非如杜威紐德[15]所言是庶民傳說的「失落的天堂」。單論這西方的寫作形式，就是一個「被抽離其社群、繼續緬懷著其社群」的文學，如同在古老的高盧最早先使用拉丁文寫作的作家一般。此黑人新文學的發展，無論在何地（無論是在非洲或是美洲新大陸，不論是以何種西方語言寫作，法文、

13 迪奧普，BiragoDiop（一九〇六—一九八九），黑人傳統文化運動的著名詩人與作家。將非洲口述傳說化做文字。

14《阿馬杜康巴的故事》，Nouveaux Contesd'AmadouKoumba，迪奧普根據康巴的兒子阿馬杜的敘述，將塞內加爾代代相傳的口傳故事集結轉寫為文，成書初版於一九四七年。

15 杜威紐德，Jean Duvignaud（一九二一—二〇〇七），法國作家、社會學家。

英文、西班牙文、葡萄牙文），蘭斯頓休斯[16]、理查萊特[17]、沙塞爾[18]、桑戈爾[19]（塞內加爾共和國的總統）、迪奧普、葛利松[20]、歐佑諾[21]、迪奧雷[22]、卡瑪拉萊[23]這些作家，並不被視爲背離傳統，相反地，被認爲是一種執著、一種必要的距離、一種進階突破。

杜威紐德說得很好，這些作家：「他們徹底地改變了他們的人格結構，因爲語言就是靈魂、就是一個獨特的存在方式。在使用外文傳寫非洲的故事時，有些東西如神話傳說會佚失再也找不回來。」也許的確如此，但是語言並非這些作家所遭逢的唯一結構上的變化，而是牽涉到一整個如齒輪般相互連動的系統，如同卡瑪拉萊在《黑孩兒》[24]中敘述一個小鎮孩子的故事，「出身於一個打鐵匠的大家庭」，後來負笈海外於巴黎求學，母親無助地眼見著孩子離她越來越遠：「是的，家母眼見著這套齒輪的運作，從庫魯撒村子裡的學校、到首都科納克里、最後到法國；在這段期間內她……曾經想要阻止，但她卻只能眼睜睜地看著整套系統運作：這個齒輪、那個齒輪、然後第三個齒輪、還有更多更多或許任何人都沒看見的齒輪。要怎麼做才能讓這一切停止運轉呢？束手無策，只能看著，看著命運轉動，而我的命運就是我要離開！」

且先不論好壞、也不論其前途是否平順，是的，**一個全新的文明，正從一個生機蓬勃且蘊含豐富的傳統文明中嶄露頭角**。這是非常重要的一點：非洲拋棄其千年傳統的舊文明，但是並沒有因此而失去其文明。分崩離析、飽經變遷，非洲文明依舊是個獨特的文明，有其特殊的心理結構、品味、回憶，以及與土地不可切割的一切。桑戈爾甚至說，某種「心理結構」主宰了非洲人對世界的「情感」，使得「對非洲的黑人而言，充滿魔術的奇幻世界比可見的世界更眞實」，這正是認知世界的另外一個方法。那些外表看來最爲西化的黑人作家，通常也是在文化上最爲堅持各自種族獨特心理層面的人。

再接著看《黑孩兒》的文中如何描述那些來自他母親的超凡且近乎神奇的禮物：「我今日回想起來，這些的確都是奇蹟，這些奇蹟宛如遙遠過去的傳奇事件，然而卻只不過是昨日之事。世事變化無常，而我的世界似乎又變化得比別人更甚；彷彿昨日之我不再，然而事實上，是今日之我已非昨日之我；就在這些奇蹟發生的當下，我們全都身不由己地不再是原來的自己。是的，世事變化無常，其流轉變遷如此之鉅，以至於我自己的圖騰對我而言也變得陌生。」

還能如何更明確地敘述這個斷層呢？該書的作者卡瑪拉萊繼續寫道：「我有點猶豫是否要說出（我母親的）那些超能力，而且我也並不想一一敘述：我知道讀者也將半信半疑；於我而言，我也不知道該如何思考：這些奇蹟在我看來是如此的不可思議，而且這些奇蹟的確是令人無法置信的！然而只需要回想起我所見到的，以我這雙眼睛所親見……這些不可思議的事，我確實親眼目睹；我一而再再而三地見證這些奇蹟。世上不是到處都有無法

---

16 蘭斯頓休斯，Lanston Hughes（一九〇二—一九六七），美國詩人、專欄作家，一九二〇年代哈林文藝復興運動重要人物之一。

17 理查萊特，Richard Wright（一九〇八—一九六〇），美國作家，一九二〇—一九三〇年代哈林文藝復興運動重要人物之一。《土生子》Native Son，為其重要著作之一。

18 沙塞爾，AiméCésaire（一九一三—二〇〇八），詩人、政治家，重要的黑人文學運動與反殖民主義者。

19 桑戈爾，Léopold Sédar Senghor（一九〇六—二〇〇一），詩人、作家、政治家，塞內加爾首任總統（一九六〇—一九八〇）。對於沙塞爾發起的黑人傳統文化運動，進一步定義為：「黑人文化運動就是單純地承認自己是黑人、接受這個事實、接受黑人的命運、並且認知我們的歷史與文化。」

20 葛利松，Édouard Glissant（一九二八—二〇一一），作家、詩人、思想家。以法文寫作。

21 歐佑諾，Ferdinand Oyono（一九二九—二〇一〇），喀麥隆外交家、政治家、作家。

22 迪奧雷，Philippe Diolé（一九〇八—一九七七），作家、通識教育家、著名潛水探險家。

23 卡瑪拉萊，CamaraLaye（一九二八—一九八〇），幾內亞作家，以法文寫作。

24 《黑孩兒》，L'Enfant Noir，一九五三年於巴黎出版。一九九五年導演Laurent Chevallier依小說拍攝同名電影。

解釋的事嗎？在我的家鄉，有很多事情無法解釋、我們也不去解釋，我的母親就生活其中。」

也許，「這些無法解釋、也不去解釋的事情」，正是每個文明獨有的秘密。

一九六六年後記

在阿爾及利亞獨立（一九六二年三月十九日愛維養協議）後，以及茅利塔尼亞獲准加入聯合國（一九六一年十月二十七日）之後，非洲各個不同政治陣營間的緊張情勢稍獲緩解，也才使各國得以於一九六三年（五月二十五日）阿迪斯阿貝巴國際會議簽屬非洲統一組織章程，承認所有殖民時代遺留的國界劃分，同時投票決定一連串抵制葡萄牙的措施。在一九六四年二月因坦干伊喀暴動而在（坦尚尼亞首都）三蘭港召開的國際會議，以及一九六四年七月的開羅會議中，「非洲統一組織」這個新興的機構，展現其能力統合了過去的卡薩布蘭加派、蒙羅維亞派、非洲聯盟以及馬達加斯加等所有非洲勢力，除了對於前比屬剛果的處理不是很順利以外，整體而言，運氣很好。前比屬剛果很可能因為於一九六〇年太快取得獨立，隨後國運多舛且戲劇化（聯合國介入、盧蒙巴[25]被暗殺、加丹加省[26]鬧獨立、莫伊茲沖伯[27]的政治操作、諸部落的叛變、……）。這些事件通常背後都由資本主義國家的企業或政府在操控著。相反地，一九六四年一月桑給巴發生了一場「中國模式」的革命，證明非洲的問題是需要以世界尺度來看待的。

一九六四年四月，坦干伊喀與桑給巴合組為一個國家，自此（一九六四年十一月）稱為坦尚尼亞。蘇聯與中國的勢力，在坦尚尼亞相互較勁爭逐第一把交椅。除此以外，另外一個新興獨立國家，尼亞薩蘭，更名為馬拉威。

最近（一九六五年二月）在〈茅利塔尼亞的首都〉諾克少國際會議中逐漸開展多項運作，包含：嘗試集結過去非洲法屬殖民地，對抗中國勢力的滲透，是否開放國際資本主義進入等問題。目前還看不出什麼決定性的結果，這些運動凸顯了非洲潛藏的問題。

社會主義國家所遭逢的困難，非洲社會長久以來的落後，以及過去曾經引領黑色非洲的菁英分子對革命不再抱持希望，這種種原因導致一九六五、一九六六年間一場大規模的反抗運動，以及一連串的軍事政變。

在迦納，恩克魯瑪總統的政權倒台，取而代之的是軍事獨裁政府。

在奈及利亞，脫離殖民地獨立時所建立的聯邦與議會體制，瓦解於伊龍西少將發起的政變。而中非共和國，於一九六五年除夕的夜晚至一九六六年元旦爆發政變，也是由最高軍事將領掌握權力。

在達荷美，索格洛將軍於一九六五年十二月二十二日，在排擠掉自獨立以來所有的非軍職領導人之後，繼掌國家權力。

在上伏塔，首任總統亞梅奧果的政府在六年的穩定執政後，被一班軍人所推翻。

前比屬剛果，亦是由軍事將領蒙博托[28]建立獨裁政府。

---

25 盧蒙巴，Patrice Lumumba（一九二五—一九六一），政治家，比屬剛果獨立的主要領袖之一，曾任剛果民主共和國首任總理（一九六〇年六月—九月）。一九六一年一月一七日於加丹加省被暗殺身亡。

26 加丹加省，Katanga，剛果民主共和國最南的一個省份，面積約與西班牙差不多。一九六〇年六月比屬剛果脫離比利時獨立，同年七月，加丹加省也宣布脫離剛果而獨立，聯合國部隊在長達兩年的軍事行動下，使加丹加省於一九六三年重新歸屬於剛果民主共和國。

27 莫伊茲沖伯，Moïse Tshombé（一九一九—一九六九），主張加丹加省獨立，造成剛果危機。

28 蒙博托，Mobutu Sese Seko（一九三〇—一九九七），原名Josephe—Désiré Mobutu，自一九六五年至一九九七任剛果民主共和國的總統。一九七一年至一九九七年間國名稱薩伊。

非洲大多數國家國力很弱，且政局混亂，使得一九六三年五月二十五日於衣索比亞首都阿迪斯阿貝巴國際會議中所成立的「非洲統一組織」，始終無法眞正落實。也因此，非洲國家無力阻止羅德西亞由少數白人殖民者所建立的反叛政府，在伊恩史密斯的領導下壯大。同樣地，非洲各獨立國也無力協助非洲同胞對抗葡萄牙的霸權，在安哥拉與莫三比克的抗爭尤爲艱辛而無望，在幾內亞的抗爭則似乎較爲有力而有成效。

第三部

遠東

第1章 遠東簡介

本章的宗旨，在於依序透過地理、歷史以及淵遠流長且依然活躍的文明，來全方面地了解這些特色如何匯聚成就遠東世界。歷史悠久的文明，無庸置疑地是眾多特色之中最重要的一個。

地理特色

看看遠東在世界地圖上的位置，就已經揭露了一半遠東世界的命運與其饒富特色的文明，許多旅行家、記者、地理學家所描述他們對遠東的第一印象，都是很好的例子。不過，也不要以地理決定論來解釋一切；地理決定論在歐洲不適用，在亞洲也不適用，在任何擁有悠久歷史、人類長時間經營耕耘的國家與地區都不適用。

● 遠東，大致上來說，是個熱帶與亞熱帶的世界

印度是個「火爐」，還有森林與叢林；中國南方，多雨襖熱；位於赤道地帶的東南亞群島，擁有巨木參天的

森林，以及成長超級迅速的植物（爪哇茂物植物園裡的某些藤蔓類，一天可長一公尺）。

不過，印度也包含印度河、恆河中游，以及在西高止山脈屏障下乾燥的德干高原等，這些屬於乾旱氣候與半乾旱氣候的地區。而中國，也涵蓋有著寒冬的北方廣大黃土高原與沖積平原、東北滿洲的森林、以及冰天雪地的漠北。

位在中國北方一隅的帝國首都，北京，飽受寒害。冬天農民睡在暖炕上。北方有句俗諺說：「各人自掃門前雪，莫管他人瓦上霜」[1]。十八世紀某位文人寫道：「寒冬時節，若逢窮親困友來訪，必先端上一碗熱飯，再配上一碗熱薑湯，此乃給老人家送暖並撫慰窘迫之人最好方法……。我們熬上濃濃的湯、兩手捧著碗慢慢喝、縮著脖子取暖：結霜或下雪的早晨，只要喝上湯，身子就暖了。」

有時，這凜冽的寒風與陣陣大雪也會襲擊溫暖的中國南方。西元一一八九年，離揚子江[2]不遠的南宋都城，杭州，就下了雪，「竹子被風雪折斷發出異響」。

於是，初探之下，地理特色似乎見證了這些地區的多樣化風貌，而非一致性。是地理特色誤導了我們，或者說這個問題沒有問好？並不是多元分歧的地理因素造就了東南亞世界的一致性，而是一個主調明確的物質文明，凌駕一切，再摻入地理條件、自然條件和人文條件的影響。而此文明太古老、太根深柢固、是「太多個人與集體心理效應的產物，以至於單憑一地的自然條件不足以動搖它」（語出〈地理學家〉皮耶．古胡[3]）。這個文明如此強勢而具有決定性，幾乎是半獨立地存在者。

1 布勞岱爾此處只是要藉此諺表達中國北方冬天雪量之豐？

2 長江各段有不同名稱，南京以下至長江口之間稱揚子江。歐洲各語系則多以「揚子江」代稱長江。

3 皮耶．古胡，Pierre Gourou（一九〇〇—一九九九），法國地理學家，特別擅長於中南半島紅河三角洲之熱帶地理學。

●此文明，不論在何地調查，都千篇一律地表現出同樣結果，彷彿是一個絕對的蔬食文明。

這一事實，不論是過去或現在，所有西方旅行家一履足亞洲便如此記述，彷彿是常態。西元一六〇九年，一位西班牙旅行家說，日本人除了狩獵所得的野生鳥獸外，不食用其他的肉類。大約一六九〇年時，一位德國醫師觀察到，日本人並不飲用牛奶也不食用奶油。「地生五穀」（數字五，在中國是神聖的，在日本也是），他們以五穀爲主食：稻，「白如雪的」米；清酒，以米釀造發酵的蒸餾酒；大麥，原則上用來餵養牲畜，但也會磨成粉製作糕餅（這位德國醫師還寫道，這種麥穗在田裡呈現一種「令人驚豔的紅色」）；白色豆，則與我們西方的扁豆相同。配飯佐餐的，則是蔬菜與魚類，以及非常非常少量的肉類。

比此稍早二十年，一位法國醫師於其從印度德里前往克什米爾的旅途中，觀察並紀錄了蒙兀兒帝國皇帝奧朗則布的儀仗行列，驚訝於行列士兵的簡樸，「他們所食非常簡單……，在行進隊伍爲數衆多的騎兵中，不到十分之一、甚至不到二十分之一的士兵吃肉。他們只要有咖哩飯，米飯拌著蔬菜再淋上紅色濃稠醬汁，……這樣就滿足了。」

同樣地，在蘇門答臘島上亞齊王國的人民，對於飲食的要求也不高。一位旅行家於一六二〇年記述道：「米飯是他們唯一的食物，比較富裕的人配上一點魚和幾樣青菜。在蘇門答臘，唯有大領袖才有烤雞或是燉雞湯。……然後他們還說，島上的兩千名基督徒就快要將所有的牛和雞鴨吃光了。」

中國也是同樣的情況。拉斯寇特斯神父[4]（一六二六年）記載：「如果中國人像我們在西班牙一樣吃那麼多肉類的話，再怎麼豐饒的畜產量也不夠吃的。」即使是富貴人家也不吃太多肉：他們「挾著餐桌上小塊的豬肉、雞肉或其他肉類來下飯佐餐」，好比用我們今日的話來說，用來開胃。這也是爲什麼十八世紀另一位英國的旅行家會敘述，即使在塞外牛羊牲畜補給不虞匱乏的北京，「人們只食用極少量與蔬菜一起拌煮以提味的肉類。沒有幾個中國人知道牛奶、奶油、或乳酪……」。並不是因為中國人不喜歡吃肉，相反地，當有牛、羊、駱駝、驢等牲畜意外死亡或病死時，立刻就被煮來吃。「這個民族不懂得分辨潔與不潔的肉」，這位英國人語帶嫌惡地如此結論，在中國，人們食用蛇肉、老鼠肉、狗肉、青蛙、蚱蜢、……。

除了這些旅行家的遊記以外，還有中國文學中的許多敘述，也明確詳載了這些日常生活的題材。比如某部小說中描述一位年輕任性的寡婦，「今天要吃鴨，明天要吃魚，一下要青菜，一下又要筍子湯；她要是閒下來，就討著吃橘子、糕餅、百合；她喝許多（米）酒；每天晚上，都吃酥炸麻雀、鹹螯蝦，喝三升的百花釀」，這一切描述的顯然是富貴人家驕縱鋪張的行徑。

鄭板橋（一六九三生，一七六五卒），詩人、書畫家，是個慷慨的善人，在一封家書中寫道，希望年節時府內所有的人都一同過節：「每當有魚、有粥、瓜果、糕點，必要在桌上傳著均分為宜。」在他眾多的家書中，曾經提過各式蕎麥餅、各種湯熬的粥……等，這些都是尋常的吃食。另外一個中世紀的故事，則敘述一個有錢、貪婪的當鋪老闆，對每一枚「在地上拾獲的」「孔方錢」都沾沾自喜，午餐時候也只吃「一碗澆上熱湯的冷飯」。

時至今日，如此飲食習慣依舊不變。想想豐富的中國料理，一九五九年時一位記者寫道：「中國菜，向來是將許多微不足道的材料，搭配組合而成，人口如此之眾的民族，養牛極度消耗資源，是被禁止的。中國人善於利用所有我們其他民族可能沒有想到的材料。」

中國人的飲食習慣是蔬食為主，他們百分之九十八的卡路里來自植物性的食糧；不食用奶油、乳酪、也不飲

4 拉斯寇特斯神父，Adriano de Las Cortes，耶穌會教士，於一六二五年自馬尼拉身負外交任務出發前往澳門，所乘船隻於廣東東方觸礁撞毀，沿海中國人洗劫船難生還者，搶奪財物。拉斯寇特斯神父在獲救後，將其整段落難過程中所觀察到的中國村莊日常生活，由服飾直到廟宇中的各樣物品等詳細描述，並繪有五十多幅圖，相當具有人類學史料價值。

用牛奶、只攝取相當少量的肉類與魚類。在中國北方，碳水化合物的主要來源，是麥子或各種穀類；在南方則是米飯。蛋白質的來源則有賴黃豆、芥菜籽、以及各種植物油。

目前唯一一個在飲食習慣上有所改變，增加魚類攝取，尤其還開始吃肉的國家，就是日本。

● 東南亞遍地種稻，並銷往北方，此為遠東飲食習慣普遍以蔬食為主的原因。

西方世界，以小麥或其他穀類爲主食，很早便採行休耕輪作法，任由一部份的田地長草荒蕪，以免地利耗盡、麥作減產，而且麥田的耕作非常需要獸力的支援。

相反地，在遠東世界，稻米的栽植年復一年地使用同一片田地。大部份的勞動是人力手作，水牛只在水田的爛泥裡，協助一部份的作業，不論何地，都靠農人親手勞作，悉心照顧稻作。在此條件下，吃肉，實在是太過奢華浪費。與其將五穀雜糧餵養牲畜，人們寧願拿來自己吃。

這種蔬食爲主的飲食習慣，使得遠東世界比起其他飲食習慣中肉食較多的民族，有更強的人口成長力。如果完全茹素，一公頃的地，就足以讓六到八個農民自給自足。以相同的耕地而言，以蔬食爲主的地區，每公頃農作產量，必然遠勝於其他地區，如此也就說明了爲何亞洲人口如此繁茂。

一如印度，中國人口成長是相對而言晚近的事：大約是起於西元十一、十二世紀時，中國南方普遍栽植插秧期早、生長期短的早稻品種，使得一年可以收成兩次。十三世紀時，人口可能將近一億人；到了十七世紀末，人口成長變得非常快速；而今日，中國人口之巨，即使想要選擇其他的食物也是不可能的事。「他們因此命定要走上文明替他們規劃的路途。」西元十八世紀後，印度人口也超過一億。

● 漢學家魏復古[5]的理論是：稻作的文明需要一套「人為的」灌溉系統，由繁複的政治領導、社會規範、公民秩序所構成。

由於稻作的需求，遠東世界的民族與水的關係密不可分。在印度南方有儲水的水塘；在印度河與恆河平原，有水井，以及引自各支流的灌溉渠道；在中國也是同樣地以各種系統來灌溉水田：在南方有平靜的河流（以及長江畔定期氾濫的鄱陽湖與洞庭湖）、有水井、以及許多運河，其中皇家運河[6]（兼具交通與灌溉功能）是最好的例子；在北方則有桀敖不馴的北河（海河）與黃河，需要築堤整治，卻也仍然經常地氾濫成災。此外，在菲律賓群島、爪哇、中國廣東一帶、以及日本，四處可見利用竹子架設的灌溉水管，以及各式原始或現代的汲水泵浦，這一切都需要人民相當高的服從性，如同在遠古埃及一般，因灌溉的需求而馭民成奴的典型例子。

稻米的栽植大約是起於西元前兩千年，起初種植於犁整平坦的低地上，後來逐漸普遍發展至所有的可耕之地，同時藉由「選種」，挑選種籽栽植出較快熟成的品種。自此，如魏復古所論述，稻作在遠東各民族都與其專制體制、官僚系統、大量由中央派到地方的官員密不可分。

魏復古的這個理論，太過簡單，正如許多提出相左意見的學者所言，在許多方面都還有待討論。如果有，事實上也的確有，所謂稻作所需的灌溉水資源以及稻穫之間必然的關聯性，那麼，這些條件也只是一個更爲繁複架構下的一部份，並非具有決定性的一切。這是要牢記的一點。稻作與稻穫，給這個文明所帶來的限制與條件，在過去歷史上需要被納入考量，對現在而言也一直非常重要。

5 魏復古，Karl August Wittfogel（一八九六—一九八八），漢學家。

6 皇家運河，此處布勞岱爾可能是指京杭大運河。

●一般而言，遠東世界極大部份地區仍為原始或初階開發之地，唯有具備灌溉系統的平原特別繁榮。

梯田是千眞萬確存在於山地地區，在人口稠密的地區，由於耕地面積狹小（例如在爪哇），人們投注許多勞力耕耘這些水田。在遠東地區，人們通常只擁有一塊極小的土地，需要密集耕作。不能耕作的地方，尤其是高山地區、偏僻交通不便之地、以及某些島嶼，就成了原始民族的範圍，只有簡單的栽植。

孔鐸[7]的著作《我們吞噬了森林》，帶領我們認識越南西貢附近渡假勝地大叻鄉間一支原始的部落。書中逐日紀錄敘述這支部落的生活。這支部落生活在森林裡，每年只取一小塊土地來耕作：將選定土地範圍內的樹木，以環狀剝皮法讓其枯死，再砍伐或焚燒。如此闢地之後，「簡單用棍棒掘洞、播下種子，作物自然就會長出來」，主要的農作物是旱稻。明年再新闢一地，每一年以此方法吞噬一小塊林地；當二十年後，又輪迴至第一塊地時，假設一切順利的話，已經過「休耕」的土地，應該已恢復地利，又是鬱鬱蔥蔥的樹林了。

此種耕作方式稱爲游耕（馬來語稱爲ladang，游耕存在於世界各地，只是名稱不同），是一種原始簡單的農業，不需要借助獸力。目前仍有千餘民族以此爲生，不過時勢對他們相當不利，只有在十分偏僻之地才能繼續以此存活。

西方世界也並不乏偏遠落後的地區，不過，偏鄉山地部落的人民很早就被征服並同化了，雖然有些時至今日尚可辨別，但西方文明深入、教化這些地區，並將這些部落人民帶至城市裡，並利用他們強健的勞動力。在遠東世界則非如此，與西方迥然的差異，說明了爲何在中國還存在著許多「未漢化」的民族，以及爲何在印度，還存在衆多不受種姓制度規範的部族（或者說非印度文明的部族）。

同時，此差異也說明了許多過去與現在的細節。西元一五六五年，在德干高原塔里寇達戰場上，「印度文化的」毗奢耶那伽羅王國一百萬大軍，仍不敵穆斯林的騎兵與火炮而戰死沙場。雄偉的城池頓失防守，百姓寸步難逃，因爲所有的車輛、耕牛都已隨大軍出征。然而後來進城劫掠的並不是戰勝的一方，他們不急著追捕或屠殺這些亡國之民，而是城外鄰近地區的原始部落——本剎黎人、蘭峇第人，蜂湧入城燒殺擄掠……。

一六八二年時一位德國醫師在前往暹羅的旅途上，記錄了一位日本商人親口講述早些年的親身遭遇，這位日本商人在呂宋島附近發生船難，漂流到一個無人荒島上，十餘名生還者靠著島上不虞匱乏的各式野生禽鳥的蛋，以及岸邊岩上攀附的貝類維生。如此不可思議地度過八年之後，生還者造了一艘木船、架了張帆，終於到了東京灣〔南海北部灣〕的海南島上，筋疲力盡骨瘦如柴的他們，才得知自己很驚險地逃過死劫。海南島一半是漢人的、一半是蠻荒野人的，他們很幸運地是在漢人的那一端登岸，否則野人們肯定不會輕易放過他們。在福爾摩沙也是相同的情形，該島於一六八三年爲中國人所攻克，也是分成漢化的與非漢化的兩半，就如同衆多其他島嶼，或是「大陸上幾乎像水密隔艙般與世隔絕之地」。

當今中國人口與未漢化的民族人口數，仍然是很驚人的。如果說這些原始部落人民只佔不過百分之六的總人口數（即大約三千六百萬人左右），他們卻擁有百分之六十的中國領土（包括戈壁、西藏等這些不宜人居之地）。以空間而論，他們擁有相當廣闊的空間。

這些部落包含廣西的壯族、苗族、黎族、傣族、彝族（這四族人廣泛分布於雲南至甘肅之間），以及瑤族。在對待這些少數民族的政策方面，不論是帝國時代的中國，或是前此不久的蔣介石政權，都是採取嚴格的種族隔離政策。我們可在彝族村落的門板上讀到「禁止彝人聚會、禁止三人以上同行於街」、「彝人不准騎馬」等標語。當前的中國政權改進了少數民族的處境，准予某程度的自治，但並不是如蘇維埃聯邦般給予少數民族半獨立的那

7 孔鐸，Georges Condominas（一九二一—二〇一一），法國民族學家，專長於東南亞傳統社會。著有《我們吞噬了森林》，為孔鐸於越南南部默儂族的田野成果，不論在文筆上或人類學貢獻上均備受肯定。

種自治。不過，已經給這所有的落後社會（涼山的彝人還有奴隸，藏民也有農奴）帶來了徹底的影響。許多具有決定性的政策投入，賦予即使最落後的社會書寫的文字，現今唯有中國如此費心照顧（爲他們好，卻也肯定招他們討厭）自己國內這些落後的民族。

●在有文明發展的地區以外，這些原始民族的居留地，同時也是野生動物的世界。

最後這點，是遠東世界的特色，野生動物在遠東依舊生生不息：旁遮普地區的獅子、蘇門答臘島上的野豬、菲律賓群島各河流裡的鱷魚，以及遍布遠東各處會傷人吃人的猛獸之王——老虎。

這點，我們可以從過去許多色彩豐富、描述生動的故事中得到驗證。一六二六年在廣州附近發生船難的西班牙耶穌會教士拉斯寇特斯神父，就曾講述這些老虎在中國鄉野出沒，也經常到鎮上或城裡傷人的故事。

法國醫生貝鼐[8]，於一六六〇年左右造訪恆河三角洲，紀錄孟加拉地區盛產米與糖，是印度半島十分富庶、人口最多的地區，該地是「恆河的贈禮」，一如埃及是尼羅河的贈禮。在這豐饒之地，在恆河衆支流間，一些無人島嶼經常有海盜出沒。貝鼐敘述道：「這些島上沒有居民，只住著老虎，還有一些蹬羚、豬隻、被野放的禽類，老虎有時會游泳渡河，往來島嶼之間；所以，當以尋常使用的划槳小船往來河上時，有許多地方非常危險，是不宜上岸的；夜晚停泊船隻要特別留意，不要繫於離岸太近的樹枝上，因爲經常有人被老虎叼走：甚至聽說有凶猛的老虎，登船把睡夢中的人咬走，而且（根據當地船夫的說法）還挑了最胖最肥的人。」

野蠻與文明的對抗：歷史的見證

遠東世界規模較大的文明，主要是印度文明與中國文明。如果，會造成騷擾的只是這些內地燒林闢地的原始部落的話，這兩大文明應該會一直長治久安的存在著。不過，他們眞正的考驗，是來自於廣大沙漠與草原地區（中國的西方與北方，印度的北方與西方），這些地區在夏季酷日炎炎，冬季則冰雪覆蓋。

在這些不宜人居的地區，有許多畜牧維生的部族：突厥人、土庫曼族、柯爾克孜族、蒙古人……等。當這些數衆如雲的騎士出現在歷史的舞台上時，已是不可忽略的強大勢力，暴力、凶殘、神勇，一直稱霸到十七世紀中葉。定居的民族直到十七世紀中葉才終於在火藥的幫助下，戰勝了游牧民族，使之不敢再進犯。如今這些游牧民族只能維持著基本生存、發展停滯。不論是蒙古部族（分屬中國與蘇聯的內蒙與外蒙）或是突厥斯坦（也分屬中、蘇兩國），今日都不再是世界舞台上的要角。只有他們的領空與太空中心受到國際重視，然而，這些其實也並非眞的屬於這些游牧民族國家。

- 以今日文明的角度而言，為什麼要討論這些游牧民族呢？因為他們在過去一波波了不起的攻伐進襲中，不可否認地延緩了其他鄰近大文明的發展。

德國印度學家赫爾曼格茲在其經典選集——一九二九年出版之《印度文明史》中，曾經針對印度提出以上理論，不過他的觀察也可通泛地適用於中國。因爲其實印度只有狹窄的開伯爾山口，穿越阿富汗的山區，與游牧民

8 貝聶，François Bernier（一六二〇—一六八八），法國醫生、旅行家、哲學家。

族有交接地帶；反觀中國，則與戈壁有相當長的接觸地帶，自西元前三世紀就開始興築萬里長城作爲軍事防禦，然而卻是象徵意義大於實質意義，游牧民族曾無數次踏破長城南下進犯。

中國研究學者歐文拉鐵摩爾[9]認爲，這些游牧民族原是農耕者，農業精耕細作的發展迫使跟不上競爭的農民遷往偏僻的山地、以及草原與荒漠的邊緣，這些被逐出富饒地區的農民，只好在遼闊貧瘠的草原上畜牧維生。於是，文明「誕下了野蠻，是野蠻之母」，原先的農耕者成了游牧民。然而，在這些游牧民所建立的棲身地，蠻族由於部族內鬥、社會動亂、人口突增等因素，不停地侵擾定居的國度，反覆地攻伐、凌駕、劫掠，游牧民族瞧不起定居的人，動則騷擾……。下面段落引自一五二六年攻克印度北方的巴布爾[10]的回憶錄。

「……儘管恆都斯坦[11]是塊充滿魅力的迷人之地，人民卻缺乏教養而粗鄙，與他們做生意既不愉快、也無法經營長久的關係。他們沒有才幹、毫無智慧、也無社交能力，絲毫不懂得慷慨、也毫無男子氣概；他們的想法與他們的產品一樣，缺乏方法、管理、紀律與原則。良馬、好吃的肉類、葡萄、甜瓜、美味的水果，他們一樣也沒有。在此地，他們沒有取用冰塊的地方、也沒有取用淨水的地方；在市場裡，買不到精緻的料理、亦無品質好的麵包。溫酒用的溫碗、蠟燭、燭台，這類東西他們也一概不認識……」

「除了谷地的溪流與穿過平原的河川，在他們的庭院或宮廷中，完全沒有流水，他們的建築缺乏魅力、空氣不流通、毫無規範、亦不優雅。鄉下人與下階層的人大多赤身裸體，僅僅穿著一種遮襠布，只不過是一截短短約兩扎的布料垂掛肚臍下方，而在這截短短的布之下，還有另一截用來固定在兩腿之間，並用繩繫於腰後。女人們則以布裹身，一端垂於腰間、一端披在頭上。」

「恆都斯坦除了廣闊的土地外，最大的好處是擁有大量的金塊與金幣。」

就這般，這位「信奉回教的突厥人」，以其勝利者的姿態、以其出身沙漠游牧民族的驕傲、以伊斯蘭的壯闊倨傲批評古老的印度文明、及其藝術與建築。這種傲慢的態度，並非「西方式的傲慢」，卻也同樣令人相當不舒服。

- 此處我們要關注的不是蒙古征伐擴張的細節，而是其如何影響中國與印度，而且在十三至十四世紀間，以及十六至十七世紀間，這兩波最後的猛烈攻伐中，每次都正中這兩大文明的要害。

圖示（圖版五、圖版十四、十五）歷史上各個時期蒙古人對外不同的擴張與攻伐路線，不論是往西直到遙遠的歐洲，或是往東、以及支線往南深入印度，總對中國有不小的衝擊。因爲自十五世紀初起，中國成了「病夫」，引起掠奪者的覬覦。西元一四〇五年，帖木兒死時，原本正準備要大舉進攻中國。

總之，每一次游牧世界的戰士們向外征伐，中國與印度就慘遭襲擊，甚至連帝國首都也無法倖免於難，以下這四個年代，說明這兩大國各被攻陷兩次：一二一五年，與布汶戰役[12]同年，成吉思汗攻下北京；一六四四年，滿洲人在蒙古人協力之下，再次攻下北京城；一三九八年，帖木兒攻下德里；一五二六年，巴布爾再下德里。

這些歷史事件都是未命名的災難，每一次都涉及數百萬人的性命。西方世界，直到二十世紀戰爭科技的發展下，才出現如此大規模的死傷。在印度，這些大小戰爭還牽涉到兩個文明的對立（入侵的蠻族其實是改宗成爲伊

---

9 歐文拉鐵摩爾，**Owen Lattimore**（一九〇〇—一九八九），美國作家，對於中國及中亞具有影響力，曾任蔣介石私人顧問。

10 巴布爾，**Baber / Babûr**（一四五六—一四九五），蒙兀兒帝國之建立者。

11 忻都斯坦，**Hindoustan**，是一塊定義模糊的地域，可指恒河平原，或指印度北方直到旁遮普地區，即大致以印度人為主的地區，甚至也可指整個印度半島次大陸。

12 布汶戰役，**Bataille de Bouvines**，布汶戰役發生於一二一四年七月二七日，敵對雙方為英國與法國，戰場位於法國的布汶附近。此場戰役由法國獲勝，奠定了後來中世紀法國興起的基礎。

斯蘭信徒），是一段非常慘烈的歷史，印度儘管最終不敵蠻族一連串的進襲，但一如中國，因其無比富庶的生活，從未眞正滅亡。印度最南端的科摩林角，以及德干高原，一直都透過印度洋與其他國家維持著經濟關係（有時也透過印度洋向外移民）。

對印度與中國而言，這些低潮期都標誌著破壞，一再造成發展停滯。或許時間一長之後，這兩大文明就同化了這些入侵者，但是代價何其大？那麼，這些入侵的蠻族，是不是應該要爲這兩大文明與西方世界越來越大的差距，負起絕大部份的責任？他們就是造成遠東世界今日命運的主要關鍵嗎？

以印度而言，這樣的理論是成立的。最初（西元前兩千年），旁遮普地區的雅利安人是印度文明的先祖，就類似希臘人、塞爾特人、日耳曼人等是歐洲文明的先祖一樣；而可以與荷馬的長篇史詩《伊利亞德》與《奧德賽》相對應的，便是敘述了英勇的馬背文化，征服恆河上游平原諸戰役的梵文史詩《摩訶婆羅多》[13]。西元前五世紀，佛陀的年代，印度北方有許多小王國與貴族統治的小共和國，如同希臘城邦間一般，各小國間有簡單的商業往來。西元前三世紀時，月護王與其孫阿育王，統一了除了從不曾被征服過的德干高原最南端的地區以外，整個印度半島以及阿富汗地區，建立了印度第一個大帝國。當時也正是亞歷山大大帝統一馬其頓與希臘，建立帝國之時。約莫在耶穌誕生前後年間，從印度西北方的缺口有斯基泰人[14]的入侵，而成就了西元三世紀至八世紀間疆域遼闊的笈多王朝，並再次掀起了印度半島上膚色較淺與膚色較深的民族之間無止盡的爭鬥。隨後，如同西方的中世紀，從十到十三世紀，出現了許多封建國度，以及大量的農奴。印度與西方當然並沒有平行並進的必然關係，尤其此兩世界的社會型態並不相同，不過直到十三世紀蒙古人帶來世界歷史的重大轉變爲止，這兩者之間並沒有太顯著的差異。

往後，印度與西方世界的差距才逐漸拉大。對於中國我們也提出同樣的問題：蒙古人一二七九年完成對中國的征伐，以及滿洲人（一六四四年至一六八三年間）統一平定了中國，對中國文明的發展到底造成什麼程度的影響？中國在科學上與技術上，至少直到十三世紀，都遙遙領先西方世界，之後卻讓西方追趕過去。

然而，我們當然不能將遠東世界的命運都歸咎於來自草原的侵略者。儘管入侵者帶來極大的傷害與破壞，但隨著時間，一切都復原、癒合了。

我們甚至可以說，癒合得太好了：在西方世界，蠻族的入侵造成舊文明的中斷，而誕生了新文明；在中國與印度，則只是造成物質方面的浩劫，卻絲毫無損及思想形式或社會結構。在中國與印度，從不曾發生類似如古希臘文明轉爲羅馬文明，羅馬文明轉爲基督教文明，或是如中東世界轉換爲伊斯蘭文明這樣的躍進變化。

遠東世界如此忠於自己的文明，如此的不動如山，有其內在因素。這也在某種程度上解釋了，爲何遠東落後的原因。這落後，是相對的，遠東世界其實並沒有退步，只是數個世紀以來，當世界上其他地方進步時，遠東世界並沒有與時俱進，也就逐漸被追趕過去了。

淵遠流長：文化不動如山的原因

一切可能在有史以前、在最初的文明誕生之際，就已經註定好了。遠東世界的文明，很早就發展成熟，整體框架有著一體性與完美連結，使得其主要結構幾乎不可能改變，造成自我轉型的極高難度，也造成願不願意改變與能不能夠進階發展的極度困難，彷彿是文明已經自我設定排拒任何的轉變與進步。

13 《摩訶婆羅多》，Mahabharata，古印度著名梵文史詩之一，其長度為《伊利亞德》與《奧德賽》總和的十倍。

14 斯基泰人，Scythes，生活於歐亞草原上的游牧民族，中國《史記》、《漢書》稱之為塞種。

●我們必須要忘掉我們西方歷史的經驗，嘗試去了解，遠東的兩大文明都是有數千年歷史的悠久文明。

在遠東世界，如中國或日本，建築物經常是使用軟性建築材料建造，以至於古建築容易傾頹消失；然而，其人文、社會、與文化則似乎是堅不可摧，一切都可溯源至十分久遠的過去。我們可以想像成如果法老王時代的埃及神奇地留存至今，保有獨特的信仰與道德規範，並或多或少地適應了現代的生活。

今日仍相當活躍的印度教，是整個印度文明千餘年來不變的基礎，其所傳承的部份信仰觀念，可能有兩三千年之久。

在中國，對祖先的敬拜以及對自然界諸神的信仰，於西元前一千年以前即已發展，並透過道教傳承至今，儒家思想與佛教也並未消弭這些原始信仰。

此種古老而至今依舊活躍的宗教形式，與社會結構密不可分：印度的種姓制度，中國的社會與宗族階級。不論在印度或中國文明中，似乎都牽涉到信仰的恆常性，由社會的恆常性所加固，兩者緊密關聯。所有的生活型態與思想，一切均「直接」與超自然力量相關，此乃原始文化的特徵。在高度發展的文明中，這種特徵比較不明顯，然而在中國與印度文明中，卻是更爲顯著。

●相對於西方世界清楚地區分「人」與「神」，遠東世界從無此分別。

遠東世界的信仰融入所有生活起居之中：國家政權、哲學思想、道德觀念、社會關係，人間的一切，都與信仰、與神脫不了關係，一切都是恆常而千古不變的。

舉凡生活舉止的枝微末節，都與神明相關連。對於習慣將宗教視爲心靈生活最高指導原則的西方人而言，經常會有一種矛盾的錯覺，誤以爲遠東世界沒有宗教情懷，而只是形式上的行禮如儀，因爲西方人很難了解這些儀節的實質意義與重要性。

觀察這些儀節，就可以了解一個神聖秩序如何影響整個社會人民，而人民如何生活在信仰之中。印度教，要旨在於認知種姓階級所代表的不同價值與意義，而不在於「信仰某些神祇、禮拜神明，這都只是一小部份而已」。

在中國也是同樣的，不需要去分別認識那數不清的神明，重點在於了解這些必要的儀式，敬拜祖先的意義，以進而了解中國人由一個繁複的階級概念所定義的家庭生活與社會生活的責任與義務。

印度與中國，在心靈層面上、不論是宗教形式、或是社會型態，的確是截然不同的。然而，如果將西方世界與遠東世界相對照，遠東世界的印度與中國這兩者間明顯的差異，就顯得微不足道了。印度不是中國，這還需要說嗎？如果相對於歐洲，中國似乎是生活的一切都離不開宗教；然而，相對於印度，中國是個理性主義的國家，尤其是在戰國時代（西元前五世紀至西元前三世紀）思想蓬勃發展的時期，就如同希臘，重要哲學與科學精神也誕生於亂世。在往後的章節我們將提到，孔子的學說如何收割了這個時期不可知論[15]與理性主義各種思想的成果，儒家如何配合政治需求，度過了西元三世紀至十世紀間重大的宗教危機，並於十三世紀起轉型成爲新儒學，往後一直居於顯學的地位。

所以，在中國，理性主義與信仰兩股勢力並存，社會型態穩定，原因在於部份的政治、經濟、社會結構，一如宗教結構一般恆常不變；反之在印度，超自然的力量始終扮演著十分關鍵的角色。要如何能夠變革、如何能夠質疑這些本質神聖的社會組織結構呢？

15 不可知論，agnosticisme，一種哲學觀點，認為究竟神是否存在是不可知的。

第2章 古典中國

我們現在要出發前往古典的中國，在時間上離我們很遠，但尚未完全消失。古典中國花了很長時間孕育，並形成其特色，其整體性讓我們無法以慣用的分期方法予以討論。歷經數個世紀以來無數的天災人禍與戰事，中國似乎有張不變的容顏。

然而，儘管變化緩慢到無法察覺，卻仍是有變化的。一如世上其他的文明，中國文明累積其經驗、不斷地在各種新興的潮流間選擇與淘汰；而且，儘管看似封閉，中國對外界並不封閉。外來的思想與文化不僅傳入中國，更在中土發揚光大。

宗教方面

首先要探討的，是最重要卻也最難理解的宗教面向。中國人的宗教生活並無一明確的輪廓，許多信仰，包含西方的宗教，都並存著，彼此互不排斥。虔誠，有許多不同的形式，對鬼神的迷信與理性主義可以同時並存。想像一個信念搖擺的歐洲人，從天主教會的宗教改革到無神論，都能有所吸收，而無任何思想上或宗教上的窒礙。「在中國人之中，存在著最極端的不可知論者、最是注重規範的道學家、無政府主義者、或是潛在的神祕主義者……。中國人是迷信的或理性的，或者說兩者都是」（引自葛蘭言[1]）。常常正是此「兩者都是」令西方人無法理解。

在開始檢視中國史之前，我們需要謹記的是，以上這些觀察對今日的中國仍然適用。這也根本地說明了爲何儒家、道家（約與儒家同時出現）、及稍晚出現的佛學，儘管有過爭執討論，卻並沒有相互攻訐地想要消滅對方，也沒有哪一方永遠凌駕其他之上。事實上，儒、釋、道係立基於一個更古老、更原始、而且根深柢固的信仰之上。與其說此「三大主流」航行於古信仰之汪洋上，不如說此「三大主流」匯流湮沒其中。

- **中國的信仰生活，在基本上，比三大主流思想更為古老，這種以許多形式呈現、依舊活躍的文化資產，維繫於所有宗教儀節的根本中。**

這裡牽涉的是一種極爲古老的文化遺產，在西元前一千年前即已形成，無法徹底改變。由於犁的出現，得以養活更密集的人口，聚居成村莊與封建領地。這個最原初的中國，除了**敬拜祖先也敬拜地祇**。如果我們想要加以類比，大概是對應到古希臘或是遠古的羅馬，一種獨立城邦的狀態。

祖先崇拜賦予父系家族傳承極爲獨特的重要性（子承父姓），在家之上，有宗，統羅所有源出同一先祖、因此同一個姓的男人。對齊姓而言，第一位祖先是五穀先帝——神農氏；對蘇姓宗族而言，先祖是大禹，是疏通水

1 葛蘭言，Marcel Granet（一八八四—一九四〇），法國漢學家。

道治理洪水的傳說英雄。

起初，唯有貴族家庭才有這樣的宗族組織與祖先崇拜，後來百姓之家也仿效，將祖先敬若神明。

與祖先崇拜並行的，還有對各種地方神祇的禮拜，如家戶、山丘、河川、或各種自然力量的神明，以及各封建領地的土地神，「社」。「西元前五四八年，陳哀公兵敗，著喪服，雙手捧社，其後的將軍則捧著宗廟的禮器，出降。他們此舉就是獻出宗廟社稷」（引自馬伯樂[2]）。

當封建諸國一統於皇權之下時，在各地的土地神之上，有了后土之神。自然地，也有死神：死神將死者「關押於靠近黃泉的九泉之下的黝暗地獄中」。也有天神（上帝）、諸山之神、四海之神、諸河之神（河伯就是恐怖的黃河之神）……，其實，中國神祇就跟中國字一樣多如麻！

此種多神論相信靈魂不死，人死之後，靈魂會下黃泉到地獄去、或到上帝的天庭去、或者在人間住進宗祠裡。往生後的階級與現世的社會階級，往往是相對應的，王公大臣死後在天庭還繼續有僕從伺候，平民百姓則下黃泉、下到九泉之下的地獄去，至於小有資產的富人們，則在祖墳裡與祖先團聚。這一切都相當的模糊，尤其是每個人有好幾個魂魄，而且死後的生活得靠生者的祭拜與供品才能維持。對亡者的供品與祭祀，類似於對神明的獻祭，是要給亡者與神明吃的東西，獻祭的祭歌如此敘述：「木豆與陶豆裡滿盛著供品，焚香裊裊，尚饗之。」

在神明與生者之間，存在著市場交易法則：以供品交換庇佑。某神明說：「向我獻祭牲禮，將施福給你。」某王公宣稱：「我的供品非常豐富而且潔淨，神靈必然會保佑我。」另外一個則抱怨道：「今世之人究竟犯了什麼惡，天降災厄，穀米短缺、菜蔬不生！我從沒少拜哪個神，也從沒少賑濟災民！」

- 「戰國」的亂世：在西元前五世紀至前三世紀間，中國在封建制度下分裂，形成一段動盪的時期，稱為「戰國時代」。

在一連串的戰事之後，諸侯小邦漸漸消失，出現稍微比較穩定、比較有規模的小王國。直到漢帝國出現，才有一段比較長的統一而太平的時期。

在這段長期的兵馬亂世中，由於對道德崩壞的極度憂心，引起許多中國思想家透過各種意識形態的論爭，對抗遠古以來的信仰及其形式主義。中國往後的知識發展完全地奠基於這個時期，此時期學術思想活動之活躍，若要類比，大概如同西元前五世紀到西元前四世紀的希臘，或者文藝復興時代的義大利。在政治、社會動盪的亂世之中，對國君或對子民而言，最重要的問題便是求生存與安身立命。

於是，中國在西元前五世紀到前三世紀間，出了許多政治家（「法家人物」），爲諸侯或國君籌謀盤算時局與時機（「策」）；也出了不少理論家，爲公衆利益喉舌的智者，這些善於言詞且具有人文關懷的理論家，經常出自「墨家」——墨子（墨翟）的學說。

墨子的弟子們組成了一個類似西方騎士團或宣道兄弟會的組織，扶弱濟貧，這些類比也正足以說明他們的作爲與「使命」。後世的史學家給予墨家「精思善辯」的評論，因爲墨家善於以其獨有的邏輯，利用言詞巧辯，論理、以服人。那是一整套相對主義、也是理性主義的思維，擺脫宗教的嚴謹規範，而在此百家爭鳴的時代獨樹一格。

在這諸多創新的哲學思維中，兩漢時代只保留了一小部份，主要是孔子的思想，意即明確的理性主義思維，作爲對抗古老宗教的反動；同時也是爲了解決先前太多理論家，各有各的學說，諸學在政治與社會上造成的影響。於是，獨尊儒術，不僅是重整學術秩序，同時也是重建政治與社會倫理。

因此，儒學就此在中國構成某種所謂的理性主義，與道教與佛教此二宗教思想的發展相抗衡。道教與佛教於

2 馬伯樂，Henri Maspéro（一八八三—一九四五），法國漢學家，博學多聞，其對道家思想之研究至今無人能敵。

十世紀前發展十分強盛。儒學於十三世紀時經過重整加固形成新儒學。

●儒家的思想不只是嘗試要以理性的方式解釋世界，也是社會與政治的倫理，或者如人所說是某種信仰，總之是一種哲學思想，既包容相當程度的宗教虔誠、也接納懷疑論[3]、以及最直言不諱的不可知論。

儒學之名，是來自孔夫子（根據傳統的紀年法，生於西元前五五一年，卒於西元前四七九年）。雖然孔子本人並沒有留下任何著作，其理論係由衆弟子所轉述傳承，但孔子的確是此學說的創立者，而儒學也成爲中國知識分子的重要根基。

一、首先，其實儒學代表某種社會階級，即文人、士大夫、所謂的「官」。在封建社會解體之後，這些士大夫代表了逐漸建立的全新政治社會秩序，也就是這個新中國的行政管理人員與「公務員」。

士大夫，代表的是國家的威權。隨著各分封諸侯國的需求，以及識字寫字是治理地方的必要條件，文人士大夫就逐漸多起來了。曾經有很長一段時間，文人只能擔任次要的小官員，重要官職都由貴族家庭世襲，然而中國第一個帝國——漢（立國於西元前二〇六年至西元後二二〇年）的建立，確立了文人儒生的地位。

儒學的發展與文人的「教育」密不可分。漢武帝於西元前一二四年創立太學，透過對五經（《詩》、《書》、《易》、《禮》、《春秋》）的閱讀與評論，教授相當高深複雜的學問。研讀五經的傳統可以回溯到孔子，不過這些經書包含了早於孔子以及晚於孔子的時代內容，西元前四世紀到西元前三世紀的學者，針對這些經書內文重新做了許多解釋評註。

每位太學博士只教授一本經書，並且只選擇一種詮釋版本。因爲同一部經書，有不同的注疏，所以在太學中就由不同的博士來教授（西元一世紀時，太學中有十五位博士）。每位博士只對十幾位「助教」直接講經，再由這些助教教授學生。西元一三〇年時，太學共有一千八百名太學生，以及三萬名監生。在學期間須通過嚴格的篩選考試，無法通過考試就會被淘汰、逐出太學：考題一一刻在木板上，考生須拉弓射箭，並回答自己所射中的那個題目。

整體上而言，這套系統差不多一直延續到今日，當然，過去幾個世紀間有過許多調整，也有更多不同的注疏、不同的「集成」，或者我們說，新的課本。在這些調整中最重要的，發生於西元八世紀至十二世紀間，由五子所奠定的新儒學，其中最有名的是朱熹（卒於一二〇〇年）[4]。朱熹所發展的新儒學理論，直到中國帝制敗亡（一九一二年）爲止，都是中國知識學問不變的官方指導原則。

二、儒學是極爲細膩的思想學說，旨在嘗試解釋世界，滅除民間原始信仰，並尊重傳統。

此即爲何孔家思想對於民間宗教表現出相當高傲、疏離、甚至蔑視的態度，並抱持一種明顯的懷疑態度。孔子從不談論鬼神，但敬畏神靈與祖先，他認爲應該敬鬼神而遠之：「不能事人，焉能事鬼？不知生，焉知死？」

對於大自然的力量，以及人與超自然世界的關係，儒家思想給予一個整體的解釋，可視爲對於宇宙科學理論的開端：世界的誕生並非源自衆神的創造，神的喜怒哀樂也不能主宰衆生，世間各種現象與變化，是超出人爲的諸多力量交相作用變化所成。如此，儒家學者從未提及「上帝」，而只論「天」。不過，對於此新解釋，儒家沿

3 懷疑論，scepticisme，主張人類不可能憑思考獲得真理，認為一切知識皆值得懷疑，或將此做為一種方法論。

4 五子，周敦頤、邵雍、張載、程顥、程頤。北宋五子，並不包含南宋時的朱熹。此處布勞岱爾原文寫到「五子其中最有名的是朱熹」，中譯尊重原文。

用了源自民間非常古老的字眼與非常古老的概念——「陰」與「陽」，並賦予其新的哲學意義。

在民間用語與民間文學中，陰、陽二字代表一切相對應的事物：「陰」是影子，「陽」是日頭；「陰」代表寒冷、雨天、冬季，「陽」代表溫暖、乾燥、夏季；「陰」爲雌性、被動的，「陽」爲雄性、主動的……。儒學家吸收了這兩個字的概念，以代表「宇宙中互補的兩個實際的面向，在空間中相對立、在時間上相輪替」，而此二面向正是宇宙一切能量的源頭。此二者循環不息，「休息之時謂之陰，活動之時謂之陽；從不並存，而是不停地交相輪替，並由此輪替引動一切萬物生息」，尤其是四季變化：秋冬之「陰」，承續春夏之「陽」；同時也解釋了日夜輪替、寒來暑往。應用於人，則有愛恨之分、喜怒之別、……。

這一切陰陽輪替的節奏，便是「道」，變化的法則，以及一切生存與發展之法則。「一陰一陽之謂道」。自然萬物順道而行，天之陽與地之陰毫無差池地輪替。不幸的是，唯有人，人是唯一會不順道而行、會逆道擾亂一切的獨特元素，因此，人的惡行，會破壞天地間固有的和諧。

儒家認爲，人是一切災禍的肇事者，不論是天災（日蝕、地震、洪水……）、或是人禍（動亂、民不聊生、農作歉收等）。新儒學，則將人爲造成的干擾範圍限縮到人自身，缺德敗行，將自毀淪喪。之後我們會看到，當將此原則應用於皇權上時，順從天道者會被推舉爲王，倒行逆施者則被推翻。

三、由此，儒家建立了一套生活規範、一套倫理，用以維持國家與社會的階級與秩序，同時強烈地制裁了墨家與法家在學術上與社會上造成的混亂。

由古老的信仰出發，儒家制定了一套「禮」，作爲社會與家庭倫理，在道德上具有極重的份量，並用以控制七情六慾。這些禮教儀節規範每個人的生活、尊卑地位、以及權利義務。順其道，就是每個人各安其位，謹守自己社會階級的分寸。孔子對於善政，曾經提出相當有名的定義，饒富深意：「君君，臣臣，父父，子子！」

君主與官員因爲高人一等，所以人民自然應該順從與尊敬：「君子之德風，小人之德草，風行草偃。」臣民的絕對順從，是社稷和諧的條件。這也是爲什麼儒家如此重視「祭祖，去除了所有的宗教性，卻是穩固階級所不可或缺的儀式」（語出白樂日5），因爲，透過祭祖維繫了家族之內的尊卑地位，以及絕對服從。

很顯然的，「儒家所提倡的德性，如尊敬、謙卑……，對於在上位者、以及年長者的順從」，極有力地強化了士人階級在政治上與社會上的權威。士人，也正是這些儒學倡道者所屬的階級。如此形式主義且傳統的道德倫理，在中國社會的延續性與穩定性上扮演極重要的角色。

● 差不多與孔子的學說同時誕生於亂世的，還有研究神秘力量並尋求個人救贖的道家思想。道教以其親民的形式，與中國的祕密結社關係匪淺。

道家的起源，理論上源自老子的學說，老子是西元前七世紀謎樣的人物；然而那部被認爲是其著之經書、以及老子學說的出處，《老子》，則是西元前四世紀或三世紀才出現。

一、道家在探究絕對的眞理並尋求不死。

如同儒家，道家也重新詮釋了「陰」、「陽」與「道」。對道家而言，「道」是絕對的眞理，是生命的源頭，「由道衍生萬物」。

要定義此宇宙絕對的眞理是不可能的，看看這段被認爲是老子撰著的古文所述：「道可道，非常道，名可名，非常名。無名，天地之始，有名，萬物之母。故常無，欲以觀其妙，常有，欲以觀其徼。此兩者同出而異名，同謂之玄，玄之又玄，衆妙之門。」

---

5 白樂日，Étienne Balazs（一九〇五－一九六三），法國漢學家，專研中國唐宋社會經濟史。

道家所追求的完美與靈性，在於與無窮永生的「道」融爲一體，「隱滅在這獨特與無上的存在中，包容萬物，卻不被任何一物所涵蓋」，由「無形生出萬形，道中即永生」，也就同時達到不朽。

這裡牽涉的是一種神祕的體驗，很難理解，是一種唯有靠禁慾修身和冥想才能達到的境界。「無聽之以耳而聽之以心（心，對中國人而言，是精神、心靈之意），無聽之以心而聽之以氣（氣，是指呼吸）！……氣也者，虛而待物者也，唯道集虛。虛者，心齋也。」

目的是要透過長年的冥想與淨化，透過反覆的善行，得道者：「三日而後能外天下；已外天下矣，吾又守之，七日而後能外物；已外物矣，吾又守之，九日而後能外生；已外生矣，而後能朝徹；朝徹，而後能見獨；見獨，而後能無古今；無古今，而後能入於不死不生。」得道者脫離外在世界、超脫身外之物、並超脫自我的存在，洞澈澄思而見獨，方能達到無古今、無生死的境界。

透過此冥思的境界，道家與其他無論是基督教、伊斯蘭教、或佛教的極致神秘體驗都相同。

二、道家所追尋的不死，不只是靈魂的救贖，還有肉體的不老，透過養生之法，潔淨、「解放」身體。養生之法非常多：呼吸吐納，可以促進氣血循環，避免「阻塞鬱結」；留心飲食，不吃尋常的食物（尤其是穀類），而代之以藥物、蔬菜及礦物質；最後還有煉金術。在煉金術的篇章中，提及能淨化所有食物的金瓶、金水、以及硃砂（硫化汞）——經過九次將硃砂化爲汞、將汞化爲硃砂的煉製，製成「不死仙丹」。在以前述各項養生法保養後，「骨化金、肉成玉，而身不朽」，身輕如麥稈；更令信徒欣喜的是，能夠位列仙班，登入天闕。而爲了不要驚動人間世，得道之人會假裝如凡人一般死去，留下一支手杖或一把劍化作屍體的樣子。

了解這對於煉丹術求取長生不老的追求，才能了解長春眞人[6]的故事，長春眞人七十三歲時（也有說當時眞人已兩百歲），成吉思汗下詔命他帶著長生之法離開修道之所前往蒙古，西元一二二一年十二月九日年邁的眞人終於抵達時，可汗問：「眞人帶了什麼長壽之方給朕？」眞人答道：「無，我所知唯有道可保長生。」西元一二二七年，可汗與長春眞人在數天之間相繼過世。

三、此外，民間所流行信仰的道教，忽略這些大師的神聖性，以及這些繁瑣複雜追求長生不死的養生之道。在中文裡，信仰道教的民衆「道民」，與眞正的道教弟子「道士」，是不同的。芸芸「道民」自足於參與各式法會作醮、獻祭供品、贖罪。這些信徒無法得永生，若是過著純潔的生活，往生後能有較好的地位，即使最終仍將下黃泉，卻可以成爲閻王身邊的執事人員，負責管理其他處境悲慘的亡靈。從上述這些細節可以得知，道教與其他宗教一樣，爲了一般人民而不得不配合融入古老的信仰。

在歷史上，這個廣受民間信仰的道教曾數次組織成階級分明的教派，並形成一系列或多或少帶有無政府主義思想、或是神祕色彩的地下組織。事實上，相對於傳統保守且特尊社會秩序的儒教而言，道教一直是個人主義、個人自由、反叛的象徵。

● 佛家思想，是中國文明「三大主流」中最晚出現的，佛教由印度與中亞的僧侶傳入，並且在與中國文明接觸後，融入了中土的思想而大大地轉型了。

一、佛教於西元六世紀至西元前五世紀間形成於印度。阿育王統治時（西元前二七三年至二三六年），佛教在印度曾有一段輝煌時期，後來逐漸被排斥，被印度教同化，而只在印度北方和西北方由亞歷山大遠征所留下的

6 長春真人，丘處機（一一四八—一二二七），字通密，號長春子。元朝至元六年（一二六九年）忽必烈贈封其為「長春演道主教真人」。

希臘王朝中保留下來。隨後，佛教傳入中亞、巴克特里亞[7]、和塔里木盆地。

在西元前二世紀前後，中國嘗試征服塔里木盆地一帶。佛教要再三百年之後，西元一世紀時，才開始透過中亞的陸路、雲南、以及海路傳入漢帝國。並且直到相當晚近，三世紀時，佛教才眞正普及於中國社會之精英份子與普羅大衆。佛教對於西元十世紀前的中國社會，有極重要的影響力。

佛教的教義認爲，人死後會再轉世投胎，依其前世的作爲有更好或更糟的新生命，但始終是痛苦的。唯一的出路便是透過佛祖所傳的道，可以達到「涅槃」，意即超越「輪迴」不再轉世，而無條件地永生長存。要超越輪迴成就涅槃並不容易，因爲人死後使其轉世投胎的，是他們對生的渴望，應該要超脫、放下這樣的欲望。要能夠超脫與放下，就須先了解「我」與周遭的事物都不是眞實的存在：萬物皆空。這樣的理解並非理性的認識，而是一種直覺，智者要經過好幾世的持續禪修，才能參悟。

二、這個與中國文化精神迴異的宗教，初期在中國的成功是源自於一個長時間的誤會。佛教並非以其眞正的面貌被呈現在中國人面前，最初的佛教徒都是出身於道教：他們將佛學當作道教的一個小變異。事實上，此二宗教均尋求靈魂的救贖，在表現上，靜坐冥想均爲兩教的方法，只是佛教的靜坐冥想在體力上比較不辛苦，所以對信徒來說比較有吸引力。至於梵文究竟之經綸，則稍晚才逐漸爲中國人所認識。梵文經綸要翻譯成中文非常困難，通常只能藉由印度僧侶與早期的道士共同合作才能完成，自然而然就使用了許多道教的詞彙，而更加有利於佛道相融。於是，佛教的開光啓蒙，就成了「與道合一」；涅槃，譯成中文後其字義爲永生的居所……等。如此經過轉化的佛教，透過一個龐大的佛寺修行的比丘與比丘尼的網絡，很快地在中國傳播開來。

如同道教，作爲一個民間信仰，佛教信徒自足於參加各種簡單的節慶禮拜、反覆誦經、經常布施、避免五大罪孽、並參與一場場僧侶法師超渡地獄裡的亡魂與先人的戲劇性法會。透過以上這些宗教行爲，信徒得以在死後，透過救苦救難的菩薩、羅漢等聖者的保祐，登上西天。

三、此種佛道相混的誤會，直到西元六至七世紀大量翻譯梵文經書之後，才逐漸化解。事實上，道教與佛教是大相逕庭的兩個信仰。前者尋求「不死仙藥」與肉體的不朽，後者認爲軀體是加諸於人的枷鎖，並認爲軀體並非眞實的存在。對佛教徒而言，「我」並不存在，於涅槃之界，一切無有；然而在道教的仙界中，成道的仙人仍保有其人格特質。

只有幾位重要的中國思想家受到這稍晚才發現的差異的攪擾，七世紀時一位中國思想家寫道，無法「登道成佛」。從此之後，佛教已然「中國化」。弘佛與毀佛交相輪替，西元八四五年的滅佛政策[8]，關閉了所有的佛寺與僧院，嚴重打擊佛教在中國的發展，但佛家思想仍然深入某些「被篩選過的信仰，中國將之納爲文化遺產的一部份，中國並不曾更改這些信仰以爲所用」（引自戴密微[9]）。於是，靈魂轉世的信仰深入全中國，甚至道教法師也如此相信。佛教的形而上學，甚至將於十三世紀起深深影響新儒學。

我們不會說，佛教被中華文明摧毀了，而是融入了中華文明，佛教留下不可磨滅的印記（想想那各式的佛教藝術品），同時佛教也無法挽回地被中華文明浸染。這是中國所有宗教的共同命運。

● 那麼，在十三世紀理學重整重振新儒學之後，對大部份的中國人而言，宗教到底是什麼？

7 巴克特里亞，Bactriane，中亞古地名，介於興都庫什山與阿姆河之間，範圍包含今阿富汗、巴基斯坦、塔吉斯坦、烏茲別克、一部份的中國。中國史籍稱大夏。

8 西元八四五年，唐武宗會昌五年推行一連串滅佛政策，史稱「唐武宗滅佛」，或「會昌法難」。

9 戴密微，Paul Demiéville（一八九四－一九七九），法國漢學家，對於二〇世紀法國漢學研究發展影響極大。

換句話說，這些鮮艷彩繪的磚造寺廟，高聳傲立於一片棕色、灰色的木造或黏土牆的低矮民家之上，對大多數的中國人言，這些寺廟到底代表什麼？這裡不是單指某個宗教，而是指所有的宗教。

信徒們一會兒向僧侶法師請益、一會兒向道士道長求教，在同一座寺廟裡，釋道同尊，佛祖的塑像與地方神祇的祭壇並存，甚至也有孔夫子的塑像。信徒獻上的供品敬獻給佛祖，也敬獻給道教的神明。第二次世界大戰時，在中國某寺廟的聯合祭典中，向各界神明祝禱，共列名六百八十七位各界神明……其中包含耶穌基督。有趣的是，在這眾多來自遠方的神祇彼此之間，並沒有任何宗教紛爭，也從無甲信仰形式優於乙宗教的問題。

在馬可波羅的年代，統治中國與蒙古帝國的元朝大汗的宮廷裡，一場宗教風暴似乎席捲了一切，蒙古人轉化了儒士（打算把他們留下來擔任公職人員），將道士都以極刑處死[10]，推行蒙古人的薩滿教（泛靈論）、以及佛教——不過是藏傳佛教，並將施神蹟與會法術的喇嘛延請入宮。一個基督教的教派也趁此時機在中國發展，即景教。在馬可波羅離開中國不久後，西方一位傳教士孟高維諾[11]，還成功地在汗八里（北京）建立了中國首座天主教堂，其位置十分靠近元朝的皇宮，近到可汗一定聽得到教堂的鐘聲。「隨後，這件不同凡響的事就傳遍了全中國」，孟高維諾如此記述。不過，不論是孟高維諾、或是稍後的耶穌會，想在中國佈道傳教的願望都沒能成功。有可能使中國人皈依單一的信仰嗎？尤其還是個外來宗教？

政治方面

在此節，我們將關注一場緩慢而多重的演變。不僅是爲了要對龐大的帝國組織之眾多習慣與儀節有個概括的認識，還要了解此龐大帝國組織如何建立在一整個高級文職的公務人員系統之上。「官」，直到昨日，都是中國文明與中國社會最具獨特性的一項。最後，還要注意的是，這各式組織都只爲一個目的：尋求一個大規模社會的平衡，維持廣袤疆域內的政治一統性，而此一統性，正是帝制存在的理由。

● 帝王統治昭顯「中國的連續性」。

根據中國的編年家與史家，我們可以將中國四千年的歷史，以二十二個相接續的王朝貫穿，這二十二個朝代的官方紀年一個接一個，彼此之間毫無間斷。然而，不要被這樣的安排所蒙蔽了。首先，朝代間曾不只一次中斷，有動亂、有篡位。其次，帝制，是從秦朝的「始皇帝」統一中國後才有（秦朝國祚西元前二二一年至西元前二〇六年），並由兩漢王朝（西元前二〇六年至西元二二〇年）延續並穩定下來。

如果同意這樣一個理性的起算點，那麼帝制便是始於西元前二二一年，終於西元一九一一至一九一二年間的滿王朝、亦稱清朝（一六四四年至一九一一年）滅亡之時。所以，這裡談的是一個很長時間的文化特色，中國歷史在數個世紀間，依著這個軸線緩慢地演變。了解這點之後，就可以理解中國哲學家與史學家的煩惱：他們努力於強調王朝正統性、連續性，必要的時候還可以調整前朝的歷史以製造足夠的正統性。因爲在中國，這種王統不僅是人間的秩序，更是建立於超自然的價值上，帶有宗教色彩。

社會秩序與超自然秩序，是一體兩面：**帝王的所作所爲，同時具有世俗性與神聖性**，其一言一行並非全無宗教色彩。事實上，皇帝同時照管天上與地上事務，確保此兩界之安寧，皇帝不僅有權任命百官，更可決定廟宇的

10 元朝是否對道教有所迫害，建議讀者對於布勞岱爾著作的內容宜再多加查證。

11 孟高維諾，Giovanni da Montecorvino / Jean de Montecorvino（一二四七－一三二八），義大利方濟會教士，奠定天主教在中國傳教的基礎。

等級、並給「過往聖賢」上尊號，或是在春祭時主持農事開耕儀式，由皇帝親耕，犁第一畝田。

漢學家經常說，中國這種帝制不是君權神授。相較於西方中世紀與近代的君主制而言，或許的確如此。但是，在中國的帝制，與比如說羅馬帝國所建立的帝王制之間，我們可以找到許多的共同點。「中國政治哲學中，從未提及任何類似西方君權神授的理論」，只是，既然皇帝是「眞命天子」，以德配「天命」治天下，引某中國哲學家的用詞是「非德不配」，那麼還有必要特別去闡述皇帝之權是上天授予的嗎？必要先了解「德」的角色，才能了解帝國無法避免的災難，如洪水、旱災、抗稅、蠻夷犯邊、農民起義——天知道這些災難何其多！以及這些災難給皇帝帶來的後果。這些失序的狀態，都是源自於皇帝失德，天命已絕，那麼他也就不再是天子了。這些災禍無一不是改朝換代的預警，唯有透過改朝換代，才能避免幾代人死於荒君造成的痛苦深淵。在古代的中國，人民起義被視爲一個王朝衰亡的信號，有句古語（有點類似西方那句「民意即天意」）說：「天視自我民視」！

於是，天命極具正當性地由失德的一家，轉移至奉天承運的新王朝。「在中文裡，革命，字義上便是革天之命，民主中國便是以此起義；就是說，已失天命的君王應該退位。」因此，爲了維持王統的延續性與中國的一統性，就必須要在編年上將前後相續的朝代調整得精準無虞，並小心地排除那些「穿插的」朝代，即那些非正統的、或是篡位亂政的。一朝結束，另一朝必然承續天命而興。若遇到亂世，權力由諸強爭奪、分治天下時，歷史學家就相當爲難了，中國史家很難斷言，誰才是眞正承天命，誰才是「正統」，就是我們西方人所說的，具有正當性。無法抉擇時，史家就選擇看來「最有格的」，並事後諸葛地給這些君王賦予「一切天子該有的德行威儀」。

皇帝透過此種被認可的正當性掌握權力（因爲這個權力，必得自於天），也就說明了爲什麼儘管歷經各種戲劇性的政治更迭，依舊是一個連續性的中國。

這不可動搖的君王統治無比輝煌，有充滿達官、士大夫的朝廷，以及充滿宦官、宮女、妃嬪的宮殿，以及許多盛大而井然有序的儀典。當南宋的皇帝從京城杭州前往南郊祭天和祭祖時，連接都城與太廟的那條主要大街，經過事先整平並鋪上細沙，兵士夾道立成人牆，妝點得十分華麗的象群走在鑾駕之前。皇帝一起駕，原先入夜之後御道兩側所點的火炬，全部一起熄滅。場面十分壯觀，氣氛十分親民。應該世界上每一位君王都仔細地算計過，這些繁複且被精準執行的儀典所帶來的效果，例如，法國國王們打下新的城池，莊嚴盛大進城時的慶典，也非常震懾人心。中國皇帝的鑾駕儀仗，肯定也有深遠的意義，其儀式比西方的更爲華麗，且更具神聖意義。想像一下比較有助於理解，就好比歐洲從奧古斯都大帝直到第一次世界大戰前，假如所有的皇室王朝都保留了前朝各代的所有儀典、及所有寓意一般。

●與此本質相當原始的皇權統治並存的，是一套極具「現代性的」文官系統。

西方人對於中國官員的無所不在感到驚訝，而且西方人很難了解這些官員的眞正立場。歐洲的君主制下，有神職人員、貴族、以及由城市內的資產階級組成的第三階級。西方人嘗試在中國明朝與清朝的社會中，尋找一個可約略對比的基礎，可是徒勞無功。中國官員數量之多、之重要，在西方人的想法中，他們彷如貴族一般。

事實上，這裡討論的是「高官」，爲數不多，在通過一連串繁複的考試之後受任命。這些官員的養成教育以及他們的職務（而非他們的出身），使他們自成一個小階級（十三世紀時，大約十萬個家庭），這個門閥階級應該不算是封閉，卻也不容易打入，因爲唯有讀書人，那些學問知識、想法理念、表達方式類似而自成一格的人，才屬於這個階級，於是也就有別於社會上其他百姓。

再次強調，這些官並不是貴族、也不是封建領主或有錢人（雖然他們都是）。如果非要找一個可以類比的，漢學家白樂日認爲，應該就是今日工業社會所說的「技術官僚」，能夠最接近地定義中國官員。當今世界的專家統治，以技術官僚有效掌控一個強國的效率、生產率、一切以理性至上。

而中國官員，與當今世界的技術官僚相似處有：

一、兩者皆因其知識分子的身份，經由各種考試，而得以在社會上擁有特殊的權力，並享有特殊的權益。

二、兩者都「只是社會中的少數，但擁有決斷性的影響力，其職務、地位使其無所不能」。

三、「其唯一職業就是治理政務、領導」。

孟子（逝於西元前三一四年12）有段著名的話，論述勞心之人與勞力之人的差別：「有大人之事，有小人之事，或勞心、或勞力。勞心者治人，勞力者治於人。治於人者食人，治於人者食於人。」大人物與小民各負責不同的事，一個動腦、一個勞動身體；動腦的人統治人，勞作的人被統治；勞作的人餵養社會上的人，統治的人被餵養。對於動手勞作的恐懼，就此成爲一種很光榮的頭銜：士大夫的手，留著長長的指甲，唯一能做的工作，就是提筆寫字。

那麼，在古代中國，治理政務到底是什麼意思呢？大約是類似今日的國家政府要確保國家行政與司法的業務，官員負責徵斂稅賦、明判典刑、維護治安、帶兵打仗、制定工作曆法、造橋修路、開運河、築堤防、建設灌溉系統。官員扮演「人定勝天」的角色，預防乾旱、水災，築倉存糧……。總而言之，要確保一個複雜的農業社會運作良好，（在此，我們再次援引漢學家魏復古的解釋）官員必須要受過嚴格的訓練，尤其是要能夠監控河流狀況，以及確保灌溉系統良好運作。

官員，代表的就是這嚴格的訓練，代表著這個社會、經濟、國家、與文明的穩定。相對於失序混亂，官員代表的就是秩序。當然這些官員也不是不會爲非作歹，但那是「同質性、持續性、與中國文明的生命力所必須要付出的代價」。唯有官員的鐵腕作風，才有辦法維繫如此龐大國家的統一，一方面要面對封建諸侯勢力、一方面要

12 孟子，Mencius，一般較廣為認同之生卒年為西元前三七二年生，前二八九年逝，布勞岱爾並未採用。

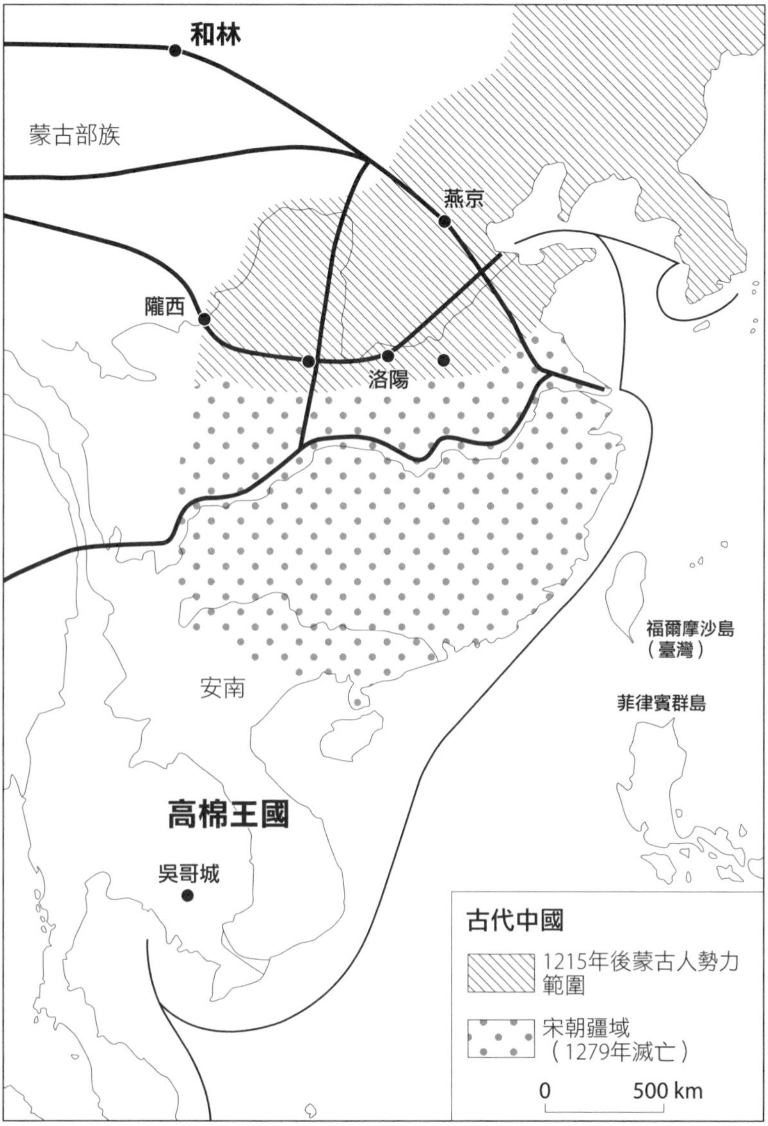

圖 10　古代中國的海陸交通路線與河流圖

粗黑線為主要海陸交通路線，細黑線為河流。

面對每次（毫無例外）一失去國家的約束管制，就陷入完全混亂的農業社會。同時，官員也要面對道教，一個反抗任何集體規範的束縛、崇尚回歸自然的思想；為了與此相抗衡，文人士大夫提出儒家的階級、社會秩序、與道德思想。

以此看來，中國官員是中國社會不動如山的主因：他們維繫了大地主與貧農之間的平衡，地主有其地位，而貧農也好歹有一小小塊土地；官員也監管著潛在的資本主義者，商人、經營當鋪錢莊的人、新富階級等。這些被監管的人，懾服於官員的威勢，富商的後代也都想要透過科考，謀取功名與權力……。如此也就或多或少地解釋了為何中國社會並未如西方社會一般，朝向資本主義發展，而是停留在父權家長主義與傳統主義的階段。

●中國的統一，或說中國北方與南方的統一，是直到十三世紀遭逢巨變後，才真正的統一。

蒙古人的征伐（西元一二一一年至一二七九年）於攻克南宋及其都城杭州時大功告成，馬可波羅於不久後造訪杭州時，仍可見到南宋都城當年的富庶與繁華。中國的新統治者不僅是將中國勢力擴張到極限，更給此一廣大的疆域帶來活力與生機。這片廣大疆域涵蓋了自漢、唐、宋各朝逐漸被納入中國領土、各具特色的地域空間。而中國南方過去長時間的發展，也在此時成就了一等的豐饒富庶，南方之財富遍佈整個帝國。

過去數百年間，南方一直是「遠東」，是「半野蠻的義大利南部」，人口不多，而且還曾經為蠻夷之地，要摒退這些蠻夷也花了一番功夫。十一世紀時南方自半殖民的沉睡中甦醒，早熟的稻種使得年作可以二穫，從此，南方成為中國的穀倉。如果說中國歷史的前兩千年（西元十一世紀以前）是由黃河流域的人所主導，那麼中國歷史的第三千年開始（從西元十一世紀到今日），可說是以揚子江流域及其以南，直到廣州的南方為主導，儘管杭州與南京等長江流域的城市失去首都的地位。北京，取代杭州與南京成為都城，顯然是基於地緣政治的理由：為了防範北方蠻族和游牧民族進犯，都城必須設在北方以扼守防線。

南方的富庶也很快地反映在人口成長上：十三世紀時，中國南、北人口比例是十比一，直至今日，此優勢不僅只是數量上，更展現於人口素質與效率上。近三百年以來，絕大多數的知識份子都出身於江蘇、浙江兩省，二十世紀大部份的革命領導人都來自湖南。這些的確都是中國重心南移（應該有將近一千年了）的結果。西元第十一到十三世紀間，中國的情勢發生反轉，米食的南方從此凌駕於食麥與高粱的北方。但是這個新中國，依舊是那個古老的中國，命脈相續，文化更為豐富。南方，有點像是中國的新大陸（尤其是非常晚近自二十世紀起對滿洲人而言，南方之於中國，猶如美洲之於歐洲）。

社會與經濟方面

在這半僵化的中國，有著半僵化的社會與經濟結構，構成家和國的基礎。

● 與世界上其他社會一樣，中國社會也是個多元複雜的社會，內有故步自封的、也有激進派，而未來會如何，則有賴一個緩慢而無法察覺的發展。

基本上來說，中國社會是個農業與無產階級的社會，有為數眾多的窮苦農民與生活悲慘的百姓，這些人很難得見到他們的主子：他們幾乎沒有見過皇帝或是皇室皇子；也不常見到大地主，通常只見到代表地主而令人痛恨的管家；更少見到那些令人生畏的官，一如拉斯寇特斯神父所說：那些在遠方「以竹簡」治理地方的大官。相反地，對於小官吏，人民則愛戴有加。而百姓總是希望那些開錢莊、經營當鋪、放貸收利的人不得好死。

總而言之，自宋朝以後，民間說書便是如此傳唱。

如此這般的一個社會，我們可以說，它既是父權社會、又是奴隸社會、農民社會、也是現代的社會，與任何西方社會的「模式」都截然不同。

父權社會，有極強的宗族世系觀念，代代相傳不可間斷的祖先崇拜。「宗族的團結與互助，擴大到關係已經非常遠的堂兄弟，甚至也包含童年玩伴。這裡牽涉的不是施捨，而是道義：飛黃騰達的人光耀門楣，得蔭於祖先的保佑；耗盡家族好運的人就應當要將其財富與族中親戚共享。」

這個父權社會也同時是個**奴隸社會**，即使奴隸不是社會的重要環節，卻也一直存在。奴隸的存在，昭示了人民生活的艱難困苦，以及嚴重的人口過剩。荒年時窮人自賣爲奴，與中東世界相同，父母也賣兒女爲奴。中國的奴婢買賣直到一九〇八年，幾乎是滿清末年了，才下令廢除奴隸制度，禁止賣童爲奴。但，卻容許父母「在饑饉荒年時，替他們的子女簽下長期的工作合約直到二十歲爲止」。

中國社會大體而言是農民的社會，但不是封建制度的農奴社會，沒有封建采邑，沒有農奴。許多農人都自己擁有一小片耕地，在這些農人之上，有「鄉紳」（「仕紳」）會放租土地、有時也借貸金錢、並要求農人服勞役，對於農民借用窯爐或磨坊，則向他們索取幾擔米糧或幾碗油……作交換。這些仕紳與士大夫之間關係匪淺（這些文人有部份是大地主），如前述，這些士大夫代表的是國家利益，會努力阻止任何僭越階級之事，尤其謹防地方封建勢力挑戰中央的威權。

如此層層疊疊的社會網絡，維持著一個古老的階級秩序：以文人爲首的士、農、工、商四級。工與商兩個本可大有作爲的階級，由警醒的政府隨時監管著，只有隨著經濟蓬勃發展時得以發揮他們的角色，而且也只是偶爾。

● 中國的經濟形勢發展極微，落後於西方世界。儘管其他鍾情於中國的專家與歷史學者有其他的想法，我們還是要大膽地如此說。

當然，此處並不是要針對中國相對於歐洲整體落後多少下診斷。落後牽涉到的是結構、是商業開放度、是商業資本主義的框架，中國在這些方面的輪廓都遠不如伊斯蘭世界或西歐世界清晰。首先，中國沒有自由貿易城市，這是一項很嚴重的劣勢。中國也沒有由唯利是圖的商人主導的階級，不管他們是不是可恨，這個商人階級在西歐世界是進步的推手。自西元十三世紀起，中國的商人會為了面子和虛榮而花銷炫富，這點和我們的商人很像，但這些中國商人熱愛藝文且有品味，商人之子也會作詩填詞。「（根據宋代的民間故事）所有對於商人生活的敘述指出，商人追求的目標就是，賺足夠的錢過舒適的日子，完成他們對於家人與宗族的道德與社會責任。」此外，某些大富人家也會栽培族中子弟，讓他們有機會可以晉身顯赫的官員階級。

也就是說，中國的商人只有一半的思想模式與西方的資本主義相同。而且，我們在中國一直可見四處周遊的商人與手工藝者，此種流浪式的商業，正是一個尚未成熟的經濟型態的表徵。一個小商人帶著自有的貨品，沒有店家也沒有雇員，也沒辦法透過通信解決所有的交易。一個小匠師肩挑著所有的器材行頭，穿梭於城市鄉村四處打工。十三世紀時，歐洲開始部份脫離此種盛行於中世紀初期的周遊商業模式，並開始建立固定的商家據點。十三世紀時在中國，製糖的工人帶著他們的工具，前往甘蔗田的地主家中，以雙臂之力榨甘蔗、製作糖漿與紅糖……。密集工業在中國也相當少見：北方有幾個煤礦（而且仍是手工開採）；南方則有聞名的窯業燒造瓷器。

中國也沒有信用貸款，這得等到十八或十九世紀才有，錢莊的重要性直接戳到這個古老社會的痛處，可見得其經濟體有多麼落後而封閉。

而且，儘管有許多河流、大帆船、舢舨、木排筏、各省份間的連鎖商號、駝運貨物的背伕、北方的駱駝商隊，古代中國國內各地之間的聯繫還是很差，對外面的世界也不怎麼開放。最後，最重要的是，中國人口太多，人口實在過多。

- 中國活在自己的世界，對外不甚開放。事實上，中國對外只有透過海路與穿越沙漠的陸路，而且需要天時地利人和等多重條件，才能經由此兩通路對外連結，並找到能夠與之通商的夥伴。

元朝（西元一二一五年至一三六八年）時候，將近一百年間（一二四〇年至一三四〇年），海路與陸路都是暢通的。馬可波羅的朋友與保護者——大蒙古國皇帝忽必烈（一二六〇年至一二九四年在位），致力於建立海軍，以免受回教徒船隻的威脅，也好與日本海盜相抗衡。同時，忽必烈也維持了蒙古帝國陸路交通順暢無阻，遠達裏海、黑海、以及熱那亞王國、威尼斯王國富庶的殖民地（卡法[13]、亞速[14]）。

這個「開放的中國」肯定十分繁華，有西方世界商人的銀幣源源不絕地流入，錦上添花地開始了紙鈔的發展。不過，好景不常，只持續了一小段時間。

最後，當大規模的民亂起義，明朝將蒙古人趕回沙漠（一三六八年），並將中國境內不服從的異族都逐出，就幾乎是同時關上這兩扇對外的門：陸路方面，新興的中國明朝沒有能力穿越重重沙漠；海路方面，明朝努力嘗試打通主要航道卻都徒勞無功。從一四〇五年起至一四三一、一四三三年間，最少接連派遣了七次海上探險，由海軍元帥鄭和領航。這七次探險的海上艦隊其中一次曾多達六十二艘大型船隻，運載共一萬七千八百名兵士。

這些艦隊都是由南京出海，前往南海異他島群確立中國的宗主權，（異他島群提供金粉、胡椒、香料給中國），艦隊曾抵達錫蘭並留下了一座軍營，還曾遠達波斯灣、紅海、非洲東岸，並帶回了令國人驚異非常的長頸鹿。

對漢學家而言，這些故事既新奇卻又頗具價值。只要乘著一陣風，中國的艦隊就可以比葡萄牙人早半個世紀度過好望角來到歐洲，甚至可以發現美洲。然而，在一四三一至一四三三年間，探險行動中止了，再也沒有後續了。中國將其全副精神與力氣集結至北方，對付其永恆的敵人，首都也於一四二一年由南京遷往北京。

稍晚，滿人皇帝於十七與十八世紀再度開啓通往沙漠之路，攻克直到裏海與西藏的廣大疆土，將游牧民族遠逐西方。這些征服行動確保了中國北方的太平，一路從滿洲、西伯利亞、直到黑龍江（一六八九年尼布楚條約），並且於十八世紀下半葉開始，開啓了伊爾庫次克南方恰克圖大市集（以北方的毛皮交易中國的棉布、絲綢、和茶葉）。至於海路之門，歐洲人在十六、十七、十八世紀試著敲開一點；十九世紀時則破門而入以滿足私利。

● **人口過多：十三世紀起，大約就有一億中國人口（九千萬人在中國南方，一千萬人在北方）。**

中國人口數在蒙古統治末年、明朝大規模起兵之際（西元一三六八年）下降，一三八四年時人口只剩下六千萬（確切數字），但隨著太平年代，很快又回復從前的光景。滿洲人打天下時（一六四四年至一六八三年）當然又有一波倒退，然後重返太平，人口增長，直到十八世紀，人口暴增到了令人憂心的程度。

如此充盈的人力必定有其副作用，人力氾濫不值錢，與古羅馬、古希臘世界的奴隸一般，不需要借力於機械，極可能因此阻卻了工藝科技的發展。

因爲人力萬能。一七九三年時，一個英國旅行者驚異於靠著縴夫們的臂力，能夠徒手拖拉駁船，越過一個又

13 卡法，Caffa / Kaffa，位於裏海通往黑海的重要戰略位置上，今稱費奧多西亞 Théodosie / Féodosie。

14 亞速，Azov，古稱 Tana，直到一五世紀下半被奧圖曼土耳其人征服前，都是黑海南岸北岸各河流域的重要商業中心。

一個河流與運河間調節水位高低的水閘。拉斯寇特斯神父（於一六二六年）也記述了他的驚嘆，且還描繪了圖像，這些中國縴夫如何抬起河道中一節巨大的樹木，好讓船隻通過。總之，沒有任何難事是人力無法克服的，更何況人力在中國如此的微賤。

人口過剩妨礙了中國的進步，使其被一個無法與時俱進的行政體系上了枷鎖無法動彈，而且妨礙了工藝的發展。其實，中國的科學，是個日新又新的豐富的科學，早熟、有創意、甚至是極具現代性的。專研這方面的史學家李約瑟認為，相對於西方世界自牛頓的時代起直到十九世紀末機械式的宇宙觀，中國將宇宙視為一個「有機體」的概念，正與當今科學的想法相同。然而，令人不解的是，中國的工藝並未隨著科學進步，而是原地踏步。主要的原因，應該就是人力過剩的問題——中國無需創造機械來替代人力，而成為人滿為患這根深的問題永遠的受害者。

第3章

中國的昨日與今日

古典的中國並沒有於一夕之間消失，而是在十九世紀時慢慢地消逝。當時許多事件接踵而至，古老中國的大門被以武力撬開，接著是漫長的恥辱，中國花很長的歲月來理解其挫敗，並花更長的時間來尋找解決的方法。中國付出了史無前例的慘痛代價，才能有今日。

不平等條約的年代：受辱受難的中國（一八三九年至一九四九年）

中國不像印度曾經被佔領變成被殖民國家，但中國是遭破門而入、被洗劫，所有強權國都分一杯羹，劃分勢力範圍。直到一九四九年中華人民共和國建立，中國才擺脫這樣的噩運。

● 中國自十六世紀起即與歐洲有貿易往來，如此重要的事，在中國卻只引發有限的效應。隨後才有了不平等條約。

一五五七年時，葡萄牙人就在廣州的對面，澳門，建立據點，並且在中日貿易上扮演相當重要的角色。十八世紀時，荷蘭人與英國人在中國互爭地位。到了十八世紀下半，展開了歐洲「對中國」貿易的黃金年代，然而，卻仍被侷限於廣州一個港口。

對中國而言，這筆外貿數額是十分可觀的，但卻不足以影響大國的經濟。歐洲商人，尤其是英國商人與一班壟斷買賣的中國特權商人交易（這些中國商人組成「公行」）。在雙方都有獲利的情況下，交易不斷成長，買賣黃金（在中國由於白銀價貴、黃金稀缺而價優：金銀價比爲八比一，歐洲則爲十五比一，甚或更多）、西方需求量暴增的茶葉、主要從印度進口的棉花和布疋，並以信用商貸周轉資金：歐洲商人將錢預付給中國商人，再由後者分別轉支預付出去，用以買進帝國最偏遠省份的產品，如此也形成了相當現代的財經網絡。這是歐洲具有滲透力的商業行爲慣用的方法：在每趟交易中預付給當地商人下次貿易的貨款，讓當地商人提前向產地訂購、集貨。

對中國的貿易讓歐洲大開眼界，並大獲其利。中國也同樣獲利，而且對於這種新的交易方式與外國貨品中國也欣然接受：以這麼龐大的國家尺度而言，這點經濟的小影響，只侷限於一隅，影響當然不大。

但是到了十九世紀，一切都變了。歐洲變得更強大、要求更多，而且憑藉其廣大英屬印度作爲中繼補給後盾，發動強勢的攻擊。

鴉片戰爭（一八四〇年至一八四二年）爲西方人開啓了五個通商口岸，其中包含廣州和上海（南京條約）。一八六〇年太平天國之亂，使西方勢力得以再次進犯，並開啓了另外七個港口。隨後俄羅斯人取得了中國東北濱海的疆域，並建立了海參崴。中國的厄運正要展開，第一次中日戰爭（一八九四年至一八九五年）使中國失去了朝鮮，而各強權國更是再次乘機「瓜分」中國，俄羅斯人則進駐滿洲。義和拳的民族運動（一九〇〇年）更給予列強割據中國的機會。一九〇四年至一九〇五年日俄戰爭後，日本取得原先俄國自中國獲得的好處。第一次世界大戰，日本又從德國手上取得一部份，尤其是山東。

一九一九年的中國似乎失去相當大部份的領土，在中國境內，西方人與日本人為所欲為、擁有特權和「租界」，其中最知名的便是上海國際租借區；外國勢力掌握一部份的鐵路和海關關務：這些鐵路與關稅收入被當作中國償還國際借款利息的抵押保證；外國勢力在中國各地建立他們的郵務局、領事館、銀行、成立企業、工廠、開坑採礦等。一九一四年時，各國在中國的投資總額高達十六億一千萬美元（其中兩億一千九百萬來自日本）。

從八國聯軍攻佔帝國首都（一九〇一年）起，北京的使館區就由各國駐兵「圍成警戒區，禁止中國人進行任何建設或工程」。「在北京的大使團，對於中國事務行使著監管的權力，或者說他們在實質上操控著北京政府。」

在這個經濟解體的國家中，同時還有大舉文化與宗教的入侵。中國無論在實際上、在精神上都滅頂溺斃了，中國稱這些條約為「不平等條約」不是沒有道理的。

● 對中國而言，要擺脫西方人的箝制，需要某程度地「西化」、需要現代化。改革與解放是兩個經常自相矛盾的難題，然而兩者都是必要的。

中國需要很長的時間和努力，歷經許多試煉與躊躇，才終於釐清奮鬥的方向。中國並未能像日本在明治維新時那般，在一夕之間吸取了西方的教訓。中國要做雙重的學習是很困難的。

太平天國（一八五〇年至一八六四年）是場強有力又牽涉廣泛的革命，因其農民性質，所以是「典型」的革命。太平天國於南京建立了一個短暫獨立的民族主義、仇外的政權；同時，太平天國希望打破中國社會與政治的舊傳統，在其短暫的立國期間，廢除奴婢制度、解放婦女、廢除一夫多妻制、禁止纏足、允許女子參與科考與擔任公職；太平天國也設想了工業與技術的現代化，儘管只是很皮毛地。然而，最重要的是，如同古代中國經常於改朝換代前出現的動亂一般，這是一場農民起義，以此意義來說，太平天國起義嘗試消滅大地主，並將土地集結爲公有。這場農民起義最後失敗了，主要原因是西方人出兵幫助滿清政府平亂，以維持自己的商業利益，同時也因爲當時這些現代化的計畫仍不夠明確，而中國也還沒有成熟到有辦法接納這樣的變革。

至於義和團拳民的運動，則是一個執迷於神秘駭人儀式的秘密社團，主要動機就是排外，當時整個中國都瀰漫著這種仇外的思想，帶頭的就是可怕的慈禧太后，就是她下令義和團攻擊外國人，造成一九〇一年中國的潰敗。此外，慈禧還極力反對改革，她以智慧與手段使一八九八年「百日維新」的開化改革無疾而終，不過，「百日維新」至少在紙上奠下了真正改革中國經濟與國家組織的基礎。

二十世紀初，改革者的年代尚未到來。改革者遭遇的是「官員的充耳不聞，他們的耳朵比港口更難打開」（引自白樂日），也面臨民眾漠不關己的態度，除了「仇外，別無他法」。人們希望學習外國人的「奸巧詭計」，與他們有效率的方法。

在此雙重的困難下，問題很難解決；西方蠻夷，是一定要消滅的，但是要做到，必須要先學習西方人的科學與技術。這需要長時間的學習，幾個與西方人有往來的青年才俊，對此資產階級的事物著迷，前往西方遊歷，隨後在滿清末年，有許多貧窮的學生進入政府新設的現代學堂與大學念書。當時形成了許多地下社團組織，有的抱持共和民主思想，有的則仍是保皇思想，但是共同的宗旨，都是要「振興」中國，進行徹底的改革。

● 於是產生了中國首次真正的革命，與孫逸仙這個人密不可分。

孫逸仙（生於一八六六年，卒於一九二五年），出身廣東一個村莊的醫生，旅居海外多年，參與許多革命運動，於一九〇五年在東京成爲一個共和同盟組織的領袖，這個組織很快地在全中國形成一股強大的力量。孫逸仙深思熟慮地準備一套計畫，這個運動與革命直接相關，於一九一一年推翻了滿清王朝，孫逸仙成爲共和政府首任總統。然而，這場革命很快地便胎死腹中，孫逸仙不久後便將總統之職讓給袁世凱將軍（卒於一九一六年），袁世凱則逞私利想恢復帝制。

一九一二年制訂的保障自由的憲法被取消了，中國陷入一片混亂：後來被稱爲「軍閥」的各省份軍事領袖，與地方權貴聯合，大肆搜刮各種利益，殘酷無情地主宰著中國。成立於一九一二年共和初立的歡樂氣氛下的國民黨，意爲「國家民族的黨」，並沒有完成其使命：革命尚未成功。孫逸仙再次踏上流亡之路，組織了一個新的黨，以其與國民黨之諧音（「革命」與「國民」），名爲革命黨。

中國還要歷經許多的事件與不斷重演的悲劇，直到一九四九年一個明智的決定，共產黨勝利，制定了中華人民共和國的憲法，才完成了革命。在此處年代顯得別具意義：從鴉片戰爭（一八四〇年至一八四二年）到一九四九年，中國歷經了一個世紀的努力與磨難，才重拾獨立與尊嚴。「從今往後，我們能夠再次以身爲中國人爲榮」，某教授於一九五一年如是說。

在這一百年的等待與努力中，舊帝國瓦解成爲傳統與舊習，諸如「以珠貝或以水晶做鈕扣來鑑別的官員品階、對於天子敕筆及皇位的紀念儀式、穿著華麗繡袍的朝會」，以及西方人與日本人所擁有的囂張特權……，一切都消失了。

總之，在歲月的試煉後，中國進入一個罕見的階段，文明崩解，犧牲了部份從前重要的結構，並重新再生。對中國而言，由於其文明結構有數千年之久，所以此番危機更是令人覺得不可思議。這樣的文明崩解並不是全面性的，而重建的中國，依舊保有其思想型態與文明特色。我們可能還需要幾十年才能清楚看出重新孕育的中國文明。

目前，我們只能試著釐清中國當前方興未艾的許多嘗試的意義。

新中國

此處並不是要讚揚（有可能）或是要審判（也不無可能）中華人民共和國，而只是記錄中國做了什麼、想要做什麼，然後試著看看中國文明在這場其漫長歷史從未遭遇過的、驚人而暴力的人爲實驗後變成什麼樣子，這場實驗涉及社會、經濟、政治、學術、道德等多方面的秩序重整。

這場實驗在於將所有的事物、人、階級、以及整個外在大環境都以新中國的想法重新整頓。民族尊嚴在此間扮演相當重要的角色，至少要在某種程度上重繫古老中國，宇宙的中心，中土之國的民族自尊。

● 中華人民共和國擁有衆多人口與豐富資源，人口衆多是真實的，資源豐富是潛在，一切有待創造，而要憑藉的是經濟的發展。

中國人口不停地成長：一九五二年，五億七千兩百萬人；一九五三年，五億八千兩百萬人；一九五四年，五億九千四百萬人；一九五五年，六億零五百萬人；一九五六年，六億兩千萬人；一九五七年，六億三千五百萬人；一九五八年，六億五千萬人；一九五九年，六億六千五百萬人；一九六〇年，六億八千萬人；一九六一年，六億九千五百萬人。這些數字都不是來自精確的人口統計（除了一九五三年的是以外，對於一九五三年的數據也該持格外保留態度），而是可能的評估數字。如同所有未開發國家（一九四九年時，中國是世界上最大的未開發國），每年每一千人中將近四十名新生兒的高生育率與持續下降中的死亡率造成的人口成長，是很嚴重的問題。此種人口成長囿限了發展，嚴重威脅了生活水準的提升。

然而，中國一九四九年至一九六二年間的經濟成長率，是十分驚人的，不僅史無前例，至今無人能敵，即使是蘇聯的第一個五年計畫，也比不過中國的首次五年計畫（一九五三年至一九五七年）來得優異。這樣的成就，來自於一個大致而言從零開始的經濟，落後者的特權就是進步特別快，起初一無所有，一下子翻倍成長卻也還稱不上富。只是，發展到了某個程度，資本主義世界逃不過的收益遞減法則的效應，照樣也會發生在社會主義國家。

爲了理解中國如此驚人的發展，還須納入考量的面向是，他們是全世界人口最多的國家，傾全國團結之力，無比的意志所付出的代價。而**計畫經濟**，更是已經由蘇維埃政權，以及當今其他資本主義國家操作過的。

此處，並不是要建立一個嚴謹的成果考核，如果以**官方數據**而言，不去追究其很難驗證的資料來源，並且只看一九五二年起的整體國民所得，可以看到以下的進步：以一九五二年爲基準，一百；一九五三年，一一四；一九五四年，一二八；一九五五年，一二八；一九五六年，一四五；一九五七年，一五三；一九五八年，二〇六；一九五九年，二四九。一九五八、五九年的成長率分別爲百分之三十四與百分之二十二，十分地不可思議。經濟學者對此持保留態度（尤其是在如此廣大分歧的地域範圍內要如何計算整體所得的執行困難度），但是仍掩不住他們的驚訝與讚嘆，中國確實是向前躍進了很大的一步。

其他非經濟學者則從其他比較容易的實際數據來評判，鋼的產量：一九四九年，十六萬噸；一九五二年，一百三十萬噸；一九六〇年，一千八百四十萬噸。煤產量：一九四九年，三千兩百萬噸；一九六〇年，四億兩千五百萬噸。鑄鐵的產量：一九四九年，二十五萬噸；一九六〇年，七十六億噸。電力產量：一九四九年，四十兆兩千萬瓩；一九六〇年，五百八十兆瓩。棉布：一九四九年，一千九百公里；一九六〇年，七百六十萬公里。五穀雜糧加上地瓜和馬鈴薯：一九五七年，一億八千五百萬噸；一九五八年，兩億五千萬噸；一九五九年，兩億七千萬噸。其他的見證還有：一九六〇年已築和正在興築的鐵路，是一九四九年既存鐵路的三倍；水力發電廠（既有的、新建的、計畫要建的）與火力發電廠也是三倍；以及預定在長江出四川盆地湍急的西陵峽進行的偉大工程。

如此大膽的工程將可蓄積極大的水力能源，並引水灌溉北方，調節長江水流，使長江數千公里的內陸河道可以行船，有利於最先進的工廠設置於長江三峽地區。

● 這些成果是付出了極高的人力成本才取得的，不只是因為整個廣大的中國社會人民被壓抑了其政治熱誠，而且他們被迫勞作、被改造。

這個艱難的任務，不僅是改造中國的方法，而且是個極有效率的方法，既是宗旨，也是個賭注。新中國以其國家命脈賭上這個勞作不懈的浩大工程。廣大中國民眾認爲，新中國消弭了前政權蔣介石執政最後那些年駭人聽聞的貪污腐敗。新政權得益於此社會觀感，所以毫不遲疑地堅決進行這些改造。

整個社會都被著手改造了：自農人、工人、知識分子、至黨員。至於那些最有錢的資產階級——「買辦」，中國商人與洋商之間的仲介，早就於一九四九年躲進蔣介石的行李裡逃走了。開設工廠的資產階級，則在一九五六年私人企業轉型爲官私合營的改革中被吸收了。只剩下從商的資本階級，而且只限制於部份小買賣業，這個階級的處境當然也是岌岌可危。

在農村方面，改革是迅速而漸進的：由一九五〇年六月三十日頒布的農業法展開，頓時消滅了所有的地主和富農，中農保有其地位但失去一小部份財產，最終使每一個農民都可以擁有一小塊土地（十五畝）。光是這件事就是極其浩大的作業（六億中國人口中，超過五億人在鄉村），而這一小塊土地，只是微型的地權平等的落實。

一九五六年十月，設立了「集體農場」，展開了集體化農業政策。一九五八年，進一步地設立了「鄉村公社」，在一個公社內可以集中達兩萬農民，而先前的集體農場只能容納數百人。鄉村公社是一個具有原創性的組織，也許太過雄心壯志，同時兼具政治、農業、工業生產、與軍事功能。農民也是民兵，部份農民配備有武器，使得政府在各地有隨時可動員的兵力，多了一層保障。但是，到了一九六〇年十一月二十日，公社似乎失去其存在的意義與任務，取而代之的是「生產大隊」。至於生產大隊的成敗，目前仍太早、無法下定論。由此看來，共產政權不僅對於預定目標不確定，對於方法也游移不決。農產量是諸產業中唯一一項原地踏步的項目。

在工人方面也有同樣的集體化組織，工人數量不斷成長，由各工會掌控，而工會則與黨合作。一如對農業生產的要求，政府也對工業生產提出了勉力要求，在第二個五年計畫之後，一連串的宣傳口號激勵人民更賣力地向前躍進，以達到比計畫預期更好的成果，例如這些激勵士氣的口號：「更多、更好、更快、更省」；「一天等於二十年、一年等於一萬年」；「一九五八年將是一場萬年艱辛戰鬥的第一個三年」……

儘管工作環境條件很差、工資很低、糧食不足、缺房少屋，但要找到各種英雄式奉獻的故事一點也不難。比如這位模範女工，爲了在工廠裡值夜班的時候不要睡著，用冷冽的水洗臉；擁有模範工人這個頭銜就可以有些額外的好處，當然也負有額外的任務。

至於知識份子、大學生、及黨員，就比較沒有英雄主義的表現，或者說共產當局對於這些份子的計畫尚未明確？他們的改造牽涉比較複雜、比較迂迴、比較悲劇性。

黨員也逃不過清算和自我檢討。於是有「三反」及隨後的「五反」運動，三反運動於一九五二年一、二月間針對公務人員展開「反貪汙、反浪費、反官僚主義」的肅清，揭發了重大的醜聞，後來有些事件則是被刻意渲染擴大。這些運動對於來到城市裡變成「黨的幹部」的鄉下人是極爲有利的，而對於原來已經適應安逸生活的人，頓失地位則是很大的衝擊。在同年，五反運動（反行賄、反逃漏稅、反偷工減料、反盜騙國家財產、反盜竊國家經濟情報）造成極大的動盪，許多人自殺、許多人被判重刑。往後還有更多的肅清運動、自我檢討運動、以及更多人自殺。

至於人數不斷增加的學生，當局無時不刻不給他們震撼教育，使其謙卑、使其服從紀律，並將他們下放到農村與工廠進行粗重的體力勞作。

知識份子與大學教授們，當然也被整肅。在匈牙利事件1之後，有一陣子，知識份子與教授們被賦予發表自己的意見和批評的權利，這個時期，思想可以像花朵一般以千百種方式綻放，稱爲「百花齊放」。這些知識份子被要求提出自己的想法，遲疑著，他們騎虎難下，而他們一旦提出任何意見，報章就立刻予以報導。有人提出「馬列主義是陳舊不合時宜的理論，不適合中國，需要重新檢討」；另位教授則利用以下言詞規避責任，說道：「我害怕當前的自由，這個自由的宗旨是要我們說話。這樣的壓力我難以承受。讓我們饒過彼此，看看往後的發展吧」；另位教授批判道：「百姓民不聊生，卻有人說生活水準提升了」。我們可能以爲這只是小小的不滿，只是這些老知識份子對於馬克思主義再教育過程適應不良；然而，這一切是十分嚴重的。百花運動時期撐不了幾個月，一九五七年五月八日到六月八日，「只一個月就驟然」結束了，繼之而起的是迫害行動，許多發言不謹慎的人，都因此徹底喪失他們的地位。

說明這一切是要提醒我們，在中國，這牽涉的不是公衆論談，而是生存的鬥爭。關鍵在於重新塑造一個社會、一個集體意識，革除錯誤、積習、以及革除可能萌生的悔恨；並使中國迷醉於國家民族的尊嚴、勞動工作、和自滿之中，同時，最重要的是，打壓一切思想，使人民絕對地服從。

「如果灌輸六億五千萬中國人正確的思想，他們就能依照中國共產黨認爲必要的形式正確地行動，邁向一個社會主義的中國。」爲達到此目的，透過廣播、報紙、演說，不停地向民衆宣傳，這種手段沒有其他任何「社會主義國家」或「極權國家」比得上。而這場運動的利器就是批鬥，在所有的勞動場所每日的講話時間舉行，透過批鬥大會來決定團隊中誰態度良好、誰可改造、而誰惡行重大。對於惡行重大之人，衆人批判，「言語攻擊」「混雜有激烈批評、羞辱、嘲諷、以及偶爾小型的暴力舉動」。

這場意識形態的運動是一場「需要一鼓作氣，繁複而巨大」的運動（語出毛澤東）。在不同的社會階級間寬嚴不一，在農民方面比較寬鬆，相反地，在明確定義的工作隊內，如工廠、辦公室、大學、中學、軍隊裡等則十分嚴厲。這種思想灌輸並不是沒有遭到抵抗和釀出災難，只是不如革命初年那樣血流成河，但後果依舊是非常慘重的。

在文學與藝術方面，成立了黨「文化」工作隊，負責維持紀律並慎防資產階級與反動份子乘機透過文學與藝術滲透。每個作家都須樹立楷模，而且不僅是口頭上，而須表現於作品裡。某居住鄉間的作家，每日早晨寫作一篇「集體文學」、下田種地瓜、養豬……。被認爲是「右傾」的作家們，都受到嚴懲，如著名的小說家丁玲，就被下放到滿州北方的荒蕪之地進行兩年的「勞動再教育」。

這些刑罰相對於農民革命最初幾個月草率恐怖的處決人，顯得不足爲道。而這些官方資料提到的反抗與破壞運動，也只是少數。齊心熱血團結的例子非常多，對於共產黨的支持由衆多撼動人心的口號可見。追隨主流意識，就是追隨黨、追隨國家，也就是相信未來、相信中國。

● 共產中國唯一真正的敗筆，在於其農業的實驗，無知地強求農作收穫的數據，官方的過度樂觀，造成一九五八年之前的真實數據都被隱匿。西方世界各種文章與書籍的熱切報導更宣揚了這個假象。一九五九、六〇、六一年浩劫性地農作歉收給予這個過度樂觀的態度致命的一擊。

1 匈牙利事件，或稱一九五六革命、布達佩斯暴動。匈牙利人民於一九五六年十月二三日發起推翻共產主義政府的革命，其中大學生扮演重要角色。同年十一月十日，蘇聯派軍隊坦克鎮壓結束這場革命。

2 丁玲(一九〇四—一九八六)，本名蔣偉，字冰之。中國當代作家，曾於一九五一年榮獲史達林文學獎。在百花運動失敗後，被下放到東北十二年，又被押解回北京囚禁。其主要著作皆寫作於一九五七年以前，後來被禁止寫作，直到一九七八年平反才重返文壇。此處布勞岱爾原文寫丁玲下放東北兩年，應是以布勞岱爾寫作時間計算。

說是態度過度樂觀，有一點不公平，因爲災難性的農作歉收，主要原因是天災。一直以來，中國就生活在無止盡的旱災與澇災交替中，有時甚至旱澇齊發，尤其北方各省特別嚴重。一九六一年，超過一半的農作毀於天災，暴風與洪災造成數百萬的死亡，而此同年三月到六月間，黃河上游乾涸到只剩下涓涓細流，人們可以直接走到河對岸。乾旱、巨颱、水災、蝗災，這些中國的老敵人並沒有輕易放過新中國。

同時，我們還要加上一點，如同其他社會主義國家，中國爲其工業的成功付出代價，過度強調工業化發展，而忽視了農業。官方報紙在「百年未見的天災」旁，也譴責人禍因素，並指出這是破壞行動：「一九六〇年八月，一分隊的幹部和精練的勞動者，被派往鄉間的人民公社搶救收成，但是他們沒有完成任務，違背了國家與黨的命令」，與「人民的反動份子」串通一氣。不要相信「這個尋找代罪羔羊的解釋」。在中國，很可能跟其他國家一樣，集體共產遭遇了阻礙，尤其農民普遍是比其他百姓更爲保守而傳統的，於是往後的政策似乎有些讓步（將重心放在「小」生產隊，而不再著重於「大」生產隊）。

災難性的農作歉收引發極嚴重的後果，延緩了經濟成長，中華人民共和國原本靠糧食輸出向俄羅斯交換一些產品與協助，這場糧荒迫使中國必須減少對俄羅斯的糧食輸出，而且不得不向資本主義國家求援取得穀糧：向加拿大、澳洲、美國、法國、緬甸、甚至向台灣，要求了九百萬噸到一千萬噸的糧食。這趟巨型的糧食運送一切在倫敦運籌，走海運，經過估算，當時中國得連續三年每年支付八千萬英鎊才能還清。如何償還呢？可能是以汞礦、貴金屬、或是銀礦來償付。

對於一個剛起步的經濟體，這無疑是非常沉重的打擊，給中國的未來畫上了一個問號。總而言之，就是在一個非常戲劇化、充滿動力、無法否認的成功發展上，籠罩了一片巨大的陰霾。

面對當今世界的中國文明

而此重大的進步發展，若非有全中國廣大人民的共識，是絕不可能達成的。民族主義在此扮演了極特殊的角色，有人以野蠻來形容此種民族主義，也有人提出令人無法認同的「文化主義」的民族主義：總之，不是民族的自尊，而是文化的自尊，或者說一個以文明爲本體的民族主義，必須要設法彰顯的一個古老卻長存的實體。因爲當今的中國，儘管乍看之下如此超乎常理無法理解，看來是個新興的國家，但是她與一個悠久而驕傲的過去緊密相連，在共產主義到來之前，這個驕傲的過去承受了一個世紀（一八四〇年至一九四九年）的羞辱傷害。

● **中國自許成為一大強權國、與一個文明大國。中國始終相信其於天下的優越性，相信其悠久文明的優異，在中國眼中寰宇諸國只不過是蠻夷。**

中國過去的自傲，猶如過去的西方世界。

所以，不平等條約造成的屈辱的一百年，對中國而言是雙重的殘酷：首要之恥，降格爲一個並未優於其他國的普通國家；第二重恥辱，被蠻夷主宰、被其科學與武力所控制。現下中國的民族主義，來勢洶洶、變本加厲地要復仇，意志堅決地要成爲一個大國，不計代價地要成爲世界最強的國家。這也是爲什麼中國要再發起革命的原因，一刻不可鬆懈，要趕上新的物質發展，翻譯馬列主義與俄羅斯的手冊，如同過去翻譯佛經一般。與過去積極展現認識德先生（民主）與賽小姐（科學）的渴望一般，現在中國熱切投入史學、社會學、民族學……等領域的研究。

舉世皆知，毛澤東的中國，懷抱著要帶領無產階級反攻世界其他過於富足的國家的野心，並指引這些國家快速進行革命的方法，中國非常慷慨地提供援助。想想看，中國儘管處境艱辛，卻也不曾中斷對外的物資與經濟援助，在一九五三年至一九五九年間，共金援十一億九千一百萬美元予阿爾巴尼亞、緬甸、柬埔寨、錫蘭、古巴、埃及、幾內亞、匈牙利、印尼、北韓、蒙古、尼泊爾、北越、葉門……等國，此處還未包含對於阿爾及利亞叛軍的援助，以及最近（一九六一年）與迦納簽署的協議。這種種細節（四成的貸款是送往非共產國家）都證明中華人民共和國嘗試在國際上扮演一定角色，也許以目前而言是有些自不量力，但是其野心肯定是極大的。

一九五〇年，中國佔領西藏，從此以後，與印度之間就一直潛藏著衝突；宣示對蔣介石駐軍所在的台灣島的主權；嘗試與日本及西方國家重新建立正常的外交關係，並發現西方的經濟體制比蘇維埃的經濟體制更符合中國的需求（於是從澳門和香港以半偷渡的方式進口機器設備）；努力想要進入聯合國，在聯合國中，中國的席次很矛盾地是由台灣代表出席。以上種種，皆是想要成爲一個具有影響力的強權國的野心。在最近一次（一九六一年）的莫斯科大會[3]中，中國馬克思主義與蘇維埃馬克思主義，變成半決裂狀態，也是肇因於前述同樣的野心，中國想要、夢想著要主導一切。一九四五年時，中國尚且「無法製造一台摩托車」，而一九六二年時，對於原子彈的研發已經接近成功了。在這場令人驚嘆的革命中，中國重拾其民族自尊、與文明大國的驕傲。

● 這正是著名的漢學家白樂日所強調的，下文摘要其對於中國當前的革命在中國文化長遠發展上的看法。

中國的經驗如此成功而有說服力，其他未開發國家也想起而效之。這個效應極大的事實令人不安（不論是中國的敵國或友好國都非常不安），擔憂中國經驗是否眞的會成功？是否正在走向敗亡？

先開門見山地說，數字和數據的分析都是沒有用的，因爲數字都是配合某種需求而操作出來的，再者，中國的統計學者自己也在經驗主義中摸索、載浮載沉。這些數據不太怎麼準確沒什麼好驚訝的，但是這樣的數據足以提供當局作爲規劃的參考而沒有出什麼大錯，足以衡量進行中的實驗成果，才令人驚訝。大體而言，整體革命運動是呈正向發展的。

我們大可以訕笑嘲諷某幾個五年計劃的失敗政策：土法煉鋼、糧產銳減、人民公社、……等，但是中國經驗能夠穩固立基的因素，似乎是經過縝密衡量的，更值得深思而非嘲笑批評：

一、其超乎尋常的工業化，進步指數遠遠超過蘇聯（而且在未來好幾年可能都將一直領先），也遠超過其他共產國家中落後國家的成長率（中國平均成長率是百分之二十，其他共產國家的成長率是百分之七到十之間）。

二、「兩條腿走路」[4]該走多久就走多久的明確意志，也就是說將工業生產所得，再投資設備，以繼續保持成長的節奏；在其他領域方面，則是想方設法以現有的資源解決問題，鄉村的傳統作坊在政策指導下，提供廣大農民群衆日常民生用品及農事工具。

三、廣大民衆普遍的困窘，使得國家得以要求全民一起犧牲奉獻。

四、領導人階層身段相當地柔軟，能夠及時承認錯誤，並修正目標。

而這一切都與中國文明、與生活中幾項的本質密不可分，若無這些本質，則不可能達成如此的發展。

一、首先是數量的問題。中國這場實驗是十分殘酷的，即使不幸地犧牲掉一些人，或者就算犧牲掉很多人也沒關係，也不妨礙實驗成功，因爲中國人口太多，長久以來都太多人了。

3 應是指一九六一年十月十七日至三一日間於莫斯科召開的蘇聯共產黨第二十二次代表大會，當時中國國務院總理周恩來於中途離席提前返回中國。中蘇關係可謂降到最低點。

4 「兩條腿走路」，在中國大躍進時期（一九五九年—一九六一年間），毛澤東提出的口號，意指工農並舉、土洋並舉、輕重工業並舉。

二、然後很重要的是，一個前所未見的框架組織，使一千萬的黨員幹部得以管理六億人口。在黨的高層（只有少數例外），都是老黨員，歷經三十年迫害、內戰、武裝抗日的將領，這些黨員在軍事策略與政治手段上的進退沉著拿捏，擁有管理人與事無可比擬的豐富經驗。

我們無法不去聯想這些黨員是沿襲承繼了千年帝國的偉大官僚政治傳統，文官善於以鐵腕治理一個龐大的國家。一批新興的知識份子，大膽冒進而有作爲，取代了過去飽讀詩書、食古不化的文官；這些新興的知識份子掌握了中國的命運。而廣大的中國人民，向來服從紀律，對這些新的領導人言聽計從。如此有效率、嚴謹、毫無破綻的組織結構，從層峰到基層，足以驅使所有的人努力勞動，這也許就是中國這場獨一無二的經驗成功的秘密：在很短的時間內，一個現存最古老的文明，就蛻變成一股最年輕的勢力，成爲所有未開發國家中進步最快的一個。而這一切也許要歸功於中國的官僚組織，這個文明中古老而又根深柢固的特色。

● 中國未來面臨的另一個難題是，中國與蘇聯之間的衝突。

在第二十二屆共產黨大會（一九六一年）上的宣告，以及蘇聯與中國兩大官方報紙，眞理報與人民日報的筆戰，是否是眞實的衝突？或者只是表面上的不合，而最終社會主義國家依舊會團結一致？

說眞的，這兩國幾乎不可能分道揚鑣：雙方之間的合作，影響牽涉到整個世界，對兩國而言都是很大的風險。然而，彼此的敵意看來很深，而且不少情結有其歷史與文化淵源。

當然這場對立也有許多原因來自於當下的問題，兩股勢力都是人口衆多的國家嘗試以共產主義的實驗以求現代化。一邊在歷經四十年的煎熬與磨難後終於可以稍微喘一口氣，另一邊則上氣不接下氣地在悲慘困境中進行著超人的努力。然而這個新興的國家坐上國際會議桌高談闊論，窮親戚則沒有發言權，被視如瘟疫般地被逐出國際論壇。一邊是深恐後退、努力一步一腳印的前進，另一邊則是改採比較溫和保守的路線。此間有許多的分歧與衝突。

但是，更大、更深層的不合，是來自中國那令人不安的民族主義，來自中國想要報復西方世界的野心：俄羅斯，不管她是不是社會主義國家；還有那個蠻夷之邦的西方世界。中國想要抹滅過去的恥辱，成爲第三世界的首領，再次成爲宇宙的中心——「中國」。

一九六六年後記

自一九六二年起，中蘇衝突越演越烈，赫魯雪夫倒台也沒有解決問題（詳參〈蘇聯一九六六年後記〉一節）。一九六二年後比較重要的事件有二：

一、中國研發並試爆原子彈，證明一九五九年蘇聯終止援助中國的核武研發後，在如此短時間內就完成了被認爲不可能達到的科技進步。中國將此視爲使美國「任何以原子彈恫嚇威脅徒勞無功」的方法。

二、中國與法國展開了外交關係（一九六四年一月二十七日），這也代表法國承認中國共產黨政權。此舉的政治意義更甚於經濟因素：與阿爾及利亞（一九五〇年一月六日即已承認中國主權）、以及西德的經貿往來，遠超過與法國的貿易。

中國將非共產世界分成三部份：第三世界、除了美國以外的資本主義國家、以及美國。除了美國以外的資本主義國家，尤其歐洲國家與日本，與美國之間有許多不合（中國將這些國家視爲「第二緩衝中介區」，第一中介區則爲第三世界國家），而中國認爲在此將可發展其勢力，有所作爲。

第4章
印度的昨日與今日

印度在地理上是個多元的空間，在歷史上也有著十分複雜的過去，學者們始終無法統合出一個定論。面積太過廣大（連同巴基斯坦，共四百萬平方公里，是歐洲六國[1]的三倍到四倍大），人口太多（今日有超過四億三千八百萬人，尚未包含巴基斯坦）。如此多元分歧之地，在南方德干高原與印度半島西北部之間過去從不曾有一刻太平。南方保留了多元民族、多元文化的德干高原，一直是最激烈反抗異族入侵的地區；印度半島西北，連接乾燥的印度河流域與伊朗，越過開伯爾山口，越過突厥斯坦，與整個動盪不安的中亞相連。西北，始終是整個印度次大陸最常受蠻族入侵滋擾、潛藏危險的病灶所在。

而且（除了英國殖民以外），從不曾有任何政治勢力完全稱霸整個印度次大陸，過去不曾，今日，尤其是在一九四七年暴力血腥的印巴分治之後，也無法辦到。

古典印度（直到英國殖民統治之前）

如果不要上溯到神祕的古印度文明（西元前三千年到西元前一千四百年），則可將古典印度文明以三個時期代表，此三個時期彼此重疊相續而非匆匆轉換。

一、西元前一千四百年到西元後七世紀的印度雅利安文明，也稱爲吠陀文化。

二、接續吠陀文化發展至西元十三世紀的，印度「中世紀」文明（印度教）。

三、由回教統治者（十三世紀到十八世紀）強加如緊箍咒般的伊斯蘭印度文明，而此強勢而漫長的殖民統治，於十八世紀之後由英國接手。

再重複一次，印度曾經出現的諸多大帝國，從來不曾完全統一整個次大陸，直到十八世紀前，印度都不曾像中國那般曾被單一政權統一，而使其文明被大大地簡化。

● 始於西元前一千四百年，終於西元第七世紀，吠陀文化的印度可分為三或四個時期，這兩千年的歷史主要為來自突厥斯坦的雅利安人，由印度的西北方入侵，逐漸深入印度河中游平原、及至恆河中游，並定居下來。雅利安文化只影響了印度河恆河平原的一小部份地方，但該地區卻成為印度文明早期活躍的中心。

最早的文明，同時涵有來自外來民族文化，以及早期定居印度的諸民族的文化元素，經過極漫長時間發展而成，稱爲「吠陀文明」（吠陀，意爲神聖的知識）。這個文明，與膚色棕褐或黝黑的印度原住民族相遇，印度的原住民族相當多元：有很早就來自非洲的俾格米人；有稍晚移入的原地中海人種，極可能是從美索不達米亞過來，現在仍可見於半島南方的達羅毗荼人；也有源自中亞的人種，有著蒙古利亞人種的特徵（主要在孟加拉地區）。

1 歐洲六國，一九五七年三月二五日由比利時、法國、義大利、盧森堡、荷蘭、西德六國簽屬羅馬條約，建立歐洲經濟共同體。

這些前雅利安人種，大部份是定居民族，從事農耕、定居畜牧，群聚於印度河岸邊的城鎮中。印度河流域，相當早期就出現城市居民和商人的古老文明。這些前雅利安人種，人口繁茂，至今仍是印度人口的主要組成元素。

印度雅利安人（通常，但不是每一個都如此）金頭髮膚色淺，從事畜牧或游牧，與西元前兩千年居住於伊朗高原、小亞細亞、及遙遠的歐洲國家的民族有關係。這些佔領印度的雅利安人，與希臘人、古義大利人、塞爾特民族、日耳曼民族、斯拉夫民族是兄弟。

一、**第一階段，西元前一千年之前：入侵**。

雅利安人的首波入侵，起於突厥斯坦，往伊朗與印度方向推進，由美索不達米亞往印度河流域，入侵一個有城市、有高樓、有定居的農民、高度發展的文明。這個古老的文明，在雅利安人進犯之時，可能正在衰微，但也仍然抵禦這股外來勢力，拖延其攻勢，不使其往東方擴張。

以「梵文」書寫的雅利安人的神聖經文，敘述了西元前一千年以前，在旁遮普地區與喀布爾河流域，這些夾雜了人、神、與非神（「阿修羅」，惡勢力的保護神）永無止盡的戰爭。

這段漫長的歷史，記載於最古老的經書《梨俱吠陀》（又稱《歌詠明論》）中，是「最原初的」吠陀信仰與傳說，在地界、兩界之間（「空界」）、天界最少有著三十三位神明。在這眾多「沒什麼特色」的神祇中，最突出的是伐樓拿神，祂是「宇宙法則與道德的守護者，以天羅地網監管著犯罪者」；地位更高的是因陀羅，淺色頭髮、戰無不克的英雄人物：戰勝了惡魔弗栗多，將天上之水洩至人間，浸濡、澆灌了土地，使土地肥沃。這些吠陀的神明都與人類有往來，如同奧林帕斯山上的希臘神祇與攻打特洛伊城的戰士有牽扯一般。人們必須向這些神祇獻上供品：牛奶、麥子、肉類、以及一種以某種神祕植物發酵製作的飲料（「蘇摩」）。

總而言之，這是一個多神論的宗教，也相當的形式主義，注重禮拜儀節。雅利安人是游牧民族，還沒有完全地定居下來，在宗教上尤其仍保有游牧民族的特色。定居生活，是一切秩序之母，甚至也會在宗教範疇內奠定秩序。

二、第二階段，西元前一千年到西元前六百年：征服與定居。

西元前一千年到西元前六百年之間，這些入侵的雅利安人逐漸擴張其勢力，在略往東方一點的地區定居下來，今日的德里是當時的交通要道。在激烈戰鬥之後，至少吠陀經上是這麼敘述的，往東征服推進到今天恆河左岸的瓦拉納西[2]。西元前八百年之時，可能向東推進到了孟加拉地區，也可能包含了印度的中部地區。

往東推進所連帶引發的地理、社會、經濟、政治上的變化，可以在新的經書中所提到的許多新的宗教創見上找到。除了新的經書以外，還有經書的評註（《梵書》）與奧義書，這個「方法論」開啟了宗教操作的秘密之門。宗教信仰的基礎不變，但變得越來越複雜，有朝向一神論發展的傾向，不過，由於社會族群的混合、征服者與被征服者共同生活相處，許多非雅利安民族信仰的元素大量摻入宗教中，比如練瑜珈（「對自我的控制」），在吠陀信仰中除了獻祭的儀式以外，瑜珈佔有相當重要的地位。

漸漸地，宗教信仰與態度變得越來越晦暗。靈魂，不停地轉世投胎重新降生於世界上，是無止盡的苦難。在此同時，在一個「迷信法術力量」、「類似封建」、「殖民」的社會中，建立了最初的社會階序（「瓦爾那」[3]理論），這是一個多元複雜的社會，無法將一切（如同我們過去所認爲的那樣）都以征服者與被征服者的關係來解釋。第一階序是「婆羅門」階級，是祭司、精神領袖；其次是戰士、國王、王子、大君（「剎帝利」）；第三階序是一般農民、畜牧者、手工業者、商人（「吠舍」）；最後第四也是最下位的階序是「首陀羅」，原先是被降服的原住民族所屬階序。

2 瓦拉納西，**Varanasi / Bénarès**，位於恆河左岸的城市，被認為是世上歷史最悠久的城市之一。是印度的聖城。

3 瓦爾那，**Varna**，印度教經文中解釋每個人在社會上的角色與地位的理論，並不等同於種姓制度。

後來，這個社會逐漸地建立起一些明確的禁忌、規矩，禁止階級之間通婚，以及對於「潔」與「不潔」的嚴格區分等。

在最高的兩個階級，婆羅門與剎帝利之間，主要是神聖的與世俗的分野。印度原始的皇權很快地便失去了宗教上的領導權，與古代中國和古代埃及皇權同時也代表著宗教上的力量不同。「精神力量與皇權的政治力量兩股勢力的關係，全表現於一個獨特的機構……。事實上，剎帝利階級的典範，國王，不只要延請婆羅門祭司出席主持公開的儀典，國王還必須與一位婆羅門維持長久的私人關係，作爲「國師」（字面上的意思就是『奉於座前』）。我們此處翻譯成國王『私人的隨行神職人員』，但是要知道其意義其實是神靈的代表。神明不會饗用沒有國師的國王所獻的祭禮，而且國王也有賴國師的幫助才能完成其身爲君王的使命，國師與國王的關係非常密切，就如同想法與意志力的關係一般。簡而言之，就如《梨俱吠陀》中所說『他居住在大宅第中，土地賜予他豐富的一切，人民敬拜順服他，國王駕臨國師府中也必須要讓這位婆羅門走在前頭』」（引自路易杜蒙[4]）。總之，這些就是婆羅門教的經文所述並且一再重申的要義。

這是一個宗教至上的社會，宗教與政治力量相結合，卻不與之合併，杜蒙認爲，這就是印度社會四分五裂的主要原因：最高的兩個階級相結合，與整個社會相對立；而上面三個階級，婆羅門、剎帝利與吠舍，又一起，與最下階的首陀羅相對立。

婆羅門階級的優越性建立於人民對其極度的畏懼之上。禮拜的儀節如此繁複，使得掌理祭祀的人變得不可或缺；一旦在某個小細節上出差錯，就會觸怒神明，可怕的伐樓拿神就會毫不留情地報復。祭司們由於知曉熟悉一切儀節，便得以爲所欲爲，消滅古代雅利安人擬人化的神明，降低因陀羅和其他古老吠陀經詠歌裡的英雄神祇的地位，並且爲自己的階級利益創造了一個無上之神，梵天，主持一切婆羅門的獻祭。而不可諱言的，這位梵天神，始終並不是很受歡迎。

相反地，另外兩位主神，則受到信徒狂熱愛戴：深受農民百姓敬拜的樓陀羅；貴族階級則將喜愛的英雄黑天，視為毗濕奴的化身。再者，「戰士」與「農民」（第二與第三「階級」），都很樂於練瑜珈，後來婆羅門階級也開始練瑜珈，並且也採行了其他印度原住民族的一些信仰習慣。思想上甚至朝向自由的哲學發展，乃至於西元前六世紀、前五世紀時，誕生了兩個新的宗教：耆那教與佛教。

三、第三階段，西元前六世紀與前五世紀：耆那教與佛教早期的輝煌。

在此時期逐漸出現許多小王國以及由貴族統治的城市，這些王國與城市間都彼此有貿易往來。這些城市得益於王族宮廷奢華所需以及資產階級的財富而大發利市，很快地便人口稠密。銀行家、商人藉由駱駝商隊與海上貿易而大獲其利，細緻的棉布、麻布與絲綢，隨著對奢華的要求而出現。西元前六百年起就有了製鐵的工業，這點可從墓葬品中發現的兵器得到證實。（位於阿拉伯半島南方鄰近非洲）遙遠的亞丁港，就是將印度的鐵器轉賣往地中海世界的重要商貿地。

此時，印度的活躍，可與同時代的希臘相比擬。如此活躍的印度，發展出兩大救贖的宗教，耆那教與佛教，後者比較為人所知，也比較重要，因為佛教後來往外傳播了；不過，在印度本土而言，這兩教不相上下。兩者均是在原有社會框架外的「世俗」宗教，由除了婆羅門階級以外的大部份階層所信仰，並且有商人們的推波助瀾。兩者均有修道寺院，且都提出個人救贖的法則：我們在前面中國文明的章節已經提到，佛教，藉由泯滅對生活的欲求以及否定生命的意義，嘗試打破受詛咒的輪迴，以達到涅槃之境；耆那教，相反地，則將個人的苦行視為得到救贖的方法。這兩個宗教，都是由貴族大君所創：悉達多喬達摩（生卒年可能介於西元前五六三年至四八三年間？），可能是個王子，也被稱為釋迦摩尼（釋迦族之聖者）或佛陀（意為覺悟者）；以及（耆拿教之）筏馱摩那（可

4 路易杜蒙，Louis Dumont（一九一一－一九九八），法國人類學者，專研印度以及西方社會並進行比較分析。

能生於西元前五四〇年？卒於四六八年），是世界的「征服者」（「大雄」）。

佛陀，出身於尼泊爾，於西元前五二五年左右受到「啓發」，開始以其餘生在恆河谷地傳教。其所傳教義係建立於其話語之上，由弟子所記錄，這些佛說於佛陀身後便開始有所改變。在佛陀的說法中，不見任何關於神的內容，沒有提及，並不表示否認神的存在，但，就如同佛陀否認「二元論」一般，這點構成佛教非常強烈的特色。佛陀的主張與當時代社會的主流思想（《奧義書》）相同，他摒棄世間的一切，否認靈魂的存在，對他而言，只有我們每個人的自我意識是眞實的。「你又回來我身邊，像一隻從船上放出去打探四方是否有陸地的刺候鳥，但你一無所見。因爲那些元素（土、火、水、風）立基於意識之中，失去了意識也就失去了這些標的。當意識不存在，所有宇宙的元素也同化爲虛無。」

說眞的，佛陀是個「棄世者」（「出家人」），脫離社會而漂泊，靠他人施捨維生，尋求能夠解脫的終極精神之道。他並沒有專注於改革他離棄的這個社會，而是專注於追求其個人的救贖。所以，佛教是一個爲己的宗教，是「脫離社會」之人的宗教，因此佛教與其他三不五時就出現在印度的各種異端同屬一類，都是要藉由個人的苦行、禁慾與絕對的聖潔，以逃離與社會的束縛密不可分的婆羅門教。與基督徒（極力逃避死亡）不同，棄世的佛教徒，努力地想要逃避人生，逃避轉世投胎的輪迴：「在此處，神聖的眞理建立在脫離痛苦之上：是對存在的渴望導致了轉世再生，對歡娛的渴望……；在此處，神聖的眞理建立在脫離痛苦之上：斷絕慾望、根絕慾望、切斷此種渴望、絲毫不留餘地地放棄任何念想。」這就是打破轉世輪迴達到涅槃的代價。

爲了要達到涅槃的境界，要跟隨「八正道[5]」（其中科學可以卸除一切虛榮之相），要謹守五戒（不殺生、不偷盜、不邪淫、不妄語、不飲酒），不犯十惡（惡口、妄語、貪慾、嗔恚、邪見、……），修六度：忍辱、禪定、持戒、精進、布施、般若。然而，要達到完美的境界，還要做得更多，要變成「菩薩」（我們所說的聖人），然後成佛（受到開悟）。唯有成佛之人，滅度之後進入涅槃之境。

四、在西元前三二一年至西元五三五年之間，所謂的列國時代，耆那教與佛教盛行，並引領了藝術與思想。然而，此二教的盛行並沒有使民間流傳的源自吠陀或源自印度土著的信仰稍有褪色。

婆羅門階級的祭司，爲了要保有他們的地位，越來越倚重民間信仰，他們將這些信仰與儀式一點一滴收集起來，像在築防禦工事一樣，並在這個緩慢的過程中發展出印度教，一個折衷融合而龐大的信仰系統，我們稍後會再回到這個主題。

在此時期，社會階級劃分確立，尤其是透過「種姓」的系統而變得更複雜。種姓制度於西元前三百年至西元後七百年間成形，相對而言其實是相當晚才發展出來的，不要與早前的「瓦爾納序階」混爲一談，瓦爾納序階比較類似伊朗在接觸伊斯蘭文化以前的社會階級分類。今日仍存在印度的種姓制度，歷時將近千年才形成，期間隨著不同民族、不同文化的融合，以及後來各職業項目間的分化，而發展出上千種分級類別（今日大概還存在兩千四百種）。最下一個階級，賤民，被視爲不可接觸之人，必須遵守所有的禁忌。

這個多元的文化，因爲兩個大帝國的建立而發展（立國於西元前三二一年至西元前一八一年的孔雀王朝，與立國於西元三二〇年至五三五年的笈多王朝），從印度北方朝尼泊爾、喜馬拉雅山區、西藏、暹羅、印度尼西亞（尤其是在笈多王朝衰亡之後）傳播，印度文化也滲透並「殖民」錫蘭島，以及德干高原上被降服的達羅毗荼人，在這些地方傳入了「古典而深奧」的梵文。在印度，梵文傳播的是與普羅大眾的文化相對的王公貴族的文明。

在孔雀王朝以及偉大的阿育王治下，佛教全盛發展。然而，幾個世紀之後，出現了一個全新的古典印度，印度教大獲全勝，稱爲印度教的「復興」，因爲此時期爲印度教藝術的重要時期。印度將所有由外來文明融入的元素都發揚光大（尤其是隨西元前三二七年至三二五年間亞歷山大大帝的征服傳入印度河流域的希臘藝術），奠定了

5 八正道，又譯為八支正道，指佛教徒修練達涅槃境界的八種方法，包括：正見、正思惟、正語、正業、正命、正精進、正念、正定。

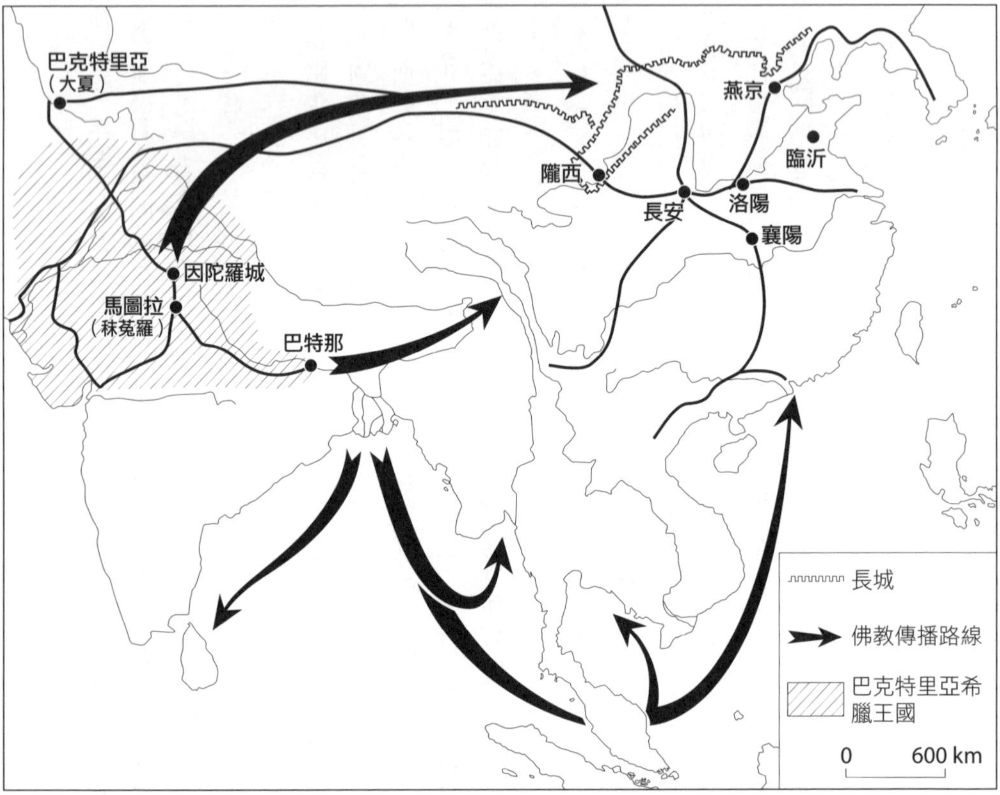

圖 11　西元前後 5 世紀的中國與印度

大此動盪年代，佛教經由海路船往中南半島與印尼；經由陸路船往中亞與中國；反之，在印度則沒落了。曾為阿育王之國都的巴特那，為希臘人建立的巴克特里亞王國擴張的極東界。曾為希臘文化浸染的地區後來成為佛教的國度。

印度文化的純度與力量，而且，如果我們可以這樣說的話，「發明」了印度教的寺廟（如「山尖」的塔狀建築樣式），如同西方的大教堂建築般極富特色。印度教的寺廟建於一個由四方寬敞階梯搭起的廣大平台之上，圍繞有小拜殿與迴廊，主殿即代表須彌山，（如同希臘神話中）理論上眾神居住的神祕的奧林帕斯山。

這個時期，也是文學重要發展的時期。在笈多王朝旃陀羅笈多二世（三八六年至四一四年在位）的宮廷中，住著「九寶」，九位當時代最傑出的詩人和思想家，著名的戲劇《沙恭達羅》也創作於此時，此劇於一七八六年譯為英文，一七九一年譯為德文，大大地感動了德國詩人赫爾德與歌德。

● 印度教承繼了非常古老的傳統，其起源不知是可上溯自笈多王朝末年，或是立國短暫的戒日帝國（西元六〇六年至六四七年）解體時。不可否認的是，整個中世紀，從戒日王死後到一二〇六年德里建立蘇丹國之前，印度教都非常重要。它不僅是一個信仰或一個社會秩序，更重要的它還是印度文明的核心與代表，淵源久遠，即使在今日尼赫魯總理治下的印度依舊十分活躍。

為了說明這段發展過程，以下我們將借用一些慣用於歐洲史的詞彙，中世紀、封建割據、……等，以方便了解，然而，這是十分危險的。我們只借用這些字眼，而不完全地採用其字義。因為，如果說在中世紀的印度，印度教的重要性，如同西方中世紀的基督教，印度卻與梅洛溫王朝、卡洛林王朝時代的歐洲、或封建的歐洲毫無相同之處。

一、**歷史背景很重要**。

經濟活動很可能在笈多王朝末年之前就開始衰退，經濟發展遲滯對商人是很大的打擊，而商人又是耆那教與佛教的「支持者」。這兩教很快地便遭到打壓迫害：信徒遭受酷刑折磨蒙難、寺院被毀、……。

另一方面，在印度的歷史上，一旦從恆河流域到古吉拉特邦與阿曼海之間的這些富庶區域不再因為貿易交通而繁榮，一統的大帝國就會崩解，但廣大的印度人民一點也不擔心：那些統治的國王，向來就與絕大多數的人民不是同一個階級。所以，印度很自然地便進入分崩離析的狀態，形成許多獨立的邦國，而各邦國又分裂爲許多大君的采邑，彼此爭戰不休。印度的「中世紀」是戰士的年代，也是各地歷史紛雜的年代，上百的王朝各有其編年史，即便是博學的專家也不免混淆。

一一檢視這些邦國的歷史並不有趣，留意如孟加拉地區、古吉拉特邦、或者德干高原這些充滿生機、繁華發展的區域特色，也不有趣（德干高原，由於西元八八八年年至一二六七年朱羅帝國[6]時期，其抵禦外來勢力的能力、與航海活動的輝煌，被某些留心於其獨特歷史的史學家稱爲「印度的拜占庭」）。最重要的還是在於關注各地文學的蓬勃發展，在孟加拉地區以孟加拉語、在阿拉伯海的坎貝灣[7]與卡提亞瓦爾半島以古吉拉特語、以及德干高原以達羅毗荼語創作的文學（達羅毗荼一詞，爲一八五六年加德威爾[8]所發明的一個不怎麼理想的詞，用來泛稱德干高原上眾多民族所使用的眾多語言，其中包含相當重要的坦米爾語[9]）。

簡言之，中世紀印度經濟發展遲滯，使得地理與民族的多樣性再次（也就是說他們從不曾真正的消亡）彰顯其生命力，此多樣性如同「熱帶植物」一般地旺盛，也是印度教非常重要的一個特色，而這個多樣性也使現代印度擁有眾多的語言，造成極大的困擾。然而，在此豐富的多樣性之外，呈現出一個具有明確特徵的宗教與文化一統性。

二、一**個婆羅門階級折衷融合多元影響發展出來的宗教一統性**。

在印度半島的北方，婆羅門階級綜合了吠陀文化與後吠陀時期的元素，結合數個世紀以來所吸收的非雅利安民族的元素、以及眾多各地信仰的元素，融合成一個企圖統轄囊括一切的宗教，印度教。

那麼，在這漫長的過程中，南方的角色爲何？南方逐漸地取代了北方在政治、藝術、宗教思想上的重要性，在第七至第十二世紀之間，德干高原成就了極高的文明，擁有極亮眼的藝術表現（瑪瑪拉普蘭的帕拉瓦王朝藝術，古典而細膩；埃洛拉[10]藝術，孔武有力而具王者之氣；科納拉克[11]藝術，詩意而感性）。而在此傑出的藝術成就以外，南方也孕育了印度最偉大的哲學家，商羯羅[12]與羅摩笯闍[13]。

印度教，以上千種各式不同的名字，宣揚一個親民、慈悲、救苦救難的神，一個使人民自然而然崇敬的神。儘管名稱與畫像有各種版本，但基本原則不變。爲了與佛教及耆那教相較勁，這個古老的宗教東山再起，並吸收採納對於聖潔守身、消弭暴力、**甚至兩教皆然的素食戒律**。不過說到底，就是一個以新語彙重新詮釋的古老民間信仰。

於是，印度教有三個「最高」主神並存：梵天（特別受到「文學的禮讚」）是創造世界之神，毗濕奴爲維護

---

6 朱羅帝國，Empire Chola，印度南方非常古老的王國，其起源可上溯至西元前。中國稱為注輦國。

7 坎貝灣，Golfe de Cambay / Golfe de Khambhat，位於印度西端阿拉伯海的一個海灣，灣內有坎貝城，中國元代古籍《島夷志略》稱此城為坎八葉。

8 加德威爾，Robert Caldwell（一八一四—一八九一），福音會傳教士、語言學家，在學術上建立了達羅毗荼語族。

9 坦米爾語，Tamoul，印度半島最南端的邦所使用的語言，也是新加坡與斯里蘭卡的官方語言之一。一九九八年世界上有七四〇〇萬人使用坦米爾語，是使用人數排名第十八位的語言。

10 埃洛拉，Ellora。此處布勞岱爾不知是否指埃洛拉石窟Caves d'Ellora，包含從西元六世紀到一三世紀佛教、耆那教、印度教的神像雕刻石窟。

11 科納拉克，Konârak。不知布勞岱爾是否指科納拉克的太陽神廟，又稱黑寺，為印度相當重要之寺廟建築群，以其建築之美著稱。然而此神廟建於十三世紀中，比布勞岱爾本段落所討論之時間點晚了一個半世紀左右。

12 商羯羅，AdiShankara，生卒年有爭議，為西元八世紀末九世紀初人物，被認為是印度最重要的精神導師、哲學家。

13 羅摩笯闍，Rāmānuja（一〇七七—一一五七），印度哲學家、神學家。

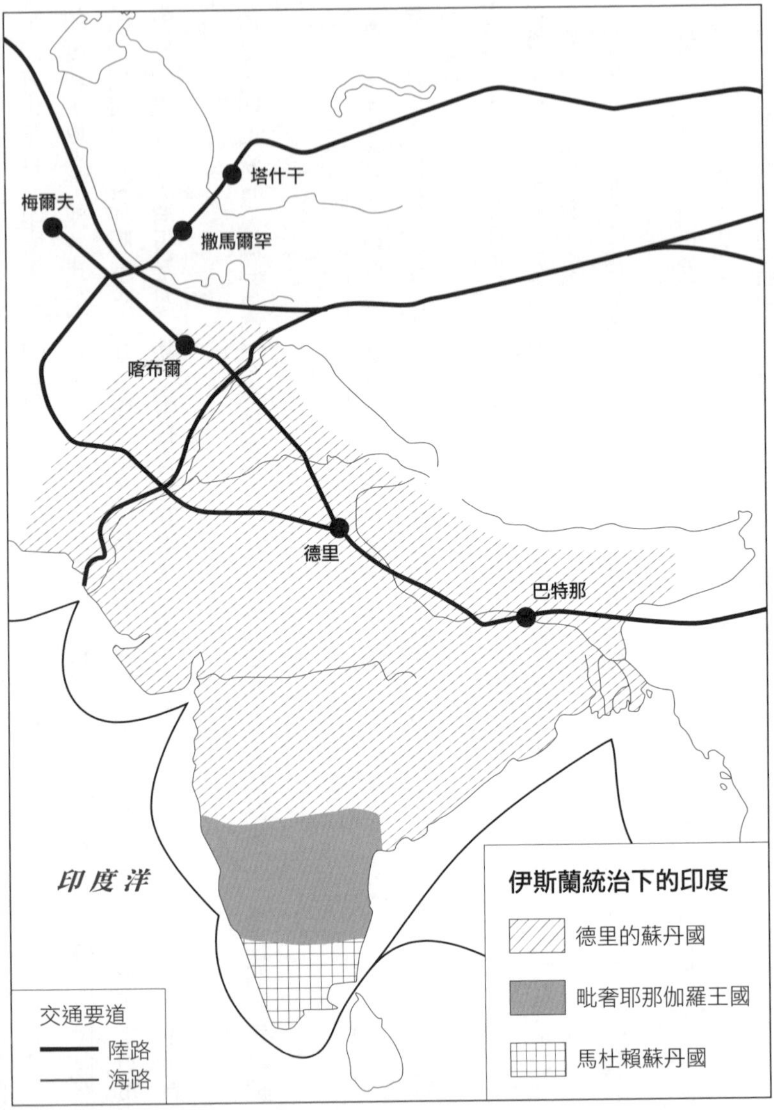

圖 12　十四世紀的印度

此圖呈現主要海陸交通路線與各王國疆域（最南端為成立於 1335 年立國短暫的馬杜賴蘇丹國）

之神，濕婆則爲毀滅之神。這三個主神既可分別獨立存在，又是不可分割的，每一個神對其信徒都是至高無上、法力無邊。如此也可以理解毗濕奴的許多「降世化身」，爲了維護世界和平而轉世以不同的化身出現，如魚、龜、野豬、人獅、甚至到了第九化身時以佛陀的姿態出現，佛陀的成就都被統整進入一個信仰體系中。毀滅之神濕婆，代表「死亡、時間，祂是最重要的」。跟毗濕奴一樣，濕婆也會把權力轉移給其他神，濕婆通常轉給女性神祇。在印度南方的傳說中，濕婆的妻子是位公主——米納喀什（「魚眼女神」）。

我們無法繼續深入討論這個異常豐富的神話，亨利津莫[14]有一本很傑出的著作，《印度文明與藝術中的神話與符號》（一九五一年）[15]，讀起來舒服愉快，可以讓人對這些神話有個概念。我們也不要再花時間流連於祝禱與獻祭的繁雜儀式、對死者的禮拜、大多數印度教徒死後的火葬儀式（只有苦行僧和小孩土葬）、冗長而複雜的結婚儀式等。印度在禮拜儀節方面，一直是驚人的保守。

對信徒而言，關鍵問題還是在於死後的世界。如果被認爲是誠實的人，就能「乘著太陽的光芒」升天；如果是有罪的人，就會下地獄。而這個獎賞或懲罰的判決也不是永久的，靈魂會循其不幸的命運再轉世。但是，藉由祝禱、儀式、朝聖、甚至透過護身符，人們有時可以擺脫「業」，擺脫因果循環，並且不再轉世投胎，那麼他就「解脫」了。這是一種消極的解脫方式，與佛教所說得道，透過個人的苦行與心靈的淨化得到在精神上的超脫與捨離，有極大的不同。

在印度教萬流歸宗的萬流之中，佛教爲其中一支流，而此萬流也正是印度的文明。印度教吸收了佛教一部份的信仰形式，但不接受其思想內容，即使在佛教曾經深固扎根的孟加拉地區也是相同的情況，這也造成了一個無

14 亨利津莫，Heinrich Zimmer（一八九〇—一九四三），德國專研印度學者，南亞藝術史學者。

15 《印度文明與藝術中的神話與符號》英文版Myths and Symbols in Indian Art and Civilization，出版於一九四六年。布勞岱爾括號內的一九五一年指的是法文版。

法填補的空白。苦行僧、聖人、「出家人」在印度一直都很盛行。一個嚴謹而無情的社會，太過沉重，主流宗教不容許絲毫的個人自由，唯有清修，「無爲」。於是「種姓」越分化越多，成爲意識形態上、精神層面上的解脫。

也許就是這個佛教遺留的空缺，使得孟加拉地區在西元十二世紀最後一次對佛教徒的迫害後，造成大量人民改宗皈依伊斯蘭教。我們在巴爾幹半島也見過相同的情形，波士尼亞基督教的異端波格米勒派，在歷史上經常受迫害，在十五世紀土耳其人到來後，人們就改宗信仰伊斯蘭教。

● **伊斯蘭文化的印度（一二〇六年至一七五七年）**。其雛型勾勒於七世紀起〔印度半島西南的〕馬拉巴爾海岸[16]建立起幾個貿易站殖民地，而七一一年、七一二年信德省被攻佔則奠下基礎，在印度次大陸上設立殖民據點，伊斯蘭勢力緩慢地成長，逐漸地擴張到印度河與恆河流域。隨後，雖然曾經嘗試，但其征服整個次大陸的努力均功敗垂成。

穆斯林長久以來一直覬覦著印度北方半沙漠之地，在十世紀初、以及一〇三〇年都曾發兵，唯有旁遮普地區落入他們手中。直到兩世紀後才建立了德里的蘇丹國（一二〇六年），並將勢力擴張到印度北部。印度北部是印度的關鍵要地，由此可以掌握一切，或者說幾乎掌握一切。

這場對印度的征服，在數百場戰役後，最終以大規模駐軍佔領而完成。爲數不多的穆斯林，只駐紮在幾個重要城市裡，靠恐怖暴政統治。殘忍不堪的事如家常便飯地發生：縱火、濫殺無辜、釘十字架或行穿刺刑、玩血腥的遊戲、……。拆毀印度教寺廟以騰出地方建造清真寺，有時候甚至以武力脅迫人民改宗。一旦人民起義反抗，立刻遭到野蠻鎮壓：燒毀房舍、蹂躪村里、男人格斃、女人發配爲奴。

一般而言，鄉村地區任由印度土著的王公統治，或由村鎮組織行政自治，如此某程度的自治其代價是要負責上繳極龐大的稅金，例如拉惹普坦納〔今稱拉賈斯坦〕過去的拉惹大君[17]轄下的領土便是如此。

印度若沒有堅忍的耐性、過人的實力、和廣大的疆域，將無法存活下來。稅賦如此繁重，一旦農作收成不好，就引發饑荒與疫病流行，旦夕之間就會造成數百萬人死亡。與如此悲慘赤貧相對照的是，征服者的享樂奢華、德里富麗堂皇的宮殿與節慶。各蘇丹王都奠都於德里，這個城市令許多伊斯蘭世界的旅行者，如著名的伊本巴圖塔，驚艷而大開眼界。

十三世紀時，德里的蘇丹王很幸運地逃過了成吉思汗及其後繼者之第一波蒙古大軍的攻勢，甚至還趁此機會朝一直有效抵禦回教勢力的印度南方擴張。不過，西元一三九八年帖木兒成功揮軍南進，並吞滅這些蘇丹王的領土，直搗德里，並毫不留情地屠城。但是帖木兒沒有久留，不久之後就帶著戰利品和成群的俘虜離開了。於是原先的穆斯林統治者又得以一點一滴地在印度重建勢力，不過他們再也無法恢復昔日的榮光了。

一百三十年後，西元一五二六年，在帕尼帕特[18]的戰場上，成吉思汗的後代（至少他是這麼宣稱的）——巴布爾，擊潰了一個病懨懨且實際上是由許多政權分治的帝國。巴布爾的軍隊人數很少，但是配備有明火槍和大砲（在戰場上，大砲的輪子都用鐵鍊彼此栓在一起，以防騎兵突襲），隨著戰事告捷，來自伊朗、喀什米爾、伊斯蘭國家、以及西方國家的傭兵湧入，軍隊規模越來越大。

巴布爾是回教徒（遜尼教派）。所以，這個外來入侵者的勝利，是正統伊斯蘭教派的勝利、是白種人的勝

16 馬拉巴爾海岸，Côte de Malabar，印度半島西南的海岸，北界為果阿，南界為科摩林角。中國宋元時期稱此為馬八兒國。

17 拉惹，rajah，印度教世界中剎帝利階級的國王、王公的稱謂，也譯作大君，以與伊斯蘭教的蘇丹王作區別。

18 第一次帕尼帕特戰役，一五二六年四月二一日，在印度北方小鎮帕尼帕特附近，巴布爾以一萬五千人的軍隊擊敗德里蘇丹國十萬大軍，宣告蒙兀兒帝國的建立。

利、是火藥的勝利。「大蒙兀兒帝國」隨著這場勝利而建立，「原則上」這個帝國立國三百餘年，直到一八五七年才被英國人利用士兵叛變[19]的機會消滅。事實上，蒙兀兒帝國早在英國人佔領孟加拉地區（一七五七年）之前，在最後一任偉大君王奧朗則布（一六五八年至一七〇七年在位）死後，便已分崩離析。

從西元一五二六年到一七〇七年奧朗則布死前，穆斯林的印度再登風華，令人想起德里蘇丹國的黃金年代，同樣的暴力、不同的文化被迫並存、同樣的地方組織、同樣的成功統治。

同樣的暴力：伊斯蘭以恐怖統治，並將帝國的奢華建立在廣大印度人民的苦難之上（有別的辦法嗎？）。一方面，是來自西方的旅行者所讚嘆的極致繁華；另一方面，則是一連串的饑荒、極高的死亡率、無數被遺棄或被賣掉的孩子。

同樣被迫並存的異文化，隨著時間推移，異族通婚越來越頻繁。蒙兀兒帝國最偉大的君王阿克巴大帝（一五五五年至一六〇六年在位），嘗試要建立一個比較不專制的行政系統，甚至創立一個新的宗教（「丁伊伊拉希[20]」，意謂神聖的宗教），以結合伊斯蘭教與印度教。然而，除了皇帝近旁的幾個人以外，這個宗教幾乎沒有信徒，而且在皇帝死前就無法存續了。但是阿克巴大帝這番努力還是別具意義的。

事實上，皇帝無法無視於他的印度子民們，印度相當大部份的地區仍然是半獨立的狀態，有些對蒙兀兒帝國繳稅、有些不繳稅。曾經於蒙兀兒帝國宮廷服侍的法國醫生貝聶[21]於一六七〇年記道：「在這廣大的國家，還有許多蒙兀兒無法控制的王國，絕大多數都還保有自己的酋長或統治者，並不順服於帝國，有時被迫進貢，有些邦國只進獻極少的物品，有些則絲毫不進貢。」

由於連年的征戰與無止盡的鬥爭，不得不建立專制的政權。蒙兀兒帝國的宮廷就是一支聚集在德里的龐大軍隊（有五萬到二十萬人）：騎兵隊、鳥銃隊、大砲隊、輕型砲隊、攻城的大型機具、成群供騎兵替換的馬匹和象群、還有大量的戰士、照料馬匹的馬伕、以及雜役。軍隊將領們，享有月俸和許多好處（賞與他們可享用終身但子孫不得繼承的土地）；這些軍事將領們都是勇於冒險的機會主義者，通常出身十分低微，不過這一點也不妨礙他們招搖過市，「穿著華服，有時騎象、有時騎馬、有時乘輦，通常有一群負責看守宅第的騎兵隨扈，還有衆多僕從，走在隊伍前頭和兩旁負責開道的、用孔雀羽毛趕蒼蠅和撣灰塵的、拿牙籤的、捧痰盂的、端水的、……」。但是，貝聶繼續解釋道：「人口比例是一個回教徒對應數百個非回教徒」。軍隊沒有辦法只招募膚色淺的所謂蒙兀兒人（他們由於擔心後代會失去身爲白種人的優勢，於是盡量只娶喀什米爾地區的白種女子），所以軍隊還是必須招募其他非回教徒與膚色較深的人種。

在京城德里長久以來都有來自拉惹普坦納的士兵，而且通常都是由他們的大君親自帶領。經過授命，這些拉惹大君可以號召龐大的土著部隊，有時需要對抗反叛的穆斯林傭兵、或者攻打鄰國什葉派兇悍的波斯人、或者對抗德干高原上一直以來與印度北方敵對的印度教、或者穆斯林王公勢力。

所有的軍餉與軍事行動都由蒙兀兒帝國財力雄厚的國庫支出，而國庫收入的主要來源是貿易，而非來自土地的農作收成。事實上，國庫就是財富的集散中心，每一枚入庫的銀幣都會被打上一個小孔；經常有些銀幣上打有好幾個孔，代表銀錢曾經數次入出國庫。

所以，我們可以說，印度相當廣大的非回教世界也參與了這個財富重分配的過程。時間一長，隨著通婚與混居，相異的文化得以兼容並存。在前面伊斯蘭的章節裡，我們已經提過伊斯蘭文明與印度文明混合而生的藝術，在德里以及蒙兀兒帝國的幾個主要城市裡大放異彩。這個藝術融合了伊斯蘭與印度兩種文明，這是非常明確的事

19 Révolte des Cipayes，是一場由印度士兵發起、反抗英國東印度公司的一場民族起義，亦被稱為印度第一場獨立戰爭。

20 Dîn-i-Ilâhî，蒙兀兒帝國阿克巴大帝於一五八二年建立之一神論宗教。

21 貝聶，François Bernier（一六二〇—一六八八），法國醫生、旅行者、哲學家。

實。然而在信仰與文化的版圖上，伊斯蘭並未眞的改變印度太多，印度依然故我。以印地語[22]寫作的最偉大的詩人，出身婆羅門階級的圖希達斯[23]，其所生活的一五三二年到一六二三年間的情況，大致如是。

事實上，伊斯蘭的集權統治，儘管帶來數不清的傷亡與破壞，但其對印度社會經濟結構的影響，遠不如印度與西方人接觸後的破壞。印度與西方的接觸始於十五世紀末，於十六、十七世紀逐漸頻繁，而到十八世紀更爲高峰期。除了火藥帶來的軍事優越性以外（此即一五二六年穆斯林勝利，與一五六五年（德干高原上最後的印度教王朝）毗奢耶那伽羅王朝落敗的原因），伊斯蘭文化面對被其降服的印度，不論哪一方面均未獲得成功。

前面已經提過，在奧朗則布死後（一七〇七年），蒙兀兒帝國在印度西方與南方的統治便搖搖欲墜；一七三八年，京城德里還被阿富汗人攻下。一支強悍的印度民族馬拉特人[24]，從一六五九年便興起，曾一度爲奧朗則布所阻，但隨後在十八世紀達到鼎盛。

如此一來，我們要小心別太快給伊斯蘭統治下的印度下定論。如果沒有將這種十分暴力卻又漫長的殖民統治，與世上無數同樣的殖民行動重新進行比較，是不公平的。無論如何，此殖民統治在人口如蟻窩般密集的印度，植入了大量的伊斯蘭信徒，一九三一年的統計顯示，印度有百分之二十四的穆斯林（七千七百萬，相對於兩億三千九百萬的印度教徒），穆斯林與印度教徒的比例差不多是一比三。一九四七年印巴分治的政治劃分相當不理想（估計四億三千八百萬的穆斯林中有四千四百萬人住在印度，而巴基斯坦的人口中則有八千五百萬名非回教徒），當前的比例關係應該在百分之二十至二十五之間，而且數據應較接近後者。於是，穆斯林的印度，也完美的倖存下來，與整個印度穆斯林文明無法切割。

英屬印度（一七五七年－一九四七年）：被現代化的西歐世界把持的一個古老經濟體

十五世紀時，葡萄牙人已在遠東世界佔領並建立有許多商業貿易城市，但是，葡萄牙人在印度（達伽馬於一四九八年五月十七日抵達卡利卡特，葡萄牙人於一五一〇年佔領果阿）只享有不到一世紀的榮景。十七世紀時，葡萄牙人在印度的商貿站已改懸掛英國、荷蘭、或法國的旗幟。

早在法國勢力被消滅（一七六三年）之前，英國在印度的勢力已由克萊夫[25]於一七五七年六月二十三日普拉西戰役（普拉西，距離今之加爾各答不遠）的勝利建立起來，直到一九四七年印度取得獨立爲止，英國的勝利持續將近兩世紀，與蒙兀兒帝國差不多輝煌。英國在印度的統治，也與蒙兀兒帝國一般，是逐漸擴大範圍，直到十九世紀中才完全征服印度（一八四九年攻克旁遮普地區）；相同點還有，英國勢力也是在能夠直接統治的區域之外保留許多自治邦國，「土邦」。不過，在大英帝國治下，這種自治比較是原則上的，而非實際上。事實上，整個印度次大陸都受到這個挾有無比經濟優勢的強權統治的衝擊。**大致上而言**，直到第一次世界大戰前，距離印度遙遠的英國一直都是世界上最強大的工業國，擁有雄厚的商貿與財經勢力，英國的統治徹底地影響了印度所有結構。

- 印度成為初級原料的生產市場。由東印度公司（直到一八五八年才解散）主導的資源開發與掠奪，從腐敗的克萊夫男爵（受到英國國會抨擊而於一七七四年自殺）的時代開始，隨著佔領地的擴張而推進，展開對各邦君主、對商人、對農民三種形式的剝削。

22 印地語，Hindi，又稱北印度語，書寫使用天城文Devanagari，語言中有不少元素來自梵文。

23 圖希達斯，Tulsidas（一五三二—一六二三），印度詩人、哲學家。其對印度語及其文學的地位，經常被比如莫里哀之於法語、莎士比亞之於英語。

24 馬拉特人，字意為「偉大的民族」，一六七四年至一八一九年間建立了馬拉特帝國，也稱馬拉特聯盟國。

25 克萊夫男爵，Robert Clive（一七二五—一七七四），建立了英國東印度公司於孟加拉地區的統治，將法軍勢力驅逐出恆河流域。

在最早被征服的富庶省份，如孟加拉地區、〔印度東北部的〕比哈爾邦、〔東部的〕奧里薩邦，以無恥的方式開發與掠奪，直到一七八四年英國在印度組織了一個比較誠實的統治政權之後，才建立了一點秩序與公平性。最初的這些年，劫掠、貪汙已經造成許多無法言喻的災難，印度總督康沃利斯寫道（一七八九年九月十八日）：「我可以毫不猶疑地說，東印度公司在印度三分之一的領土現在是一片由野獸盤據的叢林。」此言一點也不誇張。

新來的統治者當然有他們的責任與任務，卻也無法避免地成為那些他們無法掌控的運作中的魁儡與受害者。儘管印度自古以來便與世界有貿易往來，然而成長中的貨幣經濟所帶來的諸多浩劫，其程度是前所未見的。英國式的法律，西方世界的土地所有權概念等，也都造成意想不到的大災難。

總之，一個由悠久的歷史付出龐大代價所建立的平衡，變得岌岌可危，即將被顛覆。

十八世紀末年的印度是一個鄉野的世界，滿布無以計數、通常都相當貧窮的村落，村落裡有一叢叢群聚的草屋，與今日（一九六二年）在馬德拉斯26附近或其他地方可見到的草房相同：「在泥糊的牆上，蓋著棕欖葉編織的屋頂，開口處有個低矮的門，……從草頂的縫隙飄散出燃燒乾牛糞的煙」。但是這些村莊都是一個個團結、各方面發展均衡的社區，彼此之間共榮共存，由一個首領或一個耆老議會所領導，在某些地區甚至還固定每隔幾年進行土地重分配。村莊生活所需的工匠，如鑄鐵匠、建築大木作匠、裝修小木作匠、金銀匠，都是世代父子相傳的職業，收取一部份的農穫收成做為工作的報酬。有些村莊的富農擁有奴隸，奴隸主會照料奴隸的吃、穿與住宿。整個社區共同擔負國家或附近領主要求的稅賦和勞役。所以鄉間一部份的農作收成或勞力付出就這般貢獻給別人，貢獻給那些遠在天邊、印度少數統治者所在的大城，而這些城市什麼也沒給與鄉村。稅賦，是兩者間唯一的連結。村莊毫無能力購買這些城市進口或生產的商品，城市所製造的商品，是只有少數城裡人消費得起、或是用來外銷的奢侈品。然而，這些特權階級所要求的稅賦與勞役壓力太大無法忍受的話，村落會遷村，尋找其他的土地，以求更好的出路。

這就是長久以來鄉村所賴以維生的經濟模式，結合農業與手工業，除了對鹽、鐵的需求以外，無所求於外界，可自立自主，非常古老、幾近封閉的經濟體。種姓制度的社會階序使每個人各安其位，從婆羅門階級的教師、祭司、占星者，到屬於較上層階級數代爲農的、或富農，再到佔絕大多數，由在田裡勞作較低階的人民及賤民所構成的社會下層。

這套體系在十八、十九世紀逐漸毀壞。英國人援請了舊時的稅吏來收稅，並且賦予各個村莊前所未有的土地所有權。於是，從孟加拉地區開始，出現了「僞地主」，由他們負責向英國政府繳上稅賦，而他們則向農民需索更多。很快的，這些僞地主就不再居住在鄉村，而委派代表來收稅。孟加拉地區悲情的農民頭上，層層疊疊地出現成串的中間人與吸血無賴。

在某些英國人沒有建立地主制度的地區，由政府直接收銀錢爲稅，缺錢的農民只好借貸，全印度的錢莊都因此大賺一筆。在過去，往往要顧慮農民抗稅、村民憤而遷村；現如今，有了法律和法官的保障，就有恃無恐了；無法償還債務，就沒收牲口抵債，再來就沒收田地。可憐的農民！由於土地不斷增值，當鋪老闆很快地就成了地主；而且，土地的炒作也吸引資金投入，由此更確保了土地的「報酬」。於是形成越來越多的大地主，這些地主向來也不操心如何耕耘田地，沒有這些土地「報酬」就已經活得很好了。到了十九世紀末時，在一億個農民中，可能只有三分之一是小地主，而他們擁有的土地平均面積，小於維持最低生存所需的十英畝。而在此發展過程中，十個村落耆老議會有九個都消失了，今天印度還試著要重建。

在其他方面也可看出情況惡化了：

26 馬德拉斯，Madras，位於印度東岸，是印度南方商業、文化、經濟中心。一九九六年改稱金奈Chinnai，或譯清奈。

一、鄉村手工業的消亡，受到英國或印度本地工業的競爭，無法生存，只好轉而從事壓力更大的農業；

二、英國資本主義的雙重政策：

(1)將印度視爲傾銷工業產品的市場（他們迫不及待地消滅印度十分古老的、且在十八世紀有重大發展的棉紡織業，與此同時又在歐洲掀起手繪或印花的「印度棉布」熱潮）；

(2)將印度視爲採購某些原物料的市場，如孟加拉地區的黃麻，孟買對岸赤褐色的土壤所種的棉花，以供應英國蘭開夏郡的工業所需。

預定要出口的原物料，經由鐵路送往各港口。鐵路的修築很早便展開，並於十九世紀下半葉對印度內陸帶來革命性的轉變。爲了負責聚集和運送這些貨物，許多城市應運而生。同時印度的農民種植越來越多不是用來養活家庭或村莊的作物，商品性作物超越了維持生計所需的糧食性作物（除了種植穀類的旁遮普地區，不過該地的麥子也是用來出口的）。結果是，隨著人口的成長，在十九世紀最後三十年爆發了災難性的饑荒，配給的食物減少，從不完整的統計數字中依然可以看出。

一九二九年的世界經濟危機，原物料價格崩盤，更加速使財富集中到地主和當鋪老闆手上，自由農所擁有的耕地面積越來越小，而貧農的負債已經遠遠超過他們償還的可能性。隨著債台高築，在面對債主時，這些農民的地位，遠不如過去農奴在農奴主面前的地位。儘管在英國殖民的法律上這些農人是自由人的身份；但是在經濟上，這些農人逐漸失去自由。

●大約在一九二〇年代，相當晚成的現代工業開始起步，與此同時的是最早制定的保護關稅，對於進口貨物課以高額稅金以保護國內產品。勞工低廉，新興的城市提供大量的無產階級勞工，豐富的初級原料，以及印度資本家的投入，這些條件都有助於各地工業的誕生。

這些資本家，有祆教索羅亞斯德的信徒的後代，帕西人[27]，一千多年前逃離波斯，主要聚居於孟買一帶；有出身於拉惹普坦納（拉賈斯坦）內陸一個較高種姓階級的馬瓦里人，由於該地區較爲落後而受到英國商業競爭較少；還有出身古吉拉特邦的耆那教信徒。

這個工業化的運動由三個工業城市引領著：加爾各答，帶動了（往東一百五十英里）塔塔集團（一個帕西人家族）的金屬冶煉工業，以及黃麻布的大型紡織廠；孟買，是棉紡織工業與汽車組裝工廠的重鎮；（古吉拉特邦首府）亞美達巴德，位於孟買北方五百公里，是純粹的棉紡織中心。以上這些和其他的工業，特別是糧食產業，在第二次世界大戰時，亂無章法地發展，尤其是一九四二年以後隨著民生物資以及紡織品的短缺，黑市價格高得驚人，一度（由於日本的威脅）令人擔心印度會整個翻盤。

一九四四年時，工業鉅子們決定支持孟買計畫[28]（非官方且太過樂觀），該計畫預期投入大筆資金，再加上二戰期間英國簽約向印度借貸的償還等，將投入於印度的建設。這項計畫也有利於印度資本家與英國企業簽訂協議（如汽車工業所簽訂的彼拉努菲協定[29]）。此外，時至今日，儘管獨立多年，英國的資金依舊參與加爾各答克萊夫

27 帕西人，Parsis，意為「波斯人」。在阿拉伯的伊斯蘭教徒攻克波斯並開始伊斯蘭化之後，一部份的祆教徒流亡並定居印度。主要從事商業活動，對孟買城市的形成與發展貢獻很大。

28 孟買計畫，Bombay Plan，一九四四年至一九四五年間由印度八大工業共同提出對印度獨立後的經濟發展計畫，提議於獨立後政府介入保護印度本地工業以協助發展。儘管印度政府並未正式接受這項計畫，但評論家大致公認一九五〇年印度展開的第一個五年計畫，係延續孟買計畫之精神。

29 彼拉努菲協定，Birla-Nuffield Deal，比拉集團旗下擁有設於加爾各答的恆都斯坦汽車公司，英資的努菲集團，則是二戰期間生產飛機引擎、大砲牽引機、戰車的重要公司。

街[30]上各家銀行的許多業務……。

工業興起也更加速鄉村人口湧入城市。有句坦米爾語的俗諺說：「破產了，進城去。」作坊、工廠、擔任僕役（薪資「只比沒有高一點」），都是工作機會。在古吉拉特邦的卡提亞瓦爾半島，以及當孟買許多豪門富戶招募廚師時，在不同社會階級之間建立起了許多意想不到的關係，或者在德干高原西南沿岸的社會底層的諸階級間，或者是在孟買的工廠裡負責捲菸的專門技術工匠間，這些不同社會階級間所建立的新關係與聯姻，都有助於整體印度民族的融合，並增加社會流動。

於是，在獨立之前，印度就出現了許多現代化而人口密集的城市，以及城市中髒亂的貧民窟，人們住在如鄉村般以爛泥糊牆的破屋裡，如孟買著名的「棚屋」區，或者加爾各答、馬德拉斯有著不同的名稱貧民窟。

●一八五七、一八五八年印度土著士兵暴動之後，英國重新省思了其印度政策。

這場由印度士兵發起對英國東印度公司的反抗，使英國重新檢討了其治理方式，終止了東印度公司的統治（一八五八年九月一日），取而代之的是設立於倫敦、相當有影響力的「印度事務辦公室」，而在加爾各答，則由英國皇室直接委任一位副王，取代過去東印度公司的總督。

這場起義是因爲英國太急於兼併印度各大君、王子的土地嗎？在此之後，英國承諾尊重印度各土邦的自治權，而且一八八一年時，原已併入大英帝國的邁索爾蘇丹國[31]恢復獨立地位，被視爲英國殖民新模式的一個象徵。在這個多元分歧的印度，放棄直接統治，是爲了更小心地維持既存的分裂狀態，並且妥善利用這樣的分歧，分而治之，特別是在處理印度教與穆斯林兩大族群問題時。首先，就是在軍隊裡維持這樣的分法，關於此，艾爾芬斯東[32]於一八五八年用了一個很巧妙的比喻，他說，英國權力安危的守護，要如同守護蒸汽引擎般利用船的水密隔艙嚴密地隔開來。「我想要確保我們在印度的帝國的安全，所以建置印度軍隊時必須要遵循相同的原則」，水密隔艙意指，印度教徒、穆斯林、喜馬拉雅山區來的錫克教徒，絕對不編組在同一個單位裡。

這樣的算計很快地就被歷史的進展所擊敗。一八七〇年代以後，世界性的長期經濟危機衝擊印度，引發了饑荒、疫病、農民起義。有識之士認爲，是時候開放政權讓部份印度人參與行政作業體系、甚至參與政事了。總之，在「副王的祝福」下，印度國民大會黨於一八八五年成立，儘管當時候該黨只有極少數代表，但非常有行動力，以我們今日的話來說，這個黨成爲印度民族主義的揚聲器。

這些極少數的人逐漸擴大黨員招募範圍，拓展至當時在大城市與大學中活躍的社會中層階級，他們並沒有向王公貴族或者地主階級招募，因爲那些都是根深蒂固的傳統人士，社會保守主義對他們是有利的；但對來自四面八方各種出身的社會中層而言，新生活促使他們向前邁進。資本家如帕西人、馬瓦里人、耆那教信徒、或伊斯瑪儀教派[33]的穆斯林，或是那些出身世代從政階級的人們，如喀什米爾屬於婆羅門階級的「班智達（大學者）」，這

30 克萊夫街，因克萊夫男爵曾居於此而命名，是加爾各答長久以來重要的商業區。今名NetajiSubhash Road。

31 邁索爾王國，Royaume de Mysore / Mysore Kingdom，印度南部德干高原上之一王國，建國於一三九九年，君王以印度之傳統稱拉惹。曾為毗奢耶那伽羅王國之屬國，十六世紀下半葉該國滅亡後，邁索爾王國重獲獨立。一七八六年至一七九九年間，法國曾經介入罷黜拉惹並扶植穆斯林勢力稱王，但一七九九年後拉惹大君仍由原邁索爾王國之王室繼承人復位。一八三一年至一八八一年間，邁索爾成為大英帝國的直接行政區，一八八一年重獲獨立復歸原王朝家族統治。布勞岱爾原文中用詞為伊斯蘭的蘇丹國sultanat，此處中文譯文尊重布氏原文。

32 艾爾芬斯東，MountstuartElphinstone（一七七九—一八五九），一八一九年至一八二七年任孟買行政長官。著有一部《印度史》The History of India，一九〇五年以前共以英文與法文共再版八次。

33 伊斯瑪儀教派，Ismaélisme，伊斯蘭教什葉派的一個分支，亦稱七伊瑪目派。

個階級在蒙兀兒帝國時出過許多大臣（今日治理印度的尼赫魯總理也是出身這個階級）……。同樣的，甘地也是出身於古吉拉特邦卡提亞瓦爾半島一個世代爲官的家族。

這些人受到西方文明吸引，體會到西方文明的好處，看到了優點、也看到了危險。例如，甘地的思想就同時源自印度摒棄暴力的傳統、俄國文學家托爾斯泰激進的和平主義、以及耶穌的山上寶訓……等。這些印度的知識份子漫遊於多股思想巨流之間，夢想要綜攝融合各種宗教想法，淨化印度教。不知他們是否自知，其實他們許多想法都源出於印度過往無數的異端之說。大概可以提出十或二十個這樣的人物，首先是撒拉斯瓦蒂[34]（一八二四年生，一八八三年卒）建立了一支新的印度教支派，排斥伊斯蘭教也排斥基督教，但他承認個人對西方世界的嚮往，並努力在吠陀諸經中尋找符合科學的現代性，如電、蒸汽機等；戈卡爾[35]（生於一八六六年，卒於一九一五年）是同樣的模式；或者詩作享譽世界（一九一三年貝爾獎）的泰戈爾（英文化後的名字，一八六一生，一九四一卒）也是相同的模式。泰戈爾的詩《人民的意志》[36]現在是獨立後印度的國歌。

經過長期的動盪與冗長的過程，印度終於一九四七年八月十五日獨立，同時，印巴分治。一邊提出許多要求，另一邊謹慎、推諉拖延、僞善，這場示範性的殖民地獨立運動的對話談判沒有什麼建設性（卻居於一個比其他所有的去殖民化運動更優越的地位！）：昨是今非，爭執不休，互不相讓。然後，令穆斯林滿意的事（將孟加拉地區分爲兩個省，東孟加拉與阿薩姆邦於一九〇五年合併成爲一個區），就惹惱印度教徒；反之亦然，令印度教徒滿意的事就惹惱穆斯林，當這個決定於一九一一年廢止，一切恢復原狀時，輪到穆斯林大爲不滿。對民族主義者而言，使印度教徒與穆斯林團結起來（伊斯蘭教徒於一九〇六年創有全印穆斯林聯盟），是一道無解的難題。

另外一個重大的難題是，如何才能夠感動並帶領廣大的印度人民。甘地（一八六九年生，一九四八年卒）不凡的成就做到了。甘地曾於孟買與倫敦研讀法律，並曾於南非東岸那塔爾擔任律師（一八九三年至一九一四年間），爲移民南非的印度同胞捍衛他們的權利。一九一四年返回印度後，甘地很快地便在民族主義者間佔有一席之地，領導他們、敦促他們前進，其行動箴言爲：「化政治力爲宗教用途」。甘地被稱爲聖雄（偉大的、有大智慧的），他教導道：少數無法被他人的意志所屈服的幾種力量，包含眞理、對任何人都不要暴力相向、以及聖潔。其行動的宗教性使效果加乘了百倍，甘地成功地鼓動了廣大的群衆。可以由幾個事件瞧見端倪，如第一次對於一九一九年英國剛讓步的憲法的抵制運動（一九二〇年九月二十日），以及隨後在一九二一年甘地發起不合作運動時。當強而有力的寧靜遊行以外爆發了激烈衝突、傷害事件時，忠於自己信念的甘地，停止了運動。八年後，一九三〇年一月二十六日，再次推行不合作運動，抵制鹽（由英國殖民政府販售），抵制許多協議，又掀起新一波的抗議行動，這次比較長期（一九三二年至一九三四年），最後則是抵制印度的新憲法（一九三七年的印度憲章[37]）。

● **早在第二次世界大戰爆發之前，印度的獨立運動即已發展成熟，第二次世界大戰則加速獨立之落實。**

一九四二年八月八日，印度國大黨附議甘地所提的動議：「英國人離開印度！」一九四二、四三年隨著日軍勢力在緬甸的推進，以及日軍對阿薩姆邦與孟加拉邦的威脅，情況非常嚴重：火車站、公家機構都被炸毀。隨後，和平到來，但印度的緊張情勢卻升高了。英國國會於一九四七年六月十一日通過讓印度獨立。英國與

34 撒拉斯瓦蒂，Dayanand Sarasvati（一八二四－一八八三），印度重要宗教領袖，以吠陀經典進行印度教改革運動。

35 戈卡爾，Gopal Krishna Gokhale（一八六六－一九一五），印度獨立運動主要領導者之一。

36 《人民的意志》，《Jana gana mana》，泰戈爾於一九一一年作詞作曲，一九五〇年由印度國會通過成為國歌。

37 布勞岱爾此處是否是指一九三五年的印度憲章India Act of 1935？此處中譯文尊重布氏原文所寫India Act, 1937。The Govevnment of India Act, 1937。

印度之間殖民與屬地的關係斷了，然而這個獲得自由的印度卻自己四分五裂：八月十五日，印度分裂成兩個「自治領[38]」，印度聯邦[39]與巴基斯坦（又被切割成兩塊）。劃分得很不好：還有少數四千四百萬名的穆斯林被劃在印度聯邦內；在東邊的界線，則是將種植生產黃麻的區域劃給巴基斯坦，而沿著胡格里河[40]的麻布紡織廠卻劃給印度……。移入與移出的龐大逃亡人流，伴隨著難以計數的屠殺，慘不忍睹……。甘地曾經試著與伊斯蘭勢力協商尋求共識，並未成功。一個印度教狂熱分子，認爲甘地此舉背叛了印度教，於一九四八年一月三十日刺殺了聖雄甘地。於是，印巴分治便在此內戰與極度暴力的氛圍下進行，造成兩三百萬人死亡。

一般認爲，印巴分治如此的結果，英國的政策要負責任。眞是如此嗎？這麼說就太過重視政策的影響力了，也太看重那些欲蓋彌彰的巧言詭計了。我們再次見證，印度的歷史無法與現在切割開來，過去的仇恨現在得到了報應，印度的歷史才是眞正的元兇。一九四八年二月四日，擁有獨特文明、從來不曾成爲英屬印度的一邦的錫蘭，也成爲一個獨立的自治領。

脫離英國殖民獲得自由後，印度立刻一分爲二，甚至，如果把緬甸（一九四七年）脫離英屬印度獨立也算在內的話，是一分爲三。

印度也能夠以中國的模式成就一場經濟革命嗎？

一九四七年以後，印度的工業有了長足的進步，比過去一個半世紀以來的進步更重大。相較於同在一九四七年分治的巴基斯坦，印度適應良好，在國內建立了秩序（與法國簽訂協約，法國放棄其在印度作爲貿易站的佔領地；印度政府佔領各地土邦並將其財產沒收充公，最著名的便是海德拉巴邦[41]（一九四八年九月）；自葡萄牙人手中以強勢武力攻下果阿（一九六二年）；對外也樹立並堅守其對喀什米爾的立場與權力，對抗長久以來由於喜馬拉雅山地區疆界未定所引起中國的覬覦。如此突然且暴力地攻佔果阿，令許多與印度真誠友好的國家都很失望，他們一直以為印度是世界上少數具有政治智慧的國家。不過，尼赫魯依舊保有其影響力，一直是第三世界國家最重要的捍衛者。

如果我們考量到，印度的議會體制相當有法度地運作著，如一九六二年的國會大選（印度國會下議院）、以及十四個聯邦的議會運作所示；如果我們看到印度這十四個聯邦的選區睿智地以語言劃分，我們將可細數條列出印度一連串寶貴的成功事蹟。

● 在這方面，以印度的世界觀及其所代表的人文思想而言，印度並沒有什麼獨到之處，只是政府持續的努力，於一九六一年至一九六五年的第三個五年計畫，繼續不懈地進行這項艱鉅的任務，以使五億人口能夠進步。不激進、沒有聳動的口號，只是順其自然，隨著人與事的發展，盡一切可能的努力求取可能的成功。

38 自治領，dominion，一九四八年以前大英帝國治下特殊的獨立邦國體制。

39 印度聯邦，Union of India / Dominion of India。一九四七年八月十五日成立，於一九五〇年一月二六日印度憲法生效時消失，成為今之印度共和國。

40 胡格利河，Hooghly，恆河的一條支流，注入孟加拉灣。胡格利河的內河航行性，是早年葡萄牙、英國、法國、丹麥紛紛沿河設置貿易站據點的原因。加爾各答即在此河沿岸。

41 海德拉巴邦，Hayderabad，位於印度半島南部中央的一個土邦，一七二四年建國。一九四七年印巴分治時，英國給予所有印度土邦三個選擇：加入印度聯邦、巴基斯坦、或是維持獨立自治，海德拉巴邦選擇維持獨立自治。當時海德拉巴邦可說是印度次大陸相當大且豐饒的土邦，擁有自己的軍隊、鐵路、電信、郵政、電台廣播系統、航空公司等，一九四八年印度聯邦對於「國中國」海德拉巴邦發起軍事行動，予以佔領，使其併入印度。

尼赫魯總理對一位法國記者（一九六二年四月十八日）非常清楚的說明道：「我們不是社會主義的教條主義者，我們只是想要長遠地領導這個國家邁向繁榮。在眼下，要先提高生活水準，並降低社會貧富差距。為此，我們由經濟下手，且保留許多空間給私人企業，包含一部份的大型工業、所有的中小型產業、以及整個農業，公部門都不介入。在鄉村，鼓勵組織合作社，但是我們絕對無意實行共產主義的集體農場。再強調一次，我們不是社會主義的教條主義者。我們一步一腳印，努力地以和平的方式解決問題。比如說，雖然我們令所有土邦的大君、王公放棄他們的王位，但是別忘了，我們還讓他們保有宮殿、各種豁免權、各種特權、以及直至他們身故前每年由國庫支出一筆相當可觀的王室費給他們。我們在各方面都追尋著民主之道。」

應該說的確是相當**自由開放**的，而自由有其優點、風險、與不確定性。總之，問題問得明確，而印度的答案也很明確：印度採行了「自由世界」的觀點與方法。印度必須、也想要進行一場革命。但是印度是否能夠成就一場「中國式的」經濟革命？

● 賭注是什麼呢？要終結、或者至少稍微紓解印度的嚴重貧窮落後。印度的貧窮，當然是不光彩的一面，卻是個不可否認的事實，應該要想辦法改變。

不同於許多國家，印度相當令人尊敬之處，是從不對自己或對他人掩飾自己醜陋的傷口。

印度的貧窮落後，長久以來都存在，遠從西元以前，我們就找得到對於那如末日般災難性的饑荒的記載，直到今日一九六二年都還存在。在大城市裡，加爾各答、孟買、甚至首都新德里，一旦出了那些美麗的街區，淨是令人不忍卒睹的場面：極簡陋的棲身處、衣衫襤褸、缺乏食物、骨瘦如柴的人們。

貧窮最顯著的特徵就是人口過多造成的人力過度充盈。在蒙兀兒帝國時代，被父母販為奴的孩子太多，奴隸充盈到主人買奴時多是出於善心。一九二三年時薛弗雍[42]記述道：「這裡的分工到了一種極細的程度，駕車的、開車門的、開道的，各有專司的奴僕。歐洲人得要接受這一整套的分工方式，要想步行前往某處、或是要自己提東西，都是無法想像的：一個英國官員若要調派駐地，肯定要勞師動眾地動員極大人力。去年在倫敦，我親耳聽一個下士講述，他在印度時搖鈴召喚家僕來撿一條掉地上的手帕……，就如同羅馬帝國時代的貴族擁有各種奴、婢、僕、隸一般。」

過去的確是如此，某些事情由來已久，而且現如今依舊是事實。一個小小中產階級的家中就有十到十二名佣人，然而加爾各答河岸邊上（一九六二年），窮困悲慘的男人女人小孩「窩居在臭氣熏天的地方……蒼蠅多到他們已經懶得驅趕，伸著手向路人乞討」。整修道路的工地宛如地獄：「光著身子的男人、披著紗麗的女人、衣衫破爛的孩子，他們幾乎是用他們的手將大鍋裡柴火加熱的瀝青攤鋪開來。」如果工地採用現代化作業，失業的人數就會立刻攀高。在德干高原，班加羅爾[43]的一座工廠以極度現代化的方式生產火車車廂，「但是像螞蟻一樣的人們在生產線的最末端又會湧現，由眾多的人工完成上漆」。

這些慘狀是當前印度首先必須要處理的，而這樣的貧窮落後在印度已經歷史悠久。以下用幾個數字來做個摘要：四億三千八百萬的人口，每年每一千人中死亡二十五至三十人，是極高的死亡率；而「自然」出生率每年每一千人中新生人口有四十五人，自然增加率是以每年每一千人新增二十人的速率在成長，意即每年增加八百萬人口。這樣的數字相當令人沮喪，即使整體國民所得一直有顯著的進步，但是如此的人口增加速率拖緩了人均收入

42 薛弗雍，André Chevrillon（一八六四—一九五七），法國作家。

43 班加羅爾，Bangalore，印度半島南部大城，今日為經濟與科技大城，二十一世紀以來更有印度的矽谷之稱。

的成長。目前，印度的每人每年平均收入是兩百八十盧比（一盧比等於一法郎），大概是一天不到一百舊法郎[44]。另外附帶一提，在道路鋪整工地一天的工資是一盧比。

減緩人口成長率？只要能夠提高生活水準，但究竟要如何才能解決問題？公開地宣傳推廣避孕法、實行結紮（一百五十萬人自願結紮），都還是不足以控制這麼龐大的人口。印度人不像日本人那般地守規矩，在日本推行比較有效，在印度則不那麼容易。

更何況，這不是印度所面臨唯一的問題。

●即使不是經濟學者，也可以明瞭第三個五年計畫（一九六一年至一九六五年）的種種措施。

這些措施如同先前的計畫一般，著手於可以達成目標的幾項計畫：農業所需的肥料、交通業、重型工業、機械工業……，這些相對而言比較容易改變、比較容易達成的領域，這些看得到變化與成果的領域，可以帶來希望、而不令人失望。印度政府以各種方式投入所有的努力，對於一九五九年福特基金會一群專家所提，暫緩新計劃的建言完全不予理會。原先在籌備時，單是農業方面就計畫把印度的穀類產量提高到一億噸甚至一億一千噸（估計一九五九年是七千三百萬噸）。其他的專家則提出，且政府也如此決定，既不放棄工業的努力，也不放棄投資，並相信一九六五年時糧食狀況不會出問題。這麼做是睿智的嗎？未來的幾年想必是艱辛的，況且印度還面臨了其他的挑戰。

一旦決定之後，在這些努力當中，有一些必要的措施與條件：保留相當大比例的國家收入以進行必要的投資：在第一個五年計畫是保留百分之五，第二個五年計畫是百分之十一，而目前第三個五年計畫則是要保留百分之十四再投資。如此鉅額的投資必然會造成已經負債的國庫更加失衡，更何況還需要自國外買入大量物資，而且通常成交價格都不甚理想。於是不得不尋求外國經濟援助，若是向私人企業借款則索利不菲，若是以捐款的名義或是半買半相送的，則肯定又會落入一場精彩萬分的美蘇角力戰（在第三次的五年計畫中，美國與蘇聯的外援各佔百分之五，後者集中於援助一些很壯觀的大型建設，如〔位於印度中部〕比萊的大煉鋼廠）。美國長久以來援助金額是其敵手的二十倍有餘，但其投資分散在各個不同領域。然而，「大國們」千篇一律的角力並不重要，工業設廠的細節是爭相設置煉鋼廠，或是建立法國企業的電影膠捲製造廠也不重要。不過此處值得一提的是，就所生產的電影膠捲總長度而論，印度是繼美國之後世界第二的製造大國。

在此重要的是，印度在經濟上有了顯著的起步，繼日本之後，相當接近中國的經濟發展成就，未來將成爲亞洲重要工業強權國之一。相對而言，印度在工業上的起步是比較早的，至少在一九二〇年就已開始，所以相對擁有某些優勢。今天，經濟成長率終於超過人口成長率，我們可以合理的相信一九七〇年時，印度的人均所得應該可以翻倍，雖然不是說從此可以過著幸福快樂的日子，但至少正朝此方向邁進。

● 在這條艱辛的道路上，還橫亙著其他障礙，諸如政治、社會、文化方面之問題。

政治上的難題：尼赫魯的霸道帶來了嚴重的政權接班的問題，因爲他已高齡七十二。國大黨優勢建立的制度體系，並不容許反對黨提出什麼有建設性、理性的建言。一名右派分子不是才控告左派共產黨吃牛肉嗎？十分令人失望的論爭。這個逐漸共產黨化的左派在一九六二年選舉時，只有百分之十的得票率，然而在〔印度西南〕喀

44 舊法郎，一九四五年至一九四八年間法國貨幣不斷貶值，一九五〇年時一美金等於三五〇舊法郎；一九五八年戴高樂總統進行經濟結構改革，於一九六〇年發行新法郎，當時以一百舊法郎兌換一新法郎。一九六三年後不再稱新法郎，而稱法郎。一九六三年法郎與美金兌換率約略回復到一九一三年時水準，以一美金等於四點九二法郎。布勞岱爾寫作此書時法國正處於換新法郎之時。

拉拉邦地方政府，直到他們被任意撤換掉之前，他們表現出少見的正直與效率。社會主義分子控訴尼赫魯總理袒護一個「腐敗政權」。然而這樣的反對意見極少出現，又有誰聽到呢？

社會上的難題：財富平均分配，總是說比做容易。關於土地所有權，各邦國隨意增加的農業法條文都相當沒有效率。大地主幾乎在各地再度取得優勢，再一次凌駕於窮苦農民之上。這些農民的身份是自由農，這是很大的進步，但是卻極為貧困、沒有耕田的工具，一部份的可耕地都因此任由荒廢。廣大的灌溉系統也只對大地主有利，他們在「青黃不接」和「豐水期」將水儲存起來，小農民們很難分享這些好處。雪上加霜的是，大地主們通常都不思進步，不尋求技術的更新，於是這裡又可以說是一個「腐敗政權」，一個亟待革新的狀態。

而傳統文明始終將印度廣大人民維繫在那多重繁複而嚴謹的網絡下。

對印度教徒而言，要擺脫種姓制度的規範、進而達到社會流動的革命，建立現代的生活方式是一個必經的過程。相對於印度在各方面現代化的進步發展中，印度教的確是首要障礙，是本質上的難題。我們可由許多面向觀察到此問題，例如那些永遠處於飢餓邊緣的人民，卻能夠對神明獻祭那麼豐盛的供品（尤其是當依據星相排列認為世界末日將於一九六二年到來時）；還有那些四處遊蕩、到處覓食的牛群，那些成群掠食麥作的烏鴉，那些孳生不絕的昆蟲，儘管牠們會毀損農作物，可是卻從不曾遭撲殺，種種皆是印度教造成的結果：牛是聖獸，而且要尊重所有的生靈。

印度教最糟糕的影響還是種姓制度，種姓制度將人民囚禁在各種類別繁複的階級裡無法動彈。社會階級之間當然不是絕對不流動，而且，長遠看來，這樣的制度應該會消失的，但它卻一直存在。賤民，至少有五千萬人口，甘地稱他們為「神的孩子」，並為他們挺身而出。根據印度的憲法，這些人在法律上與所有的人都是平等的，印度憲法取消了所有對於印度公民社會階級的劃分，而且，這是一部世俗主義不帶宗教色彩的憲法。不過，理論和實踐還是有很大距離的。在這方面，進步微乎其微，而且只侷限於菁英知識份子。再者，很多政治鬥爭，除了個人恩怨外，經常都涉及社會階級間的鬥爭，這點不是很具說明性嗎？透過目前四十六個大學，的確建立起一個日子小康的社會中層（只是某一部份的大學畢業生，而非所有；「學歷難民」仍是很大問題）：他們擔任政府行政職、律師、醫生、或是從政。

這個社會中層來自各個不同種姓階級，在外觀上，他們的穿著舉止均是英國式的，然而這些人在家庭生活方面，則仍是傳統的服裝與飲食習慣，也就是說仍有相當部份的思想是傳統的。然而一切現代生活舉止都與過去傳統宗教有許多無法銜接之處，例如，儘管經過許多「不潔」之手處理，還是必須將城市自來水管送來的水當作是乾淨的、無汙染的；或者儘管不能吃魚，還是得接受醫生處方開的魚肝油；或者接受階級間的通婚，甚至是刊登「階級不拘」的徵婚啓事；或如在新設立的工廠附近，工程師、白領管理階層和工人共同居住在同一棟樓裡，而不再去思考那些不可與之比鄰同居的種姓階級禁忌等。

這些小細節都顯示出印度教正在改革的道路上。長久以來，事實上早自佛陀時代起，備受印度各種活躍思潮攻擊的形式主義正逐漸消退中。一八〇〇年起，一個新教派——梵社[45]的創立者莫漢羅易[46]，努力地朝此方向、以及朝一神教努力。許多改革者起而追隨，未來也將會有更多的改革者。

因爲印度已經意識到傳統文化所帶來的窒礙，這樣的覺醒是由甘地這位偉大的「啓蒙者」透過其熱情與其引領的抗議行動所喚起。事實上，甘地利用印度傳統精神力量，與民族自尊來推行運動，也憑此堅定信念，帶領廣大的印度人民，燃起人民的熱情。然而，這股他想要重燃的傳統之火，卻也同時在許多方面妨礙了印度的現代

45 梵社，**Brahmo Samaj**，建立於一八三〇年代的一個印度教改革運動，結合印度教、伊斯蘭教、基督教的元素，強調靜坐冥思對修行的重要，摒棄偶像崇拜，主張廢除種姓制度，並提倡婦女解放。

46 莫漢羅易，**Ram Mohan Roy**（一七七二—一八三三），印度教早期的改革者之一，在政治、公共行政與教育方面均可見其影響力。

化。

這也正是在甘地與尼赫魯的合作中，最終造成兩者分道揚鑣的原因。我們可以尼赫魯的話來摘要：「一心朝向未來的人，與留戀過去的人，是天淵之隔。」甘地的原則在於極力地避免社會革命。對甘地而言，革命應該要從內心做起，而不是破壞現存的秩序；要人們，不論貧富貴賤，致力於服務人群，並，以甘地的話來說：「沉浸於犧牲小我與安貧的藝術與美之中……，投身參與建國的工作，……親手勞作與織布，……從心中摒除所有各形式對於階級的偏見，宣導不再飲用任何有害的飲料或使用毒品……，並且，普遍地維持心靈的純潔。這些就是安貧又可服務人群的方法」，並且最好以鄉村傳統的方式生活。

總之，尼赫魯在《我的人生與囚牢》一書中論述甘地的立場並結論道：「對他而言，那些想要服務人群之人，不需要煩惱如何提升自己的物質生活水準，只需要降低自己的層次，如果我可以這樣說的話，與廣大民眾混雜一起立於平等的地位。這就是他認爲的眞正的民主。」儘管尼赫魯與其親信對甘地及其想法有推崇之處，但在他們看來，將如此想法轉化爲全民的理想，有違「所有民主主義者、社會主義者、甚至任何現代資本主義者」的概念，而且是開精神的倒車，回到過時的父權主義，不自覺地成爲反動份子；尤其也迴避去正面處理印度在脫離未開發國家與擺脫普遍貧窮的過程中，必然在某些面向上與傳統格格不入的問題。

至於今日的印度是傾向於尼赫魯或是甘地，我們可以藉由甘地的弟子維諾巴巴韋的失敗來觀察。一九四七年，巴韋於聖雄仍在世時，即發起了一個贈地運動，目的在於透過地主的自由捐地，來解決令人煩惱的農地問題。捐出來的土地將分配給窮人，可以個人或團體的名義來領地耕種。

要理解這個運動的意義，就要先認識巴韋，其出身良好，受過高等教育，是個傑出的數學家，一九一六年時在母親面前燒掉自己所有的文憑，並走上印度教的苦行僧「棄世」之道。他參加甘地所有的抗爭活動，而且總在第一線（所以經常入獄）。在發起獻地運動時，巴韋計算過，總共需要兩千五百萬公頃的耕地，才足以解決農民的問題。然而運動推行十年後，他才募不到兩百萬公頃的地，以數字上來看，很顯然是失敗的。

這位聖人，遵守甘地的教誨身披粗棉布[47]，每天只吃一點點東西，徒步走過千萬里路，從這村到那村地推行著獻地運動。然而，在甘地的年代做得到的事，是因爲有甘地，也因爲那是另外一個年代，在今日，則顯得過時荒誕。巴韋掀起了某些人的熱情，然而在古吉拉特邦的農村裡所受到的冷嘲熱諷，則是一個全新時代的表現，農民顯然有了新時代的覺醒。儘管如此神聖的行爲失敗，給這個童話般的故事留下了負面結局，但也許這正是印度醒悟到要尋找眞正理性而現代的解決方法，以對抗一個腐朽的古老社會。

尼赫魯結論道：「今日，古老的印度文化苟延殘喘著，默默地、拼命地對抗一個新興而強大的敵人，西方資本主義的文明。印度文化將被打敗，因為西方文明帶來了科學；而科學，是數百萬飢餓人民的麵包。同時，西方世界也帶來了對於一個人人角逐利益、詭譎狡詐的文明所需要的解藥，這個解藥就是社會主義，為了群體的共同利益而合作，與古老婆羅門教理想中『服務』的概念相距不遠，但是此處服務（當然是世俗的而非宗教）是指所有的階級、所有的族群，並廢除階級的劃分。當印度有一天必然改頭換面時，也許印度就會用過去這塊破布以現代樣式裁製新衣，這樣才能既符合當前的生活條件，又同時符合古老的思想，原則在於要能夠與其土地根源有所連結。」

一九六六年後記

尼赫魯逝世後（一九六四年五月二十七日），印度失去了一盞明燈，失去了一個希望。印度的不結盟主義不

47 甘地鼓勵印度人穿著手織的粗棉布，並鼓勵每個印度婦女不論社會階級，都應該每日抽一點時間織布，以對抗英國的紡織品工業的剝削。

停地遭遇到困難：在政治上，尼赫魯的繼任者夏斯特里，必須要面對印度國大黨的腐敗與積習，而整個印度國會的運作又仰賴這個黨；夏斯特里死後，英迪拉甘地夫人[48]執掌政權，她所面臨的處境並沒有比夏斯特里所面對的情況好多少。在經濟上，仍是那些陳年老問題，人口成長吞沒了重大的物質生活方面的進步。在外交方面，中印邊境問題依舊尖銳；在喀什米爾問題上、在東巴基斯坦少數印度教人民的問題上，都很難與巴基斯坦取得共識。

一九六五年八月二十四日，印巴之間喀什米爾潛藏的衝突爆發成一場戰爭，中共與巴基斯坦同一戰線，向印度發出最後通牒，要求印度拆除中印邊境上的防禦工事。九月二十二日，聯合國安理會下令停火，並要求各方接受一切維持衝突前原狀之條件。

爲了要維持來自英美與蘇聯的外援無論是在表面上或是實際上的平衡，使得印度的處境相當爲難。如果印度必須要自衛（中國在原子彈方面的發展顯然對印度造成威脅），未來軍事花費則勢必將危及印度於經濟發展上的必要投資。

48 英迪拉甘地夫人，Indira Gandhi（一九一七－一九八四），尼赫魯的女兒，一九六六年至一九七七年、一九八〇年至一九八四年兩度擔任印度總理，是世界上第一位經過民主投票選出擔任國家領袖的女性。甘地是夫姓，英迪拉甘地的夫家是帕西人，與聖雄甘地的家族沒有任何的關係。

第5章
遠東的海洋國家：
中南半島、印尼、菲律賓、韓國、日本

首先，將中南半島、印尼、菲律賓、韓國與日本放在同一章，似乎很武斷。然而，**在歷史上，透過中國與印度這兩片影響力無遠弗屆的文明之海**，這些彼此相距甚遠的國家，其實是很靠近的；海上航線的相連更使得這些國家如比鄰一般。亞洲東方與東南方的海域——日本海、黃海、中國東海、班達海[1]、與蘇祿海[2]，通常風浪不大，都是**陸緣海**，海上交通受鄰近陸地的控制。除了菲律賓與日本以外，如果想要航行往太平洋或印度洋，均必須往東或往南越過火山島鏈。這些海域，由陸地環繞，宛如「地中海」，海中島嶼星羅棋布：這一切條件使得這些海域很早期就有人類往來其間。

1 班達海，Mer de Banda / Banda Sea，位於印尼摩鹿加群島南方，屬於太平洋的一部份，海域內多火山島與珊瑚礁島。位於亞洲、太平洋、澳洲三大板塊的交界處，是相當活躍的地震帶。

2 蘇祿海，Mer de Sulu / Jolo，位於菲律賓西南方、馬來西亞東北方的海域。

這些國家另一個共同點，是有季節性的風：**季風**；在夏初與冬初，風向完全相反。這些地區都受到颱風及其所挾帶的暴風雨侵襲，不過，災難性的颱風季只是一個季節而已，並非全年。一般而言，各島嶼間都可以沿著海岸、靠著穩定的風安全地航行。航行，就是避免強陣風，行過一個又一個的島嶼，以保持岸邊紅樹林在視線內的方式前進。如果海象不佳，立即下錨，這一帶海域水都不深，可以下錨固定在海床上。就如許多文字記載，阿拉伯帆船、中國帆船、或是荷蘭貨船，便都如此度過海上惡劣天候，風雨過後再啟航。

這就是這些人們熟悉的「內海」的好處與其提供的各種機會。航海人四處都有，他們靠貿易、跑船、周期性地往返很容易討生活。有需要的話，他們也透過海洋移民他鄉：我們都知道馬來人善於航海冒險（直到馬達加斯加島），玻里尼西亞人乘著他們外伸平衡架的帆槳獨木舟（直到夏威夷、復活節島、與紐西蘭）；也有更多的族群因這安逸的生活而留下，如日本人和中國人。拉斯寇特斯神父（一六二六年）記載「中國人不做大洋航行」；阿拉伯人經由大洋航行來到這片群島之地，稍晚葡萄牙人、荷蘭人、英國人也透過大洋航行來此。

海上交通的便捷使得這些區域很早就有人類文化，並拉近這些國家彼此的距離，帶來文化與歷史的融合。在本章，要時刻記住，海洋的奇蹟促成了交流，造成相似處，卻也同時讓各地保有各自的原創性。

中南半島

中南半島是講述海洋的影響的最佳例子，這塊亞洲東南的大陸塊，由丹麥地理學家馬爾特布戎命名爲印度支那，此後廣爲使用。這個大半島上有高山以及很寬闊的谷地，河流大致上是自北向南流，很像是一隻張開的手；

越往南，陸地變成細長的馬來半島；東、西兩面都臨海。在半島上方較寬闊的部份，自史前時代就一直是人類往來的通道，史前史家在中南半島找到並分辨出許多不同人種的遺跡：南島民族、美拉尼西亞人、蒙古利亞種（中國上古人種）。這些人種也構成當今中南半島的民族（美拉尼西亞人種仍可見於山區相當原始的民族）。

隨著歷史的發展，大致有四股外來的影響力：一是來自中國的武力征服；一是透過海路來自印度的影響，是和平的；另外兩股勢力也是透過海路而來，伊斯蘭勢力掌控了馬來半島，歐洲勢力（英、法）於十九世紀強勢出現，橫掃一切，然後在動盪的殖民地獨立運動後退出。

- 位處於中國與印度兩個巨大的文化圈之間，這也說明了中南半島上古文明的本質。

大約是一千年以前，中國文明以武力征服的方式來到東京（北圻）與安南（越南的北部與中部），殖民統治並不為南方的民族所接受。向南征服是中國史上十分重要的事件，而越南則在南進範圍的最南端，中國這場南進既是軍事上的征服，也對越南帶來行政體系與宗教上（儒、道、釋）的統治與影響。土著民族若不是被驅離，就是被降服了。於是，誕生了一個充滿活力的**安南民族**的次文明，自成一股勢力，並於稍後往中南半島更南方推進發展。

印度的影響則是來自商人所建立的航行中繼站與貿易商站，他們經常與各地方「部落酋長」結盟進行貿易。這些聯盟關係使某些部落酋長致富，同時由於這些地區工藝技術與文化的優越性，更建立起許多受印度文明影響的輝煌王國，這些王國儘管混合多重文化元素，依舊別具特色，如越南中部海邊的占婆王國，東南亞最西端的孟王國，或是湄公河三角洲的扶南國。扶南後被真臘兼併，並誕生了高棉王國，是九世紀至十四世紀東南亞的強權國家，所遺留的吳哥遺址至今仍訴說其榮光。

在十一至十四世紀間，儘管有高棉王國和孟王國兩大國存在，還是有一些緬甸語系或泰語系的民族所建立的土著國家，例如緬甸人建立的瀾滄王國，如今還殘有其東半部稱寮國，以及泰人建立的一個領土完整的暹羅王國，或稱泰國（「自由人的國度」）。

● 歐洲人在十九世紀來到中南半島，並在二十世紀中的今日離開，歐洲勢力只短暫地佔領了這些國家。

東南亞被此強硬的殖民勢力所征服，西邊為英國勢力、東邊則為法國勢力佔領，兩大帝國間只留下暹羅王國是獨立的，成為某種緩衝國，並也被正式承認為緩衝國（一八九六年）。法國組成印度支那聯邦（一八八七年），統括東京（北圻）、安南、交趾支那[3]、柬埔寨、寮國；英國則將緬甸併入英屬印度帝國的版圖，在麻六甲半島的尾端建立其勢力，淩駕馬來諸邦國，並將新加坡變成遠東世界最重要的港口之一。

第二次世界大戰期間，日軍勢力曾一度橫掃整個東南亞，將過去殖民時代的建設化為烏有。由於英國的政治智慧，當馬來諸邦國、新加坡、緬甸，在毫無鬥爭的情況下取得獨立時，越南與法國間正進行著一場漫長的戰爭，直到一九五四年七月二十一日，日內瓦協約才使得東印度支那各國取得獨立。

過去的法屬印度支那就此分成四塊，日內瓦協約以北緯十七度線將安南一分為二，以北與東京（北圻），組成越南民主共和國，以南與交趾支那成立越南共和國。一九四九年，法國（於七月十九日）承認寮王國、隨後（十一月八日）承認柬埔寨王國「獨立」[4]。大致說來，寮國與柬埔寨是爭奪世界霸主的兩大陣營（美、蘇）間的中立國；北越被納入共產世界，與蘇聯、處處干預的中國、以及遙遠的捷克有工業上的鏈結；南越則落入美國的掌控中。

各國的獨立正面負面評價夾雜。獨立初年，各國均須面對許多未開發國家所面臨的艱鉅問題：必須要盡速進行工業與農業方面的現代化、平衡開支、並使經濟成長超越人口成長速度。北越所採行的社會主義方法，是不是使其超越其他採取自由經濟政策的國家呢？沒人敢斷言：政治因素與各種潛藏的衝突使得北越無從選擇，也無法進行單純的比較。例如，我們無法比較北越的軍備——蘇聯軍隊舊式標準配備，或者柬埔寨出口雪鐵龍二匹馬力汽車的汽車組裝廠。

對這幾個新成立的國家而言，局勢相當複雜。國土不大的北越，是中南半島唯一嚴格採行共產主義的國家。共產主義嘗試朝東南推進，但北越也無畏於強鄰中國的吞併。南越則自與美國的結盟中獲益，但也是因爲美國，造成在南越境內持續進行著與滲透進入的越共軍隊間的戰爭，這些越共得以滲透進入南越，係得南越人之共謀而成：美國在中南半島維繫一種西方國家的半殖民狀態，不可能不遭遇到部份南越人民的反抗。

當前的穩定局勢，只是一時的，包含寮國以及柬埔寨的中立……等，都只是一時的。中南半島牽涉太多利益與矛盾，沒有人能夠理性地預測持續中的衝突未來的發展。

● 在這些當務之急以外，還有文化方面的老問題。

人口繁茂的平原始終與半無人居的山區對立著，也標誌著兩個時代的對立：種植稻米的平原地區，形成了許多人口稠密的三角洲地區，紅河三角洲、湄公河三角洲、湄南河三角洲、伊洛瓦底江三角洲……，主流文明便是奠基於這些地區的農業與眾多的人口。安南人，承繼中國文明，長久以來居住於紅河三角洲的低地，於十七世紀

3 交趾支那，Cochinchine，指湄公河三角洲與其東南方地區，越南語中稱此為「南圻」，即南部地方。

4 此處「獨立」，係指寮國與柬埔寨成為法國聯邦的一個海外省。法國於一九四六年通過第四共和憲法，調整殖民地的地位，將法屬殖民地各國改為法國聯邦的海外省。柬埔寨於一九四七年成為君主立憲國家，雖然一九四九年十一月八日後不再是法屬保護國的地位，但柬埔寨依舊在法國勢力的影響下，直到一九五三年才真正獨立。

時滅了印度文化的占婆王國，十八世紀時征服了湄公河三角洲的柬埔寨人。

往東去，這些強勢的平原文明，柬埔寨、暹羅、緬甸，則是很明顯地受印度文明影響，佛教也在此處深根。然而在這些國家的高山上，也存在著人數不多、泛靈論、火耕、經濟生活半獨立的原始民族。

在此多元分歧的中南半島，基督教傳教士通常在佛教與伊斯蘭教以外的國家頗有收穫（提醒一下，馬來半島是伊斯蘭教的天下）。一九五四年之後，北越信仰基督教的農民大批逃亡南越（三十萬人），今日在西貢執政者多為天主教徒。基督信仰能夠在泛靈論的民族中成功傳教是很自然的，比如，在緬甸聯邦，大部份的克倫族人改宗信仰基督新教，加強了其部族的團結，起而對抗主要由佛教徒的緬甸人所掌控的中央權力。

這些信仰上的細節無法主宰東南亞多重而暗淡的命運，但如同今日英法兩國在此地普設學校一般，能夠帶來些微光線。東南亞始終是塊過度之地，受到各式影響，而每個民族、每個文化以各自的方式，或接受、或排拒這種種影響。

印度尼西亞

越過馬來半島之後，「亞洲沒入太平洋中」。印度尼西亞的千百個島嶼往東延伸，是「世界上分布範圍最廣的群島」。一直以來，印尼都是許多文明的交會處，如此的多元性並不妨礙印尼維持某種統一，然而今日一如往昔，此種統一要靠不停地維繫、經常要不停地重建。

● 印度尼西亞島群位於東西世界海路之交與所有影響之交，即使是遠端世界的事件也會波及至此。

從史前時代起便是如此。

在西元初的幾個世紀，來自印度的航海者與商人在印尼各地建立了如在緬甸、暹羅、或柬埔寨所建立的殖民地，帶來了印度教與佛教。這兩種宗教雙雙在此地發展，適應了各個島嶼的「文化」，並成為後來諸新興王國的基礎。

最早期的王國建立於蘇門答臘島上，但最重要也最強的王國則是位於爪哇島上。一如由外界傳入的文明般，這些王國的影響力，都是有限的。爪哇島上有高山、大片的原始林、擁有傳統鮮明、鄉鎮自給自足的農業文明。因此，在爪哇文明中明顯可見印度文明的影子：爪哇文字源自印度的巴利文；詩與傳說，是印度的模式；墓塚與廟宇，一整片位於婆羅浮屠丘陵上的建築群（十三世紀），代表的是「大乘佛教的大千世界」。

在眾多土著王與連年的戰役後，十三世紀末終於形成了一個印度教的帝國，滿者伯夷國，該國以其強大的海軍，自爪哇征服了鄰近其他的島嶼，建立廣大的附屬國網絡，握有麻六甲海峽中的島嶼「獅城」新加坡，其勢力東達新幾內亞，北達菲律賓群島，並於一二九三年擊退中國元朝蒙古人派出的海軍。

然而，此偉大帝國只維持了一段時間，一四二〇年時伊斯蘭勢力奪下麻六甲海峽，一四五〇年起伊斯蘭勢力銳不可當，終至瓦解滿者伯夷帝國，或說是瓦解其殘餘部份。政治紛爭與聖戰不斷，無可挽回地摧毀了這個龐大的帝國，使得當十六世紀初葡萄牙人來到爪哇時，只看到斷垣殘壁與往昔的榮光。唯有峇里島，與其固有的土著傳統一起，保留了這個古老年代婆羅門教帝國的遺產。

葡萄牙人於一五一一年佔有麻六甲海峽，一五一二年為了丁香攻佔摩鹿加群島，並於一五二一年登上廣大的蘇門答臘島。由於群島間政治內鬥，使葡萄牙人得以輕易入侵。不過葡萄牙的占領時間很短，並沒有堅實地建立什麼據點，對於群島上古老的生活方式或多元的文化都沒有任何的改變，也不曾影響到蘇門答臘島西端亞齊的貿易，阿拉伯商船在亞齊港裝載各式香料與金沙賣往紅海，而來自中國南方港口的船隻，在馬可波羅的時代與更早之前（西元七世紀時就已達到婆羅洲東北），就經常滿載著各式雜貨、瓷器、絲綢、和他們沉甸甸的貨幣（銅與鉛合金）——外圓內方的孔方錢，往來印尼群島，交易珍貴的木料、胡椒、各式香料、以及婆羅洲與蘇拉威西島淘出的金沙。

葡萄牙人的入侵，強行介入了這個年代久遠的貿易，將貨物從爪哇運至廣東附近的澳門，之後再賣往日本。十七世紀時，荷蘭人，一個新的且更強大的勢力介入東南亞的海上貿易。他們於一六〇五年佔領摩鹿加群島中的安汶島，一六〇七年攻佔蘇拉威西島，並於一六一九年建立巴達維亞，成爲爪哇島的主人。在爪哇，高高在上的土著王們坐擁指揮著各自的王宮朝廷與防禦碉堡，荷蘭人知道要利用各部落蘇丹王之間的對立來進行統治。當一六四一年葡萄牙勢力被趕出麻六甲海峽後，新來的荷蘭人就成了整個群島的統治者。

荷蘭人就此掌控了兩條主要海上航線：在西邊是連結暹羅與印度，位於蘇門答臘島與馬來半島間的麻六甲海峽；另一條是爪哇與蘇門答臘之間的巽他海峽。巽他海峽是大型橫洋帆船從好望角，不停留印度，直達東南亞島群的入口，也是滿載貨物的帆船經由大洋航線直返歐洲的必經之路。儘管有英國的競爭，一船又一船的貨物還是都進了創立於一六〇二年的荷蘭東印度公司的貨倉，使得荷蘭東印度公司一直是西方資本主義的代表作（直到一七九八年由於貪污、錯誤決策、以及當時特殊的政治情勢造成的大挫敗）。荷屬東印度曾有一度被英國占領，於一八一六年重回荷蘭手中，荷蘭勢力重新有系統地、舒服地穩坐於此，直到日軍於一九四二年二月二十八日登陸爲止。

於是，一個殖民建設的模範土崩瓦解。一九四五年日本投降之後，對於日軍入侵一方面合作、同時一方面又奮力抵抗的印尼民族主義者，在群衆瘋狂熱烈的情緒中，由蘇卡諾總統於一九四五年八月十七日宣布印尼獨立。「一個月後，九月二十八日，當聯軍將領克禮淞將軍與英國及印度軍隊於巴達維亞登岸時，見到城裡所有的牆面都寫滿反荷的標語。」

荷蘭政府固執的反應、想要重建秩序的努力、盡可能地挽救，這些舉措引發一連串脫離殖民地的典型悲劇，法國最近的歷史[5]也是同類型的例子。如果說「殖民者」在蘇拉威西島、或婆羅洲這些印尼人口稀少的地區很輕易地重建勢力的話，他們在蘇門答臘與爪哇則遭遇激烈反抗。從前殖民地的軍隊現在站在反叛分子那一邊，游擊戰很快地癱瘓了荷蘭的軍隊，使其在大城市的成功佔領化爲烏有。一九四七年七月二十一日，一場大規模的警察行動展開，更引發無法解決的難題。比較有效率的則爲對於爪哇島上反叛地區的封鎖，隨之而來的是無法描述的慘狀。印度、澳洲、美國、聯合國的介入，終於一九四八年二月十七日達成一個不甚理想的協議，緊接著是與第一次一樣沒什麼作用的第二次「警察行動」。一九四九年十二月二十七日，荷蘭女王於海牙宣布放棄其對荷屬東印度的統治，但保留「荷屬」新幾內亞。巴達維亞，改名雅加達，升起了印尼紅色白色的國旗取代荷蘭國旗。

如此不甚完善地簡要敘述了一場漫長、複雜、且悲劇性的衝突，這些細節對於了解今日的印尼是不可或缺的。印尼國內，尚未完全走出這場記憶猶新的抗爭，而且一直活在其中，對荷蘭的仇恨經常成爲各種困境的解釋與藉口。這個新興的民主國家利用此仇恨來團結人民，印尼與「伊利安」（荷屬新幾內亞）的衝突也是出於同樣的理由。

伊利安，這最後一塊印度尼西亞的土地，是否遭過去殖民者霸道佔據不歸還？那是一個蠻荒的島嶼，想必資源豐富，但要開發這個島，則遠超過荷蘭人或印尼人的能力。島上的住民是原始的巴布亞人，與印尼人或荷蘭人沒有任何共同點、亦無任何共同利益，但是，有誰在乎他們？

● 種族、宗教、生活水準、地理面向、文化，這種種因素交相重疊，構成一個多元融合的文明。

5 應是指一九五四年至一九六二年間阿爾及利亞為爭取脫離法國殖民地獨立，法國與阿爾及利亞之間的戰爭。

在印度尼西亞衆島嶼上，包含爪哇，都住著還以石器時代的方式生活的許多不同種族的原始民族。在爪哇島，馬來人分成三族群：巽他人、馬都拉人、爪哇人。在蘇門答臘島，則有馬來人、令人十分好奇的米南佳保人、巴塔族、亞齊人……等。還有在所有的城市裡，被人討厭但不可或缺的中國商人，他們是囤積居奇的商人、錢莊老闆、吸血的中盤商，貿易圈裡少不了他們，而且一九四八年之後，這些華商更倚勢著共產中國的興起……。

有多少民族，就有多少語言或方言。在這彼此不相通的世界間，必須要有一個共同的語言，一個「通用語」：此即十六世紀起（應該更早），馬來玻里尼西亞語，或者簡稱馬來語的角色。由此產生了「印尼語」，字面上的意思即爲印尼的語言，在成爲新興的共和國的官方語言之前，已爲民族主義者所採用。而這個語言還得擔起所有相關的重任，尤其是教育學術方面。想想看，這個審定詞彙的委員會一下突然間納入三萬七千七百九十五個新詞彙！

也就是說，這是個全新的語言。雖然印地語在印度是除了英文以外，一個非常活躍的共同語言，但我們無法將印尼語的角色與印度的印地語比較。荷蘭文在印尼並未曾有過與英文相同的地位，這有許多成因，主要由於過去荷蘭人並未在印尼推行現代教育（除了極少數相當晚期設立的學校以外），也不曾推行荷語。一位經濟學者認爲，荷蘭人想要「將其優越性建立於原住民的無知之上，使用荷語將會拉近上下之間的鴻溝，而這正是要不計代價地避免的」。

語言的多樣性，在文化資產上也是同樣的多樣性、甚至混淆的。在這諸島群中，各大宗教都經歷了奇幻的旅程，從沒有哪一個宗教能夠一枝獨秀：總是與民間信仰並存，或被民間信仰包覆，偶爾也與另一個敵對的大宗教並存。

爪哇中部的日惹於荷蘭人再次佔領巴達維亞時，曾經爲爪哇的首府。下引距離日惹二十五公里的村莊幾個鄉下人與一個歐洲旅行者的談話內容。

「一個鄉下人毫不遲疑地說道：在爪哇，我們都是穆斯林。

—那你們為什麼要說你們的眾神呢？穆斯林不是只相信唯一真神嗎？

這個鄉下人顯得有些尷尬，他父親接話搭救，以平靜的語氣道：

—這很難解釋。我們無法忽略其他眾神，祂們能夠施惠或者降禍於我們。我們稻米的收成，仰賴毗濕奴的妻子吉祥天女的保佑」（引自孟德6）

而且，在這鄉間並沒有清眞寺。這些穆斯林村民們在吉祥天女的祭壇前供著水果與鮮花，在田裡插上竹笛讓風吹響以驅趕惡靈。而且，收割時建議要用「阿尼阿尼」——「收割者藏在手裡的小刀片」無聲地割稻稈，割稻時要快速而安靜，才不會讓善靈飛走。

在峇里島也可觀察到類似的情形，印度爪哇帝國的文化遺產及印度教的信仰，還保留在這個神奇絕妙的島嶼上，但還能保留多久呢？此地的死者被火化，以使他們的靈魂能夠走進光中。同時也保留著許多泛靈信仰及到處可見的祖先崇拜的祭儀。

● 要使這眾多民族團結，並非易事。

對於荷蘭人的仇恨，不足以解決一切，當涉及要如何使一個原始、落後的經濟體進步的問題時，或至少要讓一個主要由苦難的農民所組成的人口有耐心地等待經濟成長時，要團結，並非易事。對新政府來說，荷蘭殖民最

6 孟德，Tibor Mende（一九一五—一九八四），匈牙利裔法國記者與論述家，專長於第三世界問題。

大的功勞就是，曾經如此的壓榨鄉民，使得鄉間農民只擁有小塊或極小塊的土地，沒有大地主。新獨立的印尼共和國不需要面對重新劃分土地的問題，也不需要擔心大地主的反抗，因爲大地主不存在，所有的農民都是平等的，一樣的貧苦。

這些貧苦的農民，事實上，大多是被囚困在這個只能維持溫飽的經濟中。米的種植遙遙領先其他如玉米、芋頭、西米棕櫚……等作物，米飯是主食。飼養水牛只用來耕田或拉車。幾乎不食用肉類，攝取少數的魚類。總之，是種市場邊緣的經濟。一點米、一匹布、一個自製的小玩具，在城裡賣掉之後只換得幾個錢，買點東西，如便宜的香菸，「以丁香燻過，形狀像是瘦長的小玉米」。

至於工業，除了油井的開發、橡膠樹的種植以及橡膠的初級製造、蘇門答臘煤礦與錫礦開採以外（在邦加島與勿里洞島也有錫礦開採），工業仍處於萌芽階段，得仰賴英美合資的公司，這些剛興起的公司前不久才遭蘇卡諾收歸國有；至於歐資、中資、或印尼國人在各個島嶼的工業生產，則絲毫不足以促進印尼的經濟成長。同時，過去荷蘭人犧牲傳統糧食作物的種植而開發的那些主要出口產品，橡膠、咖啡、菸草、椰核、蔗糖，在與荷蘭斷交後，銷路減少。

不過，今日橡膠、石油、錫這些原物料的出口，仍佔印尼群島出口總額的百分之七十五。

儘管是獨立了，印尼的經濟仍停留於典型的殖民地經濟型態，受到國際市場變化的嚴重影響。一九五一年時，韓戰停戰，原物料價格停漲，重創印尼的國家收入。

劇烈的通貨膨脹，伴隨著一年一百萬人的高人口成長率，經濟情況不斷惡化。若不大量進口米糧，爪哇島將無以爲繼。如此窘境再加上印尼缺乏有學識才幹的管理人才、行政作業繁瑣冗長、國內長期動盪、軍隊失序的擴充發展等問題。是不是應該由一位印尼反對黨的政治人物來結束這一切？現在陷入了標語戰、輿論運作、如伊利安島問題戲劇性的論爭，難道不是該提出有系統的計劃的時候嗎？……

況且，這些計畫有迫在眉睫的必要性。脫離殖民地爭取到自由與勝利的喜悅，使得人民不太努力，是不是應該要努力了呢？印尼國家的統一是需要建立的，一個沒有海軍、空軍的國家，如何談海上的統一？

爪哇驚人的人口密度，使其成爲一個非常重要的島：一八一五年時，島上有五百萬居民，一九四五年時有五千萬人，一九六二年時則有六千多萬，島上匯集了全印尼三分之二的人口，與四分之三的資源，其人口密度已達一平方公里四百人的極限值。島上的森林已經極少，不可能再闢林拓地，再下去就「超越警戒線」了。希望，因此被寄託在蘇門答臘島上（人口密度爲每平方公里三十人），該島有礦產與不虞匱乏的土地，當然蘇門答臘的資源不如爪哇豐富，仍需要開發與經營，並非一般的農業移民所能完成。

一切以爪哇爲中心的情況十分的惱人，也造成許多激烈的分離主義，以及許多贊成聯邦體制的運動。近年來，分離主義分子的活動越來越頻繁（如安汶島的摩鹿加共和國、蘇門答臘西部的達魯伊斯蘭[7]、蘇門答臘島西岸的巴東地區哈特醫生發起的運動、蘇拉威西島的「軍閥」割據）。蘇拉威西最後一位軍閥於一九六一年七月二十七日投降。

其他的難題還有：必須該要終結給予共產黨、社會主義者、穆斯林改革開放派的自由。「蘇卡諾主義」從此一黨獨大，其計畫是一個「被指導的民主」。

這些自由被限制了，這些人被從遊戲中淘汰了，沒錯，他們被無罪開釋，但是從此從政壇上消失了，這一切使得「強人」蘇卡諾必得端出一個足以服人的政策。是以，前不久在蘇卡諾精心策畫下，於萬隆舉行了第三世界不結盟大會（一九五五年）[8]；這同時也是爲什麼今日蘇卡諾那麼急於想要取得荷屬新幾內亞——伊利安的理由。

7 達魯伊斯蘭，Dar ul Islam，意為「和平之家」，是一九四九至一九六三年間印尼的政治運動，目的在於印尼建立一個伊斯蘭國家。

8 萬隆會議，也稱第一次亞非會議。一九五五年四月十八日至二四日，二十九個亞非前殖民國家於印尼萬隆舉行國際會議，採取不結盟主義，拒與美蘇勢力結盟，形成第三世界勢力。

滿足民族自尊心，對這個政府將是很重要的支持，因爲在未來的幾年，這個政府面對的是許多沉重且吃力不討好的難題。

菲律賓

你們的課本裡並沒有提及菲律賓。菲律賓與整個東南亞國家的處境相同，這些島嶼也經歷了一個不可思議的過去。

菲律賓群島早在新石器世代便有人類活動，在西元前數世紀即已進入鐵器時代；西元五世紀起，整個群島已涵蓋在以爪哇島爲中心的印度馬來亞文明的網絡內；也曾是璀璨的滿者伯夷帝國的一部份。另一方面，中國的海上貿易相當早就已來到此地，並發展出一個商人與航海者的特殊階級，這些人四處得利，奴役島上農民，使他們成爲附屬於耕地的農奴。

十五世紀時，伊斯蘭勢力於大島民答那峨島上興起；十六世紀，隨著麥哲倫的到來，且命歸於此（一五二一年），西班牙人發現了菲律賓群島。西班牙人隨後於北方的大島——呂宋島上建立據點。基督教也由此在遠東世界展開其對抗異教徒「摩洛人[9]」的奮鬥。

儘管馬尼拉的統治者很難掌控叛變頻繁的衆島群，西班牙佔領菲律賓群島直到一八九八年，當時同時發生了一場國內的叛變以及美國海軍艦隊的介入。不過菲律賓並未立即取得獨立，而是在西美戰爭結束後，改歸於美國治下（一八九八年十二月十日，巴黎條約），這引起菲律賓民族主義者極大的憤慨不滿。美國總統麥金萊，基於良心不安，於是著手「教育、開化菲律賓人民，將菲律賓人同視如耶穌爲世人死於十字架之『世人』的一部份」……

直到一九四六年，菲律賓群島才獨立，至少理論上是如此。

歷經一個如此動盪的過去，今日菲律賓群島人口眾多（兩千五百萬居民，每年增加七十萬人，國土面積三十萬平方公里，大約是比法國的一半大一些）。人口組成複雜：多重混血的馬來人佔百分之九十五，外加四十萬到五十萬難以分類的原始民族，二十萬的華僑移民，以及少數的矮黑人[10]（七萬人）。

菲律賓有將近兩千萬的天主教徒（遠東世界唯一以基督信仰爲主的國家）、兩百萬的天主教異教支派信徒（菲律賓獨立教會[11]，一八九八年革命的推手）、五十萬基督新教徒、兩百萬的穆斯林、五十萬人無任何信仰……。一八九八年以後，英文突然地取代了西班牙文，西班牙文只在部份世家中保留著；此外，馬來方言「他加祿語[12]」也重被推行。各種方言在一個至少有半數人口是文盲的國家繼續流傳使用。

這個國家是貧窮的、甚至是困窘的，絕大多數地區仍是未開發的鄉間。然而大地主卻仍罔顧小農生計的不斷兼併土地，某種「吸血型封建」結構（某美國觀察家用語）使得各種改革與外援都徒勞無功。事實上，貨幣只通行於馬尼拉，菲律賓國內其他地區仍是以物易物。鄉間的慘狀促成了大規模共產主義分子的反叛，在日軍佔領期間成爲「救世軍」，在第二次世界大戰後則被菲律賓當局野蠻鎮壓。然而在此死灰之下仍有餘燼：中國共產黨的例子、或是古巴卡斯楚的方法，都賦予他們無限的想像。即使在美國的援助下（以及其控制下），菲律賓仍未進步。更何況，人口成長將那好不容易的微小進步化爲烏有。

---

9 摩洛人，**Moros**，西班牙人沿用對於穆斯林泛稱「摩爾人」一詞，來指稱菲律賓所有非基督教族群，為涵蓋多語言民族的一個泛稱。

10 矮黑人，**Négritos**，身形矮小皮膚黝黑捲髮的人種，分布於東南亞之安達曼群島、馬來半島、與菲律賓群島。

11 菲律賓獨立教會，由兩位菲律賓神父 Isabelo de los Reyes（一八六四—一九三八）與 Gregorio Aglipay y Labayán（一八六〇—一九四〇）於成立一九〇二年，主張菲律賓獨立。此兩位神父於一八九八年革命隔年，一八九九年被天主教會逐出教會。

12 他加祿語，**Tagalog / Tagal**，南島語系馬來玻里尼西亞語族下的一支，今日之菲律賓語即是以他加祿語為本體發展出來的。

朝鮮半島

一九五〇年至一九五三年間，朝鮮半島扮演了一個悲劇性的角色，至今仍是這場悲劇的受害者。韓戰根本上是強權國之間的戰爭，也是東方與西方的一場血腥衝突。

第二次世界大戰期間，於一九四五年二月的雅爾達會議，與同年十二月的莫斯科會議中，戰後朝鮮獨立似乎都是不言可喻的。戰後，半島北方由蘇聯軍隊進駐解放，南方則由自日本派出的美軍接受日軍投降，雙方依協議以北緯三十八度線為界。儘管聯合國介入，朝鮮持續遭此隨意劃分的界線南北分立，南方於一九四八年八月十五日成立了獨立的大韓民國，北方則成立了奉行共產主義的民主共和國。一九五〇年，北韓共軍入侵南韓，美國及其盟軍隨即激烈反擊。在共軍方面，中國人民志願軍投入戰局，使南北雙方勢均力敵。一九五三年七月的停戰協議仍以北緯三十八度線劃分南北，如此的荒謬分割使北韓與南韓的日子都不好過。

● 首先地理方面。

朝鮮半島，介於日本群島、滿洲、西伯利亞、與中國之間，是其獨特地理位置的受害者，在自認可以為所欲為的大國週邊的小國所面臨的危險，今時一如往日，正是臥榻之側豈容酣睡的最佳例子。

朝鮮半島是一個大致上南北走向的廣大半島（二十二萬平方公里），與滿洲之間只以狹長的鴨綠江、與圖們江河谷為界，兩河平行於長白山脈，如此構築了足以保護並成就朝鮮半島獨立的框架。從北緯四十三度到北緯三十四度，朝鮮半島猶如一個南北延伸長達八、九百公里的海堤，乍看之下有點類似義大利半島。

與義大利同樣不幸的是，朝鮮半島也是個天然的走道。中國將其視為門戶之一，認為有權監管朝鮮半島，如同監管突厥與越南北部一般；而島嶼四散於海中的日本，則需透過朝鮮半島這個海堤，與陸地有所連結，以免迷失海上。所以，不論是日本自覺國力強大、或是感受威脅的時候，遭殃的都是朝鮮，朝鮮曾遭遇日本數次但每次都失敗的侵略，如一五九二年至一五九八年間豐臣秀吉領軍企圖攻佔朝鮮，再如日本於一九一〇年至一九四五年間成功佔領朝鮮。

雪上加霜的是，朝鮮半島也是「當海參崴結冰時，蘇聯的出海口」。冬季日本海直到北緯三十八度線以北都會結冰。二十世紀初時，沙皇治下的俄國對於極具戰略性的朝鮮半島很感興趣。而當日本威脅侵略時，大韓帝國的皇帝是向俄國公使館尋求庇護。

朝鮮半島是一片貧困的鄉野，儘管到首爾一帶都還有稻田和竹子，但仍屬相當寒冷的氣候，往北則為廣大松柏林所覆蓋，只有在半島西方與南方有活躍的海岸與廣大的平原。這些平原只能勉強維持三千一百萬龐大人口的溫飽（平均每一平方公里一四〇人以上）。半島南端三面環海，並有許多小島伸入海中，最有名的便是對馬島，位於隔開朝鮮半島與日本的對馬海峽之中央，對馬海峽的直線距離不到一百公里，而朝鮮半島與中國長江出海口的距離是五百公里。

朝鮮半島在地理上如此緊密地與海洋連結，不僅是個農民社會，仰賴作物、森林、礦物資源維生，同時也是個捕魚、航海、經商的民族，很早便與中國、日本建立商業關係，而且，自中世紀起便擔負起連結與阿拉伯及波斯有貿易往來的中國南方以及北方地區的角色。位於往來交通要道上，朝鮮半島也是個向外移民的商人國度。

● 韓國自我封閉幾乎像個島，但也有某程度，或自願、或被迫的，對外界的開放，韓國也自外界吸收文化養份。

遙遠的三國時代（西元前一世紀至西元七世紀間）的歷史，正是朝鮮半島被中國文明所征服的歷史。三個王國於五十年間相繼出現：新羅建國於西元前五七年，高句麗建於西元前三七年，日本扶植的、脆弱的百濟王國則建於西元前一八年。所以大體上而言，這些國家同時存在，不過中國文明影響是逐漸地：佛教首先傳入高句麗，隨後於西元三八四年傳入百濟，最後於五二七年傳入新羅。

新羅，三國中最豪放不羈的一國，戰勝了其他兩國，於西元六六八年至九三五年間統一朝鮮半島，這個擴張的新羅王國，在中國輝煌的唐朝立國期間（六一八年至九〇七年），享受著通商帶來的富庶，主要就是仰賴並受益於唐朝的豐饒。

在大新羅國分裂之後，朝鮮半島再次統一於一個新的王朝，高麗（立國九一三年至一三九二年）[13]。後世西洋以羅馬拼音之韓國名稱即從高麗之音轉化而來。朝鮮半島的文明，於此時隨著印刷術的發展進入一全盛時期（印刷術於九世紀由中國發明，但，係高麗人於西元一二三四年發明金屬活字印刷術）。佛教，以簡化的「禪」的形式，不僅流傳於文人之間，也普遍於百姓之家。同時期，儒學也傳入發展，並據有主流地位。此時期也出現了鑄鐵雕刻藝術、漆器塑像、以及耀眼的青瓷「再現了朝鮮傳統對於金銀雕的精緻品味」。

如此成就當然與此時整個遠東世界普遍的繁華發展相關連，而且，朝鮮半島長期以來幸運地未遭受那些征服中國的蠻族的侵擾，或只是與這些蠻族的侵擾擦身而過。不過，在中國建立元朝的蒙古人，企圖打開中土之國的每一扇門戶，出兵伐日失敗，但成功打下高麗，使高麗於一二五九年至一三六八年一個多世紀間，成爲元朝領土的一部份。

朝鮮半島於重獲獨立後建立了其最後一個王朝，李氏朝鮮，立國直到一九一〇年被日本佔領爲止。除了一五九二年至一六三五年間陷於中國明朝與極具侵越性的日本之間的動盪時期以外，李氏朝鮮同時享有和平與獨立。

這幾個世紀間最主要的特色，莫過於誕生了一個中產階級，以及由於在巧思不絕的庶民文化中，汲取靈感而帶動的文明飛騰發展。更換書寫文字更有助於融入此種庶民文化，「在此之前，漢字的使用侷限了只有文人能夠思考和書寫。小說過去用漢字寫作，從此改用諺文[14]書寫，社會上有更多階層的人民得以接觸文化，使得文化更為豐富，我們由朝鮮十八世紀可與西方啓蒙時代相比擬的學術蓬勃發展可見一斑」（引自耶利賽夫[15]）。

朝鮮上層社會，則依舊保留著珍貴的貴族文化，其特色為新儒學的勝利，明顯地表現出理性主義與某程度的斯多葛學派主義。構成理學基礎的家族觀念與道德，也透過此深植於朝鮮社會中，而今日，很不幸地，韓國人依舊是此價值觀毫無疑問的「最忠實代表」。

●韓國的今日。

今時今日，說什麼都不理性。這個在地理上原是一個天然整體的國家，數百年的歷史上也是個統一一體的國家，現實卻將它一分為二，兄弟為敵。舊時的國都漢城，一般通稱為首爾（意即「首都」），在南韓境內，與現今位於北韓境內的重要港口元山，再也無法自由往來。想像一個義大利切成兩半，而羅馬通往〔義大利半島東岸亞得里亞海畔〕安科納港的道路則被阻絕。北韓擁有工業，煉鋼業、鑄鐵業、電廠；南韓則有稻米、大片的土地與自由進出的海。

一九五三年後，就不再有人操縱這兩個傀儡，他們被拋棄了，一動也不動。

13 高麗，十世紀初至十四世紀末朝鮮半島上的王國。建國於西元九一八年。此處布勞岱爾原文所書高麗立國期間始於九一三年。

14 諺文，朝鮮於十五世紀中發明之書寫文字。今日在中譯時稱「韓字」，除了歷史上的用語外已不再譯為「諺文」。

15 耶利賽夫，Vadime Elisséeff（一九一八—二〇〇二），法國史學家、藝術史學家，鑽研遠東藝術史。

一九六六年後記

近年來，印尼新聞不斷。在美國施壓下，一九六二年四月三十日，荷蘭對於他們以武力堅守，並且透過國際法據理力爭的印尼、西新幾內亞——伊利安島讓步了。

美國於聯合國大力支持印尼，並提出其他的援助計畫，美國以爲如此就爭取到了一個中立國。一九六三年七月八日新興國家馬來西亞（包含馬來亞聯邦[16]、北婆羅洲、砂拉越[17]與新加坡）在英國的扶持下成立，美國這一切的努力都失敗了，種種和解的嘗試（一九六三年七月三十日至八月五日的馬尼拉會議）都失敗了。同年九月十六日起，隨著雅加達的反英示威，印尼總統蘇卡諾宣告對馬來西亞展開「對立政策」。蘇聯共黨高層米高揚的到訪（一九六四年六月二十二日至七月二日），一九六四年八月五日印尼加入共產主義政府陣營（親中共），都標誌著路線的重大轉變。印尼最終退出了聯合國[18]，並且在中共和北韓的支持下，揚言要成立一個「革命聯合國」，然而卻自己轉型成爲一個「民族主義民主國」，印尼這一切發展嘎然中止。

一九六五年九月三十日到十月一日的夜晚，一支印尼軍隊企圖發動政變未遂，引發軍方強烈回應，於納蘇蒂安與蘇哈托兩位將領的號令下，取得政權，逮捕蘇卡諾總統，取消其一切職權。軍方展開史上最大規模屠殺之一，難以計數的印尼人因被懷疑爲共產黨員而喪命：根據不同的估計，約有二十萬至五十萬人罹難。軍人執政的印尼與北京政府決裂，並結束了對抗馬來西亞的政策。英國爲了抵擋中共勢力於東南亞擴張，而扶持建立馬來西亞，領土包含馬來半島、新加坡、以及英國位於婆羅洲的兩塊領地——砂拉越與沙巴。這個人爲干預建立的國家，終不敵政治抗爭，新加坡於一九六五年八月九日宣布脫離馬來西亞獨立。印尼政治情勢逆轉可能暫時緩和了這個地區的衝突。

東南亞這些非常敏感的事件，都在世界局勢的棋盤上，帶來了影響。同樣的，在南越與寮國國內很難釐清的動亂與緊張情勢，都與世界明裡暗裡的較勁相關聯；越南政變不斷，正反映出國內對於未來的不安。一九六五年初起，南越政治與軍事局勢惡化，促使美國對北越發動日益頻繁的空襲，儘管曾有數度停戰，卻對於衝突毫無解決之道，越戰使得整體局勢發展越來越嚴峻。

16 馬來亞聯邦，一九四八年至一九六三年間，由九個馬來州與檳城、麻六甲兩個海峽殖民地組成的國家。
17 即原習稱之沙勞越。二〇〇四年馬來西亞華語規範理事會統一華文譯名為「砂拉越」。
18 印尼於一九六五年初退出聯合國，於一九六六年九月二八日重返聯合國。

第6章
日本

日本位於人類世界的盡頭，蝦夷島[1]深入北方孤寂酷寒之地，東臨一望無際的太平洋，為日本最優良的港口所在；往西與往南，經常大霧瀰漫，半開放的海域，在朝鮮半島與日本群島南方的九州島之間變窄。

日本群島經常被拿來與英倫群島相比，然而，後者，可以說真的是與歐洲大陸緊密相連，日本則比較孤立、封閉、需要自力更生。為了突破此孤立狀態，經常需要明確、強烈的意志。在日本，內在固有的自然勝過外來傳入的，然而一位日本史學家如是說：「**我們日本文明的本質沒有一項不是外來的。**」

的確，早在西元六世紀，就出現了一個中國化的日本；一八六八年起，更有個非常成功的西洋化的日本。而且這所有的重要經驗都融入了一個「日本」的日本，具有無庸置疑的島國特色。在這個假山庭園、茶道、櫻花的國度，即使是經由中國所傳入的佛教，也被以日本的方式重新再詮釋，而此日本版的佛教當然也就比中國版的佛教距離原始的佛教更遠了。

1 蝦夷島，日本群島四大主要島嶼中最北的一個，一八六九年更名為北海道。此處布勞岱爾原文使用的是「蝦夷島」，而非「北海道」。中譯尊重原文。

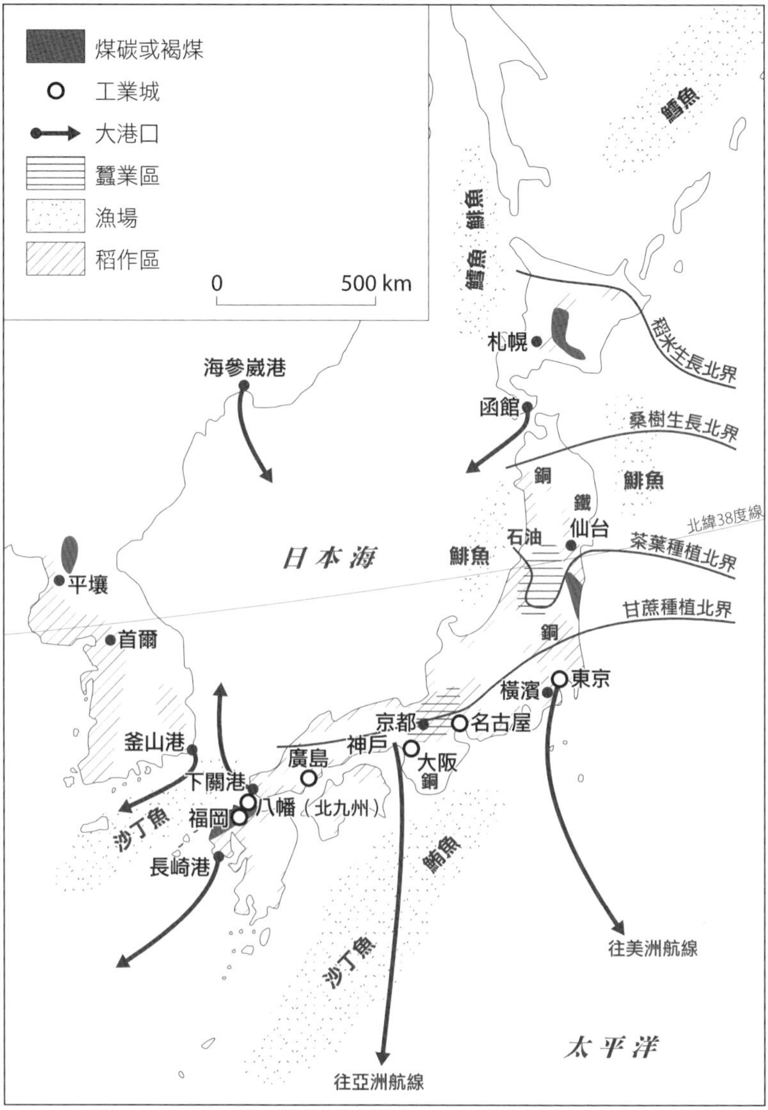

圖 13　日本——日昇之處的海洋國家

日本位於中國東方。日本之名意即「日昇之處」。

日本如此地具有可塑性，利用種種的外來文化元素造就了一個饒富特色的文明，在忠於傳統的同時，於一百多年前毫不猶疑、且急切地高度西化，並將此視為強國之法。此種獨特的雙重性格由一位記者（一九六一年）解釋得極好：「日本最不凡之處？就是日本人。」

在中國文明傳入前，原始的日本

自遠古（西元前五千年前）直到西元六世紀之間（中國文明首次傳入之時），日本緩緩地發展著一個粗曠有力的「文化」。我們對於這個原始的日本所知不多，專家們寧願說在西元五五二年佛教傳入前日本沒有歷史……。其實，日本的上古似乎與其後來的命運一樣：在外來入侵與外來新事物的衝擊下，日本一而再再而三地以模仿他人的形象重生。

●從繩文時代到彌生時代與稻米的種植。

自西元前五千年前到西元初年間，幾乎可說只有中央平原一帶較為發展，中央平原的北部，即今京都所在，古文獻中稱爲近畿地方，東南部則稱大和地方，這個平原地區就是日本群島最大島本州的中心所在，距離美麗狹長的日本地中海——連結南方四國與九州兩島的瀨戶內海不遠。

在此得天獨厚的舞台上，陸續出現了三大轉變：

一、目前幾乎可以確定愛奴族就是日本群島的原住民，其蹤影仍見於琉球群島[2]，今日被集體安置於北海道與庫頁島。然而考古學家在對此原初文化的發掘中，發現許多來自朝鮮半島、滿洲、甚至遠自西伯利亞貝加爾湖的物件（尤其是在尚柔軟的陶坯上以印模繩紋爲飾的原始陶器，並以此命名爲「繩文」文化）。我們可以此推論相當早年就有來自大陸的移民，與愛奴人的對抗由此展開且日益加劇。

二、西元前三世紀與前二世紀左右，有一波明顯的入侵，來自於中國（主要是南方）與非常遙遠的印度尼西亞。考古發現了新的物件：拉坏用的陶輪、銅器、銅鏡、鐘、鐵器、中國漢朝的錢幣，還有稻米、以及南方樣式開放且通風的家屋……。由於許多此時期具有代表性的物品出土自東京的彌生町，故名爲彌生文化。

在這許多新的文明發展中，米，取代了過去的雜穀，是一重大革命。

貫穿整個日本史的帝王——人間的神的概念，是在此時期由南來的古馬來人傳入的嗎？這個問題，還沒有確定的答案。

三、在西元後二世紀和三世紀左右，此時期以許多留存至今的領袖的墳塚著稱，此時期形成許多世族，有騎兵將領、農民與工匠：農民與工匠是半自由的身份，此外還有相當大量的農奴。地方領袖都自稱爲地方神祇的子孫。在朝鮮文化的影響下，各工匠同業公會被稱爲「部」（群體、分部之意），前面再加上各職業名稱（如專門寫文章作記錄的職人稱「史部[3]」；織工同業稱「織部」；製作馬具的皮匠稱「鞍作部」；說書人稱「語部」……等。英雄的傳說透過說書人而流傳）。

在此時期已出現政治制度與宗教體系，特別是一個敬畏各種自然力的原初宗教，日本無可救藥的保守與此宗教無法切割，後來相當晚，於十九世紀時，稱此教爲「神道教」（衆神之道）[4]。

2 愛奴族分布於日本本州北部、北海道、千島群島、庫頁島、與堪察加半島南端。此處布勞岱爾原文以「現在式」表示愛奴族蹤影可見於琉球群島 îles Riou Kiou。

3 布勞岱爾此處原文寫fuma-be查無該職業，經由前後文合理猜測應為 fuhito-be「史部」。

4 神道教，日本傳統的泛靈與多神信仰，西元五世紀時為與當時自中國傳入的佛教區別，而稱神道。

●此時，相對立於愛奴族的國家，在歷史悠久的大和地方誕生了日本帝國的雛型。

這個早期的帝國與日本皇室傳奇性的起源相關聯。根據直到一九四五年戰敗前，都十分活躍的宗教傳統，日本皇室源出於太陽神——天照大神的子嗣。在佔領日本的美軍脅迫下，當今天皇才公開承認並非源自神出[5]。

這個帝國的建立十分緩慢，西元八世紀第一部日本編年史撰著時，日本尚未統一。這個過程實際上是十分緩慢，王朝與周遭許多氏族（「氏」）結盟，每個氏族與王朝一般都有各自轄下的首領、土地、農民、工匠，而且這些首領經常都是外來者（朝鮮人、中國人）。似乎是不得不共同對抗在「東方界線以外的」蠻族——愛奴族，才促成各氏族的合作或兼併。

這個王朝與其活躍的諸侯邦國，於六世紀時逐漸成形，當時朝鮮人將漢字、儒學、佛教同時傳入日本。聖德太子制定的《十七條憲法》（六〇四年）確立了中央集權體制，「國無二君，民無二主……」，明顯可見儒家思想影響。

日本從此進入有文字記載的歷史時代，建立了階級制度、文官、史家、遣華使（西元六〇七年首次派使節前往中國）。在國君身旁由貴族組成朝廷（「公家」），國君分封采邑（「莊園[6]」）給諸侯，而諸侯則企圖將其變爲「領地」，我們西方會這麼說。

這個帝制的日本，很快地進入一個全新的輝煌發展時期，中國文明強勢的影響與日俱增，中國甚至給這個群島命名爲「日本，日出處之國」，而日文也以同樣的漢字寫作「日本」，只是發音不同。

日本對中國文明的學習

在數百年間，中國文明影響著整個日本群島，而且以意想不到的方式在日本燦爛發展：有時日本甚至將某些傳入的文化元素，轉化得無法辨識其原型（如以「禪」形式出現的佛教，經過特殊轉化後，從十二世紀起成爲「血腥的武士」的規範準則）；有時，則相反地保留了甚至在中國都已失傳的古老形式（如日本保留了中國已失傳的古樂）；這所有的轉變，都呈現出一個與中國模式完全不同的民族、社會、習俗等特色。更何況這些所謂的中國模式，通常都是已經過朝鮮改版過，再傳入日本的。

● 最初的「和漢文明」，正是古代日本的黃金時期，在這段漫長的文化涵化過程中，日本學習中國所有的一切：文言文、書法、繪畫、建築、官制組織、律法（唐律）。

與中國一樣，日本在行政統治上也分成幾個州，當然日本的州沒有中國的州面積那麼廣闊。當西元七一〇年立都奈良時（「奈良」爲朝鮮語，「京城」之意），模仿中國洛陽建立棋盤方格的城市配置，並將皇宮置於北端。九九四年，當首都遷往平安京（「太平之都」）或稱京都（日語「都城」）時，仍是依此模式建造。在此之前每個天皇都建有自己的國都，然而從此時起，王朝不再四處遷都，因爲自奈良時代起，朝廷和各機關組織變得太龐大，無法隨著每任天皇經常遷移。日本從此定都於京都數百年。

5 此書寫作時日本天皇為昭和天皇。一九四六年元旦昭和天皇詔書《人間宣言》宣告天皇並非神。

6 莊園，西元八世紀起由日本天皇分封給貴族或廟宇的可耕地，不用向朝廷繳稅。西元七四三年起，莊園由臨時的封贈變成世襲制，並且獨立不受中央政府控制。

中國的影響四處可見，編年史家也是模仿中國方式撰寫日本史（而且用漢字來轉寫日本語）。不過，不要被這無數的文化假借欺騙了，只有京都的宮廷，才如此沉浸於中國文化中。中國文化由此十分狹小的核心，傳播到全國各地。只有中心部份強光閃亮，周遭則仍舊晦暗。

對中國文明的學習，在這個小小的舞台上，成就了大致由十世紀末到十二世紀的黃金年代。而在此輝煌發展下，物質生活是否有提升呢？似乎是有的，隨後的經濟衰退說明了這個黃金時期只是短暫的，好幾世紀的黑暗日子接踵而來。

京都的美好年代，有著傑出珍貴的詩文，有衆多「物語」，一種混合民間傳說與愛情小說的詩意篇章（《落窪物語》，與灰姑娘的故事差不多），還有以非常詩意的手法寫作的「日記」，宮中的女子以「日文」寫作，男人則以「漢字」寫作。這個色彩鮮明的女性文學，記載了許多宮廷的節慶：音樂、舞蹈、鬥詩、巡幸鄰近鄉間的皇家行列，「這些被嚴格規範的娛樂，使宮廷的生活宛如一齣永無止盡的戲，像一幕規制的芭蕾舞」；我們猜，這個女性文學也記載了許多政治陰謀與感情糾葛，以及「在這個隔牆有耳的宮裡無法避免的摩擦」。

一個枯燥乏味、無所事事、「咬文嚼字」的世界。約西元一千年時，一位於宮中侍奉的女官，我們只知她被稱爲清少納言，留下了許多「隨筆」，其風格經常是直接不加修飾，但總是詼諧好笑的。下引清少納言對於愉悅的事物與不愉悅的事物的分別，她說，當然是不愉快的比較多，那是「寫字檯上的一根頭髮；或是墨條裡的一粒沙，磨墨時發出尖銳的聲響……；一個無足輕重的人，話多又笑得很大聲……；當你正想傾聽什麼時，一個嬰兒開始哭叫……；一隻狗發現夜裡偷來與妳相會的男人，開始亂吠……；一個妳費盡心思藏起來的男人，開始打鼾；或者一個來與妳私會的男人，戴著頂招搖的高帽子，離開時小心翼翼地不要被看見，卻又撞倒東西發出巨大聲響……」（轉引自西斐7）

當宮裡的人就是這般演戲、這般生活著時，佛教慢慢地征服了全日本，並且普及民間。受到新傳入的佛學影響的神職人員，開始與「中層階級」——手工藝匠、與小地主有所接觸。非常簡化的信仰，只以救世佛——阿彌陀佛爲中心，保證信衆能夠登上西天極樂世界。日本的佛學發展與中國的佛學發展類似，眞正的佛教理念與信仰，只有少數神學家與精英分子懂得，而民間的佛教發展則包山包海，甚至囊括古老的神道教信仰，最後發展出一個融合爲一的宗教——眞言宗，各地神祇成爲佛菩薩「本地垂跡」爲某事件特別短暫出現的各種化身。

神道教的神社於是歸於眞言宗「兩部神道」這個全新的教派的控制之下，隨著阿彌陀佛的出現，佛像的造像進入全新的發展，在此時期令人歎爲觀止的「畫卷」中，也出現了日本的風光，在充滿幽默感的場景中，呈現了社會影像與各階層的人物百態。

另外一個廣爲流傳的，是一種以拼音方式簡化的書寫體（只有四十七個表音符號）。

●長久以來，皇權便處處露出弱點，自十二世紀起，皇權便沒落了。如果說日本模仿了中國輝煌大唐的政府組織，卻未能建立為國盡忠的士大夫階級。士大夫階級應該能夠打擊古老貴族的野心與勢力。皇權，在日本漫長無止盡的中世紀中（一一九一年至一八六八年間），不敵幕府征夷大將軍。

自西元八世紀末到一一八六年將近四個世紀期間，地方封建勢力包圍中央皇家。各代天皇「統」，而幾乎不「治」，只不過是強勢的世族藤原氏的囚犯和棋子。藤原一族握有大權，以自己族中女子充實天皇的後宮爲后妃，隨意廢立天皇、並決定皇位繼承人。一位歷史學家說得極有道理：「天皇的政權就是一個空盒，而鑰匙由藤原氏小心翼翼地收著。」

藤原氏長期稱霸的結束，展開了漫無止盡的幕府時期。這個出乎意料的歷史經驗，在某種程度上，將諸侯世

7 西斐，René Sieffert（一九二三—二〇〇四），法國日本研究學者。

族對天皇的控制，正式地轉移到將軍一人身上。這些箝制天皇的諸侯世族，經常是被排除繼承權的皇子皇孫與皇親貴胄。幕府時期，仍舊延續了這樣操控天皇的模式，這些世族相互競爭、此消彼長，但也有能相安無事的。壓垮了分爲領主、農民、工匠、商人等社會階級的人民，只有領主生活衣食無虞。社會最底層悲慘地活著的「賤民」，尤其皮革匠屬之。相對於印度而言，日本賤民人數少很多。

由於經濟衰退，在物質生活水準普遍倒退的情況下，隨著封建諸侯與軍人勢力的快速興起，誕生了幕府將軍制。這些好戰的貴族，在朝廷勢力不及的地方，往本州的北方及東方「界外」之地，佔領開發廣大的土地與「殖民地」，並大規模地飼養馬匹。相對於京都中柔弱、卑鄙、令人憎恨的朝廷官員，新的體制想要建立一個軍人平權的政府（「幕府」：意即軍帳中的政府），由軍事首領——將軍來領導。與衰敗的梅洛溫王朝中的宮相[8]兩相比較，十分類似，唯有一點，在日本，無爲的國王從不曾被廢。天皇依舊端坐皇位，但不治國，將軍則由天皇任命，如同教宗爲皇帝加冕一般。

最初的幾任將軍將幕府置於東海道（從京都通往江戶的道路）最東端的鎌倉，直到一三三三年，遷往京都一個新發展的區域——室町，於一三九三年至一五七六年間都在室町，最後再遷往在此之前（一五九八年）都只不過是個小漁港的江戶，江戶直到一八六八年都是幕府所在地。史家分別稱爲鎌倉時代、室町時代、江戶時代，時序上一個接一個，幾乎涵蓋整個漫長的幕府時期（一一九二年至一八六八年）。

不管是哪一個時代，舞台上的主角都是戰士、騎士、「武士」。這個統治階級，以習武之人對事物的看法、品味、粗獷來引領社會，更將其某程度的簡潔風格帶入政府中，尤其是在初期特別明顯；此種簡潔的風格也可見於其服飾與家屋配置中：「水干[9]」、「直垂[10]」，這類簡單的服裝取代了傳統上嚴守規範、寬鬆且礙手礙腳的衣服——「直衣[11]」或者「束帶[12]」；狩獵、馬上競技、賽馬等活動，則取代了過去那些矯揉造作的休閒活動。

這些整體而言比較暴力的氣質，直到將軍們長久居於京都之後（一三九三年至一五七六年），才稍見緩和。

京都這個古老的城市，重拾其往日作爲京城的功能與榮光，而古典黃金時代的榮光，將不會全被武士與騎兵的年代所遮蔽。

漫長的幕府時期，於十六世紀末十七世紀初突然地被分成兩期。德川家的革命，將使日本與世隔絕長達兩百多年，並使日本陷於封建的組織與思想中。

出身農家之子的豐臣秀吉，並沒有將軍之銜，在重建了日本的秩序後，對朝鮮展開一場漫長且不理性的戰爭（一五九二年至一五九八年），秀吉死後，這場戰爭終告停歇。繼獨裁的豐臣秀吉之後興起的是德川家，很天才且有耐心的秀賴[13]，受天皇任命爲將軍，並定都江戶，他認爲要從這個仍動盪的地區來統治日本，而非從京都，其想法並非沒有道理。秀賴[14]退位並讓位給自己的兒子，成功地使將軍之銜成爲世襲制，使其家族一直「統治」到一八六八年。

江戶（今之東京）幕府最重大的決定，就是一六三九年時下令**鎖國**，除中國與荷蘭的特許船外，不准任何船

8 宮相，maire du palais，在梅洛溫王朝國王身旁最有權力，在實質上掌有法蘭克王國的大臣。

9 水干，すいかん，平安時代男子平時簡易的服裝，晴雨兩用，故有此名。

10 直垂，ひたたれ，武士社會的男性專用便服。

11 直衣，のうし，平安時代起天皇、或身份高的貴族平日便服。布勞岱爾此處原文寫noshi，「熨斗」是日本包禮金時美麗的封套飾帶。以前後文合理猜測布氏應該是要說noushi，「直衣」。

12 束帶，そくたい，平安時代起天皇以下文武大臣上宮廷及辦公時的正式穿著。

13 布勞岱爾此處原文寫Hideryori秀賴。以前後文與史實推測布氏應該是要說德川家康Tokugawa Ieyasu。

14 同前，布氏於文中第二次寫Hideryori秀賴，是否是要說德川家康。

隻進入日本的港口。荷蘭船只被允許進口火藥、武器、眼鏡和菸草，除此以外，日本國內均可自給自足。此禁海令也適用於日本的船隻，其實應該說禁海令是從禁止日本船出海開始的（一六三三年）。要如何解釋這個帶來許多後果的決定呢？

日本統治者似乎害怕西方人。最早到來的是於一五四三年抵達九州的葡萄牙人，大砲、明火槍、巨型的船艦，讓日本島國之民印象深刻；而且還有許多日本人在西方人到來後改信基督教。這個宗教是否鼓動了大領主與農民的暴動，一如一六三八年的事件[15]？

另一方面，十七世紀中，中國和遙遠的印度是遠東世界的主角，四處都陷入嚴重的經濟蕭條。日本是否因爲此大蕭條而被迫自我保護，並停止貴金屬流出？從豐臣秀吉英勇縱橫的年代開始，對朝鮮的侵略、對中國的敵意，以及無數海盜侵擾中國的事件，都顯示出日本自我封閉的事實（所以中國明朝的光輝不曾照耀日本）。最後一個原因，日本極力想要凍結一個蠢蠢欲動的社會，渴望自由的農民總是被迫絕望，鎖國就像是把所有社會結構「變成石頭」，直到一八五三年美國培理的「黑船」到來改變一切爲止。

在此之前，日本自我封閉，保留其世族、古老的貴族，並臣服於此主要階級之下，正如同「禪宗」，這個離譜的佛教形式，在日本持續鼎盛所示。

然而，這個嚴密鎖國的日本，也許並不如我們所想像地那麼不幸、那麼苦難。日本必須要妥善運用其不論物質方面或其他方面的財富與資源，其富庶是無庸置疑的。自十六世紀起，白話文學的燦爛發展，及其於一六五〇年至一七五〇年「大阪的世紀」奠定的地位，都是日本富庶的最好表徵。這個漫長的中世紀，除了傳統的能劇以外，還創造了一種半歌半舞的生動戲劇形式——「歌舞伎[16]」。幕府時代，並不是全然的黑暗時代。

關於幕府，當然要在**一個嚴明的紀律下、或可說一個國家體制**的框架內才能理解。

各地與各世家的首領，稱爲「大名」（大約有二百七十個），擁有許多效忠的追隨者，「武士」。每個武士自大名處領有銀子或是實質物資，他們從來不曾如西方般領有能夠讓他們擁有某程度獨立的分封土地。戰敗的武士或是（有可能嗎？）背棄其主的武士，稱爲「浪人」，或者餓死、或者淪爲盜匪。

武士所奉行的榮譽，不成文法的「武士道」，所陳述、所一再重複、所宣揚的，便是要身體與心靈的完全效忠。經常被傳頌的「四十七浪人」的故事，敘述四十七名浪人在主君切腹自殺後，於一七〇三年的冬天爲主公報仇，隨後也於主公墳前自殺[17]。這個榮譽至上的嚴苛法則，由連年不斷、無情的內戰所形塑。

日本人彼此之間互相攻伐，自相殘殺。愛奴人，再也未見提及。中國元朝於一二七四年與一二八一年，曾兩次嘗試出兵攻打日本，但一陣「神風」颳起了狂風暴雨，摧毀了入侵者。日本對朝鮮的戰爭，我們之前已經提過，只持續了六年。所以在這漫長的中世紀，日本人是彼此之間兵戎相向。此連年的戰事，將武士造就成一個令人尊重的階級，甚至在日本的語言中，直到一八六八年，是由動詞「決定主詞和受詞的位置」。例如「授受動詞[18]」指出「主要動詞的動作，是由地位較低者受惠於地位較高者所完成」。

15 可能是指一六三八年(寬永十四年)的島原之亂，參與的農民與帶頭的大名小西行長都是基督徒。島原之亂起因除了宗教因素，也包含經濟因素。

16 歌舞伎，日本所獨有的一種戲劇形式，演員全為男性，化妝極為細膩，舞台布景機關多。

17 元祿赤穗事件，江戶時代元祿一四年三月十四日，赤穗藩主因故於殿中拔刀而被勒令切腹，赤穗遭撤藩，失去主君的浪人四十七人於次年一二月一四日殺害挑釁致使主公遭令切腹的仇人。元祿一六年二月四日(一七〇三年三月二十日)，這些武士接受將軍德川綱吉的制裁命令，切腹自殺。他們死後被與他們的主公合葬。

18 あげる，日文特有的一種「授受動詞」。

結果呢？造就了一個非常有紀律的日本，社會分層，井然有序，既壯觀又悲哀。這個雙重的影像，一邊光輝炫爛、一邊無比苦難。曾服務於荷蘭東印度公司的威斯伐倫醫生康佛[19]，做了很細微的觀察，在其旅行記述中表達得很清楚（一六九〇年）。讀過之後令人難以忘懷的，有那些要小心翼翼通過的湍流險灘，渡河者手拉著手以防被水流沖走；那些有著破爛家屋的村落；還有那些遇到大名的浩蕩行列通過時，就跪在田裡、伏拜於路旁的農人。由於大名必須要經常性地晉見將軍，所以從京都通往將軍駐在的江戶城的主要通道上，經常可見到大名的行列往來，伴隨大名的是一支配有長槍刀戟、明火槍的小型軍伍，以及許多隨主公上京的僕從。

這些富裕的封建諸侯，一年中有六個月必須要居住在江戶的宅第中，這些公侯的宅院在將軍府附近群聚一起自成一區，門面上都有華麗的家徽，威夫羅[20]曾對此驚嘆不已（一六〇九年）。這些宅院，儘管富麗堂皇，都只不過是囚牢，大名居住於此受到監視，而且每年當大名返回封地時，必須要將妻子兒女留在江戶當人質。他們很難逃過，沒有人逃得過那些在路上、在旅店、在城裡，無所不在的奸細、探子。在江戶城內，中國式的街廓自成一個單位，街道的兩端有門，一旦發生竊盜、搶劫、或兇殺事件，立即關上門，逮到犯人、或是兇嫌，立即正法，通常是處死。

同樣嚴格且一絲不苟的控制，也實施於一六三九年後唯一被容許且限制重重的海外通商：只剩下中國船與荷蘭船（荷蘭人於一六三八年日本基督徒叛亂時，無恥地提供他們的船艦和大砲給日本政府，幫忙平亂）。每當荷蘭東印度公司有船隊抵達時，就先隔離在長崎港內的出島：貨物、水手、商人、仲介，不管是人或物，都要受到仔細地盤查。此時期留下的許多描述都見證了一個堡壘林立、被軍人統治的國家中，一個戒慎恐懼的政權。此外，雖然在西方世界刑罰是比較直接的，所有的西方旅行者對於在日本看到吊刑與酷刑的場景都相當震驚。在京都附近有一座小丘陵名爲「耳塚[21]」。

封建時代的日本在文化上與宗教層面上也有所發展。佛教，如同在朝鮮與在中國一般，有許多不同的支派（其中，日蓮宗這個絕妙的教派提出，日本才是眞正的佛之國度，此外還有禪宗）。自中國傳入的禪宗，十二世紀起大盛，是得力於武士的推崇。當理性的新儒學符合幕府制的需求時，禪宗，這個與原來佛教中崇尚慈愛與非暴力大相逕庭的特殊派別，則成爲武士們的信仰，如此的轉變非常地能夠代表這個時代與這個社會。

日本「禪」的信仰闡釋於「公案」，十分精短地敘述一些道德上意想不到、非常地荒謬的故事。如此的教義不計代價所想要解放的，是無意識的、本能的、經常是半睡半醒的人們。「解放你的心緒，讓它奔流山澗中。」這是一種奇怪的修行，解放、喚醒本能，然後壓抑它！這些用語以我們現在看來，好像是某種心理治療。一點也不「複雜」，它是如此地振振有詞！「走路時你就走路，坐著時你就坐好；不要遲疑！」毫不猶豫、毫不遲疑，這當然是最給予兵士的良好建議：「清除所有擋住你去路的障礙，如果你遇到佛祖，殺了佛祖；遇到你的祖先，殺了祖先；遇到你的父母，殺了父母；遇到你的親人，殺了親人。唯有如此，你才能自我解放，唯有如此你才能逃離鐵箍得到自由。」

當然，如此言詞不能依照字面解釋，佛陀、祖先、父母，是這個極度順從於所有束縛的社會的重要標誌，所有的孩子不論男孩、女孩，從小就受到鐵的紀律般的教育，要服從。從用餐、談吐、坐姿、甚至連睡覺都有一套

---

19 康佛，Engelbert Kaempfer（一六五一—一七一六），德國醫生、旅行家。曾在日本居住兩年，並曾兩次晉見幕府將軍德川綱吉。

20 威夫羅，Rodrigo de Vivero（一五六四—一六三六），西班牙殖民地官員，曾於一六〇八年暫代任菲律賓殖民地總督。一六〇九年九月三十日，威夫羅的船艦三艘自美洲返回亞洲時，於日本今千葉市擱淺，威夫羅停留日本期間與德川家康政府建立往來，並於一六一〇年十月陪同京都商人田中勝助領隊的二十三名日本人前往美洲。這是第一批橫渡太平洋的日本人。

21 耳塚，一五九二年至一五九八年間，豐臣秀吉發起對朝鮮的戰爭，耳塚內埋有該戰爭期間被殺的朝鮮與明朝兵士的耳朵與鼻子。

嚴格的規範要牢記遵從。睡覺的時候要保持直挺不動，將頭枕在一塊小横木上，「對於心靈和身體的控制一刻也不能鬆懈」。一切，就連最自然的反應，都要在控制之內，如同我們在日本的假山庭園內所看到的自然生長的樹木植物一般。「禪學」對於武士們的教育似乎導向於禁忌、與日本「禮儀」所規範的種種限制。就如同每個社會都有的情況，相對於束縛重重的生活，必然有比較不那麼硬梆梆的生活。日本，既是嚴謹的、也是柔軟、「有彈性的」。「禪」是日本所必須、不可或缺的。

近代日本

日本鎖國，與世界隔絕了將近兩世紀，直到明治維新展開了明治天皇的時代（一八六八年），以及隨後整個國家高度的工業化運動。此工業化運動是一個獨特的現象、一個奇蹟，照亮了日本文明，其毅然果決的態度，以及其卓越成就，並不能只用尋常的經濟觀點來解釋，當然經濟觀點的解釋並非完全無益，但卻是不足的。

● 在鎖國的那幾個世紀中：自一六三九年至一八六八年，儘管幾乎是完全封閉，日本仍有極大的進步。

這些進步自十八世紀起即相當顯而易見。人口增加，稻米產量顯著提升，開墾新的耕地，……城市規模越來越大。十八世紀時，江戶至少有一百萬居民，此經濟的普遍成長須歸功於農產剩餘，尤其是米糧剩餘，足以投入城市消費市場，還須歸功於保存、運送米糧的方法的發展，以及源源不絕地送進城市的燃料，木炭。

社會本身也是有利於經濟發展的。疑心甚重的政府下令大名們要離開封地、遷居至江戶，大名們持續往返於封地與江戶間，這些往返的行列排場耗盡這些大名們的財富。貨幣經濟於十七世紀時逐漸明確地落實於日本，比幅員遼闊的中國更普及；都市的繁華促進了更多的銀子的使用消費，也使得大名們不得不變賣其相當大部份的米糧收成、或者被迫借貸。許多長久以來就存在的信用機制，變得更爲普遍（各式各樣的紙鈔、匯票）。由於大名與武士們被禁止從事商業行爲，所以出現了代爲操作的人頭，一個商人的階級發展起來。這些商人們借錢給大名，躋身這些諸侯身邊，在這個人要衣裝佛要金裝的國度裡，商人很快地模仿上層階級的穿著，並將他們的兒女透過聯姻或養子養女的方式，送進這些高階的世族中。然而在政府幾次藉故戲劇性的抄家的教訓之後，這些平凡的商人就低調地活在暗處。

商人在日本當時的經濟中心——大阪，非常的重要，這些有錢人、大名與生意人在城裡的尋歡場——「花街」相會，在此，女侍、「花大錢栽培的」「藝者」扮演著「京都祇園那些高貴的仕女們的角色」。花街的日記、其間的醜聞、自殺、謀殺案等，提供了逗樂、尖酸的文學素材，頗受民智未開的大衆所喜愛。至於眞正的文人，則較不欣賞這些通俗文學的遊戲，而欣賞「儒學教條的樂趣」。

這一切均顯示出日本一八六八年以前生活的蓬勃發展，自十八世紀起經濟復甦成就了一個活躍的前資本主義，即將開花結果。十九世紀，更是加速了這個經濟的發展，如果沒有前一個時代的前置工作、這些財富轉移，沒有這些財富的累積以及經濟手法的發展，沒有這些所引發的種種社會緊張情勢的話，明治時代的發展是無法被理解的。

太多的大名們因爲政策與奢華而失去他們的財富，日本各地逐漸地充斥著失去主君的武士、一無所有的騎士——浪人，當時有點類似十五世紀的日耳曼地區[22]，「看誰拳頭硬——拳頭法則」當道。總之，就是這些失去

22 當時日耳曼地區的騎士不再效忠於皇帝，許多騎士成為盜匪，四處洗劫旅行者。

社會地位的人促成明治維新的成功，美國艦隊的到來（一八五三年）只是「導火線」。當睦仁天皇[23]於一八六八年掌權時，毫不費力地推翻了古老的封建制度，以及傳統的社會階級，其實他只不過是推倒一個空有其表的舞台布景而已。

●工業化，不只是一個經濟現象，也一定會涉及某程度的社會轉型，而此社會轉型的過程會牽制或加速經濟的發展。日本的工業化並不曾遭遇來自社會的掣肘。

特別值得一提的是，一般而言，工業化的過程會動搖整個社會結構。在西方，根據馬克思的研究，工業化的過程，由於大量無產階級的出現，導致了階級鬥爭與社會主義工人革命。

日本是個特例。日本在其社會結構沒有遭到重大變革的方式下，完成了工業革命以及伴隨工業化而來的產業變遷。乍看之下，這是無法理解的。「此巨變……被融入一個正在進步的文化中，而走了一條，細想來，可被視爲全新的路。」

以下是可能的原因：此處我們討論的是一個訓練有素的社會，在一八六八年以後的社會變遷中，也沒有亂了方寸，這個服從、尊重上級的社會，始終毫無怨言地接受，奢華是上級的特權；而且，也許並不曾意識到，這個社會也接受了現代的資本主義建立於仍相當封建的社會網絡之上。類似十八世紀的俄羅斯工業鉅子們在烏拉山設廠，建立在那些地方的農奴制度上……。這大概就是十九世紀時日本工業化的龐大組織所呈現的影像，確保了明治維新的成功、從中獲益，而沒有激起廣大勞工階級的反感。

在一九四二年戰爭之前，日本百分之八十以上的財富集中在十五個家族手中，俗語稱他們爲「財閥」，今日，財閥一詞已成爲一般用語。這些財閥正是那些知名的：三井、三菱、住友、安田，皇室的財富遠遠不及這些鉅富家族……。在社會階級方面，這些財團的主人就像是過去的大名與世家一般，工人們是他們的農奴，而領班、技術士與工程師則是新時代的武士。家族企業，是封建體制與父權體制的一種混合體，「自由企業與共產主義對他們而言，是奇怪且陌生的想法，並認爲這些想法會摧毀日本帝王之道——皇道」。所以這個乖巧、謙卑、有耐性的民族，能夠接受很低的薪資，使這些財閥在過去、在今日都爲所欲爲。

這也解釋了一八六八年驟然變天的奇蹟，當時幕府將軍還政給天皇，將權力還給原則上這個國家最傳統的勢力，王政復古（在西方世界的尺度的話，就想像是教皇接手執掌世俗政府的政權及西方世界的財產）。然而，皇權這股傳統的力量決定要革命，下令廢止了封建的框架、詔令發展工業、籌集必要的資金、並建立工廠。之後，這些工廠經常由國家讓渡給政府自由選定的私人，前所未見的形式，有點像是國家分封一塊遼闊的采邑一般。同時，這股傳統的力量也賦予日本民族主義者一個偉大的任務，他們也不負使命地完成了：神性受到全國各地神社敬拜的天照大神之子，天皇下令要工業化。日本並不需要創造一個新的國家意識、或者國家神話，神話一直都存在，這個國家神話使得日本得以以一個人的意志打造日本。

於是，我們也就不必驚訝於日本同時既非常現代、又非常傳統的這個雙重性。「天皇權威的神秘性，同時有助於奠定現狀與改革」，我們可以理解爲：社會的安定與經濟的改革。

這麼說並沒有過度詮釋，十八世紀、尤其十九世紀「有意的」復興非常古老的民間信仰——神道教，就是明證。「神道」，是神明之道，然而此處「神」應該主要是指靈[24]，瑪那，在遙遠的南海，瑪那是超自然、無人格的力量，可以是生靈或是物件的靈。在日本最高的靈是天照大神——太陽女神，而其靈性則傳給其後代子孫——天

23 睦仁，為明治天皇之名諱。

24 かみ，讀kami，在日語中指山川林木狐狸動物等之靈，也指死者之亡靈。漢字傳入後，「神」，這個字也讀kami。

皇。

● 一九四五年大劫後的日本：廣島（一九四五年八月五日）與長崎（八月八日）原子彈爆炸後，那個維新後的日本遇到前所未有的崩解。日本幾乎到手的東南亞飛了，更慘的是，所有自明治時代初年（一八六八年）投入的建設，那些曾使日本成為二十世紀初遠東世界驚異傑出的建設，都化為烏有。

日本戰後的奇蹟（第二個奇蹟），就是與德國、義大利、法國一樣，重建國本、重建國家繁榮，並且達到一個前所未有的發展成就，著實是一個令人目眩神迷的成功經驗。日本不再是一九四二年以前的那個軍事強權國，而是成爲主要經濟強國。

一九六一年至一九七〇年的展望計畫預定於一九七〇年使國民所得翻倍成長。假設一九五五年的基準爲一百，那麼預設一九七〇年的工業礦業產值要達到六百四十八；同樣的假設下，煉鋼業的預定目標是二百九十六，機器製造業是四百四十八，化工業爲三百四十四……。當然，這些期望值是否能夠達成尚未可知，但是這些目標並不荒誕；前此不久日本的發展足以證明他們有此能力。

從十九世紀末到第二次世界大戰期間，日本經濟的平均成長率是每年百分之四；一九四六年至一九五六年間，成長百分之十點六（法國爲百分之四點三）；一九五七年至一九五九年間，成長百分之九點二；一九五九年至一九六二年間的數據尚未計算，肯定很高。這些都是創紀錄的數據，唯有西德和蘇聯的經濟成長值與日本較接近。一九六一年至一九七〇年的展望計畫是以百分之八點三的平均成長率來規劃的。

如此驚人的成長是有其原因的，最主要的原因應該是佔領日本的美國當局，授意建立許多本來不被看好的商業信託托拉斯。戰後被佔領者下令解散的父權主義的財閥[25]，部份東山再起，並且成爲目前世界上最重要的大企業。日本資本主義的勝利，成就了前所未見的經濟發展，一如美國，日本是大財團式的資本主義。這些大財團善用勞動力與資金，而古老的小型手工業，儘管一直努力存續，則只能運用家庭內的人力或是低工資的勞工，處境艱難。

另一方面，由於戰後日本的財政再不如一九四一年前能夠自給自足，工業發展的成功尚須歸功於日本國家銀行、整個大型企業銀行的體系、以及比法國資金靈活度更高的投資公司的建立與護航。事實上，這些投資公司透過各種廣告與美國式的宣傳手法，向小存款戶吸收資金，造成股市的瘋狂交易，就連天性謹慎的農民也投入，一切均肇因於東京證卷交易所在股市大漲時（是戰前交易量的四百倍）所帶來的驚人財富。一九六一年六月之後，股市退燒終於減緩這波瘋狂的遊戲，資金再度回流銀行儲蓄存款。

鉅額的投資（一九六二年超過百分之二十的國民資產），以及以美國爲首的外資對日本企業所收取的象徵性的利息，均是此快速發展的因素。日本，還不能算是完全「自由」交易的市場，投資獲利不容易匯出日本，不容易回收。某瑞士報紙（一九六一年四月十二日）在探討日本未來市場全面自由開放的可能性時，如此寫道：「分析整體利弊之後，我們比較喜歡日本，許多歐洲資本在南非都是閒置的。日本，無疑地是個正在起飛階段的國家，其豐富的勞動力素質優於平均水準，而且這些日本的領導階級對於勞工驚人的能力都非常有信心，堅信他們一定會成功。」外國的資金繼續投入的話，日本發展的腳步會更快，好日子也不遠了。

可以分辨哪些是經濟成長的主要動力元素嗎？要評斷一個正在發展中的經濟是很困難的，各種數據變化得很

25 財閥被視為日本發起侵略戰爭的經濟基礎，所以被同盟國軍事佔領司令部下令解散。本來許多大企業每個都要被分拆成一兩百個小公司，冷戰期間，由於美國認為透過復甦日本企業可以扶植日本協助牽制共產主義，所以後來解散財閥的執行沒有那麼的徹底。

快，不足以作爲觀察的標準。可以確定的是，充足的勞動力是個十分有力的條件。展望計畫估計一九六一年時全日本的人口爲九千四百萬人，預估十年後一九七〇年時，將有一億零四百萬人，亦即平均每年增加一百萬人口。

由於，先前已經提過，展望計畫預計一九七〇年時國民所得將翻倍成長，所以此人口成長將不會妨礙經濟成長，而且，**生育率的控制**也已經開始減緩人口的增加速度。除此以外，一九六二年起，因戰爭而人口銳減的那幾個年齡層進入就業市場，造成工作機會供過於求（尤其是缺高階技術人員），因此最近工程師與教授職都加薪以吸引就業。

也許，相較於西方世界與美國而言，日本的薪資與生活水準仍是較差的，然而，由於生活習慣不同、對物質的需求不同，日本的情況還不錯。在大阪與東京城市外圍有一些貧民窟（東京每年增加四十萬人口，其中三十萬是移入人口），每日平均食物攝取是兩千一百卡路里，人均收入是兩百到三百美元之間，是印度的四倍。漁業的重大發展，使得日本名列世界重要漁業國（遠達大西洋與加勒比海，每年漁獲六百萬噸），農產收穫量也有成長（溫室栽培可於冬季時增加額外產量，夏天颱風季節時溫室也可以促使稻秧快長）。在美國的主導下，凡是超過三點五公頃的大片土地都遭分割出售。此外還有，起步時較困難而緩慢，開發位於寒冷地帶的蝦夷島（北海道）。凡此種種，協力共築了今日日本各方面大致均衡的發展。

而日本國內的內需市場，也促進了工業的發展。生活水準的提升，反映在新型態的消費上，洗衣機、電視機、照相機（日本國內市場充斥著各大日本工廠的產品）；也反映在新的品味上，對於肉類、魚類、西式糕點、罐頭食品、成藥（主要是鎮定劑）的消費增加了；清酒的銷量因爲民眾對啤酒的喜愛而減少，綠茶（年產量七萬七千公噸）也受到錫蘭紅茶的競爭。服飾穿著、室內布置也都越來越西洋化。引用記者羅伯吉蘭[26]的話說，日本人依舊是「雙重文化的」，白天可以穿著西服上街，晚上回到家依舊穿和服以日本的方式生活。不過，日本人的確是越來越受到西方模式吸引與影響。

對於發展的阻礙所在多有，日本經濟發展並不是一帆風順，這個發展是全民努力、勤奮工作、睿智的決策所成就的一個奇蹟，有其限制、弱點、與危機。別忘了，農地重分配創造了大量如雲的小地主，最弱小的就被稍強的宰制，無法集體耕作，更無法實施眞正現代化、科技化的農耕法。有位記者說：「唯有社會主義有可能辦得到。」眞的！社會主義的經驗恰恰是敗在農業上，所有不論哪個時代、哪個地方的農地改革，如果想要快速而激進的改革，都栽了大跟斗：農業結構是每個社會中最冥頑、最難變動的結構之一。

此外，日本的人口是法國的兩倍，國土卻大概是法國的三分之一（日本總面積三十萬平方公里，法國五十五萬平方公里）；而且日本只有百分之十五的國土是可耕地，法國則百分之八十四的領土都是可耕地；日本的天然資源也不豐富，工業只能仰賴進口的毛料、棉花、煤炭、鐵礦、石油。儘管池田[27]內閣相當樂觀，自一九六一年九月起還是出現了許多令人擔憂的貿易失衡的跡象。根據一個有可信度的合理計算，如果沒有駐日美軍在當地的消費，日本的收支是無法平衡的，可見日本此經濟發展的成功是多麼的脆弱……。

對執著於發展工業的日本而言，問題不只在於製造，更在於銷售。銷售的局勢並不明朗，因爲銷售必須仰賴「自由世界」的貿易、仰賴「自由世界」的富庶與善意，而此善意正是關鍵所在。一九三九年以前那個實行**貿易傾銷**的日本，一個因爲工資低廉而在價格上極具競爭力的工業強國日本的形象，對西方人而言記憶猶新，導致西方國家（尤其是在這方面太過謹慎的法國）對於不完善的貿易協定持保留態度，從貿易協定簽訂過程的漫長，以及不停地被質疑都可看出端倪。

26 羅伯吉蘭，Robert Guillain（一九〇八－一九九八），法國通訊記者，駐亞洲長達近四十年。

27 池田勇人（一八九九－一九六五），一九六〇－一九六四年間任日本內閣總理大臣，以其任內提出「國民所得倍增計畫」成就日本經濟高度成長期著名。

這一切都相當令人憂心，日本甚至可能會嘗試成爲「如尼赫魯般的中立主義者」，才能全面地投入中國與東南亞的經濟。另一方面，日本的共產主義者與社會主義者不得不思考，一旦美國撤離，有幾個社會面向極可能會失守：尤其是一九五一年的憲法議會，以及工會組織，在這個馴化乖巧的國家，要花很多時間才能誕生，更何況大財團並不容許組成工會。這種種互相矛盾的擔憂解釋了一九六一年的選舉結果，只不過是「溫和自由派」再一次「制式的勝利」。根據有經驗的觀察家，獲勝的溫和自由派就是大財團，花了超過五十億日圓（一百日圓大約等於一法郎）來「挽救這最後機會」並阻止社會主義者上台。

但是，日本政府無法長期地如此迴避問題，尤其日本的繁榮一直是建立在脆弱的平衡上，非常的不容易。東京（一千萬居民）是世界上人口最多的城市，在狹小的腹地成長，城市已經飽和，構思著要在東京灣填海造地。大阪已經著手進行造陸，以安置被大阪充足的勞力吸引前來設廠的重工業。這種種細節均說明了日本發展經驗中，不確定性與偉大成就，如何一直的相伴相隨。

不確定性最顯著的莫過於政治層面，或者擴大一點說，文明層面。如果沒有美國下令讓日本於一夕之間變成議會民主制國家的話，許多不容忽略的細節都顯示出令人擔憂的跡象。在產業界，父權家長式作風依舊，處處監視；昨日民族主義者的侵略性絲毫不減；日本有各種黨派，狂熱激進的右派有國內熱度不退的保守分子的支持。遭到戰勝國羞辱的天皇，依舊是天皇，誰要是起來反抗天皇或是皇室，就會立刻被打死。昔日的日本、永遠的日本屹立不搖地捍衛著自己。

一九六〇年十一月十二日，社會黨的領導者淺沼稻次郎[28]，「日本的米拉波[29]」，在電視上發表演說，他譴責「所謂的《日美安保條約》，就是美帝侵略的工具」。數百萬日本人民在電視機前聆聽他的演說，眼見著一個不滿十七歲的高中生衝出來刺殺淺沼，以「柔道」所建議的方法，雙手交握以確保刀不偏移[30]。二十天後，刺客於牢房內自殺。整起刺殺與自殺案引起極大的震撼，儘管大家不滿這樣的犯罪行爲與這樣的反叛，但日本無法自拔地崇拜那些爲自己的理念而死的人。我們在這件事的各方立場中見識了一種如同宗教信仰般的力量，在我們西方人的想法中，日本是個宗教色彩不濃的國家，與印度完全不同，不擔心往生以後的世界。掌控著日本的，是某種社會規範、教育、榮譽，以及，其文明。

一九六六年後記

日本越來越給人一個東山再起、大國、有智慧的形象。但是每個成功背後都是無數的緊張關係。一定要確保出口銷售，才能繼續維持經濟的擴張，日本對於鄰近的中國市場越來越著迷，對於與蘇聯的協議的各種可能性以及參與開發西伯利亞東部也越來越有興趣。千島群島的歸還對於日蘇協議的可能性極具象徵意義。在不發展核武的前提下，面對中國與蘇聯，日本是不是有能力自衛？日本宣稱反對任何的核子試爆，除了日美條約的某些特殊情況下，日本不容許美國的原子能潛艇巡航。在日本延續的政治與社會是專制政治，不是集權政治。自從池田首相因健康理由隱退後（一九六四年十月二十五日），佐藤首相[31]（一九六四年十一月九日）與自民黨繼續這樣的政策。

28 淺沼稻次郎（一八九八－一九六〇），日本社會黨主席、衆議會議員，著名演說家。淺沼於一九六〇年十月十二日東京比谷公會堂舉行的日本衆議員競選電視直播辯論會演說時，遭右派青年刺殺身亡。此處布勞岱爾所寫事件日期十月十二日，與史有出入。

29 米拉波，Mirabeau（一七四九－一七九一），法國政治家、革命家，法國國會最具辯才的演說家。

30 暗殺使用的是一種刺刀。柔道（judoka）強調的是以柔克剛，是否有關於持刀手法的建議，建請讀者再多加查證。

31 佐藤榮作（一九〇一－一九七五），一九六四年至一九七二年任日本內閣總理大臣，為連任最多次的首相。於一九七四年獲得諾貝爾和平獎。

3

歐洲文明

我們的課程是由非歐洲文明開始的：伊斯蘭世界、黑色非洲、中國、印度、日本、韓國、中南半島與印尼。這般先遠離歐洲是有好處的，看看其他的世界，也才更能說服我們，歐洲現在不是、不再是世界的中心。歐洲與非歐洲世界之間，存在著極大的對立，此即當今世界嚴肅的課題。

現在，讀過其他文明後，我們回到歐洲來，以比較沉著冷靜的心情來看歐洲細緻、耀眼的文明。這龐大的部份將不只涵蓋西方世界—歐洲舊大陸，也包括新大陸—歐洲文明直接影響的美洲，以及不論別人如何評價，還包含受到歐洲意識形態影響而經歷戲劇化發展的蘇聯。

第一部

歐洲

首先，有幾個概念，儘管不說自明，還是有必要再提醒一下：

一、**歐洲是連著亞洲大陸的一個半島**，「亞洲的一個小陸岬」，所以擔負著雙重使命：

(1) 連結愈往東空間愈廣闊的大陸。交通往來，在過去較困難，藉由昔日的鐵路建設、與今日的航空發展，而大有改善。

(2) 與四面八方的**七海**——所有海域的連結。歐洲的歷史，極大部份是建立在船隻、商船隊、以及對於大洋的征服上。西元一六九七年彼得大帝首趟歐洲之行，前往阿姆斯特丹附近神奇的小鎮贊丹的造船廠學習造船，是有他的道理的。

十五世紀末起，隨著地理大發現，西歐世界在海上的擴張，更是成就此雙重使命。

二、**東歐與西歐**、**南歐與北歐**，**互相對立**。意即溫暖的南方內海——地中海，與北方寒冷的英吉利海峽、北海、波羅的海構成的「地中海」相對立；此種對立肇因於各種本質上的不同，民族、食糧、飲食口味、甚至上古的文明都不同。幾條交通往來頻繁的「地峽」連通了南歐與北歐（俄羅斯地峽、德國地峽、法國地峽），愈往西歐分隔南北歐的陸峽愈短、越來越細，某地理學家說，歐洲像是一個開口朝東的漏斗。

三、**東西歐、或南北歐的對立，不只肇因於地理上，更有歷史上的成因**。

西歐以羅馬爲尊，東歐則唯君士坦丁堡馬首是瞻。西元九世紀東西歐的大分裂，是聖西里爾與聖美多得[1]傳教的決定性勝利，預先將東歐打造爲東正教世界。

稍後，南北歐的分化逐漸明確，新教的誕生，相當神奇地，差不多沿著過去羅馬帝國的防線，「撕裂」基督教世界。

1 聖西里爾，Saint Cyrille（八二七—八六九），與聖美多得，Saint Méthode（出生年不詳—八八五），兩兄弟在中歐斯拉夫民族間傳福音，被稱為「斯拉夫人的使徒」，後來被天主教與東正教雙方教會都尊為聖人。

第1章
空間與自由

歐洲的命運，自始自終都是由頑強執著發展的特定自由、「特許經營權」主導著，這些保留給某特定「團體」的特權，有些範圍狹隘、有些範圍廣大。這種種自由，經常是相對立、互相排擠的。

當然，唯有西歐世界成為一體同質空間，成為自由的庇護所，這眾多自由不容質疑。如果沒有人捍衛，當然也就不可能有自由，這是問題的一體兩面。

歐洲範圍的形成：第五至八世紀

這一章的兩張圖版使我們可以快速地說明，而不用費神細數那些形塑歐洲的事件與災難。這些事件與災禍一點一滴形塑歐洲半島，成爲一個大致上相當有關連性的整體。

● 歐洲的範圍是經由一連串的戰爭與侵略所界定，首先由西元三九五年狄奧多西一世將羅馬帝國一分為二開始。然而這個分裂並非由此造成，在此之前即已存在。

幾乎可以說自古以來，就存在著一個東歐、一個西歐。一個鄰地中海的東歐，人口繁盛、擁有非常古老的文明、與眾多活躍的手工業；一個從羅馬帝國的征服開始、粗曠而沒文化的西歐，由羅馬建立了幾個城市並在某些地方建置遺留羅馬文明、或是羅馬文明的變化形版本。

東西分治後（西元三九五年），西羅馬帝國有三面疆界：東北方沿著萊茵河與多瑙河，南面臨地中海，西面則是北起丹麥南到直布羅陀長久以來平靜無事的漫長海岸線。三面疆界都遭遇到一連串的災難。而這些災難和危機，以及其所引起的反抗效應，界定了往後歐洲的空間範圍。

一、**東北方**，萊茵河與多瑙河的雙重**防線**，沒能抵禦因逃避匈奴而往西推進的眾蠻族的入侵：西元四〇五年，哥德人將領拉達加斯的大軍攻進義大利，直達托斯坎尼平原。隨後不久，四〇六年十二月三十一日，一支蠻族於美因茲城附近越過結冰的萊茵河，並攻陷高盧數個省份。

被衝破的大門，直到西元四五一年匈奴人在沙隆之役戰敗，才又重新關上。戰後的重建相當迅速，高盧的梅洛溫王朝收復了萊茵河以西的領土，隨後更往東擴張；卡洛林王朝亦將疆界推得更遠，使整個日耳曼地區都納入版圖，甚至遠達阿瓦爾人建立的「匈牙利」。在聖波尼法爵的推行下，這些地區改宗信仰基督教，鞏固了這波西歐勢力的東進擴張。就此，西歐世界成功地征服了過去謹慎的奧古斯都與提比略兩位皇帝所未能征服之地。

從此以後，日耳曼地區東鄰亞洲，擔負起保護西歐世界的責任，於梅澤堡（九三三年）阻斷了匈牙利騎兵的攻勢，再於奧格斯堡（九五五年）將之擊潰。日耳曼的神聖羅馬帝國也就有其存在的正當性與必要性，於九六二年取代（查里曼於西元八〇〇年聖誕節所建的）卡洛林王國。

東方的疆界再也不受威脅，隨著幾個基督教國家的誕生（波蘭、匈牙利、波西米亞王國），以及日耳曼民族的殖民（十一至十三世紀），更是不停地將疆界往東推進。而且，直到蒙古大舉入侵之前（一二四〇年左右），東疆一直還算太平。蒙古的大軍於波蘭邊境與亞得里亞海被奇蹟似地阻擋下來，只有俄羅斯的基輔一帶遭到肆虐。

二、**在南方**，自從穆斯林最初的成功征服起，南方就是一道危機重重的疆界，地中海在回教勢力到來之前曾經屬於基督教世界的北非、整個西班牙半島、西西里島經常地「叛變」。地中海西部，變成「穆斯林的內陸湖」。首次有效的反抗應該算是建立了一支重裝騎兵，在鐵鎚查理[1]的帶領下於圖爾戰役（七三二年）大勝穆斯林。此役的勝利，帶來卡洛林王朝短暫的繁榮富庶，越過萊茵河、直到薩克森與匈牙利地區都獲益於這段榮景。

然而，要對抗伊斯蘭這個強鄰，基督教世界必須投入一場艱辛、慘烈的戰鬥，並構思其聖戰的中心思想，發起**十字軍東征**，一場綿長的戰爭：第一次十字軍東征，當然不是第一場對伊斯蘭世界發起的戰爭，但卻是第一場集結眾人之力、有意識形態的、且輝煌的戰爭，發生於一〇九五年；最後一次十字軍——當然也不是此兩世界最後一次對立——則是一二七〇年聖路易[2]發兵突尼西亞。

一二九一年（地中海東岸的）阿卡城被埃及人奪回，終於使這些東征行動停歇。在西歐世界，號召聖戰成爲一種精神與心靈上的折磨，在十五、十六世紀時又突然地出現……，甚至到了十七世紀，還有歷史學家杜普龍所稱的「**孤獨的十字軍**[3]」繼續著這揮之不去的迷思，直到十九世紀的殖民行動都仍有跡可循。

西元一〇九五年至一二九一年間的十字軍戰爭，是否眞如最近發表的、令人懷疑的數字，耗掉了當時人丁不旺的西方世界（至多五千萬人口）四、五百萬的人呢？沒有人知道。無論如何，這對於新誕生的歐洲是場大戲。

1 鐵鎚查理，Charles Martel（六九〇—七四一），七一七—七四一年任法蘭克王國宮相，為王國的實際統治者。是建立卡洛林王朝的查理曼的祖父。

2 法王路易九世（一二一四—一二七〇），一二二六—一二七〇年為法蘭西王國國王，第七次十字軍東征時被俘，法國以高額贖金贖回路易九世。第八次十字軍時因瘟疫病逝於突尼西亞。一二九七年由天主教會封其為聖人，稱聖路易。

3 杜普龍著作《十字軍的迷思》其中一章以〈孤獨的十字軍〉為題，細數十五、十六世紀歐洲各國對回教勢力的發兵攻伐，是延續了這個聖戰的迷思。

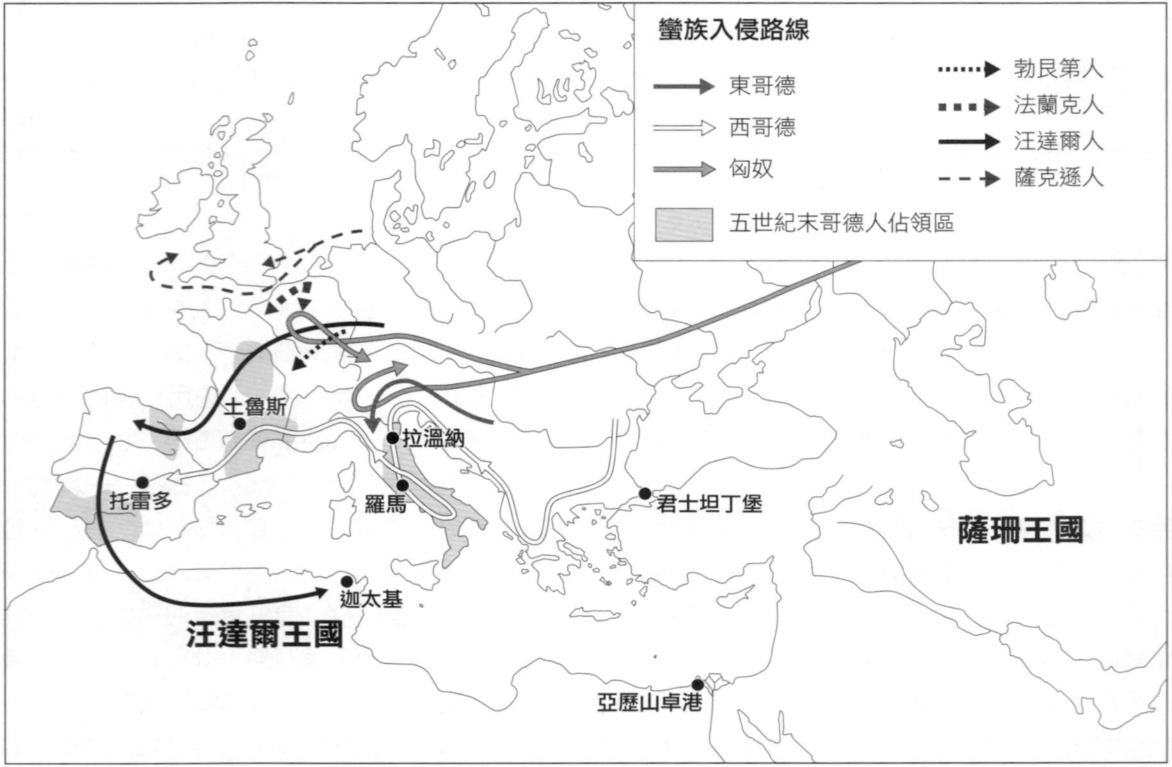
蠻族入侵路線
東哥德
西哥德
匈奴
五世紀末哥德人佔領區
勃艮第人
法蘭克人
汪達爾人
薩克遜人
土魯斯
拉溫納
托雷多
羅馬
君士坦丁堡
薩珊王國
迦太基
汪達爾王國
亞歷山卓港

圖 14　蠻族入侵路線一

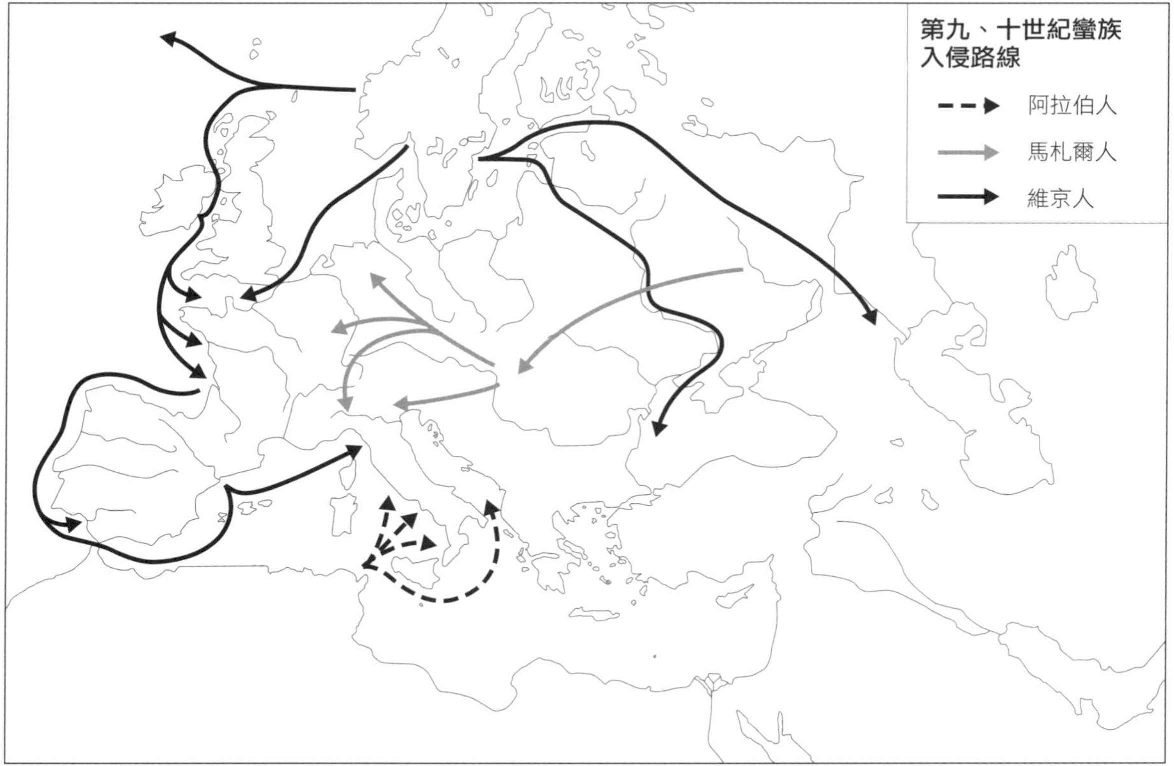
第九、十世紀蠻族
入侵路線
阿拉伯人
馬札爾人
維京人

圖 15　蠻族入侵路線二

而第一次十字軍東征的勝利，至少有雙重意義：短暫地、暫時地征服了耶穌聖墓之地，以及攻下了運載財富的地中海。這些東征的戰役也拓展了西方世界的南疆，直到十五、十六世紀海上地理大發現的時代前，地中海地區都是至關重要的。

三、在直到地中海爲止的**歐洲西面與西北面**，海洋事業相當晚才發展（除了荷蘭、愛爾蘭、義大利這些國家以外），於第八、九與十世紀遭到北方蠻族突襲入侵，歐洲驚慌失措、無力抵禦、慘遭蹂躪。然而，最終以長遠來看，歐洲自這些侵襲中獲益良多。

此處並不是要替這些殺人不眨眼的海盜辯護，他們曾經大肆勒索歐洲各國；只是，對於這些驚人的行動怎能不崇拜呢？他們穿越過俄羅斯的廣大平原，發現了也隨即失去了美洲，（中世紀史家）亨利皮朗寫道：因爲「歐洲還不需要美洲」。經濟史家對於「維京人」的看法又更寬容了：他們認爲維京人搶劫的財富（主要是教會），使得從羅馬陷落後造成的西歐經濟消退，毫不流動的一部份貴金屬重新進入市場流動。而維京人透過這些劫掠，則成爲貨幣供給者，振興了西歐的經濟。

● 要了解歐洲原初的文明，必須先摘要這些災禍，認識西元九世紀、十世紀一個暗無天日、每日奮求活命的苦難與貧窮的歐洲。

事實上，歐洲是一個僅足以維生的經濟體，沒有太多的工作機會，是個「被佔領的、或委婉地說被侵略的城堡」（語出馬克布洛克），這個悲慘的歐洲沒有能力支撐大國家。許多國家剛剛建立，便瓦解、或腐化。快速建立的查理曼帝國，在偉大君王死後（八一四年）不久就崩解了。神聖羅馬帝國，也很快就成了一座破爛的大宅。西歐分裂成無數小莊園，封建制度（分封領土、采邑），只是理論上，而非實質上地，維繫著西歐幾個王國內部的統一。有些王國以極緩慢的速度現代化，如法蘭西王國；有些王國則一直「非常食古不化」，如日耳曼地區的國家。

然而，這個內憂外患、備受磨難的世界，已自成一個具有明顯同質性的文明體。在其多樣性之外，可見一共同的「封建文明」（語出費夫賀），不論何地，都出現類似的狀況、相同的問題、以及經常雷同的解決方法。此文明誕生於眾多民族、經濟體的融合，反覆的抗爭，共同的信仰，更誕生於那些一起致力解決的「相同的紛擾」。

● 封建制度建立了歐洲：在十一、十二世紀間，歐洲進入第一次發展期，年輕而生氣蓬勃，活躍的封建制度建立了獨特的政治、社會、經濟秩序，饒富特色地呈現了一個已經發酵第二或第三次，並不生澀的文明。

那麼，要如何定義此多元多采的文明？

不論在歐洲或是其他地方，封建割據都源自一個龐大政治體的分裂。眼下歐洲中世紀的封建割據，便是來自於龐大的卡洛林帝國，這最初的「歐洲」其國名便如此自許（「歐洲，或稱查理的王國」），在偉大君主過世後也消失。某位宮廷詩人稱查理曼為「歐洲之父」。

在帝國瓦解的災難下，封建割據也就成為自然的結果。一九四〇年六月法國解體後，某位法國軍官，夢想著每個小軍團能夠奇蹟似地短暫收復領土、取得自主、為所欲為，而不要遵守那個越來越失序的、在無意中將每個軍團推向覆滅之路的統治命令。我們可以說，封建割據的狀態就是由此類似的反應所形成，當然這兩者之間有著本質上的差異：中世紀的封建割據並非如一九四〇年的災難如此快速地生成，而是歷時數個世紀才形成。中世紀封建割據在本質上，同時兼具「防禦性」與「地域性」：位於高地的城堡，周圍有一個或數個在其保護下的村莊，這不是什麼得來容易、或是奢華享受的體系，而是一個具有防禦功能的體系。

除此之外，封建制度還包含其他面向：是一個建立於人與人的關係、建立於相互依存鏈上的社會；在此經濟體下，土地不是唯一卻是經常被用來換取各種服務的方法。領主由國王處得到分封的采邑，或是由較高階的領主分給一個莊園，以交換一系列的服務，其中包含以下四種狀況時的協助：一、替主子支付贖金；二、長子投身加入騎士團時；三、長女婚嫁時；四、當領主參加十字軍出征時。各領主則再將其領地分給更小的莊園主或是農民，莊園主提供一塊土地給農民耕種，要求以銀錢支付地租，繳納一部份的農作收成（什一稅或田賦），以及服勞役。而領主則必須保護農民、提供防禦。

在此社會金字塔下，各有其權利義務、對於軍事動員的效忠與規範，西方世界才得以生存下來，並在保留基督教世界與羅馬文化古老遺產的同時，也融入了莊園制度下的各種思維、道德與意識形態（自有的文明）。

事實上，此時歐洲已經忘了自己是歐洲，變成一個四分五裂的世界，各地小國林立。

當然，各地得以自由發展，對歐洲有許多益處，每個地區、每個小國都自成一個主體，有其「主體意識」，會起而捍衛自己的領土與獨立。

有趣的是，儘管政治上諸國林立，卻建立了一個同質性很高、很明確的文明、文化。那些在朝聖之路（例如聖雅各之路[4]）上或是四處經商的旅行者，不論是在盧貝克[5]、巴黎、倫敦、布魯日[6]、科隆、布哥斯[7]、米蘭、或威尼斯，都覺得像在自己家鄉一般。儘管每個莊園、領地間存在著各種爭執、對立與衝突，然而道德價值、宗教、文化是相同的，戰爭法則、對愛情、對生死的看法是一樣的。這也是爲什麼確實存在一個基督教世界的一體性（語出馬克布洛克），而可以稱爲一個有吟遊詩人、走唱樂手、騎士愛情的「騎士的文明」。

十字軍東征，也正是這個一統文明的表現，呈現這無數小國、小領地集體的行動，共同的冒險、共同的熱情信念。

自由，無數的自由：十一至十八世紀

假設，有可能將自西元第五世紀至今，或至少到十八世紀爲止，所有對於歐洲歷史的認識都以電子檔存起來（如果有可能研發此種存檔能力的話）[8]，而且我們也終於有好奇心在這多元的記憶中，探究在歷史上、在各地最常被提及的問題是哪個，那一定是歐洲的自由，或者歐洲的各種自由。自由，是關鍵字。

總之，西方世界，今日在其意識形態的抗爭中，有意地，且我們不能說其立意純潔，自我定位爲「自由世界」，以歐洲史數百年的發展看來，是場漂亮的、傑出的戰役。

● 這裡所說的自由，是各種形式的自由，也包含最放縱脫序的自由。

事實上，這種種自由一直彼此威脅、相互限制、侵害，此起而彼落。此種從不太平的交相輪替，正是歐洲進步發展的其中一個秘密。

還需要明確地說明的是，此處所說的「自由」，並非我們今日「自由世界」習慣作爲衡量標準的個人自由，

4 聖雅各之路，Chemin de Saint-Jacques-de-Compostelle，天主教徒前往西班牙聖雅各之墓的朝聖之路。歐洲一一世紀起掀起一股朝聖的熱潮，朝聖者絡繹於途，但其實是直到一四九二年攻下格瑞那達城後，教宗才正式命名為聖雅各之路。

5 盧貝克，Lübeck，位於德國北方，臨波羅的海的大港，史上曾為漢薩同盟的首都。

6 布魯日，Bruges，位於今比利時西北方，十二至十五世紀為歐洲重要貿易大城，商人往返於波羅的海地區與地中海地區。

7 布哥斯，Burgos，位於西班牙北部交通要道上的重要城市。

8 布勞岱爾此書作於一九六〇年代初。世上第一個電子儲存設備—硬碟，於一九五六年問世，一九七〇年的硬碟重一八〇公斤。

而是群體的自由。中世紀時，自由多以複數而非單數指稱，這是極具意義的：以複數型態出現的這個字，字義與「特權」或「言論自由豁免權」幾乎無分別，是某些族群與利益團體所擁有某種不受限制的「特許經營權」、特權、利益的所有總稱，且在此有力的保護之下經常無恥地侵害其他群體。

此種多重的集體自由需時很長才真正發展成形，稍後也花很久時間才修正到一個適當的尺度，或是被完全摧毀。大致說來，過程很艱辛。

● **農民解放運動，是最早開始的其中一個、卻肯定是最慢完成的，我們甚至可以說直至今日尚未完成。**

在我們看來，如果在農民與土地之間，沒有其他層級的地主，沒有莊園領主、城市人或資本主義者的話，他是自由的；如果農民沒有被強加任何勞役的話，他是自由的；如果農作收穫足以讓農民餬口而有剩餘，且此剩餘足以讓他拿去鄰近市場，在讓中盤商賺了錢之後，也足以讓他至少買些生活必需品的話，他是自由的。

這麼多的條件。如果我們說在歷史上歐洲農民擁有某些優勢，甚至擁有某些自由的話，那是相對於其他地方處境比他們更不如的農民而言。整體而言，每次經濟發展的時候，農民都能從中獲益。

例如，**當西元十世紀歐洲經濟開始起飛時**，四處農產量都增加，在北方的「新」國家，如日耳曼或波蘭地區，盛行**三年輪耕制**；在南方（義大利、法國南部）則實行**兩年輪耕制**（一半種穀類、另一半休耕培養地力）。

農產增加與人口成長以及城市的發展緊密相連。城市的發展是一個必要的條件，而且反過來，城市也得利於農產的增加。

自十一世紀起，在經濟成長時，一直像農奴般依附於耕地的農民的命運快速地在改變。「繼武士與教士之後，輪到犁田的農人休息了……，休耕土地被拋出給任何只要繳付得起一點微薄年租給原地主的勞動者耕作。」

此種「認租」盛行於「耕地充足而人力不足之時，亦即勞動力比土地更珍貴」（引自阿弗涅9）。在土地遼闊的地區（而非所有的地方），肯定有某程度的農民解放。史學家亨利皮朗喜歡這麼說：「十二世紀起，西方世界的農民自認『我們是自由的』。」

然而，此種解放，既不完全、不普遍、更不是徹底的。各地的確都出現某種平衡，此種利益的平衡使農民**事實上**擁有土地；農民是土地所有人，是「一家之主」；農民也可以轉讓或是出售自有土地，這些都是事實。而且，早年定下**以銀錢繳納**的租額，長期而言對農民是相當有利的，因爲在幾個世紀間錢幣持續貶値，而土地年租金額制定後固定不變，到後來變得荒謬可笑。

不過，這些利益並沒有法律的保障。領主對於土地還是擁有至高的權力，視情況或視地區，領主還是有權力壓榨農民，歷史上許多農民起義都是明證：法國的札克雷暴動（一三五八年）、英國的工人與農民叛亂（一三八一年）、德國大規模爆發的農民起義（一五二四年至一五二五年），或者法國十七世紀上半葉一連串的農民暴動。每一次農民揭竿而起，這些「大罷工」總是被鎮壓。然而唯有憑藉這一直存在的暴動的威脅，農民才能捍衛他們所擁有的一點點自由和利益。

隨著現代世界經濟與資本主義的發展，農民這一丁點自由與權益，在全歐洲都再次受到威脅。**十六世紀起，尤其十七世紀時，由於經濟衰退，資金在各方面都不容易發展，就回流到土地上來**。效應逐漸擴大，資產階級與領主對土地的投資，逐漸由衆大小城市的周圍擴散到鄰近的鄉間，出現了新型態的土地所有權（出現各種「農場」、「穀倉」、「農莊」，不同地區有不同名稱，且其意涵不見得與今日字義相同），通常只有一個所有權人，統合了這些通常原來都是農民們的地。一種眞正資本主義的思維，普遍地驅動著這些滿腦子投資報酬與利益的地主們。農民們向放貸者借錢，債台高築，最後他們的土地就被沒收，或者是他們支付大筆利息給這些有錢人，這也

9 阿弗涅，George d'Avenel（一八五五—一九三九），法國史家、經濟學家。

是地主可以獲取的其中一種投資報酬，土地代書的紀錄中留有無數此類的見證。一切（就連耕作契約也通常是以實物、以麥子爲償，而不全是以銀錢支付）都使農民居於弱勢。

此情形於全歐洲皆然，在中歐與東歐則更爲悽慘，如德國易北河以東、波蘭、波希米亞王國、奧地利、巴爾幹半島、甚至到莫斯科地區。十六世紀末時，上述這些地區（有些還「很蠻荒」），越來越頻繁地出現了史學家所稱的「第二次農奴制、農奴制再版」，農民再次陷入比過去更糟的莊園制度的挾制，領主變成了開發謀利者、企業主、麥子的買賣商，爲了因應日益成長的麥作需求，迫使農民增加勞役的天數，以開發地主的土地（在波希米亞，農奴一週替領主工作五天，只有週六能夠耕耘自己的田地；在斯洛凡尼亞，本來十五世紀時一年有**十天**勞役，到了十六世紀末變成一年有**六個月**要替地主工作）。這種制度**一直持續到十九世紀**，無疑地大大限制了東歐的發展，使得東歐相對於西歐落後許多。

在西歐，相對而言體制較爲自由，十八世紀起又逐漸朝對農民有利的方向發展；在法國，約翰羅創建的體系加速了這個發展（鄉間對此瘋狂迷醉）。法國大革命更是完成此農民解放的發展，農民的土地徹底從封建制度下解放出來，其效應持續於往後的革命戰爭與拿破崙戰爭期間擴散蔓延。

● 城市擁有的各種自由：城市一直是動能的來源，歐洲最早的飛黃發達就是由各城市所成就，歐洲的興起更使這些城市得利於這「種種自由」。

西方世界長期的蕭條，造成西元十世紀時城市驚人的衰退，勉強地生存下來。

當十一至十三世紀間經濟恢復成長時，重又**復甦了城市的發展**。在這次的復甦中，城市的繁榮發展大大地超越了負擔沉重的領土國家的發展速度。**現代**概念的國家，最早於十五世紀才出現。自十一、十二世紀就萌芽發展的城市，突破了封建制度下邦國的框架，走在時代前端，具有現代性，宣告未來將至。這些城市就是未來。

當然，這些城市並非一直、或一開始即是完全獨立自主的。大的自由城，首先出現於當時西方世界最先進的國家——義大利、以及「第二個義大利」——荷蘭。當聖路易的王國仍是個典型「中世紀」國家時，威尼斯、熱那亞、佛羅倫斯、米蘭、根特、布魯日，早已是「現代的」城市。

這些城市背後，由公爵、總督、或是領事管轄，許多比較小型的城市在努力爭取後才取得自治（取得「特許狀」），在所擁有的土地範圍內，財政、司法自主。

一般而言，完全的自由，唯有少數幾個物質富裕，足以同時確保自己的經濟活動與對外防禦的大城市才能擁有，這些是城邦或城市國家。沒有幾個城市能夠達此階段，但是所有的城市在商業貿易與各行各業的同業公會活動都有相當程度的獨立性，都擁有特殊自由的權利。

這些行業不只爲在地市場服務，也與「遠方貿易」。**城市經濟**的繁榮發展，無疑是源自其遠超越地方經濟的規模。漢薩同盟結合了自波羅的海至萊茵河間散落各地的所有商業城市。十五世紀時，盧貝克城，當時龐大的商業組織漢薩同盟最大最重要的城市，與當時所認知的世界的每個角落都有貿易往來。威尼斯、熱那亞、佛羅倫斯、或者巴塞隆納應該也都是如此。

在這些特殊的地區，**最初的資本主義隨著「遠方貿易」嶄露頭角**。商人——企業主開始凌駕一切，供應原物料、提供工作機會、確保產品銷售，各手工業的匠師以及學徒逐漸地變成僱工，落入「**家庭代工**[10]」體制（這個德國史學家所用的詞很難翻譯，大致是「訂製勞務」之意）。商人成爲「大人物」，而小百姓，「窮」人經常起而反抗，但都徒勞無功，例如，在根特城、或一三八一年佛羅倫斯爆發的梳毛工起義……

10 Verlagsytem，歐洲發展的一種經濟模式，城市的商人-企業主為了開發鄉村勞力，將材料送至農家，農民與家人利用農閒時候，以自有工具來製造生產指定的產品，商人再定期取回成品拿去販售。如此企業主便不用遵守工會的規定，而可以依照需求無限地增加工人數量，且通常支付的薪資都比給城裡的工人少。

事實上，這些內亂（波瑪諾11在論及法蘭德斯的手工匠師所發起我們今日稱爲罷工的行動以爭取加薪時，稱這些內在的爭鬥爲「塔克班」）反映出，在這些工業發展的城市中，已出現階級鬥爭的社會緊張情勢。而且，漸漸地工頭與團隊之間也出現對立之勢，工作團隊被排擠，無緣接觸那些可以提升他們地位的大型「傑作」，於是他們以獨特的招募、組織方式、與特定的「居所」，於城市之間巡迴遊走，他們是最早的無產階級工人。

不過，這些無產階級**至少還是「公民」**，至少在這些獨立或半獨立城市輝煌的年代，他們還是擁有某種特權的人。

歐洲中世紀的城市，這些馬克思韋伯所定義的「封閉型城市」，是否眞如他所認爲，屬於一種特殊類型？這些城市的確很獨特，而且絲毫不顧慮他們城牆以外的事物，在這些城池之上沒有任何可管束的威權，沒有如中國派往地方代表國家有效率的官員所行的專制。城市鄰近的鄉村通常附屬於城市：從來不具公民身份的農民，被規定只能在城內市集販售他們的農產品，而且除非該城市在紡織品方面有需求，否則通常禁止農家擁有織布機。**如此的城市機制大不相同於古代城邦**：在古典時代，城邦在政治上對其「鄉村」是**開放的**，雅典的農民與城中居民享有同樣的公民權。

除非有增加人口的迫切必要時，否則這些城市對於公民權之賦予是極其吝嗇的。一三四五年，黑死病剛過，威尼斯對於所有有願意移居入住的人民都賦予公民權……；一般而言，「領主莊園」就沒有如此慷慨。公民權有兩種：一種是「內在」公民，只是二級「公民」，另一種是擁有「從裡到外」完整公民權的公民，然而這些公民權也受到小心翼翼保護自己特權的貴族階級所嚴密控管。在威尼斯必須要居住滿十五年才能成爲「內在」公民，滿二十年才成爲眞正的公民。有時候，還分「舊」公民和新公民：一三八六年時一份敕令明確規定唯有「舊」威尼斯人才有權可與進駐的德意志商人做生意。

自私自利、戒愼警醒、蠻橫的城市，常以無比的勇氣面對世界，捍衛自己的自由，必要時完全無視於別人的自由。此種激烈的城市鬥爭，爲未來數百年民族國家的鬥爭奠下了基礎。

然而，城市的種種自由，在現代國家興起後，便受到了威脅與限制。比城市發展起步晚且慢的現代國家，於十五世紀時才逐漸壯大。

於是在大多數情況下，城市被迫要與國家同步，國家會視情況以權利的賦予或剝奪來獎懲這些城市，此亦許多重大事變的起因，如：一五二一年卡斯提亞的城市武裝叛亂[12]、一五四〇年查理五世鎮壓根特城[13]……。這些是不可避免的妥協，因爲若沒有這些城市的合作，不可能建立現代的君主制，城市必須要低頭、要放棄部份權利以保有某些特權。在放棄某些自由的同時，現代國家提供了新的場域：更廣大的貿易網絡、更有利潤的借貸，以及在某些國家，尤其是法國，可以付錢免服勞役。國家經濟建立起來，取代了前一階段的城市經濟型態，不過，在國家的框架下，國家經濟依舊是由城市經濟引領。

● 所謂的領土國家（即指現代國家）相當晚才出現，建立在血緣、宗藩關係上的古代王國，經過很長時間才消失，或者花很長時間才轉型。

轉變始於十五世紀，而且起初幾乎僅侷限於那些沒有發生激烈城市叛亂的地區。義大利、荷蘭、德意志，這

---

11 波瑪諾，Philippe de Beaumanoir（一二五〇—一二九六），法國法學家，於一二八三年出版其所收集並評註的習慣法案例，被視為法國古代法學的重要著作。孟德斯鳩稱波瑪諾為其時代之光。

12 卡斯提亞王國Castille / Castilla（約略今之西班牙）境內數個城市的武裝叛亂。史家對此事變之分析意見分歧，有說為對於封建莊園的反抗，有說為現代歐洲首次資產階級的革命，也有說為中世紀典型的抗稅行動。

13 神聖羅馬帝國查理五世，Charles Quint（一五〇〇—一五五八），為了要統一帝國於治下，一五三九年收回根特城的特權引起市民反抗。儘管根特為查理五世之出生地，仍派兵鎮壓，將十餘名帶頭叛亂者斬首，並要求城中五百名資產階級在頭上掛著繩鏈穿囚衣赤腳走過其面前請求寬恕。城中地位崇高的大教堂被降級，修道院遭剷平；象徵城市自由的鐘也被卸下來。根特從此失去其國際貿易中心的地位。

些擁有衆多自由活躍且富庶城市的地方，尚不見新型態政府的出現；現代君主制隨著新型態的君王——阿拉貢王國約翰二世、法王路易十一世、蘭開斯特的亨利七世，而主要發展於西班牙、法國、英格蘭等國。

有許多「公務人員」效忠於這些新式國家。爲了不要時序錯亂，我們說受雇於國家的「官員」、受羅馬法學訓練的「執法者」、以及各部會的高官——「大臣」……。

普羅大衆也支持這些新式國家，他們認爲君王將能保護他們免受教會與貴族的欺凌。法國直到十八世紀爲止，人民對於君主制度都是效忠的，如同一種「愛的信仰」（語出史學家米榭勒）。

隨著這些現代國家的出現，也誕生了新的、迫切必要的戰備需求：火槍隊、戰艦船隊，軍備所費不貲，也使得戰爭變得越來越昂貴。戰爭，乃諸事之母，也同樣打造了現代。

很快地，現代國家凌駕一切，即便帝國內王公尚且不甚理睬的神聖羅馬帝國皇帝，或者過去具有道德與政治無上權威的教宗也無可奈何。每個國家都想要獨立、不受控制、想要「自由」：「國家的存續」（該詞首度出現於一五五二年樞機主教德拉卡薩給神聖羅馬帝國查理五世，關於一件微不足道的小事——攻下〔波河平原上的〕曼托華城的講稿文中）成爲「最高指導原則」。此原則，如同此發展中一個十分發人省思的特徵，標誌著西方世界的政治形態，由傳統父權主義、神秘的「王國、王權」（*royauté*），過渡到法學者所稱的現代的「君主制、君權」（*monarchie*）。

許多大思想家早在政治上未眞正落實發展之前就已預示「國家」的到來。法學家巴托魯斯（十四世紀）稱國家爲「無上的權力」（*superiorem non recongnoscen*）。

法國君主中央集權的理論，至一五七七年才由尚布丹[14]的著作《共和六論》所提出（此處「共和」一詞，係取其拉丁文「公共事務」之意），君主國家凌駕於民法之上，只服膺於自然法則與神之旨意，意即在人世間，君主至高無上。「如同教會法學家所說，教宗絕不會自縛雙手，同樣地，君王也不能自縛雙手。於是，我們在詔書與敕令的末尾便會見到這些文字：我們有幸詔告，君王以其善念與正理決斷之法，而法唯依其意志推行。」

此君王的意志包圍國家決策，某德國史學家寫道：「朕意即國綱」。而那句被普遍認爲是路易十四的名言「朕即國家」，英格蘭的伊莉莎白女王最少也說過一次。雖然西班牙的君主自稱爲「信奉天主教的國王」，法王也自稱「非常虔誠的基督徒國王」，這兩國還是會爲了各自國內利益、信仰問題、或是教會發展自由，而與教皇權力對抗。儘管過去也曾有過類似行動，但是，從今往後此種反抗變成一種不容置疑的必然行動，這正是新時代的表徵，其理不說自明。

在此之前是都市發展所成就的歐洲文明，在衆多得天獨厚各具一格的小城市裡熟成的歐洲文明，隨著現代國家日漸鞏固逐漸有影響力，將轉變成「國家」的文明。西班牙的「黃金世紀」（其廣義範圍爲一四九二年至一六六〇年），法國的「大時代」都是整個國家隆盛發展所致。

在此文明擴大發展之時，確立了「首都」（*capitales*）的角色，因國家政府所在及其消費所支撐，發展出前所未見的超級城市，巴黎、馬德里聲名遠播，倫敦成爲英國的代表，國家的重心與社會生活的重心，開始以這些無可匹敵、龐大的都市爲中心發展。這些大都市是奢華的發源地，是文明的製造機，同時也製造了許多人民的苦難。

我們可以想像在幾個大國內，巨大人流、資金、財富流動於那些被削減、被容忍、或是被鼓勵、新創的各式自由場域內。建立了幾個有專門權利的城市，馬賽被賦予與黎凡特地區[15]貿易的特權；建於一六六六年的洛里昂則獨佔與印度的貿易，而洛里昂的特權若與塞維亞比起來眞是小巫見大巫：塞維亞於一五〇三年取得（於一六八五年失去，由加的斯取得）對美洲大陸——「卡斯提亞的印度」的獨家貿易權。

國家並非萬能、也無法掌握住一切，許多自由都是從國家掌握中硬搶來的，例如，在君主專制的法國，自柯

14 尚布丹，**Jean Bodin**（一五二九—一五九六），法國政治學家、哲學家，其絕對君主理論與貨幣總量理論，對於歐洲後世發展影響極大。

15 黎凡特地區，**Levant**，意為「日昇之處」，為一地理範圍不明確的歷史名詞，指地中海東岸大致包含黎巴嫩、敘利亞，或者廣義包含以色列、巴勒斯坦、約旦等地。為歐洲與中東貿易的重要地。

爾貝爾死後（一六八三年）至法國大革命之間，國家逐漸失去其統治效率，「買官」的資產階級不可小覷地掌握部份政治權力。地方省份的種種自由都是國王不情不願給予的，社會權貴（神職人員、貴族、與第三階級[16]）像是嵌入法國國家結構一般，無法擺脫，也是這些權貴造成十八世紀的「開明」改革失敗。

即使是擁有政治自由的國家，也不過是將國家責任與大權交到一小群人的手上，例如荷蘭聯省共和國與該國經商的資產階級；或如一六八八年（光榮革命）後英格蘭的例子：英國國會有代表資產階級的輝格黨與代表貴族的托利黨，這兩黨顯然無法代表整個國家，只代表了兩種權貴。

● 在這許多的特權「自由」中，個人自由如何發展？

如果我們以當今的「個人自由」——每個人只因其生爲人而應享有的自由，來認知這個問題的話，是毫無意義的。前述的自由概念還要很長一段時間才會形成。不過，我們可以思考個人自由在此時期是否有進步。在此方面，只怕答案是矛盾且不樂觀的。

文藝復興與宗教改革的思想運動（奠立了個人有自由詮釋福音的這個「原則」），爲思想認知的自由打下基礎。文藝復興與人文主義確立了對於個人的尊重，崇揚人的思考與能力。義大利十五世紀時，「完美的狀態」，尚未指美德，而是榮耀、效率、與力量。在思想上，最理想的，便是亞伯提[17]的「博學者」。十七世紀時，隨著笛卡兒的思想，整個哲學系統朝向會思考的個人——「認知」方面發展。

「個人」在哲學上取得如此重要性，而與此同時的，是**傳統價值的崩解**。十六與十七世紀，隨著美洲貴金屬輸入歐洲，以及信貸機制的擴大發展，對於建立一個有效率的**市場經濟**的需求與日俱增。金錢顛覆、改變了過去的貿易與社會團體的遊戲規則（同業公會組織、城市共同體、商會等），部份規則失去其用處，或者不再如過去般嚴格執行。在日常生活方面，個人因此重新獲得某些選擇的自由。然而同時，現代國家組織也建立起一套新秩序，設下了新的遊戲法則：個人對社會的種種義務，對各類權貴與各種特權的尊重。

笛卡兒於一封信中精確地點到問題。〔波西米亞王國〕伊莉莎白公主問笛卡兒，如果，理論上每個人都是自由的，都是獨立個體，那麼社會要如何存續？社會要遵從那些標準？哲學家答覆道（一六四五年九月十五日）：「儘管我們每個人都是彼此獨立的，與其他世人彼此利益不同，我們要時時想到人無法獨立存在，而是宇宙的一部份，或者更精確地說，每個人因各自出身、居住地、與誓約，而成爲這塊土地、這個國家、這個社會與這個家庭的一份子。自身所屬團體的利益應該要優先於個人利益。」

基於此「團體的利益」，十七世紀不只對窮人，還對社會上所有「沒有用」的元素——「所有不勞動的人」，風聲鶴唳地進行了許多「調整」。窮人數量暴增（由於十六世紀人口增加，以及始於十六世紀末而於十七世紀加劇的經濟蕭條），的確是到一個令人擔憂的程度，乞討、遊民、竊盜猖獗，必須要予以削減。一五三二年起，巴黎議會不就逮捕城裡所有乞丐，「倆倆相鏈……強迫他們到下水道工作」？還可看看一五七三年特魯瓦城[18]如何對待城裡的那些悲慘的人們。

不過，這些都是過渡性的措施。整個中世紀時，窮人、遊民、瘋子都是被保護、被收容在慈善醫院裡的，以上帝之名這些窮人是被認可的，因爲耶穌基督曾經穿著窮人的破爛衣衫，而且即使是窮人也能擔任神的使者。亞西西的聖方濟頌揚「清貧」的神祕價值。窮人、瘋子，這些社會的殘渣在城市間流浪，每個城市都不希望這種人逗留城內，而經常速速地驅趕他們再踏上流浪之路。

如此也就至少擁有某種「身體的自由」，可以自由來去：農民逃離原來的農莊主人，以尋找另一個比較不糟

16 第三階級，tiers-état，在西方君主體制下，議會中除了神職人員、貴族外，還有由城市富商與其他資產階級組成第三階級。

17 亞伯提，Leon Battista Alberti（一四〇四—一四七二），作家、哲學家、數學家、建築師、繪畫、雕刻理論家，是義大利文藝復興時代的一位通才。

18 特魯瓦，Troyes，法國塞納河中游城市，中世紀歐洲重要貿易大城。

糕的農莊，或是進城去：士兵響應招募從軍去；移工轉職更好的薪水；移民幻想著更美好的生活移往新世界；失業者、長期的遊民、乞丐、智能障礙者、身體殘缺的人、強盜等，都能夠在社會慈善與其行搶所得下，在正規的勞動工作以外，安居於社會中。

上述這些到目前爲止受神庇蔭的人們，在十七世紀時，成爲社會的眼中釘；此時社會已轉變成資本主義社會，凡事追求秩序與投資報酬，並以此爲信念與目的來建設國家。「在整個歐洲」（不論清教國家或天主教國家），窮人、病人、失業者、瘋子都被無情地囚禁起來（有時候連同他們的家人），與各式罪犯關押在一起。此即傅柯（研究了古典時代的瘋人的現象）所稱的對窮人的「大禁閉」，一種由鉅細靡遺的行政系統所組織的合法監禁，不僅可以應家人要求關押揮霍的紈袴子弟，或是「敗家父」，還可以用有國王印璽的飭令把政敵關起來。

爲此目的，建立了許多機構：醫院、慈善作坊、「勞動屋」、「教養所」，儘管名稱各異，全都像是管理嚴格的軍營、而且強迫勞動的作坊。法國在一六五六年詔令建立了「總醫院」，並同時大規模實施此項新社會政策後，巴黎城內差不多每百人中就有一人被監禁。此種迫害直到十八世紀才稍緩。

在一個唯有權貴人士才有自由的世界，十七世紀開始限縮窮人最後僅存的逃跑、流浪的基本自由。在此同時，我們前面也提過了，還有對於農民自由的限縮。「啓蒙時代」開始時，整個歐洲正陷於痛苦的深淵。

在這一片悲觀中，唯有一個正向力，有一個大部份人們都沒有想到的自由，在歐洲留存下來：一個朝向理想而努力的思想，但其發展極其緩慢。此爲歐洲歷史的主要潮流之一，其意義由十七世紀衆多的農民叛亂、頻繁的人民暴動（巴黎一六二三年、盧昂[19]一六三四年至一六三九年間、里昂一六二三、一六二九、一六三三、一六四二年）、以及十八世紀的政治與哲學潮流所彰顯。

光憑法國大革命，無法完美成就我們今日引以爲傲的這個自由。沒錯，法國大革命於八月四日夜裡廢止了封建制度，但是，農民要面對的還有放高利貸的債主與地主；法國大革命廢除了同業公會組織（一七九一年〈謝普利法〉[20]），但也同時使工人任由雇主宰割。還要等一個世紀之後，在法國組成工會才合法（一八八四年）。瑕不掩瑜，一七八九年《人權宣言》仍舊是歐洲文明史上基本自由的發展過程中一個重要階段。

自由，或是尋求平等？拿破崙以為法國人要的不是自由，而是平等，法律之前的平等，廢止封建法就終結了那些特殊的自由、那些特權。

從複數到單數，從不定冠詞到使用定冠詞指稱，自由，是釐清歐洲歷史許多基本發展方向的方法之一。

- 自由的概念，從文藝復興、宗教改革、到法國大革命期間所發展的，仍是「抽象的」、理論上的。在《人權宣言》中則以強而有力的新姿態出現，從此成為自由主義的準則。

從此，以單數指稱的自由的概念，成為衡量世界、與歷史進程的標準。自由，幾乎成為十九世紀所有意識形態，與各種無論是名正言順或強詞奪理的訴求，各種運動訴求均以「自由主義」這個涵義太過豐富的詞彙統括。**自由主義同時意指一個政治準則**（加強立法、司法權、限制行政權，所以自由主義與極權主義相對抗）；**一個經濟準則**，在「放任」的勝利旗幟下，排除國家在不論是個人、階級、或是國與國間貿易的任何干預；**一個哲學準則**，提出思想的自由，並提出宗教一統並非社會或國家一統的必要條件，並由此灌輸容忍、尊重他人的思想，以及尊重旁人也是獨立個人，拉丁古語說：「人是神聖的」。

於是，自由主義不只是「一個黨的準則……」，一種輿論氛圍」，在十九世紀紛亂的局勢下，還身兼多重要務，面對數不清的挑戰。在德國與義大利，自由主義與民族主義相結合：首先需要掌握的自由不正是國家民族的自由嗎？在西班牙與葡萄牙，則遭遇到以教廷為靠山、依舊十分強勢的古老皇權體制；在英國與法國，自由主義

19 盧昂，**Rouen**，法國西北方大城，有塞納河貫穿，中世紀時歐洲重要城市。

20 謝普利法，**Loi Le Chapelier**，禁止工人尤其是紡織工人組織工會或罷工，禁止農民或工人聚眾。

在政治訴求方面幾乎是極致發展。憲政體制的自由國家，慢慢地、未臻完美地，建立在幾項基本自由之上（思想言論自由、新聞出版自由、議會自由、個人自由、投票權的拓展）。

● **然而，在十九世紀上半葉，自由主義卻成為一個由資產階級與貴族們所形成的領導階級掌握政權的好偽裝。**

「在這個小圈圈以外，自由主義熱血捍衛的個人自由仍舊只是個抽象概念，而無法真正落實享受這些好處。」在有著保守黨與自由主義者、有著舊貴族與新富人的英國是如此，在波旁王朝復辟[21]與七月王朝[22]時候的法國也是如此。自稱爲自由主義派的既得利益者，立刻就表明反對普通選舉權[23]，與人民對立。然而，在工業化的社會，現實狀況越來越慘不忍睹，要如何支持如此自私的政策？經濟自由主義起初爲每個人爭平等，不過是個善意的謊言，隨著時間過去，這個謊言顯得越大。

事實上，**這個「資產階級」的自由主義是一種落伍的抗爭，其對於貴族舊皇權體制的抗爭並非無私的**，而是「對五百年舊傳統所造就神聖般的既得利益的挑戰」。於是，資產階級躋身於他們想要摧毀的舊皇權與其貴族社會之間，也融入無產階級工人爭取自己權利的工業社會。簡言之，這個所謂對於自由的追尋，儘管看來不像，似乎與過去爭取各種特權的抗爭團體連成一氣。

一八四八年的革命（在法國建立了普通選舉[24]），成爲自由主義的一個重要轉捩點（英國的重要時刻則爲一八三二年的選舉改革）。從此以後，自由主義只能以原則上廣及於各階層的民主型態存在。托克維爾[25]與斯賓塞[26]，各以各的方法宣告民主的自由主義必然到來，以及他們擔憂畏懼的群眾的勝利。然而，以此型態再出發後，自由主義很快地便同時遭遇到強勁、直率、很有前途的社會主義思潮，以及卡萊爾[27]與拿破崙三世這兩位威權主義的先驅，當時尚無人稱之爲「法西斯主義」。

於是，在一場即將爆發的革命——將帶來大變革的社會主義革命，與一場窮途末路的反革命之間，自由主義繼續存在，發展了許多自由主義的國家政府、成就了資產階級有智慧與自私的行爲，在法國，則只在與教廷的對抗中重拾一點點活力。自由主義者自此認知到自己的弱點，以及其抗爭正當性的問題。一九〇二至一九〇三年間，理性的《形上學與道德期刊》[28]刊登了一系列關於「自由主義的危機」的文章，尤其針對教學的壟斷。然而，眞正的終極危機發生於稍後的兩次世界大戰期間。

然而有誰敢說幾乎被逐出政治圈、在思想上失去價值的自由主義今日已經死透了呢？自由主義不只是一個政治發展的階段，某個階級的圓滑手段或擋箭牌，也是西方文明的理想，即使後來背離此理想，自由主義依舊存在我們的文化、語言、與思想之中。任何侵犯個人自由的事都令我們震驚、令我們群情激憤。在政治上，面對威權與技術官僚的國家，面對永遠都是被奴役的社會，某種無政府主義與自由份子的自由主義，繼續以個人與個人權利之名，在西方世界與在整個世界上扮演著一定角色。

21 波旁王朝復辟，Restauration，一八一四—一八三〇年間，是法國嘗試議會體制的重要階段。

22 七月王朝，Monarchie de Juillet，一八三〇—一八四八年間，是法國最後一個王權體制。

23 普通選舉權，在民主社會中將選舉權延伸到每一位成年的公民，一人一票，不因為財富、學識、性別、種族、信仰而有所區別。

24 一八四八年法國選舉時只有男性公民有投票權，應不能算是真正的普通選舉。法國女性一九四四年後才有投票權。

25 托克維爾，Alexis de Tocqueville（一八〇五—一八五九），法國政治哲學家、社會學的先驅。

26 斯賓塞，Herbert Spencer（一八二〇—一九〇三），英國哲學家、社會學家，被稱為社會達爾文主義之父。

27 卡萊爾，Thomas Carlyle（一七九五—一八八一），愛爾蘭作家、史學家，其關於法國大革命的歷史文學作品認為革命唯一真正的主角是巴黎人民，而非菁英份子。

28《形上學與道德期刊》，Revue de métaphysique et de morale，創刊於一八九五年的哲學期刊，今日仍持續發行中。

第2章
基督信仰、人文主義、科學思想

歐洲的精神生活與學術領域正逢劇烈變動中，此精神生活與學術的發展喜歡創造各種斷層、不連續性、或風暴，目的在於尋求一個更美好的世界。

然而，我們不該被這些戲劇性的事件模糊了焦點，歐洲文明與其思想發展有其頑強的連續性，從托瑪斯阿奎那的《神學大全》，到笛卡兒的《方法論》，這一切源源不絕的成果皆呈現出歐洲思潮自文藝復興、宗教改革、直到法國大革命的發展。而工業革命，這個重要的斷層，並未影響歐洲生活的每個領域，也沒有影響思潮的發展。

基督信仰

所有的宗教都會不停發展，每個宗教以各自的方法自成一個獨特世界，由信徒、禮拜與獨特的教義組成。基督信仰一直是歐洲思想的主要元素，即使是與之對抗的理性主義思潮，也是由基督教思想出發的。以西方歷史來看，徹頭徹尾，基督信仰都是歐洲文明的核心：是文明的動力，即使有時文明會戰勝它或改變它；儘管歐洲文明努力地要甩掉它，基督教還是包覆整個歐洲文明。因爲，與某思想對立，意謂仍然陷於其邏輯中。在深受基督教傳統影響的歐洲，沒有信教的人——無神論者，這個詞還是具有道德、思想批判的意思。

我們可以說，歐洲是「流著基督教的血」，如同蒙泰朗[1]說他是「流著天主教的血」，但卻不見得有保留如此的信仰。

●耶穌誕生三世紀後，西元三一三年，君士坦丁詔令基督教成為國教，而在羅馬帝國境內廣為傳播。

羅馬帝國（意即所有的環地中海國家，以及歐洲幾個種植橄欖與葡萄的國家），是這個取得勝利的全新宗教的佔領地，保羅瓦雷里說是「基督教領域」，並藉由文字遊戲強調基督教與土地、麵包、紅酒、小麥、葡萄園、以及聖油的關係；以環地中海地區爲基礎，基督信仰隨後向外大肆遠播。

於是，在西元五世紀蠻族入侵之前，以及第七至十一世紀伊斯蘭世界的勝利帶來一連串災難之前，在某種程度上，基督教有時間適應羅馬世界，並在其中建立基督教會的階級制度，明確切割宗教與「該歸凱撒的」世俗事務，同時，在因希臘細緻靈巧的語言與思維所引起的激烈教義論爭中取得勝利，並且爲基督教明確奠立神學理論基礎的必要性，訂下方針、釐清往後發展方向。

此漫長艱辛的任務，得益於多方協力：早期數場主教會議的協力（西元三二五年尼西亞公會議、三八一年君士坦丁堡公會議、四三一年以弗所公會議、四五一年迦克敦公會議、……等）；許多教父[2]、「護教士」，在君士坦

1 蒙泰朗，Henry de Montherlant（一八九五—一九七二），法國作家、法蘭西學院院士。
2 教父，十六世紀後歷史學家用以尊稱西元八世紀以前早期基督教會史中，著作釐清或捍衛教義有重大影響但不一定是主教的神職人員。

丁立基督教爲國教之前，協力對抗非基督信仰；以及在諸多分歧教派間，定義了基督信仰理論的「神學教條主義者」。聖奧古斯丁並不是這些努力中最後的一位（部份聖經經文釋義學者將此奠定基督教教義的努力延伸至西元八世紀、甚至十二世紀），卻是對西方世界而言最重要的一位。聖奧古斯丁，柏柏人，西元三五四年生於阿非利加行省塔加斯特城（今蘇克阿哈拉城），卒於四三〇年汪達爾人圍城時，當時他擔任希波（今波恩[3]）的主教。奧古斯丁傑出的著作（《上帝之城》、《懺悔錄》），以及甚至他矛盾地企圖結合信仰與知識的努力，亦即大致而言結合古典文明與基督教文明，混合舊酒與新酒，這些努力使得以某種角度而言聖奧古斯丁被視爲理性主義者。在他的思想中，信仰至上，但卻說：「相信，以了解」、「若我犯錯，那麼我在」、「人有疑，才眞活著」。若將這些論點視爲後來笛卡兒「我思，故我在」的先聲是不恰當的，但不可諱言的，的確是令人有此聯想。後世對於聖奧古斯丁，顯然是只將其視爲基督教神學家，只關注其命定論的論點；然而奧古斯丁的思想，仍舊給西方基督教世界添上獨特的一筆，彰顯信仰必須要在全盤了解後，經過個人深思，才決斷而行，並提供基督教思想其他發展與討論的可能性。

在蠻族入侵帶來末世般災難時，基督教會已經脫離了路線不明確的發展初期；在災難重重的西元五世紀時，基督教會可說，如同古典文明的世界一般，已自成帝國；而在亂世自救的過程中，教會也承擔起責任並在某程度上挽救了古典文明。

● 基督教會在一個沉淪的世界中千方百計地自救。

使新入歐洲的蠻族改宗、使大多數尚未信仰基督的鄉下人或是那些輕易放棄教義的人們信教、使西方世界新征服地區的人民信教；在封建制度將西方世界分裂成無數小國與教區之時，努力維繫一個以羅馬以及羅馬的主教——教宗為首的一個階級組織；並且打贏幾場聖座與羅馬帝國對立的艱辛爭鬥，其中最著名的以沃姆斯宗教協定，終結了、但並未完成教會與世俗王權對於各地主教任命權的權力鬥爭——敘任權鬥爭（西元一一二二年）……。總之，反覆累人的宣教，持續遭遇挫敗、重新開始，一整個浩大工程的一切都遭到質疑。修道院的發展（本篤會[4]、熙篤會[5]），在鄉間建立起一個個物質與精神上的殖民地（十一至十二世紀），隨後道明會與方濟會教士則往城市傳福音（十三世紀）。

每個年代都有不同的任務、都有必須要打的仗：十三世紀，對抗純潔派[6]；動盪的十五世紀，主教會議與教廷間的大論戰（康斯坦斯公會議[7]與費拉拉-佛羅倫斯公會議[8]）；十六世紀，爆發宗教改革，必須同時著手進行反改革（由耶穌會帶領）、美洲新世界的傳教工作、以及特倫托公會議[9]（一五四五年至一五六三年間）中所提出

---

3 希波，**Hippo / Hippone**，羅馬帝國時代北非重要城市。奧古斯丁於西元三九五年至四三〇年擔任希波的主教，故又被稱為「希波的奧古斯丁」。波恩**Bône**，為希波城一八三二年成為法屬阿爾及利亞殖民地之後的名稱，阿爾及利亞獨立後今稱阿納巴**Annaba**。

4 本篤會，**Ordre des Bénédictins / Ordre de Saint-Benoît**，創於五二九年，雖不是最古老的隱修會，卻是最為廣布的一派，重視清貧與勞動的價值。

5 熙篤會，**Ordre cisterscien / Ordre de Cîteaux**，創於一〇九八年的隱修會，修院中禁語為一特色，於第十二世紀宗教史上扮演重要角色。

6 純潔派，**Catharisme**，或音譯為卡特里派，十二、十三世紀於西歐，主要盛行於南法的一個教派。

7 康斯坦斯公會議，**Concile de Constance**，一四一四—一四一八年間召開，於康斯坦斯公會議中，決議未來基督教世界主教公會議召開的規範，訂定自一四三〇年起每十年召開一次，並選出馬丁五世為教宗，於一四二〇年進駐羅馬。正式結束了自一三七八年至一四一七年間數位教宗各稱正統之天主教會大分裂的局面。

8 費拉拉—佛羅倫斯公會議，**Concile de Bâle-Ferare-Florence**，此會議於一四三一年於巴塞爾展開，一四三七年移往費拉拉，一四三九年移往佛羅倫斯，最後一四四一年於羅馬結束會議。

9 特倫托公會議，**Concile de Trente**，一五四五年至一五六三年間召開，天主教會史上最重要的主教會議之一，對宗教改革尤其路德的質

的權威定義；十七世紀爆發了冉森主義[10]的危機；十八世紀則有比十七世紀「放蕩派」更加明目張膽的無神論者的抗爭日益加劇；這場抗爭直到十八世紀末都未結束，然後又爆發了法國大革命。

然後，除了對付這些依恃著深思熟慮的意識形態的敵手以外，教會還須時時地面對頻繁地脫離基督信仰的問題，這問題由於普遍欠缺教化而經常發生。在所有交通偏僻，遠離主要交通幹道的地區（如阿爾卑斯山區、或是歐洲的邊緣地帶，如十三世紀的麥可倫堡地區[11]，或是十五、十六世紀的立陶宛、科西嘉島），舊有的異教信仰一有機會就復出：對蛇、對亡靈、對星象的崇拜以及種種迷信，與民俗結合密不可分而屹立不搖，教會無計可施，只好「稍事遮掩」一番。

在這些抗爭中，基督教使出各種推廣教義的招數與耐性，藉由佈道、藝術、神劇、神蹟、利用人民對聖人的崇拜等，如此鋪天蓋地而來，有時甚至連神職人員都反感了。

一六三三年時里斯本兩位方濟會教士忍不住要說：「聖安東尼儼然成了里斯本的上帝……，窮苦人民乞求布施時嘴裡唸著他的名……，遇危時也只喊聖安東尼。對他們而言，聖安東尼就是一切，是指引方向的指北針，而且就如傳教士說的，是針黹的聖人：婦人掉了針正要找，聖安東尼就找到了」。這股聖安東尼熱潮甚至遠傳海外，某法國旅行家在一個世紀後於其巴西旅行記中，也留意到此「驚人的崇拜」。

事實上，人民的迷信一直都有能力掏空、從內部摧毀信仰，甚至使得信仰根本變形。一切又要重新開始。

當十字若望[12]與兩位同伴，落腳棲身於亞維拉的德蘭[13]所建立的西班牙最早的加爾默羅會修道院時，目的是要在隆冬大雪中過著清貧的修士生活，而非為了避世：「他們經常赤腳走在崎嶇的路上，像對蠻族傳教般地向鄉民傳福音，……」此亦足證，若他們在一個天主教國家尚需如此辛苦傳教，的確是有必要重新傳教了。

基督教的作為主要以兩個不同層次進行：在思想上，在面對從來沒少過且有備而來的反對者時，捍衛自己的教義立場；面對生活困苦以及偏遠地區極易脫離基本教義與宗教信仰的廣大群衆，進行鞏固信衆的行動。

● 這個龐大教會組織遭遇大起大落、風光、落寞、長期停滯，唯有跳脫於外才能掌握大概，修士的日常生活我們通常無從認識。不過，大致上的發展我們應該不會錯。

從西元十到十三世紀，四處均可感受到基督教會勢力逐漸鞏固。至今猶存的衆多教堂、修道院皆是明證：此時歐洲活躍而充滿生機發展快速，整個教會也受這股源自經濟與社會發展的動力推進。往後，發生了黑死病，以及隨之而來的災難性大蕭條，在這個史學家稱爲**百年戰爭**（一三三七年至一四五三年）的漫長混戰期間，殃及英法兩大參戰國以外的整個西方世界，各方面都衰退了，基督教也是。

十五世紀後半葉，新一波教會發展再興，並擴及整個重獲和平的歐洲，然而，同時也出現了許多憂患。約莫一四五〇年至一五〇〇年間，史家稱此爲「令人憂心的年代」（語出費夫賀）。其實史家不需要如此稱呼：不爲別的，只因爲當時宗教改革前各種思想的風起雲湧，並不必然會導致宗教改革時「清教徒」與改革者的意見。在幾個效忠羅馬教廷的國家中，這個對宗教的擔憂展開了另一種天主教的「改革」，一般史家稱爲「反宗教改革」。

疑提出反擊，標誌著天主教會自中世紀型態轉型而出。特倫托公會議落幕後，在法國隨即展開了宗教戰爭，在荷蘭也展開了爭取獨立的八十年戰爭。

10 冉森主義，Jansénisme，十七、十八世紀主要發生於法國的一個宗教運動，隨後發展成為政治運動，是一種對於天主教會的某些發展，以及君主集權的反思。

11 麥可倫堡地區，Mecklembourg，德國北部地區，北臨波羅的海，包含下薩克森省、霍爾斯坦省以東，易北河以西地區。

12 十字若望，Saint Jean de la Croix（一五四二—一五九一），協同亞維拉的德蘭建立西班牙加爾默羅會男修院。死後與亞維拉的德蘭齊名，被認為是西班牙最重要的聖人之一。

13 亞維拉的德蘭，Sainte Thérèse d'Ávila（一五一五—一五八二），舊譯聖女德肋撒，二〇〇〇年由台灣主教團正式更改譯名為「亞維拉的德蘭」。十六世紀天主教修院改革者，是首位被封為教會聖師的女性聖者。

名稱選得不是很好，此又一例。

總之，十六、十七世紀活在宗教狂熱的旗幟下，極端的精神論戰並不少見，如：在聖西蘭院長[14]、皇港的男士們[15]、塞維涅夫人[16]、哈辛[17]、巴斯卡[18]的年代，在力行嚴苛教義的冉森主義者，與主張簡單、寬容、人性的耶穌會教士間的尖銳論戰。

十八世紀，又遇另一波退潮，這回經濟富裕的因素並沒有站在教會這一方，伴隨而起的是以進步與理性之名，與教會對立的哲學與科學發展。

人文主義與人文主義者

歐洲思想是建立在與基督信仰的對話上，即便是針鋒相對的討論與尖銳的對話。要從此角度才能理解西方思想的基本面──「人文主義」。

● 首先要緊的是，字彙問題：人文主義，是個曖昧的詞，如果不立刻釐清其用法與來龍去脈的話，是很危險的。

人文主義，這個有學問的詞是十九世紀幾位德國史學家所建立（確切時間點爲一八〇八年）。《佩脫拉克與人文主義》的作者諾哈克[19]，「主張是他於一八八六年在高等學院授課時正式將人文主義一詞引介入法國大學的官方用語中」，所以是一個相當「晚近」才出現的詞，因此也就容易造成許多可接受的或者不恰當的個人詮釋。在此之前，已有「人文主義者」一詞，用來指稱十五、十六世紀時的這些份子，且於當時即爲人文主義者所用以自稱。

但是，「人文主義」一詞，並非只與「人文主義者」有關，亦非單純指涉「義大利與歐洲文藝復興精神」。除此以外，還包含許多其他面向，如今成為一個涵義豐富的詞：一九三〇年的一份調查，得出許多相關用語，如「新人文主義」、「基督教人文主義」、「純粹的人文主義」、甚至「科技人文主義」與「科學人文主義」……。今日再做一次調查應該也會得到類似結果，證明了這個過去的學術性用語，已變得大眾化，被賦予許多意義，對於不同的問題提供解答、提供新的方向。

在歷史上，也有十二世紀的人文主義、文藝復興、或宗教改革的人文主義、我們後文將詳述法國大革命的人文主義之豐富性與原創性、或者今日某史學家提出的「馬克思的人文主義、或馬克西姆高爾基的人文主義」……。我們不禁懷疑這眾多的「人文主義」間共同點為何，或者我們只能將其視為一個問題重重的家族。

或許此處可以援引出身托斯卡尼地區的歐洲人文主義史學家何諾代[20]，對於人文主義的一個廣義而普遍適用

14 聖西蘭修院院長霍藍，Jean-Ambroise Duvergier de Hauranne（一五八一—一六四三），將冉森主義引進法國。儘管不是唯一一任聖西蘭修道院(Abbaye Saint-Cyran)院長，後世仍經常以聖西蘭院長尊稱他，而不呼其名。

15 在聖西蘭院長的感召下，包含醫生、文法學家、道德學家等許多俗世或神職人員，一六三八年起於法國巴黎近郊伊夫林省的皇港修院 Port-Royal des Champs 過著清修、做研究的生活。這些男士們並投入兒童教育，建立了「小學校」Petites écoles。一六五七年法王路易十四與天主教聯手，將冉森主義逐出法國，並摧毀修院。

16 塞維涅夫人，Mme de Sévigné（一六二六—一六九六），法國著名女性書信作家。對於冉森主義的思想與提倡者十分敬愛。

17 哈辛，Jean Racine（一六三九—一六九九），法國劇作家，路易十四時代最重要的劇作家之一。

18 巴斯卡，Blaise Pascal（一六二三—一六六六），法國數學家、哲學家、冉森主義神學家。

19 諾哈克，Pierre de Nolhac（一八五九—一九三六），法國人文主義者、史學家。

20 何諾代，Augustin Renaudet（一八八〇—一九五八），法國史學家，專治法國與義大利文藝復興史。

的定義？「我們可將人文主義定義爲，人類的一種高貴情操，同時包含理論與行動。此種情操，認可人類天份的偉大，頌揚人類的創造能力，對抗亙古恆常的自然力。重點在於個人藉由嚴格訓練與方法論對於自我發展的努力，絲毫不放棄任何能使人更偉大、更了不起的努力。歌德於其《浮士德第二部》開頭寫道：『爲更高尙的存在盡無懈的努力。』同樣的，司湯達[21]對德拉克洛瓦[22]說（一八五〇年一月三十一日）：『切莫忽視任何能使你偉大的事。』此種人類高貴情操致使整個社會爲人類更完美的貢獻而持續努力；這是一場大征服、一件浩大的文化工程、一門越來越寬廣的人類與世界的學問；形塑了個人與集體的價值觀、建立了一種法治、一種經濟體制、成就了一種政治型態、滋養了一種藝術與文學。」

如此精湛的定義應該足矣，但對於〈人文主義〉運動本身的意義卻著眼不足，反之，史學家艾蒂安吉爾森直率的斷言則誇大了。吉爾森認爲文藝復興時代的人文主義，仍是中世紀，「並非更貼近人，只是少談點神」。這話有失公允、誇張了，但卻指出整個人文主義有意識或無意識的走向。人文主義解放了人，放大了人的角色；縮減了、但沒有完全忘記，神的角色。

同時，以某種角度而言，人文主義總是在「反」：反抗對神的絕對服從、反對所有只以物質來思考世界的價值觀、反所有忽視人或看來忽視人的理論、反所有限縮人的責任的體制……。人文主義永遠有其訴求。人文主義是從人類自傲、驕傲之樹長出的果實。

喀爾文說得沒錯：「宗教教導我們要以對信仰的力量以及美德前行，要我們自那無法支持我們且不停絆倒我們的脆弱人性中站起來，除此以外，宗教還教導我們什麼？」喀爾文並不是那種相信人性的人。

對人文主義者而言，則恰相反；其信仰，如果人文主義者有信仰的話，必須符合前述此對人的信任。也唯有在此歐洲人文主義悠久歷史奠定的傳統中，才能理解社會學家艾德嘉莫杭在退出共產黨時所說的話：「老兄，馬克思主義研究的是經濟體、是社會階級；是很棒，可是，老兄，它忘了研究人。」

● 人文主義是一種人逐漸自主的趨勢、一種抗爭，持續關注、改善或改變人類命運的所有可能性。

與整個歐洲歷史共築的人文主義的發展史，是多重的、時有斷續、漲落互見、有許多明顯的矛盾存在。

人文主義似乎總爲其遭遇的問題與困難，尋求除了當下的解決方法以外的「另」一個解決之道，造成某種幾乎病態的渴望，在西方世界所提供的豐富素材中，走向新的、困難的、禁忌的、而且經常是出乎意料的道路。

限於篇幅，我們只讀三個具獨特代表性的例子：**文藝復興時代的人文主義**、**宗教改革時代的人文主義**，前兩者差不多是同時代，以及稍晚十八世紀**法國大革命時代澎湃的人文主義**。

● 文藝復興時代的人文主義，彷彿兩個羅馬的對話：一個世俗的羅馬、一個基督教的羅馬；一個古典時代的羅馬，一個基督教文明的羅馬。

此無疑是西方世界最豐富的、從未曾間斷對話之一。

一、**再生古代的人事物，並生活其中。人們經常引用馬基維利《戰爭的藝術》書末那關鍵性的句子，「這個國家（當然是指義大利）**，似乎是爲了喚醒死去的事物而生。」然而，雖然稱這些爲死去的事物，對生活卻是如此不可或缺，正是證明生活需要這些，他們就在伸手可及之處，並未死去。

事實上，在西方世界，非基督教的羅馬從未逝去。庫齊烏斯[23]在一部技巧極度精湛的著作中，呈現了羅馬帝國晚期令人驚異地流傳至今的文明，西方世界從中汲取文學題材、思想模式、諺語、與譬喻。

21 司湯達，Stendhal，Henri Beyle（一七八三－一八四二）的筆名。法國寫實主義、浪漫主義作家。
22 德拉克洛瓦，Eugène Delacroix（一七九八－一八七三），法國浪漫主義重要畫家。
23 庫齊烏斯，Ernst Curtius（一八一四－一八九六），德國考古學家、史學家。

基督教的歐洲與古典時代的羅馬如此日日相處，既然沒有別的替代方法、或是其他相互競爭的文明，自然也就有所調整適應；基督教在羅馬世界殞落前便已眞心接受與其兼容並存。早在西元第二世紀，聖游斯丁[24]便說，所有高尙的思想，「不論來自何方，都是基督徒的思想」。聖安波羅修[25]說：「一切眞理，不論如何詮釋，都來自聖靈。」唯有特土良[26]寫道：「雅典與耶路撒冷之間的共同點可眞多呢！」不過他的話幾乎未引起任何回應。

然而，如果說古典時代的遺贈已經融入生活，融入西方中世紀的思維習慣與語言中，那麼古典時代的文學、詩、哲學、歷史則再無法引起知識分子的注意力。如果說拉丁文還是個被使用的語言，希臘文則幾乎不爲人知。在藏書最豐富的圖書館裡，古典時代的手卷早被遺忘塵封了，而這些手卷正是人文主義者四處搜尋來重讀、編輯、評註，以重新向這些古代希臘文與拉丁文的大作致敬。人文主義者就這般活在這些文本中。

沒有人比馬基維利在其晚年第二次被流放時（一五一三年）說得更好了，他當時與農民、樵夫……爲伍，「夜幕低垂，我回到住處，進到書房，一進門就脫下每天所穿沾滿爛泥的破衣，換上宮廷裡的服飾……，如此莊重地著裝後，我步入古人們古典的院中：在那兒，古人們待我以禮，我以這些我爲之而生的知識滋養自己；在那兒，我與古人交談、問詢他們的舉措，無須感到可恥，而他們也以人之善德回應於我。」

文藝復興的人文主義特色就是閱讀這些古卷，進行無止盡的對話，拉伯雷[27]、米歇爾孟登[28]皆是此類人文主義者，他們的著作中滿載著閱讀古卷的回憶……。在每位人文主義者身側，我們都能帶著會心微笑或是賊笑認出，那位引領著他、爲他解惑的古人。鹿特丹的伊拉斯謨，後人稱之爲人文主義者的王子，他的對手們說引領他的古人是琉善。拉伯雷、佩里埃[29]，都是以琉善[30]爲導師；馬基維利的導師則是波利比奧[31]……。

二、要定義這場大規模的思想運動的年代並不容易。我們後來造的詞「人文主義」與「文藝復興」（米榭勒與布克哈特[32]所創之詞），有兩種用途。此二運動是相混的，不僅時間重疊、發展地區也是相同的。

人文主義應該是從亞維儂展開的，也隨著人文主義展開了文藝復興。亞維儂因佩脫拉克回來（一三三七年）而活躍起來，接下來很長一段時間，由於教皇駐在，亞維儂成爲整個西方世界最「歐洲」、最奢華之城（即使教廷於一三七六年遷回羅馬，該城仍由幾位對立教宗[33]駐在，而保有其繁華與光芒）。於是，文藝復興的全盛期奠立於佛羅倫斯，並建立該城的「文化霸權」直到「偉大的羅倫佐」[34]逝世（一四九二年），甚至直到一五三〇年佛羅

---

24 聖游斯丁，**Justin de Naplouse** (二世紀初至一六五)，基督教哲學家。

25 聖安波羅修，**Saint Ambroise / Aurelius Ambrosius** (三四〇—三九七)，天主教四大教會聖師之一。

26 特士良，**Tertullien** (生於一五〇—一六〇年間，卒於二三〇年左右)，迦太基地區重要的基督教神學家，首度以拉丁文提出「三位一體」一詞，是當時代最偉大的神學家。

27 拉伯雷，**François Rabelais** (生於一四八三或一四九四年，卒於一五五三年)，法國天主教神父、醫生、作家。

28 米歇爾孟登，**Michel de Montaigne** (一五三三—一五九二)，亦譯蒙田，法國哲學家、作家。

29 佩里埃，**Bonaventure des Périers** (一五一〇—一五四三)，法國作家。

30 琉善，**Lucien de Samosate** (生於一二〇年左右，卒於一八〇年之後)，羅馬帝國時代以希臘語寫作的諷刺作家。

31 波利比奧，**Polybe / Polubios** (西元前二〇八—一二六)，古希臘政治家、史學家。

32 布克哈特，**Jacob Burckhardt** (一八一八—一八九七)，瑞士史學家、藝術史學家。

33 對立教宗，**antipapes**，天主教會自成立以來就有不少宣稱具有正統性的教宗同時存在的情形，最著名為一四世紀一三七八年起羅馬與亞維儂各有教皇。對立教宗，指後來不被承認為正統的那位，隨著歷史情勢發展，教宗與對立教宗偶有互換，亦即今日被承認為教皇，時過境遷可能變成對立教皇，而原來的敵手則變成被認可的真教皇。一三七八—一四三〇年間，亞維儂共有四位對立教宗，最後兩位並未真正駐在亞維儂城內。

34 偉大的羅倫佐，**Laurent le Magnifique / Laurent de Médicis** (一四四九—一四九二)，政治家，佛羅倫斯真正的統治者，文藝贊助者。其年代正是佛羅倫斯文藝復興的黃金時期。

倫斯陷入帝王般的梅迪奇家族與科西莫梅迪奇[35]之手爲止。

一三三七年與一五三〇年，這頭尾兩個年代，不只適用於義大利、亦適用於「整個西方世界」：最後的人文主義王子，伊拉斯謨，生於鹿特丹（一四六七年），卒於巴塞爾（一五三六年）。

然而這兩百年的漫長歷史，必須要回溯早於一三三七年（定義薄弱的年代），並且往後看到一五三〇年以後，意義才能完全彰顯。

必須要**往前回溯**，是因爲中世紀與文藝復興之間，其實並不如過去所想像地存在這麼大的斷層。儘管人文主義者對於經院哲學[36]有許多尖酸批評，文藝復興並未反對中世紀的哲學思想。某歷史學家（於一九四二年）寫道：「五十年前，我們認爲中世紀與文藝復興時代的差異，就如黑與白、日與夜，有著極大的反差。後來，新想法推翻了舊認知，兩個時代的分野變得如此模糊，令人迷失，而今我們已必須要借助指南針才能分別此二者。」

必須要**展望未來**，因爲我們無法很明確地說，在深受今日自由主義者喜愛的伊拉斯謨過世後（一五三六年），文藝復興所代表的自由發展的文明，就此死於往後一個多世紀宗教戰爭凜冽的氣息中。

文藝復興所領軍的運動，的確是在此時中斷了，然而，持續了兩個多世紀的文明，不會瞬間消失於無形。長遠來看，人文主義者在某些方面贏了，如教學上，直至今日，古典時代依舊滋養著我們，是我們的每日食糧，而我們才剛開始要脫離古典主義的影響。但更重要的是，從此以後，歐洲再也不曾忘記人文主義者頌揚的這種對人的思維與能力的信心，並且將成爲西方世界思想與生活最重要的座右銘。

人文主義，雖然是幾個狹隘圈內人的傑作（熱血的拉丁派份子、人數較少但同樣熱血的希臘派份子、希伯來文派如製纜工人普拉特[37]、米蘭多拉[38]、或伯斯泰[39]），「幾位菁英份子」的傑作，卻並非僅侷限發展於幾個城市或少數宮廷中，諸如耀眼的法蘭索瓦一世[40]的宮中。這幾位人物散布全歐洲，彼此間維繫著密切的書信往來（伊拉斯謨精湛的書信，當然是以拉丁文書寫，亞蘭出版社當時以八開尺寸印行總共有十二大冊）。整個歐洲都受到此思想運動的影響：義大利首當其衝，擴及法國、德國（不要忘了波希米亞王國所扮演的特殊角色）、匈牙利、波蘭、荷蘭、英國、……，我們可以條列出的人文主義者不勝枚舉。而在法國，法蘭索瓦一世設立了「皇家講師」，命這些體制外的教授傳授未被納入大學的學科項目，此組織後來成爲法蘭西公學院[41]。

三、文藝復興的人文主義究竟是否是一種對基督信仰的反抗？應該將此運動視爲朝向無神論與無宗教的一種發展趨勢嗎？或者至少視爲馬基維利、拉伯雷、或孟登，這些思想自由的眞正先鋒們致敬？

也許我們以今日的眼光對於文藝復興提出太多批判了。文藝復興儘管脫離了傳統的經院哲學與神學的教育，儘管發展了完全未受基督信仰影響前的世俗古典文學，儘管文藝復興運動的意義及其精神的的確確在於對人的崇

35 科西莫梅迪奇，**Cosme de Médicis**（一三八九—一四六四），義大利銀行家、政治家，建立了梅迪奇家族的政治王朝，亦被稱為「國父」**Cosimo Pater Patriae**。梅迪奇家族，經商起家，以銀行業發達，涉足政治，是文藝復興時期非常重要的建築與藝術贊助者。是十三至十七世紀於歐洲具有重要影響力的豪族，出過三位教皇、兩位法國皇后、以及許多歐洲皇室成員。

36 經院哲學，**Scolastique / Scholasticism**，融合希臘主要是亞里斯多德及逍遙學派哲學，與基督教神學的中世紀哲學思想，於中世紀的大學中傳授，故名。

37 普拉特，**Thomas Platter**（一四九九—一五八二），瑞士人文主義者。出身寒微，早年放羊，跟隨教士讀書認字，於歐洲四處遊歷學習拉丁文、希臘文、希伯來文等，曾當製纜工人、印刷校版者，一五四一年於巴塞爾被任命為希臘文教授。

38 米蘭多拉，**Jean Pic de la Mirandole / Giovanni Pico della Mirandola**（一四六三—一四九四），義大利哲學家、神學家。

39 伯斯泰，**Guillaume Postel**（一五一〇—一五八一），法國文字學者、神學家，為法國結合希伯來思想與基督教神學的代表性人物。

40 法蘭索瓦一世，**François I**（一四九四—一五四七），法國文藝復興年代極具代表性的君王，在位期間各方面文藝發展極盛。

41 法蘭西公學院，**Collège de France**，法國高等學術研究與教育機構，不給予任何文憑，免費開放給所有人聽課，無須註冊入學。被任命於此教學，是極高的殊榮。

揚，無庸置疑，但，不見得就是反對神，或是反對教會。

費夫賀於其對拉伯雷所進行的細膩嚴謹的研究結論中指出，在拉伯雷的時代，要理出一個「哲學上」的無神論是「不可能的」，或者至少是極困難的：因為當時的意識形態不允許；既無切入點，也無有力的理論，更少了不可或缺的科學憑證。文藝復興並未忽視科學研究，但並未將此議題視為重點。

事實上，如果我們沒有一再衡量情感與理智，重建當時那個學術氛圍，並一一重新檢視現代的論點或史學家對於文藝復興時代無神論的控告，我們無法得出結論。每一次，或幾乎每一次審視都將找出錯誤，或是無解的矛盾。

羅倫瓦拉[42]一四三一年以西塞羅式[43]的拉丁文寫作對話錄《關於歡愉》，內容為**伊比鳩魯學派**與**斯多噶學派**的爭辯，當時驚世駭俗。當時是斯多噶學派較為盛行（如佩脫拉克、薩盧塔蒂[44]、布拉喬利尼[45]），所以，該書其實是為了推廣伊比鳩魯學派。而且，在此純文學論戰的最後，作者跳出來重申基督信仰的超自然秩序。

假道學，我們會這樣說。但這麼做就太輕率地給歷史下定論了，而未考慮到必須要稍晚，有了科學實證，才終於能建立無神論。十六世紀時，一**般而言**，人們沒想過、不會這麼想、也不覺得有必要，忽視神。

我們也不要太急於指責馬基維利是個不信神的人，因為他批評教會神父「使我們成為無宗教且糟糕的人」，批評基督教「將謙卑的人與沉思者都封為聖人，忽略至善，……然而古典時代的宗教則將至善視為靈魂最偉大之處」。若要批評馬基維利，較名正言順的，應是責怪他在那個糟糕的年代對現實退讓，使政治脫離道德，從此政

42 羅倫瓦拉，Laurent Valla（一四〇七—一四五七），義大利哲學家，雄辯家。

43 西塞羅，Cicéron（西元前一〇六—四三），羅馬哲學家、政治家，其著作成為古典拉丁文的寫作典範。

44 薩盧塔蒂，Coluccio Salutati（一三三一—一四〇六），人文主義者，一三七四年被任命為佛羅倫斯共和國的執政官。

45 布拉喬利尼，Poggio Bracciolini（一三八〇—一四五九），作家、哲學家，一四五三年至一四五八年任佛羅倫斯共和國的執政官。

圖 16　歐洲的三個基督教世界

治也就再也沒道德過……。

同樣地，我們來看看羅倫佐梅迪奇所建立的學院：新柏拉圖思想，主要宣揚柏拉圖理想主義者的哲學，因此也就與亞里斯多德學派對立，並且也許嘗試尋求古典時代與基督教的某種「妥協」。不過，即使與羅倫佐有交情的米蘭多拉，寫了一篇關於尊嚴的論述，〈論人的尊嚴〉，也沒有阻止羅倫佐的夢想。其晚年曾有一段時間四處傳福音，穿著道明兄弟會的修士服，「手拿著十字架，赤腳走遍城市鄉間與小鎮」。此即所謂「宗教人文主義」之一例。同樣的，旁波納奇[46]，對某些人而言他顯然是沒有宗教信仰的人，但某些人則不這麼認為。費夫賀一本很棒的書中（一九四二年）檢視了一部奇異著作《揚琴世界》[47]（一五三七年至一五三八年間出版）的作者，一位特殊人物德佩里埃，結論是：如果對話中的墨丘利[48]是耶穌，因為很明顯，那麼這就是一部攻擊耶穌的作品，一種無神論的標誌。我們無須噤若寒蟬，但也莫過度誇張這本書的影響力，就只是當時文學作品中的一個異類而已。

熱愛十五世紀佛羅倫斯的史學家菲利浦莫尼耶[49]認為，對古典時代榮光著迷的人文主義者，「抄襲、模仿、覆誦、沿用古人的模式、範例，接受了古時的眾神，採行了古人的精神、語言」，而「照此運動的邏輯極致推展下去，是否嘗試要抹滅基督崇拜」？以「我們」的邏輯來說的話，也許是的；但以十五、十六世紀的邏輯而言，則否。社會學家茹斯妥[50]熱情地寫道：「尋求對立是沒有道理的，古典時代已然勝過基督教會，甚至在教會內部亦如是。羅馬不是發展成文藝復興發光發熱的中心嗎？而文藝復興的運動，許多教皇不也都領頭參與嗎？是（教皇）亞歷山大六世於一四九八年五月二十日在佛羅倫斯以火刑處死了人文主義者的敵人薩佛納羅拉[51]。而且，當時復甦的古典時代精神是具包容力的。希臘哲學家們，不管有無信仰，都會參加眾神的禮拜或節慶。他們的弟子們也沒有理由要奮力對抗一個並無冤仇的教會。伊拉斯謨說：『聖蘇格拉底，為我們禱告吧！』」

四、文藝復興有別於中世紀的基督教，較不著重於思想領域，而更著重於生活層面。

如果要說的話，這是一種文化上的出軌，而非哲學上的。氛圍是活躍愉快的、多元的，視覺上、精神上、肢體上都如此，西方世界彷彿從長達數百年的齋戒中走出來。

文藝復興的社會與心理狀態是愉悅的，歷史上很少有此種時刻，人們如此強烈感受生活在一個幸福年代。「對活著的時刻的禮讚，取代了中世紀對死者的紀念。」對死的凝視，十五世紀末具代表性的死亡之舞[52]，謎樣地消失了，彷彿西方世界「意見分歧」（此處要以傅柯對這個詞的用法來理解），意即在思想上從對死亡的思索切割開來。在後繼許多《死之藝》[53]（善終的章程）中可以都看到這個轉變：漸漸地，死亡不再是步向天國的死亡，不是往另一個更美好、真正的生活平靜地過度；死亡變成一種「在人間」的死亡，伴隨著逐漸衰敗的身體與所有

46 旁波納奇，Pomponazzi（一四六二—一五二五），義大利哲學家、煉金士。

47 《揚琴世界》，暫譯，Cymbalum mundi。Cymbalum是一種打擊弦樂器。德佩里埃書中包含四段詩意的對話，非常經典、開朗且詼諧。

48 墨丘利，Mercure，羅馬神話中的人物，商業、旅行之神，也是眾神的信差。

49 菲利浦莫尼耶，Philippe Monnier（一八六四—一九一一），瑞士法語作家。其著作多關於日內瓦及其周圍地區，亦寫作關於義大利藝術與歷史。

50 茹斯妥，Alexander Rüstow（一八八五—一九六三），德國哲學家。

51 薩佛納羅拉，Savonarole（一四五二—一四九八），義大利道明會修士，反對人文主義者，焚燒許多他認為傷風敗俗的人文主義者著作與藝術作品。

52 死亡之舞，一種舞蹈類型，以獨白方式表達死神與垂死者間的對話。

53 《死之藝》，Arsmoriendi，西元一四一五年、一五四〇年各有一篇以拉丁文寫作的篇章，內容在於協助善終，成為死前的指導書。被翻譯成西歐各國語言而廣為流傳。

可怕的傷痕，是人的死，是人要面對的最後試煉。再沒有人會像聖奧古斯丁這麼說：「我們是在人間的旅人，死後得安息」，而且同時人們也不再認爲「此生是生不如死，宛如地獄」。生命再現其價值，其意義。

在人間建立國度，這個新的信念引領建立了所有「現代文化的推動力：思想自由、藐視權威、教育勝過出身（以十五世紀的話說，是『人』勝過『貴族血統』的概念）、對科學的熱衷、個人的解放……」（語出尼采）。

對於此新思潮的醞釀，人文主義者明白「無庸置疑的，這是個黃金年代」，（義大利哲學家）費奇諾（一四三三年生，一四九九年卒）如是說。一五一七年，伊拉斯謨也說了類似的話：「應該要祝福這個世紀：它將是個黃金年代。」胡滕[54]在一五一八年十月二十八日給紐倫堡人文主義者皮克海梅[55]的著名信件中寫道：「這是怎樣的世紀！這是怎樣的文學！活著眞是愉快啊！」我不敢在這裡談拉伯雷想像的黛蘭修院[56]，例子如此有名，衆所周知……，不過，是應該談！

深刻體會到人的各種可能性，此種自覺提前爲未來所有的革命以及無神論做了準備，這是無庸置疑的。當時人們太忙著建立人間的國度，而無暇對抗神的國度。

十六世紀三十年代起，文藝復興運動與其歡樂氣氛就趨緩了，「不幸的人們」將慢慢地佈滿西方世界的舞台。正如同每個快樂、陽光普照的年代，每段幸福、或是自認幸福的時光，亞歷山卓港輝煌的世紀、奧古斯都的世紀、啓蒙時代、文藝復興時代，歡樂的時光都不長。

● **基督新教徒的人文主義**。宗教改革，濫觴於十五、十六世紀間；一五一七年十月三十一日當路德將九十五條建言張貼在威丁堡諸聖堂門上時，正式展開。

這條宗教改革長河穿過氾濫成災的宗教戰爭。宗教戰爭於馬丁路德辭世同年一五四六年於德國展開，一世紀後一六四八年才結束。在此期間，戰火在各國延燒，留下遍地斷壁殘垣。簽訂了幾個不怎麼持久的合約：奧格斯堡合約[57]（一五五五年）、南特詔書（一五九八年）、皇室詔令[58]（一六〇九年）。然而數以千萬的人們（不同於文藝復興的人文主義，宗教改革立即與普羅大眾相關），數以千萬的男人、女人，爲了捍衛自己的信仰，而遭逢內戰、漫長的迫害（如在荷蘭飛利浦二世的年代，或是在法國廢止南特詔書〔一六八五年〕時，以及塞文地區起義[59]時），或者逃往新大陸、或者前往「教隨國立」對信仰友善的地方。

戰火於十八世紀平歇，有些地方稍早些。新教熬過了宗教戰爭，流傳至今，其人文主義思想豐富了相當大部份的西方世界，尤其是英語系與德語系國家。然而，要詳述此人文主義究竟帶來了什麼色彩，卻不容易，因爲基督新教並未有「一個」教廷，而有「許多」教派，也造成了多元的基督新教的人文主義，與各派的信徒，尤其當與天主教會相比較時，他們並非系出同門。

我們接下來將關注這筆留與現代歐洲的遺產，而非關注宗教改革本身。我們將不耽誤時間於宗教改革或基督

54 胡滕，亦有譯修頓，Ulrich von Hutten（一四八八—一五二三），神聖羅馬帝國騎士，與馬丁路德同為德國民族主義先驅。

55 皮克海梅，WillibaldPirkheimer（一四七〇—一五三〇），德國法學家、人文主義者，一五〇六年起任神聖羅馬帝國皇帝馬克西米利安一世之顧問，一五二六年任查理五世之顧問。

56 黛蘭修院，Abbaye de Thélème。拉伯雷於其著作《巨人傳》幾個章節中提到，黛蘭修院被視為拉伯雷的某種烏托邦，修院建築為六角形，一反當時修院的清貧簡約，黛蘭修院裝滿財富，入口處門額上刻著「想做就去做」。

57 奧格斯堡合約，Paixd'Augsbourg，該約的簽定停止了德國境內路德教派與天主教的邦國間的戰爭，從此奠定「教隨國立」的原則，各邦可以在天主教或基督新教間自由選擇。

58 皇室詔令，Lettre de Majesté，波希米亞國王魯道夫二世所頒布公告宗教自由的原則。

59 法國塞文山脈地區Cévennes信奉基督新教的農民，反抗法王路易十四在一六八五年廢止南特詔令而使基督新教變成非法，持續到一七一一年的抗爭，其中一七〇二年至一七四〇年間衝突特別頻繁。

新教的歷史；如果有需要的話，請參閱雷奧納[60]精彩的回顧。

在二十年間，兩個基督新教，兩波長「浪」相接續，一波爲馬丁路德（一四八三生，一五四六卒）領導的激烈行動，一波爲喀爾文帶領縝密而具權威的行動。這兩人毫無相似之處：路德是德國東部邊境上的農民，這種鄉下人的思想叛變，是直接、強而有力、自然的，具有農民精神，如尼采所說「人文精髓」。揭穿教會濫權、荒誕、糾葛之事；由這些困惑之事走出來，靠信仰救贖（「好基督徒因其信仰得救」）；滿足於立即性的、情緒性的選邊站，而不費心事後細細地整理這些立場主張；這就是年輕的路德明確而簡單的立場，一種浪漫的、革命的立場。他寫道：「上帝也快要受不了了！如今再也不是那個將人們當作獵物驅趕獵殺的世界了！」路德的確是無法以此態度對抗那些有權、有錢之人，一五二五年，宗教改革者必須要與德國易北河、萊茵河、與阿爾卑斯山脈間起義的農民們有所切割，部份原因就是由於路德。

相對另一方面，喀爾文，是個城市人，冷靜的讀書人，沉著、精力旺盛的組織者，一個總是窮究道理的學法之人。路德將命定論[61]視爲一種神的啓示；喀爾文則將之列出函數等式用以評估後果。如果一直以來能得救贖的人都已經預先選好了，那麼是不是就應該由這些人來治理其他人？這正是喀爾文在日內瓦，以一種謙遜的精神、但堅毅的手腕所主張的（一五三六年至三八年、一五四一年至六四年間）；也是克倫威爾在道德標準嚴苛的英國所推動的改革。

此即兩個基督新教的主要派別，各自地域不同，卻有不少共同點：脫離羅馬教廷、脫離對聖人的崇拜、無固定全職神職人員、聖禮由七個減到兩個：聖餐禮與受洗禮。不過關於聖餐禮兩方的意見並不一致。

我們還必須要特別留意那些簡稱爲基督新教的各種邊緣、甚至離經叛道的派別（多不勝舉）：幾乎是從一開始，就分爲人文主義者的基督新教（蘇黎世的慈運理，巴塞爾的厄科蘭帕迪烏斯，英國的亨利八世），與虔敬主義[62]者的基督新教——被嚴重迫害的再洗禮派[63]。

天主教世界與基督新教世界間的分野，如今仍是歐洲文明的一個重要關鍵。此分野是單純地隨抗爭發生的偶然造成的嗎？

歐洲，如同木材一般，由不同年代層層疊生，西方世界最古老的部份，樹木的中心，是羅馬帝國過去征服並廣布其文化的範圍，北疆直到萊茵河與多瑙河這兩重防線，西疆則達不列顛島群；在後者，羅馬帝國僅僅掌握了一小部份而已（大致上只有倫敦盆地）。

羅馬帝國滅亡後，歐洲文明相當晚才擴散到帝國疆域以外地區，構成樹幹新的表層。中世紀時期，西方世界以殖民一詞最高尚的意義「殖民」了周遭地區，建立了許多教堂、派遣了傳教士。距離羅馬遙遠的這些修道院、與主教都是強有力的樁腳。

羅馬帝國的古老疆界，這個舊歐洲與「被殖民」的新歐洲間的疆界，成爲天主教與基督新教世界間的分野，只是一種偶然嗎？宗教改革無疑有它純粹宗教上的問題：整個歐洲均可見此思潮湧現，並使信眾們對於教會的濫權與失序更加注意，對於並未腳踏實地、欠缺真正熱誠而只是行禮如儀的虔誠更加戒慎。整個基督教世界都感受到這個問題，只是，舊歐洲應該是比較忠於古老宗教傳統，而繼續與羅馬緊密相連；在新歐洲，意見較爲多元，在宗教階級上較爲疏遠，則與羅馬教會切割了。已經可想見的是民族的覺醒。

這兩個世界後來的命運發展，滋養哺育了一種所謂派別間的自尊與驕傲。我們可將資本主義與科學的發展，或說現代世界的發展，歸功於基督新教。基督新教與天主教各自的立場，要從大歷史與經濟史的背景來看，才能

60 雷奧納，Émile Léonard（一八九一—一九六一），法國史學家，專治基督新教史。

61 命定論，一種神學理論，認為上帝已將能夠獲救贖、得永生之人預先命定好了。

62 虔敬主義，Piétisme，基督新教的宗教運動之一支。起於十七世紀末十八世紀。

63 再洗禮派，Anabaptisme，或譯重浸派，主張於信徒自願與有意識的狀態進行再洗禮，此主張為基督新教較為重大激烈之改革派。

比較明白地解釋。

事實上，我們看不出有什麼可以使基督新教在思想上優越於、或遜色於天主教世界。不過，基督新教的確獨樹一格，在歐洲文化中建立了一種強烈特色。

要清楚定義此特色，必須先分別十六世紀最早的基督新教，與隨十八世紀而興的基督新教。起於自由與反抗旗幟下的宗教改革，很快地便陷入其控訴對手的同樣問題——僵化：也建立了一個與中世紀的天主教一般硬梆梆的架構，「國家、社會、教育、科學、經濟、法律，一切都需順從福音的超自然價值」，而在此架構的頂端是「那本書」——聖經；新教國家或教會則成為聖經的詮釋者：政府（王國或城市），則宛如過去的教區主教。

更遑論此新教並未建立起義初衷的宗教自由。最初的基督新教組織強調秩序、嚴厲、鐵腕，不論是在巴塞爾或蘇黎世，儘管都是伊拉斯謨的追隨者，宗教改革者毫不手軟地溺斃那些再洗禮派。在荷蘭也是同樣的屠殺，那些不幸的新教徒否認三位一體與聖子耶穌的神性，起而同時反對教會、政府與富人，都被「教皇死忠派」追捕、吊死、斬首、或溺斃。眞是符合邏輯與神的愛啊！宗教改革究竟以什麼名義可以進行如此並無二致的迫害呢？西班牙清教徒醫生塞爾維特[64]，某日於日內瓦佈道結束後被逮捕，理由是他反三位一體論，並鼓吹泛神論。追捕塞爾維特很久的喀爾文，讓其受火刑被綁在柱上活活燒死。自由主義宗教改革的使徒，「薩伏依地區」的人文主義者卡斯特里奧（一五一五年生，一五六三年卒）[65]，於一五五四年一篇動人的諷刺小文中，表達對於自身過去曾經追隨與愛戴的日內瓦主事者的不滿；他極不滿，因為沒有人比他更有資格揪出當紅的宗教改革的錯處與罪行。他寫道：「沒有任何的宗派不視其他宗派為異議分子：在某城或某地區，被視為正統，在另一個城可能就被視為異教徒。所以，今日為了活著，每個人都需要有很多不論是正統或是支派的宗教與信仰，就像我們跨地區要兌換當地貨幣一般，因為一地通行的貨幣、另一地並不適用。」卡斯特里奧想要表達的是，要忠於自由解釋福音的自由。「至於再洗禮派信徒，他們對於神的話語的想法或評論，那是他們的事。」

不過這樣的主張被孤立，卡斯特里奧默默無名地死去時，身旁只有幾個熱血的追隨者。然而時至十七世紀，在絕對服從的喀爾文教派與意見分歧的亞米念教派[66]或蘇西尼教派[67]的論爭中，卡斯特里奧的許多著作又在阿姆斯特丹重新出版。其中一部書名極具意義：《薩伏依之燭》，事實上，從今往後基督新教踏上了一條全新的道路，而薩伏依人卡斯特里奧將成為引路明燈。

基督新教的新方向有利於認知自由發展。嚴苛的教條逐漸緩和，尤其是十八世紀時，也許是因為天主教積極的打壓不再，反改革的措施逐漸鬆懈的緣故。

但同時也由於基督新教內部，跟隨啓蒙時代主要在科學發展影響下已開啓的道路，而朝向某程度認知自由發展。因與果總是很難釐清，很難說是因為基督新教重溯其精神源頭，開放自由解讀聖經，而將歐洲推上思想自由之路；或者，新教的發展一點也不在乎歐洲哲學思想與科學的整體發展。在交相影響下，此兩者都可能是正確的。

我們不能否認，相對於其敵手——天主教，基督新教與整個世紀的自由主義運動相結合；但我們更不能否認，是那些傳統的天主教國家，如法國，引領著這股自由主義的運動。

---

64 塞爾維特，Michel Servet（一五一一—一五五三），西班牙神學家、醫生。

65 卡斯特里奧，Sébastien Castellion（一五一五—一五六三），人文主義者、基督新教神學家。

66 亞米念主義，Arminianisme，建立於十六世紀末的一支基督新教信仰，主張神對於每個人的安排不是絕對的，個人是否接受神的恩典也將決定一切。與喀爾文教派對立。

67 蘇西尼主義，Socinianisme，十六世紀時一支反三位一體論的基督新教。

無論如何，**新教朝向自由查經的權利、對於聖經歷史文本批評的權利、以及理性的自由神論**[68]發展。一時之間，基督新教自我和解，這很重要：所有至此之前被視爲邊緣的、被排斥的教派，如英國的純潔教派、德國與荷蘭的再洗禮派，都發展起來，且四處佈教。再洗禮派，也稱門諾派信徒，在英國廣受歡迎，前往美洲建立殖民地普羅維登斯[69]，隨後變成美國非常嚴謹的基督新教信仰。十七世紀末時，重又出現了教友派，即世人所知的「貴格會」（顫抖者），佩恩於一六八一年在新大陸建立了佩恩的林地——賓夕法尼亞殖民地。同樣的，德國方面也有新發展，牧師施本爾建立了虔敬主義。布蘭登堡的選帝侯[70]，即後來於一七〇一年成爲普魯士首任國王的腓特烈一世，支持並保護施本爾。施本爾也參與建立哈勒大學（一六八一年）。於十八世紀中時，整個路德教派的德國，由路德的弟子們揭竿而起發展各種派別，但沒有任何一個派別比英國衛斯理與懷特腓德帶領的循道宗運動更爲有力。

我們在此一一細數這些新興教派是沒有意義的，目的只是爲了要說明，在**無任何嚴格神學絕對主導**的宗教氣氛下，基督新教思想的自由蓬勃發展。一九一四年一位信仰新教的學者費迪南比松[71]寫道：「神學不再依附於宗教：必得有其中一方走進歷史，才能使另一方永續發展。」

這正是天主教社會與基督新教社會之間最大的不同處，新教徒與神的關係是個人的，也就是說，教徒可以建立自己的信仰、活在其中、並無牴觸於教會、並被視爲「規範內」。更好的是：信徒得以在這衆多的新教派系中尋找那能夠撫慰、解決其個人問題的信仰。而各種教派，經常也分屬各不同社會階層。

如此一來，新教社會無分世俗與宗教，然此分野對現代天主教社會卻是非常重要的；在天主教社會中每個人都必須要在某種精神服從、或者脫離被視爲「共同體」的天主教會兩者間選擇：是教徒、或不是教徒。非得表態其立場，將許多思想上的衝突「公開化」。反之，在新教社會中，思想衝突並非沒有，但是「內在的」。這也造成各種態度與行動上的分歧，在盎格魯薩克遜世界與天主教的歐洲之間，形成了一道無形且無法跨越的鴻溝。

- 啓發革命的人文主義：歐洲過去與現在一直都是具有革命精神的，歐洲史上革命層出不窮；同時，歐洲的過去與現在也始終是反革命的。

此處重點不在於這些革命運動本身，而在於其對未來的影響，即後來我們所稱的「啓發革命的人文主義」。這種獨特的稱呼，用來指稱革命對人文精神與理想的「遺贈」，也有人稱之爲「革命的神祕思想」、或「革命精神」。

當然，此處革命指的是**法國大革命**。在一九一七年俄國革命之前，**法國大革命是唯一具有歐洲性與世界性意義的革命**。

一、**種種革命運動與法國大革命**。

直到俄國大革命前，一七八九年的法國大革命，一直是標竿：正如「革命」一詞被以定冠詞指稱並大寫，亦即它是第一、且是唯一。然而，在此之前，情勢緊張、反對四起、從不向邪惡勢力低頭的歐洲已有許多革命運動，歷史卻從不曾稱之爲「革命」。

例如，對於我們前述提及十六、十七世紀間歐洲各地的**衆多農民起義**，歷史並未賦予革命之銜。而在某些民族解放運動上，也經常以某特殊意義來談革命：如瑞士各邦（一四一二年終獲解放）、荷蘭聯省（一六四八年獲最終勝利）、未來的美國——美洲英國殖民地（一七七四年至一七八二年間）、西班牙屬的美洲於一八一〇年與一八

68 自由神論，Déisme，認為有神存在、承認神於宇宙創造的影響，但不見得有神聖經典或屬於哪個神的一種理論。

69 普羅維登斯，Providence，美國羅德島州的首府。

70 選帝侯，Prince-électeur / Kurfürst，具有選舉神聖羅馬帝國皇帝權利的藩侯，流傳於德意志的特有制度。

71 費迪南比松，Ferdinand Buisson (一八四一—一九三二)，法國教育家，一九二七年諾貝爾和平獎得主。

二四年間各地的分離運動等，或者是斯堪地那維亞國家瑞典、挪威、丹麥驟然地或和平地獨立……。這種種起義運動，無疑都是對現代國家以及對「外國人」的反動，其中細節有其重要性。

一場「眞正的」革命持續地從內部，以自我改革爲目標在反抗現代國家（關鍵的細節）。西元一七八九年以前，歐洲只有兩場（如果摒除失敗的天主教聯盟[72]與投石黨亂[73]兩場）可以稱之爲革命的運動，均發生於英國，第一場暴力血腥（一六四〇年至一六五八年）、第二場寧靜而和平發生於一六八八年。然而法國大革命，卻從內部顚覆了西方世界最穩固的國家之一，自一七八九年至一八一五年間，效應擴散至全歐洲。而且，對整個世界而言，法國大革命具有極大的象徵意義，歷久彌新，在每一個世代都滋養了新的熱情。

時至今日，此象徵意義仍然極富力量。某法國歷史學家一九五八年於蘇聯旅行時，驚訝地發現當其蘇聯友人談論「大革命」時，指的竟是法國大革命。這位歷史學家一九三五年繼馬迪厄[74]之後於巴西聖保羅大學執教時，解釋道：大部份「國民公會[75]的巨頭」都可以比較人性的角度來檢視，甚至是相當平凡的。巴西的學生們旋即如受到冒犯般地激動，其中一個說：「而我們，正在等待法國大革命……。」

一七八九年的大革命如此受到全世界的關注，甚至當俄羅斯的革命繼之揭竿而起時。在法國，革命由工會革新的思想接棒，反映當下時事。然而昨日的革命熱度，唯有見識過（巴黎）索邦大學奧拉（卒於一九二八年）[76]的課所激起的熱情與喧騰躁動、或見識過馬迪厄（卒於一九三二年）、勒費弗爾（卒於一九六〇年）[77]講課時聽課學生之爆堂踴躍，才有資格評斷。法國大革命的精神長存於歐洲人的政治思想與價值觀中，改變了思考模式與態度，**甚至是反對者的態度**。

二、**總共有兩場、三場、或四場法國革命。法國大革命，就如同現下的多節火箭一般，可以爆發多次、相繼攻擊**。

法國大革命剛開始時，宛如一場「自由開放的革命」，有節度的，伴隨著幾個戲劇性的事件（攻下巴士底獄，大恐慌[78]）。此頭號革命以極快的速度發展，可分爲四個階段：貴族的反抗（一七八八年顯貴會議）、資產階級的反抗（三級會議的召開）、然後是城市革命與鄉村革命，此二者最具決定性。

第二場革命，於一七九二年四月二十日法國對奧地利宣戰後，突然的爆發。奧拉寫道：「一七九二年的戰爭使法國大革命偏離了方向」，的確如此；在折馬坡戰役[79]後佔領荷蘭，使得衝突一發不可收拾。必須要承認，法國大革命使法國成爲一個現代的國家（早在同歡節[80]傳統舞蹈的壯觀場面之前），確立並提升了戰鬥力，爲後來的爆發蓄積能量。第二階段的革命，在法國國內與國外都同樣激烈，於一七九四年七月二十七至二十八日（革命二年熱月[81]九、十日）羅伯斯比倒台後告終。

---

72 天主教聯盟，**Ligue Catholique**，法國宗教戰爭期間與基督新教對抗，捍衛天主教的一支勢力。

73 投石黨亂，一六四八—一六五三年間法國國內由於皇權擴張而起的重大動盪，亦稱洛林戰爭 **Guerre des Lorrains**。

74 馬迪厄，**Albert Mathiez**（一八七四—一九三二），法國史學家，專治法國大革命史。

75 國民公會，**Convention Nationale**，一七九二年至一七九五年間法國的憲政國民議會。

76 奧拉，**Alphonse Aulard**（一八四九—一九二八），法國史學家，一八八五—一九二二年間被視為索邦大學在法國大革命史教學上的第一把交椅。

77 勒費弗爾，**Georges Lefebvre**（一八七四—一九五九），法國史學家，專治法國大革命史。此處譯文保留布勞代爾原文寫勒費弗爾卒於一九六〇年，經查勒費弗爾於一九五九年八月二八日逝世。

78 大恐慌，**Grande Peur**，法國大革命一七八九年七月十九日至八月六日間於法國民間引起的普遍恐慌。

79 折馬坡戰役，**Bataille de Jemappes**，一七九二年十一月六日法國與奧地利於今比利時折馬坡發生的戰役，法軍戰勝後，自奧地利手中解放/佔領了荷蘭。

80 同歡節，**Fête de la Fédération**，一七九〇年七月十四日，法國為慶祝攻陷巴士底獄一周年於巴黎舉行的節慶。一八八〇年起將此日制定為法國國慶日。

81 共和曆，法國大革命期間，為切斷曆法與宗教的連結，自一七九三年至一八〇六年使用的曆法。每年首日自秋分開始，分有霞、霧、第三場革命（還可以說是革命嗎？），發生於熱月至霧月間（一七九四年七月二十八日至一七九九年十一月九、十日），大致是國民公會的最後幾個月與整個督政府[82]時期。第四場革命（一七九九年至一八一五年）則涵蓋執政府[83]、第一帝國、與百日王朝[84]。

拿破崙的確持續穩定局勢想要控制住革命，於其整體命運的不確定性又加上了戲劇性的運勢的不確定性，一個無正當性的政權是脆弱的，需要一點一滴藉由不停歇的一場場勝仗不斷地自我合理化。

奧斯特里茲戰役[85]後，法蘭茲二世[86]自戰場返回維也納時，受到善良百姓的鼓掌歡迎，皇帝對法國大使說：「閣下認為貴國皇帝若像我一樣打了敗仗，也能如我這般返回巴黎嗎？」

這無理傲慢之詞，與某位對拿破崙光芒著迷的法國保皇派之語異曲同工：「眞可惜他不是波旁一裔啊！」

三、**根據其初衷，法國大革命本來應該是某種「開明專制」的解決之道。**

在這段動盪的歷史中，唯有第二階段發生了劇烈的暴力衝突，相對於整體革命的發展，宛如某種偏差、某種出乎意料的方向改變。

如果一七九二年春天，革命沒有染血的話，我們可以說這幾乎是場許多法國人夢想著如英國人和平革命般的勝利。正如孟德斯鳩於一七二一年於《波斯書簡》中所寫：「應用發顫的手修改既存的法——修法應存虔敬之心」；盧梭則認為一個古老的民族沒有辦法在革命的動盪中存活下來：「一旦解開枷鎖，便四散無存。」法國大革命最初是符合如此精神的，改革多於革命。一個立場堅定的國王應該能夠挺得住，能夠領導其中。然而，米拉波[87]或巴納夫[88]的建議，都沒有能夠使路易十六擺脫他身旁那些權貴，路易十六最終成為自己朝廷的囚徒。我們需要重啓此陳年訴訟嗎？

善意的政治建言被排擠，屢見不鮮。在法國，自路易十六統治之初，「開明」改革者的方案一直被阻撓；這也是杜爾哥[89]於一七七六年被辭退的理由。在「開明專制」的歐洲，四處可見這類例子，許多有智識的人都以為只要能說服國王就夠了，以爲只要國王也「會思考」就確保了一切。殊不知，啓蒙時代的君王們喜歡半調子。甚至當腓特烈二世[90]在決定其頭銜時，如此的謙遜低調，以致於其一七八七年駕崩後，普魯士成爲諸侯反動的大舞台。

霜、雪、雨、風、芽、花、牧、獲、熱、 十二個月。月份起始日與太陽穿過黃道十二宮之日期大致相符。熱月大致涵蓋太陽穿過獅子座的日子，七月十九日至八月十七日。

82 督政府，Directoire，法國第一共和時期政府，一七九五年十月二六日—一七九九年九月九日。

83 執政府，Consulat，一七九九年霧月政變推翻督政府後所建立的法國政權，直到一八〇四年五月十八日拿破崙稱帝而結束。

84 第一帝國，拿破崙於一八〇四年五月十八日自稱為法國人的皇帝，至一八一四年四月十四日退位；後於隔年三月二十日至七月七日間重建百日王朝 Cent-Jours。

85 奧斯特里茲戰役，Batailled'Austerlitz，一八〇五年十二月二日拿破崙帶領法軍擊潰奧俄聯軍，解散了第三次反法同盟。因法奧俄三國皇帝都親上戰場，俗稱三皇戰役。

86 法蘭茲二世，François II d'Autriche（一七六八—一八三五），神聖羅馬帝國末代皇帝(一七九二—一八〇六)，奧地利帝國首任皇帝(一八〇四—一八三五)。

87 米拉波，Mirabeau（一七四九—一七九一），法國政治家、革命家，被譽為法國議會最具口才之人。

88 巴納夫，Antoine Barnave（一七六一—一七九三），法國政治家。

89 杜爾哥，Turgot（一七二七—一七八一），法國政治家、經濟學家。由於其改革理想而於路易十六朝內樹敵不少，一七七六年被辭退時杜爾哥致力之皇室內帑金制度改革未及完成。

90 腓特烈二世，Frédéric II de Prusse（一七一二—一七八六），一七四〇—一七八六年為首位正式擁有此頭銜之普魯士國王König von Preußen。在此之前的普魯士國王是國內的王König in Preußen。「王是國家的第一公僕」這句名言便是出於此位努力抑制封建勢力的君主。

腓特烈二世不知道怎麼辨的是，等待著路易十六的是什麼樣的變局？當路易十六最終向國外求援時，啓動了歐洲一觸即發的反革命勢力。法國大革命，朝向革命發起者意料之外的方向加速發展。

革命發起者坦承：「我們並非天生的革命份子，我們變成革命家」（語出卡諾[91]）；「情勢迫使我們造成一些未曾料想的後果」（語出聖茹斯特[92]）。在此全新的道路上，不論對哪一方都是殘酷的，大革命只持續了幾個月而已，羅伯斯比倒台開啓了反動之門，重返幸福時光。史學家米榭勒說「巴黎重拾往日歡愉。在熱月革命後沒幾天，一位今仍健在當時年僅十歲的孩子隨父母去看戲。步出戲院時，他驚異於生平第一次見到長長一整排的光鮮馬車，穿著整齊西服的人們，向出場的觀眾脫帽行禮：『頭家，要車嗎？』小男孩不懂『頭家』這個新詞彙，他問大人們，而大人只回答道，羅伯斯比死後有了重大的改變。」

然而，米榭勒的《法國大革命史》（一八五三年出版）一書，革命只寫到熱月十日是正確的嗎？以各種邏輯而言，不，沒道理：熱月革命後，法國重回大革命第一階段有智慧的路線，重拾督政府已展開，而執政府將持續進行的改革。被摒棄的，是恐怖的國民公會帶來的一切。

無論如何，在國外，沒有人認爲法國大革命已經結束了。一七九七年九月十二日，俄羅斯駐英國大使還（以法文）致信俄羅斯政府：「可能會發生的……已於巴黎發生，獨裁的三頭政治[93]逮捕了兩議會的兩位議長與六十四名議員，未經任何司法審判程序，就要將這些人發配往馬達加斯加。這就是法國美麗的自由與美麗的憲法！我寧願活在摩洛哥也不要活在這個號稱自由與平等的國家」。爲什麼如此氣憤？因爲，在法國以外之地，談論「法國美麗的自由」時，並非總是語帶諷刺。拿破崙以大革命之名，戰無不勝攻無不克，儘管被佔領之地仇恨與不滿，拿破崙所到之處均建立起富有大革命精神的法律、習慣與思想。歌德與黑格爾對於拿破崙的評價都是正面的，他們看出反動的歐洲，在政治社會發展方面，嚴重落後於法國，而法國則宛如「世界之先鋒」，語出黑格爾。

帝國戰爭[94]將法國「內戰」提升至歐洲規模，在二十五年間，每個遭拿破崙大軍威脅的國家，法國大革命都成為不可忽略的事實。如此精神具有被實踐的可能性，不論是受崇拜或遭鄙棄，大革命的訊息都強而有力地散佈至整個西方世界，感染了氣氛、鼓動了熱情。最終，大革命這齣色彩強烈的戲，有著衆多為後世傳頌的聖人、殉道者、教訓、與落空的期待，經常地被再詮釋，於十九世紀時，宛如一部福音書。

四、法國大革命的訊息。

當然在表面上一八一五年後大革命似乎被消音了，然而卻征服了人心與意識形態，並就此長存下來。

波旁王朝復辟並未恢復那些被廢止的社會特權（尤其是封建權力），被收為國有的國家財產並未被歸還給故主，儘管權力分配不均（大部掌握在富人手中），革命精神仍被保留下來，如同《一八一四年憲章》保障了個人權利的原則一般。當（波旁王朝復辟的）查理十世的朝廷打算有進一步的行動時，革命隨即再起，建立了七月王朝[95]，三色旗再度飄揚。革命的意識形態與語言於焉大規模再起。

一八二八年時，巴貝夫[96]的朋友波納若提[97]在其著作《巴貝夫口述：求平等的陰謀的歷史》中，陳述了他們

---

91 卡諾，Sadi Carnot（一八三七—一八九四），法國政治家、政府高官。

92 聖茹斯特，Louis Antoine de Saint-Just（一七六七—一七九四），法國政治家，以發表要求處死路易十六之演說而著名。於熱月革命時，與其力挺的羅伯斯比同被送上斷頭台。聖茹斯特是姓氏，並非教會所封之聖人。

93 一七九七年九月四日　月政變後，督政府由Reubell、Barras、La Révellière-Lépeaux三人把持。

94 帝國戰爭，即拿破崙戰爭，指拿破崙主政法國期間，於歐洲大規模掀起的一連串戰爭，是為法國大革命之延續發展。

95 七月王朝，Monarchie de Juillet，一八三〇年至一八四八年間法國政權，由波旁王朝另一支脈稱王，為法國最後一個王朝。

96 巴貝夫，Gracchus Babeuf（一七六〇—一七九七），法國革命家，一七九七年五月二七日死於斷頭台。

97 波納若提，Philippe Buonarotti（一七六一—一八三七），義大利裔法國革命家。

「求平等的陰謀」之計畫、失敗與受刑（巴貝夫由於一七九七年三月二六日刺傷自己而未與夥伴們一起上斷頭台）。這是一場「共產黨的」運動，是一場無庸置疑的社群運動，如同盧梭所言：「如果你們忘了成果是衆人的，而世界不屬於任何人，那麼你們並未得勝。」這本書很暢銷，引起的效應也很大。後世無人不愛的執著的革命家布朗基[98]，也曾充滿熱情地讀過這本書。

當時革命人文主義所提出的，非常重要的是爲了追求人權、平等、社會正義而展現的暴力的正當性。在這些暴力中，革命主義者可能是領頭者、或是受害者，因爲「上街抗爭」不只是爲了求勝、更是爲了大聲喊出最後的訴求、爲訴求而殞命街頭。然而暴力的勇氣——犧牲性命的勇氣、不畏強權的勇氣，如果不是因爲這是改變命運、使世界更有人性、更博愛的唯一方法，是無法被接受的。簡言之，大革命是爲了理想而行的暴力。反革命則出於另一個類似的賭注，相對於歷史，反革命錯在顧後而未瞻前、錯在嘗試走回頭路。然而，回到過去，則唯有靠撕裂才能短暫達成。長期而言，一個行動要具有歷史意義並持續下去，必須要順著歷史的方向前進，必須要加速歷史的發展，而不是枉然地想要踩剎車。

總而言之，我們可以驚訝地發現直到二十世紀，一七八九大革命，仍爲廣大勞工群衆的大規模運動照亮道路。首先，因爲一七八九年的大革命，不論是其初衷或其結果，都是個謹慎的革命。其次，英雄般的傳說、各種半神的奇蹟、許多思想「巨人」，都被去神化、部份抹滅而褪色，以建立一個客觀的歷史。沒有什麼人比左派的歷史學家更善於利用這段歷史，他們亟欲透過文獻見證、支持他們的革命熱誠。如此一來，法國大革命少了好多聖人，但同時，革命的訊息卻更加明確地被呈現出來。

其實，如此重新檢視歷史爲恐怖統治時期[99]平反了，剔除了苦難（所承受的、與所施加的）、剔除了悲劇的局勢，以賦予足夠的正當性。從此以後羅伯斯比的地位變得無法動搖，繼之爲巴貝夫（晚期英雄），超越了「勝利的組織者」卡諾或喬治丹敦的地位。而他們流傳給後世的，是一種強而有力的語言，因爲那是「預言」：普通選舉、政教分離、風月法令[100]甚至還預先構思了某種財產重分配；大革命前兩年的這些短暫成就，都在熱月革命遭到否定，這些真正是走在未來，因爲還需很長時間後，這些才再重現於我們的世界並得到落實。

總之，因爲這些前進的思維使得一七八九年大革命的人文主義精神流傳至今。尤其歐洲昨日對於社會主義所抱的懷疑與所持的保留態度，如，在面對共產主義（創造了另一種理想、另一種形式的革命）時。饒勒斯[101]與蓋德[102]簽署協議[103]（一九〇五年）「在共產黨宣言的神諭占卜下」統一了社會主義運動。饒勒斯在簽署此協議後，對馬克思主義的想法提出批評，並且拒絕將此革命與馬克思的革命、或稍後蘇維埃的革命劃上等號，這種種都是革命左派思想是從法國大革命的回憶與語言裡滋養而生的明證。在出版《法國大革命的社會主義史》的前夕，饒勒斯不是就指出該書將「與馬克思同爲物質主義的、與米榭勒同爲神秘的」，意即忠於米榭勒的「革命神話」，忠於法國大革命不朽的遺贈？法國與法國以外的西方文明，相當晚且相當不完整地，才與一七八九年的遺贈與理想「切割」開來，才卸下如此重擔。

98 布朗基，**Auguste Blanqui**（一八〇五—一八八一），法國社會主義者革命家，被史家認為是法國極左派路線的奠定者。

99 恐怖統治時期，**la Terreur**，法國大革命的一個時期由於革命分子任意逮捕與大規模的處死反動份子而有此稱。史家對於起始時間意見不一，但一般同意結束於一七九四年羅伯斯比垮台時。

100 風月法令，**Décret de Ventôse**，一七九四年二月二六日、三月三日（共和曆風月八日、十三日）通過頒布，下令建立國家財產清冊，並沒收所有與革命為敵之人的財產土地，充公以後重分配。此法令實施不久，羅伯斯比倒台後便告終止。

101 饒勒斯，**Jean Jaurès**（一八五九—一九一四），法國政治家、社會主義議員、演說家、和平主義者，一九〇二年至一九〇五年間為法國社會主義黨黨主席。

102 蓋德，**Jules Guesde**（一八四五—一九二二），法國社會主義政治家。一八八二年建立法國工黨。

103 一九〇五年法國兩個社會主義的黨簽協議共組工人國際法國支部，以團結法國的社會主義運動。

十九世紀前的科學思想

十八世紀以前歐洲科學思想起飛，開始質疑早期科學的發展：說眞的，應該說是一種「前科學」，就如同工業革命之前，我們說「前工業」時代。

這裡我們將不摘要此發展，也不去釐清前科學與科學的分野，重點不在於探討如何，而是**爲何此科學發展獨獨發生於西方文明的框架內**。毫不矛盾地援引化學家與漢學家李約瑟的話，「歐洲並未發明普通一般的科學，而是世界性的科學」，而且是憑一己之力發明。

那麼，爲何如此的發明並未成就於更早成熟的文明框架內呢？如中國、或伊斯蘭？

- **所有的科學研究都是在尋求解釋世界的框架，若沒有一個普遍的參考體系，將會迷失不知何去何從，也就沒有進步、沒有思想推論或碩果豐富的假設。各種解釋世界的思想體系，提供了認識科學發展的最佳脈絡。**

放大眼光來論，諸科學的發展史（與科學史），是從一個理性、通泛的解釋，緩慢過渡到「另」一個普同解釋的過程，期間的每個「理論學說」都將當下所有的科學解釋納入考量，直到這個統論的包裝被新的認知所強烈反駁而被剝除，然後再一磚一瓦地建立一個新理論。

自十三世紀至今，西方科學只有三種普同解釋，**三套對世界的解釋**：一是源於古代的遺贈，於十三世紀被西方世界所引進與炒作的，亞里斯多德的理論；一是建立古典科學（除了關鍵性地借用阿基米德的思想外），成爲西方世界獨特建樹的，笛卡兒與牛頓的理論；最後是揭開當代科學序幕，一九〇五年發表的愛因斯坦的相對論。

這三套體系當然無法綜述代表全部的科學發展，但這些偉大的成就主導了科學的發展。這些理論的建立提出了複雜的問題，也導致了它們的崩解：一般而言，當它們無法再提出解釋時，也預示了眞正進步、諸科學發展的關鍵時刻的到來。

亞里斯多德的學說，逍遙學派的思想（**西元前四世紀**），**是非常古老的資產**。其主張，很晚才透過翻譯伊本魯世德[104]對其學說所做的評註，於〔西班牙中部古城〕托雷多傳入西方世界。一二一五年，巴黎掀起了一番眞正的改革，大學課程徹底地進行了調整：形式邏輯學，取代了拉丁文學的課程、尤其是研究各詩人的課程。「哲學滲透、顛覆一切」，關於亞里斯多德的翻譯越來越多，也產生越來越多的評註，隨後引發了古典與現代的激烈論戰。在一二五〇年左右的某首詩中，哲學家對詩人道：「我投身於知識，而你則偏愛稚氣的東西——散文、詩、賦。它們於你又有何益？……你明瞭文法、但不懂科學與邏輯。若你不過是個無知之人，何必自我膨脹？」

亞里斯多德對於世界的解釋，在遭到哥白尼、克卜勒、伽利略的攻擊後，並未立即倒下，直到十七、甚至十八世紀都還主導著歐洲。

「亞里斯多德的宇宙物理學當然是徹底不合時宜了，但仍是個物理學，也就是說，雖然不是建立於數學之上，但仍是個高深的理論；並不是未經琢磨、空口白話地延伸一般常識，也不是孩子氣的想像，而眞是一個理論、一種學說，的確是從通識的認知出發，而建構發展的一套極爲連貫而嚴謹的系統」（引自亞歷山大夸黑[105]）。亞里斯多德提出了某種「公理」：認爲世界是一個整體，一個「宇宙」。那麼，愛因斯坦不認爲如此嗎？當保羅

104 伊本魯世德，Averroès / Ibn Ruchd（一一二六—一一九八），哲學家。其對亞里斯多德學說的評註，被視為此領域的精神導師，甚至有認為伊本魯世德為西歐世俗理性思考的奠基者之一。

105 夸黑，Alexandre Koyré（一八九二—一九六四），俄裔法國科學史家、哲學家。以「科學革命」一詞稱十七世紀出現的現代物理。

瓦雷里詢及：「有什麼可以向我證明自然是一體的？」，愛因斯坦答道：「這是一種信仰。」（引自瓦雷里《定見》[106]，頁一四一）此外他還說：「我只能說，上帝與宇宙玩著擲骰子的遊戲。」

亞里斯多德此世界整體是一種「秩序」：每個物體各有其位，也必須恆久各安其位。如此，大地安於宇宙之中心與其寰宇空間中，然而一連串的運動作用於宇宙：**自然運動**（如落體、火或煙昇天、以及星體或者天體的圓周運動）；以及**力的運動**，當有推力或拉力作用於物體時，則是不正常的運動，一旦失去動力物體就會靜止下來。只有一個例外，而且是很重大的例外：拋物線運動不是「自然」運動、也不是力的運動（既不是被推、也不是被拉），拋物線運動是因爲物體穿過空氣的氣旋所推進的；這個解釋挽救了、確保了這套學說。不過往後所有的攻擊都集中針對此弱點。

這些攻擊也無可避免地涉及那個爭議不休的問題：**宇宙運行的目的爲何**？說眞的，這個問題會引起一連串的問題（落體的**重力加速度**或慣性），十四世紀巴黎「唯名論者」奧卡姆的威廉[107]、布里丹[108]、奧里斯姆[109]就對這些問題窮追猛打。數學天才奧里斯姆提出慣性運動、重力加速度……的法則，不過其思想並未有立即之後續發展。

往後將是一段漫長而令人讚嘆的歷史，在一連串的努力與摸索後，**古典物理與科學的光環將自亞里斯多德的學說，轉至牛頓的學說**。

此「躍進」是幾位彼此有關聯的傑出大師的貢獻：科學從此超越國界與語言，成爲國際性的，充斥「整個」西方世界。科學的進步應該是受益於十六世紀的經濟起飛，以及因印刷術而在此時普及的古希臘科學著作。阿基米德的理論直到十六世紀末年才因此爲人所知。然而這個思想是了不起的：在微積分的計算中，提出了（如運用於圓周率時）用途良多的「函數極限」的概念。

這些科學進展是緩慢的。以數學方面而言，根據某科學史家所條列之五大主要發展，彼此間隔相當長：費馬[110]（一六二九年）與笛卡兒（一六三七年）的解析幾何〔座標幾何〕；費馬的高階算術（約一六三〇年至一六六五年間）；組合數學（一六五四年）；伽利略（一五九一年至一六一二年間）與牛頓（一六六六年至一六八四年間）的動力學；牛頓（一六六六年，以及一六八四年至一六八七年間）的萬有引力定律。

然而，數學並不是唯一的例子。看看天文學的廣大範疇內，源自托勒密的地球中心論如何地屹立不搖（而且其實希臘人已曾一度提出太陽中心論），哥白尼（生於一四七三年，卒於一五四三年）與克卜勒（一五七一年生，一六三〇年卒）費時極長才取得勝利。

在這些摸索以外，最重大的事件是建立了一個新的解釋世界的學說：**笛卡兒、以及牛頓抽象、幾何化的宇宙論**，一切都可以萬有引力此軸心思想來歸結：物體間的引力，與其質量成正比，與其距離的平方成反比。

這個抽象的世界論並未一帆風順地度過十九世紀所有的科學革命，愛因斯坦不久前提出相對論，一種對世界的奇妙的解釋。一九三九年以前的人所學習、認知的，仍是牛頓架構清晰的宇宙。

● 笛卡兒，《一個自由人》。

106《定見》，L'idée fixe，一九三二年初版。

107 奧卡姆的威廉，Guillaume d'Ockham / William of Ockham（一二八五－一三四九），亦譯奧坎，英國哲學家、物理學家、神學家。

108 布里丹，Jean Buridan / JoannesBuridanus（一二九二－一三六三），哲學家、經院博士，以「布里丹之驢」的理論聞名。

109 奧里斯姆，Nicole Oresme（一三二〇/一三二二－一三八二），教會主教、數學家、物理學家、經濟學家、哲學家，被視為現代科學的主要奠基者之一。

110 費馬，Pierre de Fermat（生年不詳－一六六五），法國律師、業餘數學家。

這個幾何化、機械化的宇宙，不屬於任何一位我們前述或後文可能提及的學者。此處並非落入不合時宜的民族主義情結，但我們還是得給笛卡兒（一五九六年生，一六五〇年卒）其當之無愧的位子。

讓我們爲笛卡兒另闢一小節，這位因其謹慎、內斂、感性而無太多傳記的人物，在一六二八年以後，除了少數幾趟旅行外，他遠離法國而主要居住於荷蘭，逝於斯德哥爾摩，時爲瑞典女王克莉絲汀之上賓。而在其長期居留的阿姆斯特丹，笛卡兒樂於過著隱於市「沒沒無聞」的日子。

要重建笛卡兒的思想，將之置於整個科學發展運動中來看，與要重建他低調神秘的一生同樣的困難。《方法論》實則將一切都簡化了，人們想將其視爲絕對的法則，然而《方法論》不過是另三部著作的序言：《屈光學》、《論流星》、與最著名的《幾何》；這些作品必須要一起看，而且，《方法論》在某程度而言，是以上這些笛卡兒死後才被出版的《法則》的簡化、濃縮版。《精神指導法則》[111]是否成於一六二九年、並於一六三七年《方法論》中再更明確說明？或者，相反地，方法論的四大規則是成於一六一九年至一九二〇年間的冬季，而《法則》則是比較後期、牽涉更廣、更複雜的版本？事實是，一書與一書間，思想型態不同，就如嚴謹的《幾何》與這位數學家極豐富、極具創造力的信件內容之間的差別，他在信中彷彿是受到「對手挑戰」的刺激而熱血沸騰。

某些猶疑並不會改變整體的意義，我們面對的是首次對於知識系統性及現代性的批判，一種面對一切知識或形上學的假象、與任何「詩意的直覺」的錯誤的英勇抗爭。

在科學層面上，無法簡言以蔽之，即使我們只談論笛卡兒的理論中與未來有關並流傳至今的部份，如果我們不去談其顯然並無革命性創見的物理與光學，而只談笛卡兒自認其將方法論應用得最好的一部作品——《幾何》。

克服困難、擺脫希臘時代「實在論的幾何」，笛卡兒的數學建立了純粹的抽象，「其數學涵蓋廣泛，並不是以實在論方法強加於思想，而是建構在一套關係網絡上。」於是，笛卡兒超越了前輩，尤其是他所知道的韋達[112]，以及他不該忽略的卡瓦列里[113]，使「方程式的理論往前邁進一大步。之後就要等伽羅瓦[114]才有新發展了。」

即使笛卡兒派的數學家對於數學的認識，並未優於今日數學系大學生剛入學時的程度，但不可忽略其所成就的此一重大躍進：笛卡兒提出，方程式「實根」（正根）外，還有「虛根」（負根），「只是假設的」根數；以及由其演繹所示，儘管並未明白確立下來的座標軸（不論是不是正交座標）；或者他解出、或說他提前建立了二元一次方程式的功能，並逐漸加乘出其他計算如（x-1）（x+4）（x-7）……之代數加乘等。

史學家費夫賀認爲，笛卡兒在其自然主義者的運動中，力抗十六世紀寓言式、模稜兩可、前邏輯的思考、因果物理等，力挽狂瀾地面對將「自然視爲一個魔術箱或者一個夢想的啓發」的這些文藝復興時代的「理性主義者」。

● 一七八〇年至一八二〇年，轉變的年代所提出的最後一個問題：跨過門檻邁入真正的現代科學。

儘管十八世紀如此璀璨，卻尚未能與現代科學平起平坐，現代科學是自主的，有專門的研究態度、自有的語言、自有的研究方法。

---

111 《精神指導法則》，Regulaeaddirectionemingenii，為笛卡兒一部未完成的著作，約寫作於一六二八年至一六二九年間，內容為指導其精神的二十一條法則，唯有前十八條笛卡兒已加闡釋。

112 韋達，François Viète（一五四〇—一六〇三），法國數學家。

113 卡瓦列里，Bonaventura Cavalieri（一五九八—一六四七），義大利數學家、天文學家。

114 伽羅瓦，Évariste Galois（一八一一—一八三二），法國數學家，在十幾歲時便建立了代數方程式理論，二十歲時死於決鬥。

巴舍拉[115]最美的著作之一，一九三五年出版的《科學精神之形成》，書中作者努力尋找科學正嘗試克服萬難擺脫的那些根本問題、那些笨拙的通識，以及前邏輯的某些意識形態，這些問題尾大不掉，相當令人驚訝。此種對於啓蒙時代科學精神的分析，只討論了陰暗面的那些錯誤、謬論、胡說八道。然而這些胡說八道是否會永恆地伴隨著科學精神前行？也許在我們明日的科學中也依然存在？

十八世紀最大的阻礙是什麼？也許就是活躍進行的諸科學學門的獨立：數學、化學、熱動力學、地質學、經濟學（這可以算是一門科學嗎？）；還有一些發展落後、甚至陷入停滯的學科，如：醫學、生物科學、……。於是，各學科間缺乏彼此的連結；數學語言對於其他科學領域的滲透力不足；科學與工藝技術間的連結相當零星，也是一個不小的問題。

這些困難往後才慢慢解決。在法國，要等到一八二〇年至一八二六年間，科學院[116]成爲「前所未見的菁英薈萃之地：安培[117]、拉普拉斯[118]、勒讓德[119]、必歐[120]、潘索[121]、柯西[122]……」（引自路易德布羅意[123]）才建立起一片新天地。這是整個歐洲光輝榮耀的時刻。

那麼，到底是何原因使歐洲文明之科學發展得以跨過門檻，並確保了**自此刻起**往後的飛騰發展？

顯然是出於一個物質條件的解釋：十八世紀空前的經濟發展振興了全世界，也使歐洲成爲主宰全球的核心。對於物質生活與科技生活的要求日增、限制也日增，漸漸地，科學與工藝合作成爲一個解決方法。下一章要談的工業革命，就是此關鍵要素與「動力」。於是藉由西方世界的一個特色——工業化運動，解釋了西方世界的另一個特色——科學。此兩大特色相互呼應，相互伴隨。我們前文引述過，李約瑟總愛說，中國很早，比西方世界早許多，就擁有了相當精緻且高深的科學與科學研究的開端，然而要跨越這個關鍵性的階段，中國並未曾遇到振興了全歐洲的經濟起飛此種「資本主義」的壓力，在資本主義發展的結局或發展過程中，幫助歐洲跨過這道科學發展的門檻；而這一切，遠自中世紀大型商業城市發展時便已露出端倪，而於十六世紀後蓬勃發展。

傾全歐洲之物質力與精神力，貫注於成就科學發展與工業革命的誕生，這是一個文明以其深厚底蘊與責任所涵養的果實。

115 巴舍拉，Gaston Bachelard（一八八四—一九六二），法國哲學家。

116 法國科學院，Académie des Sciences，於路易十四詔命下創建於一六六六年。

117 安培，André-Marie Ampère（一七七五—一八三六），法國數學家、物理學家、哲學家。建立了對電磁與電流的基礎研究，電流計算的單位「安培」即以其姓氏命名。

118 拉普拉斯，Pierre-Simon de Laplace（一七四九—一八二七），法國數學家、天文學家。對於天文數學的誕生貢獻卓著。

119 勒讓德，Andrien-Marie Legendre（一七五二—一八三三），法國數學家。

120 必歐，Jean-Baptiste Biot（一七七四—一八六二），法國物理學家、天文學家。建立了電流與磁場的必歐-沙伐定律。

121 潘索，Louis Poinsot（一七七七—一八五九），法國數學家。

122 柯西，Augustin Louis Cauchy（一七八九—一八五七），法國數學家。以數學群論之柯西定理聞名。

123 德布羅意，Louis de Broglie（一八九二—一九八七），法國數學家、物理學家。以其量子物理之貢獻成為一九二九年諾貝爾物理獎得主。

第3章 歐洲的工業化

有一件主要該歸功於歐洲的事：成就了工業革命，遍及全球並持續進行中。這了不起的工藝技術發展是歐洲的成就，因為只不過是兩百年前，以文明史的層面來看，算是近期的作品。

工業革命前，璀璨的歐洲在物質層面上只不過是個未開發國，並不是相對於周遭國家而言，而是相對於其後來的發展而言。

那麼，歐洲如何成功跨越此工業化的門檻？歐洲的文明又如何因應此發展所帶來的後果？

這些是一開始即要探討的問題。

而這些問題對於現下，是有意義的：

一、要解答這些問題，須先了解歐洲工業化之前的狀況。今日世界上許多地區仍未工業化，並且正嘗試要突破此前工業化的舊經濟體制。

二、工業革命是個複雜的現象，在任何地方都非一蹴可幾。許多領域長久以來吊車尾發展遲滯，如約克郡的羊毛工業，或者伯明罕附近的五金業，直到十九世紀中葉都仍屬於傳統的型態，這些確實是工業革命先驅國——英國的例子。今日在每個正進行工業化的國家中，如南美洲，此節奏不一的例子所在多有。

三、歐洲的例子證明，工業化運動，自其成功之始，便引發嚴重的社會問題。著手工業化的國家必須要同時檢視自身的社會結構，以避免重蹈歐洲所遭逢的長期醞釀的意識形態與革命的折磨。

工業革命的起源

工業革命的四個經典階段接續發生：蒸汽機、電力、內燃機、核能。本章的重點，在於盡可能地了解這革命列車是如何上路的：所以必得檢視一七八〇年至一八九〇年間得天獨厚的英國的例子。英國爲什麼成爲第一個工業化的國家？當時條件爲何？一七八〇年以前歐洲在工業發展上的大致情形爲何？

● 十八世紀、甚至十九世紀以前，「工業」這個詞可能會造成某些錯誤的想像，所以我們下文所述頂多是「前工業」。

事實上，自從十二世紀「第一次工業革命」歐洲地區普遍採用水力與風力磨坊之後，就沒有再出現過任何重大技術革新。直到十八世紀爲止，前工業世界只擁有這套古老的能源技術：一般而言，水力磨坊的功率大約是五匹馬力；在風大的地區，如荷蘭，風車功率有時可達十匹馬力，不過風車運作是間歇性的。由於缺乏充足的動力能源與有效能的機器，儘管過去曾有許多小型而且通常極富巧思的技術發展，產業依舊是處於半停滯狀態。環繞著此產業的，是個恆常不變、且將產業禁錮其中的古老經濟模式（農獲不穩、運輸不便且昂貴、市場狹小；相反的，勞動力倒是很充足）。

我們所認知的「工業」，並不存在。地方手工業，滿足方圓有限的範圍內人們的主要需求；而在某些領域，出現了一些瞄準廣大市場、或專門製作奢侈品的企業，例如十七世紀起法國有些「皇家」作坊。在逐漸發展的紡織業中，此類例子相當多，而我們稍後將見，英國的工業革命便是由此出發。

事實上，紡織業是衆傳統手工業中相對而言最容易進行勞力密集生產的產業。十六、十七世紀時，在義大利與法蘭德斯以紡織而興的某些城市甚至早自十三世紀起，在那些「命人勞動的」富商鼓動下，城市裡出現了許多大型組織——大作坊、精品店、與一些在家工作的「師傅」（這些師傅通常都只是受聘僱的人，身邊有兩三個助手）；然後通常在城外，也有村夫農婦在家接活。

一份十六世紀的文獻顯示，塞哥維亞城（卡斯提亞王國）因布業致富的商人們，就像「眞正的家長，在家或在外，維持衆人——經常多達兩三百人的生計，於是藉由這些人手工生產製造多樣化且極精緻的布」。西元一七〇〇年左右，拉勒瓦[1]活躍的製布業，該城城內與四周五千名工人（連同家屬大約兩萬人），「最富有的財產總和也不超過一百磅銀子」；相對於這些工人，向紗線商人買紗線織布師傅有五百名，「人們稱這些紗線商人爲『腫瘤』，因爲他們以這些不富裕的織布師傅爲生、吸他們的血」；在這些人之上，有三十名大盤商，是整個產業的眞正組織者，將粗布漂白後售往遠方。

這些商人——企業家就是史學家所稱的「商業資本主義」、或「商人資本主義」的代表：他們提供原物料、發放工資、囤貨、販售，通常銷售至遠方，而且一般而言會再買入其他有利潤的產品來販售。

由於運輸耗時，這些買賣的循環要很長時間才能完成。十五世紀時，自西班牙買來洗掉羊脂的羊毛，運往佛羅倫斯加工，變成美麗布匹後，賣往埃及的亞歷山卓港，換回東方的產品，於佛羅倫斯與歐洲各地轉賣，這個貿易循環至少需時三年。此種操作通常利潤豐厚，需要一筆龐大資金長期周轉，且不是全無風險。唯有手頭資本足夠的商人——企業家（通常會與其他商人合夥以分擔風險），才能縱橫全局，審度風險並獲利。

● 手工製造業，這個詞有很長一段時間字義不太明確，後來相當妥切地代表了這種勞工聚集於某建築內（或幾棟相鄰的建築內），在工頭領班的監督下勞動的作業型態。

此商業資本主義的發展延伸到十八世紀，在這些作坊中開始出現作業分工。《百科全書》（一七六一年）中一篇文章寫到里昂絲織業之優異，來自聘僱大量人力（城裡共三萬名製絲工），而「每個工人終其一生只做同一件事，各司其職；所以每個動作都執行得如此完美而精準」。

不過，此種工作組織應視為例外，在工業革命的前兆出現之前，零星散布的手工業仍是主流。

● 前工業化的歐洲並不乏企業家或資金，對於市場需求、甚至國際市場也未忽視，有時某些企業家甚至已經擁有一群半密集的專業勞工。

如同今日所有未開發國家一般，工業化前的歐洲受害於一個各環節銜接不佳的經濟體制。尤其，農業無法提升任何經濟發展，無法供給經濟完全發展之所需。市場狹小，競爭激烈、互相殘殺，任何一點危機都足以摧毀整個經濟，「產業」與商業破產經常發生。十八世紀中葉一份商人手冊提到手工製造業「流行趨勢」的危險性值得我們注意：「我們在各省各地看見破敗的作坊廢墟，每年都倒塌幾間，但每年也都有新建幾家，不久也將傾頹。」

事實上，前工業社會仰賴極低的工資。在少數富庶地區才得以加薪，工人的生活條件是否因此改善？結果立現：由於國外競爭廝殺而導致產業消失、或者日益衰微，此即十七世紀威尼斯或十八世紀荷蘭之例。

一七七七年時，（法國北部）皮卡第地區的行政長官觀察發現：今日工人生活的必要支出是過去的兩倍，但是他們的工資並不比五十年前多，而當時候的物價是現在的二分之一；所以今日他們只敷支應一半生活所需。

1 拉瓦勒，Laval，法國西部羅瓦爾河流域的一個城市。

●一切，直到技術革新，才得以、也才有所改變。不過，我們必須事先了解，這些技術上的革新無法決定一切。英國獨特的例子便是明證。

在英國，兩個關鍵產業發生了技術革新：紡織業（最早發生）與礦業。其他產業或早或晚地相繼響應技術革新，並遠播各地。

英國的礦業，尤其康瓦爾郡開採多年的錫礦，越挖越深，遇到滲水問題。這是十六世紀阿格里科拉[2]之《論礦冶》已提出的問題。然而，用來應付問題的大水車，是否足以輪番接力帶動那些汲水泵浦？利用空氣壓力，每次抽水無法超過空氣壓力的量（理論上大約每次汲出十米高的水柱）。

對於更有效能的泵浦的追尋，終於在一七一二年至一七一八年間，成就了湯瑪斯紐科門又大又重又昂貴的蒸氣抽水機。而在修復其中一台紐科門蒸氣抽水機時，愛丁堡大學的愛爾蘭人瓦特，開始投身發明他更簡單且更有效率的蒸汽機（一七七六年完成）……。其實，蒸氣並沒有等瓦特，蒸氣的利用在瓦特之前就出現了：自十八世紀初起，蒸氣已比我們所認知更廣泛地被應用於帶動機械（近期研究證明）。有些機械於一七五〇年左右還曾運用於法國昂贊的煤礦場。蒸汽機戲劇性的成功發生於一七七〇年（博紐[3]與朱弗瓦[4]的第一輛汽車、第一艘蒸汽船）。

直到十九世紀中葉，紡織業都是龍頭工業（直到鐵路業興起前）：紡織業同時是生活必需品與奢侈品的產業，也帶動其他產業。

馬克斯韋伯認爲，紡織業的發展，主宰了整個西方世界過去的物質生活：歷經了麻布的年代（查理曼大帝穿的是麻織羅布）、毛料的歲月、然後是棉布的年代，更適切地說是十八世紀的棉布瘋。但在各種織品中，最早出現嚴格定義的「製造廠」的是棉布產業，此與印度、非洲、美洲的貿易，以及隨後的黑奴買賣緊密關聯，棉布工廠設置於殖民地各大口岸或其鄰近地方（利物浦、格拉斯哥），這些工廠因城市的發展與城市所積累的資本而蓬勃發展。這些訂單很多的產業，如果促使工藝技術的精進，應該也沒什麼好奇怪的。

許多新的機械出現，各有各的暱稱小名：約翰凱的「飛梭」（一七三三年）、哈格里夫斯的「珍妮紡紗機」、阿克萊特的「水力紡紗機」（一七六九年）、康普頓的「騾機——水力珍妮紡紗機[5]」（一七九九年），發展的巔峰，無疑地是法國雅卡爾[6]的織布機（一八〇一年）。

如此也就勾勒出第一個解釋：經濟起飛成就了某幾個得天獨厚的產業，工藝發展是爲了回應需求，一切皆立基於實務經驗與自力研發。

● 受到科技的邀約，科學也自然赴會。聰明人加入工具人的行伍，自此相偕同行。

十八世紀時科學有很顯著的進步，不過，整體而言，此時的科學是太過自以爲通用而理論的科學，很少與產業結合，而手工業技術也很少求助於科學。

十七世紀末時一切都改變了，從此以後，工業提出本身發展的需求，超越、不再是個變戲法的工藝技術，而

2 阿格里科拉，Georgius Agricola（一四九四—一五五五），德國學者，其著作《論礦冶》De re metallica，為首部礦業技術與金屬冶煉之參考書，被譽為礦物學之父。

3 博紐，Édouard Beugnot（一八二二—一八七八），發明了軸承系統的蒸汽引擎汽車。

4 朱弗瓦，Claude François Dorothée de Jouffroy（一七五一—一八三二），法國工程師，建造第一艘蒸汽船的原型。

5 康普頓，Samuel Campton（一七五三—一八二七），改良了珍妮紡紗機，發明了水力珍妮mule-Jenny，或譯騾機，紡出的棉紗又細又韌，並且降低了原物料成本。

6 雅卡爾，Josephe Marie Jacquard（一七五二—一八三四），法國發明家，發明半自動織布機，成為後世各類可程式化機器的鼻祖。

與科學直接連結。

所以，偉大的瓦特[7]（一七三六年生，一八一九年卒）是個不簡單的手工藝匠師，不只是個自學者，而是富有科學精神、擁有工程、化學方面知識的人。另一位眞正的科學家，愛丁堡大學教授布拉克[8]（化學家，對於鹼類化學物研究卓著，一七二八年生於法國波爾多，雙親均爲蘇格蘭人，一七九九年卒於愛丁堡），給予瓦特「潛熱」的概念，使其發展出蒸汽機：利用「抽屜式」活塞，在汽缸裡作用與冷卻的蒸氣壓力不會下降。

藉由此類對於技術發展的啓發，科學逐漸對**工業的誕生**有了貢獻，重要的例子如**布料的漂白**。舊有的工序（在草地上清洗、晾曬布料、經過多次於各種鹼液、最後於弱酸槽的浸泡）需要極大的空間與極長的時間，有時長達半年，對一個正積極擴張的產業而言，這是個「瓶頸」。此外，過程中所使用的**弱酸液**（工序稱爲「酸化」），並非工業化生產。所以需要生產極大量稀釋的硫酸以供使用：這就成爲一位眞正的學者——畢業於〔荷蘭〕萊登大學的約翰懷特醫生介入的好機會。瑞典人舍勒[9]於一七七四年發現氯，法國人貝托萊[10]將氯應用於漂白布料，英國則加以改良成爲一個實務操作的完美工序，於是我們看到這個共同完成的**國際性的**科學遊戲。

科學與技術間的合作，也許沒有什麼比馬修博爾頓（一七二八年生，一八〇九年卒）更好的人物典範：出身寒微，務實而富創造力的工廠老闆，同時也是學養深厚，對化學著迷之人，在財務上資助瓦特[11]的發明。在博爾敦身邊，除了瓦特以外，還有一位數學家兼醫生威廉斯摩，一位詩人兼醫生伊拉斯謨斯達爾文——偉大的達爾文的祖父，以及其他許多人。工業的英國，變成科學的英國，首善之都爲伯明罕與曼徹斯特。商人資本主義之都——倫敦，則遠遠落後於這些新興發明，直到一八二〇年左右，倫敦始於科學方面扮演一定角色。這個事實本身就具有關鍵性的意義，工業的發展迫使原來袖手旁觀的科學開始有所行動。

然而，**如此的解釋是充分的嗎**？要如何解釋**應用科學**方面比英國更爲先進的法國（想想重要的化學家馬奎[12]（一七一八年生，一七八四年卒）或貝托萊（一七四八年生，一八二二年卒）），其工業發展卻落後於英國呢？因為，很顯然地，工業革命有其他的成因，如**經濟因素**（較強）、與**社會因素**。

● 最好的解釋，就是經濟與社會因素。

在工業革命之前，**英國透過一六八八年的「資產階級」革命，取得了一個政治平衡**：擁有一個對資本主義開放的社會（一六九四年成立了國家銀行——英倫銀行），其經濟因各式公共建設的投資而富裕（公路、運河——十八世紀時英國有「運河瘋」）。

英國的工業革命乘著十八世紀**大規模的經濟發展**而起，當時此經濟發展也振興了全世界。

然而，若無**十八世紀英國大量人口成長**（高達百分之六十四）有可能如此發展嗎？此人口成長現象是世界性的，中國、歐洲人口大增，只是各國的成長率不一，法國成長率（百分之三十五）較英國低。因此，英國擁有大量廉價勞動力。

最後，是英國農業轉型所扮演的重要角色（圈地運動、科學方法的應用），解開了長期糧食生產不足的古老

---

7 發明蒸汽機的瓦特名為James Watt（一七三六—一八一九）。此處書中原文將瓦特之名字寫為John Watt（一七三六—一八一九）。

8 布拉克，Joseph Black（一七二八—一七九九），蘇格蘭化學家、醫師，其對潛熱與比熱概念的提出，對後世影響卓著。此處書中原文將布拉克之名字寫為John Black（一七二八—一七九九）。

9 舍勒，Carl Wihelm Scheele（一七四二—一七八六），瑞典化學家，發現了許多化學元素，如氧與氯。

10 貝托萊，Claude Louis Berthollet（一七四八—一八二二），法國化學家。應用氯鹽溶液的褪色功能，發明了漂白水。

11 此處書中原文共三處都寫John Watt，而非James Watt。究竟筆誤，或者另有一位瓦特？

12 馬奎，Pierre Joseph Macquer（一七一八—一七八四），法國醫生、化學家。

桎梏。

英國的工業革命，可分爲兩個階段：**首先是一七八〇年至一八三〇年間棉紡織業的革命，接著是冶金業的革命**。第二階段是由鐵路之興築所主導的重工業革命，得益於第一階段棉紡織革命時所積累下來的財富；第二階段革命之勁道前所未見，應歸功於前一階段所開啓的道路與所賦予的生命。**所以，爲了衡量第一階段的發展，我們必須回頭來談談棉花**。

當時全歐洲，包含英國，流行著棉布。英國長久以來都是棉布進口國，爲了國內、歐洲與歐洲以外市場，自印度進口棉布，稱「印度棉」。印度棉非常受市場歡迎，引起英國紡織廠紛紛仿效。由於技術進步，棉紡織業不停地成長擴張，首先肇因於非洲沿海的大量需求（在當地一名奴隸被稱爲一「件」或以古葡萄牙語說「一匹棉布」，意思是以一匹棉布換一個奴隸），隨後也肇因於英國所開拓並壟斷的巴西市場（一八〇八年），兩年後，又以同樣模式操作於西班牙屬的美洲。接下來，棉紡織業競爭日趨激烈，甚至在英國本土亦如是，最終完全摧毀印度棉紡織業。棉織工業也攻佔地中海地區，一八二〇年至一八六〇年間，英國布料在全球的銷售持續成長，每年英國紡織廠買進的原料棉總額由一七六〇年的兩百萬英鎊，增加到一八五〇年的三億六千六百萬英鎊！

這巨大的成功經歷數個階段發展，憑著棉業的卓越成長，英國以多樣化的產品傾銷全球市場，排擠其他國家的棉業。一個具侵略性、好戰的政府，一有需要便出來捍衛英國工業，使此領域彷彿毫無止境地擴張。**此世界市場使得英國棉業無可匹敵**，在產量增加的同時，如同鐵律一般，也伴隨著成本**大幅降低**（一八〇〇年至一八五〇年間，棉布的價格由五百五十降至一百[13]，而小麥與其他食品價格則僅降低了三成）。

工資大致是穩定的，過去成本帶來的影響也大幅縮小，技術相當大程度地分擔了人力的勞作。我們需要訝異於首度如此大規模生產給人民生活帶來的幸福嗎？去讀讀米榭勒如何描述法國一八四二年棉業危機吧。

冶金工業的擴張相當晚才發生，直到十九世紀爲止，冶金業的生產都只仰賴戰爭的需求。一八三一年一位英國人寫道：「十八世紀的鑄鐵業就等於大砲鑄造」，然而，大砲，英國人只用於戰艦，因為他們幾乎不需要打陸戰。十八世紀時，英國鑄鐵量少於法國與俄羅斯，而且經常直接由瑞典或俄羅斯進口。十七世紀發現以焦炭提升高爐冶煉的關鍵性技術，並未眞正被運用於冶鐵生產，業界仍繼續使用木炭煉鐵。

鐵路的鋪設（一八三〇年至一八四〇年）改變了一切，鐵路需要大量鐵、鑄鐵、鋼。英國投身於其國內及海外殖民地之鐵路建設。此外，以蒸汽驅動的鐵殼船艦的革命，也將英國造船業變成一巨型重工業。於是，棉紡織業不再是大英帝國經濟命脈的關鍵。

工業化現象在歐洲（以及歐洲以外）的擴散

在其他歐洲或非歐洲國家，工業革命各在不同時間、不同背景下發生。然而，大致而言，若不論不同社會、不同經濟體制、不同文明，每個國家的工業化發展過程似乎都是重複的；單就經濟事實而言，每場工業革命都差不多以相同「模式」發生，如同經濟學家所言，千篇一律，相當簡單。

● 工業革命三階段：此為美國經濟學家羅斯托所主張（一九五二年提出），當然仍有可議之處，但此見解確實釐清了這個論戰。

一、**起飛**。

位於起跑點上，關鍵的時刻便是「起飛」，正如字面上的意思，宛如飛機滑行加速然後離開跑道，飛騰的經

13 單位不詳，布勞岱爾原文中未註明任何貨幣、或數量單位。

濟也如此驟然凌空，脫離過去的產業模式。一般而言，「起飛」最先發生於一個或至多兩個產業領域：例如大英帝國與新英格蘭（「美國」發展的特例）的棉業；法國、德國、加拿大、俄羅斯、美國的鐵路；瑞典的建築木料與鐵礦……。總有一個產業飛也似地快速現代化，其成長與技術革新使該產業有別於以往的進步，過去從不曾有如此之爆發力與持續力。飛騰的工業增加產量，精進技術，開拓市場，然後帶動整體經濟。

隨後，此促發工業革命的關鍵產業發展到了極限，漸入穩定。因此而積累的財富資本轉往其他相關產業，然後輪到這些產業起飛、進行現代化，臻至完美。

二、**此程序由一個領域拓往一個領域，整體經濟逐漸成熟而成爲工業化社會。**

繼西歐鐵路工業（即煤、鐵、重工業）「起飛」後，輪到煉鋼業、現代造船業、化學、電力、工具機產業接續發展。俄羅斯則要稍晚才展開此相同的發展。在瑞典，紙漿、林業、鐵礦都扮演了重要角色。大致而言，二十世紀上半葉整個西方世界都已進入成熟的工業化社會，早在一八五〇年便展開工業革命的英國，此時與其歐洲同儕大約是齊頭並進的。

一時之間，在這些運作良好、貿易進出相對平衡、確保收入、具有某程度富足的經濟體中，工業擴張不再是首要目標。那麼過去支持發展的力量與資金要投往何方呢？面臨此抉擇——因爲從此以後有各種選擇的可能性——各工業社會答案不一，各國的回答也決定了各國當前與未來的歷史意義。不過，我們可以想像，每個工業社會，有意識也好無意識也罷，是在各自文明中汲取其用來抉擇現在與未來的動機。

三、**抉擇的時刻：必須要選擇一個適用於整個社會的生活型態。**

是要犧牲安全、福祉與大衆休閒，而投注於嚴謹的社會立法？或是考量到社會福祉唯有透過大量消費才能達成（使物品、奢侈的服務都以能夠普及於全國最廣大的人民爲方式而生產）？或是利用社會或國家逐漸擴大的權力，致力於經常徒勞、且總是危險的世界政治霸權計畫上？

西元一九〇〇年左右，**美國進入成熟的狀態**：曾經短暫、但極具意義地，嘗試將力量轉移（一八九八年爲了爭奪古巴與菲律賓而發起的美西戰爭），這是經過思索的舉措，狄奧多羅斯福（老羅斯福）曾經寫到美國「需要一場戰爭」，或是需要給他們「一些除了獲利以外的事情來思考」，幾年後，展開了保守而短暫的進步時代[14]的社會政策。不過，此政策因第一次世界大戰而中斷後，美國從此採行規模經濟作爲解決之道，開始了汽車潮、建築熱、各種方便家事的創意工具發展…等。

在西歐，由於兩次世界大戰與戰後重建使得抉擇的時刻往後推遲。大致而言，大規模消費首次出現於一九五〇年，然而與之相隨的，是政府政策與強大社會主義者的壓力所帶來的限制與修正；例如，在法國出現了一系列社會福利法，包含從教育免費到建立醫療「社會保險」制度。此外，**有些產業整個落後未發展**，這是局勢造成的結果，或是應該摒棄舊習所造成的裹足不前的現象：例如美國式的農業改革，在歐洲大陸遭遇多重掣肘。在這方面，我們也看到蘇聯一再重複遭遇的困境，在義大利與法國，情況也是十分複雜，農業現代化只進行了一半。

最後一點，並**不是每個地區都同樣程度地投入工業革命運動**。如同美國南部在一九〇〇年以後仍然「吊車尾」，歐洲很大部份地區也是落後的：法國西部與西南部、義大利南部、除了工業中心巴塞隆納與畢爾包以外的整個伊比利半島、所有的社會共產主義國家（除了蘇聯、捷克斯洛伐克、與東德以外）、巴爾幹半島其他地區、土耳其……。

簡言之，一九二九年時，**始終有兩個歐洲**，某記者分別稱之爲「馬車的歐洲」與「馬力的歐洲」。

如果要在上千例子中找一個具象徵意義的，就來看看克拉克夫城[15]，道路上如十五世紀般載著木料的四輪小

14 進步時代，progressive era，美國歷史上一八九〇年至一九二〇年間的一個時期，有時較狹隘的指稱老羅斯福總統任期一九〇一年至一九〇九年期間。當時透過經濟、政治、社會、道德上的改革，修正先前的放任政策與個人主義，作為對於工業革命所引發問題的回應。

15 克拉克夫，Cracovie，波蘭最古老最重要的城市之一，在華沙成為首都之前，為波蘭首都。

馬車、鵝群與放牧者，遠多於汽車，突然間就建立起驚人的諾瓦胡塔[16]——一個由社會主義的波蘭所創建的冶金大城。時至今日，此類極大的反差仍是歐洲生活的一部份。

●信貸、財務資本主義與國家資本主義：一場金融信用革命隨著工業革命而生，且乘工業革命之利而飛騰發展。

資本主義，某形式的資本主義，長久以來一直存在，甚至早自古巴比倫就有銀行家與從事遠距貿易的商人，也已出現了各式的信用機制：銀票、本票、支票……。以此來論，資本主義的歷史是「自漢摩拉比至洛克斐勒」。

不過，直到十六、十七世紀前，歐洲的信貸使用仍是相當有限的，十八世紀起由於與印度的貿易（與許多的東西印度公司）、與中國的貿易（帶動廣東的發展）而大爲發達，一種國際的資本主義，廣播於歐洲各地市場。然而，直到彼時，眞正的「金融家」掌握公帑，爲國家利益盤算，絲毫不顧慮籌謀商業或工業。

隨著工業化運動的成功，銀行與財經生活有了重大發展，甚至在工業資本主義之上，青出於藍地出現了「金融資本主義」，同時在各方面活絡了經濟生活。

在法國與英國，此卓越發展奠立於一八六〇年代，舊銀行與新銀行拓展網絡，並專業化發展（儲蓄銀行、信用銀行、商業銀行）。要了解銀行的現代化過程，看看成立於一八六三年的法國里昂信貸銀行、我們後文會談的美國摩根銀行、或是建立國際網絡的羅特希爾德銀行的例子是有幫助的。在各地，銀行都成功地建立起廣大客戶群，掌握「所有的大衆儲蓄」，角逐並爭取無論金額多小「所有沉睡的、無產值的存款」。也展開了「股票」瘋：工業、鐵路、航運公司，都逐漸被納入此重重銀行網絡中，金融資本主義很快地便成爲國際遊戲。法國銀行逐漸對於外國放款的方便性動心，於是法國儲蓄銀行開始對俄羅斯融資，踏上了後來造成危機之路……。在過去，對外國放款，的確曾給法國帶來重要的經濟收入，**平衡了貿易逆差**。一八五〇年後法國的融資也對相當大部份的歐洲、以及海外世界的建設貢獻良多。

今日，金融資本主義在歐洲的光芒似乎已被取代，儘管總有例外來證明法則的存在，對於此議題仍有許多理論探討的可能。當然，商業銀行如「巴黎與低地國銀行[17]」就代表了當前非常重要的實力，而倫敦、巴黎、法蘭克福、阿姆斯特丹、布魯塞爾、蘇黎世、米蘭依舊是主要金融中心。然而**國家資本主義**的時代已逐漸確立。

隨著產業「國有化」，逐漸形成一個「指令型」經濟，國家成爲實業家與銀行家。賦稅的成長、郵政支票、儲蓄銀行、國家債券，都使國家得以運用非常龐大的資金，國家成爲**生產財的重要投資人**。不過，這一切都仰賴於政策發展、有效率的社會政策、以及仰賴整個未來的發展。

每個國家爲了要確保即便如我們法國那看來如此微小的某一定比例的成長，每年都須再投入相當比例的國家所得；投資，以刺激一連串比前期倍增的經濟活動。我們了解到國家越來越需要「計畫經濟」，以事先規劃發展並預測各種合作的後果。蘇聯那些著名的五年計畫在全球引起仿效，一九六二年一月，甘迺迪總統也公布了美國商業政策上的一個五年計畫！法國的四年計畫（一九六一年）於不久前引起激烈爭議，就是某種形式的國家意識的考驗，同時也是個經濟考核，其目的在於透過所謂「訓練計畫」促使法國幾個開發不足的地區再發展。

● 事後看來，在這一切之中，我們既不能忽略、也不能誇大殖民主義的主導角色。殖民主義並未將歐

16 諾瓦胡塔，**NowaHuta**，波蘭語意為「新的煉鋼廠」。一九五〇年代因冶金業興起而出現的新城市，現為克拉克夫的一部份。

17 巴黎與低地國銀行，**Banque de Paris et des Pays-Bas**，創立於一八七二年的法國銀行，二〇〇〇年與**BNP**巴黎國家銀行合併成為**BNP Parisbas**法國巴黎銀行。

洲置於世界的中心，但是可能藉此維持了歐洲世界第一的這個地位。

我們透過「殖民主義」一詞——一個也是需要特別留心的詞，涵蓋一四九二年以後所有歐洲的擴張行動。此殖民擴張不可否認地對歐洲很有利，可以輸出歐洲多餘的人力至新征服的土地，盡情地開發。此擴張的主要事件，依序爲：十六世紀，來自美洲的「財富」（金幣與銀幣）；普拉西戰役[18]的勝利突然打開了印度的門，使英國擁有孟加拉；在鴉片戰爭（一八四〇年至一八四二年）後強迫打開中國市場；一八八五年於柏林會議瓜分非洲。

因此歐洲出現了大量的商人，主要來自伊比利半島、荷蘭，以及隨後的英國，而這些資本主義網絡的鞏固，有助於工業化運動的起步。歐洲自這些遙遠的土地獲取了極大的利益。

這些搜刮的利益扮演了相當重要的角色，在海外得勝的英國，成爲第一個工業革命起飛的國家不是沒有道理的。剩下的問題在於釐清是否眞如我們所想：工業革命於隨後強化了歐洲的優越性與其強權的同時，是否也鞏固了歐洲殖民利益的規模。無論如何，法國的工業發展並未能仰賴其於塞內加爾的勢力，也未能仰賴其於阿爾及利亞（一八三〇年）、交趾支那（一八五八年至一八六七年間）、或於東京灣（北圻灣）與安南（一八八三年）殖民地的建立。

另外一個問題將是：在人道與道德的層面上爲殖民主義辯護，我們發現這將牽涉許多非常複雜的因素，每一方都有責任、都有罪，過去殖民主義有正面、也有負面影響，而且影響是相互的。有一件事是確定的：歷史翻過新的一頁，某種殖民主義的歷史已成過去。

因應工業化社會的社會主義

西方世界的功勞在於其在工業化的各個階段中，致力於尋找有效率、且有效力的、人性的社會抗爭。而且，我們可以說，如果沒有太過濫用「人文主義」這個詞的話，工業化運動成就了某種社會人文主義。

這個過程發生在「悲慘、戲劇化、卻又神奇的」十九世紀：想想當時日常生活的窘困，是**悲慘的**；念及接連發生的動亂與戰爭，是**戲劇化的**；若回顧當時科學與工藝的進步，以及某程度的社會進步，的確是**神奇的**。

無論如何，發展成就是明確的：十九世紀結束後，今日，一個祥和、完善的社會立法，嘗試保障與日俱增的大多數民眾一個更好的生活，並化解革命性的訴求。

此多重但不完美的勝利得來不易，如同一個須有不偏頗的道德與學問才能完成的必要程序，是一場十分艱辛的奮鬥，以西方世界而言（我們後文將再分篇討論俄國與蘇維埃社會的發展），至少可分為三階段：

(1) **革命階段與意識形態的階段**，社會改革者與先知（沿用社會改革者敵人的用詞）的階段，起於一八一五年拿破崙落敗至一八七一年巴黎公社[19]。期間革命不斷的一八四八年也許是個不容忽視的斷層。

(2) **有組織的工人抗爭的階段**（工會與工人組黨），在一八七一年春天巴黎的悲劇之前就展開了，主要活動階段為一八七一年至一九一四年之前。

18 普拉西戰役，Bataille de Plassey，一七五七年六月二三日英國東印度公司的軍隊，在小鎮普拉西(加爾各答附近)戰勝由法國勢力支持的孟加拉的軍隊，從此奠定英國在印度的勢力。

19 巴黎公社，Commune de Paris，一八七一年三月十八日至五月二八日約兩個月間巴黎無政府主義者的一個嘗試，因暴力血腥鎮壓告終。左派馬克思主義者、極左派、無政府主義者，各以不同的論點詮釋此事件，也對往後的俄國革命、蘇維埃議會、西班牙革命等帶來啓發。

(3) **政策的階段**，**或者更好的措詞爲**，**國家體制的階段**，一九一九或一九二九年後，國家著手於社會規劃，隨後在物質生活發展的助益下，自一九四五年至一九五〇年間直到今日的階段。

如此分期表示，隨著物質生活的起伏變化，對於工業化問題的社會訴求也有所改變，其意義也不同：大致說來，經濟衰退時，社會訴求是激烈的（一八一七年至一八五一年間、一八七三年至一八九六年間、一九二九年至一九三九年間）；相對的，經濟成長時，社會抗爭是趨緩的（一八五一年至一八七三年間、一九四五年後至今）。某位歷史學家針對德國此往復出現的社會訴求提出：「一八三〇年時在德國，『無產階級』這個詞尚不爲人所知，一九五五年時則幾乎無人不知。」

在此三階段中，第一階段僅爲社會**思想**的形成，卻可能是最重要的，因爲此階段標誌了整個文明的轉捩。

- 一八一五年至一八四八年，以及一八七一年間，整體而言，此百家爭鳴、尖銳分析、預言的龐大運動，可被視為一種意識形態的焦點自政治轉移到社會的過程。

  抗爭訴求的目標不再是國家，而是社會，要了解社會、療癒社會、改善社會。

  新的遊戲，新的語言：**工業化的**、**工業社會**、**無產階級**、**群衆**、**社會主義**、**社會主義者**、**資本主義**、**資本主義者**、**共產主義**、**共產主義者**等詞彙，建構新的革命意識形態。

聖西門[20]（從「工業」這個舊詞）發明了「工業化的」這個形容詞與名詞，以及「工業社會」這個用法，成爲孔德、斯賓塞及其他學者常用的詞。對孔德而言，工業社會取代了截至目前爲止的主角：好戰的「軍人社會」，並認爲工業社會則肯定將是和平的；對此，斯賓塞不敢苟同，而他是有道理的。「無產階級」這個詞於一八二八年被收錄於法蘭西學院字典中。「群衆」，以單數或複數型態出現，並成爲關鍵字，「這類詞彙蓬勃發展的全盛期在路易菲利浦一世[21]時期」。拉馬丁[22]於一八二八年宣稱「我有群衆的直覺，這就是我唯一的政治籌碼」。拿破崙三世在其《貧窮的絕跡》[23]中（一八四四年出版）則說：「今日，階級統治走到盡頭，我們只能與群衆共同治理。」

這些群衆，主要是都市裡貧窮、被剝削的工人大衆。於是，進入了一個階級對立的時代，馬克思稱之爲「階級鬥爭」。階級鬥爭自古就有，在過去每朝每代都存在，唯不可否認的是十九世紀因突然覺醒而擴大此鬥爭。

「社會主義者」與「社會主義」這兩個詞出現於一八三○年代；「共產主義」也是，當時意思是相當廣義的經濟與社會平等。「群衆革命的將軍」奧古斯特布朗基寫道：「共產主義是個人的守衛者」。「資本主義」出現於路易布朗（《工作的組織》一八四八年至一八五○年間出版）、普魯東[24]（一八五七年）的書中，以及一八六七年拉魯斯字典[25]中，但這個詞的流行要到二十世紀初。「資本主義者」一詞比較活躍，一八四三年拉馬丁寫道：「還

20 聖西門，comte de Saint-Simon（一七六○—一八二五），法國經濟學家、哲學家。聖西門是家族姓氏，並非教會所封聖人。奠立聖西門主義，是法國工業化社會思想之父。一位法國經濟史學家稱聖西門為「最後一位紳士，第一位社會主義者」。

21 路易菲利浦一世，Louis Philippe Ier（一七七三—一八五○），法國波旁王朝復辟時之國王，一八三○年繼查理十世之位。在位十八年期間，正逢法國社會、經濟、政治動亂期，致力於國內和平，建立議會體制，發展工業革命。

22 拉馬丁，Alphone de Lamartine（一七九○—一八六九），法國詩人、小說家、政治家。

23 《貧窮的絕跡》，Extinction du paupérisme，拿破崙三世於一八四四年出版的著作，內論拿破崙三世在工業革命下，經濟成長新興工人階級以及新型態的社會慘狀，及其對社會的反思，可見受到聖西門極深的影響。

24 普魯東，Pierre-Josophe Proudhon（一八○九—一八六五），法國經濟學家、哲學家、社會學家。首位自稱無政府主義者。

25 拉魯斯字典，Dictionnaire Larousse。Larousse出版社成立於一八五二年，專司字典、百科全書、工具書之出版。為法國最通用的字典之一。

有誰能認得我們手中的革命呢？……法國被賣給資本主義者！而非賣給勞動與自由發展的工業……」在這些新出現的字眼中，有些則不怎麼成功，如：「資產階級主義」與「集體主義」

然而，對於一七八九年大革命的記憶猶新，雅各賓派[26]、恐怖統治時期、公共安全委員會[27]，這些詞彙、這些回憶，像是典範或是前車之鑑般地持續縈繞於人們心中。對大部份的改革者而言，「那場大革命」永遠是帶有魔力的詞、具有啓發力。一八七一年巴黎公社時，利戈[28]宣稱：「我們不是在做合法的事情，我們在革命。」

● **從聖西門到馬克思，建立了主要完成於一八四八年，樂華[29]所稱的「群衆哲學」，意指因群衆問題而引發的哲學思考。**

一八四八年二月，馬克思與恩格斯發表了《共產黨宣言》，時至今日，仍是共產黨的未來的最高指導原則。

檢視十九世紀前半這些社會改革者的名單，我們可以建立一個時間與空間的大表單，彰顯出三個深陷工業化的國家——英、法、德，所扮演的重要角色……。

同時也將呈現出法國在此的卓越貢獻（這本身就是個問題，將於後文再述）。最後，此大表列也將標誌出聖西門的重要性：這個獨特的人，有點瘋狂、同時也是個天才，是包含社會主義者與非社會主義者所有社會思想的源頭，而且也是法國社會學的始祖（語出古爾維奇[30]）。聖西門對於另一位偉人——馬克思的影響是顯而易見的，而後者之成就更遠超於前者：馬克思年輕時在特里爾[31]就拜讀過聖西門的作品，並從中汲取其學說與論點。

如果我們摒除始祖聖西門，這些社會改革者可分爲三大時期：出生於十八世紀最後三十年者（一七七一年歐文[32]、一七七二年傅立葉、一七八八年卡貝[33]、一七九八年孔德）；出生於十九世紀最初十年者（普魯東、康希德朗[34]、路易布朗）；以及由德國人組成的後衛部隊：與馬克思（一八一八年）、恩格斯（一八二〇年）、拉撒爾[35]同一代之人。殞命於決鬥中，拉撒爾之死（一八六四年）使得馬克思失去唯一有份量的對手，也確保了馬克思的成功。馬克思的成就實應歸功於強而有力的《資本論》（一八六七年出版）。

此處，將不一一檢視這些「群眾哲學」：每個學說都是對於「發展中的社會」的分析，這美麗的用語出自聖西門。這些學說都是對於社會的思考，都是不同的用藥、不同的療法。對聖西門及其弟子而言，應致力於組織勞動生產；他們不喜歡法國大革命，並認為大革命已死，其死因在於並未組織建立一個經濟體制。傅立葉也厭惡大

---

26 雅各賓派，Jacobins，法國大革命的主要革命份子。

27 公共安全委員會，Comité du Salut public，法國大革命後於一七九三年春天首先成立的革命政府組織，以確保共和體制免受威脅。

28 利戈，Raoul Rigault（一八四六－一八七一），巴黎公社重要人物之一，死於一八七一年街頭戰中。

29 樂華，Maxime Leroy（一八七三－一九三五），法國法學家、社會史家。

30 古爾維奇，Georges Gurvitch（一八九四－一九六五），俄裔社會學家。參與俄國大革命，一九二一年至一九二四年間執教於布拉格大學，一九二八年歸化法國籍。

31 特里爾，Trèves / Trier，位於今德法邊境上，為德國最古老的城市。馬克思出生於此，並在此地念中學。

32 歐文，Robert Owen（一七七一－一八五八），英國烏托邦社會主義改革者，也被認為是勞動公社的奠基者。馬克思與恩格斯尊傅立葉與歐文為烏托邦社會主義之重要人物。

33 卡貝，Étienne Cabet（一七八八－一八五六），法國政治思想家，主張某種形式的基督教共產主義。馬克思與恩格斯將之歸類為烏托邦社會主義。

34 康希德朗，Victor Considerant（一八〇八－一八九三），法國哲學家、經濟學家，傅立葉的追隨者。康希德朗說：「我的姓氏是康希德朗Considerant而不是康希代朗Considérant，e上面沒有重音，我花了六十多年的時間奮鬥，希望我的名字能被正確印出，還是沒成功。」布勞代爾原文書中兩處出現均為錯誤的Considérant。

35 拉撒爾，Ferdinand Lassalle（一八二五－一八六四），猶太裔德國政治家、社會主義理論家。

革命，認爲尤其應該要組織消費型態。

巴貝斯[36]與布朗基，路易布朗與普魯東，他們則忠於一七八九年法國大革命的原則：前二者爲行動派，後二者則使原則「更完整且更完美」。康希德朗拒絕接受這些原則，不過，比起他老師傅立葉而言溫和多了。

除了我們接下來要談的馬克思之外，這些思想家中最特別的要屬普魯東：極度熱愛自由，面對國家與基督教，都秉持著無政府主義的態度，尋求一種社會的「辯證」，以科學的方法來掌握當今社會，呈現所有的矛盾。要解決這些矛盾，才能了解這些矛盾所牽涉的社會機制。這是一種學術的「操弄炒作」，而非宗教亦非行動的狂熱，反對法朗哲烏托邦[37]奠基者（歐文、卡貝、傅立葉）的想法，反對馬克思的革命思想，而是由工人決定一個更好的世界，並由他們親手打造。

● 十九世紀初時法國思想在這些領域的主導很明顯地構成問題。

法國的確是大革命的起源地，一八三〇年、一八四八年、一八七一年確實都革命再起，是唯一在國外遭遇挫敗後，還能以巴黎公社燃起熊熊革命火焰的國家。

然而，法國的社會主義化，不僅源於這些根深柢固地獨特性，同時也肇因於法國本身工業化的問題。一如在各國，改革者與革命家的思想大部份都來自社會菁英階層的知識份子：與各國相同的是，此類革命思想唯有與工人階級及其行動結合後，才開始發展、茁壯；然而，與各國不同的是，雖然法國的工業化比英國晚（法國的「起飛」約於一八三〇年至一八六〇年間），但相反地，法國知識份子的反應相當早熟、且相當劇烈。

不過此「起飛」的理論太過簡化了眞正的工業化程序，它的確標誌了工業發展一飛衝天的時刻，然而我們眞的能夠精確地說工業革命就是起飛於某一刻嗎？如果是，便忽略了先前的醞釀期。最近的研究顯示，一八一五年至一八五一年間，法國每年的工業成長率相當高（百分之二點五），此成長已足以擴大始於十八世紀的都市成長，使舊社會變得更糟，並造成已經飽受大革命與戰爭摧殘的國家陷入到處拆房子的工地景象，此景讓當時人們深受衝擊。

單是「都市成長」就造成都市內環境與人文氣氛嚴重惡化。從巴爾札克到雨果，所有的觀察家都憂心忡忡。來自外省的人們不斷地湧入城市，隨著打工者堆疊居住於毫無任何隱私可言的狹促的都市空間中，貧窮、乞討、搶劫、偷盜、孤兒、傳染病、犯罪，一切問題都更加惡化。一八四七年時，米榭勒記載到鄉下人「崇仰都市的一切，什麼都想要，想盡辦法留下……一旦離開鄉村，幾乎就不回去了」。然而，一八三〇年，動盪的一年[38]，在奧爾良四萬居民中就有一萬兩千五百人需要救助，亦即三人中有一人極窮困；而同年於里爾，平均每二點二一人中有一人為待救助人口。

看來「都市社會」深受工業發展影響，然而，工業發展卻不足以提升、甚至不足以維繫都市社會的基本生存。也許城市的慘況並沒有比當時鄉間的情形更糟，但是，在這些城市裡，上演著發人省思的劇碼，勞動人口受害於工業發展，工業發展提供了工作機會，卻不太照顧工人的生活條件。

最早的「思想家」眼見一個宛如今日未開發國家般的社會，於是關於工業化的評論開始於城市中扎根，並取得勝利。

36 巴貝斯，Armand Barbès（一八〇九－一八七〇），法國激烈的共和派，七月王朝的激烈反對者。

37 法朗哲烏托邦，Phalange，傳立葉提出的社會主義烏托邦，社群中每個人都為全體福祉而貢獻其能力與勞力。傳立葉所提出的理想社群為一六二〇人，男女人數各半，和諧地共同居住、勞動於一地。

38 一八二九－一八三〇年的冬季特別寒冷，春天時，嚴重的饑饉於法國西部爆發許多嚴重的荒民暴動事件。於一八三〇年同時也爆發了嚴重的霍亂流行，直到一八三五年才停歇。

自一八五一年起，隨著之後的經濟成長與第二帝國的建設（一八五二年至一八七〇年間），工人的處境開始好轉。

●從工會組織到社會保險。

我們將不深入處理這個龐大且繁複的問題。

何況，有可能處理嗎？這將牽涉並列出所有社會主義者的學說（相互對立的、互有增益的各家學說的演變），以及將工人的訴求與行動重置於其眞實勞動與日常生活的框架中來討論。而這些社會主義學說又是如何爲這廣大強悍而激憤的勞工群衆所採納？

這個問題很難回答，而且如英國的例子所示，工人社會通常自成一格，務實、謹慎、狹隘、遠離活躍激進的政治與意識型態。

其次，如果說第一期社會改革的主角是社會理論家、第二期是工會組織、第三期是工人所組的政黨，那麼最後的主角肯定就是政府，對於工人訴求，或者拒絕（或者以所謂政治智慧，不情願地讓步，其結果是相同的），或者順從，甚至提前於訴求發生前就解除狀況。

於是在此競賽中，至少必須關注四個群體的發展：各式理論家、各類工會、工人團體所提出的各種政策、政府的代表，各方訴求、利益截然不同。

約莫同時期，在整個歐洲，或者至少在英、德、法三個主要國家，及其鄰國荷蘭、比利時、斯堪地那維亞國家、瑞士，都逐漸開始發展。除了在這幾個得天獨厚的國家以外，至今都尙存未被追平的明顯落差。

接下來，重點是這些進步國家所採取的措施，可以幾個時期分述：

一八七一年以前：

在英國，一八五八年至一八六七年間成立了非常多的工會，自成立便致力於爭取廢除《主僕法案》[39]。一八六六年首次召開工會的聯合大會。當時這些工會中只包含有專業證照的工人。

在法國，尚未出現什麼積極的發展，除了一八六四年，取消了禁止集會遊行法，容許有節制非濫用的罷工；一八六五年在巴黎成立了國際工人聯合會〔第一國際〕法國分會（一八六四年首創於倫敦），一八六八年於里昂成立另一個辦公室。第二帝國是既「進步且高壓的」，一方面改善了工人的環境，一方面也嚴密監控工人世界的自由。

在德國，情勢也慢慢發展。一八六三年，拉撒爾於倫敦成立全德意志工人聯合會[40]。七年後，艾森巴赫的議會在馬克思學說的啓發下建立了社會民主工黨[41]。

一九一四年以前：

直至戰前進步非常卓越。

在英國，一八八一年海德門創建的**民主聯盟**，標誌了在此之前一直排斥政治的工人階級中宣揚「社會主義」

---

39 《主僕法案》，Master and Servant Act，英國一八二三年六月十七日通過此法案，建立了勞動者與雇主間的不平等，主動提出離職的員工可被移送監獄。

40 全德意志工人聯合會，Allgemeinen. Deutschen. Arbeitervereins，德國第一個工人政黨，由拉撒爾於一八六三年於德國萊比錫成立。此處譯文尊重布勞岱爾原文所寫於「倫敦」成立。

41 德國社會民主工黨，Sozialdemokratische Arbeiterpartei Deutschlands，一八六九年成立於德國中部城市艾森納赫Eisenach。此處譯文保留布勞岱爾原文寫Eisenbach，艾森巴赫為位於德國西南方小鎮。

的開端。在展開政治化的同時，工會運動於一八八四年起也開始觸及最窮困、「無特殊技藝、無證照」的工人，十年後才終於爆發了史無前例的英國碼頭工人大罷工。一八九三年，成立了**獨立勞動黨**；五年後，出現了**總工會聯盟**。工黨選舉勝利後於一九〇七年組成幾乎是革命性的「激進」政府，通過了一連串的社會法案。一個全新的英國逐漸成形。

在法國也是相同的過程：一八七七年，茹爾蓋德創立了第一份社會主義報紙《平等報》，兩年後創立了法國工人黨；一八八四年的法令認可了工會組織，一八八七年起成立了許多工會辦公室；一八九〇年慶祝了首次五一勞動節；一八九三年，饒勒斯首次當選爲卡爾莫[42]國會代表；一八九五年成立了勞動總聯合會；一九〇一年，建立了兩個社會主義政黨，蓋德的（法國社會黨），與饒勒斯的（法蘭斯社會黨）；一九〇四年創辦了《人道報》[43]；一九〇六年，前述兩政黨合併共組「聯合社會黨」。

在德國，社會主義者被俾斯麥所追殺（一八七八年社會黨人法）。一八八三年起，某種國家社會主義推出了許多社會措施。俾斯麥退休後，工會紛紛重建，很快就聚集超過一百萬工會成員，在政治上極爲成功（一九〇七年選舉獲得三百萬票、一九一二年獲得四百二十四萬五千票）。

在此條件下，即使不過度強調一九〇一年起第二國際的勢力，我們還是可以說，一九一四年時，**西方世界不僅是在戰爭的邊緣，也在社會主義的邊緣**，社會主義即將掌握政權、打造一個也許比如今更爲現代的歐洲。就差幾天、就差幾個小時，戰爭摧毀了這樣的希望。

對歐洲社會主義而言，沒能制止這個時代的衝突是極大的錯誤，許多傾社會主義的史學家都如此認爲；史學家們也想知道到底誰該爲工人政治的「逆轉」負責。一九一四年七月二十七日，法國勞動總聯合會的秘書儒奧[44]與都慕蘭[45]，以及德國中央工會之秘書樂金[46]，於布魯塞爾會面。他們是於某咖啡館巧遇，或者沒別的用意地單純互吐苦水？我們無從得知。我們也不知道該給饒勒斯於遇刺當天（一九一四年七月三十一日）所採取的最後行動賦予什麼意義。

今日的歐洲，其社會主義的部份是緩慢地、不完整地建立的，是藉由政策投票、立法的遊戲，隨著法國（一九四五年至四六年間）及稍晚的英國之社會保險制度所建立的。歐洲共同市場，要求各國在面對社會責任時確保平等原則，應會在短期內拓展至六國。

---

42 卡爾莫，Carmaux，法國庇里牛斯山地地區以玻璃業與煤炭開採聞名的工業城。饒勒斯於一八九三年至一八九八年，以及一九〇二年至一九一四年死前擔任該市之國會代表。

43 《人道報》，L'humanité，法國日報，由饒勒斯創刊於一九〇四年，一九二〇年前為社會主義，一九二〇年至一九九四年間為法國共產黨之宣傳利器。

44 儒奧，Léon Jouhaux（一八七九—一九五四），法國工會領袖，一九〇九年至一九四七年間任勞動總聯合會秘書長，一九五一年諾貝爾和平獎得主。

45 都慕蘭，Georges Dumoulin（一八七七—一九六三），法國工會領袖，曾任勞動總聯合會財務長。

46 樂金，Carl Legien（一八六一—一九二〇），德國工會領袖，一九一三年任國際工會聯盟Fédérationsyndicaleinternationale之首任秘書。

第4章 歐洲的一體性

人文主義史學家弗朗寇西蒙前不久才提醒我們要留意：所謂的歐洲一體性，是個浪漫的想像。我們要說，他同時既是對的、也是錯的。簡單地說歐洲既是一體的、又是多元分歧的。仔細想來，不辯自明。

前面數章已經講述了歐洲因宗教信仰、理性主義思想、科學與工藝發展、對革命與社會平權的追求、帝國主義的成就等，所涉入的共同命運。然而，在此「和諧」的背後，隨時可見各種潛在的、豐富的國家民族多樣性。這些必然存在的多樣性積極、蓬勃發展。同時，此多樣性也存在於法國的布列塔尼、亞爾薩斯、地中海沿岸與北部地區之間、義大利南部與西北部的皮埃蒙特、德國的巴伐利亞與普魯士之間、蘇格蘭與英格蘭之間、荷蘭的佛萊明區與瓦隆區之間、西班牙的加泰隆尼亞、卡斯提亞、安達魯西亞之間，儘管這些地域多樣性，我們也無法提出論點否認國家的一體性。

這些國家多樣性自然也無法否認歐洲的一體性。每個國家政府都嘗試建構自己的文化，而「群眾心理學」自樂於分析這種種畫地自限的文明。福爾[1]或克士林伯爵[2]太過耀眼的書，只不過對此主題提供了錯誤的觀點，他們太過認真地檢視馬賽克拼貼畫中的其中一個小方塊，而忽略了遠看才能清晰見到圖樣全貌。為什麼非要在宏觀與微觀間二擇一呢？兩者並不相互排斥呀。

光芒萬丈的一體性：藝術與思想

此處光芒耀眼的一體性，是指在文化、品味、與精神最高層面上的契合與共鳴，給予歐洲文明某種看似兄弟般、幾乎一致的樣貌，彷彿受到某唯一、相同的光線照拂。

意思是說歐洲每個國家都有一模一樣的文化嗎？當然不是。只是不論在任一地所出現的風潮、運動，總有蔓延全歐的傾向。我們只說「有此傾向」。某些文化可能在歐洲某些地區遭遇到保守態度、或是遭到排斥，或者相反地，大舉成功地超越國界，甚至遠播歐洲以外，成爲世界性的文化。整體而言，相對於其他世界，歐洲自成一個具有相當連貫性、且受到公認的文化場域。

● 藝術在各方面都是共同的：無論是源出於加泰隆尼亞（也許是最早的羅馬藝術的傳播中心）、法蘭西島[3]、倫巴底地區[4]、十五世紀的佛羅倫斯、提香[5]的威尼斯、或是印象派的巴黎，歐洲各種形式的藝術都遠超越國界。

1 福爾，Élire Faure（一八七三—一九三七），法國藝術史家。以一九一九—二一年出版全套五冊含圖版《藝術史》聞名。

2 克士林伯爵，Hermann von Keyserling（一八八〇—一九四六），德國哲學家。

3 法蘭西島，île-de-France，法國的首都圈，以巴黎為中心的大巴黎地區。法蘭西島之稱出於一〇世紀。

4 倫巴底，Lombardie，義大利北部與瑞士接壤的一個地區，首府為米蘭。

5 提香，Titien / TizianoVecellio（一四八八—一五七六），義大利畫家、威尼斯畫派，以肖像畫聞名。

每個建有王公宅第、城堡、教堂的文化藝術中心，都有來自歐洲四處的藝術家湧入，如上千例子中，十五世紀勃艮第大公治下的第戎與斯呂特[6]。文藝復興時代義大利藝術家的巡遊路線，解釋了某一都市規劃學派與另一鄰國學派間的相互影響。由某畫家起始的某幅壁畫，由另位畫家接續完成。而一座教堂則需好幾位建築師接力完成，佛羅倫斯的聖母百花大教堂，其圓頂也是好久之後，才由大膽創新的布魯內萊斯基[7]完成。

王公、富商的豪奢與爲所欲爲扮演了重要角色：若沒有他們，我們很難理解在那個資訊傳播比起今日既少、又慢的年代，藝術如何能夠如此快速地傳播。十五、十六世紀時，法蘭索瓦一世召喚至法國皇宮中的那些義大利人，受到全歐的敬仰。十八世紀時，遠達俄羅斯，都到處可見法國人四處兜售古典主義藝術……，看看歐洲各地那麼多的凡爾賽宮、那麼多的法式庭園！

於是歐洲見識了許多大浪、甚至是巨潮，足以襲捲全歐的巨浪狂潮。大家都認得這些潮流：羅馬藝術、哥德藝術、巴洛克藝術、古典主義藝術……！

每一個潮流形成發展的時間軸都令人印象深刻：哥德藝術，大致而言維持了三百年，在南方，幾乎未越過布哥斯[8]與米蘭；眞正環地中海地區並不想要哥德藝術。相反地，十六世紀初威尼斯是哥德樣式的，以其獨特的方式表現哥德風格。巴黎直到一五五〇年都還是哥德風格，文藝復興風格的建築只出現在巴黎的幾處地方：當時興築中的羅浮宮、今已不存的馬德里堡、楓丹白露——普列馬提喬在楓丹白露創作、達文西亦逝於此地。十六世紀起，同時發源自羅馬與西班牙的巴洛克藝術大受歡迎，此藝術係反宗教改革之作品（過去巴洛克藝術曾被稱爲耶穌會風格藝術），不過，值得注意的是，此藝術也風靡基督新教的歐洲，並往東歐（維也納、布拉格、波蘭）廣爲流行。

十八世紀時，法國建築風格以很短的時間建立起其地位。若要了解當時重塑我們法國許多城市（圖爾、波爾多）的都市規劃，時至今日，最扣人心弦的一齣，仍屬列寧格勒——聖彼得堡，建於一片荒蕪之地，不受任何既存建築的限制，可以盡情表現對未來的展望與都市整體性，無疑是十八世紀最美的城市。

繪畫與音樂的發展也是同樣的邏輯，音樂或繪畫的技巧或學理，輕而易舉地在歐洲各處流通。

我們無法只用幾行就講述音樂技巧的革新與樂器的發展，每個發展階段，都代表歐洲各個年代。源自上古的笛子、豎琴等樂器，已代代相傳沿用至今，隨後管風琴逐漸普及、大鍵琴出現、尤其又有義大利人製作小提琴的精湛技術（不過，當今所使用的琴弓的發明要歸功於十八世紀的一位法國人）、鋼琴的發明、……等。

各種音樂形式的相繼出現當然與樂器的發展相關聯。中世紀時，音樂的主流是有伴奏或無伴奏的歌唱。**複音音樂**，出現於西元九世紀，以管風琴作爲教會聖歌的低音伴奏。十四、十五世紀時佛羅倫斯的「新藝術[10]」是一種多聲部合唱，而使用多種樂器的複音音樂就像是模仿這樣的多部人聲。此新藝術於帕萊斯特里納（一五二五年生，一五九四年卒）[11]之**無伴奏人聲合唱**發展臻至完美。

---

6 斯呂特，Claus Sluter（一三五五—一四〇六），荷蘭雕刻家，為勃艮第大公服務，其雕刻作品影響了十五世紀國際哥德樣式。

7 布魯內萊斯基，Filippo Brunelleschi（一三七七—一四四六），義大利建築師、雕塑家，建立了一點透視原則在建築空間、都市空間上的使用。

8 布哥斯，Burgos，西班牙北部大城，卡斯提亞地區文化的發源地。

9 普列馬提喬，Francesco Primaticcio /Le Primatice（一五〇四—一五七〇），文藝復興晚期義大利畫家、建築師、雕刻家，一五三二年應法蘭索瓦一世邀請前往法國，後成為楓丹白露畫派之早期大師。

10 新藝術，Ars nova，十四世紀興起於佛羅倫斯之音樂樣式，相對於當時的舊藝術而稱新藝術。

11 帕萊斯特里納，Giovanni Pierluigi da Palestrina（一五二五—一五九四），義大利作曲家，十九世紀時法國文豪雨果與幾位浪漫主義大師將帕萊斯特里納奉為天主教會音樂之父。

然而，在弦樂器發展更爲進步後，人聲音樂逐漸被器樂音樂取代。這是**音樂會的出現**，即所謂的「室內樂」，單爲小數量的樂器所寫作的音樂形式（如四重奏）。最初，此「室內樂」，相對於當時教會音樂，是爲世俗音樂、宮廷音樂的同義詞。一六〇五年時，拉德斯加[12]擔任薩伏伊王朝阿瑪迪奧家族的「室內樂師」；一六二七年，法利納[13]擔任「室內樂提琴手」。室內樂的重點在於對話：是對談的藝術。義大利「協奏曲」的發展，成爲室內樂的搖籃：由兩個或數個樂團彼此對話，隨後發展爲以單把樂器回應整個樂團（柯瑞里，一六五三年生一七一三年卒，是首位以獨奏方式演出的音樂家；韋瓦第，一六七八年生一七四三年卒，則爲箇中翹楚）。德國偏愛「奏鳴曲」（兩把樂器，或者單一樂器）；在法國，「組曲」則以非常靈活的方式連結組合許多舞曲樂章。

隨著「交響曲」終於出現了大型的管弦樂，一種在樂器編制、經費、以及觀衆數量都急劇增加的音樂類型。十八世紀時，奏鳴曲式[14]已經被斯塔米茨[15]運用在交響曲中。十九世紀，浪漫主義的年代，音樂朝向更大編制的管弦樂發展，同時獨奏家的角色更形重要、更強調炫技表現（帕格尼尼、李斯特）。

這裡値得特別一提的是：十六世紀末誕生於佛羅倫斯的義大利歌劇，往後於義大利、德國、乃至全歐洲成功地拓展（莫札特、韓德爾、格魯克[16]這些作曲家起初寫作的都是「義大利」歌劇）；隨後又有德國歌劇之出現。

若論繪畫，其革命——的確可以用「革命」這個詞來討論繪畫的革新——擴及全歐，而且即使當其概念看似相互矛盾時，很特別的是，這些矛盾也是整個歐洲所共同面臨的。也許曾有過兩大主要繪畫革命：其一是文藝復興時代義大利的繪畫革命，早在伽利略與笛卡兒的科學將世界「幾何化」之前，畫作空間已變成一個幾何空間；其二是十九世紀末法國的繪畫革命，此革命甚至質疑了繪畫的本質，發展出立體派、抽象的繪畫。義大利、法國，只是其中兩個主要發源地；然而實際上，若論那些大畫家、大改革者，在兩大革命中所涉及的都是「歐洲」繪畫。今日，則該改口說「西方」繪畫，因爲實已超越歐洲、遠揚海外。

就事實而論，歐洲所有的大城市，以其建築景觀、或其博物館，所呈現的都是相同的文化積累、相同的藝術成份，可從中分辨出相同的色彩。也許有些城市比較巴洛克、有些文藝復興色彩較重、有些則爲古典主義，或者如威尼斯創造了一個獨特的歌德風格，帕維亞則是個倫巴底羅馬風格的城市；每個歐洲人都可以在這些城市中找著他們所熟悉的、那些可以立即有所認同的樣式。

● 各種哲學，也傳遞一體性的訊息。幾乎在每個命運關鍵的時刻，歐洲都有一致的哲學思想。

至少，就如沙特常說的，歐洲隨著其社會情勢發展一直有「一個主流哲學思想」（無疑是因爲整個西方世界一直都有「一個」主流的社經架構）。不論笛卡兒的思想是不是一個逐漸壯大中的資產階級的哲學、一個緩慢成形中的資本主義世界的哲學，它都是古典主義時代歐洲的主流思想。不管馬克思主義是不是（但要如何說不是呢？）逐漸壯大的工人階級與社會主義者的哲學、或工業社會的哲學，此思想顯然主導著西方世界、以及整個世界，今日所有的一切不是贊成它、便是反對它。

此哲學思想的一體性表示各國間有著緊密的聯繫。

12 拉德斯加，Enrico Radesca (?—一六二五)，義大利作曲家。
13 法利納，Carlo Farina (?—一六三九)，義大利提琴家、作曲家。
14 奏鳴曲式，於十八世紀發展出的器樂曲之作曲規範。
15 斯塔米茨，Johann Stamitz (一七一七—一七五七)，波希米亞提琴家、作曲家。
16 格魯克，Christoph Willibald Gluck (一七一四—一七八七)，德國歌劇作曲家。

以德國哲學兩個重要時刻爲例：一爲從康德的《純粹理性批判》（一七八一年發表）到黑格爾之死（一八三一年）的階段；二爲從胡塞爾（一八五九年生，一九三八年卒）到海德格（生於一八八九年）的階段。這些哲學家的重要性從法、英、義、西、俄多種語文的許多譯本中可以看出，這些譯本傳達了這兩個主要的德國哲學思想運動在歐洲的傳播範圍。

值得一提的是，存在主義是透過沙特與梅洛龐蒂[17]這些法國哲學家的再詮釋，才再流傳於世，尤其是傳播至拉丁美洲。

● 至於客觀科學，更是毫無疑問，在歐洲，自一開始其成就與發展便是一體的。

我們很難將某種發明的榮耀歸功於歐洲某一國家，因爲每個發明都在各國同時醞釀著、每個國家的學者都在不同階段中輪流有所貢獻。

隨便舉個例子都行，比如亞歷山大夸黑最新著作（一九六二年出版）所述之克卜勒革命就是最好的例子，克卜勒（一五七一年生，一六三〇年卒）的成就，與其家庭思想、其前輩（尤其是哥白尼）、其同時代的人（主要是伽利略）、及其弟子們緊密關聯。如果我們在一張地圖上將他們的出生地、與主要活動地點標示出來，將會發現這些標點遍佈全歐。

醫學、生物學、化學都是同樣的情況，即使只是某一短暫時間，也沒有任何一門科學可以說是德國的、英國的、法國的、義大利的、波蘭的……，永遠都是歐洲的。

● 至於人文科學之發展，則較接近哲學發展的模式，自各國發展後很快地便擴散為全歐洲的運動。

社會學主要發源於法國，近五十年的政治經濟學的成就，則主要來自英國或說盎格魯薩克遜，地理學則由德國與法國分庭抗禮（拉采爾[18]與白蘭士[19]），十九世紀史學主要由德國大師蘭克[20]所主導，使得歐洲史學研究受其博學與縝密的歷史重建所深刻影響。今日情況比較複雜，但歐洲史學——成了眞正世界性的史學，步調一致地發展。法國學派成爲主流，由亨利貝爾[21]、亨利皮朗、費夫賀、馬克布洛克、豪瑟[22]、勒費弗爾所建立，奠基於經濟學家如斯彌安[23]、社會學家如哈布瓦赫[24]之基礎上，法國學派嘗試整合所有的人文科學，革新了史學方法與史學的發展。

● 文學是最不具一體性的，在歐洲文學之外，還有各國文學，而各國文學間存在許多關聯、也存在許多激烈對立。

---

17 梅洛龐蒂，Maurice Merleau-Ponty（一九〇八—一九六一），法國哲學家。

18 拉采爾，Friedrich Ratzel（一八四四—一九〇四），德國藥理師、動物學家、地理學家。在人類學領域提出地理環境決定論。

19 白蘭士，Paul Vidal de la Blache（一八四五—一九一八），法國地理學家。於十九世紀末革新了法國地理學之研究。

20 蘭克，Leopold von Ranke（一七九五—一八八六），德國史學家。

21 亨利貝爾，Henri Berr（一八六三—一九五四），法國哲學家。

22 豪瑟，Henri Hauser（一八六六—一九四六），法國經濟學家、史學家、地理學家。

23 斯彌安，François Simiand（一八七三—一九三五），法國社會學家、史學家、經濟學家，法國社會學派奠基者之一。

24 哈布瓦赫，Maurice Halbwachs（一八七七—一九四五），法國涂爾幹學派社會學家，死於納粹集中營。

在此領域是最不具一統性的（幸好如此）。文學——散文、小說、戲劇，立足於各個國家民族文化的特色之上：語言、生活方式、對哀痛、歡愉的表現、對愛情、死亡與戰爭的想法；娛樂、飲食、工作、信仰……。透過文學，每個國家再現其個別風采；透過文學的重要見證，我們可以分析一個國家，甚至分析其心理狀態。

當然，在此各國文學之間，有各流行風潮的匯流融入：此運動是全歐洲的，例如十九世紀時浪漫主義風潮接續了「啓蒙年代」歐洲的理性主義；隨後社會寫實主義又承續了浪漫主義……。一個從不停歇的「交流影響」的遊戲——學派的影響、個人的影響，不停地從一部著作影響另一部著作。然而，每個文學作品都是深深嵌入某個社會環境與特殊意識形態，以及個人獨特經驗裡。我們很難說一個國家的文學有其一體性，所以，要如何說歐洲文學有一體性呢？

除此之外，還有個重大的障礙橫亙：不正是語言？任何譯本都很難完全地呈現一部文學作品。歐洲每個主要語言持續地竊取其他語言的部份精華。除非當某個語言成爲主流，並變成主要溝通用語時，如古時的拉丁文、十八世紀的法文、……！[25]從聖彼得堡到巴黎以伏爾泰的文學所建立的王國，就足以說明。對科學界而言，今日如過去般使用單一語言是可行的，然而對文學而言則行不通。更何況，文學越來越大眾化，使用群眾的語言。十八世紀法文的「國際化」，也只不過存在於一個極狹隘的菁英圈裡。

●保存、或是盡力完成此歐洲文化共同體。

這個文化的一體性，有其完美與不完美之處，然此文化一體性是否足以讓當前打算消弭國界的歐洲展望未來？還是有疑慮的，因爲歐洲政治聯盟的推動者，在促進統一方面，主要關注於推動一個經過深思熟慮教育改革。同等學力的認證使得歐洲各國學生可以在各大學間繼續求學，建立一個歐洲的學術生活，比創立一個或數個歐洲大學更爲有益（原則已被認可）。

實際上，如此做法不正是將重點放在現代的人文主義，廣納現下各種語言，這些恰恰是歐洲的語言？

牢固堅實的一體性：經濟

歐洲自古就串聯於一個單一經濟體的環節內：每個時代的經濟生活都環繞著當時的經濟重鎮、富庶的中心發展。

在中世紀後期的幾百年間，威尼斯是一切的集散地。隨著現代的開展，重心曾一度移往里斯本，後移往塞維亞；直到十六世紀最後二十五年間，經濟重心都在塞維亞與安特衛普之間擺盪。十七世紀初起至十八世紀初，阿姆斯特丹建立起其商貿優越地位；隨後興起的是倫敦，領軍直至一九一四年、甚至一九三九年。一個交響樂團總有個樂團指揮。

當這些經濟重心繁盛時，不只是歐洲生活匯聚於此，同時也是世界權力的核心。一九一四年戰爭爆發前的倫敦，不只是歐洲信債、海事保險、再保險的龐大市場，也是美洲的小麥、埃及的棉花、馬來西亞的橡膠、邦加與勿里洞的錫、南非的黃金、澳洲的羊毛、美洲或近東地區的石油……等貨品的交易市場。

25 這個段落布勞岱爾的邏輯是令人困惑的，這三個句子之間沒有任何連接詞，是三個獨立的句子，三個關聯與邏輯不明的概念：以條件式表達不可能完全傳譯；以表達狀態持續進行的現在式敘述各個語言間相互竊取；以假設語氣表達除非如過去有一種通用而凌駕的語言，可是又以刪節號不把句子說完。其意不明。經再三確認法文原意，譯者保留原文，不加任何連接詞。

● 歐洲很早就形成了一個關聯度極高的空間，具有靈活的貨幣經濟、擁有環歐洲活躍的海上交通、貫穿歐陸的許多河運、以及陸路轉船運或者靠獸力駝運的陸路運輸。

運用獸力的駝運，很早就穿越布倫納山口[26]（往威尼斯）、聖哥達山口[27]、桑普瓏山口[28]（往米蘭）、桑尼山隘口[29]，征服了阿爾卑斯山這個巨大的屏障。俗語給在這些交通要道上往來運輸的驢拉篷車起了個「大車」的怪名字，這些「大車」活絡了阿爾卑斯山兩邊的貿易往來，義大利的奢華布匹與來自中東的商品得以輸往北歐與西北歐，使義大利經濟的富庶影響遠達北歐與西北歐。十六世紀時，法國里昂貿易繁盛、市集熱鬧，便是得益於河運交通、與來自阿爾卑斯山區的「大車」。

隨著十九世紀中葉鐵路的興築，徹底打破了歐洲大陸沉靜無變動的生活，工業城與商業城市崛起，交流快速的物質文明逐漸遍佈全歐。

在這漫長的歷史中，我們舉以下兩個例子，不是爲了解釋，只是試著提出某種可能性。首先是威尼斯商人滿載貨物的篷車的例子：十五世紀時這些篷車路線網主要爲環地中海地區，也有部份篷車遠達倫敦與布魯日，陸路交通十分活躍，尤其是穿過布倫納山口通往威尼斯的路線。德國商人們在威尼斯里阿爾托橋[30]畔共同擁有一個超大型賣店——「德國貨棧」。

另外一個例子，是十六世紀銀幣與銀票自塞維亞往各地普及。事實上，幾乎總是相同的這些錢在各地週轉交易付款。

在此條件下，我們可以瞭解爲什麼歐洲各地區幾乎在同一時間有著周而復始的相同節奏。十六世紀時，自美洲湧入大量貨幣金屬，使西班牙的物價開始飆漲，整個西方世界都受此物價攀升影響，遠至經濟體仍相當原始的莫斯科也無法倖免。

● 這並不是說整個歐洲經濟步調一致、或者水準相同。一條起自盧貝克[31]或漢堡、穿過布拉格與維也納、到亞得里亞海的線，將歐洲分成經濟發達的西歐、與較落後的東歐，由前述農民的慘況已可看出。此差距雖將弭平，但仍未完成。

在已開發的歐洲，都尚且有較先進的區域與發展不足的區域，幾個「經濟成長中心」與幾個落後的「未發展地」。今日，歐洲每個國家均仍存在相對於整體而言比較落後的地區，而新鮮事物則總是匯聚於比較活躍的幾個核心地。

事實上，如果沒有發展上的差異，如果不是有些地區領頭、有些地區隨後，就永遠不可能出現共同的經濟循環了。已發展與未發展，相互支配、相互依賴。這正是法國銀行發展史所扼要呈現的：自十九世紀下半葉起，法國銀行的發展較他國遲緩，許多組織，如創建於一八六三年的「里昂信貸」，擴大追尋民間儲蓄或沉睡的資金，或者法國部份地區或鄉間半沉睡的資本。法國鄉下地區承受了此發展的反作用力，首次覺醒，並與外界一般生活接軌。

---

26 布倫納山口，Col de Brenner / Brennerpass，奧地利與義大利間穿越東阿爾卑斯山脈的隘口，海拔一三七一公尺。

27 聖哥達山口，Col de Gothard / Gotthardpass，穿過瑞士阿爾卑斯山區連通歐洲北部與義大利波河平原的要道，海拔二一〇八公尺。

28 桑普瓏山口，Col de Simplon / Passo del Sempione，瑞士境內穿越阿爾卑斯山的山口，海拔二〇〇八公尺。

29 桑尼山隘口，Col du Mont-Cenis / colle del Moncenisio，連接法國與義大利間的隘口，海拔二〇八一公尺。

30 里阿爾托橋，Ponte di Rialto，橫跨威尼斯大運河的四道橋樑之一，也是四橋中最古老的一座。位於重要市場交易集散區。

31 盧貝克，Lübeck，位於德國北方臨波羅的海的大港，曾為漢薩同盟的首都。

● 歐洲共同市場之發軔：儘管各區域、各國經濟的多元化，長久以來維繫著歐洲的經濟關聯性，是否足以組織一個彼此相互依賴、具一體性的經濟體？

這是第二次世界大戰結束以來一連串的嘗試所想要解決的問題，共同市場不是唯一、也不是第一個解決方法，卻是最成功的解答。

一九四五年後，一切的問題無疑地都來自於歐洲的慘況，歐洲全面崩解，危及世界整體的平衡。於是出現了這些早期的建設性措施：於倫敦建立「聯合歐洲委員會」（一九四七年五月），馬歇爾計畫（一九四七年七月三日）之宗旨多重，一方面包含政治、軍事，另一方面涵蓋經濟、文化、社會。一個歐洲——「某種」歐洲，正嘗試建立中。

目前，我們將僅限於討論經濟問題，以此觀點而言，歐洲自由貿易聯盟[32]——歐洲七國的失敗（某記者稱此七國為「海難者」），為未來「歐洲六國」開啓了道路。一般將「歐洲六國」以「共同市場」來稱呼比較明確，此名稱如此明確，使得其他由六個國家組成的組織顯得較不為人所知，如一九五一年成立的「歐洲煤鋼共同體」、以及同樣成立於一九五七年三月二十五日羅馬條約的「歐洲經濟共同體」、「歐洲原子能共同體」。這裡提出的仍只是片面的解決方法，如果要建立一個眞正的歐洲，在深度與廣度上都要再延伸，以回應土耳其、希臘、丹麥、愛爾蘭、瑞士、奧地利、英國加入的要求。

這些國家加入的要求都還在處理中（這幾行寫於一九六二年二月），所以共同市場極有可能會擴大（如果沒辦法推展「至烏拉山」）而包含整個自古以來歐洲的範圍。而在這些要求加入的國家中，英國最為重要。

我們可以透過共同市場來探究歐洲經濟統一的可能性。

● 歐洲經濟共同體，亦即歐洲共同市場，因羅馬條約（一九五七年三月二十五日）成就卓著的協調談判而成立，許多政策均自一九五八年元旦生效。

對於此仍相當新穎的體驗，必須謹慎發言。

不可否認的是，過去四年來，世界局勢及其效應都有助於歐洲六國的強勢成長及先期結盟措施。由參與國逐增的交流中足以證明，漸進式的開放顯然是個催化劑。

然而，這重要體驗是爲了將來奠基，羅馬條約訂定了階段性的漸進計畫。問題在於：向統一邁進的這些先期成就，是否預示了全面性經濟整合計畫的美好未來？

相對於悲觀的預期，六國的各項工業（包含我們已知比德國工業脆弱的法國工業）對於共同市場適應良好，並帶來結構性的轉變，有利於大企業集中市場，例如法國的雷諾車廠、裴奇內集團[33]、聖戈班集團[34]。同時也進行了許多整併，如在煤礦業，部份投資報酬率較差的礦坑必須要關閉，這些重組都是爲了必要或更具競爭力的發展。

當然，如果只有工業要考量的話，協商將是很容易的。以目前技術層面的狀況而言，工業顯然極具可塑性可

---

32 歐洲自由貿易聯盟，Association européenne de libre-échange / European Free Trade Association，縮寫A.E.L.E. / E.F.T.A.，由英國發起，創立於一九六〇年，英國、挪威、丹麥、瑞士、葡萄牙、瑞典、奧地利七國外交部長簽署斯德哥爾摩協約。

33 裴奇內集團，Groupe Pechiney，創立於一八五五年之法國工業集團，主要經營鋁業、冶金、化學與核子原料。二〇〇三年由Alcan併購。

34 聖戈班集團，Groupe Saint-Gobain，一六六五年為凡爾賽宮鏡廳製作玻璃而創立，今為跨國集團，於全球六十四個國家均設有分公司，製造銷售各種建築材料。

以配合種種計畫措施。同時，由於六國貨幣穩定、相互依存，在融資上也是毫無問題的。正當美金暫時停止做爲各國國家儲備金唯一對等於黃金的**標準貨幣**時，歐洲各國貨幣正度過一段相當長的穩定而強勢的發展階段。

這是發展共同市場樂觀的一面，然而還是有陰暗面的：政治面（後述）、以及經濟面。經濟面的陰影在於：一、共同市場在歐洲的限制；二、其在歐洲以外的限制；三、來自農業方面極難適應的內部問題。

歐洲六國當然並不是完美的，在西方有極大的空缺待填補，而在東方則有「鐵幕」的阻隔。事實上，在鐵幕之後有另一個共同市場——經濟互助委員會[35]正在發展中。歐洲共同市場最大的問題當然就是英國是否加入，儘管原則上英國已於一九六一年提出申請，但仍有層層困難要克服，問題沒有那麼簡單。要加入新成立的歐洲，英國必須要大幅減少與大英國協國家間的緊密連結，放棄其**優勢經濟**與其古老帝國。在經濟上，這引發許多問題，尤其是與大英國協各國間協議的問題；在心理上，此將使人類史上最光輝的帝國企業走入歷史。

除此以外，**還有歐洲共同市場各國與世界其他國家**，**尤其是與撒哈拉沙漠以南之非洲間的關係的問題**；在有新的協議之前，法國負責北非（狹義定義的北非，不包含埃及與利比亞）。還有歐洲共同市場與未來的**大英國協**間關係的問題、以及一九六二年起與**美國**市場間關係的問題。美國市場是一個足以吞噬小小的歐洲共同市場的「巨大」大西洋市場。我們可以說：第一階段，歐洲；第二階段，大西洋兩岸市場；第三階段，世界市場。不過，這是對於未來極度樂觀的展望。除此以外，還有讓事情更加複雜化的政治問題。

相反的，對歐洲共同市場的未來而言，最重要的價值、最主要的經濟問題，是**內部農業問題**。這些是極度複雜的問題。

歐洲的鄉間發生了不可逆的變化，在此不可動搖的世界，其農業產值卻一如我們法國數據顯示，相當低落。

歐洲六國一億六千萬居民中，計有兩千五百萬的農民（包含其家人）。前荷蘭農業部部長、歐洲經濟共同體副主席曼紹爾特[36]不久前宣告，在未來數年內，這些務農人口中有八百萬人必須轉行離農。

事實上，農業現代化是為了提升農業勞動者的單位報酬率，經由高度機械化，增加農產量，並減少務農人口，同時，大致而言，也不要求農產收入的成長要配合整體歐洲經濟發展的步調。

在成長的經濟中，自然會增加對工業產品與「服務」的需求，在「我們這些已開發國家」中，收入增加已不會帶來對等的糧產需求：當收入增加，我會買車、買收音機、買書、買衣服，去旅行、去看表演，但我不會因此增加麵包、肉類的攝取量，或者希望也不會因此增加紅酒或酒精類飲料的消費量。

總而言之，如果農民收入要與國家其他產業擁有同樣成長的話，在一九七五年以前，每三個農人中必須有一人要離開鄉村，從事其他生計，這樣才能減少務農人口並提高產量。離農的速率應該要在每年四個百分比，然而，目前英國是百分之二，法國是百分之一點五。照這速度，英國要二十二年、法國要二十七年才能達成所期待的轉型。且尚未考量其他可能的變數：有龐大農業人口的義大利（四百五十萬人），離農政策會造成農工失業問題，儘管已進行些許變革，但其農業結構基本保持不變。

在此條件下，歐洲農產品價格在國際市場上毫無競爭力，美國、加拿大的大規模生產壓低價格，甚至在政府補助下，比他們國內市場的價格更低。歐洲農業的高價產品只能在關稅保護下，免受世界市場波及。

歐洲共同市場另一個很嚴重的問題是，各國農業生產成本與農產價格差異極大。

35 經濟互助委員會，簡稱C.O.M.E.C.O.N.，史達林成立於一九四九年共產國家間的經濟互助組織，一九九一年隨蘇聯瓦解。

36 曼紹爾特，SiccoMansholt（一九〇八－一九九五），荷蘭政治家，一九五八年至一九七二年間擔任歐洲經濟共同體副主席，制定了歐洲共同體曼紹爾特農業計畫，一九七二年至一九七三年任主席。

法國農產過剩，剩餘的農產品（尤其是穀類作物）只能以全球市場之價格賣出，迫使政府必須以法國國內市場價格買進，而賠本售出外銷。例如一九六一年，法國小麥與大麥被售往共產中國，冷凍肉品售往俄羅斯……。義大利的蔬果、荷蘭的乳製品，都同樣農產過剩，遭遇與法國相同處境。相反地，德國進口許多農產品，但自歐洲共同市場以外的國家買進，且不吝惜放棄國家由出口所得到的價差。

各國農產品價格不同，端視各國產量與政府所想要提供、或者所必須給予農民的保護。於是，穀類作物價格最低的是法國，最高的是德國，乳品價格最低的是荷蘭……。要以什麼爲標準來制定均一農產價格呢？

最後一個問題是，農業需要現代化，而現代化則需大筆資金，那麼誰來負擔這筆龐大開銷？布魯塞爾（一九六二年一月十四日）通過的解決方法是要由歐洲經濟共同體來負擔。對工業國德國而言，此方案並不利，但農業國——法、義、荷——在第一階段農業政策未定案前，拒絕進入第二階段工業的合作談判。農業協議得來艱辛（兩百個小時的討論），在布魯塞爾，人們一度以爲歐洲共同市場本身將因此破局。某記著笑著說：「已經嚥下鋼鐵、煤炭、原子能的歐洲，現在回過頭來吃蔬菜和水果」。

此協議立下了幾個時間點：第一階段的措施將於一九六二年七月後才展開。各國政府與農民組織都了解時間有限，不得不進行調適。

未來農產品將是自由流通，而以補償稅率來彌平價差。要實踐此原則需要許多專業組織、精準訂定規則、實施監管，建立一整套法規。同時，在歐洲六國的共同國界上還需建立一套獨特的關稅系統，以共同體各成員國的特別費率來計算關稅，否則內部平衡將會因未嚴密把關而遭到破壞。

於是，建立了一個「關稅同盟」，一個關稅一體性，以確保一個共同的經濟體。這就是最後階段嗎？不。還有政治一體性的問題。

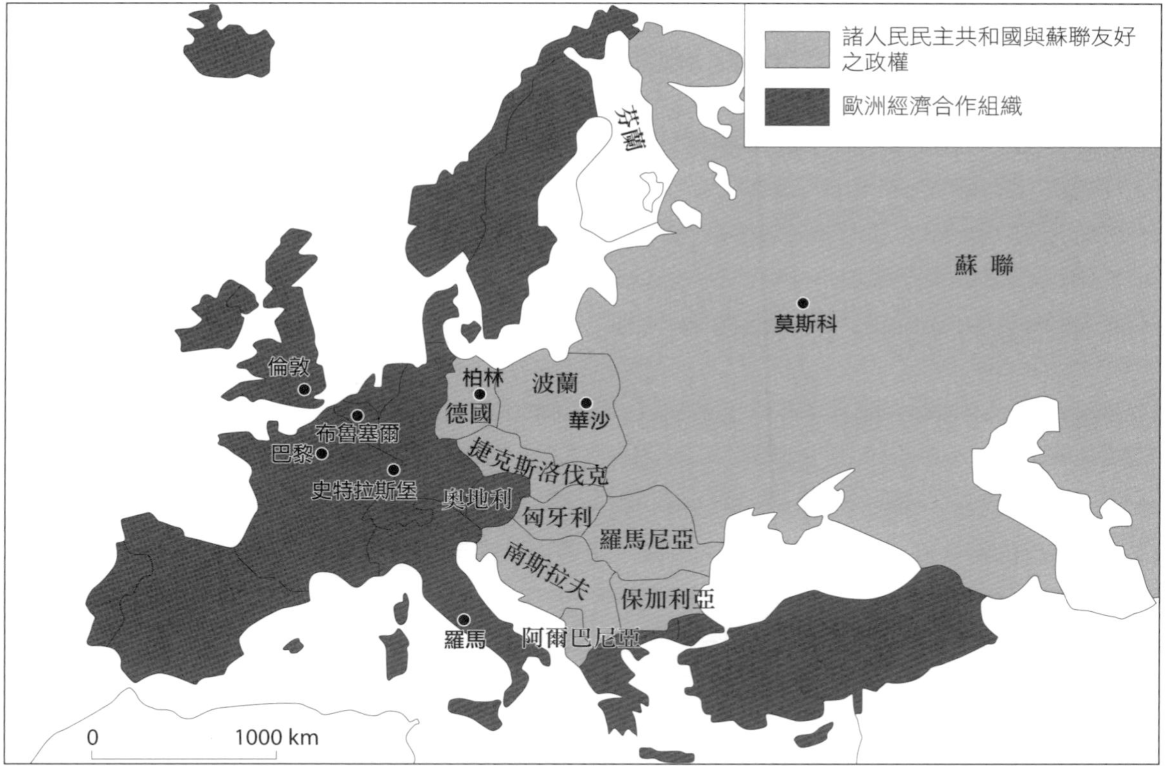

圖 17　民主、共產兩相對立的歐洲

充滿不確定性的個體：政治

關於一體性，文化上，是的；經濟上，大致也還行；然而政治上，就有所保留了。這牽涉到許多理由，有道理的、有點道理的、以及假的理由，這些理由都源自於過去（十九世紀）與當下的考量，甚至有些相當具有「展望性」的考量。

事實上整個歐洲自古以來在一個共同的政治遊戲中，沒有任何一個國家能夠事不關己的脫身。然而，此遊戲並不是要在政治上統一全歐，而是相反地分立爲不同集團，結盟的友邦經常改變。遊戲最高原則就是阻止任何一個霸權凌駕統御整個歐洲。

當然不是基於尊重他人的自由：遊戲中每個國家都是自私地爲一己利益考量。只是如果遊戲玩過頭，就會發現有一天其他國家聯合起來對抗自己。

大致而言，這就是「歐洲平衡」的原則。一九六二年的歐洲是否已經停手不再玩這個百年老掉牙的遊戲了呢？

● 不停玩著此政治遊戲的十九世紀，既未發明「歐洲平衡」、「歐洲合作」、亦未發明「權力均衡」。

事實上，這套權力均衡系統已有數個世紀之久，既非源出那些大使有智慧的盤算，亦非各國君王所創，而是這個自然生成的平衡遊戲，制約了政治家們。

遊戲規則總是相同的，當某國看似太強時，即使只是假象（例如一五一九年至一五二三年間法蘭索瓦一世治下的法國），衆鄰國便匯集到天平另一頭制衡，以使強國較安分、知輕重。帕維亞之役[37]敗北，法王被俘，證明諸國都錯了，太強的不是法國，而是〔神聖羅馬帝國的〕查理五世。於是眾國轉向天平的另一端，甚至還邀請土耳其人加入這場制衡的遊戲。

各國實力的增強使得這些隨機的算計變得越來越危險。唯有島國英倫可以不用考慮後果：位於此永無止盡的「權力均衡」遊戲之外，英國只需好好維繫其經濟力與軍武力，經濟力尤其重要。英法兩國長期對立，總是毫不思索地與對方的敵人聯手，然而當德國（因爲英國以及英國背後所代表的分崩離析的歐洲，沒有出面制止，德國於一八七一年戰勝法國）在一八九〇年後，由於其**經濟發展**、**人口成長**而變得太過強大時，就出現了英法友好協定與法俄同盟。四周敵國環伺，德國被如此威脅始終未動怒，實在厲害；然而德國未能以其勢在必得的優越性說服眾國，則不夠精明。戰爭於焉興起。

當今的世界，也陷入這個由歐洲擴大到全球的「權力均衡」魔咒中。當今世界分成「東」、「西」兩陣營；有些中立國嘗試要走第三條路，然而，除非有足夠實力，這並不是個好選擇。這顯然是個古老的齒輪連動體系，整個世界都將如同過去歐洲一般運轉其中。

● 武力統一的失敗：這個一陳不變單調歷史的唯一教訓就是，武力不足以為任何人奪下並掌握整個歐洲。

不用上溯至查理曼大帝，我們來談談查理五世（一五〇〇年生，一五五八年卒），他是諸位不成功的霸主中比較不可恨、比較友善可親的一位。查理五世的夢想是：征服整個基督教世界於其統治之下，並對抗異教徒穆斯林

37 帕維亞之役，Bataille de Pavie，發生於一五二五年二月二四日，法王法蘭索瓦一世被俘，數代法王意圖征服北義大利都敗北。

與宗教改革者。「帝國的概念」在查理五世心中助長了本來就想要征服西班牙的想法。

神聖羅馬帝國皇帝萬事俱備，不缺軍隊、不缺良將、也不缺臣民的熱誠效忠、擁有許多大銀行家如富格爾家族[38]的支持、擁有無可匹敵的外交手腕、掌控海上交通、並擁有來自美洲的「財富」：西班牙於查理五世治下，依據商貿供需平衡、以及政治需求，源源不絕地對歐洲提供來自美洲的金銀。在面對法國時，查理五世，如人們所認爲的，落敗了嗎？是，也不是。是，因爲其成功不足以掌握這廣大、且位於其衆多領土「中央」的法國（不論是迅捷地、或是如當時的通訊般漫長地），查理五世於一五二九年與法國不分勝負地議和。稍後，於對抗基督新教的德國時，查理五世敗陣了（一五四六年、一五五二年至一五五五年）；爲了對抗伊斯蘭教的土耳其人，查理五世耗盡其力：伊斯蘭勢力進犯維也納，且騷擾遠達直布羅陀海峽以西的西班牙沿海。

最後，歐洲各國協力以各種手段，甚至不惜一切、驚世駭俗地與穆斯林蘇丹聯盟，對抗並戰勝查理五世。

路易十四，只有在十七世紀經濟不景氣的年代凌駕歐洲，當時發展倒退，傳統勢力當頭，於是仍十分鄉土且資本主義不發達的法國，趁機於有爲政府（至一六八三年柯爾貝爾[39]逝世前）帶領下富強起來。當世界經濟於一六八〇年左右復甦時，遊戲很快就分出勝負：一六七二年，荷蘭洪災阻擋了法國大軍進犯阿姆斯特丹；一六八八年，奧蘭治家族的威廉三世在某種程度上成爲英國的君主；一六九二年，圖威爾[40]的艦隊無需爲烏格戰役[41]戰敗負責。在漫長的西班牙王位繼承戰爭中，法國既沒能力應付敵人，也沒能保住伊比利半島以及西班牙背後的美洲財富。

拿破崙的歐洲征服不也是相同的模式？一方面有許多的勝仗，另一方面也有無法挽救的特拉法加戰役[42]的失敗（一八〇五年）；法國在歐陸的勝利如囊中取物，英國則有廣大水域保護，只需要一百到一百五十艘的木殼船，就可阻止法國海軍於一八〇五年「跨越」加萊海峽[43]，或者墨西拿海峽[44]：儘管那不勒斯島是法國人的、或說是繆拉[45]的領土，西西里島仍是波旁王室的避難所。

希特勒的德國也是相同的模式，面臨德國的威脅，歐洲各國聯合起來反抗：事實上是一場全球最大的遊戲。

● 共同市場與政治一體性：歐洲的政治一體性可於今日形成嗎？不基於武力、而是基於所有參與國的共同意願？逐漸成形的計劃，激起極大的熱情、也面臨許多重要的難題。

我們先前已經提過一些難題：首先是參與遊戲的只有西歐（必須要「用僅存的」建立歐洲）；其次，歐洲的統一也牽涉到歐洲以外的問題，影響到政治與經濟層面，以及世界權力均衡問題。某銀行家宣稱（一九五八年十一月十四日）：「世界上某些國家害怕歐洲聯盟因彼此團結，而會對非歐盟國家採取某種歧視政策」，簡言之，歐盟有其優先喜好：在熱帶作物上鍾情撒哈拉以南的非洲產品，更勝於拉丁美洲的產品……。

---

38 富格爾家族，famille Fugger，神聖羅馬帝國商人、銀行家家族，主宰中世紀末與文藝復興時代全歐洲的財經。

39 柯爾貝爾，Jean-Baptiste Colbert（一六一九—一六八三），法王路易十四之重臣，一六六五—一六八三任財務大臣，一六六九—一六八三兼任國家海軍大臣。

40 圖威爾，Anne Hilarion de Tourville（一六四二—一七〇一），法國海軍中將。

41 烏格戰役，Bataille de Hougue，一六九二年五月二九日一場海戰，英國與荷蘭艦隊大勝法國海軍。

42 特拉法加戰役，Bataille de Trafalgar，一八〇五年十月二一日一場海戰，法國—西班牙艦隊與英國艦隊之戰，此戰役中英國以寡敵眾，摧毀三分之二之法西船艦，穩固英國往後之海上霸權，也徹底瓦解拿破崙想要征服英倫的野心。

43 加萊海峽，Détroit du Pas-de-Calais，法國北部與英國間的海峽。

44 墨西拿海峽，Détroit de Messine，地中海中分隔義大利半島與西西里島間的海峽。

45 繆拉，Joachim Murat（一七六七—一八一五），原拿破崙麾下的將軍，一八〇八年成為那不勒斯國王。

然而，**首要的困難來自於內部、是組織的問題**，想當然爾不是一個條約、一紙協議可以輕鬆解決的。用戴高樂將軍的話說，「諸國組成的歐洲」的各政府是否願意讓步，犧牲一部份的主權？

一九五〇年八月八日，安德烈・飛利浦[46]於歐洲議會發言表示：「過去一年以來，我們的大會為了避免衝突，接受了所有的協議。結果呢？什麼也沒達成。如果明天我們沒有辦法證明我們來這裡是真的積極要建立歐洲，輿論就不會再理睬我們了。」八月十七日，這位政治家又威脅「要去別處建立歐洲」。

十一年過去了，一九六二年一月十四日農業協定簽訂前夕（當時最終協商結果還未知），一月十日比利時外交部長斯巴克[47]於布魯塞爾表示：「所有的一切使我相信，若無一凌駕各國之上的權威，不可能建立一個一體、有效率的歐洲。國家概念構成的歐洲，是一個狹隘而不足的概念……。只要我活著，我就與全票通過的法則、以及否決權對抗到底。我有聯合國的經驗，就在幾週前蘇聯才動用否決權；我最近於北大西洋公約組織也有類似的經驗，關於德國與柏林的問題上，只因為其中一個國家的立場反對就使得北約無法採取強硬而有建設性的作為。目前在議會殿堂看到有關農業問題的討論，更無法動搖我的想法，在這些討論中我並未見到共同體的精神，每個國家都捍衛自己的農業利益……。如果沒有那該死的必須全數通過的規定，歐洲六國的協商會快非常多……。我們面對的是外交政策的領域中國家概念的歐洲，除了製造混亂以外我們還會做什麼？例如，五個國家對於共產中國的問題意見可能是一致的，第六個國家就使一切決定陷入僵局……。所以，我在思考，放棄超國家組織的概念，到底是不是正確的。」

這些論點都很好。但是在一個意見「非常分歧」的會議中，多數決的法則並不見得就是解決問題的萬靈丹：多數，可以透過所謂「走廊會談」的利益交換、集體協商來形成，然此「多數」不見得代表一個具有一致性的政策，更不代表否決權的利益交換是無私的。問題的關鍵在於，了解目前歐洲各國的政治情勢能夠妥協到什麼程度，或者至少在幾個重要且涉及深遠的原則上能夠妥協到什麼程度。於是，在這個新搭建的「歐洲」內我們再次遇見「平衡」這個危險的冒險遊戲。

各國一而再再而三強調，統一必須要建立在自主決定上。

某德國企業家（一九五八年）說，不要有凌駕於上的優勢，不要拿破崙的歐洲，也不要希特勒的歐洲，「如此建立於武力上的統一，只要強權國稍有鬆懈，就會引發大爆炸。我們今日眼下就有一個例子：以『俄羅斯』（當事人用語）強權爲中心的華沙公約組織各國，經濟上與政治上都只受到『俄羅斯』（當事人用語）利益所主導。」

在其他上百個例子中，這句引文明指出問題。對許多人而言，重點在於集結歐洲各國、或者集結「僅存的」歐洲來對抗蘇聯。建立對抗蘇維埃社會主義共和國聯盟的「防線」，這顯然是美國的政策。一九五一年十二月十五日，討論舒曼[48]計畫時（歐洲煤鋼共同體），法國總理保羅雷諾堅稱：「不要忘記，法國放棄在庇里牛斯山捍衛歐洲的政策，是因爲艾森豪將軍反覆重申，以法國爲首的歐洲諸國想要一個歐洲。你們自己想想拒絕這個計畫會有什麼後果。」

面對如此無庸置疑的政治與軍事算計，我們還可以想像其他的算計，因爲那才更合理、更符合現實。看看歐

46 安德烈．飛利浦，André Philip（一九〇二—一九七〇），法國社會主義者政治家，經濟學博士、律師。一九三六—一九四〇，一九四五—一九五一任法國國會議員。

47 斯巴克，Paul-Henri Spaak（一八九九—一九七二），比利時政治家，一九五二—一九五四任歐洲議會首任議長，一九五七—一九六一任北大西洋組織秘書長。被認為是成就歐盟的重要人物「歐盟之父」之一。

48 舒曼，Robert Schumann（一八八六—一九六三），法國政治家，一九五八—一九六〇年任歐洲議會主席，其任期結束時歐洲議會予其「歐盟之父」的頭銜。

洲議會參議員俄門戈[49]在一九六〇年二月一場精采的發言中如何定位這個問題，他認爲，歐洲被夾在一九一七年十月誕生於「彼得格勒」，「所有古典主義經濟學者都認爲沒前途的」社會主義經濟的飛騰發展，以及全世界所有被歐洲殖民國家的大規模解放運動之間。歐洲也有義務要以革命性的方式自我組織起來，不光是受到資本利益的推動，建立好處「保留給少數人」的政權，而要以最大效應善用人力資源。也就是說，要換個方式運作。

此智慧之語重點在，不以一己之利益，而是以人類可從中獲取的好處來看問題，以及如何在東西歐的競爭中爲二十世紀人類社會問題找到更好的解決之道。此智慧之語是否有機會能被聽見呢？

問題不只在於了解歐盟的夢想是否能夠實現、是否可行，而在於是否能夠被爭奪世界霸權的兩大陣營所接受。歐盟可能的政治走向、及其經濟意圖，都可能使雙方感到不安。歐盟是否能實現一個寧靜的歐洲，在其富庶之中涵蓋一個疆界變小的德國，或者是變成一個具有侵略性的歐洲？一個願意全力投入於解決世界未發展國問題的歐洲（在今日命運相連的世界，未發展國之前途關係到全球生計），或者是一個無法展望未來、各國精打細算、而歐盟只是操縱於這些不合時宜的野心與算計中的歐洲？簡而言之，是一個有創意的、和平的歐洲，或是一個一陳不變、我們所熟知善於製造緊張的歐洲？

● 這幾乎就是提出那個根本的問題：歐洲文明還能為明日世界成就什麼？

這是歐洲建立者最不關注的問題，我們該把它說出來嗎？他們理性討論關於關稅、物價水準、農產量，彷彿非常慷慨大方地彼此讓步，其實只不過是滿腦子算計地在談。這些討論看來似乎從未離開單純的技術層面，以及那些習於計畫經濟驚人炒作的專家。而且即使這些討論都沒有用，也沒有人會承認其實是沒有必要討論的。

然而，這便是誤解了人，也誤解了人的天賦，而只將之視爲需要餵養的牲畜，相對於歐洲過去那些天翻地覆的熱情、不見得毫無智慧的瘋狂旁，這些加總的智慧模樣看來如此蒼白。歐洲共同體的意識，有可能只透過種種數據建立起來嗎？反過來說，歐洲共同體的意識有可能不透過這些數據建立嗎？或者以一種前所未見的方式超越這些數據？

目前計畫中，對於歐洲文化的推動排序最末，是令人憂心的，人們毫不擔憂歐洲的意識形態、毫不憂心大革命或社會主義趨近平和的假象、也不在意宗教信仰的波瀾。然而，歐洲若非立基於這些形塑歐洲、影響深遠的古老力量，換句話說，如果忽略種種蓬勃的人文主義，歐洲是無法建立起來的。

歐洲別無選擇：或者立基於此種種古老力量，或者早晚有一天被這些徹底顛覆一敗塗地。人民的歐洲，是個很美的計畫，但還有待建立。

一九六六年後記

六國組成的歐洲並未如其理智的參與國與當初熱情創始國所期待的那般快速成長。英國不願意付出加入歐盟所需的代價，於一九六三年一月因戴高樂將軍而中止談判，這事件顯然是歐盟的一個挫敗，也許只是暫時的，但卻打擊不小。

歐洲六國即使能夠拓展其會員國，明日也只能成為「世界第三大勢力」。土耳其於一九六三年加入歐盟，接下來是西班牙、奧地利加入的問題，往後也許還有丹麥、以及非洲奈及利亞的問題……。

49 俄門戈，André Armengaud（一九〇一—一九七四），法國政治家，一九四五—一九七四年間任法國海外僑居代表之參議員。

經濟上的難題越來越明確，同時也逐一解決中。歐洲農業同盟緩緩誕生（一九六二年一月十四日、一九六三年十二月二十三日兩個得來不易的協議，一九六四年十二月十五日也是排除萬難才達成穀類作物公定價格協議），接下來有待解決的是牛肉與乳品價格的問題。但是，問題不僅在於經濟；經濟面替歐洲統一打下基礎，各國政府都投入種種不可逆的發展中，於是政治層面也開始出現急待解決的問題：組織合併、建立超國家的組織、創立歐洲議會與歐盟政府。

有待解決的還有共同農業基金的規範。此農業基金規範，以及「委員會」權限問題，造成一九六五年六月至一九六六年一月間的危機，對「六國」的作業帶來負擔。一九六六年一月三十日雖然達成一個協議，但是法國的條件是法國的重大利益必須被納入主要決定中考量。當前的歐洲很顯然地依舊是個國家主義抬頭、狹隘的歐洲，而且法國，唉，不是個好榜樣。

一九八一年的歐洲（布勞岱爾之妻，波樂布勞岱爾的筆記）

一九七八年，米蘭的博科尼大學[50]向布勞岱爾主持的人文科學之家[51]提議，成立一個協會「清晰而有建設性地檢視歐洲統一帶來的問題」。三年後，一九八一年，布勞岱爾於米蘭的一場簡短演說中提到，當時他滿懷熱情地接受了此提議，「認為這樣的想法應該要嘗試、這樣的初衷應該為所有人堅持。理由至少有兩個：

「歐洲雖然突然間擴張了，由六國增為九國，問題隨之增加，也還是個『小』歐洲。對我而言，歐盟並不是件容易的事，也不純然只是個信仰的標的，而是一個逐漸在我們眼前成形的事實，一個脆弱、充滿不確定性、也許是暫時性的、充滿矛盾的事實：是我們必須一起輪流體驗的某種自由，同時也是某種限制。無論如何，我們學著與之共存，我們已經知道其中藏不住的弱點、種種無法約束的自私自利。但是，我們也知道歐盟帶來的好處，以及萬一歐盟失敗我們將承受的損失。也許，就如費夫賀所認爲，歐盟的出現已經太晚了。無論如何，必須承認歐盟不只改變了我們所遭遇的問題的條件與尺度，同時也使我們以全新的詞彙清晰地提出問題。現在，我們必須正面處理這些問題，〔既然我們招喚了〕最優秀的專家的關注與投入，這些來自歐洲各國的專家自我定位爲『科學家』或『操作者』。

「在前述此第一個理由外，我想再加一個比較個人的想法。我一直認爲，如果人文科學必須以歷史學爲中心建立必要的一體性，而歷史若無法成爲一門符合時下需求的科學，此一體性是無法建立的。歷史學家十分關注十三到十八世紀間，那對在座許多人而言還處於幼兒期的資本主義的誕生與茁壯發展，我實在驚訝於我們所面臨的諸多問題的連續性。彷彿經濟與國家間進行一場賽跑，經濟跑在前頭，無時不面臨被國家追過去的危險，但總保持領先，尤其在現下更是一馬當先。目前的勝利得來不易，結果也不是必勝的，然而，經濟總是有辦法閃避過國家嘗試加諸於它的規範，並將之變成對自身有利的遊戲規則。對我而言，這是在十六世紀普雷桑斯的市集，或十七世紀阿姆斯特丹的股市中即已看到的經驗：在我們眼下發生的一切，凡夫俗子只看到其中反射的光芒，我並不意外，但我很感興趣。祝福大會有其應得的成功，我向主辦單位及與會者致敬，向加斯帕里尼校長、博科尼大學、整個義大利、向歐洲—正在成形的寶貴的歐洲致敬。」

50 博科尼大學，Université Bocconi / Università Commerciale Luigi Bocconi，創建於一九〇二年義大利米蘭的私立大學，專長為經濟學、財經管理等。

51 人文科學之家，Maison des Sciences de l'Homme，布勞岱爾於一九六三年創立。在支持與推廣人文與社會科學上以及國際多方學術研究合作上扮演重要角色。

第二部

美洲

第1章　另一個新世界：拉丁美洲

美洲大陸有兩大文化主體，「亞美利堅」，是美國——美利堅合眾國（以及秤不離砣的加拿大），這是無庸置疑的新世界，「未來生活」的美好實踐。另一個美洲，廣大美洲大陸的另一半，最近似乎被冠上「拉丁」這個形容詞；最初是法國先開始使用（約一八六五年左右，當時並無任何背後意涵），後來歐洲各國也如此稱呼。這是具有一體性與多樣性的美洲，色彩鮮明、戲劇化、內部則彼此撕裂分化。

先講述拉丁美洲，將可以避免立即的比較，避免以我們所習慣的北美洲式的重大進步壓垮南美，也才更能細細觀察、審視拉丁美洲：其卓越的人文主義、其所面臨的特殊問題、及其不容忽略的進步。曾經，拉丁美洲比北美洲更為先進，曾是最初的那個富庶的、令人趨之若鶩的美洲；這已成往事，時機反轉了，目前南美洲處境不甚樂觀，烏雲壓頂，太陽始終沒能真正升起。

空間、自然與社會：文學的見證

拉丁美洲比世界上任何地區更快速地不停變遷：昨日的印象，明日可能就不具任何意義、甚或會給予錯誤的訊息。

若無法親臨目睹，至少必須讀讀拉丁美洲令人激賞的文學作品，直接、不拐彎抹角、眞誠坦率投入：這許許多多的心靈旅程，提供遠超過任何專題報導、社會學、經濟學、地理、歷史研究，更爲清晰的見證（其實，史學研究經常是十分傑出的）。

文學更是揭露了無價的鄉土的芬芳，以及獨樹一格的社會，儘管開朗好客，卻總是神秘的。

● 拉丁美洲是個廣袤的空間，人口稀疏地分布其間。土地太過空曠，空曠得將人淹沒其中。

自從空運巧妙地縮短、征服了巨大的空間尺度，並使距離更爲人性化後，國外旅行者越來越容易忘記拉丁美洲是個極其廣袤的空間。

不久前，只需要六小時就可以穿越亞馬遜盆地，當然是用飛的，因爲亞馬遜盆地極難步行穿越（「那裡可是森林哪」，巴西人會這麼說）。雙引擎輕型機可以飛進昆布雷谷地[1]，飛越阿根廷與智利間的安地斯山脈，一會兒靠這頭的風推升，一會兒又靠開闊谷地的風抬升，剛剛好垂直於齒軌鐵路小火車[2]，飛於山脈群峰之間。今天，四引擎飛機每天都飛越這個障礙。安地斯山，只不過是十到十五分鐘在陽光下閃耀的冰河景色，接著便飛入廣闊

1 昆布雷隘口，Col de la Cumbre / Paso de la Cumbre，海拔三八三二公尺，位於智利與阿根廷邊境上。

2 齒軌鐵路小火車，利用齒輪咬合帶動的鐵軌系統，通常用於坡度較陡的山區，可征服坡度達百分之四八。

圖 18　西語美洲與葡語美洲

西語美洲在人口數與土地面積上均勝於葡語美洲，且相對人口密度較高。

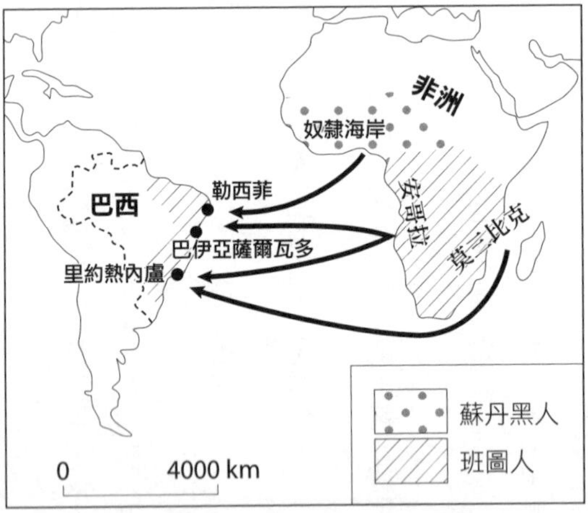

圖 19　南美洲黑人來源圖

的阿根廷平原、或是飛往智利海岸。尤其目前航空運輸在拉丁美洲日益普及、四處蓬勃發展。

然而，事實上，只有權貴才能如此快速移動、奢華旅行：昨夜北風在墨西哥城內院子裡的綠葉上降了霜，今天就飛到溫暖的猶加敦半島，或者維拉克魯斯[3]，或者降落在阿卡普爾科[4]如天堂般開滿花朵的太平洋海岸附近。同樣的，只有貴重或報酬率高的貨品才會空運：智利的海鮮，空運到布宜諾斯艾利斯；上等的肉品或是活牲口，由門多薩[5]以空運翻越安地斯山脈，送往聖地牙哥或是送往智利北方荒涼的礦區。

儘管表面看似先進便捷，此種對於空間距離的新認知仍是少數的例外。里約熱內盧機場每分鐘都有飛機起降，然而載運的旅客數佔總人口只是極少數，眞要說，就僅限於南美洲的資產階級而已。飛機在南美洲並不扮演如歐洲交通網密布的**大衆運輸工具**（火車、巴士、私家車）的角色。

拉丁美洲過去生活在以人畜步程來計算空間的世界中，現在依然如此。不是以鐵路的速度爲概念，鐵路尚不普及；也不是以公路路程來計，有些道路品質不錯，但是公路仍不多，尚在興築中、或在永無止盡地修補中。拉丁美洲仍帶著種種發展落後的印記。

正是因爲此距離的限制，所以要隨著想像去旅行，如葉南德茲一八七二年創作的《高喬人馬丁費耶若》[6]講述英雄年代的〈彭巴草原上放牧牛羊的民族〉高喬人，或者天才貴拉第斯所創作（一九三九年）《塞昆多松布拉先

3 維拉克魯斯，Veracruz，由西班牙探險隊建立於一五一九年的城市。也是墨西哥東部臨墨西哥灣一州名。

4 阿卡普爾科，Acapulco，墨西哥臨太平洋岸天然良港。

5 門多薩，Mendoza，阿根廷中西部安地斯山東麓山腳下之一城市與省份名稱。經濟活動主要為食品工業。

6 葉南德茲，José Hernandez（一八三四—一八八六），阿根廷詩人、記者、政治家，被視為阿根廷國民文學代表。《高喬人馬丁費耶若》，葉南德茲一八七二年創作的敘事史詩，為阿根廷文學主要作品之一，有七十種以上語言譯本。

生》[7]講述阿根廷彭巴草原上最後一位四處自由流浪的高喬人，還有庫尼亞的《腹地》[8]（一九〇二年）描述巴西東北部「四邊形」乾草原中的乾旱與饑饉；或者閱讀曼西利亞[9]（《朗克爾印第安民族記遊》）每日爲布宜諾斯艾利斯論壇報（一八七〇年）所寫，敘述阿根廷一望無際、仍有印第安人居住的廣闊內陸的美麗文字，或者閱讀化歸阿根廷籍的英國人哈德森（一八四一年生，一九二二年卒），對於當時一片荒蕪的巴塔哥尼亞高原的敘述。

此外還有德國人亞歷山大洪保德（一七六九年生，一八五九年卒）、法國人奧古斯丁聖西萊爾（一七九九年生，一八三五年卒）寫得唯美的遊記，兩位外國旅行者都對他們所描述的國家深深著迷，他們的著作也理所當然地被歸類於南美洲文學的範疇內。

在這些典型的遊記中，最鮮明的印象莫過於驢隊，有著固定路線、差不多的時程、供人、畜、貨品歇腳過夜隔日再啓程的「驛站」、「牧場」。這些驢子商隊，可以說就是最早的貨車、最早的鐵路……，是征服廣大空間最初而原始的辦法，且今日依舊遍布四處。以我們看來，如果說南美洲人不如西歐人那般安土重遷，而會輕易地離開自己的土地，那實在是因爲土地太充裕了。時至今日，例如在巴伊亞州境內，依然可見成群結隊的牲口如十六、十七世紀般穿行南美大陸，終點走到傳統的牲口市集。這是一種型態原始、低成本的開發方式，一種廉價的資本主義，因爲土地是「無需成本的」，或者是極低廉的。

如果說，如此廣大空間使人迷失、被淹沒其中，那麼那些距離歐洲大城、或殖民母國首都需旅行數月的城市，以及那些比義大利或法國國土還要大的省份，在過去幾乎是自治，因爲沒有更理想的辦法，也因爲，過活要緊。「美式民主」中的「自治」，在某種程度上可說就是南北美洲空間的產物。此偌大空間，只要沒有被征服，就足以緩衝、保存一切。

● 昨日的偉大夢想是，讓鄉下人脫離蠻荒的大自然。南美洲的自然環境在過去與現在持續造就著了不起的吃苦耐勞的人們：彭巴草原的高喬人、巴西的卡波可羅人[10]、墨西哥的農民、沒有特殊技能的農場工人。一旦，有一個真正的領導人，這些農工隨時準備起義如一九一一年至一九一九年間於墨西哥領導農民的偉大的薩帕塔[11]。

然而，問題的重點不在於使人民脫離貧困這個造成「蠻荒」的主因嗎？所有十九、以及二十世紀熱血的知識份子，都如此夢想過。並非如馴化野馬般地馴化人民（除非必要），而要教導人民如何過生活、如何照顧自己、讓他們讀書識字。如此迫切的工作，仍有待完成：今日仍有一群群充滿熱情的教師、醫生、公共衛生推行者共同在各地努力推動。

這些鄉下人、這些蠻荒英雄，當然在十九、二十世紀的小說中佔有一席之地，這些過往的小說呈現這些英雄與文明間的一場眞實的愛的決鬥。此具象徵性的情感經常造就出不失爲見證的愛情小說，只消再一筆畫就會變成描寫殘酷事實的黑色小說了。

7 《塞昆多松布拉先生》，**Don Segundo Sombra**，貴拉第斯出版於一九二六年之田園小說，為高喬文學代表作之一。貴拉第斯，**Ricardo Güiraldes**（一八八六—一九二七），阿根廷小說家、詩人。此處布勞岱爾於原書中此括號內一九三九年不知何意，該書作者逝於一九二七年。是否為法文本出版年？

8 《腹地》，**Os Sertões**，紀實文學，記載了十九世紀末農民戰爭。作者庫尼亞，**Euclydes de Cunha**（一八六六—一九〇九），巴西作家、社會學家、記者。

9 曼西利亞，**Lucio V. Mansilla**（一八三一—一九一三），阿根廷將軍，同時也是記者、作家、政治家。

10 卡波可羅人，**Caboclo**，巴西用以稱呼歐洲白人與美洲印第安人混血的後裔，為今日亞馬遜盆地人口最多之民族。

11 薩帕塔，**Emiliano Zapata**（一八七九—一九一九），一九一〇年墨西哥革命領袖之一，是墨西哥民族英雄。

《高喬人馬丁費耶若》（一八七二年），主角是個住在阿根廷彭巴草原的粗野人，但是個基督徒，這是他艱困生活中的第一甜美之處，此外還有詩歌，也是他生命中的甜美——他會吟唱、且會創作韻詩，他爲此相當「自豪」。這點榮譽感，經常表現在破壞使人靡爛的「雜貨小酒館」的行動中。「雜貨小酒館」是過去在鄉野中有防搶的簡單武裝、有賣酒……的小屋。《芭芭拉夫人》是加列戈斯（委內瑞拉一九四八年政變時下台的進步主義派總統）創造的女主角，她的名字是特意挑選的：美麗、光彩耀人、蠻橫、俗氣而且沒教養；她有優點也有缺點，使她可以無法無天、爲所欲爲。然而她卻無法征服那被一連串的偶然帶來的天眞、溫柔且親切的「法學博士」。來到這片以畜牧維生的洛斯亞諾斯廣大草原，必須以小舟無比緩慢地上溯至河流的盡頭，給人充分時間瞄準獵殺沉睡的美洲鱷當消遣。而這位博士的形象靈感來自水牛比爾……。《黑妞安古絲蒂亞》使其作者岡薩雷茲榮獲墨西哥國家文學獎（一九四四年），這位女主角也是美麗、天眞、同時也是心狠手辣的盜匪首領，我們必須接受如此女主角的形象，否則小說無法成立。某天早晨，在一位教她識字的寒酸家庭教師面前，奇蹟發生了：這頭天眞的母老虎突然變溫柔了。安古絲蒂亞嫁給他的家庭教師，也嫁給文明。

這一脈的小說並非全是此種感情豐富的色調：哥倫比亞人荷西奧斯塔修利維拉的《佛拉珍》（一九二五年）是一部悲劇史詩，主角被亞馬遜雨林吞噬。不過，不論是愛情小說或黑色小說，怨懟、怪罪的都是大自然，那個令人變得野蠻的大自然，而只需要征服自然，便可同時教化並解放人。如果我們採信蘇柏科索[12]的說法，智利的悲情都來自其「瘋狂的地理」（語出一九四〇年《一部瘋狂的地理》）。

這些是昨日的文學、昨日的世界觀，今日正一點一點逐漸消逝中，有些令人惋惜。

● 一種社會抗爭與農民抗爭的文學興起：今日，文學最佳主角依舊是因自然環境、開闊空間、或貧窮而與世隔絕的苦難生活，但被包裝成為一種全新的、暴力、直接、色彩鮮明的抗爭文學，而主角則變成社會的受害者，甚至是文明的受害者，勇敢面對蠻荒的自然與人生的逆境。

這種文學標誌了一個轉捩點、一個新的時代：見證了一種對於南美洲問題前所未有的突然覺醒，也見證了對於等待「文明」帶來好處已逐漸失去信心。這也是南美洲文學晦暗的寫實主義與悲觀的原因。

阿祖耶拉（一八七三年生，一九五二年卒）的小說《底層之人》（一九四二年）[13]，不過是一聲長嘆，將我們帶入墨西哥這場少說起自一九一〇年的革命，這場「未完成」的無名革命涉及多個面向，建構了現代的墨西哥，也造成可能有一百萬無辜性命的死亡。這些革命士兵的故事（作者親眼目睹這些士兵傷亡，因為他曾是其中一個革命團體的醫官），是手無寸鐵的窮人面對無情社會的悲慘故事，富人太富、太蠻橫，窮人太窮、太多、太無知。

知名作家亞馬多[14]的多部小說都撰寫關於巴西東北部，那個饑饉、人口外移、始終貧窮的地方，美麗、卻前所未聞的暴力。儘管有著政治色彩、辯護意味，這些小說仍是這個令人無法置信的原始鄉野以及饑荒悲劇，極致而寫實的見證。在一片幾乎仍處於封建年代的鄉野中，人們甚至無法嚐到土地的甜美滋味。

12 蘇柏科索，Benjamin Subercaseaux（一九〇二—一九七三），智利作家、學者，一九六三年智利國家文學獎得主。

13 《底層之人》，暫譯，Los de Abajo，阿祖耶拉創作於一九一五年於報紙上連載、一九一六年出版的小說。阿祖耶拉，Mariano Azuela（一八七三—一九五二），墨西哥作家、醫生。以一九一〇年墨西哥革命為題材創作多部小說聞名。此處布勞岱爾原文括號內一九四二年指何事不詳。

14 亞馬多，Jorge Amado（一九一二—二〇〇一），巴西現代主義作家。

我們讀得越多，也會發現越多這類苦難見證。隨著作家伊卡薩[15]，我們來到厄瓜多，一個在地圖上很小的國家（事實上，以四十五萬平方公里[16]的面積，比義大利還大，幾年前，當時厄瓜多只有兩百萬居民，毫無困難地容納了一百萬的移民）：敘述裴雷拉（一九三四年出版之《家門口》[17]的主角，一九四六年法文譯本）與家人取道一條崎嶇的驢子山徑，前往遠離基多、位於高山上的莊園。裴雷拉的女兒相當愚蠢地被一個印第安人騙了，他當然不能讓女兒在城裡產下私生子。在山裡，這個不被期待的孩子的誕生不會驚動任何人。詭異的登山路程，他們來到水深的沼澤邊，驢子陷於爛泥中，所有人下驢步行，此時，「三個印第安人，以袖子抹去霧氣結在臉上的寒霜，準備揹起他們偉大的主人們；他們掀起套頭斗篷，將寬鬆褲管高高捲到大腿上，脫下毛呢帽，將斗篷捲在頸部如同圍巾般，寒風穿透身上棉衣的孔隙與磨損處，他們暴露在蝕骨的寒風中……。三個印第安人將這一家人（父親、母親、女兒）扛在肩上，從驢背上移到人背上」，一行人繼續在泥濘雪地中往山裡前行……。

強而有力的文學，永遠都很動人。也許，正因爲殘酷的社會現實，南美洲文學主要圍繞著激烈的土地問題，只自滿於探討鄉間的苦難，忽略了工人、工業區、或者遙遠礦區的悲慘生活。文學仍未以此爲題材。關於城市生活之苦且十分動人的一個見證（除了那些只對少數專家有意義的社會學研究以外），出自一名生活於聖保羅貧民窟幾乎不識字的巴西黑人女性卡若琳娜瑪莉亞耶穌[18]所寫的日記，不算文學作品，也不屬社會學研究，而是最原始純粹的資料（法文譯本《垃圾傾卸場》[19]，一九六二年斯朵刻出版）。

除此少數的例外，每部文學幾乎都描述鄉間的苦難生活，一種毫無任何希望的貧困，而唯一的解藥似乎唯有起義、唯有反抗、唯有革命。這無疑也是爲何帶有濃重鄉民色彩的古巴卡斯楚革命時，能在拉丁美洲引起如此大迴響的原因。不論這場革命未來如何，都標誌著一個具有歷史意義的時刻，至少，所有拉丁美洲知識份子，不論其個人理念爲何，都認爲絕對有必要認眞檢視政治、社會問題，並提出解決方案。

面對多種族問題：幾乎如兄弟般友愛

不過拉丁美洲已經知道如何解決，或者至少正在解決其所面臨的重大問題之一：種族問題。

北美洲與南美洲之間首要且非唯一的差別，便是南美洲對於種族偏見所表現出來日益強烈、堅定、自發的自由主義思想。當然，在膚色問題上，並非一切完美。然而，世上哪個角落可以做得更好？或者與南美洲一樣好？南美洲在這方面實是一巨大成就。

歷史的發展毫無預警地將世界上三大主要人種聚在一起，黃種人（稱印第安人爲「紅人」是錯誤的）、黑人、白人，三個人種都很強悍、誰也不讓誰。

前哥倫布時代的美洲有其一貫的各色文明：阿茲提克（以及馬雅）——大致而言的墨西哥文明；安地斯山地文明——高山上大致統一於印加帝國「假社會主義」權威之下的一系列璀燦文明；以及此外其他廣大新世界的各種原始文化等，如果這些一直是南美洲唯一的文明，那麼也就不會出現種族問題。

如果，十五世紀末的歐洲是個人口充盈的國度，且有能力以法治制伏一切問題；如果歐洲不是那個總人口數

15 伊卡薩，Jorge Icaza（一九〇六—一九七八），厄瓜多作家。犀利寫出印第安民族認同問題。

16 此處書中原文為四十五萬「公里」，疑應為「平方公里」。厄瓜多目前國土面積為二十八萬三千餘平方公里。

17 《家門口》，暫譯，Huasipungo，書名為南美原住民奇楚瓦語，意「家門出入口」，有中譯為《瓦西邦哥族》，法文譯本書名為La fosse aux Indiens《印第安人坑》。

18 卡若琳娜瑪莉亞耶穌，Carolina Maria de Jésus（一九一四—一九七七），一位住於巴西聖保羅貧民窟的鄉民，以其日記聞名。

19 葡萄牙文原著書名Quarto de despejo，英文譯本書名Child of Dark《暗地之子》，法文譯本書名Le dépotoir《垃圾傾卸場》。

不過五千萬汲汲營營於（且被迫）掙一口飯吃的小世界，只有少數人能前往美洲冒險的世界，那麼這個種族問題也不會發生。**整個**十六世紀間，可能總共只有十萬人自塞維亞出發前往新世界。如果他們能夠主宰一切，他們眞有能力掌握美洲世界嗎？

第三個問題則是，如果幾內亞灣沿岸，以及整個非洲沿海地區不曾提供黑奴，生產糖、咖啡、金砂所需要的黑奴的話，也不會有這個種族問題。

這三個種族於是彼此相遇：沒有哪個種族強大到足以殲滅其他種族、或說沒有誰強到想要嘗試滅絕其他人。儘管有一些無法避免的衝突，他們被迫共同生活，彼此習慣、相互融合，並達到某種程度的包容與相互尊重。

● 在種族方面，總而言之，沒有什麼比今日各種族的地理分布位置更清晰的了，歷史可以說明一切。

最早的白人征服者遇到的是印第安文明，這些白人想必十分野蠻地對待這些文明，一切差點化爲烏有。除了征服帶來的破壞蹂躪，還加諸了更大的災難——剝削開發與奴役。原住民人口令人無法置信地銳減，還停留在傳統部落生活（從事游耕，通常以樹薯爲主食）的各個地區，幾乎都在與歐洲人接觸的瞬間就被滅絕，唯有少數極難深入之地，例如亞馬遜地區，白人極少涉足或較晚到達，才有部落得以存活。

不過，**眞正有深厚底蘊的印第安文明，成功地倖存**。手無寸鐵、缺發良器（沒有輪子、沒有鐵器、沒有火藥、除了大羊駝以外也沒有馴養家畜），立即遭直搗核心（當時名爲特諾奇提特蘭[20]的墨西哥城、以及庫斯科[21]），一敗塗地，成爲敵人輕易到手的獵物。儘管如此，由於人民彼此團結互助而維繫了族群命脈。今日，墨西哥驕傲的自稱爲「印第安之地」。安地斯山的高原上，傳統的原住民生活依舊存在，貧窮、但充滿活力、固守傳統，與土地緊密連結。

自十六世紀起，**因氣候、經濟作物、金砂或金礦脈、城市的繁華的需要，黑人被命運的偶然輸往這些需要奴隸之地**，並一直待至奴隸制結束。之後，黑人往往遷居沿大西洋岸活躍的工業中心，以及所有缺乏印第安勞動力之地。於是，黑人主要分布於巴西的北部——巴西殖民地的核心，並且在巴西所有現代大城市內佔有極高的人口比例。在安地列斯群島，更是到處都是黑人。

至於白人，其對於美洲的佔領至少可分爲兩階段，兩階段都帶來不同的族群問題。**征服之初**，白人落腳於其所能夠生存之地，通常是當地主要印第安文明的框架內，白人在這些地方找到「子民」，找到人供應他們吃喝，例如當時西班牙主要殖民城市：墨西哥城、利馬（征服者所建之城）、以及在安地斯山上今日玻利維亞境內爲了開採銀礦而建的波托西（另一個白人創建的城市，海拔四千公尺，一六〇〇年時十五萬人居住於此）。西班牙殖民時代的藝術，尤其是巴洛克風格的藝術，今日依然可見，講述著這些殖民城市新貴的光輝故事。而且，不要忘了，這些新貴主要是印第安人。

葡萄牙人在巴西只遇到了人數不多且分布零散的印第安人，於是輸入黑奴就變得很重要。殖民時代巴西大城市的人口組成以非洲人爲主：首都巴伊亞有三百六十五座教堂（一天一座）；荷蘭人於其短暫佔領期間（一六三〇年至一六六三年）開發的南美洲北部地區重要糖業中心——勒西菲；因淘金熱而發展於內陸的城市——歐魯普雷圖（意爲黑金）；於一七六三年成爲國家首都的里約熱內盧，這些城市人口組成皆以非洲人爲主。相反的，當時只不過是個小城的聖保羅，居民以探險家爲主，有一些白人和大多數的印第安人，以及被稱爲「焦木」的混血

20 特諾奇提特蘭，Tenochtitlan，阿茲提克帝國的首都，一五二一年西班牙征服者摧毀一部份的特諾奇提特蘭，並建築墨西哥新城於其上，做為西班牙美洲殖民地的首都。

21 庫斯科，Cuzco，祕魯東南部安地斯山脈中海拔三四〇〇公尺的城市，曾為印加帝國首都。

兒，葡萄牙語稱瑪梅洛克人[22]。

這些殖民時代的細節都昭示了克里奧人[23]在美洲各方面都是成功的：如安地列斯群島、（法屬）聖多明戈[24]、牙買加，這些產糖、之後產咖啡的島嶼。這些島嶼比其他任何地方都更吸引法國人與英國人。不過，四處都上演相同的戲碼：各地皆可見到原始的、中世紀的、奴隸制的、資本主義的生活，詭異地混合在一起。唯有甘蔗園主人、銀礦老闆、或金砂礦老闆，才與貨幣經濟有關係，這些人的奴隸或傭人與貨幣經濟是毫無關聯的。於是造就出奇特的、古老的家族型態（事實上，「家長」長久以來掌握家族成員以及奴僕的生殺之權），主人的大宅統御著一排排的奴隸籠屋。城裡有錢人的宅院如雨後春筍般出現（「索布拉多宅第[25]」，巴西殖民地時代兩三層樓的建築樣式），商店林立、也有生活悲慘、髒亂的貧民住宅區（過去在巴西稱之爲「棚屋」，今日改稱「貧民違章區」：儘管名稱不同或是建築材料不同，仍是今日許多城區外的「貧民窟」）。

拉丁美洲於一八二二年與一八二三年**脫離了西班牙與葡萄牙的統治**，同時也擺脫加的斯[26]與里斯本的商人後，隨即遭到**全歐洲的資本家**，尤其是倫敦的資本家，有系統地無恥開發，新獨立的國家對這些歐洲工業鉅子與銀行家而言，是天眞無知的客戶。一八二一年倫敦將打勝滑鐵盧戰役、有點過時的軍備品賣給墨西哥。

然而，在此同時，南美洲對於「歐洲移民」也比過去更爲開放（不再只是西班牙人或葡萄牙人），起先移民人數不多，多爲藝術家、知識份子、工程師、企業家，然後一八八〇年起隨著南太平洋蒸汽船航線的開闢，移民快速增加，大批來自義、葡、西，以及成千上萬來自其他歐洲國家的移民湧入。

這些移民在南美洲的處境各有不同：他們在巴西南部聖保羅以南之地致富（過去巴西的重心一直都在北部地區），在阿根廷與智利致富。在遼闊的空間中，這些移民宛如炸彈般，雖非一兩天內，卻是相當快速地，破壞了舊有的社會秩序。前述那位「法學博士」無法完成的事，由移民實現，移民創造了現代化的巴西、現代化的阿根廷、現代化的智利。一九三九年以前，歐洲旅行者可以在旅行途中，辨識出特別勤奮、令人激賞的義大利移民區，然後在南大河州、聖卡塔琳娜州、或者智利，赫然發現一個遠離祖國、遠離其戲劇化的歷史、卻忠於固有文化的德國移民區。

這些移民成就了開墾區、與先驅產業的光芒，也是這些移民前往幾無人煙的地區開墾，面對智利比奧比奧地區以南的「邊境」，面對昨日荒野一片的巴塔哥尼亞高原，或者在聖保羅州的野林中開發新的「咖啡園」種植更多咖啡樹：咖啡的種植相當耗損地力，所以「農場」必須要移轉陣地以尋求新的土地、新的林地，火耕焚林以取得新的種植園。這些都是耳熟能詳的例子，我們可以慢慢地一一敘述，只是以我們的觀點而言，有此必要嗎？

● **關鍵在於，各種族相親相愛、彼此合作，建立起他們各自的地位、建立起拉丁美洲。**

各種族間也曾不只一次地因社會問題發生衝突。**膚色的界線**，的確曾經是社會階級的界線。不論其膚色如何，致富的人、掌權的人，就突破了那條線。在祕魯，穆拉托人[27]與印第安人稱呼管理階層爲「白鬼」，因爲財富與權力大多仍掌握在眞正的白人手中。

22 瑪梅洛克人，Mamelucos。
23 克里奧人，créoles / criollo / crello，父母均為外來移民，誕生於殖民地之人，一般而言只限於指稱「白人」，即今日所稱「歐洲裔」。
24 法屬聖多明戈，Saint-Domingue，即今之海地，位於加勒比海地區一六一七年至一八〇四年為法屬殖民地。
25 索布拉多宅第，sobrado，葡萄牙殖民地的一種建築形態，兩層或兩層樓以上有小陽台的建築，為城市中富人的宅第樣式。
26 加的斯，Cadiz，位於歐陸的最西南角臨大西洋，西班牙安達魯西亞地區大城。
27 穆拉托人，mulato，指稱在殖民地區的歐非混血後裔。

前提是如果還有所謂「眞正的」白人，這很重要，大抵而言，各個種族已經大規模混血了。勒西菲的社會學家弗雷爾[28]開玩笑地寫道：「我們每個人血液裡都有一品脫的黑人血。」（當然他指的是巴西東北地方的人，但是這些東北人移民廣布整個巴西）。在聯姻混血頻繁的地區，如在墨西哥（白人與印第安人）、巴西東北部（黑人與白人），種族間的包容與友愛就比別處更爲明顯。

然而，即使在這些特殊的地區，也不是完全沒有磨擦。混血的南美洲長久以來都對遙遠的歐洲有一種複雜的自卑感，而歐洲也一直過於強調、鼓勵這種感覺，我們知道北美洲本身也是個壞榜樣。不過，對許多南美洲雖然是淺膚色但不是百分百白人的知識份子而言，到美國旅行是一堂負面學習課程、一堂必要的包容的學習課程，透過比較，而更愛自己的國家、更愛自己的一種珍貴學習。

所有對於膚色的複雜心緒與先入爲主的想法並未如魔術般地消失。一九一九年刮起一陣大風，直到一九三〇年、甚至一九四五年以後：在第一次世界大戰的那些瘋狂事、在經濟大蕭條（一九二九年以後）、甚至在第二次世界大戰的那些恐怖事件之後，還有辦法像以前那般愛歐洲嗎？（愛。那，敬重嗎？）南美洲逐漸建立起自信，成爲自由、好客的國度。這是個緩慢、且尚未完成的轉變，但確實繼續進行中。遵循著嚴謹的文學傳統，社會學家弗雷爾不再使用小說或散文的詩意語言，而改採新興的人文科學的犀利文字。弗雷爾早年的幾部著作於巴西出版，標誌了這個國家一個重要的轉捩點，巴西成爲南美洲面積最大、最人性，可能也是新世界最富人文主義思想的國家。同樣的，一九一〇年起支持印第安人的墨西哥革命，除了開啓一連串政治改革、或農業改革外，也展開了其他面向的革命，打開了希望之門。

然而，種族平等與博愛兼容在各地稍有程度上的差異，通常會遭遇來自過去社會階級的障礙。而且，拉丁美洲也存在某些完全是白人的國家，如阿根廷（只剩下少數印第安殘餘人口分布於遙遠的北方或是南端）。根據人類學家，其他國家的混血族群已產生了新的、具有相同特色且穩定的民族種類，例如哥斯大黎加，或其他國家無疑也是。

雖然，在某些國家，族群友愛的精神並未完全發揮，或無法展現，但整體而言，族群共融共和，是南美洲的一個重要特色，一個主要、非常討人喜歡、且具有識別性的特色。一位從美國返鄉的南美洲旅行者，到了巴拿馬運河後非常開心：看到各式各樣膚色、聽見大嗓門爽朗的語調、聽見這些歌謠，無疑地，是回到家了。

經濟、受考驗的諸文明

儘管其閒散安逸、歡愉、動感、與民間節慶的熱鬧，拉丁美洲不停地爲面對當今世界所苦，也爲過去所苦。拉丁美洲也是一塊「悲傷的大陸」（語出克士林[29]）。

如同所有開始進行工業化的國家一般，南美洲也面臨到必須重新檢視其結構、與做法的問題，而此衝擊對南美洲而言格外難以承受。

實際上，是衝擊了一個在變動中、不穩定、充滿不確定性的世界，一個經濟上與社會上都結構不良的世界，因爲過去數百年來，南美洲的社經結構不斷地被摧毀又被概略地重建；一個矛盾、衝突的世界，在這個世界中，原始而基本的生活型態，毫無過度地，與超級現代的生活型態並肩共存；整體而言，是一個充滿活力的世界，很難定義、很難管理、很難領導。

28 弗雷爾，Gilberto de Mello Freyre（一九〇〇－一九八七），巴西社會學家、人類學家。

29 克士林，Hermann von Keyserling（一八八〇－一九四六），德國哲學家。

●經濟漲跌是無法預測的波動，美洲苦苦追尋改善物質生活環境，數百年來囿於條件經常落敗而鮮少受益。

南美洲應該只不過是跟隨著國際經濟情勢起伏。只是當很多人互相牽著手繞著圈跑時，若不是爭取領先成為主導，便是以落後者姿態成就驚人的一躍。南美洲便是此落後者，辛苦地嘗試躍出水面的鯉魚，如果想要不惜一切代價地生產、並低價販售糖、咖啡、橡膠、牛肉乾、硝酸鹽、可可豆，得要加緊經濟發展的腳步。可是每一回，在一圈圈的「週期輪迴」中，南美洲總會毫無預警地突然失速。

這個過程是南美洲過去與現在經濟問題的關鍵。南美洲的經濟一直以一種「殖民地型態」的經濟模式，且在脫離殖民後，仍繼續以一種「依賴經濟」的形式，屈就於全球對原物料的各種需求。

外國資本家（或者國際大企業）與大地主或各地政府結盟，將生產模式導向可供出口的初級原物料，迫使所有的產地將所有的心思、人力、資源都集中至某單一產業上，而忽略其他方面的發展。長期而言，經濟的發展應該能夠給全國經濟帶來正面收益，然而市場需求善變，經常使這些投資付諸流水，而必須將所有的努力瞬間移轉到其他領域，而且經常是轉移到其他地區去。

多元的氣候、廣袤的空間，使南美洲得以承受這些驟然的方向變化；然而以一個國家的角度而言，這是對空間與人力資源極大的浪費，**造成各地都無法建立起永續、穩定、健康的經濟發展結構，也不利於農民階級生根發展。**

最早的經濟發展週期，始自與殖民征服同時展開的對於貴金屬的開發：十六世紀之前開採金礦、直到一六三○至一六四○年代左右開發銀礦（主要是墨西哥與波托西的銀礦）。金銀開採的代價慘痛：如果沒有殘酷無情地徵調印第安人前往波托西，誰會願意在海拔四千公尺、缺乏木料、糧食、有時還缺水的寒冷高山上，開採礦藏、冶煉金銀？銀條被運往太平洋岸，運往利馬的港口卡亞俄港，船運至巴拿馬；先是透過驢子駝運，接著經由查格雷斯河上的駁船來到加勒比海岸，然後西班牙的船隊再將這些銀條運往西班牙。

那麼，在這龐大體系中，獲利的是誰？商人、西班牙「官員」、當時已出現的跨國企業家——如熱那亞商人、西班牙國王授權的債權人……等。獲利的當然不是南美洲，金條、銀幣、國內貨幣持續地被掏空，換來的是一些布疋、麵粉、幾罐油、幾桶酒、黑奴……。

十七世紀時，波托西銀產量下降，於是突然之間可憐的西屬美洲便幾乎陷入自生自滅之境。

一六八〇年時，輪到葡屬美洲的黃金熱，這回投入的是黑奴的人力。黃金開採於一七三〇年左右趨緩，在此同時新西班牙（今墨西哥）的銀礦又復甦了。當時巴西的米納斯吉拉斯省（葡萄牙文意爲「大礦區」）也開採殆盡，正努力地轉型生產棉花。

在養殖業方面也是同樣的週期輪迴，直到今日阿根廷養殖業仍存在各種變化形式；糖業的始於幅員遼闊的巴西，於十七世紀末時擴展到加勒比海安地列斯島群（牙買加、法屬聖多明戈、馬丁尼克）。巴西十九世紀特別耀眼的咖啡的經濟發展，需要大量土地，逐漸往內陸延伸發展。阿根廷的查科省[30]，在過去是遍佈夾竹桃科屬——一種富含單寧酸的灌木的地區，一九四五年以後開始狂熱地發展棉花種植……。

此種只生產單一產品、只種植單一作物的「諸週期輪迴」，寫一本書也講不完。眼下，如此災難性的體系應該來日不多了，各領域眞正的工業與國家經濟正萌芽。只是，整個南美洲經濟結構都遭受過去此種不理性發展深深影響：突然興起、驟然中斷、不停地移轉遷徙；每一次，某個省、某些城市因此活絡、隨後遭廢棄，或者比較好的情況是被迫轉型，通常所費不貲且成效有限。

30 查科省，Chaco，南美洲原住民奇楚瓦語「獵場」之意，為西班牙征服者到來前原住民之獵場。位於阿根廷北部的一個內陸省份。

●在週期性的轉變後隨之而起的是嚴重的危機，其毀滅力足以使一個強國的經濟瞬間倒退。

我們只舉一個例子，是今日阿根廷糟糕的現況。

阿根廷於一八八〇年左右開始繁榮，自其古老結構中完全轉型，短短幾年內就成爲外銷歐洲市場的傑出穀類與肉類出口國。布宜諾斯艾利斯周圍廣大的彭巴草原，在此之前不過是個滿佈各種野生動物族群的荒漠，高喬人在過去幾乎僅只爲了出口皮革而捕獵。

這片有點像美國大草原的平坦原野，變成小麥種植田，並養殖一種經過特別挑選、悉心照料餵食的牲畜的牧場。

一九三〇年以前（如果不考慮一八九〇年到一九〇〇年間艱難的十年），阿根廷一切都突飛猛進地蓬勃發展：首先是大量的義大利移民，造成人口成長；由於持續規律的出口需求，使得產量增加；繼之而起的是設備的增加（穀倉、磨坊、冷藏設備……），隨後自然也發展了輕工業。受薪階級購買力提升、資本利得增加、國民擁有轎車的平均數也達到最大值。

一九三〇年起，危機已經開始了，但在一片普遍的幸福中還感受不到。之後的戰爭，對於所有原物料出口國都是有利的，延後了衝擊的發生。然而一九四五年起，由於世界市場農產品物價巨幅下跌，阿根廷的經濟全面而急速地惡化。「官方」數字公布一九四八年起國民年均所得平均「每年」減少百分之零點四，不過，美國的經濟學家評估至少應該少了兩個百分點；國民平均投資率則下降更多且更快，平均每年減少百分之三；貿易出現赤字；民眾的薪資與生活水準大幅下降，連帶影響到對於國內發展得還不錯的產業的消費支持也降低（紡織業、食品業、皮革業等）；失業增加；即使城裡無法提供任何工作機會，鄉村人口還是湧入城市，使城市急速膨脹（阿根廷全國有百分之五的人口住在貧民窟中）；能夠拯救國家的工業化也停止了。完全看不到明天，甚至連國家預算也在破產邊緣。

簡言之，在第二次世界大戰前，阿根廷因為氣候、肥沃的土地、與人力，曾經是南美洲最富有的國家，今日也許還不是最窮的——百足之蟲死而不僵，但卻是「退步最快的」國家，幸福感被絕望所取代。此即為何過去幾年來布宜諾斯艾利斯一直處於政治危機中。

阿根廷經濟學家認為，過去由於對牛肉與小麥的爆炸性需求而形成的農業結構，如今是有害的，他們的想法也非全無道理。相對於眾多「反經濟的」迷你農場只共占百分之三十四之可耕地，一些大型開發者擁有百分之四十二的土地與百分之六十四的牛隻。這個情況，無疑的，就是使國家無法進步的主要障礙，必須要進行土地重分配，以保障合理的產量，重建國內市場，往後才能發展工業。

●經濟發展不連貫對現代工業化是一大障礙：南美的發展普遍造成許多不連續、失衡的經濟體。

各地均可見交通連絡道不足或不合理的狀況：這些道路當初不是為了發展國內經濟所建，而是為了連結產地與出口港所建，所以在這些道路間的廣大區域內竟無任何可相連接的道路。即使各地都建有機場，也只能解決部份問題。我們先前提到讓他的印第安人揹著走的故事主角裴雷拉，才不感恩他能夠不用涉水的這個特權呢，他嘆氣道：「唉，父親當初夠聰明的話，應該要強迫他所有的『奴工』來築路。那我們今天就不會落得如此了！」

其他不協調之處還有：在相對高度發展的區域，與未開發地區或是發展後被遺棄的地區（我們知道的有巴西內陸幾個詩情畫意的小城市，如與世隔絕般過著彷彿中世紀小城鎮的原始生活，唯有幾棟貴族的房子見證昔日榮光的米納斯維拉）之間的強烈對比；「已開化的」區域通常只侷限於沿岸地區，臨海、與出口的主要交通動線相連之地。

最後一點是，南美洲缺乏如歐洲已具有千年歷史、根深柢固的農業經驗。

瘋狂投入唯利是圖的單一作物栽植，變成外貿商資本倉促建立的廣大莊園，然後當市場需求變化時，突然間產業與空間同時被遺棄。大多數的鄉村人口變成手足無措的農工，失業，只能前往鄰近的城市尋找並不存在的出口，或者往其他地區移民。此亦爲何南美洲會出現此種明顯的矛盾，在某個不乏土地、人口中有六到七成是農業人口的地方，卻沒有維生的糧食作物，或者糧食產量不足。因爲，一方面欠缺「根深柢固」知道如何耕耘土地的農人，另一方面，土地分配問題嚴重到足以妨礙農人落地深根，並影響正常的農作生產。這一切使我們聯想起俄羅斯的「農奴主」。

除了這個不合時宜的農業世界，工業也在部份地區發展——一般而言是沿海地區，這些地區曾於不久前開發過，而累積有當地人的財富或外來的資本，也有因與歐美往來而較醒覺之人，一些因移民而增加的科學或技術方面的領導階層，種種條件使得這些地區得以進行產業轉型，由農產品出口轉爲發展工業。有時結果是令人讚嘆的：非常現代化、有大量摩天大樓的城市如雨後春筍般出現，如巴西的聖保羅，就是個驚人的例子。

結果是，南美洲的經濟具有雙重性：一個已開發的面向，甚至相對來說是高度發展、極度工業化的現代生活；與之並肩共存的，是幾個廣大、非常古老、非常原始的農業生活的面向。**此種分裂日益嚴重，因爲新的發展總是集中於已開發的地區**。

巴西的例子與阿根廷截然不同，巴西發展啓始得相當晚，大約一九三〇年左右，直到大戰後才認眞地加快速度。過去這十五年來，巴西的產量倍增，一九四八年至一九五八年間國民平均生產毛額每年平均成長百分之三，在此期間，聖保羅、里約熱內盧這些城市的建設速度，遠超越美國那些著名的快速生成的城市。起初發展的是紡織工業與輕工業，不久前開始發展重工業。這些數據說明了一個傑出的經濟成長。

理應如此。此成長主要歸功於工業發展，然而，與此同時，農產量幾乎沒有隨人口增加（大約每年百分之一點五）的速率一起成長。巴西境內已開發的農地面積只占百分之二！將近百分之七十的人口居住——或說擠在這狹小的農業區內（兩千萬公頃），而且農獲效益「極低」。巴西東北部佔全國人口三分之一，且「全是務農人口」，因此全陷於饑饉、與各種因缺糧、營養不良引發的疾病中。

此種情況無法短期內得到改善，因爲私人投資、政府補助、貸款、甚至連北方出口（可可豆、糖、棉花、供榨油的各種果油植物）的外匯收入，一切的一切都投入已發展地區。

針對巴西或墨西哥，許多觀察家指出，事實上兩個區塊（已開發地區及仍與開發無緣的地區）正處於如同過去殖民母國與殖民地的關係。國家相當廣大的地區被犧牲了，無法投入生產，沒有收入，也沒有任何維持生活基本需求的消費。

爲了工業化的迫切問題，巴西政府的確必須選擇投資報酬率高的，看來最快能夠有成果的。然而，那最永續的呢？

過去幾年來，巴西工業擴張的速度已見趨緩，因爲國內市場不夠大，已經生產過剩。失業、通貨膨脹、生活物價飛漲，更是限縮國內市場的消費力。種種跡象顯示，必須要有一個重新檢討並改良農業的政策，才能促進消費，使人民擁有比較有品質的生活，在此基礎上才能穩固建構現代工業。

●社會問題：所有拉丁美洲工業化中的國家，大致上都同樣面臨必須要重新檢討社會結構的問題；這樣的檢視是迫切的，尖銳的社會問題更是雪上加霜。

發展中並從中獲利的社會，以及並未參與發展的社會，兩者間的距離不斷擴大，成爲一個衝突點。

另一個衝突點在於：南美洲人口增加的速度是全球最快的，一年約成長百分之二點五（非洲約爲百分之二，亞洲介於百分之一點三至百分之二之間），大量的鄉村無產階級變成城市無產階級，失業嚴重，比起在鄉下，他們在城裡生活更爲淒苦，生活在工業化社會的奢華近旁，卻幾乎沒有躋身之路。

近幾年所有的社會學研究，都肯定拉丁美洲今日的重大努力與成就：採用最新研發的現代技術，擁有完善的工業設備。南美洲本地或外來的建築師與工程師絕不遜色於其他國家的人才。然而人文方面的衝擊是恐怖的；緊鄰著秩序與富裕的，是混亂與窮困。

舉例而言，智利聖地牙哥最南端的華其帕托大煉鋼廠，在此工作的六千名員工「在技術上非常傑出且穩定。相對而言，一部份工人家庭的生活狀況則是極大的反差，公司爲（向調查員）揭露其困境，帶領我們參觀，經常是一家十口人擠在工廠周遭小小的隨意搭建的木屋。此處的情況至少遠優於鄰近的礦業城洛塔，我很少見到如此慘況，全身覆著黑煤的礦工們在休息時間癱坐在家門口，在髒亂的街巷中、在洛塔巴雅市場的攤位一塊佈滿蒼蠅與灰塵、發出惡臭的肉的四周，這裡、那裡，到處都是孩子，就如鄰近塔爾卡瓦諾[31]的貧民窟與河岸邊滿滿都是孩子一樣……。洛塔當地人告訴我，這些貧窮的孩子只有四分之一有辦法脫離這個悲慘的社區，四分之三的孩子都將繼續生活其中並在此死去。」（引自弗里德曼[32]）

對（巴西）南大河州聖熱羅尼穆的煤礦區、或對巴利維亞的錫礦的報導，也都顯示差不多的慘況。在南美洲幾個最大、最富麗的城市的郊區，甚至聖保羅四周，以及布宜諾斯艾利斯之市中心，工人生活現況一片貧苦；布宜諾斯艾利斯六百萬居民中，有百分之五十五是工人，其中百分之六十五來自外地鄉村。如同過去在歐洲的情形一般，這些鄉下人都是劣等的勞工，今天去某工廠，明天就不現身。許多企業每年人事流動率高達百分之七十五。這些鄉下人的無知使得他們的日子更加悲苦（到處可見未符最基本營養條件的生活，使得糧食不足的後果更爲嚴重）。我們所謂的技術勞工相當稀少，他們領有高薪，在幾個城市裡形成某種資產階級，與一般勞工的世界涇渭分明，極少團結互助。

於是，所有的一切都導致這個悲慘世界被遺棄、自生自滅。表面上南美洲的勞工法經常是我們所無法想像的高度自由開放，然而由法條文字到實際面，多大的落差啊！有工會，與其他工業化國家的工會相較，只是空有其名，南美洲的工會並未形成全國性的團體。簡言之，一個不幸、未受教育、毫無組織、通常目不識丁、往往與情緒化而浪漫（如斐隆主義[33]）的政治相連的勞動階級，缺乏任何無論是物質上或學術上有力的支持。如此形象預示了一個仍將持續艱困好一陣子的未來。

● 統治階級與菁英勢單力薄微不足道。

作家、可敬的教授、少數幾個政治家、一些受過高等教育的醫生、律師等，一群知識菁英勇敢地意識到這些新的問題。不幸的是，政治上、經濟上領導階級勢單力薄，正是南美洲另一個長期以來的重大弱點。工業成長的危機無情地摧毀了精緻、富文化涵養的舊社會，這個舊社會的確與這個新世界格格不入，但卻是那樣地親切可人！更糟糕的是還沒有什麼能夠真正地取代這個舊社會。

昨日，意指一九三九年以前，仍處於半殖民狀態下的南美洲，在政治生活與文化的小舞台上，只有幾位主角，他們安靜地主宰各項事務。他們是具有魅力、迷人、有教養的人，擁有數百、數千公頃莊園的地主，擁有豐富藏書，有些是真正文藝復興富麗的王子，每個都吸引著歐洲的記者、旅行家與知識分子。然而，在第二次世界

31 塔爾卡瓦諾，Talcahuano，智利最早的軍港、工業港。

32 弗里德曼，Georges Friedmann（一九〇二—一九七七），法國社會學家，於二次戰後建立了一支勞動社會學派。

33 斐隆主義，Péronisme或稱正義主義，一九四〇年代起於阿根廷由斐隆 Juan Péron（一八九五—一九七四)所帶領的群眾政治運動。

大戰前夕，我們已經感覺得出來他們在社會上窮途末路，不論是那些有重大責任的人——某甲幾乎擁有全巴西所有的英資產業、某乙是某迪爾邦化學會社的代理人、某丙掌握了所有公部門財政、某丁是夢想著要當總統的某州長、某戊則是草根起家的將軍；或是那所有高高在上、一廂情願地，從他們的書房、從他們的思想，從一個不真實的世界統治的那些人。這些人有點像我們十九世紀在專制的氛圍中，或者開明的父權主義氛圍中，追隨自由開放思想的貴族。

在這些人封閉的小圈圈外，有新興發展的階級，新致富的移民、與工業家，他們的兒子得以受一定程度的教育，經濟地位已開始如迅雷般竄升。

今日，社會發展已完成，時間療癒了一切。大致而言，是從大地主發展成爲工業家、銀行家。在巴西里約的海岸邊、或是內陸的彼得羅波利斯[34]，或在墨西哥的維拉克魯斯、阿卡普爾科、在墨西哥市有錢人居住的郊區、或者在墨西哥市南方的庫埃納瓦卡[35]，廣大美麗的祖傳地產變成家族豪華的度假屋。在此同時，城市也換上大型都會的面貌，豪華旅館林立，如美國般位於飯店頂樓三十樓的餐廳，巨型摩天大樓等，更遑論最近使其他城市都黯然失色的巴西利亞，刻意新建於內陸的巴西首都……，這全新的世界大大勝過舊都。

相較起菁英、穩定的資產階級，南美洲更欠缺的是穩固的政黨。智利所說的「半毛」（原意是指雜交的次等牲口），指的是社會中層的資產階級。寥寥幾個知識份子是不夠的。需要時間讓情勢冷靜下來，才能形成一個貧富差距不要如此分明的經濟體，也才能於此截至目前仍屬於土地資本至上的世界中，形成一個平衡社會不可或缺的中間階級。

缺乏能夠支持穩固政黨的中產階級，也解釋了爲何南美洲長久以來政權不穩定。在政黨間的鬥爭外，主要是人與人的鬥爭，依循仍舊相當活躍的「解放軍」——上個世紀（十九世紀）初帶領南美洲獨立成功的浪漫的將軍們的傳統，軍隊在這些政治鬥爭中扮演很重大的角色。

然而在即使還不是很成熟的群眾間，也已快速意識到都市化的問題，可能會迫使南美洲走上從嚴檢視所有現存結構的這條艱難的路。最近某位墨西哥作者指出，若不這麼做，南美洲將一直徘徊於眞正現代的資本主義——財富與幸福的創造者的門口，而無法眞正進入；同時南美洲也會陷入無可避免的暴力衝突中（且此衝突不見得能開啓眞正的社會主義的大門）。

巴西人卡斯特羅[36]寫得有道理（一九六二年）：「無庸置疑的，巴西（其實他大可以說拉丁美洲）必須成功地在其社會發展上躍進一大步，必須要確保的是，我們這一躍足以達到懸崖彼岸，而非跳進深淵。」

● 南美洲人民所感受到的不安全感、不安定感、不確定性，並非空穴來風。但是他們不需要太悲觀，目前的不安定，主要源自文明正在殘酷且強勢的現實限制中尋找自我定位。

南美洲長久以來唯一的文明，並未參與發展，目前社會只不過是極少數特權階級注意每個細節精心複製而來的歐洲文明。在這方面，文學也是很好的檢驗。有多少十九世紀南美作家的著作內容令人不疑有它地誤以爲是在歐洲大陸所寫呢！對當時候許多人而言，文化，就是個文人三不五時自我封閉的小島，與周遭生活無關，也與思想無關。

這個**知識分子的階級**密切追隨歐洲思潮，在其中尋找成就感與熱情，因爲這些知識分子使我們得以在南美洲找到一股極爲活躍的革命人文主義，以及乍看之下相當奇怪的孔德實證主義的支派（巴西國旗上所寫的「秩序與

34 彼得羅波利斯，Petrópolis，距離里約熱內盧六十八公里的一個著名的度假城市。
35 庫埃納瓦卡，Cuernavaca，以其四季如春的和煦氣候聞名，自阿茲提克帝國起即是帝王的度假地。
36 卡斯特羅，Josué de Castro（一九〇八—一九七三），巴西人文地理學家。

進步」便是向孔德的學說致敬）。

這樣的年代過去了。今日，文化普及到一個日漸都市化的廣大人口，南美文明不得不融入原住民文化，強而有力的原住民生活不可能原封不動地接受歐洲的文化遺產，勢必有極大的轉變。拉丁美洲正在創造一個屬於自己的、具原創性的文明。

由媒體、廣播、電視、電影放送、置入性的大衆文化的到來，在全世界皆然，如此的發展不可避免，只是時間早晚的問題。對拉丁美洲而言，重要的是，其知識份子已經領先，且已勾勒一發展輪廓。第一次世界大戰，尤其第二次世界大戰後，歐洲光環退卻，以及對於美國霸權的某種不信任感，南美洲同時也意識到自有的財富與自我定位。本章一開始時談論到對社會問題的後知後覺造成另一部份的問題：突然之間人民——「卡波可羅人」、「農奴」、印第安人、黑人，在公共事務上都佔有一席之地。他們不再是野蠻人，人們卻只是在文化上予以支持，對他們固有的生活、思想、諺語、宗教感興趣；他們變成社會學家研究與同情關注的對象，但這些人民同時也是這個建構中的國家文化的一部份。

這一方面說明了我們前文提過的卡若琳娜瑪莉亞耶穌日記的出版（該書於巴西銷售十二萬冊，除了亞馬多[37]的幾部小說外從不曾有如此高的銷售量），若在五十年前是無法想像的該書可能出版的，一方面也解釋了日記爲何如此成功。如同某位巴西評論家對於此書大賣所做的評論，他認爲該書實在不是文學作品，「這是一部由一位平凡女性寫作的文獻，傳遞前所未見的博愛、諒解與社會正義的訊息。」該書不只爲其作者帶來一小筆財富，書中提及的部份社區（見於電影《黑人奧爾菲》[38]中）剛被剷平，即將進行改建。

人們對於南美洲各地未經雕飾、如詩般的民情風俗也是差不多的態度。這些民俗，如迷人但嘈雜的墨西哥街頭音樂已經多少發生了變化，這些成群在墨西哥以及其他城市夜總會演出的提琴手，被遊客寵壞了。有人說此種民俗音樂之名，源自法國佔領時期「婚禮」的慶典。即使字源無法確定，這個字還是透漏了——誰能料到？——

人民的記憶中對於法國探險隊的印象還不錯……。

當然要遠離觀光路線，才能體驗眞正的民俗風情，聆聽巴西情感豐富或悲傷的古老民謠，歌曲中經常反覆地出現傷心的月亮的主題，或者配合某些原始的樂器即興地唱歌跳舞。於是在巴伊亞州內陸某個不知名的牲口市集旁，破爛的攤販擺著一份熱騰騰的米飯、一隻活的豬仔、四分之一隻骨瘦如柴的雞供選擇，以及以幾個銅板就可買得的各式熱帶水果。一個眼盲的乞丐不停上演著哀求、致謝、唱著同一首歌，比較慷慨的外國人——而且他們也被告知要表現得慷慨——就可以看到其他即興表演，除了實際的恭維外，還有傳統的祝福。

事實上，所有日常生活的事件都是這些庶民歌手的題材。一九四七年時，大西洋岸廢棄的小港口烏巴圖巴[39]與外界的唯一連繫，是一台老舊汽車每星期兩次從馬爾山脈[40]沿一條崎嶇難行的驢子路南下……。不過，人們決定至少要給這個城市牽拉電線，電線桿一支一支地從穿過森林將電線牽進城裡。就這樣，某個夜晚，光的到來，成了某「吉他琴」（一種原始的樂器）演出者無停歇的閒聊般的歌曲中即興演唱的題材，總之，歌詠文明的光芒。

每個國家都有特殊的民俗風情，源自印第安、西班牙、或黑人傳統的音樂、傳說……。這些特殊民俗也在宗教層面上留下深深印記，南美洲天主教勢力極盛（儘管基督新教傳教士戲劇化且大量進入），但是相當原始，仍是中世紀、講神蹟的天主教，在此耶穌的故事與印第安的神話相融，非洲古老的作法儀式與天主教會的儀式相交雜，或者合爲一體（「坎東伯雷教」）。神父人數不足也使得此自由詮釋的問題更爲嚴重，而此影響的不只有信仰

37 亞馬多，Jorge Amado（一九一二—二〇〇一），巴西現代主義作家。

38 《黑人奧爾菲》，Orfeu Negro，法、義、巴西合作，法國導演馬西卡謬Marcel Camus的一部音樂劇，獲一九五九年坎城金棕櫚獎。

39 烏巴圖巴，Ubatuba，南迴歸線經過，於二十世紀下半時成為熱門的海邊度假勝地。

40 馬爾山脈，Serra do Mar，巴西南部沿大西洋岸長一五〇〇公里的山脈。

熱情而已，未來，拉丁美洲也必須重建其宗教秩序。對本身是基督新教徒的新教史學家雷奧納[41]而言，南美洲的宗教混亂情形令人想起歐洲宗教改革或是宗教改革前的狀況：一方面，心靈層面的需求如此強烈，一方面卻又如此無法得到滿足。不過改變的徵兆比比皆是。

現代文學，整個拉丁美洲的生活與文化都回歸到國家民族的本源。以此觀點來論，最好的例子便是墨西哥，其現代文學從廣泛的運動轉向生生不息的印第安文化發展。經歷許多試驗、改革、與災難後，墨西哥於印第安文化中自我重建，誕生了一種庶民文學，奧羅茲柯[42]可謂此種革命藝術的先知，其於瓜達拉哈拉大教堂拱頂的作品建立了一個繪畫學派。或者前不久崛起的出色原住民電影《瑪利亞康德來西亞》[43]也是很好的例子。

一九六六年後記

古巴革命始終是拉丁美洲的一條火線，也是各國命運的分水嶺。事實上，一連串潛在的、策畫的、可能的、經常亂無章法的革命，不停地在南美洲各地發生，呼應著古巴革命。

然而，「革命」遭遇到許多內在與外來的阻礙。在加勒比海地區、古巴四周、以及在巴拿馬的「外國人」（即指「美國人」），因一九六四年一月九日至十一日間的騷動事件，造成小小的巴拿馬共和國與美國之間中止外交關係。雖然兩國於同年四月復交，然而運河管轄權始終無改變。開鑿第二條運河，同時（利用核爆）開通一或兩條新的道路的計畫，也無法解決所引起的政治問題與緊張情勢。

在一九六四年三月三十一日的革命後，巴西「國內」築起了反革命的堤防（反對新政權的一方嘲諷說是四月一日愚人節革命）。古拉特[44]總統的政權在其準備展開重大、認真的改革時被推翻，政權由軍隊掌握，而由後來的陸軍元帥布朗庫將軍擔任總統。所謂的「溫和派政權」——軍隊，與里約及聖保羅的所有極右派保持距離，但仍不得不屈從於反動派的壓力，「剷除異己」，使得人數已經不多的知識分子以及地下共產黨員遭到政治迫害。同時，新政府也被迫放棄中立主義，與古巴中止外交關係。然而，主要的不確定性來自於惡劣的經濟情勢，源自隨著巴西貨幣貶值、物價不停飆升的通貨膨脹。

政治危機、經濟危機、社會危機，拉丁美洲受害於其快速的人口成長、其不合時宜的結構、缺乏領導階層人才、對於其物質條件欠佳的認知也不足。古老的歐洲大陸有能力提供協助嗎？此問題給戴高樂將軍出訪委內瑞拉、哥倫比亞、厄瓜多、玻利維亞、智利、阿根廷、巴拉圭、烏拉圭、巴西共十個國家的戲劇化行程（一九六四年九月二十一日至十月十六日），賦予一個特殊意義。然而，法國無法獨立地對如此龐大的大陸帶來真正的援助，而是整個歐洲，西班牙、義大利、德國、英國應該要團結起來面對如此難題，在一個有責任感的西歐人眼中，這是最重大的一個難題。

西元一九六五年，發生了兩個重大事件：

(1) 智利，選出蒙塔爾瓦總統，嘗試推動民主改革與經濟發展計畫。這是一種具有智利原創性的試驗，全拉

41 雷奧納，Émile G. Léonard（一八九一—一九六一），法國史學家，專治基督新教史。

42 奧羅茲柯，José Clemente Orozco（一八八三—一九四九），墨西哥社會寫實主義畫家、壁畫家。

43 《瑪利亞康德來西亞》，Maria Candelaria，一九四四年導演費南德斯的作品，榮獲一九四六年坎城電影金棕櫚獎。

44 古拉特，JoãoGoulart（一九一八—一九七六），一九六一—一九六四年間任巴西總統，直到二〇〇二年左派再度勝選之前為左派執政的最後一任總統。

丁美洲的民主陣營都密切關注著。

(2)在〔多明尼加共和國首都〕聖多明哥市，以前總統博什之名發起的立憲革命，遭美國軍隊以及繼之的聯合國武力介入而中止。特魯希略[45]的前閣員巴拉格爾[46]，在獨裁者被暗殺後代理職權，於一九六六年再次當選總統。

一九六六年一月於哈瓦那召開的三大洲會議，加強了古巴與第三世界國家之政治關係，也使蘇聯再度得以對亞、非、拉丁美洲的革命運動有某程度的掌控。哥倫比亞國內游擊戰持續著，而瓜地馬拉、秘魯、委內瑞拉各國則有越來越多的軍政府成立，繼巴西之後，一九六六年六月，阿根廷也淪爲軍人掌權執政。

45 特魯希略，Raphael Leónidas Trujillo（一八九一—一九六一），多明尼加軍人、政治家，一九三〇—一九三八、一九四二—一九五二任多明尼加總統，事實上自一九三〇年起獨裁統治直至一九六一年被暗殺。

46 巴拉格爾，Joaquin Balaguer（一九〇六—二〇〇二），政治家，一九六〇—一九六二、一九六六—一九七八、一九八六—一九九六曾數任多明尼加總統。

第2章 美洲的代表：美國

這個美洲很堅決地想要獨樹一格。如果能夠確保開展於眼前的，是個只要掌握機會就會無止盡地變得更美好的未來，北美洲就能成就一個沒有包袱的文明。一七八七年美國制憲者之一傑佛遜說，**美國在形式上與原則上都是全新的**，自此，美國一直自認是個日新又新的國度，也如傑佛遜般認為「大地屬於生者」。總之，美國以自信的步伐走過了政治、經濟或社會的種種危機，從不缺乏樂觀的想法。

一九二九年自華爾街開始的那場突如其來的危機，由於直接擊中正蓬勃發展的核心，毫無防備，而顯得格外慘重。美洲首次面對如此物質層面的災難，光靠前所未見的榮景是不足以從災難中復原的。史上頭一回，美國緩緩地回顧其過去，不過並不是為了自我了解（一般美國人的心中並不相信歷史的教訓），而是為了尋求自我安慰。「**伴隨著思古懷舊之情興起的是傳統信仰的式微。在企業蓬勃發展**、競爭激烈的年代，美國人想的是未來；如今，是資本集中、巨頭崛起、獨家壟斷的時代，競爭的場域減少了，可以鑽營的機會減少了，美國人懷念起過往的黃金年代。」一位傑出的觀察家霍夫施塔特[1]如是說（一九五五年）。

1 霍夫施塔特，Richard Hofstadter（一九一六－一九七〇），美國史學家，其社會評論著作於一九五六年、一九六四年兩次獲得普立茲獎。

年輕的美國，開始長年紀，開始有歷史，到了見真章的時刻：在過往對於歷史的排拒中，在強烈的個人主義或孤立主義中，在對於凡是牴觸個人自由或國家自由的事物的排斥中，有「一種文化上與政治上的共同傳統，而美國文明正建立於其上」。

此未明說的傳統，不正是由美國現代生活的條件所形塑的嗎？過去，開始成為負擔。

令人感到寬慰的過去：過往諸時機的檢視

長久以來，美國認爲其命運是全新的，毫無昔日陰影，過往一抹全消。不二法則便是逃離昔日束縛與歸屬，奔向不可知的未來。關鍵字就是「機運、時機」：凡是人都應該掌握眼前機會，並淋漓盡致地運用此時機。在如此「角逐競爭」中，個人自我肯定、自我挑戰。

於是，整個美國表現得如同一個共同體：美國史就是一連串的機緣發展，機會一出現便被掌握並淋漓發揮，這些「該做的事」通常都很成功。以下首先回顧檢討這種種過去與近日的時機。

殖民與獨立

● 第一個時機在於，相較而言相當晚的征服與確實佔領一部份的美洲沿岸。定居下來，就是殖民的開始。

這場競賽在哥倫布（一四九二年）革命性的旅程後於整個美洲展開，由西班牙（卡斯提亞王國）獲勝。八年後，一五〇〇年，葡萄牙人隨著卡布拉爾[2]佔領聖十字土地——紅漆木（「巴西木」）之地，巴西名稱之緣由。隨後，法國商船或海盜船，或者既是商船也是海盜船，經常出沒新世界大西洋沿岸，北起紐芬蘭島，南至加勒比海、至佛羅里達、或遠達巴西沿岸（當時理論上歸葡萄牙控管，但實際上並非如此），法國人發現加拿大（一五三四年至一五三五年間），並終於在彼地定居（一六〇三年）。在此先決條件下，英國人是最晚到的：華特雷利曾於後來稱爲維吉尼亞州的沿岸地區短暫建立據點，於十六世紀末年釋出。五月花號的清教徒於一六二〇年抵達後來稱爲麻塞諸塞州的鱈角海岸。

乍看之下，這地區的地理條件相當不討喜：被河口、海灣、或被廣大如乞沙比克灣[3]般的眞正內海切割得零碎的海岸，而且更糟的，還是個佈滿沼澤、森林的海岸地區；西方則爲阿勒格尼山脈所阻。總而言之，一整個廣大地區各地間交通困難，僅靠曠日廢時的沿岸航行相聯繫。除此之外，還需排擠後來的荷蘭、瑞典競爭者，並且在印第安人陰險的攻擊下倖存。由聖羅蘭出發的法國人，控制並佔領了大湖區，以及寬闊的密西西比河谷地與河口三角洲，未來紐奧良市即發展於此。法國人成功地完成了一個全面性的拓殖運動，贏得第一局。

英國的橋頭堡自此被夾擊於西班牙已建立前哨站之佛羅里達，以及廣大、太過廣大的法國殖民帝國之間。法國有許多毛皮獵人穿梭於美國廣大森林地區，也有活躍的耶穌會傳教士在美傳教。十八世紀當英國眞正開始往西邊擴張時，遭遇到的是法國駐軍的碉堡。

那麼在此間，「美國」的時機爲何？駐軍嚴守的英國各殖民地分布範圍不大，相對而言彼此間相處融洽，主

2 卡布拉爾，Alvarez Cabral（生卒年約為一四六七—一五二〇年左右），葡萄牙航海家，由葡王任命接續達伽馬尋找印度的任務。

3 乞沙比克灣，Chesapeake Bay，印地安語原意為「大貝殼灣」，美國最大的河口，狹長，唯有南端與大西洋相接。

要位於北方後來發展出波士頓的麻塞諸塞州、發展出紐約（舊稱新阿姆斯特丹）與費城的中央州。費城是**貴格派教徒**之城。

這些城市的命脈與殖民母國及其貿易緊密相連，毫無章法地野蠻發展，並且得以幾乎是全然自由地自治，令人聯想起歐洲中世紀典型的城市。英國的動亂更是大有利於這些海外城市的發展：英國把那些鬧事的新教分離教派分子，那些克倫威爾治下的英國不喜歡的「騎士」，丟到「鯡魚之海」——大西洋的另一頭去，這些人成批地被送到美國，以至於一七六二年眞正的衝突結束時，英國一方有一百萬人，法方則爲六萬三千人。英國的機會，或說「美國」的時機，就是在西班牙與法國的夾縫間累積了此爆發力。

「由於在這塊大陸有一百萬英國人，而只有大約七萬法國人，勝負已見，即使孟坎姆[4]在魁北克的仗（一七五九年）打得漂亮。在伏爾泰以前，不論殖民與屯墾均非法國政府關懷的重點，除了憂心國內人口減少，毫無必要（其實）……還要加上源自法國國內的困境與煩惱。而且，考量此兩國的大小，從歐洲出發前往美洲的英國人與法國人比例大約是三十比一。所以那是不成比例的因果關係：如果說，英語及其文化今日成爲世界主流，那是因爲每年寥寥幾艘從法國出去的船除了載運一小部份服役的人，其他大部份都是文盲」（語出〔人口學家〕阿弗列索維）。

假如歷史可以重來，這是某種名爲「架空歷史假想」的病：某位美國人，一位對法國情有獨鍾的朋友，某日開玩笑地表達些許遺憾，想像著如果北美洲能夠擁有法式生活與法式美食的爽朗與魅力，不知是何光景。事實上，這個夢想遠無發生的可能。

● 美國最初的發展來自以農業為主的經濟型態，不過其成功（相對於加拿大，美國的發展如此卓越顯著）也歸功於另一個機緣：海運的發展。

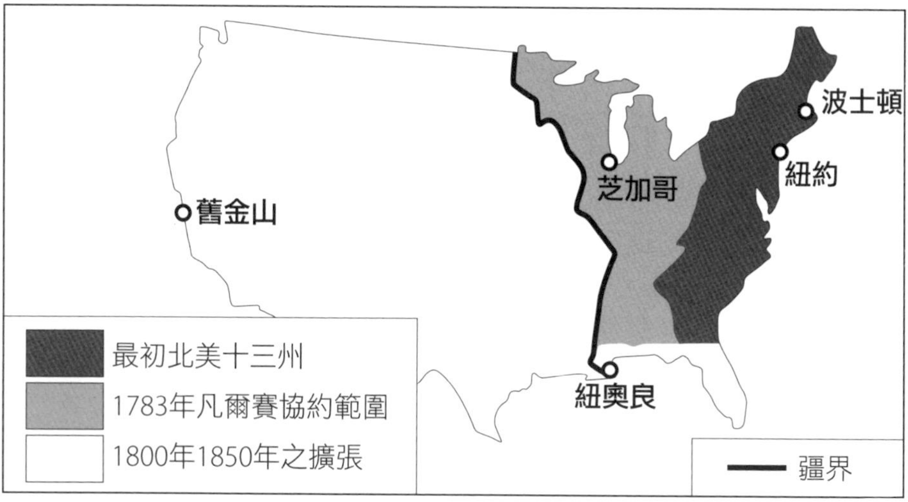

圖 20　美國疆域發展圖

從南到北，在所有的水域、水路上，駁船、漁用帆船、貨船、以及稍晚出現的纖長競速的飛剪船[5]，都扮演了非常重要的角色。這些船隻橫洋渡海前往歐洲、地中海、加勒比海安地列斯群島、南美洲、太平洋……。這些船隻說明了「叛亂份子」的競速帆船對英國船隊與貿易的威脅，於一七七六年至一七八二年間直深入英吉利海峽，並且於一八一二年至一八一五年戰勝英國所帶來的損失，這段歷史的焦點都在談拿破崙，而很少論及此。

這各式船隻同時也是十七世紀起某些美國城市致富的原因。英國商業法規定，所有的美國殖民地必須向英國購買所有需要的物品，甚連英國進口的外國貨也要向英國購買；也規定美國殖民地必須將其幾乎全部的農產品（除了幾項不准進口至英國的品項：穀類、魚類可以自由交易以外）售給英國或其殖民地。一七六六年，賓夕法尼亞行省[6]只賣

4 孟坎姆，Louis-Josephe de Montcalm（一七一二—一七五九），法國陸軍中將。

5 飛剪船，clippers，以其纖長船身與大面積風帆，船速如飛剪，興起於一九世紀上半葉常用於大洋航行的貨船。

6 賓夕法尼亞行省，Pennsylvanie，在一七八七年一二月一二日加入美國聯邦成為賓夕法尼亞州之前，為英國皇家行省。今中文簡稱賓州。

給英國四萬英鎊的貨物，但買進五萬英鎊的商品。矛盾所在多有。

「那麼，您要如何解決貿易差額呢？」針對此異常情況，在下議院的一個委員會中，有人如此質詢富蘭克林[7]。他解釋道：「貿易差額，藉由我們賣往加勒比海地區我們所自有的島嶼、或者賣給法、西、丹麥、荷蘭的商品來填補；或者藉由我們售予北美其他殖民地，新英格蘭、新蘇格蘭、卡羅萊納和喬治亞行省，或者歐洲其他國家……的進帳來填補。我們在各地收到的現金、本票、或糧草，足以讓我們支付英國。這一切，還要再加上我們的商人與水手在這些定期往返的巡航中所賺取的利潤，以及他們的船隻所運載的貨物，都足以使我們平衡對英國的貿易差額。」

這龐大的「三角」貿易，在英國允許的合法貿易上，附加了外國貿易的運費利潤，且並未妨礙非常活躍的走私活動，以及有時利潤十分豐厚的海上競速。還別忘了漁業，美洲的漁民並未忽略大海所提供的任何機會。

到了十八世紀末，美國航運發展之優勢更不在話下：美國各州所有船隊的運載總噸數，超過除了英國以外所有國家船隻噸數的總合；以人口比例而言，美國成爲世界第一航運大國。自此，美國參與世界經濟，必須遵循世界經濟的遊戲規則，同時也從中獲利。在這個建立於信用貸款上的社會，所有那些早期發展出來的變通辦法，都源自於彌補資金短缺、對貴金屬的追尋，以及一旦得手必須立刻脫手的邏輯。

海上貿易的所有利潤，都來自那遙迢且驚人的冒險，每趟都很難抉擇：「美國」的小麥送往地中海地區，或送往革命中的法國港口；這些船隻同時在西屬、葡屬美洲「遊走」交易；不久之後穿過合恩角前往太平洋探險，或是再稍晚由舊金山出發橫越太平洋。一朝脫離英國殖民（一七八二年），美國即想盡辦法前往中國。爲前往中國的船隻、以及太平洋的捕鯨船尋得停泊港，促使美國於一八五三年派培理司令率領「黑船」前往東京港，此事件造成我們知道的那些重大後果。

沒有什麼比美國船隻過往在世界各海域的遭遇更具啓發性的了。載著英王使者馬嘎爾尼爵士出使中國的三桅帆船——獅子號，一七九三年二月於南大西洋聖保羅島停靠時，遇到一艘來自波士頓的船，船上五名海豹獵人（三個法國人和兩個英國人），正準備將兩萬五千張海豹皮運往廣東販售；這艘擁有法國與美國船籍的商船上，還同時載運有一批來自加拿大的河狸皮毛，也是要運往中國的。幾個月後，在廣東，馬嘎爾尼大使非常開心地將這艘船扣押爲戰利品，因爲大使剛剛得知英法雙方於一七九三年一月宣戰，而這艘言行不夠謹慎的船也勉強可算是法國船。

另外一個微不足道的例子：德國詩人之子科策布8，於其效忠於沙皇在世界各地的旅行中，於阿拉斯加南方的港口遇到一艘來自波士頓、繞過合恩角的美籍雙桅帆船，在當地俄羅斯小哨站，以整船的生活補給品，交易兩萬一千張比珍貴的海獺皮次等的海狸皮毛，買家希望取道夏威夷島運往廣東販售。「該船抵達阿拉斯加港口時，全船的船員，包含船長，都是醉的；唯有奇蹟才使他們閃過礁岩沒有擱淺，不過美國人太厲害，即使喝了酒，也知道到處都是生意機會。」

此時也是獵捕鯨魚的重要年代，紐約州與新英格蘭州特別擅長於此。作家梅爾維爾（一八一九年生，一八九一年卒），描述了這個他實際生活過的嚴酷世界，捕鯨的艱辛與危險，以及因此繁榮的小城市，如新伯福或南塔克特島。一八五〇年後，捕鯨業式微，照明所需的鯨魚油被石油與天然氣所取代。

在此同時，美國的船隊也面臨英國鐵殼「蒸汽船」的強力競爭。遭受此打擊，美國轉向內陸發展，征服這片廣大空間，逐漸向西挺進，興築鐵路，建立必要的「沿岸」與「內河」航行定期航線：這龐大的任務，使美國船隊離開了大洋，開發新機會。

7 富蘭克林，Benjamin Franklin（一七〇六—一七九〇），美國出版商、發明家、政治家。一七八五—一七八八年間任賓州州長。

8 科策布，Paul von Kotzebue（一八〇一—一八八四），俄國皇家陸軍之將軍。

正如同美國生活所期待的，某個事業式微，另個事業興起，人們趕忙棄此就彼。我們可以說，美國放棄那與人共同分享的大洋，換取那可以自己獨佔獨享的美洲土地。

● 美國自英國殖民地獨立（一七七三年至一七八二年）是人所熟知的事件，以下還須將之正確地放在歷史背景中討論。

一七六二年法國帝國勢力在美洲的終結，一夕之間使得英國的援助不那麼重要，並使得來自英國本土的要求顯得更加沉重。然而，在前提上，不論是殖民地、或是英國都沒想過要決裂：這場決裂，源於一連串的誤會、互不退讓、以及嚴重的欠缺效率。往後直至今日，所有歷史上的殖民地獨立運動，都是在類似的一連串非理性事件中進行。

英國沒有早點讓步是不是錯了？英國為了與法國打仗的沉重負擔而名正言順地要求提高稅賦，隨後廢除了這些稅賦，只唯獨保留茶葉稅，導致一七七三年十二月十六日兩艘東印度公司的船上所有茶葉都被扔進波士頓港裡，是不是錯了？徵收稅賦必須要有納稅人的同意，即使在美的英國人於倫敦的議會中並無代表席次，但這是英國政治傳統。這是多大的錯誤啊！

還有這位英國歷史學家（一九三三年）表示，英國帝國的重心，自十八世紀中葉起，由美洲與大西洋，大規模轉移到印度與印度洋，是不是也錯了？英國於一七五七年佔領孟加拉，展開其印度殖民地的經營。此外，「對中國貿易」的也同時興起。有發生什麼資本主義尋求更高利潤的緊急必要性，導致英國轉向遠東而遠離新世界嗎？

凡此種種以及其他因素，引發了一場戲劇性的衝突，最終造成一個對英國的奇恥大辱。法國與西班牙的介入更加速了叛亂者的成功。一七八二年時，革命勢力背棄他們的友邦，與英國秘密議和……。於是，英國於凡爾賽條約（一七八三年）中損失的比所擔憂的爲少，同時，英國很快地發現，經濟利益將大大彌補政治上的敗北。然而，史學家思索著，卻一直沒有答案，若沒有那場工業革命維繫了英國永續的優越性，局勢又將變得如何。

此外，如果我們關切美國的發展，就不該只停留於此重要的國際事件，也不須費神討論拉法葉侯爵[9]、蘇福蘭提督[10]的遠征、或是有手腕又實際的富蘭克林；而應該關注美國獨立這事件本身，探討一七七六年七月四日的獨立宣言，以及耗時多年完成的一七八七年的憲法。在這些艱困的歲月中，新興的美國取得自信。

一個年輕的美國，這裡指的是某個剛剛成形的美國：地理範圍上，只侷限於大西洋沿岸；經濟上，主要是個農業國家；社會上，由地主階級——這些**開國元勳**、這些「美國民主」的奠基者所主導。過去那些彩色畫報呈現了理想化的「美國民主」形象。

來看看從華盛頓到傑佛遜這些人的作爲，不是沒有意義的，這些人想要、也有信心制定世上最完美的憲法。很久之前有人說過：這些開國元勳「以霍布斯[11]的哲學與喀爾文的信仰」爲基礎，建立這部憲法。對他們來說，「人類是自己最大的敵人」，而「凡人的思想」與神的思想正好相反。諾克斯將軍（於謝司叛亂隔日）寫信給華盛頓：「美國人終歸還是人，有著屬於人類動物的澎湃熱情。」（一七八七年）。

獨立宣言宣告了起義的權利，以及法律之前人人平等。然而困擾著、且鼓動著這些大地主、生意人、習法之

9 拉法葉侯爵，marquis de La Fayette（一七五七—一八三四），法國軍官、政治家，在美國獨立戰爭中扮演重要角色。於二〇〇二年被美國封為榮譽公民。

10 蘇福蘭提督，le Bailli de Suffren / Pierre André de Suffren（一七二九—一七八八），法國海軍中將。在美國獨立戰爭中扮演重要角色。

11 霍布斯，Thomas Hobbes（一五八八—一六七九），英國哲學家。其社會契約論對於西方國家政治思想影響極大。

人、莊園主、財務操作與炒作者——簡言之這些「貴族」，他們的主要煩憂是，如何保障地產、財富與社會特權。美國誕生之時，已有了富人階級，即使他們的財富不大，也足以使這些富人統御他人。只需聽聽費城制憲會議[12]開國元勳的對話，或者讀讀他們與友人的信件即可明瞭：這位年輕的莊園主平克尼[13]提議，至少須有十萬美金，才有權利擔任總統；漢彌頓[14]要求讓「無禮的民主」落敗。對這些人而言，正如哈金森州長[15]千金的說法，人民是「爛泥，骯髒、不潔的群衆」。聽聽年輕的州長莫里斯[16]說的：「群衆開始會想、會思考，可憐的爬蟲類！他們曬太陽取暖，不一會兒，就張口亂咬……。仕紳們開始防範這些群衆。」梅森[17]承認道：「我們之前太民主了……，現在擔心會走到另一個極端。」沒有任何人比這位新英格蘭的神職人員貝克納普[18]，更堅信神聖不可侵犯的民主原則了，然而，在給某位友人的信中，他寫道：「雖然樹立了一個民治政府的原則，但卻迫使人們認為人民沒有能力自治。」

這就是制憲者的思想。以自由與平等之名所建立的秩序，正是資本主義的秩序，即使資本主義在美國勢力仍不算大。權利與責任，歸富人所有。至於其他人民，相對於富人，則得到法律保障；富人，相對於這些人民，也受到保護。然後，不論美國憲法是否自認具有革命性、創新、公平、對等，儘管其嘗試平衡各方人類動物性的衝動，其背後精神仍是自私的、殘酷的。

一七八七年的憲法的確是有智慧的制衡機制，「各部門分權制衡……任一方均不得逾越法定的規範，而須由他方有效制衡著」（語出傑佛遜）。至於社會上的特權，當然沒有被取消，尤其事關神聖不可侵犯的財產，只是這些特權之途、致富之道，是開放給所有人的。在美國這個「嶄新」的廣大國家，致富不是很容易的嗎？

〔美國史學家〕霍夫施塔特以風趣的語調諷刺此理想道：「這些開國元勳們認為，一個體質健康的國家，會在一個相互制衡的和諧系統中，藉由利益制衡利益，以階級牽制階級，藉由派系牽制派系，以一個部門制衡另一個部門。」

事實上，必須要承認的是，如果十九世紀的美國，宛如一場大規模且激烈的個人利益鬥爭，能呈現出一派「良性競爭」的模樣，是因爲相較於歐洲其他資本主義國家，美國的鬥爭是「要付出代價的」、於是乎更加公平的，利潤並非只保留給某個封閉狹隘的階級，而使每個人均得以在一個更爲開放的社會中，比在別處更爲有利地競逐自己的機運，並且有飛黃騰達的一天。「白手起家的人」這個美國的經典形象，今日也許正逐漸消失中。

12 費城制憲會議，一七八七年五月二五日至九月十七日於美國費城舉辦的會議，原本只是要討論解決自英國獨立後的問題，最後制定了至今沿用之美國憲法。

13 平克尼，Charles Pinckney（一七五七—一八二四），美國政治家，美國憲法簽署人之一。一八〇二年至一八〇五年間任美國駐西班牙大使。

14 漢彌爾頓，Alexander Hamilton（一七五七—一八〇四），美國政治家、金融家、學者，一七八九年至一七九五年間任美國第一任財政部長。

15 哈金森，Thomas Hutchinson（一七一一—一七八〇），商人、政治家，一七七一年至一七七四年間任麻塞諸塞殖民地州長。

16 莫里斯，Gouverneur Morris（一七五二—一八一六），美國政治家，憲法簽署人之一。費城制憲會議中少數公開反對蓄奴之人。其名Gouverneur(同州長、統治者之法語拼音)源自其母姓，並非其職銜。此處書中布勞岱爾原文以小寫字母寫道此位年輕「州長」莫里斯，疑有誤。此處中譯文尊重原文，建議讀者再多查證。

17 梅森，George Mason（一七二五—一七九二），美國獨立革命重要人物之一，被譽為人權法案之父。

18 貝克納普，Jeremy Belknap（一七四四—一七九八），美國神職人員、史學家。

對西部的征服

●自一開始，美國就是個開拓者的國度，一如其他所有疆域遼闊的國家，如俄羅斯、巴西、或者阿根廷，目標都是要征服廣大空間，使其成為人的尺度。開疆拓土，是最初的發展形式（也由此主導一切），包含經濟型態、國家、政府、甚至一個文明。

歷史幫了極大的忙：美國幾乎得以兵不血刃地由大西洋往太平洋推進。想像法國在一片幾近平和中自大西洋岸推進到烏拉山！美國買下路易斯安那（一八〇三年）、於一八二一年取得西班牙屬之佛羅里達、於一八四六年自英國手中（儘管加拿大可能不悅）接收奧勒岡，然後在一場輕鬆的戰爭中，於一八四六年自墨西哥手中奪下新墨西哥——德州、加利福尼亞州，並於一八五三年再擴張。如果思考那些限制了俄羅斯或歐洲拓墾的恐怖災難與攻擊侵略，美國這段開拓史眞是太輕而易舉了……。然而，任務如此之鉅，**光憑藉新興的美國一己之力是無法完成的**。

自一開始，一七八七年的條例[19]便非常有智慧地將西部所有尙無地主之地歸爲聯邦共有之地產。隨後，隨著人口逐漸拓殖，慢慢成立了新的州，最終有四十八州（第四十九州爲阿拉斯加、第五十州爲夏威夷）。自一七七六年起到一九〇七年奧克拉荷馬州最後一份土地分配出去，從最早期移民的篷車以及他們與印第安弓箭手的對抗，直到後期乘著貫通兩大洋的鐵路到來的移民，千百種殖民開墾的形式，隨歷史、小說、電影的敘述而家喻戶曉。我們應該不用再重述這些太過著名的大西部英雄的形象了吧？

重點在於，這些被白人所征服的「疆界」，是極大的「物質上」與「精神上」的冒險。**物質上**，自一開始，便將信貸之關鍵性角色、換言之資本主義之重要性彰顯出來。精神上，則看到了基督新教的全新發展，以及美國文明第二階段也是關鍵性階段的發展。

● 資本主義一直主導著前進的步伐。

想像一位剛獲得土地的移民，於此一百六十公畝（六十四公頃）的「家園」上以預裁好的木料組合各項元素搭建自己的房子，首先開墾丘陵上較鬆軟的地，然後漸漸地往較低地開墾比較硬的土地，甚至在谷地中有時還須披荊斬棘，或者伐林以開闢耕地。這位鄉民其實並不是眞正的農人，前天他說不定還從事著另一個職業。想要完成開墾唯一的條件，就是懂得駕馭馬拉的犁；作物方面，一般而言是小麥，小麥的種植並沒有複雜的前置作業，不需要燒田……。如果這位鄉民是最早到的一批移民，那麼他心中只有唯一想法：轉賣田產。在此窮鄉僻壤，土地、資金、一切都是預貸給他的，他手上只有一點借來的錢，將在此生活幾年，以罐頭食物（已經出現了）為生，如果有鐵路行經附近的話，將有煤炭可以升火取暖。如果兩三次收成足以累積一點資本，那麼他會毫不猶疑地將田產賣給新來的移民，賺取土地增值價差，然後再往更遙遠的西方前進，一切再重新開始。當然是往西行，往東邊回頭走，便是認輸。（引據路易吉訶[20]）

所以，這並不是一個眷戀珍愛其土地的農民，而是一位炒作者。就如某史學家一針見血地說的「他賭了一把」，賭博，當然不見得每次都會贏，但他繼續賭。

其他類似的劇碼，則是那些一八六〇年左右興起於美國中西部的城市。想像一個只有必要元素的城鎮，簡陋

19 一七八七年西北部條例，Northwest Ordinance，奠定了後來美國往西部擴展建州之模式。

20 吉訶，Louis Girard（一九一一－二〇〇三），法國史學家。

的火車站、同樣簡陋的唯一的旅社、唯一的日用品雜貨店、唯一的教堂、唯一的學校、唯一的銀行……。這個城鎮剛剛形成，但是所有的人都已開始炒作，買下地點好的土地、招徠新移民。當然，電力照明以及電車都已經建設完成，還有一八七一年「發明的」電話。「旅行者經常會發現這些裝設了電燈、有電車通過的街道，都還沒有房舍。人們會說，當然啦，有了電燈和電車，才會蓋房子，土地才能更快賣掉呀。」以德國移民爲主的達科達州首府俾斯麥，建於一八七八年，五年後市政廳落成啓用，「俾斯麥居民舉辦了盛大的落成典禮，不僅邀請了當時的名人布萊斯（於一八八八年著有《美利堅共和國》），還邀請了優異的軍人前總統格蘭特將軍，還有在反抗白人的起義中名留青史的一位偉大蘇族領袖——坐牛，以蘇族母語說了幾句謝詞，爲整場典禮增光。然而最令布萊斯這個樂觀的蘇格蘭人驚訝的，是這即將啓用的市政廳，距離市區一公里半。其困惑不解令俾斯麥居民們驚訝，他們告訴他，因爲市區會擴大，所以市政廳必須距離現在的市區遠一點」（語出路易吉訶）。

如上所示：一如其他的城市，這個城，遵循著所有經濟發展的秘密，超越當下、活在未來。人們盤算的，不是現在有多少錢，而是未來有多少財富，不管未來會不會到來。了不起的是，如果不算如一八七三年的景氣倒退的意外的話，銀錢總是滾滾而來。下注通常都是有回報的。

● 征服了美國大西部的主要是基督新教徒，基督新教獨自面對此倉促建立而艱困的人文環境，人們四散於廣大空間中。

沒有牧師，對於宗教的禮拜（再次）縮減到只剩下讀聖經。這些移民無疑地生活在某種中世紀的狀態下，而他們自發的信仰生活，一般而言相當活躍，產生許多有時有些離譜的變異，如摩門教派——猶他州的建立者。美國基督新教的貢獻，在於維繫了這把信仰的火炬，並使其燃得更旺。這是基督新教歷史上最美的一頁。

爲了成功傳教，基督教必須要適應其使命，要簡單化，擺脫其他的門派（公理會、美國聖公會），減少神學講道與禮拜儀節，專注於戲劇性的團聚時的情緒與震撼，浸信會、衛理公會、基督會的巡迴牧師均非常擅長於此。這些牧師們不介入宗教的核心，清教徒的「覺醒」與「振興」已提供了可遵循的模式，他們加以改良、簡化（浸信會摒除了清教徒的排外，衛理公會則淘汰了清教徒遺留的聖公會傳統），並建立於一個「個人的神學」、「個人的崇高性」、以及建立於「實際作爲上而非精神信仰上」。從此之後，基督的話語逐漸的減少成爲一個直接而簡單的團契。

在他們所追尋的此單純目標之外，這些美國西部的基督徒在無意中形塑了「美國生活」的「典範」，左右著其文明。而一八六〇年至一八八〇年間起抵達的新移民，儘管不是新教徒，也不得不適應此生活方式。

這些信眾或牧師自發性的適應變化，由一般民眾來進行變革，「單憑此即足以創建教會」。這些新教派在此廣大土地分布、割據著，如同征服者一般，他們也的確是征服者：「基督會」在西部與中西部各地建有許多小教堂，「衛理公會」分布於西北方，「浸信會」則在西南方。大致上來說，他們的行動可與西班牙傳教士相比擬，自十六世紀起這些西

壹、農工產品價值（單位：億元美金）21					
	1880年	1899年	1909年	1919年	
農產品	24	47	85	237	
工業產品	93	114	206	604	
貳、鄉間人口 （單位：百萬人口）					
	1880年	1899年	1909年	1919年	1950年
鄉間人口	32.9	39.3	41.6	44.6	
佔總人口比%	65	51.7	45.3	36.4	15.6

21 布勞代爾原文表格係以「十億元」美金為單位，為配合中文認知習慣，譯文改以「億元」美金為單位，表格內數據已配合調整。

班牙傳教士，不僅爲來到新世界的西班牙移民佈道，也爲基督信仰召進了大量的印第安信徒，且奠立了今日拉丁美洲的基礎。

工業化與都市化

● 單憑工業化，不足以說明一八八〇年至今美國所有物質生活的變化。在這百年或將近百年中，如以下數據所示，一個農業為主的國家變成一個工業為主的國家，若無都市的快速發展是無法發生此變化的。

此處的重點並不在於藉由更多的數據與比較來追蹤此了不起的變遷，許多經濟與地理課本都提供此方面不可或缺的數據。歷史上而言，很特殊的是，一如英國始於紡織業，美國最早的工業發展，發源於新英格蘭州的紡織業；而正式的建設則與大多數的歐洲國家一般，與鐵路的大規模鋪設同時，介於一八六五年至一八七三年的危機之間。

重點在於指出：一、美國的巨大成功如何不停的影響其廣大空間的地理樣貌（如最近墨西哥灣沿岸「美國深南部[22]」的崛起發展）；二、某些成就影響了「未來生活」的新形態；三、一個不停自我斷裂的資本主義的各種變革適應（下章將討論）；四、來自歐洲的勞動力，並不會比建設西部時多，發展工業與巨型城市的人口主要來自美洲本身；五、此驚人的人口與物質生活的發展，順利地在一個古老的文明中進展著，被不太洽當的稱爲「美國式生活」。

現在，在這些龐大的問題中，我們只先談最後兩點。

美國一八八〇年以前接納的第一批歐洲人，是來自英格蘭與蘇格蘭的移民，隨後有德國與愛爾蘭的移民潮；愛爾蘭移民沖淡了一部份的英國文化色彩，也沖淡了某程度的基督新教色彩。不過，美國依舊是以英國文化、新教文化爲主導，一直到一八八〇年至一九一四年間，約有兩千五百萬絕大多數是天主教徒的斯拉夫人與地中海地區的移民抵達美國。

這些移民，不只流向務農爲主的西部，也流入都市化且工業化的東部。美東因此發生了轉變，但並未受到嚴重影響，相較於阿根廷面對一八八〇年大量義大利移民湧入幾乎淹沒其城市與鄉間，美東所受的衝擊是比較小的。無須驚訝此二者間差異：接收移民的美國擁有正蓬勃發展中的城市與工業，具有驚人的馴化能力與說服力，移民很快地就被同化、融入了。

「想像一群隨機選擇的美國人（一九五六年）：來自北國的人並非多數，當中有源出那不勒斯、維也納、倫敦、或漢堡的人，但他們都是美國人，行爲舉止都是美國式的。以此觀點來說，同化的機制扮演了重要角色。」（引自錫格弗伊德[23]）

勝出的，是語言、「美式生活」、新世界對於移民的致命吸引力，光是此吸引力就足以說明一切。稍晚，藉由一九二四年按照「比例」的移民法[24]與一九五二年的移民國籍法，美國基本上是關上大門，不再允許移民進

22 美國深南部，Deep South，對於美國南方文化上的一個地域稱謂。
23 錫格弗伊德，André Siegfried（一八七五—一九五九），法國社會學家、歷史學家、地理學家。
24 美國一九二四年移民法，Immigration Act of 一九二四／Johnson-Reed Act，又稱詹森里德法案，規定每年各國移入美國之移民數量，不得超過一八九〇年該國籍已居住於美國之移民人數之百分之二。

入。從此，儘管幾位移民在科學領域上的驚人傑出表現，但美國並未再容許移民大批進入。

今日，美國主要移民來自南方的墨西哥與波多黎各，北方則是自加拿大法語區進入，該地的失蹤兒童都可在底特律、波士頓或紐約被尋獲，不過這些移民都只是涓滴之流。紐約應該是最大的「波多黎各的」城市，同樣的，巴黎也是最大的「北非」城市：每個大城市的社會底層都需要無技能的、貧窮人的勞動力，如果無法自本地人中募得，便尋求外地人。

新移民供應了美國工業發展所需的廉價勞工，這些移民也形成大城市的窮人與無產階級，紐約市就是無可取代的典型例子。沿著整個大西洋岸，由波士頓到華盛頓，以一種無可比擬的超大規模不停地都市化：今日形成了一個巨型城市——某地理學家稱之爲「大都會圈」，只剩下少許林地、田地、與彼此相連的郊區。普林斯頓大學建於紐約與費城間的樹木與草原保留地中，稍不留心，校園就會被其兩個怪獸般的鄰近城市所吞噬。

不過，儘管有這些巨大轉變與大量人口移入，美國文明是經得起考驗的，將一切悉數同化，機器、作坊、「第三級產業」的驚人發展、汽車數量的迅速成長，以及非基督新教信徒的湧入，美國文明均將之融入。

● 美國文明之建立有三個階段：在大西洋岸、由大西洋岸到太平洋岸、以及最後藉由工業化的「垂直發展」。美國生活型態的主要元素也許是奠定於第二個階段—大西部與基督新教的階段：對個人的尊重、極度簡化的宗教信仰、摒棄儀式轉向實質的事工（互助、共同吟唱詩歌、社會責任……）、英語成為主流，其他語言逐漸消失。

我們能夠稱此社會爲一有信仰的社會嗎？是的，各式民調幾乎百分之百得到如此肯定的答案。一七八二年時（亦即美國成立之初）富蘭克林已然說道：「在美國，無神論是不存在的，沒有信教的人極罕見且都是隱密的。」

今日依舊如此，沒有什麼正式場合的語言不是打著上帝的旗幟；美國所有對外的行動，不論是由威爾遜總統或由艾森豪將軍所領導的，均被視爲某種「十字軍」性質。同樣的，幾乎每個社會階級都有各自的宗教形式：在社會最底層的宗教社群是浸信會，親民而受歡迎；「稍微貴氣一點」的是衛理公會；最後，非常貴族氣的就是保留有英國聖公會儀式的美國聖公會教派（意即他們是有主教的），如同某歷史學家所言，這是新貴階級的教會，「晉身上層的符紙」。

說眞的，對美國人而言，信仰的形式根本就不重要！因爲有信仰的社會是「多元的」、「包容的」，各教派有各種五花八門的「名稱」，而只有一個眞正的教會：天主教。舉例而言，一個家庭中可能出現許多不同派別，因爲每個人都可以自由選擇其信仰的方式，只要他信主：這是唯一的條件。波士頓有一棟超現代建築風格的小「教堂」，入口處的牌子上強調該建築並不屬於任何一特定信仰，而供世上所有不論任何宗教之信徒禮拜祈禱用。一片幽暗中的唯一亮點，便是從屋頂上天窗撒下一片光線照在一個立地的講台，以及一面由一片片小鏡子組成的簾幕，令人聯想到考爾德[25]的「活動雕塑」……。

歐洲人也許會認爲，這眞是極致的寬容，然而殊不知，西方文化中的世俗主義與無神論，尤其是法國式的政治與教育的世俗主義、非宗教主義，在美國幾乎可說是不存在、甚至是不可思議的。理性主義的非宗教理論引起某種風潮，如同達爾文的《物種原始》（一八五九年出版）、或赫南的《耶穌的一生》（一八六五年出版），曾在歐洲造成的風潮一般。此種理性化發展與越來越模糊的自然神論[26]的發展相關聯。

以美國的文化凝聚力而言，重點在於——以愛爾蘭人爲首、包含來自德國、義大利、斯拉夫與墨西哥的天主

25 考爾德，Alexander Calder（一八九八—一九七六），美國雕塑家、畫家，以創作隨風變化的活動雕塑藝術聞名。

26 自然神論，緣起於十七世紀主要發展於英法的哲學思想，認為宇宙之創造運行有某種形式的神的存在，但並不主張任何宗教。

教移民，最終能夠全方位融入、並良好適應美國生活，此狀甚艱難的障礙能夠被克服，首批大量到來的天主移民——愛爾蘭人的角色十分關鍵。

無論如何，如果美國的天主教會能夠保有其世界一統性與其各層級教會，它也與在其他以天主教爲主要信仰的國家的態度不同；美國的天主教會毫不遲疑地接受了政教分離，同時也全心投入美國國族主義的框架中；最後，在美國生活方式的強力影響下，天主教會也刻意著重於事工。其中一篇宣言（出自某位美國主教）清楚表明：「誠實的選舉投票，與正確的社會關係，比起夜半自我鞭笞或是踏上聖雅各之路前往朝聖，更能榮耀主、也更能受恩典。」

今日擁有三千萬信徒的美國天主教，如同基督新教的各派別一般，知道要組織成立一些學會、學校、大學。基督新教在都市無產階級間傳教較不成功，反之，天主教在此方面則顯然較爲成功。

基督新教在都市的相對弱勢，也許源自其十九世紀於鄉間地區的成功，基督教會成長並變得有錢，資產階級化，沖淡了其宣教熱情（儘管目前正努力振興中）。美國的宗教層面，以及廣義的整個美國的文化層面，都不斷地面臨著信衆致富並成爲資產階級的挑戰。

此宗教面向，只不過是美國文明凝聚力的其中一個解釋，當然還有其他的因素，如旺盛的生命力、社會階級純粹以金錢劃分、而且直到不久前人人皆可致富的社會誘因。對前往美國的歐洲移民而言，接受前述這些社會規則，便是與歐洲的舊分類法則切割，開啓希望之門。

這是美國文明自由的那一面，然而事實上，美國文明不容許任何人逃脫「美式生活」的潛規則，是個綁手綁腳的文明。第一代的移民有一些適應上的困難，有時有些思鄉，他們的孩子則積極融入美國，所有的社會學家均觀察到此移民第二代亟欲擺脫出身的現象。

最後一點，在此融入美國的過程中，最關鍵的因素，便是不予匱乏的「機會」：先是大西部開發、然後是工業化、大城市的發展，這些都是創造財富的機會，有錢便易於同化融入美國文化。從一八三〇年代逞勇好鬥的、住在貧民窟或「小破屋」裡的第一代愛爾蘭移民，到「用蕾絲窗簾」的第二、第三代愛爾蘭人，眞是天淵之別。美國的財富流動確保了這第一批來到新大陸的移民晉身社會上層。

這第一批移民形塑的美國初期的文明，很早便與英國文化截然不同，然而仍不乏盎格魯薩克遜、甚至眞正的歐洲色彩。歐洲大陸長久以來地中海文化與北國文化相交融，「美國則盎格魯薩克遜風格太過強烈，缺乏此兩種文明的表現」（語出錫格弗伊德）。而且，非常遺憾的是，歷史的偶然將其餘的美洲世界（除了英語文化的加拿大以外）變成以西班牙語、葡萄牙語爲主、並擁有不容小覷的義大利移民的純粹拉丁文化世界。這是南北美洲很難互相理解的理由，歷史、文化造成他們不易互相理解。這正是時下的悲劇。

一九六六年後記

近年來美國發生許多悲劇。一九六三年十一月二十二日甘迺迪總統被刺殺，震驚全世界。詹森總統就任前的選戰中，首次發生總統競選人參議員高華德之人格、政見、及激烈言語震驚世界輿論的事件，選戰期間共和黨分裂、勢力減弱。更慘痛的是，黑人問題愈趨嚴重，黑人穆斯林教徒的少數行動派分子在有色人種的流氓無產階級[27]間建立暴力幫派，這股勢力打著伊斯蘭與可蘭經的旗幟，主張於南方成立一個獨立的黑人州。同時，美國的外患也不小，世界史的發展緊繫著美國：一九六二年九月古巴飛彈危機、還有一九六四年八月（越南北部）東京

27 流氓無產階級，馬克思主義對於無產階級的劃分，特指那些社會階級更在無產階級之下，無法在合法的框架中找到工作的人，如妓女、乞丐、流氓、無業遊民等。

灣事件。世界政治牽涉到一連串的協議、爭執、與衝突。

一九六四年至一九六六年間美國歷史的發展愈發受越戰之影響，越戰的起源與艾森豪以及甘迺迪任內的政策有極大關係，當時美國政府與駐越南軍隊逐漸由「顧問」團所掌控，一九六三年十一月二十二日甘迺迪總統遇刺時，顧問團人數高達一萬七千人，不過當時戰爭尚非大規模的衝突，且同年十一月一日特別保守反動的吳廷琰總統[28]政權被推翻，也使人以爲南越政府將進行重大的變革。然而，一九六四年夏，發生戲劇性的轉折，使得越南的戰事再起，八月時北越的小機動艇與美國第七艦隊於東京灣〔北部灣〕發生事故，使詹森總統決定下令對北越進行第一次空襲。一九六四年底起，美國派駐越南軍隊有數萬人，一年後一九六五年底，不僅日日轟炸北越，駐越美軍人數更高達二十二萬五千人，一九六六年春超過三十萬人，預估年底將增爲四十萬人。

軍費開銷因此大幅增加，逼近一九六五—六六年度九百九十七億美金總預算之半數。事實上，一九六六—六七會計年度，軍費支出超過五百二十二億美元，美國政府必須貸款六百億來支付。不過，美國活絡且強勢的經濟，有足夠能力吸收這些新的負擔，物價並未上漲太多；一九六四年新增了五十萬個工作機會，失業率爲美國史上最低，降到百分之五以下。詹森政府唯一的煩惱來自海外的龐大支出，以及美國在境外投資發展造成的持續赤字。在政治與經濟層面上，美國的未來，緊繫於越戰的發展，這是自第二次世界大戰後美國最大規模投入的戰事。

28 吳廷琰總統（一九〇一—一九六三），一九五五—一九六三年任越南共和國第一任總統。信仰天主教，極度保守派，大力打擊佛教徒與共產黨，執政期間有數萬人民因被懷疑是共產黨遭拷打致死。一九六三年被刺殺。

第3章
過去與現在的危機與困境

截至目前我們談論的都是美國的機運與成功；其實，困難與厄運從來沒少過，積累至今，甚至在跨越一八八〇年、一九二九年、以及或許一九五三年這些接二連三的「分水嶺」後，仍在持續增加中。但是我們可能會有雙重錯覺：首先，就近觀察，有哪個社會現況不會遭遇與其命脈相關聯的困難呢？其次，對於一個龐大的文明而言，幸與不幸的分野並不清晰亦不絕對。困境會刺激努力、引起反抗、改變現狀，厄運能使人警醒、給人考驗，厄運極少會決定集體的命運。海涅[1]有句知名的詩「冬天奪去的，新春復還給你」，適用於個人，亦適用於國家。美國遭遇困境、危機重重，但美國依舊非常強健，也許比他們自我想像的更加健康。

一個長久的噩夢：黑人問題，或說一個無法根除的殖民地

在美國的諸多好運中，夾雜了一個幾乎自始就無法避免的巨大問題：十七世紀起，爲了南方經濟作物的發展

1 海涅，Heinrich Heine（一七九七－一八五六），德國一九世紀最偉大作家，被認為是浪漫主義最後一位詩人。

而引進美國的非洲黑人（一六一五年起在維吉尼亞州種植菸草；一六九五年起在卡羅萊納州、喬治亞州種植稻米；十九世紀起於維吉尼亞西南各州種植棉花）。

●歷史因素與地理因素造成的黑人問題。

美國臨大西洋岸的幾個氣候帶彼此間差異不大。儘管紐約的緯度與那不勒斯相同，距離熱帶國度與熱帶物產只需搭上夜班火車隔日即可抵達，但由於拉不拉多冷洋流通過，使紐約的氣候如莫斯科一般。美國南方的奴隸制度幾乎是自然而然地形成，宛如加勒比海安地列斯群島十八世紀蓬勃的經濟型態的延伸。佛羅里達的西班牙人、紐奧良的法國人（一七九五年起爲了甘蔗的種植）都蓄奴，一如華盛頓或傑佛遜在他們維吉尼亞州的莊園內也都有奴隸。

於是，在這個盎格魯薩克遜的美洲，確實荒誕地引進了一個活生生的非洲，武力、歧視、政治與法律上的小恩小惠都無法改變這有個非洲在美洲的事實。一七八七年的美國憲法，儘管是自由之聲，卻並未廢除奴隸制，而是預計於二十年後一八〇七年才正式中止黑奴買賣。

即使從此黑人輸入不再合法（走私仍延續良久），然而黑人被如牲畜般大量繁衍；十九世紀棉花種植的發展使得黑人的生活條件更加惡化：過去黑奴居住在主人的屋子；如今他們像牲畜般聚集於類似古羅馬的莊園中。在這些悲慘的有色人種勞動者之上，有一個熱情好客、教養良好的白人社會所組成的一個強而有力的殖民貴族階級。《湯姆叔叔的小屋》是斯托夫人所撰的一部關於黑人慘況的小說，一八五二年出版時給北方人民心中帶來極大的震撼。另一部比較近期的小說，米契爾的《飄》（一九三六年出版）則敘述南方生活的甜美與風情，不過主要講述的是白人地主階級的自由生活。福克納[2]情節複雜具張力的小說也是在此南方生活的框架中，緬懷往昔上流社會的生活、狩獵派對、喝著私釀的玉米酒聊天。黑人與白人兩個世界，兩種視野，兩種謊言。

至於最早被殖民統治的印第安人，在與歐洲人的抗爭中已消失殆盡，如今只能在某些保留區中見到他們，宛如代表一個消失的物種般地存活著。黑人在無意中興起，成爲強硬的對手，於是美國國內，存在著一個儘管各式的官方政策，卻始終未獲解放的殖民地，存在著一支少數民族，其存在與其份量持續影響一切、左右一切。

- 十九世紀中，廢奴的問題在美國引爆了南北戰爭（一八六一年至一八六五年）。然而，廢奴與維持奴隸制度與否，只不過是南方各州與北方各州間，衆多手足相殘的對立爭執中的其中一個面向而已。

一、北方工業爲主，贊成高關稅；南方販賣棉花爲生，喜歡購買品質較優的歐洲貨，要求門戶開放。

二、政治方面的爭執：民主、共和兩黨互相爭權，民主黨以南方人爲主，共和黨以北方人居多。

三、西部新成立的州究竟會傾向南、北哪一個陣營呢？對西部新州的拉攏使得南北對立更形劇烈。

四、事實上，如此危機引出一個嚴重問題：已加入聯邦的各州，能否反對中央政府的某些決策？各州有無權利脫離聯邦？

以上種種對立因素，使得敵對雙方在面對廢奴問題上爆發激烈衝突。南方先掀起戰爭（一八六一年四月十二日攻擊薩姆特堡），這場傷亡慘重的戰爭直到南軍一八六五年四月九日投降才結束。同年十二月十八日憲法第十三條修正案廢除奴隸制度。廢奴，關係到佔總人口百分之十二點七、略少於五百萬黑人的未來（一八七〇年時有四百八十萬人，白人則有三千三百萬）。黑人的比例逐漸成長，一八八〇年佔總人口數百分之十三點一，隨後由於歐洲移民移入，而於一九二〇年時下降到百分之十；往後似乎就維持在此比例。

2 福克納，William Faulkner（一八九七—一九六二），小說家，美國二〇世紀具影響力作家之一，一九四九年獲諾貝爾文學獎。

由許多日常生活的小細節可輕易得知，政策上所給予黑人的好處都是徒勞無功的，這些政治權利都被剝奪，黑人依舊「居於下位」。一九一四年以前，黑人只要沒有離開南方（南方在傳統上、習慣上仍視黑人為次等人），頂多能在一八八〇年後興起的工業化發展中，找到勞力的工作，比較好的職位都保留給「小白鬼」。直到第一次世界大戰爆發，才有大量黑人往北方移民，前往紐約的哈林區、芝加哥的「黑人區」、底特律⋯⋯。

● 弱勢的黑人跟隨著美國經濟起飛，並融入其中。今日，黑人社會也有富人、甚至新貴階級，有黑人的大學、教會、黑人的音樂家、詩人、作家。但是，尚未取得真正的平等。

一九五六年錫格弗伊德寫道：「由於美國樂觀天性，誤以為已從此解決了問題，許多歐洲觀光客也如此誤信。事實上，社會上依舊存在歧視排擠，在北方可能稍微收斂，在南方則毫不掩飾。在東岸與中西部，則越來越常見黑人融入白人的生活中；有地位的有色人種有時也會受邀參加晚宴或社交場合；公職選舉中也有越來越多過去被排擠的人種，能夠不受歧視地成為候選人。然而，距離社會藩籬徹底消失，仍有相當長的路要走。美國的黑人自我認同為美國人，也希望單純地被如此認可，而不涉及種族；但是對白人而言，他們始終是『美國黑人』，此間仍存在相當大的歧異。膚色問題似乎成為融合上無法克服的障礙。」

說真的，黑人問題在一種令人絕望的緩慢中，慢慢發生一點點文化上的轉變。如今先入為主的偏見、仇視已無過去嚴重。許多運動嘗試消滅種族隔離、私刑（極罕）、潛在的敵意，儘管尚無成效，但起碼這些運動已經開始了。聯邦政府於小岩城入學事件[3]最終佔了上風（阿肯色州州長撐腰的白人學校拒絕接受黑人學生入學，而聯邦法強制必須接受黑人入學），昭示了儘管種族隔離主義者的激動情緒以及此問題的嚴重性，未來仍將由聯邦政府保障黑人就學權益。然而此平等就學的未來仍要很久才會真正到來，需要極大的耐性，黑人的政治勢力承諾將以和平之道解決。

作爲結語，我們可以說這個黑人問題，對美國、以及親切可人又有耐性的美國黑人而言是個不幸嗎？當然不行，因爲美國的人文主義遇到這個需要克服的困難，將藉此自我審視、自我提升。當然不行，因爲這個非洲帶來了獨特的、與衆不同的文化元素，融入美國文明（尤其是音樂中）。另一方面，這個在美國的非洲，是全世界在物質上、學術上最高度發展的黑人世界，他們勤奮勞作，成爲美國文明的一個環節。歲月對黑人是有利的，時間並不會減少美國生活中此嚴重矛盾，這個問題將是學術上、思想上一個永遠的隱患。沒有人希望如此。美國必須想出並採取一個好的解決方法。

資本主義：由托拉斯到政府的介入及寡頭壟斷市場

我們不知該如何評斷美國資本主義的發展，究竟是幸或不幸。資本主義造就了、也妨礙了美國文明，並留下不可磨滅的印記。

在美國這個自由民主的國家，金錢至上。商業帝國公然地盤據曼哈頓的高樓大廈。然而此資本主義，這個有時過於自由的供給與需求的遊戲，推動了史無前例的經濟成長，而今世上所有的國家，不論其政治型態如何，都嘗試要複製美國模式以求經濟成長。最終，我們無法忽略美國理想主義的重要性，以及其完全不求名利的特質，

3 小岩城入學事件，一九五七年，六女三男共九名非裔美籍學生註冊阿肯色州首府小岩城高中，被該校拒絕入學，阿肯色州州長下令國民兵駐守校門口阻擋九名黑人學生進入學校。對於此違反聯邦法之事件，艾森豪總統解除阿肯色州州長對國民兵之統轄權，並派出上千名空降部隊守護九名新生入學。此事件被視為一九五五年至一九六八年間非裔美國人公民權運動之重要指標事件。

是此無所不在的物質至上的生活的一種解套、一種反抗。在此方面，資本主義通常也是有些內疚的。

況且，在這個務實社會的壓力下，資本主義不是已經逐漸人性化了嗎？這個實事求是的社會不具革命性，因爲太過於富裕，所以不會如一九一四年或一八四八年以前的歐洲那般起來革命。

美國以農立國，直到一八八〇年左右才突發驚人轉變，進入工業發展、累積財富與權勢。歐洲六國自設置共同市場後，才認識到什麼是物質生活的重大進步，一切都隨著這股發展而富裕，今日歐洲正可見務實派社會主義的興起。同樣的，資本主義在美國也不得不進行調整、做出讓步，以共享進步的成果。資本主義也有所演化，由十九世紀末的托拉斯，發展成爲只有兩三家大企業壟斷整個廣大國內市場（「寡占」）。

這個演化中的資本主義，很顯然地發生了變化、受到牽制、稍有轉向，並持續促進物質生活發展，並牽動美國政治與文明。在其轉型的同時，也改變了美國政治、生活、與文明。此資本主義正是美國文明當前與往後危機的根源之一。

● 要了解此資本主義的變化發展，須回顧托拉斯—商業信託的時代（信託—信任；信用託管—權力的建立）。

商業信託，以法源上來說，是一群擁有不同公司的股東，這些股東共同授權信用託管，代表他們經營管理。所以，依據信託章程，這些信用託管的公司沒有權利整併。這裡出現了一個鑽法律漏洞之處，有些商業信託聚集了類似的、關聯的產業，一旦形成力量團體，目標自然就是壟斷市場，儘管美國國土之大提高了操作的困難度。洛克斐勒（一八三九年生，一九三七年卒）自一八七〇年創立「標準石油公司（俄亥俄州）」，至一八七九年實際組成「標準信託」，便是成功地進行此商業操作：超越了嚴格定義的事業範圍，涵蓋了鑽油、運輸、煉油、直到販售（主要銷往海外）的一系列企業，而這些企業很快地便與汽車業的重大發展密不可分。

這是個不折不扣的托拉斯，還有成立於一八九七年的龐大企業美國鋼鐵公司[4]也是。洛克斐勒自標準石油事件中脫身，但無法自商業炒作中脫罪，由於當時幾乎不查稅，洛克斐勒乘機累積了巨大的財富，這些資金日後成就了極大的慈善事業，洛克斐勒也在蘇必略湖畔買下含鐵礦脈的土地。事實上，這些土地是來自於無法償還債務的客戶給與洛克斐勒抵債的。不久後，他秘密地命人打造一個貨船船隊以運載大湖區的礦產；然後，以半強迫的方式與匹茲堡數家大煉鋼廠的老闆——鋼鐵大王卡內基（一八三五年生，一九一九年卒）達成協議；再加上銀行家摩根，組成巨人般的「托拉斯」美國鋼鐵公司，其產量佔全美鋼鐵產量之六成。最後，在集團股票上市時，摩根更將資本加倍，使公司市值翻倍，這便是炒作，使股價飛漲。

此類操作不勝枚舉（人們經常舉鐵路公司奮鬥的例子），成為一種技巧、構成一種氛圍、一種殘酷且無恥的資本主義，如同馬基維利時代的政治般。以某方面而言，洛克斐勒、卡內基、摩根，其實與文藝復興時代的王公所差無幾。

此種金錢至上的崛起，應該可溯源至加州的淘金熱（一八四九年），或者上溯至一八六五年（南軍於阿波瑪托克斯鎮投降時），直到二十世紀初之間。這些或者面容冷峻或者和藹可親的美國王公，強烈地想要「屬於他們的」美國，他們打破藩籬克服重重障礙，幾乎毫不掩飾地進行必要的賄賂。他們其中一位寫道：「如果需要付錢以取得『恰當的』解決方法，那這麼做就是既合法又公平。如果一個有能力作惡的人被收買後可以行得正，那麼就該盡管這麼做並收買法官，因為將可省下時間。」為了目標，不擇手段……。

此時是經濟建設的重要時期，興築鐵路、前往加州淘金、移民大西部，新來的移民造就出令人欣慰的神話，

4 美國鋼鐵公司，United States Steel Corporation，由美國銀行家摩根 J. P. Morgan創立於一九〇一年的縱向托拉斯。

出現許多功成名就、「白手起家的人」……。這是一個在無形中打破陳規的資本主義的年代，這些企業家在他們奮鬥與妥協過程中，眼界顯然與我們所見不同。這些鬥士毫不猶疑地採取各種手段來達到想追求的目標，那偉大、合理化經濟、甚至造福大眾的目標，是透過這些人的個人發達與成就來完成，那麼既然他們是「最佳鬥士」難道沒有權利永遠都是對的嗎？

● 如果認為，或者因為受宣傳影響而誤以為，所有那些白手起家的成功企業家（如摩根）都不曾遭遇困難與質疑，那就是大錯特錯。

相反的，民眾、甚至企業家都開始嚴重憂心市場壟斷，或種種導致壟斷的作法。資本集中經常是自發生成的、「有組織的」，一九〇〇年以後景氣緩慢復甦，一切都導致托拉斯與壟斷如雨後春筍般的發展（一八八七年至一八九七年間有八十六家；一八九八年至一九〇〇年間有一百四十九家；一九〇一年至一九〇三年間有一百二十七家）。然而這些托拉斯彼此間的商業鬥爭也隨即展開：一八九六年的總統選舉，對於托拉斯商業信託模式有贊成者（麥金萊[5]）、有反對者（布萊恩[6]）。後來某些托拉斯，因野心過大而瓦解，例如摩根曾經夢想的海上貿易信託。

一九〇三年至一九〇七年間突發而短暫的危機，使得民眾強烈警覺到此經濟模式的危險性，一九〇四年，羅斯福總統在輿論的一片掌聲中解散貨真價實的鐵路托拉斯。種種措施、政策促成了**反托拉斯法**，以威爾遜總統一位民主黨朋友命名，稱克萊頓法（一九一四年）。

許多觀察家指出，想要以法律來阻止大規模的資本集中，乃徒勞無功，實在是太過理想化。美國一位社會主義領袖德利昂[7]也承認道：「人類文明的進程是勞動方式的進步、生產工具越來越有效力。托拉斯盤踞於此生產階序之頂，現代社會風暴環繞著此種商業模式升到最高點：中產階級想盡辦法打擊它，導致文明倒退；無產階級則想要保護之、改良之、使之對衆人開放。」

此態度是十分明確的：莫妨礙工業的發展與成功、勿傷及美國的自尊，但要將經濟發展過程予以人性化，並且有可能的話，在此進步發展中得到利益。如此政策，唯有聯邦政府有足夠的仲裁力，因爲這些托拉斯的商業行爲同時牽涉好幾個州，超越一個州政府的管轄能力。唯有聯邦政府有足夠的權責尺度來制約，但聯邦政府仍須增強、鞏固其能力，以成爲一個能起作用的談判者；同時使這些托拉斯商業信託，或者說此大資本主義，不管情願不情願，只需面對單一的主管機關，而此主管機關是可靠、其決定是能令人信服與支持的。一九六二年時，甘迺迪總統反對鋼價調漲，就是一例。

- 今日，壟斷市場的大企業、工會、政府的「制衡力」，「正在美國建構某種在型態上能夠適應二十世紀條件，而與傳統的資本主義大不相同的新資本主義」。

新資本主義表現於許多層面，並不容易了解，整個美國文明均受此新資本主義的秩序、以及其社會網絡所制

5 麥金萊，William McKinley（一八四三－一九〇一），一八九七－一九〇一年任美國第二十五任總統。任內提高關稅以保護美國工業，帶領美國贏得美西戰爭。

6 布萊恩，William Jennings Bryan（一八六〇－一九二五），美國律師、政治家，一八九六、一九〇〇、一九〇八年三次競選總統，一九一三年至一九一五年任美國國務卿。

7 德利昂，Daniel de Leon（一八五二－一九一四），出身於荷屬安地列斯群島、信仰猶太教的社會主義者、工會運動份子。在建立世界產業勞工組織與建立美國社會主義勞動黨方面扮演重要角色。

約。我們要如何一一條列這些元素呢？合理化經濟就此展開，帶來自動化的奇蹟，爲一個在強勢廣告宣傳下、品味標準化、均質化的市場進行量產。在各大型企業中，設立了**人際關係部門**與**公共關係部門**，彷彿企業的內政部與外交部，專門處理企業內部勞工的意見，以及面對輿論、消費者的意見。見微知著，經濟發展主宰了一切。接下來就是要釐清規範、界限，認清趨勢是最重要的。下面，我們將陸續檢討：十九世紀的自由市場經濟、寡占壟斷、工會組織、以及聯邦政府的角色。

對古典自由主義的經濟學家而言，**市場**（當然是指自由貿易市場），是整個經濟的調節器、仲裁者，透過至高無上的競爭法則，市場決定了人與物的位子。依據資本主義的傳統，理想的經濟型態是完全的自由競爭（意即沒有壟斷），政府不干預，在供給與需求的遊戲間自然取得平衡，危機、失業、通貨膨脹都是**異常現象**，應該要被消滅。而爲了要「解釋」並非起源於二十世紀的失業現象，甚至竟然歸咎於工會團體的不正常施壓。

以下補充舊時的認知：生產「一直」被認爲是有益的，因爲根據一八〇三年賽伊[8]所歸結「以產品交換產品」的市場法則，生產可以刺激交易；每製造一個產品，就增加一個可交易的籌碼。這正是自由主義經濟學者亞當斯密[9]所傳授給邊沁[10]、李嘉圖[11]、賽伊、以及偉大的馬歇爾[12]的概念。簡言之，在此經濟體的競爭「模式」中，一切運作順理成章，不會出問題，甚至包含儲蓄或投資的趨勢。萬一有失序的時候，只需提高或降低利率即可正確明智地進行調節。

然而，在資本主義發展到某個階段後，這些前人傳授、不斷重申的古老法則，再再與事實不符：壟斷、潛在壟斷、以及寡占市場，已然成爲二十世紀的最高法則，主宰著許多大型產業，尤其是那些最進步的產業，扭曲了競爭的法則；政府介入（如羅斯福新政，以及世界上許多國家的五年計畫），許多長期的危機於一九二九年展開，失業與通貨膨脹問題嚴重，並且令人遺憾地成爲社會上、經濟上正常而非異常的現象。英國經濟學家凱恩斯（一八八三年生，一九四六年卒）具革命性的著作《就業、利息、與貨幣通論》（一九三六年發表）之重要性在於，標誌了有別於自由市場經濟與其傳統競爭模式的新經濟學。美國將凱恩斯對於二十世紀新經濟學之理論奉爲圭臬，並依此擬訂許多施政。

寡占市場。寡占，亦稱爲不完全競爭、不完全壟斷，即當只有少數大型賣家「致力於滿足大多數買家的需求」時。前文已經提到，事實上反托拉斯的抗爭並未終結企業的資本集中發展。在許多產業領域中，且不限於美國，資本集中最終的受益者都是巨型企業，例如鋁業在一九三九年以前只有一家巨大的「美國鋁業公司」。一般而言，每個產業總會有數個大企業共享市場，如菸草與香菸製造業有三、四家。

在這些巨型企業旁，殘存著一些小公司，在陰影下小本經營著，遲早有一天會消失。這些小公司只是舊時代的遺存，苟活著。更何況在一個產業剛起步時較容易插手介入，也較容易吸納資金與投機者（例如洛克斐勒年輕時候的石油業、或是福特起家時的汽車業），因爲在發展既成的領域中較難操作。經驗、企業規模、技術的改良、以及財務自主，這些都是至關重要的問題，唯有優異卓越的企業有能力解決這些問題。

調查與數據更是提供了佐證：兩百家巨型企業掌控了大約一半的美國財富。這些企業經常並非私人獨有，而是股份有限公司，或是由員工所共同擁有。在這些公司中，負責人與員工的酬勞，若以歐洲的標準來論，是相當可觀的，不過都是固定薪資。一如福特所解釋的：「真正的利潤屬於事業本身，利潤是一種保障，同時也促進事

8 賽伊，Jean-Baptiste Say（一七六七—一八三二），法國古典經濟學家，以其政治經濟理論著名。

9 亞當斯密，Adam Smith（一七二三—一七九〇），啓蒙年代蘇格蘭經濟學家、哲學家，著有《國富論》，被尊為經濟學之父。

10 邊沁，Jeremy Bentham（一七四八—一八三二），英國哲學家、改革派，首創功利主義。

11 李嘉圖，David Ricado（一七七二—一八二三），英國政治經濟學家，極具影響力的古典經濟學家。

12 馬歇爾，Arthur Marshall（一八四二—一九二四），英國經濟學家，奠定新古典主義經濟學。

業成長。」

於是，此自成一格的資本主義，由這些「鉅子」稱霸，而反托拉斯法對此亦束手無策（如一九四八年政府對於切斯特菲、好彩、駱駝牌三家香菸廠所採取的行動），再怎麼說，如果只有一家壟斷企業還容易解決，但是兩百家！必須要一個徹底的改革、一場革命，沒有人去思考進行這件事，那些寡占市場的巨型企業並不會分裂成小企業。

於是有利的位子被佔據、並被牢牢把持。「在事業的位階中，公爵之尊屬於通用汽車、紐澤西標準石油公司、杜邦化學、以及美國鋼鐵公司的幾位總裁，其餘則按照各家公司的資產比例分列伯、侯、子、男爵。」取得位子就要好好守住：「當代的美國人，要購買生活所需的鋼鐵、銅礦、黃銅、汽車、輪胎、肥皂、電阻、早餐、培根、香菸、威士忌、錄音帶、以及棺材，只能在目前有供應產品的其中一家廠商中選擇」（引自高伯瑞13）。

當然，這些巨型企業也有其優點：他們緊隨科技發展進行生產技術的改進，以低廉價格提供優質產品……。若我們將前述此現代化、資本集中的產業，與其他仍以十九世紀方式經營的產業相較，高下立見。因為美國是同時建立於新舊兩種資本主義之上，至少有兩種架構。整個農業、成衣業與礦業，均仍屬於舊的資本主義型態，亦即都是極小的規模，在農業方面更幾乎是微不足道的：某重要生產者每年供應密蘇里州九千綑棉花，這不是個小數量，然而若以生產的尺度來看根本就是可笑的，換句話說根本不足以左右價格，而且實際上與其他所有的棉花生產者一樣，都是被價格所主宰的。同樣的，在美國石油業的組織，以及六千家古老的煤礦企業之間，也有極大的差異：前者的進步令人嘆為觀止，後者則仍仰賴悲慘的礦工的勞動力，若非近日政府的介入，煤業毫無任何技術上的革新。

市場重新扮演其角色。很顯然地，價格無法嚇阻大企業，而是大企業先發制人地決定價格，進行「最純粹且最誠實」的競爭；唯有在評估情勢之後，才會抬高或降低價格，針對具有威脅性的敵手採取一報還一報的策略。

隨後，價格就會落在某個足以保障風險、以及保障大企業利潤的水準，而這也是爲何一些小規模的公司還能殘存在這些巨型企業的夾縫中的原因，因爲如此相對而言高的售價對他們是有利的。在此條件前提下，迴避了價格戰，剩下的就是宣傳戰了。宣傳戰，很顯然地是「豐足富裕的經濟體」的專利。在一個物質匱乏的經濟體中，並不需要任何的廣告。

不過，這兩百家巨型企業（一九二九年的危機動搖了銀行的權力，銀行似乎無法再掌握這些企業）不再稱霸群雄，或說不再是毫不受競爭威脅的。在幾項現代化產業中，市場機制將販售集中到某幾家大企業手中，也同樣地使得只有少數大廠具有購買力。

生產者的「經濟力」與買家的「制衡力」短兵相接，在此雙邊遊戲中，壟斷利益的可能是賣方，也可能是買方：是一個大的賣家面對衆多買家，或者一個大的買家面對諸多賣家，亦或也常見買賣雙方都是舉足輕重的企業，那麼就需要整合調配。試想，假設底特律的鋼材廠妄想「任意設定價格」，當他們在面對底特律汽車製造業者如此重要且有勢力的客戶時，就很難遂心所願了。

當然，寡占市場的可以是賣方，也可以是買方，交替運用、或同時運用經濟力與制衡力。不過，在此二者一般而言分開的活動之間，將經常出現衝突與緊張關係。

工會。在勞動市場上可以最明顯地見到補償作用。工業鉅子們在他們的地盤裡目睹著大型工會組織建立起來，工會組織也試著利用壟斷的力量，利用大型企業對於價格市場的干預力：既然這些大企業可以提高售價，工會便對企業施壓要求調高薪資，以使勞工得以共享企業之利潤與特權。說是特權一點也不誇張，美國某些工會實際上都是極有錢的公司，擁有許多大樓、以及管理良好的龐大資產，工會主席與工會人員領有優渥的報酬。

13 高伯瑞，John Kenneth Galbraith（一九〇八—二〇〇六），經濟學家，曾數度擔任美國總統羅斯福、甘迺迪、詹森之經濟顧問。

相反地，在新形態的資本主義未觸及的產業，工會施壓便無法如此有效。這就是工會組織幾乎完全未涉及農產業範疇的原因嗎？

無論如何，生產者與工會間的典型對立，在今日的美國形成某種特殊的結盟，被犧牲的極可能是消費者利益。工業鉅子創造了社會上的工會巨人，其反對、制衡的能力調節了薪資與產品價格。

然而，此調節器也經常有出差錯、或運作不順暢之時，在凡事講巨求大的國家中，任一差錯都可能造成巨大的嚴重後果，所以國家越來越常扮演終極調節器的角色，以確保機制正常運作。一九二九年金融危機事件後，再無人質疑國家介入的必要性，是以也就不偏不倚地否決了傳統的自由主義經濟。

很顯然的，美國的經濟發展迫使**聯邦政府必須扮演「制衡力」的角色**，謹慎積極介入。不再如過去一九一四年克萊頓法案般盲目地採取反托拉斯措施，而是審慎評估經濟情勢，利用現代經濟學的理論預測未來發展，並預先做好準備，以減少失業、刺激生產、或抑制通膨……等。

因此，我們可以了解爲何自羅斯福新政以來，聯邦政府的角色越形重要。胡佛總統只有三十七位助手，杜魯門總統手下有三百二十五位直屬的雇員，以及一千五百名職員；過去，白宮就足以應對總統的工作，現在，白宮對面建了一棟行政大樓，而全新的辦公室又已擁擠不堪了。各項權力逐漸地集中於總統之手，由白宮號令全國。一個龐大的官僚體系由一支能幹的技術官僚建立起來，淘汰了既往的**酬庸制**，往往隨著選舉結果而撤換公職人員的陳規陋習。此種新的官員制度的法則，本身就是一大革新。從今往後，總統領導的是一個具有執行力的團隊。

整個聯邦政府的龐大體系，依關鍵議題而組織，**必須也能夠**引領經濟的發展方向，同時也必然要面對社會問題。命令經濟，即使只是有限度的介入，難道可以在不考量社會問題下進行規畫嗎？

一旦政府擔負起組織經濟的責任，就必須爲社會正義問題負責。政府不能漠視那些在工會邊緣、或完全不在工會組織內美國人，例如那些毫無任何權益的農工所構成的一個有兩百萬賤民的無產階級。應該訂定最低薪資嗎？應該朝向歐洲社會保險制度的方向發展嗎？

於是，在一個富裕的經濟體中，引入了一個國家領導的社會政策，這個政策解決了許多老問題，同時也帶來許多新問題。無論如何，這給美國文明中極度個人主義、尊重每個人能夠以自己的方式解決問題的傳統帶來新的轉折，所有的美國公民都極厭惡國家在社會組織上的介入，然而今日社會有可能免除政府的介入嗎？

爲了說明此困難性，以及政府介入的必要性，以下舉第二次世界大戰後逃至美國的蘇聯難民的例子，某社會學家訪問這些新移民對美國的印象：整體而言，他們認可新生活在物質方面較優渥，但他們一致懷念過去在蘇聯所享有的免費醫療、以及在醫療上所受到的平等待遇。一位法國人也發現，儘管美國是個富裕的國家，其社會福利系統也無法與法國的相比。在美國某知名大學任教的某年輕教授突然罹患不治之症，他過去沒有想到要投保，下場呢？與妻子兒女流落街頭……。

許多權責人員認爲美國社會政策是無法避免且是必須的。同時，輿論的發展也有利於對這個問題的省思。不管那些利益團體的媒體如何報導，政府提撥的保費，不再是不公平地懲罰財富創造者、有錢人、比較會鑽營之人，以造福無能、懶惰之人。自羅斯福新政起，聯邦政府成爲如「主要的行善者一般」，總之，其角色是必要的。

此重大改變，逐漸削弱各州政府——這些昔日自主的共和國的角色，並且將深切影響美國文明與社會之結構。況且，美利堅合衆國甫以一個國家的角度重新審視認知他們在世界舞台上的使命、角色、與責任。

面對世界的美國

美國走出長久以來孤立主義的傳統，遇見世界。世界給美國帶來一連串且大多是不太愉快的新問題。美國自然想要自我防衛、迴避這些問題，然而，其強大使其無法免責地、毫無選擇地與世界相連。世界小到任何國家不論有意或無心的任何舉措，都會造成世界性的後果。

● 孤立主義是美國主要特色之一，其重要性無可言喻。

美國由於建立了一個與古老的歐洲完全不同、且更美好的新世界，孤立主義的出現，自獨立之初，便是十分明確的。精神分析學家將此診斷爲：「對父母的反抗、叛逆」。孤立主義的出現，自然也與一個建立於一塊廣大全新大陸且獨立自主的歷史，以及由此而生的安全感有關。

事實上，美國過去可以只管維持國內繁榮富庶就好，建立如中國長城般的保護關稅壁壘，無需擔憂強鄰威脅，無恥且毫無悔意的征服擴張領土，在海運世界也採取殖民式的惡劣行徑。十九世紀時，美國與美洲其他地區只有少數必要的連結：此於一八二三年門羅主義提出美洲是美洲人的美洲，可一目瞭然。這是一個由美國總統所釋出的訊息，也同時表達了美國對於歐洲事務不感興趣。對於門羅主義的正負評價在往後不停地被重新討論與重申。

然而，美洲以外的世界也不能被忽略：還有貿易、進口、出口、外交關係；某好戰情勢高升導致一八九八年美國出兵波多黎各，且美軍今日依然駐在；出兵古巴，目前已撤離；出兵遙遠的菲律賓，儘管已經承認整個群島獨立，美國始終沒有撤離。隨著大批的歐洲、日本、中國移民到來，世界也走向美國。我們見到美國對此所採取的自然、但危險的反應，於一九二一年至一九二四年間拒絕移民潮流入。對整個世界與第一次大戰後天翻地覆且苦難的歐洲而言，一個減壓的安全閥被封閉了，再沒有什麼比這更淒慘的了。

在此同時，一九一八年時決定了第一次世界大戰結局的美國，在其唆使促成的凡爾賽和約簽定後就退出國際政治舞台，沒有加入國際聯盟，美國將世界留給那假象與脆弱的英國霸權，一個長久以來利用海上連結建立的古老王國。其實，一九一八年美國介入的衆目的之中，最重要的無疑便是挽救美國已習慣的英國世界霸權，並且也是同時守護盎格魯薩克遜文明——美國文明的未來。

相對於並不想要退出世界舞台的、和藹可親的威爾遜，相對於他的失敗，是不是該來談談羅斯福於其死前與第二次世界大戰結束前在雅爾達、德黑蘭、拉巴特這些高峰會議的大成就？當時，透過一連串的承諾，羅斯福總統同時連結了並解放了一個很難有未來的世界。他對於迫在眉睫的需求是否讓步太多？對於那些遠不如威爾遜所秉持的有意義、且在道德上經常是有所爭議的原則，是否讓步太多？支持殖民地解放，是秉持美國傳統的信念，但損及西歐勢力，也早晚有一天會傷及在經濟上「如殖民地般」仰賴美國的拉丁美洲。同時，也是將半壁歐洲拱手讓給蘇聯，如此便背離了民族自決的神聖原則。但是，羅斯福認爲，爲了世界和平，必須要抑制小國的動亂，他希望往後中國、蘇聯、英國、美國成爲世界四強。也許，他還是不免懷念孤立主義，如果不得不涉入世事，那麼起碼要保有某程度的安寧……。

以上是美國某評論家筆下對於羅斯福的解析，當然仍有待商榷，但也呈現出某相當常見的非美國觀點，尤其是西歐的觀點。這派舊大陸的想法認爲，美國即使並未如此立意、或者即使起初並未意識到，但終將領導世界。美國人經常認爲問題很簡單，只是常識與意願的問題，但也認知到與舊大陸密不可分的自私想法與偏見造成的困難。然而，美國人的許多做法都令人生氣，而且很快地便使問題失控，無疑地證明了信任與好的原則並不足以領導世界，而依據美國思想透過貿易與金錢名正言順地統治，也在今日引發對於美國宛如昔日殖民霸權的懷疑。另一方面，美國人則認爲這些懷疑，是美國曾經救援的國家、或曾經想要支援的國家不知感恩、貪得無厭的鐵證。

事實上，過去長期未涉入、或曾經想要自外其中的美國，如同世上任一國家般，都需要學習在世界舞台上的分寸，現在爲了美國自身安全著想，有可能的話必須要監督、領導這個世界。他們很認眞地著手此事，承認某些他們犯下的錯誤，因爲這也是美國一個好處良多且親切可人的傳統：相信自己所做的努力，不求虛榮、爲求效率要勇於承認錯誤。越快校正準頭，就越快有機會可以命中目標。

所以，甘迺迪總統身邊召集了政治與經濟方面最優秀的人才與專家，認眞研究時下的問題。某記者強調並補充道（一九六二年五月二十一日）：「在命身邊的這些『天才』、『智囊』認眞研究後，他從那些結論中整理出一個施政重點。四處都存在著灰色地帶，可能的作法很多。但是，在主要問題方面，其立場明確。這麼久以來頭一回，人們知道美國總統的堅持是什麼。」不要只將此視爲甘迺迪總統個人深思的成果，也勿將其視爲那些被延請來挽救政治的哈佛教授與學者們對事情清晰見解的貢獻。事實上，自馬歇爾計畫[14]至韓戰期間那些劇變且緊張的年代，包含當前柏林、古巴、寮國一觸即發的情勢，美國輿論普遍認知到他們在世界上的角色與責任，孤立主義的時代已成過去。

● 權力至上！由於其勢力的驚人發展，美國崛起成為世界第一強權，而且必須致力維持否則失去此世界第一的地位是很危險的。我們需要動用所有的形容詞，方能定義此強權，在經濟、政治、科學、軍事各方面，都是世界頂尖的。

美國勢力在原子彈於廣島爆炸、一九四五年戰勝後明確奠定，也立即使得歐洲的（以及世界的）領導權成爲雙方對決的問題。過去在歐洲一直分踞著兩個敵對陣營，各陣營的國家組成隨著強權的威脅與危險來自何國而變化。沿用雷蒙阿隆[15]的詞彙，今日世界也存在此古老的「二元對立」模式：劃分自由世界與社會主義世界的，不只是意識形態，隨著時間過去，這兩者間有越來越多的相似處；在社會主義世界中也組織了巨型產業，而另一方面在自由世界顯然也正在進行必要的社會主義化發展……。

當論及強權時，今時今日比過去更爲強烈而明確，**領導權**成爲一種選擇題：一是華盛頓、一是莫斯科。中立的第三世界國家、那些圍繞在強權國周邊的國家，只不過是這段身歷其中的歷史的觀衆，無法扮演什麼角色，頂多是加在天秤兩端無足輕重的陪襯。對兩大陣營而言，不需要凌駕這些小國，只需要拉攏他們加入陣營、並維持關係。

一九四五年美國成爲戰勝國，沉醉於那由廣島與長崎的原子彈以慘烈但決定性的方式所建立的優勢中。一九五三年七月十二日，蘇聯氫彈試爆說明蘇聯擁有氫彈[16]，重新建立了軍武平衡。一九五七年，史普尼克一號衛星的成功發射，爲蘇聯在太空征服與發展一萬公里射程的超長程火箭的競賽中取得關鍵性的一分。從此，在一個不確定的平衡中雙方輪流得分。雙方的軍武發展都越發駭人，冷戰就在這樣互相恫嚇的氣氛中延續著，讓世上其他各國人民活在極大的恐懼與深切的憤怒中，只能如觀衆般眼睜睜地看著卻束手無策。此世界兩大強權的危險遊戲也許與過去歐洲的角力遊戲相去不遠，然而今日兩強駭人的手法對世界的影響是不同的，人類有可能會被滅絕。

無論如何，美國很顯然地是癡迷執著於此對抗中，不只是改變了他們的政治，也改變了生活甚至是思想。蘇聯宣告擁有氫彈的那一年，對美國來說就如同一九二九年一般，改變了美國人的生活，原因不同，但同樣地關

14 馬歇爾計畫，官方名稱為歐洲復興計畫，為第二次世界大戰後美國幫助歐洲國家重建的經濟援助計畫。
15 雷蒙阿隆，Raymond Aron（一九〇五—一九八三），法國哲學家、社會學家。
16 蘇聯第一次氫彈試爆應是一九五三年八月十二日，此處尊重布勞岱爾原文，中譯文保留所寫七月十二日。

鍵。此種緊張情緒在每個事件中成長，影響了人們的思維、想像與心靈，改變一切，使過去自由的國度從此活在一般而言只有戰爭時期才有的疑懼氣氛中。前不久的麥卡錫主義[17]，仍提醒著我們此種氣氛，這股狂熱並未眞的消失。全球都有可能被捲入此種對紅色恐懼的精神分裂症中，妨礙對於人類福祉的追求。世界團結的黃金法則應該是堅定地「一起」想，而不是想「對抗」；然而，美國與蘇聯就是堅定地想「對抗」。

不論在哪一個陣營，需要去抹黑、進行無謂的防禦，眞是冷戰的孽債啊！

● 最後，我們來看看美國令人讚賞的多元的小說帶來的見證，美國文學提供了一個對美國文明極佳的結論。

爲了要全面性，當然不能只考量文學領域，從詩到戲劇與電影，還應包含藝術，尤須特別提及建築，更應包含科學、人文科學與自然科學。美國知識界的輝煌成就，不只來自哈佛大學或芝加哥大學的經濟學家，還源自於其藝術家、工藝技術的美學、以及美國產業講求效能的形式。

我們這裡選擇——在如此太過簡短的摘要中我們不得不有所選擇——以小說爲見證，一方面是因爲美國文學最近這二十年來，對歐洲與世界文學有相當大的影響，另一方面是因爲美國文學自二十世紀初以來的發展見證了前文所述之危機。

一九二〇年至一九二五年間歐洲「發現」了美國文學，到第二次世界大戰後更是蔚爲一大風潮。許多譯本由沙特、馬樂侯[18]、帕韋斯[19]等作家親自寫序文與書評，均受到熱烈歡迎；美國文學對於法、英、義、德的影響也是十分卓著，某評論家甚至稱剛過去的那個時代爲「美國小說的年代」，我們甚至可以說是一個「美國主義」的年代，可由爵士樂、舞蹈、年輕人的穿著打扮、以及卡通藝術來整理其脈絡。《紐約客》週刊的那些幽默漫畫提供極佳的例子。

在小說方面，這個年代主要在於發現了一種「筆法」、一種與歐洲研究人物心理的小說傳統截然不同的敘事技巧，有人說是「客觀詳盡報導的藝術」、「攝影的藝術」，目的是呈現，不是評論。要引導讀者進入一個人物的心理世界，就是直接、毫不掩飾地讓讀者感受人物的那些情緒，而不闡釋其意義，這正是電影的手法，我們可見此間明確的影響。

對歐洲人而言，美國小說便是以此寫作技巧、以此極具張力、未加修飾的氛圍爲特色。某位法國評論家寫道：「一種被電影形塑、爲電影而形塑的文學，一般而言是焦點新聞以及警匪故事犯罪小說……，一種直接、熱情、火熱、狂熱的文學，無絲毫的修飾，一種當頭棒喝的文學，盡管如此或因爲如此，這樣的文學還是受觀眾喜愛的。率直而堅實：讀者體驗到的是健康的、生機蓬勃的、強有力的，是目前在其他文學中無法尋得的。」事實上，此處談的是**某一時期**的美國文學，即美國人所稱的「自然主義派」，主要發展於兩次大戰之戰間期，重要作家有海明威、福克納[20]、史坦貝克[21]、多斯帕索斯[22]……。

17 麥卡錫主義，McCarthyism，美國歷史上的一個時期，又稱為紅色恐佈，大約於一九五〇年至一九五四年，美國處於反共氛圍中，麥卡錫所組成的委員會大量濫捕任何可疑的共產黨份子。

18 馬樂侯，André Malraux（一九〇一－一九七六），法國作家、政治家，一九五九年至一九六九年間擔任法國文化部部長。

19 帕韋斯，Cesare Pavese（一九〇八－一九五〇），義大利詩人、作家。

20 福克納，William Faulkner（一八九七－一九六二），美國小說家，具影響力作家，一九四九年諾貝爾文學獎得主。

21 史坦貝克，John Steinbeck（一九〇二－一九六八），美國作家，一九六二年諾貝爾文學獎得主。

22 多斯帕索斯，John Dos Passos（一八九六－一九七〇），美國作家、畫家。

然而這些或已往生、或仍在世的作家，均出生於一八九〇年與一九〇五年間，對今日的美國而言，他們生活的年代、他們的作品，都是屬於「上一代」的；第二次世界大戰後，美國逐漸遠離「自然主義派」的小說，而回歸到一個更古老的、十九世紀的美國文學傳統，雖然較不為歐洲讀者所認識，但同樣傑出且獨特（諸如這些知名作家：梅爾維爾，一八一九年生一八九一年卒；霍桑，一八〇四年生一八六四年卒；亨利詹姆斯，一八四三年生一九一六年卒）。

我們要關注的是大趨勢的發展，以及那些可以代表美國文明的部份。有一個一直以來的常態也許值得一提：歐洲「文人」的概念並不存在於美國，作家在美國社會中並沒有理所當然而受尊敬的地位；美國作家一直都是被孤立的個體，活在社會邊緣，而且經常在一個短暫的成功後，便迷失在悲劇性的命運中（美國作家費茲傑羅23說：「在美國生活中，沒有第二幕」，費茲傑羅與其他許多作家幾乎都沒有體會過「成名」的日子）。於是，美國作家就是反社會個體的極致表現，不只作品呈現出對周遭世界的不適應與反抗，也每日生活於此抗爭中，並付出焦慮與孤寂的代價。美國小說的發展強烈地反映出美國國內社會壓力的發展。

十九世紀時，埋藏在梅爾維爾與霍桑晦暗的作品背後的，是美國喀爾文教派的清教徒思想。儘管這些作家們同時也排拒此思想枷鎖，他們都在某種程度上譴責周遭、令他們厭倦的社會，然而千篇一律地出現的主題仍是善與惡的悲劇性對抗。

二十世紀初，一場大規模的運動興起對抗清教思想的不通情理，這些思想今日仍是社會禁忌的力量，在某程度上接替成為美國的道德禁忌。不過，自十九世紀末起，清教思想不再是社會的魔鬼，此時開啓了左拉風格具有社會主義傾向的自然主義小說的發展，與一八八〇年後美國勢力的巨幅擴張正好同時。

從此之後直到第二次世界大戰爆發，反教條主義者的主要攻擊目標是工業社會、資本主義社會、以及美國「未來主義的」生活；如，劉易士著名的《巴比特》（一九二二年出版）正是美國生意人誇張形象的表現；以及那些在戰間期自我放逐到巴黎的作家，如海明威、費茲傑羅、多斯帕索斯、亨利米勒、凱薩琳安波特……等，那些斯坦因[24]稱爲「失落的一代」的作家，巴黎的沙龍成爲這些旅外美國人的聚會所。除此以外，還有福克納、史坦貝克、考德威爾、理查萊特[25]等一整個「左派知識分子」的世代，這些因一九二七年薩柯與萬則蒂[26]的審判與處決而群情激憤（多斯帕索斯甚至還因此坐牢），因西班牙戰爭（如海明威的著作《戰地鐘聲》）、對墨索里尼的侵略行爲、以及對羅斯福新政的爭議而激憤不平的一代；這些人視社會主義爲救贖當代社會的一個希望。一九四〇年戰爭爆發以及隨後冷戰展開，將此希望徹底打碎。美國小說家先是重拾了對祖國的效忠團結，隨後更發現他們馬克思夢想的不切實際。

美國年輕的一代遠離了社會寫實主義，而以充滿象徵、詩意、純粹爲藝術而藝術的小說爲標竿，推崇亨利詹姆斯、梅爾維爾、以及「失落的一代」中非常獨特但英年早逝的作家費茲傑羅。這是否代表美國文學的核心不再是對社會的反抗？的確有一度曾是如此：戰後快速重返國族主義，並出現了一個出身大學院校的作家的世代，生活有一定的保障，有他們自有鮮明的文化認同。然而，戰後也出現了「披頭族」一代，是與社會責任完全脫節的年輕知識份子，與他們的前輩「失落的一代」一樣，但兩者之社會迴響不同。繼一九二五年至一九三〇年間相信社會主義的未來的一代之後，興起的是面對焦慮、什麼也不相信，以藝術、酒精或毒品爲逃避的一代，在一個毫

23 費茲傑羅，F. Scott Fitzgerald（一八九六—一九四〇），美國作家，失落的一代與爵士時代的代表人物，也是開啓海明威作家生涯的推手。

24 斯坦因，Gertrude Stein（一八七四—一九四六），美國詩人、劇作家、女性主義者，對於立體派藝術之推廣貢獻卓著。

25 理查萊特，Richard Wright（一九〇八—一九六〇），美國作家、記者，一九二〇—一九三〇年代哈林文藝復興運動重要人物。

26 薩柯與萬則蒂事件，一九二〇年代因逮捕、審判、與處決義大利籍無政府主義者薩柯Nicola Sacco與萬則蒂Bartolomeo Vanzetti所造成美國司法史上最大冤案。

無意義的世界中，寂寞與「無法溝通」成爲文學主題。

然而這也是由於美國超前活在未來，是未來國度，是希望的保證、蓬勃生機的證明、是美國可以重拾往日樂觀與自信的源泉。在《美國之鑰》一書中，克勞德華[27]寫道：

「無論如何，美國是世上一塊一直肯定人的可能性的土地。自美返國後，我就深信，美國能夠誕育全新的、更有自信、更有智慧、更幸福的人。我們大可取笑冰箱、維他命、無用的機器……，但我認為我們不能取笑那些成就某種生活藝術的美國人，他們曾經以為人是致命的弱點，如今則服膺於人之無所不能。」

27 克勞德華，Claude Roy（一九一五—一九九七），法國詩人、記者、作家。

第4章

整個英語世界

自十八世紀起直至一九一四年間，倫敦一直是世界的中心。今日即使匆匆地逛逛倫敦也看得出其恢弘壯盛：白金漢宮、聖詹姆斯廣場、唐寧街、股票交易所、泰晤士河蜿蜒曲流兩旁廣大的貨棧區，各地依舊生氣蓬勃。英倫島國不只是西歐世界的另一地區，更在海外開枝散葉，無人不讚嘆此巨大成就。一生在印度、南非、加拿大、埃及等地間度過的吉卜林[1]，他認為要從遠方、從戰事不斷的帝國邊緣，尤其是從印度，才能真正認識英國；此說法相當有理。吉卜林一位法國友人於一九三〇年某日抵達阿爾及爾[2]後，打電話告訴他：「來到阿爾及爾，我才終於了解法國」也許就是同樣的道理。

帝國時代的英國與法國，今已不存。然而，帝國的概念對英國人來說仍然別具意義，比起在法國，這個概念能夠解釋更多的政治結構與後果。這也是英國的抉擇具有悲劇性格的理由：大英國協或歐洲共同市場？選擇後

1 吉卜林，Rudyard Kipling（一八六五—一九三六），英國詩人、小說家。一九〇七年諾貝爾文學獎得主，是首位英語文學的文學獎得主，也是至今最年輕的得主。

2 阿爾及爾，今阿爾及利亞首都。阿爾及利亞曾為法國殖民地，一九六二年獨立。

者，便是加入英國長久以來「完美地」置身事外的歐洲的聯盟，便是放棄了英國固有的、引以為傲的世界之尊的地位。

在加拿大的法國與英國

英國失去了「美洲」，但保有加拿大，一路連通了大西洋與太平洋（「從這海直到那海」[3]）。

幾個主要的建置與發展年代如下：一七五九年，孟康[4]敗北死於魁北克城牆下；一七八三年，美國殖民地叛變獨立後，英國人與一些效忠英王的「死忠派」美國人抵達安大略省與加拿大沿海各省；一八五五年至一八八五年間，英國水手與帆船接替美國於大西洋上的勢力，英國人移入沿海各省大肆繁榮發展；一八六七年，繼其他各種殖民地型態之後，終於成立了加拿大自治領（包含安大略、魁北克、新蘇格蘭省、新伯倫瑞克省），曼尼托巴省於一八七〇年加入，一八七一年加入卑詩省，隨後一八七三年愛德華王子島（第七個省）。一八八二年至一八八六年間，「緊挨著美國邊境」修築了加拿大太平洋鐵路，使得殖民活動往中央大草原推進，並消滅了加拿大法裔移民與印第安人所生的「混血人種」。殖民的拓展大致是以類似美國西部拓荒模式進行，而有著相當異質多元的種族，陸續建立了亞伯達、薩克其萬（一九〇七年）兩個新的省份，最後紐芬蘭省於一九四八年公投後成爲第十個加入自治領的省份。

3 「從這海直到那海」，a mariusque ad mare，加拿大國徽上的國家格言，選自聖經詩篇第七十二章第八節。

4 孟康侯爵，Louis-Joseph de Montcalm（一七一二—一七五九），一七五六年被派往美洲領導法軍對抗英軍，一七五八年秋天以戰功晉升法國皇家陸軍中將，一七五九年於魁北克圍城中陣亡。

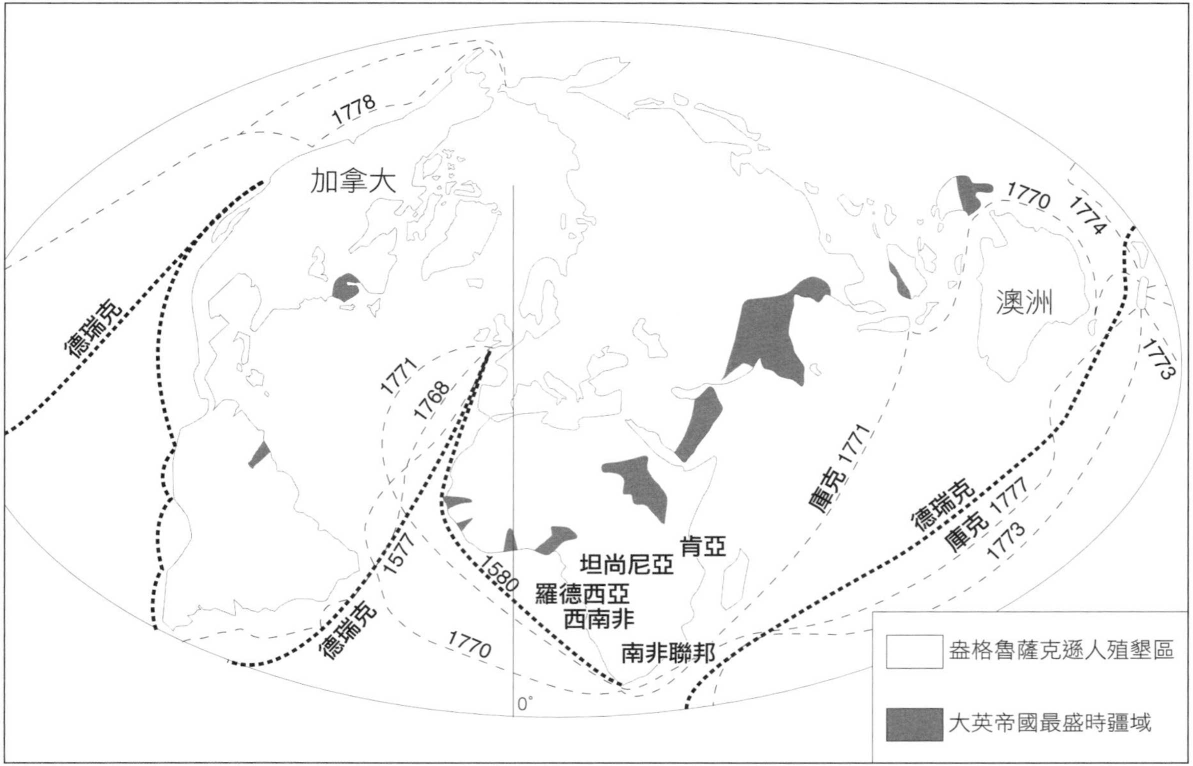
1778
加拿大
德瑞克
1771
1768
1577
德瑞克
1770
1580
0°
坦尚尼亞
肯亞
羅德西亞
西南非
南非聯邦
庫克 1771
1770
1774
澳洲
1773
德瑞克
庫克 1777
1773
盎格魯薩克遜人殖墾區
大英帝國最盛時疆域

圖 21　英語世界

●今日加拿大法語區佔加拿大總人口數三分之一，大約是六百萬人。被侷限（如果可以這樣說的話）在廣大的魁北克省內，擁有整個加拿大東岸、聖勞倫斯河河口地區、以及中下游谷地，儘管被英語區四面包圍，法語區仍牢牢紮根於此。

出身我們法國西部鄉下的六萬人口，分散於聖勞倫斯河與密西西比河之間，被一七六三年巴黎條約[5]所拋棄。他們成功守住魁北克省，並在此牢牢紮根。這些法裔加拿大人是鄉下人，但不是農民，與英裔加拿大人不同；法裔加拿大人不受西部拓荒所誘惑，相對而言較晚才遷往城市地區，較晚才受紐約、底特律工廠的工作機會吸引；是一支生氣蓬勃、簡單、快樂的民族。

往西部開拓的**英裔加拿大人**，截斷了**法裔加拿大人**往內陸探險的路，並將他們包圍起來：加拿大沿大西洋海岸各省、安大略省、美國，包圍了魁北克省，使之成爲某程度的島國。法裔對此並無異議，緊緊抓住土地，謹遵教會的領導，實際上，一七六三年魁北克的教會捍衛了該地法語的使用，保留的主要是十八世紀的法語。今日，加拿大法語區宛如一個自我封閉的社會與文明，首要特徵是鄉下人，其次是保守，有著嚴苛神職人員守護、維繫著傳統，傳佈著古典主義的傳統文化。

一**七六三年法國割讓加拿大**，對加拿大法語區而言是個永恆的傷口，一場毫無理由的拋棄。加拿大隨後與「往昔的祖國」——昨日與今日的法國失去聯繫。重逢不見得都是愉快的，因爲自十八世紀以來法國變了，歷經法國大革命、建立共和、建立了政教分離的世俗主義、也燃起一股如火焰般前衛、具有某種革命性的天主教社會主義。

人們常說**加拿大法語區**對於法國的這些創新很難理解、感到驚訝、而轉頭不願理會。然而，加拿大法語區也變了，**其天主教與鄉下人的文化**不再是原來的模樣，接受了必要的進步改革，其大學院校目前正努力進行現代化，開放多樣的人文社會科學的研究。此舉，無庸置疑地，是受到與另一個英語系的、「美國化」的加拿大頑固對抗的精神所激發。

● 以英文為母語的加拿大人約佔總人口之半數（百分之四十八），完全採行美國式的生活，儼然就是另一個美國。（法裔加拿大人其實也有受到美國式生活影響）

英語區的主要城市多倫多，極力地朝南發展，其美國化是十分明顯、四處可見的，房舍、公寓、家具、料理、很早便放任自由發展的兒童教育、男朋友女朋友的遊戲，都是延續鄰國美國的習慣。更有甚者，強有力、活躍的商業領域也是以美國的方式進行組織。簡言之，在與遙遠的英國分離後，盎格魯薩克遜的加拿大毫無困難地便往其強鄰美國靠攏。最後一波來自英語世界以外各國的移民，主要定居於安大略省以外地方，也同樣被美式生活吸引。而最終使加拿大保有獨立的理由，是其內部的諸多矛盾對立，尤其是全面的經濟與物質提升也未抹滅的英裔與法裔加拿大間潛在的緊張關係。

「國際強權」加拿大（一千八百萬居民，人口年成長率千分之二十八，領土將近九百萬平方公里，法國的十六倍大）的確是個擴張中的經濟體，蘊含多種天然資源，擁有豐富水力資源。到處都設有美國式的工業，但也保留有活躍的古老型態的經濟活動，例如林業開發，是將砍伐下之樹幹塞滿大河利用漂流運送。

需要補充說明的是，加拿大是個獨立國家：對於英國皇室的效忠只是理論上的，代表英國皇室的加拿大總督只有虛權，而且還是個加拿大人。

5 一七六三年巴黎條約，為英法七年戰爭劃下句點，法國幾乎失去所有在美洲的殖民地，割讓給英國，並退出印度。

這些政治與經濟的現況，並未稍減那在有意無意間中孤立加拿大法語區的緊張情勢。在法語區最大城市蒙特婁可見「英式」連鎖銀行、連鎖旅館、連鎖餐廳的入侵，而且工作場所使用的語言也是英語。

然而對立的主因，並不是貧窮的、法語系的加拿大，對上富裕的、英語系的加拿大這些經濟上的牢騷，而是對於彼此文明的排斥。相對於美國這個快速而驚人的同化融合的例子，我們可以驚訝於加拿大六萬法裔人口在兩世紀後成長了一百倍；也許，當初英裔在阻斷法裔前進征服西部的同時，也無意間使一個封閉的、鄉下人口組成的社群更爲團結，更不受外界影響？總而言之，今時一如往日，雙方依舊壁壘分明。

也許，在一個傾向於「國族」訴求的年代，未來會形成一個政治體？這又是另外一回事了。某些人的確在討論獨立，甚至還提出一九六四年、一九六七年……等獨立的時間表。「勞倫斯聯盟[6]」顯然是民族主義運動，但也以「一種國族教育運動」的姿態出現，其中一位領袖不久前宣稱：「我們不是一場群眾運動。」事實上，有一個法國在加拿大，堅毅地求生存、努力地存活著。然而，在一個龐大的美洲世界中，六百萬人是否足以組成一個眞正獨立的政治經濟實體？這才是問題，主要的問題。

非洲南部：荷蘭人、英國人與黑人

南非，是昔日帆船前往印度海上航路的中途站。英國人一八一五年戰勝並趕走已在此定居一世紀餘（一六五二年）的荷蘭人，就如同英人於一七六三年戰勝法國取得加拿大一般。此後果連帶引起了許多動亂、激烈緊張情勢，一段越演越烈的悲劇命運，並未隨布爾戰爭[7]（一八九九年至一九〇二年間）而落幕。

白種人的非洲，面對激烈內戰、與來自東岸的印度移民（其中包含一九一四年到來的律師甘地），尤其還面臨黑人勢力入侵。這場很顯然的、暴力的悲劇，只不過剛開始，風暴即將到來。

- 美國所定義的字眼「疆界的推進」正是主宰南非命運的事實。此種疆界必須與美國、巴西、阿根廷、智利、澳洲、紐西蘭經常變動的疆界相比較才能理解。在此，主導一切的不是地方發展或非洲史發展，而是世界發展。

在南非，疆界早在最初有分寸而謹慎的殖民活動時就存在，從白人（幾乎是立即就由有色人種的奴隸服侍）與原始部落有所接觸時就存在。這些放牧爲生的部落，往喀拉哈里沙漠方向的是布希曼人，往東或往北則是名稱多元的班圖族人，相當樂意以牲口交換鐵器、銅器、菸草、與各式商品。此活動範圍的界線，不停地由那誕生於一片荒蕪之中的開普敦往城外拓展，逐漸地越推越遠。這些非洲南部的黑人，儘管他們會偷竊牲口與危險入侵，但從來不足以對白人的小殖民地構成威脅。

直到一八三六年展開「牛車大遷徙」，白人殖民地才往納塔爾[8]、德蘭士瓦[9]與奧倫治河方向有了關鍵性的發

---

6 勞倫斯聯盟，雷蒙巴波 Raymond Barbeau於一九五七年一月二五日成立的一個政治組織，是最早發起魁北克主權運動的組織之一。與往後其他的主權運動組織不同，勞倫斯聯盟的立場是右派的，同時也是虔誠天主教信仰的，與其他組織強調非宗教性的特色截然不同。不過勞倫斯聯盟的宗旨仍是主張兼愛與民族和諧。

7 布爾戰爭，Guerre des Boers / Boer Wars，一九世紀末發生於南非之英國與兩個獨立的布爾人共和國間的戰爭。布爾人，前往南非拓荒、以荷蘭人為主的歐洲移民。兩次布爾戰爭分別發生於一八八〇、一八八一年與一八九九年至一九〇二年間。第二次布爾戰爭後，兩個布爾共和國失去其獨立而於一九一〇年被併入英屬南非。

8 納塔爾，Natal，一四九七年由葡萄牙探險家達伽馬所命名，一八三八年至一八四三年間建立納塔爾布爾共和國，一九〇二年至一九一〇年間為英屬殖民地，一九一〇年後納入今南非共和國之一省。

9 德蘭士瓦，Transvaal，位於南非東北方瓦爾河上游地區，十九世紀建立布爾共和國。

展。分析其起因才能掌握此最初發展的各面向與問題。

主要的推動力，不只是因爲開普敦長久以來一直是個不起眼的城市，所有船舶於開普敦港、或稍北的薩丹納灣下錨，購買補給尤其是新鮮食物、船員登岸、留下罹患壞血病的病患、……等，這些船隻對於南非的小麥與酒不太感興趣（在印度蘇拉特[10]或孟加拉的小麥價格較有利；開普敦的酒是有名的難喝，而且是眞的很難喝），促使當地農民另謀生產較有利潤的肉類，販售屠宰好的牛羊，或不顧禁令販賣活牲口……。畜牧業無須太多的設備建置開銷，而且利潤比較豐厚；再者，不像麥產或酒有運送條件的要求，空間距離對於販賣畜產也是有利的，牲口可以自己走到港口。

於是，十八世紀起，畜牧業者便往內陸拓展殖民地的疆界，十八世紀英法兩國的戰爭是發財致富的極佳機會，十九世紀此拓展則隨著船隊航線靠泊補給卸載貨與否的變化而時快時慢地發展。

不過此擴張亦有其政治因素：一八一五年英國插手南非事務，一八二八年開普敦的英政府藉由著名的第十五號號令，使白人與有色人種於法律之前具有平等地位。一八三四年大英帝國以賠償辦法廢止奴隸制度，但被認爲賠償不足（一八二八年時，人口數爲五萬五千的白人、三萬兩千名奴隸、以及三萬兩千的自由黑人）。以上種種，加上同年一八三四年黑人入侵東疆的事件，促成了兩年後大規模的「牛車大遷徙」，**布爾人**[11]（農民）與**沃爾特克人**[12]移往奧倫治河流域與德蘭士瓦廣大草原，並建立獨立國家。英國於一八五二年與一八五四年分別承認此兩國，不過，前此十年英國對於納塔爾則是直截了當地予以兼併。

由「牛車大遷徙」展開的拓荒運動成了**阿非利加人**[13]歷史的主要事件，如同西部拓荒之於美國史一般。此擴張運動造成白人四散各地，增加了與眾黑人民族接觸的機會，也增加了衝突，特別是與當時正向南擴張的祖魯部落聯盟間的衝突；後者的南進擴張於一八七九年受到白人殖民地擴張所阻才停歇。

- 儘管英國於一八八四年正式承認布爾共和國獨立，但英國並未真正接受這件事，導致後來著名的布爾戰爭。

在威瓦特斯蘭山區發現金礦與鑽石引發了新的衝突。於開普敦同時代表大英帝國與採礦業者的羅德斯[14]（戴比爾斯鑽石公司創辦人），藉由製造攻擊外來工作者的事件，組織對詹姆森醫生的襲擊，在貝川納蘭[15]與羅德西亞設立簽約委任外包公司等等一派海盜行徑，於一八九五年快速地包圍兩個布爾共和國。

正面衝突的戰爭於一八九九年爆發，英軍立刻兵敗如山倒，直到稍晚設立集中營才扭轉情勢，造成與慘烈游擊戰的長期抗爭。在兩個布爾共和國投降並被兼併（一九〇二年五月三十一日）八年後，英國建立了南非聯邦自治領（一九一〇年），才使這些戰敗國重獲自由。

---

10 蘇拉特，Surate，印度西岸臨印度洋的一個城市，古吉拉特邦的首府。

11 布爾人，Boers，意為「農民、鄉下人」，南非的早期歐洲移民，主要為來自荷蘭各省，以及德、法兩國。

12 沃爾特克人，Voortrekkers，荷蘭語「先驅者」之意。此詞出現於一八七〇年，用以指稱一八三〇、一八四〇年代離開南非開普敦白人殖民地的白人，而於一八五二、一八五四年於德蘭士瓦與奧倫治河流域建立兩個布爾人共和國。

13 阿非利加人，Afrikaners，南非白人移民，原籍荷蘭、法國、德國、斯堪地那維亞半島。使用斐語（afrikaans），一種衍生自十七世紀荷蘭語的語言。

14 羅德斯，Cecil Rhodes（一八五三—一九〇二），不列顛南非公司、以及戴比爾斯（De Beers）鑽石公司的創辦人。一八九〇年至一八九六年間擔任南非開普敦殖民地之首相。

15 貝川納蘭，Bechouanaland，一八八五年大英帝國於非洲南部建立的一個保護國，一九六六年改國號波札那的前身。

●種族隔離的悲劇是今日最主要問題。

第二次世界大戰後，非洲南部全面地工業化與都市發展。然而此發展使得原已危機重重的種族衝突更加嚴重。

十七世紀起來到開普敦的荷蘭移民與法國喀爾文教派的難民，主要是農民，擁有非常廣大的農場（平均七百五十公頃），由於氣候條件不佳、土壤貧瘠，收成普遍不佳，已開發的耕地只佔百分之四。今日，必須要由粗放農業過渡到密集農業，並盡可能機械化，以減少大量的季節性勞動力需求。這些季節工擠在類似金礦或工廠周遭的木板屋中。除此以外，也要施肥，突破於廣大空間單一作物玉米的種植，建立作物輪耕制，結合畜牧與農業，終結原始型態的畜牧業。這一切都需要時間、貸款、建設、以及大規模開發的維繫，唯有大筆資金才足以支持。

這些粗魯且有時暴力的大地主，仍緬懷英國人到來前的遙遠時光，一切都在「聖經般的氣氛」中運作良好，身邊圍繞著天生下來就是要服侍人的乖順奴隸。

這些布爾人後裔，使用自荷蘭語發展而出的斐語，與人口數幾乎相當的英國人相互對立，不過後者居住於城市，主導工業化，並從中獲利。

直到一九三九年之前，英國人與阿非利加人（移民南非的白種人）曾經試著和平共處，試著共同面對有色人種的嚴重問題，然而由於馬蘭博士16的成功使得政治協商破裂，一個毫不通融的民族主義同時造成英國元素的「阿非利加人化」，以及對黑人所採取的絕對種族隔離政策。

南非聯邦一九六一年脫離大英國協，英國不願與南非引起舉世譁然、危險的種族隔離政策有所連結，此政策顯然是無望推展的。人口與經濟的成長更是雪上加霜，數字會說話：一九六二年時一千五百萬居民中，有一千萬黑人，三百萬歐裔人口，一百五十萬的混血人種——「雜種」，另外五十萬是亞裔人口。所以白人占總人口之百分之二十，而今日人口發展也依此比例成長，白人的人口增加率稍微高一些些。

白人對於黑人與黃種人（僅分布於納塔爾省）的政策，向來是小心翼翼地、且有效地維護白人利益。為此目的之種種立法，如無止盡地悉心修築堤防一般，並依白人所欲平衡的反抗力量進行調整。目的呢？使黑人（以及黃種人）遠離某些特定地區，禁止他們置產，將他們局限於原住民保留區中，在保護他們的同時也滿足其生活所需。然而一方面，對黑人而言，在那貧瘠的土地上他們原始的農業隨著土地變少，幾乎不可能生活；另一方面，白人的農業需要勞動力，正在發展中的工業也需要大量無經驗的初級勞動力。結果，便是發展出積極的種族隔離政策來預防黑人「侵入白人領地」。德班或約翰尼斯堡的黑人比白人多，但黑人的薪資比白人薪資低百分之十七至百分之四十。

為了築堤防範黑人流出「原住民保留區」，南非政府嘗試要：一、利用專業教育，改善原住民農業收成；二、在這些保留區及其周遭設置工廠；然而此政策已經引發經濟問題：此將剝奪白人工廠廉價勞動力來源，並形成一個與之對抗的競爭強手。

「原住民保留區」的問題，也與史瓦濟蘭、貝川納蘭、巴索托蘭[17]幾個英屬保護國的問題相關聯。本來英國預定於一九一〇年將此三保護國移交南非聯邦，但始終未落實。南非與英國雙方對此的立場，使得爭端更不容易解決。

簡言之，「以各種觀點而論，南非聯邦正走到一個十字路口上，除了農業改革與工業革命以外，更須要好好

16 馬蘭博士，Daniel François Malan（一八七四—一九五九），南非政治人物，喀爾文教派者，一九四八年至一九五四年間擔任南非首相，在其任內制定並實行種族隔離政策。

17 巴索托蘭，Basoutoland，一八八四—一九六六年間位於非洲南部之一英屬殖民地，一九六六年獨立，即今賴索托之前身。

面對社會改革」，以及種族問題。總之，南非尚無法連結其多元的文明，不論是歐洲的或當地的，且尚未出現可行的解決之道。

澳洲與紐西蘭，或說英國總算獨大了

英國曾有三次成功獨大：在美國，至少在一開始時；以及在澳洲與紐西蘭，自始至終唯有英國。如此的獨大帶來豐碩成果：在紐澳我們見到的是生氣蓬勃而同質均一的英國，不是那有兩個族群的加拿大，也不是那充滿悲劇的南非。澳洲與紐西蘭此二「距離殖民母國最遙遠的自治領，卻是所有自治領中最英國的」。

然後，我們別忘了紐澳兩國是相對而言相當晚近才成立的國家，誕生於他們歐洲式、世界性的生活，澳洲始於一七八八年（不到兩世紀，且起初一直是個微不足道的小國，一八一九年有一萬兩千名歐洲移民，一八二一年時有三萬七千人）；如果不算清教徒傳教士（一八一四年）、或天主教傳教士（一八三七年）所建立的屯墾區，紐西蘭始於一八四〇年，不久後便設置了捕鯨事業（一八四三年），當時紐西蘭白人移民總共不過數千人。今日距離英國人一八四〇年於北島定居不過百餘年。

● 澳洲與紐西蘭能夠如此均質，歸因於原住民族在白人到來後幾近滅絕，澳洲原住民可說幾乎是消失了，紐西蘭原住民則在滅絕過程中還曾有小反抗。

正如紐澳之地理特性截然不同（澳洲是一塊大陸，紐西蘭則由山巒起伏的諸島嶼組成，陡峭岩岸由溫暖的海洋所圍繞），其原住民歷史也大不相同。

澳洲人種源自非常古老的人類遷徙，早在西元前五萬年似乎就探險來到澳洲，陷入一個土地極度貧瘠、動植物資源也相當匱乏的窘境中。澳新界[18]的部落人民經常處於飢饉邊緣地存活著、發展落後，成為活化石般的古老人種，社會學家與人類學家在此採集了豐富的原始社會資料，所有對於**圖騰崇拜**的論述與詮釋均建立於此悲慘的生活之上。

這些仍屬於石器時代的人類，無法承受與白人接觸後的衝擊，脆弱的族群便瓦解了，塔斯馬尼亞省最後的原住民於一八七六年消失；在澳洲大陸，原住民幾乎都被驅趕至昆士蘭省與北領地（總數約兩萬餘人）。

在紐西蘭，原住民與白人的接觸較為戲劇化，但其結果則比較不災難性。玻里尼西亞人種的毛利人主要定居於紐西蘭北島，屬於玻里尼西亞活躍的航海民族文明的一部份，應該是在九世紀至十四世紀間抵達紐西蘭，遠離其所源出的熱帶國家——那些產香蕉、芋頭、樹薯的國家，來到玻里尼西亞民族海上冒險的南界：紐西蘭不屬於熱帶世界，而是個溫帶的國度（恰恰與西班牙的氣候相反）。

毛利人最終適應了北島，並發展出特有的生活，捕獵各種鳥禽（僅有的野生動物）；豢養他們海上遷徙時攜帶的唯一家畜——狗；從事漁業，不過不在風浪太大的海上，而在湖泊與河流上；採食根莖植物……。為了因應寒冷的氣候，搭建木頭房屋以禦寒，並編織麻布衣裳。這些習慣於部落間無止盡爭戰的毛利人，對於歐洲人入侵也予以頑強反抗。

戰爭對白人入侵者與對毛利人都傷亡慘重，毛利人終於一八六八年潰散。而且，白人帶來的新疾病也使原住民大量死亡。不過，二十世紀初，毛利人克服此幾乎滅族的危機復甦起來（一八九六年四萬兩千人口，一九五二

18 澳新界，一個生物地理的分界方式，包含澳洲與新幾內亞等以島嶼為主的地區，在此區域內生物演化與其他地方生態區長期無往來，而發展出許多獨特生物品種。

年十二萬人口，一九六二年有十四萬兩千毛利人）。高生育率、家庭生活津貼、在大城市如奧克蘭的工作機會，都是此復甦與向前邁進發展的決定性因素。在兩百二十三萬的紐西蘭總人口數中，毛利人比例略高於百分之六，目前看來似乎不會對紐西蘭文化的一統性構成威脅。

● 澳洲與紐西蘭短短的歷史中充滿著一連串的經濟發展機會，與世界史及世界局勢的發展密不可分，這些突然出現的機會要好好把握，稍縱即逝。

英國在美國獨立戰爭後，亟須於維吉尼亞州以外找一個流放罪犯服勞役的地方，對澳大利亞而言，這是個機會。於是誕生了澳洲的第一個殖民地，當做流放犯人之處。一七八八年一月十八日，第一批勞役犯抵達天然港傑克森港，後來由此發展為雪梨市。澳洲罪犯殖民地的地位直到一八四〇年後才被廢止。

然而除了小地主（移民定居者）外，幾乎是從一開始，就有開發美麗諾綿羊毛的畜牧者。畜牧的工作並不粗重，很適合好吃懶做的罪犯。在此同時，大地主的資金投入、英國與世界對羊毛的需求，發展了澳洲的羊毛產業，至今仍是全球之冠。

在加州淘金熱（一八四九年）兩年後，澳洲於一八五一年至一八六一年間也掀起了一股淘金潮，對金子的狂熱使得整個新南威爾斯殖民地充斥著無法無天的淘金者的幫派。不過這股熱潮也有助於人口移墾，與經濟發展，總要供這些新移民溫飽吧。

同樣的，紐西蘭也有數波羊毛、小麥、以及淘金的發展，淘金活動最早於一八六一年始於南島。如果說北島因此熱潮而暫時陷入混亂且較不受注意（紐西蘭首都甚至於一八六五年時由奧克蘭移至威靈頓），紐西蘭的經濟則因此活躍發展而大獲其利，因為同樣必須要供給這些淘金者食物與生活必需品。一八六九年至一八七九年間，紐西蘭兩北兩島繁榮發展。

然而，緊隨著這些繁榮發展、這些躍進之後的，經常是停滯與蕭條（如一九二九年至一九三九年間紐澳兩國經歷的嚴峻情勢），此不贅言。最重要的事莫過於定位澳洲饒富實力的工業化，而截至目前，紐西蘭儘管蘊含豐富水力發電，但卻尚未真正成功工業化。

紐澳兩國例子很明確地見證了，這個遙遠的「歐洲」的繁榮，比他們所認知地更與世界的經濟密不可分，他們會如此誤判也許是源於生活的富庶與安逸舒適，相對於幾小時飛機航程外遠東地區未發展國家的人口稠密與生活慘況。儘管效忠大英帝國（紐澳最大的供應商與主要買家），並與之往來密切，澳洲與紐西蘭，是「歐洲」，而非殖民地；兩國事實上是獨立邦國（澳洲自一九〇一年起，紐西蘭自一九〇七年起）[19]。

- 這些南半球國家一直以來的政策，便是將廣大空間所賦予的大好機會保留給自己，緊閉移民大門，不計代價地維持一個高水準的生活，以及一個因奠基於富裕之上而務實、有效率的社會主義。

自二十世紀初，紐西蘭便是一真正的民主國家（一八五六年制定每日工時爲八小時，一八七七年政教分離，一八九三年婦女取得投票權，同年沒收大片未開發土地[20]，一八九四年至一八九五年規定工會與雇主間的衝突要強制調

19 紐澳兩國當時仍是大英國協內的自治領，自治領是大英國協國家取得真正獨立的最後一個步驟，自治領之總督由各國提名英皇任命，英國實際上已不干預各自治領之國務內政。紐西蘭於一九四七年獨立，澳洲今仍為大英國協之一國。

20 為推展土地私有，紐西蘭一八九一年通過《Land and Income Assessment Act》開始徵收土地稅與所得稅，希望大地主因此釋出一部份土地，但此政策並無成效，一八九二與一八九四年又通過數項法案，直接沒收大地主未開發土地，使更多的小農能夠擁有自己的土地。一八九二年通過的土地法案，使移民以較低門檻取得國有土地，合約時效九百九十九年，唯一的條件就是必須要開墾所取得的土地。

解，一八九八年開始有年長者退休制度）。澳洲也經歷同樣的發展，移民的大門於一八九一年關閉，唯有因新一波也是最後一波的淘金熱而再開放，此波移民於一八九三年在西澳的一片荒漠中建立了庫爾加迪市。在澳洲工黨政府治下，紐西蘭的制度在澳洲毫無困難地建立起來，澳洲大陸成為「勞動者的天堂」。

這一切的福利，表現於薪資所得、生活水準、極低的嬰兒死亡率、較長的平均餘命等方面，然而龐大的社會保險支出，並不是完全沒有浪費公帑或影響國民所得。是以，在澳洲，隨著工業發展，以及雪梨、墨爾本接近兩百萬居民的巨型城市的發展，頻繁的罷工活動非常的勞民傷財。「根據一九四九年十月《財政廳日報》的統計，一九四二年一月至一九四九年六月間的罷工耗費了澳洲兩千零八十萬公噸的煤。」這也是澳洲與紐西蘭工黨落敗的原因。然而工黨落敗並未引起太激烈的衝突，也未對整體政策帶來太大的改變。遊戲相同，規則不變，只是換了領袖而已。

然而，此政策是理性的嗎？大致上而言，是將幾乎整個澳洲大陸的財富都保留給一千萬澳洲人（人口密度為每平方公里一點二人），以及將比英國領土還要大的紐西蘭島的財富保留給兩百三十萬紐西蘭人（人口密度為每平方公里八點七人）。然而，在今日世界，具威脅性的「外部無產階級」快速壯大。第二次世界大戰日本人兵臨澳大利亞海防，幸得美國海軍於珊瑚海海戰（一九四二年五月）勝利所救。經過這場教訓，使得澳洲曾經嘗試接受更多的移民以充實國力與發展工業，但未見成效。不過第二次世界大戰的教訓絲毫未影響遙遠而無憂的紐西蘭，生活安逸帶來常見的後果：出生率趨緩（每一千人有二十九名新生兒），人口老化（死亡率為每一千人死亡九點三人），使得紐西蘭這個新興成立的「年輕國家」已是個老人國家。

一九六六年後記

位於大英帝國核心的英國，其命運是詭譎的，從來不是一帆風順的。工黨自從一九五一年落敗後，終於重返執政，以數票之差獲勝，一九六四年十月十八日哈洛威爾遜[21]組織一新內閣；然而威爾遜的內閣出師不利，事實上，經濟與政治情勢是陰鬱的，英鎊嚴重貶值，至今仍未完全重振。英國違反歐洲自由貿易聯盟之協議，調高關稅百分之十五（十月二十六日），並未造成立即的奇蹟平衡貿易逆差，但卻已激怒所有的貿易夥伴。嘗試在北大西洋公約組織的框架下推動建立一支多角協防武力的談判失敗，更未重建工黨在國內的威信。事實上，到底是要維持擔任歐洲與世界、東方與西方的中間人的角色，或是要加入歐洲，或成為美國的一州……，英國政策搖擺，使自己受害其中。

一九六五年十月十五日工黨贏得選舉，但並無法改變此難解的局勢。而且，威爾遜內閣想要盡可能的保有英國在蘇伊士運河以東的利益，此政策導致必須至少支撐亞丁軍事基地到一九六九年，也要維持新加坡的駐軍，同時協防沙烏地阿拉伯與遼闊的馬來西亞，在印度洋的海島上建置幾個新的軍事基地，與澳洲、紐西蘭、南非簽訂協議，如果可能的話也與印度及巴基斯坦簽訂。然而如此浩大的英國政策必須與美國密切合作才有可能達成。

在整個大英國協的世界中，加拿大法語區成為衝突越演越烈的亂源，提出越來越多要求以爭取擁有與英語社群平等的地位，甚至嘗試在聯邦的體制內建國。這是個需要時間的艱辛任務，法語區必須獨力完成，或說幾乎無外援地自己完成，這也是至今、且想必未來仍無法避免的諸多暴力事件的源出處。

21 哈洛威爾遜，Harold Wilson（一九一六—一九九五），英國政治家，一九六四年至一九七〇年、一九七四年至一九七六年兩度擔任英國首相。

第三部

另一個歐洲：莫斯科公國、俄羅斯、蘇聯

俄羅斯，是在歐陸上與西方世界相連的另外一個歐洲，很晚才發展，幾乎如美洲般相當遲才開發；昨日的莫斯科公國，今日的蘇聯。本章的學習要點爲：一、俄羅斯的起源與其漫長歷史；二、於一九一七年大革命後馬克思主義之採行；三、對於其當前成就，哲學家們會說「圓滿完成」。

當然，此處談的是同一位主角，這位主角的優勢無疑在於：身爲一個具有革命經驗的大國，且在顯然創紀錄的短時間內完成了工業革命。一九一七年甫工業化，一九六二年便在世界上成爲制衡美國的力量。如此驚人的成就是今日所有未開發國家的希望，他們是否也能夠向前躍進、邁向下一個階段？社會主義是否眞是成就此快速成功的條件？

第1章
從源起到一九一七年十月革命

俄羅斯漫長歷史上所遭逢的種種劇變，是儘管曾經歷諸多事端的西歐所無法相較的，在此很難僅用幾頁來簡述。

首要困難在於，此多元而複雜的歷史發生的地理舞台十分遼闊，可說是「寰宇的」尺度。

第二重困難在於，斯拉夫民族相當晚才進入此多元民族的空間。俄羅斯人的祖先，斯拉夫民族，誕生於喀爾巴阡山脈與今日的小波蘭[1]（波蘭是唯一純粹由斯拉夫人所組成的國家）。主角登台姍姍來遲，旋即雄據整個舞台。

1 小波蘭，Petite Pologne / Polonia Minor，波蘭一個歷史地區名，位於今波蘭國境內之西南部，是今日同名之小波蘭省的三倍大，宜勿混淆。譯文中尊重布勞代爾原文之寫法。

基輔羅斯

● 廣袤的空間，長久以來幾乎杳無人煙，令人聯想起浩瀚的美洲大陸。

人類在此浩瀚空間中極其渺小，遼闊的平原、超出人類所能及的距離、大川、無止盡的蜿蜒曲流、廣大的地域：這是廣袤的亞洲。

由基輔至彼爾姆[2]拉一條線，以北的廣大森林接續著北歐的森林，延伸往烏拉山另一頭西伯利亞無邊無際的針葉林。南北走向的烏拉山，是類似佛日山脈[3]般無甚阻斷性的古老山脈，但一直是約定俗成的歐亞界線，是歐洲俄羅斯與亞洲俄羅斯的分野。

基輔至彼爾母這條線以南，是一望無際的乾草原（乾草原這詞就是由俄文來的）：肥沃黑鈣土的黑草原；在乾季時幾乎能將馬背上的騎士隱沒於高草中的灰草原；裏海周圍泛著鹽花的白草原。

俄羅斯的空間涵蓋此介於白海、北極海、波羅的海間，以及裏海、黑海間的遼闊低地；波羅的海與黑海是主要交通往來、生氣蓬勃之地。俄羅斯的使命便是在此水域間往返、連接、開啓通往西方世界與地中海世界的門窗，亦即通往歐洲文明的門戶。

同時，俄羅斯的使命，也要打通亞洲因諸遊牧民族而令人惶恐的草原之路，我們於前述章節已經談過這些遊牧民族直至十六世紀爲止帶來的紛爭、競逐、與侵擾。這些來自東方的入侵者以勝利之姿橫掃伊朗，進軍巴格達，風暴轉向，對俄羅斯廣大的空間是有利的。不過，在中東世界的陽光之地不是每個人都能爭得一席之地，許多來自亞洲的遊牧民族便進攻俄羅斯草原，跨過窩瓦河、頓河、聶伯河、聶斯特河、甚至深入更遠。這些遊牧民族曾多次襲擊莫斯科公國。

這片疆域擔負著作為整個歐洲廣大邊境地區的命運，保護歐洲，默默犧牲承受著來自亞洲一次又一次的猛烈攻擊。

●真正的羅斯，要在掌控所有連結、橫斷整個由波羅的海通往太平洋的陸峽之後，才算建立起來。因此，要從基輔公國時期（九至十三世紀）才真正有了羅斯。

東斯拉夫人，源自雅利安人（一如所有的斯拉夫人），後來發展出許多分支，將其宗族與部落往城市、鄉村、與聶伯河流域的平原推進。此遷徙始於西元前後，而於西元七世紀左右完成，這批東斯拉夫人融入長久以來定居此地的其他民族：祖先來自遙遠烏拉山的芬蘭民族、源自中亞的各個傳奇民族（斯基泰人、薩爾馬提亞人、卡馬河[4]流域的保加爾人）、維斯瓦河[5]與尼曼河[6]流域的哥德民族，分別發源於裏海邊的阿蘭人[7]與發源於頓河流域的卡札人[8]（後來皈依猶太教）兩支哥德人。

---

2 彼爾姆，Perm，俄羅斯位於烏拉山腳下的一個大城。

3 佛日山脈，Massif des Vosges，位於法國東北部的山地，南北走向，有亞爾薩斯與洛林兩省。

4 卡馬河，Kama，窩瓦河之主要支流之一。

5 維斯瓦河，Vistule / Wisla，波蘭境內主要河流，注入波羅的海。

6 尼曼河，Niemen，東歐主要河流之一，流經白俄羅斯、立陶宛與俄羅斯境內，注入波羅的海。

7 阿蘭人，Alains，斯基泰人的一支。史記大宛列傳寫作「奄蔡」。

8 卡札人，Khazars，中亞半游牧的突厥人，曾於六世紀至八世紀間建立一汗國。《舊唐書西戎傳》、《新唐書西域傳》稱之為「突厥可薩部」。

這個融合來自歐亞各個民族的最初的羅斯，史稱「小羅斯」。民族融合、諸城市的繁榮、北方大諾夫哥羅德[9]與南方基輔間各地物質生活進步，這一切都拜由波羅的海通過黑海直達拜占庭的關鍵貿易要道之所賜。拜占庭的富裕光芒眩惑基輔人，鼓舞他們從事瘋狂的行旅經商，甚至遠至當時正進入黃金年代的巴格達。在這些貿易要道上，由北往南，運送著琥珀、毛皮、蜂蠟、奴隸；由南往北，則載運著布匹、珍貴的絲綢、與金幣。考古學家們在這些路線沿途發掘出金幣，由點點金子串連起來的路線彰顯了過往的繁華。而此富庶榮景成就了城市的發展，當時鄉村尚「不存在」無法支持城市的發展。這些城市彼此攜手，互市貿易，也經常爭執衝突，相互交換王子爲人質。

基輔羅斯需要無時不刻地抵禦外侮，尤其是在南面。不過北方的斯堪地那維亞地區提供源源不絕的傭兵，今日兵、明日將，非常驍勇善戰。這些「北方諾曼人」或稱「瓦良格人」，來自仍相當原始而鄉野的瑞典或丹麥，受到這些光彩奪目的城市吸引，自願踏上聶伯河流域聯繫著羅斯各城「前往希臘方向」的貿易商路。其中一支冒險的軍人家族建立了留里克王朝[10]，其源起已不可考，但於十世紀時勢力擴及基輔與所有各城市地區。依作者不同，而有稱爲留里克公國、基輔羅斯、或留里克王朝。

此古羅斯之璀璨光華可由一大歷史框架來理解：西地中海地區由於西元第七、第八世紀時被伊斯蘭世界攻克而長久被封閉；由諾夫哥羅德到基輔間的陸路，於是成爲貫通北方與南方富庶之地的替代商路；十一、十二世紀時回教徒不再稱霸海上，西地中海的貿易再次開通，這條須由挑夫在船運、陸運間多次接駁的商路之重要性便銳減。一二〇四年君士坦丁堡由拉丁人占領，更是徹底終結了這條貿易路線，而由海路取代陸路。

在十三世紀之前，基輔大公要捍衛自己的領土已有困難，無法確保通往巴爾幹半島與黑海之路。古諺云：「有吃有喝時，人人都往基輔去；一說到要捍衛基輔時，沒半個人。」眞是一針見血。南方遊牧民族無止盡的挺進，鐵騎毫不留情地踐踏基輔公國的土地與城市：繼佩切涅格人[11]之後，出現了欽察人[12]或庫曼人[13]，俄國史籍稱爲「褐色的人」。

十一世紀起，一部份的基輔人往東北遷徙，幾乎可說是逃往東北方，往羅斯托夫（精確地說是北方的小城羅斯托夫亞羅斯拉夫斯基[14]，莫與今日頓河畔之羅斯托夫混淆）方向移居，農民於廣大森林間開闢空地，也從此開展出一個新的俄羅斯。斯拉夫民族與蒙古利亞種的芬蘭人再次融合，形成一個新的族群，這便是「大羅斯人」的起源。這個新的俄羅斯，野蠻而強大，在基輔羅斯衰亡前便已茁壯。事實上，一二四一年一二月六日蒙古大軍攻下基輔，推翻的是一個早已日落西山的國家。五年後，一位旅行者在基輔城的原址只見到兩百間破屋。

● 羅斯的城市與西歐城市。在數百年間基輔羅斯物質生活富裕、城市蓬勃發展，東歐與西歐間無絲毫差異、毫不遜色。

歷史比較學者注意到，這些基輔羅斯時代的大城市，在各方面都與當時興起於西歐的城市不同，不像歐洲城

---

9 大諾夫哥羅德，Novgorod la Grande / Veliki Novgorod，俄羅斯西北方的一個歷史名城。十世紀時因位於波羅的海通往拜占庭帝國的貿易要道上而繁榮發展的城市。

10 留里克王朝，Riourik，瓦良格人於西元八六二年在諾夫哥羅德地區建立的古羅斯第一個王朝。此家族也是後來莫斯科公國的統治家族。

11 佩切涅格人，Petchénègues / Peçenek，西突厥人的一支，八世紀時崛起於卡札汗國東南疆，於十世紀時定居裏海北岸。

12 欽察人，Kiptchaks / Qipchaq，突厥人的一支，佔有由鹹海以北直到黑海以北的廣大領土，於十一、十二世紀時與庫曼人聯手征服了中亞草原，於十三世紀初時為蒙古大軍所征服。

13 庫曼人，Coumans，於九世紀末趕走了佩切涅格人，於窩瓦河與烏拉山之間壯大起來。一一世紀時往聶伯河、頓河一帶擴張。

14 羅斯托夫亞羅斯拉夫斯基，Rostov Iaroslavski / Rostov Veliki，俄語意為「大羅斯托夫」。儘管稱大羅斯托夫，事實上這個斯拉夫民族早年移民發展的城市今日為人口三萬多人之小城，而頓河畔之羅斯托夫Rostov-on-Don今日有一一〇萬人口。

市周邊環繞有許多小城小鎮共同撐持大城市的發展。而且，與西方尤其不同的是，這些羅斯的早期城市並沒有明確的城鄉區別。大諾夫哥羅德周遭鄉間的領主也都參與大諾夫哥羅德的城市人民議會，議會決議對於城市與轄下的廣大周遭鄉村都有效力。這些領主與從商的貴族於議會（「蘇維埃」）中共同議事。在基輔，議長之位不也是會輪到這些組成大公親衛隊的領主——波雅爾[15]擔任嗎？

所以，就如同古代雅典城對於周圍阿提卡地區的菁英是開放的一般，這些羅斯城市是「開放的」，而不是如西歐中世紀的城市般是各自封閉的，城內市民從不與鄉民分享任何特權。

東正教

●基輔羅斯改宗信仰東正教，決定了往後俄羅斯數個世紀的命運。

事實上在基輔羅斯的商路上傳播的，不只是商品，還有基督教的福音。

基督教在基輔公國的普及，要歸功於聖弗拉基米爾大公[16]，或稱「豔陽天的弗拉基米爾」。他曾經一度考慮要與臣子一起改宗信仰猶太教，後來驚豔於拜占庭宗教儀式的富麗，而於西元九八八年正式地與其臣民受洗成為東正教徒（基輔人民於聶伯河中集體受洗禮）。然而，東正教在南方以及基輔傳播已經一百多年了，自西元八六一年聖貝西於卡札汗國傳教後，即掀起大規模皈依運動之序幕：摩拉維亞人[17]於八六二年信教，八六四年保加爾人，八七九年塞爾維亞人……。羅斯人信教不過是此趨勢中的一個事件，是古老的拜占庭教會獨特影響力的又一明證。在聖像破壞運動（打破聖像崇拜）的長期危機於尼西亞主教會議（西元七八七年）獲紓解後，東正教會傳教直深入遙遠的中亞，這是古老教會復振的跡象。

不過小羅斯與大羅斯要完全浸染於基督教信仰中，則還需一段時間，輝煌的成就稍晚才展現出來：基輔的聖索菲亞大教堂建於一〇二五年至一〇三七年間；諾夫哥羅德的聖索菲亞大教堂則建於一〇四五年至一〇五二年間；俄國最早的修院之一，基輔的洞窟大修道院建於一〇五一年。

原因在於羅斯地區的城市與鄉間仍執著於他們的民間信仰，要改變不是那麼快、也沒辦法那麼徹底。有些早於基督教便已存在的信仰與觀念仍流傳至今，尤其是在婚喪儀節與民俗醫療方面，這些民間信仰的色彩賦予羅斯的基督教一種新的色彩，表現於東正教的禮拜儀式、聖像崇拜、以及常被提及的復活節的獨特重要性上。

●十世紀起，由於羅斯文明與整個羅斯世界都在拜占庭教會掌控下，自此劃分了東歐與西歐。

天主教與東正教的差異經常被提出，是個大問題，應該要好好整理出來（如果有可能的話），而不是被解決。對我們而言，這些差異主要是歷史造成的。

基督教在西方世界歷經了特殊的試煉，基督教是羅馬帝國的遺贈，曾經是帝國的國教，然而其實基督教的勝利與「基督教的帝國化」同時發生。當西羅馬帝國於西元五世紀滅亡時，此帝國化的基督教將「世界的架構」視爲己任。此西歐世界一統的教會，凌駕社會、國家之上，使用自己的語言——拉丁文作爲整個教會統一溝通的工具，並且沿襲了帝國的階級制度、中央集權，保有了古老而至高的首都羅馬。不僅如此，對於西方文明早期的政

15 波雅爾，boyard / boïer，在一七世紀開始沿用西歐貴族稱謂前，東歐民族對於貴族的稱呼。

16 聖弗拉基米爾大公，Vladimir le Saint / Vladimir Ier（九五八—一〇一五），留里克王朝基輔大公。

17 摩拉維亞，Moravie，中歐的一個地區，位於今捷克東部。

治、社會問題也積極參與。教會成爲無所不能的團體，回應了身心靈的需求、佈道、傳福音，甚至也滿足開墾新土地的需求……。

- 十世紀的拜占庭教會處於一個強大帝國的框架內，不容任何世俗方面的擴張。帝國主宰教會，教會服從帝國，教會之唯一任務為精神工作。於羅斯穩穩紮根的東正教會，與其信徒間的距離不如西方教會與其信徒間般遙遠分明，且東正教會對於政治事務不甚關切。

東正教會接受強加其上的國家框架，而不去煩惱教會組織、階級劃分，只專注於耕耘西元十世紀流傳下來的希臘思想。

在儀式語言方面，希臘教會小心翼翼地守護希臘語，「將之視爲一種蠻族不配使用的菁英語言」。於是，在斯拉夫地區教會儀式使用斯拉夫語，是衆斯拉夫民族使用的語言，也是聖西里爾與聖美多得[18]翻譯聖人的典籍與傳福音時所用的語言。兩位聖人需要轉譯塞羅尼亞[19]周遭地區的斯拉夫語，並爲此發明了一套書寫字母。此即爲何斯拉夫文最早的書寫體——教會儀式用的斯拉夫文，在斯拉夫文化史上如此重要的原因。

天主教會與東正教會在思想傳統上的差異不僅於此。對拉丁文而言，「眞相」一詞在法學、哲學、科學上都是指「對我們的理智而言，一種事實、確實的事」；然而，在希臘文，或者斯拉夫文中其差異更顯著，「眞相」一詞所指的是「永恆、長存的、在被創造的世界以外眞實地存在」。「眞理」一詞在斯拉夫文中則同時包含了「眞

18 聖西里爾Saint Cyrille（八二七—八六九），與聖美多得Saint Méthode（？—八八五），兩兄弟被稱為「斯拉夫人的使徒」，受天主教與東正教雙方教會尊為聖人。

19 塞羅尼亞，Thessalonique，希臘的一個城市，有拜占庭帝國的副都之稱，在歷史上與君士坦丁堡均為帝國重要城市。

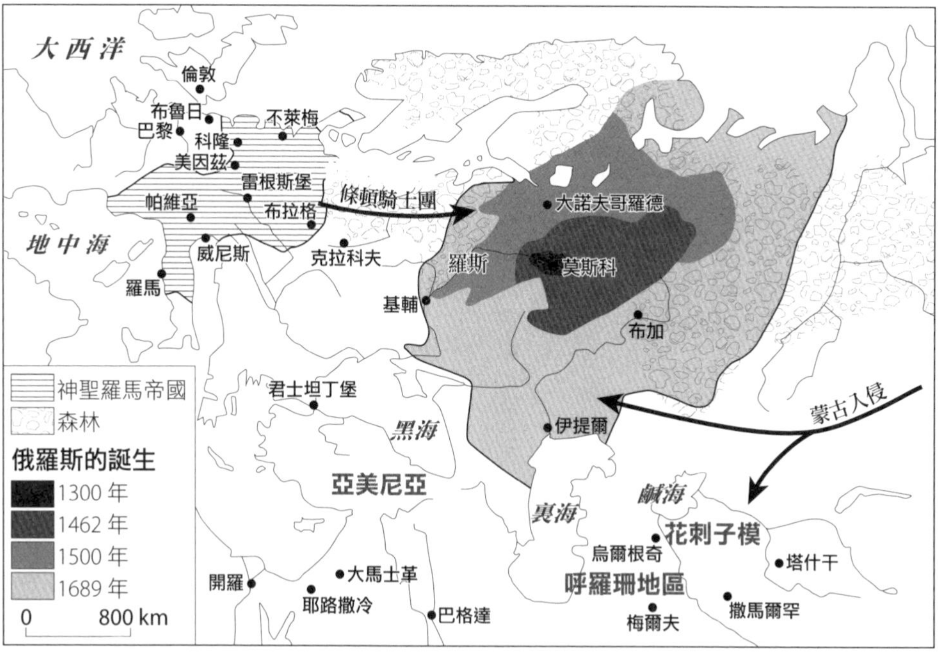

圖 22 俄羅斯疆域發展圖

位於聶伯河畔的基輔，於 **11** 世紀初主宰今俄羅斯南部(約 **60** 個公國)。這些大公均信仰東正教。基輔是西歐世界與遠東之間，斯拉夫地區與拜占庭間重要的貿易中途站。**12** 世紀末時基輔失去其重要性，隨後被蒙古大軍所征服。**14** 世紀時，莫斯科因有森林的屏蔽曾一度倖免於蠻族入侵。亞歷山大涅夫斯基(大諾夫哥羅德公爵)的其中一個兒子—莫斯科的丹尼爾，帶領了莫斯科公國早年的發展，戰士隨丹尼爾大公越過烏拉山遠征西伯利亞。彼得大帝(**1672** - **1725** 年)是奠定俄羅斯強權的傳奇君王，征服了瑞典人、土耳其人，進行大改革，於 **1703** 三年建立了聖彼得堡。布加與伊提爾兩城於 **13** 世紀時被蒙古人所摧毀。

相」與「正義」之意，其相反詞是「事實」——「俗事的眞相」。「印歐語中的『眞』在斯拉夫語中變成『信仰』」，而非事實眞相。同樣的，在西方「聖禮」一詞是指透過某儀式賦予神聖性之儀禮；然而在東正教會中，這詞則是「奧禮」，意思是「超越我們的感知，來自上天」，直接源自上帝。

還有一些儀禮上的細節也呈現出兩個教會間的不同：在西方，復活節的前一個禮拜——「聖週」，是用來哀悼、禮讚耶穌所受的苦難、其「肉體」的死亡；在東方，則是狂歡、歌頌榮耀基督「神」的復活。俄羅斯的十字架呈現的是一個平靜死去的耶穌，而非如西方世界所呈現的受難的救世主。

這也許是因爲在西方世界基督教從一開始便遭遇許多人的問題、社群、族群的問題、甚至是法律的問題；而在東方，宗教思想比較受侷限、比較個人、比較神秘、且純粹是精神層面的事務。有些人認爲此差異源自於東西文化不同，科米亞科夫[20]稱爲「東正教神祕主義與西方理性主義」間的差異。那麼，西方的基督教思想是否在某程度上造成了理性主義的精神？而此極能代表歐洲的理性主義，很快地便發展出自由思想與教會對立，基督教必須自我防衛，且最終因應理性思想而有所改變。

相反的，直到近代俄羅斯的東正教都不曾面臨如此攸關存續的奮鬥。十七世紀時，東正教必須在一個官方的、純化的（自此剔除希臘教會仍保留的以右手兩指於胸前劃十字的習慣）宗教，與一個民間的、形式主義的、道德化的、很快地祕密地具有革命性的宗教間做一個抉擇。這些民間改革者被逐出教會，形成了分離派——舊禮儀派。隨後便展開了對舊禮儀派分子持續地鬥爭，這是內鬥。與自由思想的對外抗爭直到沙皇時代的最後一百年才展開。一九一七年俄國大革命後，東正教會的確是爲其存亡奮鬥著，透過地下活動與妥協求生存。然而在這場艱困的戰鬥中，東正教會似乎並未尋得重生的機會，也絲毫不願意踏上一條新的道路，成爲社會主義的姊妹，此乃二十世紀的天主教會過去五十年來所刻意選擇的道路。

大俄羅斯

- 當恐怖伊凡[21]成功佔領卡札汗國（一五五一年）、阿斯特拉罕汗國[22]（一五五六年），並自此掌握廣大的窩瓦河流域、掌控裏海的資源，第二個俄羅斯於橫斷了羅斯陸峽後壯大。

此兩次征伐的勝利要歸功於大砲與火槍的使用。已經「直入西方」的亞洲入侵者的鐵騎，終被火藥驅退了。裏海，位於前往波斯與印度的道路上，恐怖伊凡由於無法攻下黑海，改而攻下裏海南部地區。黑海自十五世紀起便掌握於土耳其人手中，受到重兵嚴密防守，並不容易攻下。

於是，在另一個緯度，以比較艱困的條件，一個全新的俄羅斯慢慢地建立起來，與早期基輔羅斯興起時之安逸完全不同。這個全新的俄羅斯早年是貧困、受奴役、封建割據的。

整個俄國南方的草原地域，於一二四一年基輔羅斯敗亡時便爲俄羅斯人稱之爲韃靼人的蒙古人所盤據。隨後在這廣大地域的草原諸國中，建立起一獨立的蒙古汗國，北方羅斯各城市均向其稱臣，這個汗國便是金帳汗國，定都於窩瓦河下游的薩萊。

一段相當長的富足年代奠定了金帳汗國的國力，只要蒙古之路是暢通且安全的，義大利商人，尤其熱那亞與威尼斯商人直到一三四〇年左右均借道由此前往中國與印度。後來，貿易之路斷了，金帳汗國雖然殘喘於南方，

20 科米亞科夫，Alexis Khomiakov（一八〇四－一八六〇），俄羅斯哲學家、神學家、詩人。斯拉夫民族運動的重要人物。

21 恐怖伊凡，Ivan IV伊凡四世（一五三〇－一五八四），一五三三年繼承莫斯科大公。一五四七年即位為第一任大俄羅斯沙皇。

22 阿斯特拉罕汗國，Astrakhan，一四六六年至一五五六年間建立於窩瓦河三角洲的一個汗國。

但逐漸失去對北方森林地區的掌握。

於十三世紀建立在此北方森林地區的莫斯科公國，在激烈的封建割據與暗鬥中慢慢壯大，慢慢「統一」俄羅斯各地（如同卡佩王朝的國王們以法蘭西島[23]爲中心慢慢地統一法國一般），然後擺脫韃靼人的管轄（一四八〇年）。得到解放後，莫斯科的「沙皇」取代了金帳汗國的汗王。金帳汗國的殘餘勢力，主要是窩瓦河與黑海間克里米亞的韃靼人，成爲或多或少臣服於奧斯曼土耳其人的附庸，並在其撐腰下，存續至十八世紀。

這整個情勢的反轉歷時三個世紀，在這段期間，除了從不曾少過的鬥爭與敵對，在羅斯人與韃靼人之間也建立許多和平的交流關係，有時也互相幫忙。大致上而言，金帳汗國的統治者扶持、幫助了莫斯科公國的興起。這些相當晚才信奉伊斯蘭教的蒙古人，大部份是寬容的，讓各臣服的民族仍保有自由與原有的信仰。金帳汗國的首都薩萊，有一座東正教會的教堂。

而且，在統治者與納貢的屬國間，彼此聯姻之多，頻繁到我們可以說莫斯科公國的貴族是「半東方的」。總之當十五世紀韃靼人勢力明顯衰退時，許多穆斯林來到羅斯諸國，改宗信奉基督教，服事諸王公，甚至位極人臣，羨煞本國人。許多大家族，如戈東諾夫家族[24]、薩布羅夫家族，都是韃靼人出身。

蒙古人的優勢長期凌駕於莫斯科諸王公之上，蒙古人有著較爲細緻的文明，較有組織的國家，以及北國前所未見的貨幣經濟。今日俄羅斯語中仍保留一部份源自蒙古的語彙，極具特色：如國稅局、稅關、驛站、銀兩、掌櫃的、……等。此較優勢的文明在莫斯科公國的風俗與思想內植入了某程度的亞洲元素，事實上，莫斯科公國的舉止就如同一個降服於優越文明、被此文明開化的野蠻世界。此兩者的關係令人聯想起，在比較不動盪的時刻，信奉基督教的西班牙與璀璨的回教的西班牙之間的關係。莫斯科沙皇於一四八〇年左右開始凌駕於穆斯林的汗王之上，正逢西班牙收復失地運動[25]最後一擊——攻下格拉納達[26]之時（一四九二年）。

莫斯科公國在與鄰近公國的無數晦暗鬥爭中爲勝利做準備，於伊凡三世[27]（一四六二年至一五〇五年在位）

在位時才眞正嶄露頭角，過去某些史學家將之與彼得大帝做比較，甚至認爲伊凡三世更勝於彼得大帝。伊凡三世即位不久，便於一四六九年迎娶君士坦丁堡最後一位希臘皇帝帕列奧羅德家族的女繼承人索菲亞[28]。於是，在君士坦丁堡（沙皇格勒[29]）於一四五三年陷落土耳其人手中後，莫斯科是否能成爲第三個羅馬[30]，「主宰並拯救世界」。然而此長期的威望（「沙皇」一詞，可能是出於凱薩之名的變異，莫斯科大公於一四九二年起自稱沙皇），也比不上征服立陶宛、金帳汗國（俄羅斯於一四八〇年停止向其稱臣）、以及征服貿易大城諾夫哥羅德更加喜悅。

對諾夫哥羅德的征戰是艱辛、漫長、悲劇的。一四七五年冷戰和平的進軍該城；一四七七至一四七八年間，伊凡三世下令卸下人民議會的鐘；一四八〇年伊凡流放上百個貴族家族；一四八七年，七千名諾夫哥羅德居民被

---

23 法蘭西島，Île-de-France，此稱出於十世紀，指以巴黎為中心的大巴黎地區。

24 戈東諾夫家族，其中鮑里斯戈東諾夫Boris Godounov（一五五一—一六〇五），服事於費奧多爾一世宮中，自一五九四年起掌權執政，一五九八年費奧多爾一世因病去世，無子嗣，留里克王朝滅絕。鮑里斯戈東諾夫登基為沙皇。

25 收復失地運動，Reconquista，始於西元七一八年終於一四九二年的長期征戰，伊比利半島上基督教各王努力自回教勢力手中收復土地。

26 格拉納達，Grenade，回教勢力在伊比利半島上最後一個帝國的首都。

27 伊凡三世，Ivan III（一四四〇—一五〇五），統一了羅斯諸國，於莫斯科聖母升天大教堂前撕毀與金帳汗國的條約，不再向金帳汗國納貢，宣布了俄羅斯的獨立。

28 索菲亞帕列奧羅德，Sophie Paléologues（一四五五—一五〇三），拜占庭末代皇帝君士坦丁十一世的姪女，教宗保羅二世將流亡於羅馬的索菲亞嫁與莫斯科大公伊凡三世，希望可以促成天主教會與東正教會的統一。

29 沙皇格勒，Tsargrad，斯拉夫語中「皇城」之意。斯拉夫語對東羅馬帝國首都君士坦丁堡的稱呼。

30 第三羅馬，在君士坦丁堡陷落回教徒之手，莫斯科公國成為唯一一個獨立的東正教國家後，期許莫斯科能夠繼承帝國時代的羅馬(第一羅馬)與君士坦丁堡(第二羅馬)，成為守護正統基督教的一種政治理念。

迫離開該城。那被稱爲大諾夫哥羅德的城市至此告終。

成爲第三羅馬的想法、沙皇的新頭銜，以及許多義大利藝術家紛紛來到首都，這些都是莫斯科飛騰發展的表徵，波隆尼亞人費歐若凡提[31]、魯夫[32]、索拉里奧[33]這些宮殿與教堂的建築師來到莫斯科：「克里姆林宮於是成爲其今日之樣貌。」爲伊凡三世配備了強大實力火槍隊的大砲鑄造者德鮑希，也是義大利人。於是，在伊凡四世——恐怖伊凡及其攻下卡札汗國與阿斯特拉罕汗國之決定性勝利之前一百年，莫斯科公國已有力地邁出了成爲強國的第一步，而這些早期的發展勢必伴隨著與西方世界重建關係。

這所有的成就、所有的創舉都需要舉國無比的努力才能達成。恐怖伊凡時代的一位思想家裴列斯維妥夫[34]制定了恐怖政治理論，恐怖伊凡建立的警察制度「歐普利乞利納」幫助沙皇「打壓與之對抗的眾王公與波雅爾貴族，並強化俄羅斯的中央集權」。

● 俄羅斯之發展越來越以歐洲為中心，此正一九一七年大革命之前，甚至包含大革命之後，俄羅斯數個世紀現代化歷史的關鍵事實。

執著地想要跟上歐洲，俄羅斯習得迅速精進的現代化技巧；工業化發展，很快就使其超越那數百年來備受其威脅的亞洲，甚至於稍晚也超越了歐洲。

在此發展中，亞洲是否有其貢獻？幾位史學家，如支持此理論的庫里契兄弟認爲，中亞民族數世紀來，長期在歐洲與地中海以及遠東與中國間擺盪，對兩大文明多有認識。俄羅斯的部份命運就決定於此自十五世紀起將遊牧民族往亞洲與中國方向驅趕的大趨勢中，隨後俄羅斯南方從來自亞洲的脅迫中解放出來。信奉伊斯蘭教的韃靼人在對遠東的征戰中消耗了一部份的精力，當十八世紀情勢再度反轉時，韃靼人面對的是一個已經強化的歐洲。

當十七、十八世紀中國勢力的推進導致遊牧民族吉爾吉斯人、巴克契人入侵歐洲時，這些遊牧民族遭遇的是一堵甚至連普加喬夫[35]的起義也無法突破的堅實防線。

這個解釋太過簡化，需要修正。很明顯的，該考慮的不只是來自亞洲的壓力減弱了，習自西歐世界的先進科技也開始發揮效用，這點也應該納入考量。俄羅斯的經濟開始發展，正是因爲透過波羅的海與歐洲越來越活絡的商貿往來。總而言之，俄羅斯人於十六世紀短暫地佔領了控制波羅的海的納爾瓦[36]更是極具代表性的例子：打開的門幾乎是旋即被關上，不過俄羅斯不久後便報了仇。

莫斯科公國與西歐世界的交流，如前所述，最晚始於伊凡三世之時，在往後持續強化。某德國旅行家艾貝斯坦男爵[37]，在理論上「發現了」莫斯科公國（一五一七年），如同哥倫布發現美洲一般。總之，商人、各式各樣的

---

31 費歐若凡提，**Ridolfo Aristotile Fioravanti**（約生於一四一五—一四二〇年間，卒於一四八六年左右），義大利北方波隆尼亞人，義大利文藝復興活躍之建築師、工程師，在俄羅斯之作品有莫斯科之聖母升天大教堂、克里姆林宮。

32 魯夫，**Marco Ruffo**（生卒年不詳），與索拉里奧共同完成了克里姆林宮的數座城塔，以及多稜宮**Palace of the Facets**。

33 索拉里奧，**Pietro Antonio Solario**（一四四五—一四九三），義大利建築師、雕塑家，建築了克里姆林宮之城牆與城塔。

34 裴列斯維妥夫，**Ivan Peresvetov**（生卒年不詳），社會評論家。出身於立陶宛低階貴族之家，於一五四九年進獻其著作給伊凡四世，內文述及波雅爾貴族仍享有的特權，促使恐怖伊凡採取恐怖統治。

35 普加喬夫，**Emelian Pougatchev**（一七四二—一七七五），帶領高加索人起義試圖推翻凱薩琳大帝的革命份子。

36 納爾瓦，**Narva**，今愛沙尼亞之一城市，位於與俄羅斯邊境上。由丹麥人建於十三世紀，十六紀中曾由俄羅斯人短暫佔領，一五八一年至一七〇四年為瑞典人所攻佔統治，一七〇四年又為俄羅斯人奪下。

37 艾貝斯坦男爵，**Sigmund von Herberstein**（一四八六—一五六六），以德文與拉丁文寫作之作家，神聖羅馬帝國查理五世之大使。以一五四九年出版之《莫斯科公國記事》聞名，書中記載俄羅斯之地理、歷史與民俗。

冒險家、各種計劃理念的倡導者、建築師、畫家，都在彼得大帝建立大俄羅斯前爭相來到這個全新的世界。當時彼得大帝還是孩子，在莫斯科郊區的外國人居地與那些後來他任命為顧問的外國人生活在一起。一五七一年起，時任西班牙治下荷蘭總督的第三代阿爾瓦公爵[38]，即已向德國議會提出警告，有軍武走私往莫斯科公國，是對全基督教世界的威脅。此前二十年，西元一五五三年，英國財政大臣透過莫斯科公司（由倫敦商人所建立）的船舶，拓展在整個莫斯科公國直到波斯廣大地域的貿易。

俄羅斯與西歐世界關係的建立，像是電影劇本般長期預先策劃，隨彼得大帝（一六八九年至一七二五年）[39]的大膽謀略與積極行動，以及凱薩琳二世——凱薩琳大帝（一七六二年至一七九六年在位）長期統治下的輝煌戰績而變得明確。事實上，十八世紀時，俄羅斯不停地侵略他國、擴張領土；因此，與歐洲相鄰的現代俄國的疆域界線與領土形狀產生相當巨大的改變。與歐洲世界的連結，始自一七〇三年起新建於涅瓦河畔的國都聖彼得堡（今稱列寧格勒）[40]，以及與英國、荷蘭商船不斷擴大的貿易。俄羅斯變得越來越歐洲，所有的一切都有助益於此發展，尤其是鄰近的波羅的海沿岸各國與德國人一幕也沒錯過地全程掌握。

南進征服（彼得大帝曾計畫但未實現）以及一七九二年於克里米亞駐軍，完成於相對空曠的空間，我們都知道這些村莊只是普譚金[41]在凱薩琳二世巡幸途中所搭建可拆卸的裝飾布景。與黑海的往來，直到稍晚十九世紀初赫胥留公爵[42]建設了奧德薩[43]才真正落實，一八〇三年時烏克蘭產的麥子才首次運抵西地中海的口岸，引起義大利以及法國地主的恐慌。

總之，無論在整體或細節上各方面都有相當多的演進，十八、十九世紀的俄國史就是一部與異文化接觸、涵化的歷史，有願景、有錯誤、有滑稽舉動、有勢利眼的行為，但也有正面的效果。「卸下俄羅斯的面具，你將看到莫斯科公國」這句可能源自俄羅斯的諺語[44]，在西歐世界廣為流傳。那麼為什麼莫斯科公國不再是那個有自己的品味、獨特性、踟躕不前的莫斯科公國？在莫斯科附近，我們今日可以參觀保存下來成為博物館的柴列梅提耶夫伯爵的宅第——由家奴工匠建於十八世紀的奧斯坦金諾莊園[45]，屬於最純粹的古典主義風格，參觀者會驚訝於內部經常維護的油漆、金箔、裝飾、天花板上的視錯覺壁畫，整個建築的厚牆看似磚石結構，其實是對濕度極為敏感的木結構。柴列梅提耶夫伯爵常說，沒有什麼比俄羅斯木造屋更舒適的了。此說並非全無道理。柴列梅提耶夫伯爵保留使用木結構，外部則敷以法國風格的裝飾。

整個十八世紀的俄國史，大致上就是邀請、召喚無數的西歐人前往俄羅斯建設一切，包含俄羅斯工業——當

38 第三代阿爾瓦公爵，Fernando Álvarez de Toledo / Duc d'Albe（一五〇七—一五八二），西班牙貴族，為西班牙菲利浦二世平定西屬荷蘭叛變，且頗得神聖羅馬帝國查理五世之敬重。

39 彼得大帝，生於一六七二年、卒於一七二五年，一六八二年繼任俄羅斯沙皇，一七二一年成為俄羅斯帝國之首位皇帝。此處布勞岱爾原文括號內之一六八九年所指何事未於文中交代。

40 聖彼得堡，建於波羅的海芬蘭灣深處，涅瓦河三角洲之港口城市，一七一二年至一九一七年帝俄時代的首都，於一九一四年至一九二四年間稱彼得格勒，一九二四年至一九九一年間稱列寧格勒，一九九一年經過公民投票後正名聖彼得堡。

41 普譚金，Grigori Potemkine（一七三九—一七九一），俄國軍人、政治家。為假造俄羅斯南部草原地區的繁榮發展而於凱薩琳大帝巡幸克里米亞沿途搭建假的村莊，而有「普譚金之村」之典故。

42 赫胥留公爵，Armand-Emmanuel du Plessis de Richelieu（一七六六—一八二二），法國軍官、外交官。一八〇三年時俄沙皇亞歷山大一世任命其為奧德薩與新羅斯之總督，於法王路易十八時曾任法國內閣總理（一八一五—一八一八年、一八二〇—一八二一年）。

43 奧德薩，Odessa，一七九四年俄女皇凱薩琳二世所建之城，位於黑海西北端，今烏克蘭之一重要港口城市。

44 薩丁尼亞王國的哲學家、政治家邁斯特伯爵Comte Josephe de Maistre(一七五三—一八二一），曾說「卸下俄羅斯的面具，你將看到韃靼人」。

45 奧斯坦金諾莊園，Ostankino，位於莫斯科東北方的一座莊園城堡，為柴列梅提耶夫伯爵家族所有，一七九八年完工時，為全俄羅斯最大的木構造建築，新古典主義風格，正立面由愛奧尼克柱式的門廊構成。

然是當時代的工業。工程師、建築師、畫家、工匠、音樂家、歌唱家、家庭教師成群地來到這個渴望學習、下定決心包容一切以求成功的國家，在城市內完成了許多的建設，如聖彼得堡極具代表性的小細節，如今依舊完整保存的伏爾泰圖書館，還有保存在國家檔案局裡大量以法文書寫的私人信函與手稿，可見俄國知識份子對於法國文化的心悅臣服。

在此變遷發展的俄羅斯文化中，法國佔有獨特的一席之地。法國甚至對俄國有海市蜃樓的幻象，專制的凱薩琳被法國人認為是個豪放的女人，因為女皇命人於法王路易十六容許演出《費加洛婚禮》前，先在俄羅斯公演。我們今日仍應小心勿受此幻象蒙蔽，事實上，凱薩琳二世治下的俄羅斯是非常落後的社會，貴族權力得到鞏固並使農奴制度更嚴重。

唯有貴族文化特意向凡爾賽宮與巴黎看齊，法國革命的文化很快地便傳到了俄國知識份子與學生之間，他們密切留意這些注定要顛覆或至少震撼全歐洲的事件。然而此法國大革命（由拿破崙帝國所延續的大革命）卻在與遼闊的俄羅斯交戰時落敗了，這是應時時謹記的事實。

● 不論是潛藏在深處或是浮出於表面，俄國大革命，於十六世紀起的現代發展時即已展開，直到一九一七年一〇月時爆發。

在基輔羅斯瓦解之後，可以想像出現了許多的動亂與社會緊張情勢，廣大的俄國進入了一個遲來的中世紀。當封建制度在西歐世界已漸漸消失時，卻在俄羅斯生根了。十五世紀起至二十世紀間，俄羅斯的確不停地西化，然而卻只觸及一小部份的人口，那些貴族、大地主、知識分子與政治人物。而且，與西方世界的貿易發展，使俄羅斯與中歐的領主都成爲小麥生產者與商人。易北河與窩瓦河間的「再版農奴制[46]」就是很顯然的後果，農民失去了自由：過去農奴除非有負債，不然是有權利可以在每年聖喬治節時換領主的；伊凡四世的一道飭令（一五八一年）禁止農奴任何新異動，農民從此失去可換東家的自由。在此同時，落在他們肩上的，是更沉重的徭役與賦稅。

當然，他們還可以逃往西伯利亞或南方的大河區，或者是加入邊界上的法外之徒——高加索人。農民爲了冒險與自由紛紛離開，莫斯科地區移出了半數的農民。然而，一旦這些偏遠地區設置了政府，受直轄統治，或者由一受封土地的領主管理，這些農民取得的自由又被法律所剝奪。這就是俄羅斯持續上演的不停爭取自由、不停失去自由的歷史。領主不是一直都有權利抓逃奴嗎？一六四九年的法令甚至還取消了所有追訴期的限制。

當然也發生了大範圍、大規模的激烈民變，一六六九年時，二十萬高加索人、農民、亞洲少數民族所組成的叛民，佔領了阿斯特拉罕、薩拉托夫[47]、薩馬拉[48]，主宰了窩瓦河下游，殺害許多地主與資產階級。領導起義的赫辛[49]於一六七一年被捕，在莫斯科紅場上被凌遲、車裂而死。一個世紀後，同樣在這個地區，普加喬夫起義最初也是得到廣泛的成功迴響：頓河流域與烏拉山的高加索人、巴克契人、吉爾吉斯人、各莊園的農奴、烏拉山地區煉銅廠、鑄鐵廠的奴工，全都加入普加喬夫的反叛軍，一路推進到下諾夫格羅德[50]，途經之處吊死地主，並允

46 再版農奴制、農奴制再版，second servage，恩格斯與馬克思討論東歐農奴制時所提出之詞，指十六世紀後易北河以東地區出現農奴制復興、強化、或新生的情況。

47 薩拉托夫，Saratov，位於窩瓦河畔，莫斯科東南方八五八公里的一個俄羅斯大城。

48 薩馬拉，Samara，位於窩瓦河畔，莫斯科東南方八六〇公里的一個俄羅斯大城。一九三五年至一九九一年間稱為古比雪夫。

49 赫辛，Stenka Razine（一六三〇—一六七一），高加索人，領導俄羅斯南方農民起義反抗帝俄的貴族與官僚體系。

50 下諾夫格羅德，Nijni Novgorod，窩瓦河與奧卡河匯流處的一個俄羅斯城市，位於卡札西北方三三〇公里、莫斯科東方四〇五公里。

諾所有人都可擁有土地與自由。卡札被奪下，但反叛軍並未能行進莫斯科。普加喬夫於一七七五年被捕、被斬首。一切彷彿又回歸秩序。

這些都是耳熟能詳的事實，而蘇聯史學家們樂於強調這段歷史，不是沒有理由的。隨著時光推移，俄羅斯農民的處境每況愈下，因爲，隨著再版農奴制也出現了再版貴族。恐怖伊凡時代的波雅爾貴族，已不是基輔羅斯時代的波雅爾，而是如西方世界的領主般，是擁有土地的主宰者。伊凡四世知道要有系統地一一打擊那些貴族，處決了數千人，沒收他們的土地，並派手下親信「歐普利乞利納」監視：這些「歐普利乞利納」是效忠沙皇的貴族，並不擁有土地，他們的「利益」也不能世襲。在此前提下，彼得大帝進行了非常重大的「落後」改革，制定了一七一四年的地租法，認可這些貴族之土地所有權、土地及地賦收入等可以世襲，如此奠定了再版的貴族制，深植於利益中，貴族地位被一勞永逸地標定。彼得大帝的寵臣緬什科夫[51]，受沙皇封賞十萬農奴……。有著雙重面貌的俄羅斯，呈現出強烈的對比：面對西歐的現代化面貌，與國內落後的中世紀面貌。

此後，某種協議便存在沙皇與身旁效忠的貴族之間，他們敬畏服從主子的威嚴。農民的情況受此影響，陷入無解的困境。就連一八五八年、一八六一年、一八六四年大規模的農奴解放也沒能完全消滅農奴制度。「米爾[52]」集體農場、村落的共同限制還保留一半，沒收自領主的土地可以被「買回」，而且領主還得以保留一部份的莊園領地。這問題要等到一九一七年爆發俄國史上最大的農地問題時才會獲得解決，此即俄國大革命深層且根本的原因。但此解決也只是一時的，不久之後便展開了集體化，俄羅斯農民擁有土地所有權的時間相當短。

在整個俄國歷史中，農村潛藏的如此爆炸性的問題，營造了革命的動力。這也是爲什麼一七八九年法國大革命在俄國會引起廣大且立即的迴響，聖彼得堡、莫斯科、甚至西伯利亞托伯爾斯克[53]各地的小報，都每日追蹤、評論法國大革命的進展；從革命一開始便引起自由派貴族、以及大多是平民出身的資產階級商人、知識份子、與政治評論家的積極關注。關於此，可參考斯特朗基所著《法國大革命與俄國社會》，一九六〇年於莫斯科出版的法文譯本。《人權宣言》、往後法國的動亂與大恐慌時期「以直接的方式觸及專制體制與農奴制度最棘手的問題」，用現代人的說法，這就是寫在俄羅斯「每個農民的額上」他們最想要表達、最想要實現的事。

在此重大的農民問題之外，還要加上十九世紀中葉起隨工業化而來的其他緊張情勢。此時正是尼古拉一世（一八二五——一八五五年在位）統治時期（當然這不是他要負責的），偉大的俄國文學隨著普希金（一七九九——一八三七年）、萊蒙托夫[54]（一八一四——一八四一年）、果戈里（一八〇九——一八五二年）、屠格涅夫（一八一八——一八八三年）、杜斯妥也夫斯基（一八二一——一八八一年）、托爾斯泰（一八二八——一九一〇年）、……等作家確立起來。事實上，此正俄羅斯自我意識的覺醒。

新型態的革命與革命性的動亂不久後便展開且日益增加，從一八二五年比較小規模的「十二月黨人」運動，到（一九〇五年）冬宮前的槍擊事件；由一八六〇年代虛無主義者的運動，到一八九八年第一個馬克思主義的政黨——俄國社會民主黨於明斯克[55]成立；從親斯拉夫派（有時是大沙文革命分子）到狂熱的西方分子。知識分子、年輕人、大學生、以及海外流亡的人都傳承著這把由整部俄國史所點燃的革命火炬。

51 緬什科夫，Alexandre Danilovitch Menchikov（一六七二——一七二九），俄國政治家、軍事將領。
52 米爾，Mir，帝俄時代自給自足的農村，每位村民必須共同分工協作以確保全村農產。
53 托伯爾斯克，Tobolsk，自古以來西伯利亞地區的首府。
54 萊蒙托夫，Mikhaïl Lermontov（一八一四——一八四一），俄國詩人、小說家，常被稱為「高加索詩人」。
55 明斯克，Minsk，今白俄羅斯首都。

第2章
一九一七年蘇聯成立至今

一九一七年俄國大革命的早期成就，以及其（政治、經濟、社會方面的）後續發展，已於本書其他章節讀過了，本章只論述關於蘇聯文明與歷史的重大問題：

(1) 馬克思主義如何與俄國革命相遇？後來又如何引領了俄國革命？
(2) 馬克思主義如何持續影響蘇聯的現況？只論人文方面，而不去討論那些當然也極具重要性的計畫與數據。
(3) 在這些震撼與限制下，要如何解讀蘇聯文明的現在與未來？

從馬克思到列寧

馬克思的思想很快地就吸引了傾向西化而反對傳統斯拉夫派的俄國知識份子與革命分子的注意。馬克思主義不久後就在聖彼得堡大學的經濟學家與史學家間找到信徒，聖彼得堡大學向來與保守的莫斯科大學對立。

● 馬克思主義是協作的成果，主要來自馬克思（一八一八——一八八三），其次則是恩格斯（一八二〇——一八九五）的著作；恩格斯在馬克思身旁工作四十年，在其死後仍追隨其信念十二年。

此龐大學說標誌了十九、二十世紀革命思想、行動、學說的重要轉捩點：將革命與現代資本主義、工業化社會相連，認爲革命是此社會發展的必然結果；並且提出一套以經濟因素解釋社會問題的整體世界觀。

馬克思的「辯證法」（辯證是指藉由理論的對立衝突來尋求眞理的方法）靈感來自黑格爾，但馬克思不贊同黑格爾的觀點。黑格爾認爲意識主宰物質世界，人是唯識的。相反的，馬克思認爲物質主宰意識，他寫道：「黑格爾的思想體系建立在頭，而我則使它以腳站立。」不過馬克思採用黑格爾的三階段辯證法：正論、反論、合論；第三個階段「合」，是指認同前兩個階段正反辯證所衍伸出的眞理。

此思考方法一直是馬克思論證的基礎，正如俄國革命家赫爾岑[1]所說，「辯證法是革命的代數學」，是馬克思的語言，一種以科學的方法認知矛盾後、釐清並克服矛盾的藝術。馬克思主義被定義爲一種「唯物的辯證法」：此說法並非不正確，只是馬克思從不曾這樣措辭，而且根據列寧的說法，馬克思比較強調辯證法而不是唯物論。後來也有人對於恩格斯提出的「唯物史觀」提出同樣的批評：馬克思比較強調的是歷史而不是唯物論；唯物史觀是馬克思在對社會進行歷史分析時，由其革命理論所汲取出的辯證論點，是其理論之一大創見。

對馬克思而言，十九世紀中葉的西方社會陷於重大矛盾的痛苦中，對此社會磨難的辯證分析正是馬克思主義的基礎。以下簡述此分析：對人類而言，勞動是掙脫自然的束縛、戰勝自然的手段。透過勞動，人類認知到自己是無數勞動者之一，是社會的一份子。在勞動、自由的社會中，「人道的自然」與「自然的人道」同時並存。「社會是人與自然的合體。」此乃「正」論，肯定勞動的價值與意義。

其次是「反」論：極端矛盾地，在馬克思所見的社會中，勞動非但沒有解放人類，人類受到勞作奴役，被剝奪了生產工具（土地或工廠）以及生產所得，人們被迫「出賣」勞力，勞動所得被他人「剝削」。現代社會將工

---

1 赫爾岑，Alexandre Herzan（一八一二—一八七〇），俄國哲學家、作家、政治評論家。

作變成奴役的手段。

那麼，「合」論呢？如此矛盾之解為何？資本社會在進入工業化階段後，勞動與生產利益徹底被剝削，於是形成越來越大量意識到自己被奴役的勞工階級——無產階級。無產階級勢必將加深階級間的鬥爭與戰爭，革命更是可以預見的。

工業資本主義是人類由奴隸社會、封建社會、到資本主義社會（先是商業資本主義，後是工業資本主義）歷史進程的最後一個階段。十九世紀，同時既是工業化的時代，也是革命、廢除私有財產制的時代；而明天，則是共產主義的時代。

然而，共產主義無法在一夕之間取代資本社會（我們知道馬克思最晚於一八四六年時認識了「資本主義者」一詞，但他從不曾隨意使用「資本主義」一詞）。正如馬克思（一八七五年）所解釋：將有一個「次於共產主義的階段」，一個「人各有所用」的社會，今日使用的詞彙是「社會主義」社會。在此階段之上就是最終、有點像是應許之地的「共產主義」。屆時，社會飄揚的旗幟將寫著：「（生產時）各盡所能、（消費時）各取所需」。由此可見，馬克思的辯證論點是樂觀的，如古爾維奇[2]所言，是「向上發展」的。

●然而，對這些俄羅斯革命分子而言，馬克思的回應是令人失望的，因為他認為當時候俄國要發動革命在理論上是不可行的，儘管馬克思於一八八〇年左右曾對俄羅斯革命動盪的消息有所遲疑。

> 事實上，俄國的工業無產階級太過小眾，還需要全力發展資本主義多年後才會形成，屆時才會進入「一個社會革命的年代」。目前條件仍未完備。

這是馬克思與恩格斯自英國的經驗所思考、討論所得出的理論。《資本論》第一冊出版時（一八六七年），英國工業革命正如日中天，或者更精確地說，是英國對於工業革命所引發的問題無法提出解決方法之時。兩位也由工業發展略遲的法國與德國的經驗出發思考。簡言之，此理論遠不是依據當時帝俄的情況所思考的。

所以，在十九世紀末剛開始工業化、總人口中有百分之八十是農民、只有百分之五是工人的俄羅斯，要如何想像一個與前述各國立基於相同原則的社會革命呢？

自《俄羅斯資本主義的發展》一書問世（一八九九年），以及一九〇五年革命之時起，列寧早早便看出此矛盾。當然，作爲馬克思的信徒，列寧是這他所崇拜的思想的囚徒，但他在其中靈活運用。沒有哪一個列寧所提出的想法不是源自馬克思，然而列寧的主要貢獻在於革命行動之理論，其在此理論層面的原創性比世人一般所認爲的更大。

出身俄國低階貴族的列寧，說話時帶有典型的貴族口音，並不是「俄國人民的代表」，沒有人民的單純與「務實的智慧」。但，他不是個衝動不用腦的人；事實上，列寧累積了許多具體、獨到的分析，這些犀利的評論爲他贏得「爲第二國際清洗奧格亞斯的牛棚[3]的榮耀——採取激進改革方案」。列寧充滿熱情與洞察力，思定而後動，全力以赴。後來，列寧與馬克思的分歧可預見地出現於革命進程這點：列寧顯然是以俄國的框架來考量，具體地根據「無產階級」與「革命黨」之間的關係來擬定。

簡言之，列寧無條件地以政治優先於社會或經濟問題，以「黨」優先於無產階級群眾。吹毛求疵地說，他支持「政治優先」的原則。

對馬克思而言，革命是在工業化與階級鬥爭的壓力下，時間到了自然會爆發出社會問題的必然結局。因工業

2 古爾維奇，Georges Gurvitch（一八九四—一九六五），俄裔社會學家，一九二八年劃歸法國籍。

3 清洗奧格亞斯的牛棚，典故出自希臘神話，為海克力士完成的十二項艱難任務中的第五項。意為實施激進的改革方案。

化運動而擠在城市裡的無產階級，是革命份子，其本質就是具有爆炸性的。在無產階級身旁的資產階級，過去孕育了新的意識形態，其革命任務已經到了尾聲。也許在某些情況下，還可以利用這些自由民主派的資產階級的支持。不過，馬克思與恩格斯對此策略猶豫相當久。他們的猶疑不是沒有道理的，一八四八年後，他們尤其對於法國農民反革命的可能性起了戒心，這些農民是堅守自己土地的假無產階級。

馬克思死後（一八八三年），關於革命形式的討論仍持續進行著。羅莎盧森堡[4]（一八七〇——一九一九年）繼續倡導馬克思的理念：她認爲工人無產階級才是唯一可信賴的，應該要成爲革命的唯一動力，其他各階級都是敵人，所以，「黨」也必須要爲其所用，應該被自內部詳加審視、根本地掌控；這是預防「黨」官僚化的唯一方法。

列寧的方向則是不同的：他同意某些改革派的想法，懷疑（「在帝俄時代」）無產階級革命是否會自然形成、自然爆發（列寧對於「自發性」極度反感）。列寧認爲，該是時候強調黨的重要性，以及串連其它一切受壓迫的階級與無產階級合作的重要性了。他在一九一二年《怎麼辦》一書中提出，如果沒有一個由職業革命家組成的中央集權的黨的領導，無產階級並不會走向革命，而會走向社會改革主義，或某種自暴自棄變成工人貴族的工會主義。當時英國新興的工黨不正是如此，與工會未公開表態的保守主義相對立？或者如法國工團至上主義，比我們所知更嚴重地妨礙了發展中的社會主義。除此以外，列寧不贊同羅莎盧森堡及其他幾位馬克思主義者的想法，他認爲民族戰爭的年代尚未結束，必須要與自由派的資產階級聯手。另一個與羅莎盧森堡及「盧森堡主義」相左的論點是，列寧贊成土地改革計畫，拒絕將農民視爲反動份子。在此關鍵點上，列寧無疑是受俄國社會主義革命份子的影響，贊同被奴役的農民是革命的主要動力，不可錯失此具有強大爆發力的革命力量。如後來所見，農民成爲一九一七年革命成功的主力。總而言之，列寧的理論在俄國的例子上是成功的。

此處我們不細述這些在一九一七年以後蘇聯發展中扮演重要角色的各種意識形態討論與觀念立場。我們的重點在於呈現出由馬克思主義到列寧主義的一個文化轉換。列寧主義，是經過再思考的馬克思主義，人類學家會說是「再詮釋」的馬克思主義，適合二十世紀初沙皇治下的這個以農業爲主的未開發國家。「無產階級人數太少，經濟、社會、政治影響力太微，不足以獨力促成與整個社會對立的革命」（語出戈曼[5]）

- 後來成為俄國共產黨的社會民主黨，由俄羅斯第二代馬克思主義者（列寧、馬爾托夫[6]、丹[7]）取得曾於國外組成勞動解放社[8]的第一代馬克思主義者（普列漢諾夫[9]、阿謝羅德[10]、查蘇利奇[11]、列夫德志[12]）之同意，於一八九八年成立。

然而，俄國社會民主黨於倫敦召開第二屆大會時（一九〇三年），就產生了分裂：一邊是布爾什維克（俄語

---

4 羅莎盧森堡，Rosa Luxembourg（一八七〇—一九一九），俄國馬克思主義理論家、社會主義鬥士。德國社會民主黨的重要人物。

5 戈曼，Lucien Goldmann（一九一三—一九七〇），社會學家、哲學家。

6 馬爾托夫，Martov，俄國馬克思主義革命家，孟什維克派之建立者與主要領導人之一。

7 丹，Dan，全名與生卒年不詳，布勞岱爾原文中僅寫Dan，譯者查無相關資料。

8 勞動解放社，俄國第一個馬克思主義團體，一八八三年由普列漢諾夫、阿謝羅德、查蘇利奇、列夫德志成立於瑞士日內瓦。

9 普列漢諾夫，Georgui Plekhanov（一八五六—一九一八），俄國革命家、馬克思主義理論家。在俄國推廣馬克思主義，並探討藝術與宗教在社會中的角色。

10 阿謝羅德，Pavel Axelrod（一八五〇—一九二八），俄國馬克思主義革命家。

11 查蘇利奇，Vera Zassoulitch（一八四九—一九一九），俄國革命家，由無政府主義、虛無主義者，再成為馬克思主義者。

12 列夫德志，Lev Deutsch（一八五五—一九四一），俄國革命家，俄國社會民主工黨積極分子，後來成為孟什維克運動之領導人之一。

意爲「多數派」，說是多數，也只多一票而已）；一邊是包含普列漢諾夫在列的孟什維克（「少數派」）（事實上，後來在俄國社會民主黨中「少數派」又變成「多數派」）。分裂的原因爲何？在黨綱的第一條，列寧加入了一些名爲「民主的中央集權——民主集中制」的措施：

一、「職業革命家」（即專業技術人員）之主導角色；

二、黨的嚴謹（鐵的）紀律；

三、「中央委員會」擴權至對整個黨的獨裁權力，尤其是對基層組織的絕對權力；

四、必要時，委員會將所有權力移轉給一小辦公室。

很明確吧？黨變成一個自主的戰爭機器。少數派高聲反對此背棄民主原則而獨裁的內容。（托洛斯基[13]當時預見列寧的概念最終將導致中央委員會主席一人獨裁的後果。）

然而，俄國社會發展與工業發展的之特殊情況，不得不採取此策略。一九〇五年時，態度明確的列寧與某些社會主義者的立論對戰，這些爲數不多的社會主義者認爲，「社會主義的革命（此處係指無產階級革命）」是可能發生的，「彷彿這個國家的生產力已經發展到足以爆發如此革命一般」。更明確的是一九一七年革命份子取得政權前夕，列寧與俄國馬克思學派創立者普列漢諾夫間的殊死論戰：列寧爲想要奪權辯護，如果取得權力，只不過是希望得到在先進資本主義諸國即將爆發的無產階級革命之協助（幻夢，這是注定要失敗且必須自己完成的俄國革命須要盡早放棄的幻夢）。普列漢諾夫重申馬克思主義的基本論點——俄國薄弱的工人無產階級、微不足道的資本主義、令人喘不過氣的大量農民人口，並警告列寧，如果他掌權的話，不管是否有意都將被迫採行恐怖分子的手段統治，變成獨裁。列寧反駁，認爲這是對他的污辱。然而，列寧後來取得權力，並展開一連串土地改革，三十年後毛澤東亦如是……。

不過這些問題持續困擾著列寧，隨著一九二一年的新經濟政策，他有一陣子開倒車，其演說極具代表性地與過去的這些討論與邏輯相連結，他言簡意賅地說：「我們搞錯了，我們之前的做法是以爲可以在一個資本主義幾乎不存在的國家建立社會主義。想要實踐社會主義社會之前，必須先重建資本主義。」新經濟政策幾乎在列寧死後便無法繼續。一九二八年至一九二九年間起，史達林以現有的資源克服困難投入工業化運動，最後達成了我們所知的重大成就。

不過，爲了更清楚地解釋，先回溯到一八八三年（馬克思辭世那年）：普列漢諾夫假設，如果革命分子「意外」或「靠陰謀」奪權，那麼「他們也只能創造出一個印加帝國式的社會主義而已」，意即專制的社會主義。普列漢諾夫此處是沿用馬克思曾回應一個類似的假設性問題所提「修道院的社會主義」與「兵營的社會主義」的語法。

此處提及這些措辭與論爭，並不是要重新討論一九一七年十月革命及其後續發展，以一種「純粹的馬克思主義」來「譴責」革命之脫序發展。這裡要強調的是，社會主義革命很意外地在當時全歐洲最不工業化的大國——俄羅斯展開，於是，革命便「不可能」按照馬克思的計畫由無產階級取得政權，而是由共產黨（由社會民主黨改名）取得，也就是說以俄國巨大的尺度而言，微不足道的少數人，大概十萬人左右。這些很有組織的黨員利用了一千萬到一千兩百萬逃離軍隊潰敗四散的農民，回到各自村莊去奪取貴族、富人、教會、修道院、皇室與國家的土地。

人們認爲這句巧語是列寧說的：「如果沙皇過去幾世紀來能夠以十三萬的貴族、封建領主在各自的封地執行公權力，那我怎麼不能利用一個有十三萬忠誠鬥士的黨撐持這個國家幾十年呢？」一個拿破崙的妙句也被認爲是列寧說的：「向前衝然後看著辦。」

---

13 托洛斯基，Leon Troski（一八七九—一九四〇），俄國革命家、政治家。馬克思主義者，一九一七年後為布什維克黨人。

「撐持個幾十年」，事實上是直到俄國達到「理論上」革命會爆發的工業發展程度時，這也就是此後俄國非常關鍵的問題。不通情理的專政，並不是「無產階級專政」，而是共產黨的領導們假借一個正在形成中的無產階級之名所行的獨裁。「在史達林時代，這些領導們的專政甚至變成了一人獨裁。」俄國人民生活黑暗悲慘的年代，令人不得不想起一七九三年至一七九四年間公共安全委員會[14]的例子，不過俄國應該不會失敗，此兩者的差別在於堅實如鐵的共產黨組織禁止任何長期的「分裂」，與一七九四年於巴黎所發生的不同。

馬克思主義與今日之蘇聯文明

蘇維埃社會主義共和國聯邦生活在一個政治獨裁、無媒體自由、無言論、集會結社、罷工自由的體制下，已經四十五年、快要半個世紀了，在此體制下有一紀律嚴明、堅如磐石的唯一政黨，所有顯現的衝突都只是人物間戲劇化的對立。一九五三年史達林逝世後至今，展開了一場解放運動——我們說人性化運動好了，因爲對共產黨而言，「解放」這個詞始終有貶意——所以，展開了一場緩慢、有節度、但看來似乎不可逆的人性化運動。此俗稱「去史達林化運動」的理由不正是因爲公安委員會的緊急必要性、那個巨變的年代已經過去了嗎？蘇聯當然還沒有克服國內的困境，但已從此加入工業化大國之列，成爲具有優勢的人民，此地位是努力奮鬥得來的。而且，在此同時，有心也好無意也罷，蘇聯建立了一個廣大群衆文化所需的全新架構。這也許是第一次，至少在內政上，俄國可以自由選擇「自己的」革命、「自己的」道路，因爲國家如此龐大，對於世界政治有舉足輕重的地位，也因爲居於衆社會主義國家領袖之地位，使得俄國於對外事務上面臨另一個層面的限制。

● 馬克思主義已有了改變。五十年來在各方面的努力與奮鬥，這是很長的時間。我們是否會驚訝於在這半世紀間，蘇聯的國家最高指導原則馬克思列寧主義，在保留其主要綱領與固有的解釋外，也有了改變？那是一定的，沒有改變才奇怪。

如果官方論調總是覆誦那些：階級鬥爭、奴隸制度、封建制度、資本主義、相對貧窮化、唯物論的辯證、或者「一個沒有階級的社會將是更美好更幸福的社會」等至高無上的教條，絕不代表這龐大的意識型態並沒有演進，如同任一思想或宗教在「生活」中必會產生演進一般，馬克思主義的演化也是必然的。況且，二十世紀初時俄國知識份子不是已經提出「一個無法在現實生活中落實的思想，是沒有價值的思想」嗎？此想法也由革命分子所秉持。馬克思主義是每個概念間連結性極強的思想體系，唯有落實在百萬群衆的生活經驗中才有意義，並在實踐中逐漸更新與時俱進，同時也承受反彈之力。此外，據馬克思主義者所言：「馬克思主義是超越世界觀的世界觀」。某些友善的觀察家也說：「二十世紀共產主義的轉變，類同於西元第一到第四世紀間基督教的轉變。」

也許需要詭辯之人才能細數馬克思主義本身的諸多變化、叛徒、與邪端異說。將之一一羅列並非全無益處，但絕不可將任何事件獨立檢視，儘管是極具代表性的事件也不行；如此表列唯有在一個全面性的經驗中才有意義，而此意義也解釋了此全面性的經驗。我們此處要說的是，蘇聯的馬克思主義經驗，並非馬克思主義之社會實踐中最重要或最明確的例子。

說眞的，五十年，對那些經歷一連串革命與動盪的人們而言，是段很長的時間；而對一個如此劇烈的結構斷層，這樣的時間長度則不足以看出意識形態、社會、文化的演進，及其影響範圍。必須要在經驗中，辨別尤其是在轉型的歲月中（至少到一九三〇年代爲止，甚至超越一九三〇年代），那些荒誕的經驗，與那些持續有效的經

14 公共安全委員會，Comité de Salut Public，法國大革命後為維護革命政權的第一個組織。

驗，才能建立被強加的意識形態與社會間的永久關係；此社會被迫生活於被強加的意識型態中，且並不見得對此有所意識。

於是，重新建立一個列寧即已主張過的大尺度的開放工資結構，究竟是個意外，是強人史達林意志之落實，是個不得不然的社會政策，或者是個無可避免的經濟發展過程？一位蘇聯學者笑著說：「我們是蘇維埃體制下的資產階級……」不過，除非這些因職務而取得的特權得以傳承，否則此種社會階級無法被重建；意即這些權貴的小孩可以享受其父母社會地位的種種利益（教育、金錢、職務）；這是每個社會爲了延續家族生存的自然發展趨勢，而在蘇聯共產主義也並未摧毀此系統，史達林甚至還予以鞏固。

另一個基本面的問題在於：蘇聯嘗試以集體生產的方法重新組織農業生產，最後失敗了，似乎是遭遇到農民的反抗。過去史達林政權將農民逼入絕境；農民的困境在俄國文學中有著震耳欲聾的迴響。然而一個「傳統」文化，突然被扯入快速現代化的經濟發展中，農民如此反彈不是很正常嗎？似乎每個加速工業化運動的國家都出現這個問題，儘管各國採行的解決之道不同。

況且，在蘇維埃意識形態與東正教會間多少有點緊張的對話，已經拍板定案了嗎？或者說已經有定案了嗎？關於「去宗教化」這件事，蘇聯政權傾向於一個激進的唯物論、一種震撼的理性主義：並不是否定神，而是熱切地肯定人。然而，戰爭是不是再次推廣了東正教的信仰？戰爭使得教會與史達林達成某種協議，史達林不就恢復了彼得大帝廢除的俄羅斯東正教會莫斯科宗主教區？一九五一年一月七日，史達林於一場演說中，引述了既是王公貴族也是教會聖人的亞歷山大涅夫斯基[15]的話。當然，會前往教堂禱告的大部份都是老人家。不過，在現實生活中，對於受洗命名、婚禮、喪禮，絕大多數人的態度爲何？國家嘗試組織擺脫宗教的公證結婚儀式，就證明還需奮鬥、還有很大的空隙要填補。

隨著新生代的到來，是不是能夠逐漸忘卻一個巨變的過去，當作對馬克思——列寧主義思想的一個深刻反省，如同笛卡兒的思想雖長存、但隱身於西方世界思想中一般？並不是放棄共產主義的理想。這是理所當然的眞理，無須再贅言。在兩億兩千萬的蘇聯人民中，有九百萬共產黨員，馬列主義他們的聖士、教條、他們每日生活所用的語言。那其他人呢？

● 然而，改變蘇聯生活最鉅的，是其全力投入的工業化運動，並且順利完成的近程目標——成功發展克服困難、修復錯誤。

以人力而言，蘇聯爲了工業化付出了非常高的代價。一九一七年時，俄國「由資本主義所預先奠下」的工業化基礎尚不健全，迫切需要建設，此即爲何史達林的專制獨裁會發展成如此獨特樣貌的原因：史達林的統治擔負了此首要任務——這個「在其他國家係由鐵器時代的資本主義完成的歷史要務」。史達林政權的嚴苛，無法全然地以個人被權力蒙蔽、爲所欲爲的獨裁來解釋，也無法以社會主義、或共產主義之必要之惡來解釋；它同時也是未開發國家的悲劇，是爲了透過人力的投注，快速地由落後農業國家跨越所有工業化階段而發明的殘酷手段。正當蘇聯逐漸脫離此悲劇的同時，我們卻眼見著中國重蹈此覆轍。

專家們仍將持續對究竟經濟目標達成已否議論不休。何況，數據提供了最好的爭議素材，數字的語言是國際性的，各國人民互較高下，如同孩子互相較量身高一般。然而，度量衡必須是相同的才能比較。法國一九五三年至一九五九年間的工業產值，平均每年成長百分之七點七（以一九五三年爲基準指數一〇〇，一九五九年的指數是一五六）；德國平均每年成長百分之八點三（以一九五三年爲基準數一〇〇，一九五九年的指數是一六九）；蘇聯

15 亞歷山大涅夫斯基，Alexandre Nevski（一二二〇—一二六三），大諾夫哥羅德公爵，俄羅斯民族英雄，以其軍功聞名。東正教會的聖人之一。

的成長為百分之十一點三（以一九五三年為基數一〇〇，一九五九年的指數為一九〇）。這是官方數據。然而，這些數據無法直接地被比較：西歐國家以「淨值」計算指數，蘇聯則以「總值」計。蘇聯史達林手下的經濟學家以總值計算工業生產成長的官方數據，得出一九五六年的產值為一九二八年產值之二十二點九倍；然而，若以淨值計算，則為十四點七倍。於是，我們可以想像蘇聯的敵對國可以如何地大肆討論這些數據。

但是，即使假設經濟目標並未完全實踐，肯定也差不多了。蘇聯正大大地進步中，西伯利亞與其他地區都有卓越而驚人的成就。

● 重大的社會變革：整個蘇聯社會都因工業化的突飛猛進而被顛覆；於是社會的變遷也改變了整個蘇聯的生活。全新的社會結構目前正在建立中。

(1) 首先，農民湧入城市。

蘇聯政府為其一直以來死氣沉沉、且一九一七年時仍以農民為主的人民，訂定了一個美國發展（而且是美國經濟爆炸擴張時期）的節奏。此無精打采的民性與此無一倖免的快速節奏在各地都引發衝突對立。在中亞的幾個蘇維埃共和國中，此種美國主義與東方主義的融合更是非比尋常。

社會變化之鉅，數據會說話：一九一七年，蘇聯人民有八成為農民，工人占百分之五；一九六二年時，農民稍過半數（百分之五十二），而工人與工廠幹部占百分之三十五。在前述相同的時間內，行政官僚人員增加了十倍，知識份子則至少增加了一百倍。由此造成城市極具號召力，城市人口增加，鄉間人口流失。

這個城鄉人口流動剛剛完成。除了仍維持一貫城市氛圍的舊國都列寧格勒以外，所有的新舊城市，包含莫斯科（變成某種巨型的芝加哥），都染上了農民色彩，城市生活鄉村化，知識分子、學生也都一樣。「俄國出現了一個新的種族」，盤據一切由最卑微的工作到科學研究（俄國社會階層之頂峰）的所有職務。就在史達林以一種前所未見的節奏帶領蘇聯工業化的同時，他將農民集體化，頓時釋出大量勞動力，儘管這些農民不情願，史達林將他們投入城市的征服中。而這一切就發生於短短的幾年間。

一九四七年時，仍可在這些被包圍、被征服的城市裡辨認出這些農民來，他們穿著質樸、行動緩慢、過街時還會對電車、公車大吼大叫。一九五六年以後，產生了可觀的變化，農民們已都市化，在生活水準提升的同時，穿著舉止也改善了。一九五八年時，不會在街上遇到赤腳的婦女或孩子，戲院與電影院裡，觀眾舉止也如模範般，農民笨拙的一面消失了。不過草根性還是會顯現在其他許多行為細節中。呈現對比的是列寧格勒，其所有的一切都是比較細緻的，女人比較高雅，所使用的語言也比較純粹。在原有城市建築框架與生活模式下，一九四五年戰後了不起的重建修復，呈現出一個迷人而精緻的歐洲老城樣貌，市容雄偉，生氣蓬勃，列寧格勒市對廣大世界的影響力不亞於其活躍的港口。列寧格勒並未被鄉村淹沒。儘管郊區也有工業發展，然而列寧格勒也許與前述不凡的變化發展有距離；這個不凡的發酵變化似乎就是俄國明日的景象，而此變化也給予莫斯科無可爭議的首都的形象。

(2) 農民征服工廠與學校。

農民勞動力的大量湧入，淹漫過從前有專業技術的工人。農民與他們的無知、他們對機械的笨手笨腳佔據了工廠，全世界的農民都疑似是無知笨拙的。一夕之間由農人變成工人，如此的笨拙使得最初的生產效率極低。不過，為了彌補生產不足，俄國投入加倍的人力。

同樣的，農民或說農民之子也湧入學校與大學。一九一七年俄國最少有百分之七十五，甚至更多的人口不識字，如今文盲已經完全消失了。這也說明為何增加了許多圖書館、閱覽室，外國或俄國經典文學作品大受歡迎

（除了杜斯妥也夫斯基與葉賽寧[16]的作品，到一九五五年以後才得以出版），發行量驚人（有時達一千萬冊）。以劣質紙印製的書，價格低廉。經典文學作品的大賣還需要找理由嗎？現代作家積弱不振，民衆缺乏提供娛樂與淺顯易懂的刊物。廣播、電視、唱片也同樣扮演非常重要的教育功能。

單是「這個文化革命」（語出羅森菲爾德[17]）就引發了一場眞正的社會變革，一股想要自我解放、受教育、在社會階級中盡快晉升的強烈渴望。「汲汲營營只求發達」，某些評論家毫不留情地如此診斷。我們則說是對於文化的渴望，兼具有社會目的與經濟目的。總而言之，大學、技術學院、函授、或者夜校學生人數越來越多，農民之子通常都名列前茅。蘇聯便是在如此取之不盡的人力資源庫中製造國家所需要的知識分子：工程師、研究員、官員、教授。茹費理[18]在法國推行的學制改革，以及隨後中等教育與大學教育免費這些改革，在法國是小規模且緩慢地的發展；在蘇俄則是大規模，以一種令人難以置信的速度，通常是一躍而就；當然也偶有失誤，例如我們會訝異的發現蘇聯一九四七年至一九五六年間中等教育並非免費。

(3) 然而，一般來說，人們會說教育的層次下降了。

但是這句話說出來，就立即後悔了。沒錯，現在人們所說的俄語，再也不是過去那細緻的俄語。教學內容是實用至上，以生產鏈的方式製造著現代生活所需的知識分子：由中學教師到工程師甚至大學教授，一系列各種專家。某位向來寬容的觀察家稱之爲半知識分子。

這是公正的評論嗎？大多數人口只有半吊子文化，只因爲是個新興國家，或者純粹是一個正在建立中的群衆的文明呢？世界上所有高度工業化的歐美國家中，日漸普及的教育發展越來越專業化，而在通識文化的層面上，則層次下降。眞正的知識菁英分子的數量並未因此減少。以最糟的情形來說，人數是未變動的。相對於過去極少數的知識菁英與廣大的文盲群衆，現代文明社會在同樣的菁英人數、極少數的文盲外，擁有廣大受過教育的人民，對他們而言，教育是勞動的工具，而非養成高深的學問。

到了高等學術的程度時，在我們看來，在考量意識形態差異後，蘇聯的知識份子、學者、教授，與歐美各國學者水準是齊平的，宛如是同一文化的繼承人一般。舉一位巴黎的知識份子爲例，由法國大學前往莫斯科科學院[19]，像在自家一般沒有陌生感，不論任何議題的討論、或是任何玩笑都能立即了解、立即回應。蘇聯與歐洲之間切斷所有實質往來四十年，第一印象是，與外界隔離了四十年的俄羅斯，並未在此高等學術層面上造成影響。乍看之下這是很驚人的第一印象，那麼近看如何呢？二十世紀初時，歐洲與俄羅斯曾濡染於同樣的文明之中，那麼過去這四十年，在文明上帶來什麼樣的實質改變？儘管許多社會結構徹底崩解，一九六二年時的蘇聯與一九一七年時的俄羅斯仍屬於同一個文明，也就是說，與我們相同的文明。

(4) 說眞的，文學與藝術似乎恰與此言相反。

如果要在文學與藝術中尋找最能代表蘇維埃社會的見證，那麼我們找到的肯定不足以代表蘇聯社會。然而，因爲這些作品十分震撼之處，在於其脫離現實到了一個離譜的程度，也許恰恰見證了蘇聯的作家與藝術家，以及蘇聯社會每日生活之處境。這些作品是特殊情勢下的產物。

蘇聯文學與藝術獨特的語言，並不存在馬克思、恩格斯、或列寧的思想中，是直到一九三〇年左右，史達林掌權初期才出現的。它打擊那些不服從史達林所要求的鐵的紀律的知識份子，打擊那些不接受「文學與藝術前

16 葉賽寧，Serguei Essenine（一八九五—一九二五），俄國二〇世紀重要詩人。

17 羅森菲爾德，Oreste Rosenfeld（一八九一—一九六四），俄裔法國記者、政治家，出身於俄國高官之家，一九一七年革命後避居法國。

18 茹費理，Jules Ferry（一八三二—一八九三），法國政治家。一八八〇—一八八一年、一八八三—一八八五年間兩度擔任法國總理。建立法國義務教育。

19 蘇聯科學院，一七二四年由彼得大帝創立於聖彼得堡，為俄國最高科學研究機構，一九二五年改名為蘇聯科學院，一九三四年遷至莫斯科。一九九一年更名為俄羅斯科學院。

線」動員以實踐五年計畫的藝術家。第一個遭殃的就是「無產階級作家學會」被解散，同時被解散的還有在造形藝術與音樂領域上類似的組織（一九三二年）。取而代之的，是一個由黨直接掌控的組織。

在此同時，藝術家與作家們也被要求成為「人類靈魂的工程師」。一九三四年時，蘇聯共產黨總書記日丹諾夫[20]制定了給藝術家與作家的教條：「社會主義者的寫實主義方法」，要「實話」敘述社會主義現實，尤其是生產狀況「歷史性的具體特色」，以對「社會主義精神中意識型態的轉變與勞動者的教育」做出貢獻。以日丹諾夫的措詞來說，他們的責任是要「有思想傾向的」撰寫「建設性的」作品，作品中角色要分明地有「正面的英雄」——眞正的共產黨員，以及其他所有除了共產黨員以外的「負面人物」。在俄國大革命之初曾經在各個領域綻放的前衛運動，在俄國被稱為「左派的藝術」，從此被禁，被以「形式主義」遭迫害。許多作家與劇團團長都被逮捕，而後離奇死亡。大部份的知名作家都緘默、或半緘默以避。《靜靜的頓河》（前三冊於一九二五年至一九三三年間出版，第四冊出版於一九四〇年）的作者蕭洛霍夫[21]，在史達林死後才再寫作。

戰後，為了對抗「腐敗的西方」的影響，「日丹諾夫主義」加強對藝文界施壓，文學、戲劇、電影都被嚴密監控，稍有偏差就會被檢舉、被嚴懲。一九四八年時，大作曲家普羅高菲夫[22]、蕭斯塔高維奇[23]、哈恰圖良[24]，都被以異教神祕主義或濫用不諧和音程……等為由遭到大肆打擊。

簡言之，在史達林獨裁時代，所有的藝術家與蘇聯人民一樣都遭到整肅。這時期的所有作品都是順從規範而拙劣的。

史達林之死是否改變了一切？是，也不是。突然獲得鬆綁，的確有許多立即的反彈，不過，如此爆發開來的自由顯得相當危險，最近受到了牽制。

一九五三年底、一九五四年出現大量的諷刺劇，嘲諷蘇維埃社會之惡；某年輕評論家於《新世界》雜誌[25]的一篇文章，論述「文學的眞誠」，呈現過去正面人物、負面人物二分法之荒謬。儘管這些大膽行徑使這些作者遭禁演禁刊，對於個人崇拜的批評、去史達林化運動，已經啓動了更多自由的言論。成千上萬被流放的人獲釋，確信暴力制裁從此被取消，引發一場知識界的蓬勃發展，如此劇烈的轉變（從今以後，輪到那些在史達林時代備受尊崇的作家噤聲，而那些過去受迫害的高聲暢論，如果他們還活著的話）令那些在權位者爲此憂懼。一九五七年時，文學家與藝術家被訓誡、被請求對於「檢討」要節制，不要一味地醜化蘇維埃現實，以免被控拒絕「美化、裝飾」：此即赫魯雪夫[26]政策之立場。

史達林的手段肯定是受譴責的；被擊敗的諸政敵免受處決，亦免受暴力對待；在文化與外交方面產生了某程度的解放。但，在揭露史達林罪行的同時，深深地震撼了盲目崇拜史達林的年輕人們，也開啓了一場猛烈的批鬥大會，危及了蘇聯體制，也動搖了蘇聯在社會主義國家的領導地位，使其國際威望受到考驗。蘇聯政府於是毫不示弱的回擊。

群眾是否追隨此鬥爭？廣大人民群眾喜愛聆聽俄國或外國樂團演出的古典音樂、「純粹、風格化、或改編的」

20 日丹諾夫，Andrei Jdanov（一八九六－一九四八），蘇聯政治家，在蘇聯的文化政策上扮演重要角色。
21 蕭洛霍夫，Mikhail Cholokhov（一九〇五－一九八四），蘇聯時代作家，一九六五年諾貝爾文學獎得主。
22 普羅高菲夫，Serguei Prokofiev（一八九一－一九五三），俄羅斯古典音樂作曲家、鋼琴家、指揮。一九一八年至一九三六年間旅居國外。
23 蕭斯塔高維奇，Dimitri Chostakovitch（一九〇六－一九七五），蘇聯時代音樂家，被蘇聯當局批評為形式主義者。為二〇世紀音樂重要人物。
24 哈恰圖良，Aram Khatchatourian（一九〇三－一九七八），蘇聯古典音樂作曲家。
25《新世界》雜誌，Novy Mir，一九二五年創刊於莫斯科的文學月刊。
26 赫魯雪夫，Nikita Khrouchtchev（一八九四－一九七一），冷戰時期蘇聯最高領導人、蘇聯共產黨第一總書記。

民俗音樂、以及這些城裡的農民甫開始欣賞的古典歌劇，造成歌劇大受歡迎，如浮士德、茶花女、卡門，與蘇聯紅軍歌舞團或與柴可夫斯基的芭蕾舞劇天鵝湖競爭票房。不過，在這些藝術領域應該是有兩個「層次」的觀眾：一般群衆與菁英知識份子。作家與藝術家所爭取的言論與藝術表現自由，是蘇聯當前與未來至關重要的問題。

(5) 數學家與科學家的榮耀

以上種種問題對純理科學學門毫不構成影響。

蘇聯數學與科學領域經常處於一種接近璀璨的狀態。

原因非常多：科學向來是較少被控制的學術領域，科學家通常無涉於政治或意識形態的討論，而得以逃避。另一方面來說，俄國數學家一直非常傑出。除此以外，政府從不吝惜經費預算，並動用所有手段來敦促數學家，建造一個世界、甚至去想像一個全新的、前所未見的世界，是個令人熱血沸騰的任務。還有一點，以研究層面而言，威權主義是有其優點的：在資本主義國家，科學研究通常會因應不同產業而分支發展，並配合各個產業需求；在蘇聯，科學研究全力集中於政府選擇的那些產業。工業在此落敗，人民的生活也毫不受重視，直到近年才稍有起色。不過，科學研究與研究團隊的組織是無庸置疑的受益者。今日，研究並非最優秀學者的責任，而是最傑出團隊的使命。是否該向蘇聯科學院致敬呢？

結論爲何？蘇聯走出了前所未見的困局，在物質生活方面即將獲得卓越成就，毋庸置疑。但新結構尚未完全建立，受到悲慘歷史所困，也受到世界對蘇聯經驗的遲疑所阻礙。就在蘇聯幾乎可以自由的決定國內政策的同時，也須衡量其決策在國際舞台上所帶來的影響。

爲此，蘇聯付出代價，犧牲某一程度的自由，在去史達林化後仍是有限的自由。同時付出代價的，還有藝術、文學的「超結構」（若無文學與藝術領域可供遁世遠避，任何文明也無法撐持下來，更無法盡情的表現自我）。期待未來此超結構將如同莫斯科大劇院廣場上的蘋果樹般，在春天第一道和煦陽光下瞬間同時綻放花朵。

一九六一年十月的共產黨大會

一九六一年一〇月戲劇性的第二十二屆蘇聯共產黨大會，明確反映出蘇聯當前的局勢。當然，此處重點不在於在這幾行文字中了解這些人之間的勾心鬥角、表列那些相互譴責的言論、誰遭開處黨籍、誰是「活死人」、誰是「與世長存的逝者」，或是好整以暇地分析一場動亂，令人聯想起杜斯妥也夫斯基《克拉馬助夫兄弟們》那部小說中受折磨與折磨人的角色。

重點在於，關注在內政與外交層面上，面臨這許多抉擇、面臨這些艱難問題的蘇聯文明。蘇聯的未來就繫於此。這些難題爲：第一，在整個蘇維埃社會主義共和國聯邦中，新移入的民族、不屬於俄羅斯人種與文化的相當多；其次，整體來看蘇聯文明物質發展的未來（難道只有物質部份嗎？）；第三，國際共產黨的命運，失去了過去單一指導的整體性，變成「多元中心」，必須要對「多黨的共產主義」讓步。

● 關於第一個問題，其困難點在於：就如國名「蘇維埃社會主義共和國聯邦」所示，這是一個共和國的聯盟、一個由數個原則上獨立的國家共組的聯盟。此種共和是否能夠改善以成就一個團結有利的文明？

這個在帝俄時代所建立起來的諸國聯盟，自一九一七年起發生了許多轉變：脫離、再佔領、鞏固、再檢討，這個聯盟的問題非常複雜，沒有完美的解決之道。即使各個共和國看來是自治的，但沒有任何一國是眞正獨立的，因爲國防、警察、通訊都由蘇聯中央掌握，各國的中央委員會中都有代表蘇聯中央的席次。民族主義、地方「沙文主義」一旦出現，就會被舉報，因此引發許多衝突。喬治亞共和國一九二一年被重新併入進入蘇聯中，如今，去史達林化運動，與對最傑出的喬治亞人的忠誠相牴觸[27]。一九一八年脫離俄國獨立的波羅的海諸國，於一九四〇年併入蘇聯，一九四五年再遭蘇聯佔領；波羅的海諸國於沙皇時代擁有特權地位，蘇聯政權不再通融此類特權。一九四九至一九五一年間，由於蘇聯當局打壓禁止民族史詩《瑪納斯》[28]，而於吉爾吉斯共和國引發危機。一九五八年，亞塞拜然共和國之蘇維埃最高議會表明：只承認亞塞拜然語爲唯一官方語言。

地方利益、特殊文化、特殊語言、歷史記憶、是否效忠共產主義、來自俄羅斯或烏克蘭的移民入侵各個共和國：以上種種問題都導致殖民型態式的緊張關係。在哈薩克共和國，由於俄羅斯人湧入開發處女地，使得俄羅斯人口多於哈薩克人。

可以預期的是蘇聯只能採取一種政策：對各個共和國進行合理的讓步，有時甚至是相當大程度的讓步，以維繫、保持整個聯邦的一體性，整體的「和諧」，因爲各小國在蘇聯強權中只是很小一部份。此即第二十屆共產黨大會所提出的政策，蘇聯中央做出更多的讓步，各共和國得到更多的自治權，顯然是重返列寧的多民族多國政策。以一個西方人而言，這些讓步正是殖民化與去殖民化間此起彼落的典型問題。在蘇聯的例子中，除此戲劇化的特色外，還要加上殖民地與各大都會在地理上相接壤。在第二十一屆大會議程中明確地寫著「同化融合」，非常耐人尋味的用字。然而，有可能嗎？西方世界才在此點上確實地失敗了，蘇聯有可能做到嗎？

哈薩克共和國的共產黨書記，於一九五九年宣稱「如今已由經驗證實列寧所提出的理論，各國因發展與越來越多共同的作法而相融合」。這是極有可能的：過去曾有成功融合同化的實例，共同的政策、相互退讓、共同生活的必要性都是極有力的論點，還要加上教育，過去四十年來各國同時接受共產主義的實施，全新而共同的兩黨結構。然而，文明是非常強韌的。單是堅決且成功的捍衛民族語言這件事就足資證明。蘇聯體制下的各共和國並未放棄各自的文明。此論戰仍未有定論，我們甚至可以探討蘇聯在推廣教育打擊文盲的同時，是否也促成了中亞各國民族意識的發展。

● 繁榮或「布爾喬亞—資產階級」的文明：一個將帶領蘇聯邁向共產主義社會幸福的二十年計畫，是個值得努力的計畫。

那些向來意見不一的專家們說，在如此或這般的條件下，蘇聯有能力往幸福躍進，而且人們也同時想要和平（熱切地渴望和平）與物質生活的進步。輿論認爲隨著年輕的一代充滿熱情地投入職場，進步是可及的目標。不論將以何種形式出現，也不論未來將被貼上何種標籤，一場重大的改變正在醞釀，即將發生。

一九六二年時，此朝向工業革命最終步驟的快速發展，主導著蘇聯的生活。赫魯雪夫的改革，開啓了通往此不遠的未來的大門，一九五八年的七年計畫著重於發展主宰了某種「繁複的」新消費型態的新式工業：電子、電動機械、核能、塑膠、合成化學，這些產業在創造新的消費者之前，需要並形成「一種全新類型的工人階級」：穿白袍的工程師，技術人員、研發人員、實驗室的學者……等。這股新的社會發展力形成的壓力，使得蘇聯或早或晚非進行民主化不可，我們援引以上細節的那位社會學家如此結論。

然而，此發展、此壓力必須要開闢一條路，穿過共產主義社會與共產黨的強大阻力與固執。可想而知，共產黨想要在達到此幸福與舒適生活時居功，在歷經這許多考驗後，想要將此成就變成「黨的」成就。

事實上，這是不可能的，除非蘇聯證明，在社會主義下活了四十年，蘇聯再也不是同樣的蘇聯，生活已有了進步；而且，既然一九一七年俄羅斯曾經生活在西歐文明的框架中，如果共產黨成功了，那麼一九六二年的蘇聯

27 史達林一八七八年出生於喬治亞共和國格里Gori。在去史達林化運動中，全蘇聯各地搗毀史達林銅像，史達林出生地喬治亞之格里最後一座史達林銅像，於二〇一〇年拆除。

28《瑪納斯》，Manas，布勞代爾原文書中寫作Ma as，疑有誤。中亞天山地區吉爾吉斯族之口述歷史長篇史詩，二〇〇九年由聯合國教科文組織列於世界非物質文化遺產之名單上。

就不會以西方「布爾喬亞——資產階級」的標準來思考「幸福的到來」。簡言之，除非蘇聯證明對俄國而言，與歐洲和美洲不同，繁榮富裕並不是與革命「切割」的最好方法。

在這一點上，勝負未定，什麼也無法預設，蘇聯還是有可能發展出有別於歐美的獨特解決之道。

●國際共產主義。在此層面上，狀況不明，仍不知鹿死誰手。

西方觀察家於一九六一年一〇月之共產黨代表大會看出，這就是國際共產黨獨大的尾聲了，彷彿蘇聯刻意放棄了至高的領導權，也放棄其所做的犧牲，以投入自國的躍進發展，乘其繁榮富裕想要達成共產主義的最終完美階段。總之，蘇聯接受了從今以後有兩個核心（中國、蘇聯）、甚至有多元核心「多黨的共產主義」，各國爲各自的問題與未來努力。

如此斬釘截鐵實在是有勇無謀；龐大共產黨家族各國的國內政策，也逃不過尋常的法則：互相反目、爭執、甚至相互威脅、然後和好、相互妥協，這不是只有英國人才會主張的事。蘇聯對於中國的不信任，不是一天兩天的事，而是根植於數百年來的歷史中，也根植在十九世紀使俄羅斯躋身列強，並與各國瓜分中國利益的諸多衝突中。俄國對美國也是同樣不信任，冷戰就是事實。爲了那些迫使美國放棄孤立主義的理由，蘇聯不管願不願意，都無法自己躲起來享受新得到的繁榮富裕，而被迫要依據國際情勢來思考擬定其國內政策。

不過，全世界各國的共產黨圍繞著蘇聯，形成一個階序，如同環繞著太陽的星系一般，每個星球各不相同。遠方，各國的共產黨，被西方富裕國家（義、法）視爲仇敵，或被徹底剷除（英語系國家、西德）；有些共產黨偷偷地藏身於西方經濟弱勢但在政治上與共產主義敵對的國家中（西班牙、葡萄牙、拉丁美洲）；另一些則在未開發國家奮鬥，有任何希望都好，蘇聯或中國的經驗令他們豔羨。

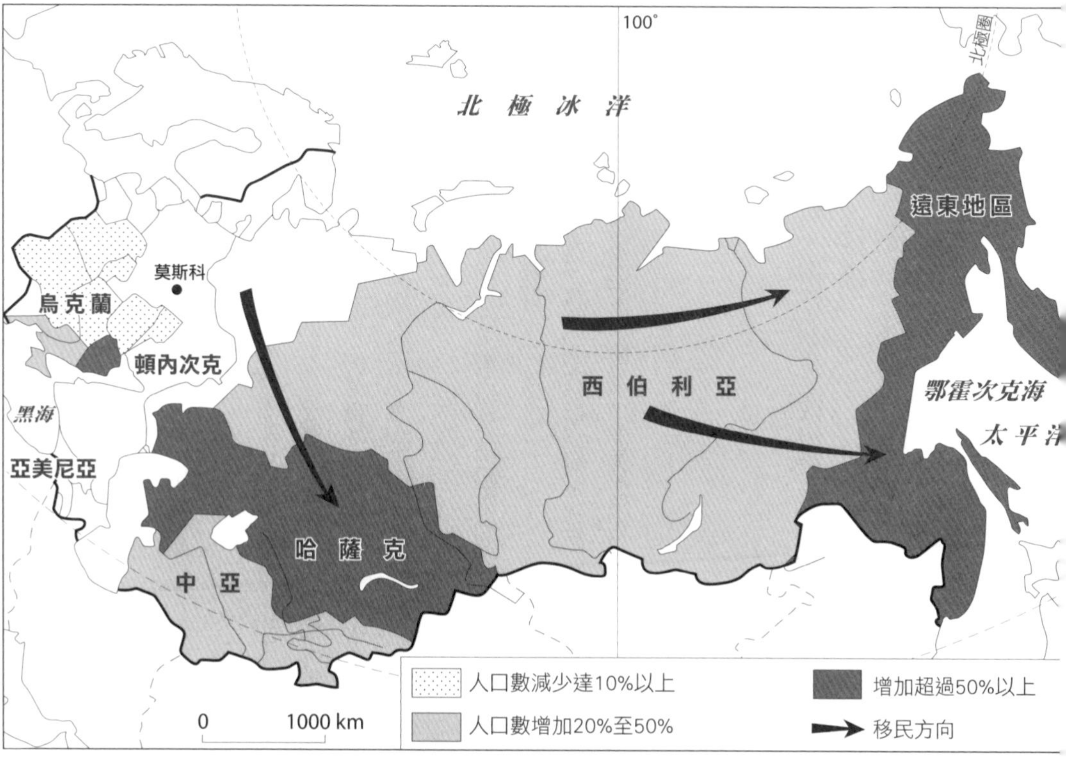
100°
北極圈
北 極 冰 洋
遠東地區
莫斯科
烏克蘭
頓內次克
黑海
亞美尼亞
西 伯 利 亞
鄂霍次克海
太 平 洋
哈 薩 克
中 亞
人口數減少達10%以上
人口數增加20%至50%
增加超過50%以上
移民方向
0
1000 km

圖 23　蘇聯疆域拓展圖

或近或遠地有一圈共產主義國家，形成「軍事緩衝帶」，在二戰之後保衛廣大的蘇聯面對西歐世界：東德、波蘭、匈牙利、捷克斯洛伐克、羅馬尼亞、保加利亞，這些正在經歷重大社會經濟轉型的國家。除了保加利亞以外，各國都在快速工業化中，東德與捷克斯洛伐克在未成爲共產國家前，已有強大的工業。在此軍事緩衝帶邊緣，還有阿爾巴尼亞荒誕的共產主義，與南斯拉夫極度進步主義的社會主義兩個例子。

這些國家的位置相當微妙複雜：一方面，他們無法遠離蘇聯；另一方面，部份國家深信若無共產主義猛然介入，應該無法進行結構改革，或者說是很困難的，而結構改革卻又是國家未來的保證（農業改革、波蘭與匈牙利大莊園的消失、工業化）。事實上，由於經濟體不同、文化不同，各國與蘇聯以及共產主義間，存在或多或少的信賴、自由、與利益。

最後，距離最遙遠的，是被其困境壓垮卻又秉著自尊站起來的共產中國，當今世界面積最廣大的未開發國家，也是蘇聯最不順從、最危險的共產主義夥伴。

這個很簡略地描述的星系圖，不僅呼應了各國的政治立場，也勾勒了各國的經濟地位。經濟力不會決定遊戲的輸贏，但會預先影響，蘇聯過去長久以來的努力使其目前領先，目前可能得先嘗嘗勝利者高處不勝寒的孤獨。

一九六六年後記

蘇聯仍繼續與其艱困命運奮鬥，最引人關注的還是政治發展，尤其是中國與蘇聯出現衝突，而赫魯雪夫倒台（一九六四年一〇月一七日）只不過是一個橋段。

中蘇衝突於一九六二至一九六四年間越演越烈。在一九六二年以前，蘇聯對中國的打擊是採取過去對付教條主義者與阿爾巴尼亞的手段；同樣的，中國對蘇聯的打擊，也不顧及南斯拉夫與「修正主義者」。一九六二年時，古巴事件導致雙方間鴻溝更深：古巴危機一發生，中國即針對蘇聯的明確行動（戰術性的機會主義、策略性的投降）展開首波攻擊；一九六三年在幾場共產黨代表大會中（保加利亞、匈牙利、義大利、捷克），中蘇衝突更加白熱化。蘇聯發起舉辦全球共產黨大會的計畫，被認爲是一種操弄，導致共產黨發展勢必分裂。

一九六三年凸顯了雙方歧見之深，事實上，此分歧於列寧逝世後便已展開。該年春，雙方最後一次嘗試修補關係：三月九日，毛澤東邀請赫魯雪夫前往北京，蘇聯則以邀請一個中國代表團前往莫斯科作爲回應；中國於五月九日同意赴約，但北京當局於六月一四日發布摘要中國共產黨立場的「二十五點建議」：指出蘇聯對於民族解放戰爭以及將改革視爲引發世界核戰衝突的憂懼是沒有意義的。如果蘇聯對於當前世界利害關係有此錯誤認知，且基於假想畏懼美國核武能力而做出錯誤決策，那麼蘇聯沒有能力再繼續擔任全球革命運動的領導。簡言之，和平共存的策略就此終結。

蘇聯將前往莫斯科遞交「二十五點建議」文本的中國代表團驅逐出境，並指控中國挑唆蘇聯人民與蘇聯政府對立。中國認爲蘇聯拒絕發布「二十五點建議」正足以證明蘇聯拒絕承認此衝突是意識形態上的衝突，而將之轉爲國與國間的衝突。

於莫斯科舉行的中蘇會議（七月五日至二〇日）以徹底的失敗收場，更是意料之事。

中國指謫莫斯科協議（蘇、英、美）停止核子試爆，就是蘇聯政府與資本主義帝國的聯盟；蘇聯回擊中國拒絕列寧所主張的和平共存政策。中國於是揭露，蘇聯於一九五九年洩漏了一項一九五七年關於協助中國發展核武（包含軍售原子武器）的秘密協議；另一方面，蘇聯抨擊中國野心狂妄，最好先專心致力發展國內經濟，並指出中國想要在非洲與亞洲革命運動中扮演領導，是可恥的種族主義行徑。

一九六四年時，論爭圍繞著兩大蘇聯反宣傳題材打轉：

(1) 中國對於蘇聯（以及印度）「領土覬覦」問題：蘇聯於毛澤東與日本國會議員的一席談話中找到佐證，毛澤東提及想要重新檢討中蘇邊境。此佐證相當薄弱，而且該問題事實上還涵蓋其他民族問題（突厥斯坦）。

(2) 中國種族主義問題於蘇聯共產黨中央委員會（一九六四年二月一四日）蘇斯洛夫[29]的報告中被刻意提出來，隨後又於阿爾及爾召開的共產黨大會戈沃羅夫[30]的演說中被提出。

蘇聯最後一次與越發無法避免的中國炸彈的爆發硬碰硬，是在佐寧[31]的演說中：中國，有著與共產黨聯盟不相容的特殊目的，萬一發生衝突時，將不再受蘇聯核武支援。這項宣告對於美國在東京灣事件後於越南北部的軍事行動，是項利多。

中蘇衝突在歐洲帶來重大影響，蘇聯對於其衛星國家（波蘭、匈牙利、羅馬尼亞、保加利亞、捷克斯洛伐克）鬆綁，也解放了西方國家的共產黨（尤其看陶里亞蒂[32]在《雅爾達備忘錄》[33]中的立場）。

所有外在緊張情勢的爆裂聲，也掩蓋不住蘇聯在政治、社會、經濟上的發展，領導階層逐漸地承認自然經濟法則的重要性，並嘗試給予適度的發展空間，此即企業經營轉型的意義。企業必須配合消費需求，尤其迎合顧客的想法，而不只是自滿於回應國家計劃所制定的生產規範。

至於美蘇關係方面，即使雙方關係仍舊保持在和平共存的框架下，雙方關係是暫時「被凍結」，不僅肇因於美國對越南的政策——尤其是轟炸北越，還因爲北京與莫斯科間的論戰。蘇聯因此被迫多著眼於有可能改善關係的西歐國家，在這些國家中，法國由於歷史與政治因素，而有相當特殊的地位。一九六六年六月戴高樂將軍蘇聯參訪之旅成功，大致而言就是源於此最新國際情勢。

29 蘇斯洛夫，Mikhaïl Souslov（一九〇二－一九八二），蘇聯政治家、思想家。

30 戈沃羅夫，Leonid Govourov（一八九七－一九五五），蘇聯將軍、英雄人物。

31 佐寧，Valerian Zorine（一九〇二－一九八六），蘇聯政治家、外交官。一九四七－一九五五年間、一九五六－一九六五年間，兩度擔任蘇聯外交部副部長。

32 陶里亞蒂，Palmiro Togliatti（一八九三－一九六四），義大利共產黨書記。

33 《雅爾達備忘錄》，義大利共產黨書記陶里亞蒂於其生前最後一次前往克里米亞雅爾達度假時所寫，內中提出義大利實踐社會主義之理論，但對於蘇聯的批評仍是嚴苛的。

文明史綱

人類文明的傳承與交流

作　　者	費爾南・布勞岱爾 FERNAND BRAUDEL
譯　　者	許惇純
總 編 輯	沈昭明
社　　長	郭重興
發行人暨出版總監	曾大福
出　　版	廣場出版
發　　行	遠足文化出版事業有限公司 231新北市新店區民權路108-2號9樓
電　　話	(02)2218-1417
傳　　真	(02)8667-1851
客服專線	0800-221-029
E-Mail	service@sinobooks.com.tw
官方網站	http://www.bookrep.com.tw/newsino/index.asp
法律顧問	華洋國際專利商標事務所　蘇文生律師
印　　刷	前進彩藝有限公司
二版一刷	2019年1月
定　　價	650元

國家圖書館出版品預行編目(CIP)資料

文明史綱 ： 人類文明的傳承與交流 ／ 費爾南. 布勞岱爾 (Fernand Braudel)著. 一版. -- 新北市 ： 廣場出版 ： 遠足文化發行, 2016. 10
面 ； 15.5X23公分
譯自：Grammaire des civilisations

ISBN 978-986-92811-7-1(平裝)
1.文明史

713　　105017357

Grammaire des civilisations